婴幼儿照护服务类专业系列教材

秦金亮 主 编

ZAOQI ERTONG FAZHAN DAOLUN

早期儿童发展导论

北京师范大学出版集团
BEIJING NORMAL UNIVERSITY PUBLISHING GROUP
北京师范大学出版社

图书在版编目(CIP)数据

早期儿童发展导论 / 秦金亮主编. —北京：北京师范大学出版社，2014.1(2025.1 重印)

ISBN 978-7-303-17305-1

Ⅰ. ①早… Ⅱ. ①秦… Ⅲ. ①学前教育－幼儿师范学校－教材 Ⅳ. ①G61

中国版本图书馆 CIP 数据核字(2013)第 273604 号

出版发行：北京师范大学出版社 https://www.bnupg.com
北京市西城区新街口外大街 12-3 号
邮政编码：100088

印　　刷：天津中印联印务有限公司
经　　销：全国新华书店
开　　本：787 mm×1092 mm　1/16
印　　张：27.5
字　　数：600 千字
版　　次：2014 年 1 月第 1 版
印　　次：2025 年 1 月第 10 次印刷
定　　价：44.80 元

策划编辑：姚贵平　　责任编辑：王　婉
美术编辑：焦　丽　　装帧设计：焦　丽
责任校对：陈　民　　责任印制：赵　龙

编 写 委 员 会 名 单

序　言

面对完整、鲜活的儿童

——从学前心理学到早期儿童发展科学

美国儿童发展科学家委员会在哈佛大学儿童发展网站的首篇报告便是《早期儿童发展科学——弥合我们所知与所做的鸿沟》，它倡导的是基于儿童生命状态的鲜活、完整的儿童观。这与科学主义时代，把儿童分解为多个学科的研究对象，元素主义的儿童研究观形成鲜明的对比。学前教育专业作为培养早期儿童教育及其相关服务的国家人才培养基本目录专业，需要以体现时代精神的儿童研究观来统领课程、教学、教材体系。在新中国成立以来学前教育专业的课程与教学中，从"三学六法"到"三学五领域教育"占据着举足轻重的位置。在我国学前教育专业课程教学改革中的讨论和实施中，学前心理学、学前教育学、学前卫生学似乎是学前教育专业课程设置的前提或基本要素，"三学"成为课程教学改革中不容置疑的专业核心课程。然而，随着理论界对元学科的反思和教科书体系的深入研究，学前教育专业最核心的学前心理学面临着合理性危机的挑战。随着我国学前教育专业"为培养幼儿园一线教师"目标的更加明确，特别是教育部颁布的《幼儿园教师专业标准》《教师教育课程标准(幼儿园教师)》等教师教育改革指导性文件中"儿童发展"模块在教师专业发展基础地位的确立，我们有必要走出"学前心理学""学前儿童心理学"的传统定式，构建统整度高的早期儿童发展科学教学体系。

一、作为"三学"之一的"学前心理学"的合理性危机

"三学"为新中国学前教育专业的发展做出了重要贡献，"三学"所涉及的知识内容一直在学前教育专业中举足轻重，甚至是学前教育专业课程中的灵魂。早在20世纪初我国的幼稚师范学校中就设有幼稚教育概论、幼儿心理学、幼儿保育等课程，且幼稚教育概论等教材的针对性较强。新中国成立后国家重视教学计划制订与教材建设，如1956年公布的《幼儿师范学校教学计划》明确将学前教育学、儿童心理学、学前卫生作为幼师生的专业主干必修课。教育部1980年印发《幼儿师范学校教学计划试行草案》，1985年颁发《幼儿师范学校教学计划》进一步强化了“三学”的地位。1995年原国家教育委员会《三年制中等幼儿师范学校教学方案(试行)》也将学前心理学作为必修课。“三学”的重要性在历次教学计划、培养方案的制订、修订中得到进一步的强化，使我们对其合理性无容置疑。在中师系统，教育部师范司分别在20世纪八九十年代编写了“三学六法”的标准教科书，“三学六法”成为中等幼儿师范学校人才培养的“圣经”，“三学”也随之成为中等幼师、高师学前教育专业课程中核心的核心，其区别仅在两个层次教科书的深度不同而已。

“学前心理学”的核心地位与神圣，还体现在教科书体系的超稳定性上。我们对新中国成立以来“学前心理学”(也称为学前儿童心理学、学前儿童发展心理学)教科书体系进行内容分析，其章节的重复率为82%～96%，其中20世纪后半叶教科书间的重复率最高，说明这一时期的教科书处于超稳定状态。

进入21世纪，随着我国基础教育与教师教育改革步伐的加快，特别是高等教育大众化使幼儿教师教育步入快速转型期。随着高等院校学前教育专业培养目标的进一步明确，“三学”传统的不容置疑，使其在新的历史时期面临更严峻的合理性危机：一是随着国家幼儿园教师专业标准体系的建立，特别是新的教师资格认定制度与考试制度的改革，幼儿园教师课程标准关注的是未来幼儿园教师专业知识与能力结构，而不是学科化的教科书体系；二是学前教育专业培养方案的实践取向更加凸显，不再迷恋学科体系完美的光环，人们将注意力投向幼儿教师专业能力的培养；三是当我们投向与国际同行的比较时，感受到课程体系、教科书体系特别是思维方式间存在的距离。“学前心理学”的神圣性需要消解和反思。“学前心理学”教科书的讲坛地位须转换成论坛境遇；“学前心理学”教科书的宣言式风格正转换成对话式语境；“学前心理学”教科书的普遍真理正转换成情境性的具体确证。“学前心理学”的教科书危机，实质是学界对儿童研究全新发现的理性自觉反应。

二、从“学前心理学”到“早期儿童发展科学”的时代脚步

在我国该门课程有多种称谓，如“学前心理学”“学前儿童心理学”“学前儿童发展心理学”等，这些称谓直接受科学主义儿童心理学思潮的影响。随着儿童心理学与生理学、脑科学、儿科学、社会学、文化人类学的相互交叉，多学科整合的“儿童发展科学”已经形成。美国国家儿童发展科学委员会还系统出版了《从神经元到社会成员——早期儿童发展科学》、《早期儿童发展科学》的系列研究报告。著名的儿童发展学者贝克在其久负盛名的《儿童发展》第5版至第8版中反复强调：儿童发展对于一个教育者、医生、社区工作者面对的是一个完整的儿童，而不是一个学科分割的儿童，儿童发展需要跨学科的整合。

事实上，“儿童发展”在美国高校不仅是早期教育、初等教育等教育类专业开设的课程，它同时也是公共卫生、社会工作、社区工作、社会保障、社会福利等多职业、专业领域开设的课程，它的目标一直坚持将理论、研究、应用紧密结合。例如，贝克所言：“我们具有儿童发展方面的大量知识来源于跨学科的研究。这些研究凝聚着来自不同领域研究者的努力。为解决儿童的日常问题，来自心理学、社会学、人类学、生物学和神经科学领域的研究者与来自各个应用领域，如教育、家庭、医疗、公众健康、社会服务的专家们携手合作共同研究。当今儿童发展领域已成为一个多学科会聚的大熔炉，其知识体系不仅在科学上有着重要的价值，而且在相关领域和应用方面极具有意义。”《从神经元到社会成员——早期儿童发展科学》更是一部跨学科性质的学术著作，它希望政策制定者、执行者，教育、社区、卫生、福利、保障等实际工作者都了解多学科儿童发展研究的最新进展。

在《早期儿童发展科学——弥合我们所知与所做的鸿沟》研究报告中写道：“科学已经为我们提供了如何有效地利用社会资源并建立强大社会基础的路径。当我们今天明智地投资于我们的儿童和家庭，我们的下一代将以终身的财富和公民的责任予以回报。我们明智的投资做得越晚，我们将为更多特殊需求的学龄儿童，失业、无业的成人付出更大的代价。……神经科学与其他发展科学揭示了基因与早期经验的相互作用对日后增强或削弱人们学习、行为和健康的意义……政策制定者和实践行为者重要的是以严密的科学知识和专业的判断来行动，实现知与行鸿沟的弥合。”可见早期儿童发展科学的使命，一是实现科学研究的“知”与实践领域的“行”的鸿沟的弥合；二是实现儿童发展各学科的跨学科整合与交叉，并最终形成整合性的儿童发展科学，实现对科学的求真，对实践的求善。学前儿童心理学的狭隘性是不言自明的，作为儿童心理学的部分，成为发展心理学的分支学科，这是狭隘科学观人们的努力目标。学界最富盛名的《儿童心理学手册》第 6 版第 1 章的标题为“发展科学、发展系统和当代的人类发展理论”，Richard M. Lerner 总结性地说：“十年前，研究人类发展的多数学者将该领域称为发展心理学，或者如果他们自己不是心理学家，则将其视为一个由心理科学主导的关于人类生命全程的研究领域。但是如今，该领域从广度和深度都变得越来越具有跨学科性质。因此越来越多的研究者将他们的领域称为发展科学。”熟悉《儿童心理学手册》发展背景的人知道，它本身就是不断超越自身的过程，就内容体系而言，由原来真正的《儿童心理学手册》发展为“发展心理学手册”“发展科学手册”，书名为《儿童心理学手册》仅仅是尊重历史，敬重前辈学术辛劳而已。《手册》每版的内容体系均有突破，编著者们这种领跑学科发展前沿、秉持时代精神主潮的与时俱进的精神与风范值得我们钦佩与坚守。

三、早期儿童发展科学的时代特征

早期儿童发展科学是发展科学的重要分支，也是发展科学的核心。近年来随着对儿童发展问题的日益关注，早期儿童发展科学呈现了跨学科综合研究的态势。早期儿童发展研究的时代特征逐渐凸显，表现为：

超学科性　早期儿童发展科学不仅是跨越传统的生理学、心理学、社会学、文化人类学等学科视野、研究传统、经典范式，它是超学科的，可以通过基因、分子、细胞、神经系统、动作身体、生理、心理、社会、文化等不同的层面、研究范式来认识早期儿童发展现象，探索其规律。重要的是以人类发展生态学、发展动态

系统思想来进行多水平、多测度、多方法的整合研究。早期儿童发展科学的超学科性给相关教学与教科书编写带来了挑战与机遇，早期儿童发展科学的教学团队必须是多学科、多背景、有内在关联的教学团队，单一教师很难高水平完成教学任务，必须是高度协同的教学团队。早期儿童发展科学打破了过去单一背景的教育学、心理学背景结构，将不同学科背景的教学、研究者协同在“促进儿童发展”这一根本目标上。早期儿童发展科学促进了大跨度、超学科研究者的高度融合，为早期儿童发展带来无限的生机，更重要的是改变了社会公众(也包括知识界人士甚至专业教育研究者)对儿童发展现象的低水平、简单化固有刻板印象。它挑战思辨、直观(不是现象学意义的直观)、经验来研究早期儿童，必须以科学的态度、科学的方法来研究早期儿童。早期儿童发展科学必须建立高水平的、高度整合的科学实验条件，学生接受规范的科学教育。

动态发展性　儿童成长是在不断变化、动态发展过程中。儿童研究受研究观念、研究方法、研究技术手段的制约，长期以来以横向、静态研究为主，学科称谓也折射出静态观如儿童学、儿童心理学、学前心理学等。然而随着发生认识论、建构主义理论、人类发展生态学、系统动态发展等理论广泛影响，随着分子遗传学、基因组学、发展神经生物学、生物信息学、动态行为学、发生行为学等新兴学科与研究方法的进步，研究儿童的动态发展成为可能。

跨领域性　早期儿童发展科学面对教育、家庭、医疗、公众健康、社会服务等众多应用领域。为解决儿童的日常问题，来自心理学、社会学、人类学、生物学和神经科学领域的研究者与来自各个应用领域如教育、家庭、医疗、公众健康、社区服务、儿童福利的专家们携手合作共同研究早期教育、儿童社区照顾、儿童卫生、儿童福利、儿童社会保障等实际问题。尽管各个领域关注早期儿童发展的侧重点不同，但它们共同的目标是适宜、有效地保障儿童快乐成长、健康发展，各领域工作者也热切盼望了解早期儿童发展研究的最新成果。

行动指向性　早期儿童发展科学也指向各实践领域具体问题的解决。美国的开端计划、英国的有效学前教育项目、处境不利儿童项目、农村贫困儿童项目等均具有很强的行动指向性。即儿童发展研究要解决具体社会问题、行业问题。

知识普及性　我们每个人从儿童成为成人，但我们对童年的认识却知之甚少。“我们从童年走来，但我们却忘却自己的童年。”这也许是人类认识的最大缺陷，也是人类认识的悖论。在普通公众特别是服务于儿童的专门工作领域，科学认识儿童，真诚热爱儿童，是人类自我意识水平、人类文明水平提升的重要标志，“尊重儿童就是尊重人类本身”。对儿童的尊重与敬畏，必须建立在对儿童科学研究的基础上。正如美国早期儿童发展科学家委员会所期盼的那样，早期儿童发展科学的相关知识能够在学校、家庭、医疗、公众健康、社区服务、儿童福利等相关工作者中得到深入普及，实务工作者对这些知识、观念、技能了解得越多，实际工作改进的可能就越大。

可以看出在当代儿童发展研究中，跨越传统学科疆界的穿梭是对儿童发展研究者素养的极大挑战，也是对儿童发展学习者的挑战。认识儿童、对儿童发展的真切把握，就必须从儿童遗传的分子组合、生物信息密码、神经细胞、身体组织，到儿童的同伴、邻里、社会、文化等，进行多角度、全方位的理解。我们对儿童真正认识的距离，既有知识的距离，更有能力的距离；既有思想观念的距离、方法技术的距离，更有思维方式和方法论的距离。

四、对儿童发展教学体系建设的不懈努力

儿童发展的学科课程体系是一个存在内在关联的课程群。浙江师范大学杭州幼儿师范学院儿童发展课程教学团队承担着学院学前教育专业的心理学概论、学前儿童保育学、儿童发展概论、幼儿教育心理学、早期儿童发展评估、发展认知神经科学系列课程的教学任务；也为特殊教育专业开设儿童发展概论、特殊儿童保育学、特殊儿童发展与教育、特殊儿童发展评估；承担动画、玩具专业的儿童发展概论、儿童动画认知、玩具人体工程学等课程。学院所有专业都开设儿童发展概论，以实现认识儿童、了解儿童、敬畏儿童、尊重儿童，“一切为儿童”的学院教育目标。因此儿童发展课程不仅承载知识传授、能力提升，更承载专业文化传承，儿童发展课程是学院专业精神的载体之一。

本书由秦金亮任主编，卢英俊、黎安林任副主编。各章作者分别是第一章(秦金亮)；第二章(李齐杨、卢英俊)；第三章(张颖、夏琼)；第四章(朱蓓凌)；第五章(陈德枝、李伟亚)；第六章(曹漱芹、刘宝根)；第七章(何洁)；第八章(赵一仑)；第九章(滕春燕)；第十章(黎安林)；第十一章(左志宏、丁晓攀)；第十二章(何海波、钱国英)，卢英俊还撰写了四，五，六，八，九，十章的发展认知神经科学部分。全书的整体框架与章内结构由主编提出，具体实施由副主编协助主编进行，编委会先后在杭州召开了三次写作讨论会，各章内容写就后，进行了三审，一审是各章作者互审，二审是副主编审定，最后是主编终审，并统稿。本教材面向本科、专科的儿童发展课程教学改革，得到国家首批特色专业、国家本科综合改革专业、教育部卓越教师计划的大力支持。感谢浙江省教育厅高教处、浙江师范大学教务处对本项工作的支持，感谢北京师范大学出版社职教分社姚贵平主编为本书出版付出的辛勤劳动。

目录 Contents

第六章 早期儿童语言的发展 / 193

第七章 早期儿童情绪的发展 / 225

第八章 早期儿童社会性的发展(上) / 247

第一章

早期儿童发展科学概述

本章导航

本章将有助于你掌握：

早期儿童发展学科的实践性与跨学科性

早期儿童发展与人类发展

儿童发展阶段的划分

早期儿童发展研究的演变历程

早期儿童发展科学的兴起

早期儿童发展研究的新趋向

早期儿童发展研究与教育

影响早期儿童发展的系统因素

早期儿童发展的自身条件：遗传基础与自我调节

早期儿童发展的生态环境：家庭、幼儿园、社区、媒体

早期儿童发展的动态生态系统

灵莹从幼儿师范学校毕业工作已十年有余，现已是孩子的妈妈了。她不会忘记刚生下她的女儿，在分娩的极度疲劳中，听到女儿第一声响亮的啼哭，她欣慰地笑

了。作为妈妈的她和作为教师的她，灵莹对读书时所学的学前儿童心理学的相关知识有了更真切的体会。

灵莹的宝贝女儿是爱哭的一类，但灵莹把她紧贴在自己胸前，并哼着儿歌，小家伙很快就会安静下来……

3周了，一天上午她凑近女儿时，女儿对着妈妈露出了一个惊人的微笑，灵莹欣喜若狂……

产假期满，灵莹该上班了，女儿由奶奶照看，起初她一走开女儿就哭，后来女儿再无"怨言"，但晚上入睡前必须由妈妈来抱……

上学时灵莹觉得学前心理学有点枯燥，现在她对儿童发展方面的知识有了更多的深切体悟：她从托班带起，四年后小朋友们进入了小学，这是多么快速的变化啊！现在她感到自己的宝贝女儿变化得更快。也许是角色的不同，前几年带班时灵莹更关注上课、活动时孩子们认知、情绪的变化；身体发育、营养问题是园里保健员、营养师的事，自从生了女儿，她开始涉猎婴儿生理发展、营养问题等方面的知识；近来她对儿童脑科学方面的知识又着了迷；这学期灵莹调到了幼儿园国际部，她班里的15个小朋友分别来自12个国家，他们行为方式各异，同其父母的沟通交流也变得更为复杂，灵莹开始关注儿童发展的文化性问题……

灵莹觉得"书到用时方恨少"，大学时的学前儿童知识似乎缺少了什么。她领悟到自己在工作、生活中面对的儿童发展问题，是需要多学科的协同与整合。灵莹老师所面对的困惑正是本书所力图呈现给读者的知识构架和学科视野。我们力图呈现给同学的是儿童发展的整体，而不是儿童发展的学科分割。正如贝克所言："我们具有儿童发展方面的大量知识来源于跨学科的研究。这些研究凝聚着来自不同领域研究者的努力。为解决儿童的日常问题，来自心理学、社会学、人类学、生物学和神经科学领域的研究者与来自各个应用领域，如教育、家庭、医疗、公众健康、社会服务的专家们携手合作共同研究。当今儿童发展领域已成为一个多学科汇聚的大熔炉，其知识体系不仅在科学上有着重要的价值，而且在相关领域和应用方面极具有意义。"①

事实上从学科层面看，儿童发展已形成统一的学科，近十年来以儿童发展命名的教科书有几十种，以儿童发展研究为己任的著名杂志有《Child Development》《Development science》《Developmental Review》《New Directions for Child Development》等，并有国际性的学术组织——儿童发展研究协会（SRCD）。从实践层面看，联合国儿童基金会（UNICEF）就是致力于儿童发展与权益保护的联合国组织机构，国际经合组织（OECD）也组织撰写会员国的儿童发展报告，相当的国家都制订有《儿童发展计划》，可见儿童发展问题是全球性的公共事业，也是国家发展的根本性事业。

① Laura，E. Berk .（2008），Child Development（8th），Boston：Pearson Education，Inc，p. 4.

《早期儿童发展导论》是对 0～6 岁儿童发展的多方面的整体性概述，它含盖传统的学前心理学。本书主要定位在儿童的早期发展(0～6 岁)，其目标是服务于早教工作者，特别是作为我国学前教育专业课程改革的核心教材。而本章又是整个教材的绪言或导论，它带您步入儿童发展知识的殿堂。

第一节　早期儿童发展研究概览

儿童发展的研究有一个较长的过去，但在相当长的时间都是各学科各自孤立地分割研究。在近几十年的发展过程中，儿童发展的研究由原来的学科分割研究，走向了跨学科的整合。儿童发展的研究成果凝聚着来自不同领域的研究者的劳动结晶。为了解决儿童发展中出现的各种棘手问题，来自心理学、社会学、文化人类学、人体生物学等领域的专家携手合作共同进行研究，1925 年由著名心理学家武德沃斯(R. S. Woodworth)发起成立了一个国际性的专业学术组织——儿童发展研究协会(Society for Research in child development)，该协会的宗旨就是从事跨学科的儿童发展研究，目前有 50 多个国家加入该组织。促使儿童发展学科整合的重要动因是专业领域的工作者。来自职业专门领域的教育工作者、公共卫生工作者、社会服务工作者等面对的是一个完整的儿童、发展着成长着的儿童，而不是分割成若干学科知识中所看到的儿童。因而有必要有一个综合的儿童发展学科来统整原来分割的学科研究。鉴于此，近年来，倡导跨学科的儿童发展研究日益增多，以《儿童发展》命名的专著、教科书也日益增多。

一、早期儿童发展学科的实践性与跨学科性

“发展”是指个体身体、生理、心理、行为方面的发育、成长、分化、成熟、变化的过程。广义的“发展”是指个体身心整体的连续变化过程，不仅是数量的变化，更重要的是质的变化，如躯体各部分比例发生变化，心理方面如智慧结构的变化、情绪的变化等。发展不仅指儿童的生长成熟的过程，也指成人后衰退消亡的过程。

儿童发展主要是指从不成熟到成熟的这一成长阶段，它是个体生命全程发展的一个组成部分。在这一过程中其身心日趋完善和复杂化。这一发展变化从生命形成到成熟大体表现为以下特点：一是身心活动从混沌未分化向分化、专门化发展；二是身心活动从不随意性、被动性向随意性、主动性发展；三是认知机能从认识客体的直接的外部现象向认识事物的内部本质发展；四是对周围事物的态度从不稳定向稳定发展；五是由一个自然人、生物人向社会人、文化人的发展。在发展过程中，发展的内容不是一次性完成的，而是不断完善、螺旋式上升的。

儿童发展既不同于成人发展，更不同于老年发展，它在个体的发展中有独特的地位，并具有如下特点：

1. 发展的基础性

儿童发展有快有慢，发展中既有量变，又有质变；发展中既有普遍性，又有个体性；然而，所有的这些发展都是为人一生的发展奠定基础。学前教育是为 0～6 岁儿童服务的所有教育制度的第一阶段，学前教育机构是系统促进儿童生理、心理、社会、文化等方面发展的第一场所，儿童的基础性发展已成为儿童的基本权利，第 43 届国际教育大会重申："儿童应受到托儿所和幼儿园的特殊照顾和教育。"联合国颁布的《儿童权利公约》指出"每个儿童均有权享受足以促进其生理、心理、精神、道德和社会发展的生活水平"。

2. 发展的递进性

儿童发展是各个发展领域整体的、内在关联的、互相促进的递进性发展。儿童发展既不像成年人那样平稳地进入"高原状态"，更不会像老年人那样进入衰退状态，儿童发展是一种快速的、递进性的发展状态。我们在划分儿童发展的阶段时，一岁以内的儿童是以周为单位的，1～3 岁儿童是以月为单位的，而成人几年之内整体没有什么变化，这从一个侧面反映了早期儿童的发展和青春期儿童的发展是快速递进性发展，因而也有发展"关键期"的称谓。

3. 发展的易感性

儿童发展一方面容易朝着积极的方向快速发展；另一方面也容易朝着消极的方向发展。对教育和环境来说，一方面，有利的、积极的教育和环境会促使儿童快速地发展；另一方面，不利的、消极的教育和环境极易使儿童受到伤害，使儿童产生发展性障碍甚至产生病症状态。"儿童只有明天，没有昨天"，今日儿童发展的安全性问题是明日国家地位和民族素质的安全性问题。为此发达国家高度重视开端教育。

儿童发展科学(child development scence)的研究对象包含从个人生命的诞生到个人走向成熟的整个发展历程，它是发展科学的一个重要组成部分或重要分支领域。

儿童发展可分为四个发展领域：

生理发展——研究躯身尺寸、比例的变化、各种躯体系统功能的变化，大脑与神经系统的变化与发展、身体运动与行为的变化，以及生理健康。

认知发展——认知过程与智力的变化包括注意、感知觉、记忆、思维、想象、言语、创造力、问题解决等能力的变化。

个性与社会性的发展——情感、情绪的发展、人际认知的发展、自我意识的发展、自我控制与调节的发展、同伴友谊关系的发展、社会行为的发展、道德能力的发展等。

文化性发展——文化感知、文化记忆、文化认同、文化思维、文化自觉能力的发展，文化沟通、文化融合能力的发展，文化熏染、文化调适、文化适应能力的发展等。

20世纪80年代以来，儿童的个性发展、社会性发展、文化性发展的研究已超过了生理发展、认知发展研究。1999年由17位著名科学家组成的综合科学委员会撰写了题为《从神经细胞到社会成员——早期儿童发展科学》这一极具影响力的研究报告，从细胞到社会、文化的不同层面对儿童发展进行全方位的剖析阐释，这不仅丰富了儿童发展研究，而且极大地促进儿童发展研究的跨学科性。布瑞纳德用文献计量方法对发展领域影响因子最高的《发展评论》杂志上发表的最有影响的25篇论文分类发现，有16篇是个性、社会文化性方面的①。

儿童发展科学也存在诸多的交叉领域，它同认知神经科学的结合就形成了儿童发展认知神经科学，同病理学的结合就形成了儿童发展病理学。贝克称："这一领域的丰富多样性吸引着很多致力于儿童发展研究者的兴趣与关注。"②

二、早期儿童发展与人类发展

人类发展包括人类种系发展和个体发展。按照达尔文进化论和复演说的观点，个体发展是人类种系发展的浓缩复演。个体发展是指人的出生到死亡的发展，因而儿童发展是个体发展的重要组成部分，是人类发展的一个分支学科。人类种系的发展是动物种系发展的延续，个体发展是种系发展的浓缩，正如恩格斯指出："正如母体内的人的胚胎发展史，仅仅是我们的动物祖先以蠕虫为开端的几百万年的躯体发展史的一个缩影一样，孩童的精神发展则是我们的动物祖先、至少是比较晚些时候的动物祖先的智力发展的一个缩影，只不过更加压缩了。"③我们首先了解这一种系进化的基本历程。

(一)动物种系进化与人类发展

动物种系进化与发展的历程可分为四个阶段：

1. 单细胞动物阶段

科学家推测，地球大约在46亿年前形成，在地球形成后相当长的时间内没有生命现象。大约过了十几亿年，地球上开始出现生命现象。生命出现后，不断发展和分化，大约在亿年前，动物和植物开始分化，就出现了动物。

动物界的进化是由单细胞动物发展为多细胞动物的。单细胞动物的神经系统(如变形虫)是一种散漫的、无意向的、无中枢的网状神经系统，能产生刺激感应性反应，即能在一定范围内按照环境中的变化要素及自身的生存需要来调整自己的动作。单细胞阶段动物所具有的感觉细胞，能专门负责反应的传导职能。变形虫是一种低等的水生动物，属于单细胞动物。一个变形虫就是一个细胞，是一团形态不固定的原生质。变形虫没有专门的神经系统、感受器官和效应器官，而是由一个细胞执行着各种机能。但在变形虫身上能看到其结构的初步分化，即有内浆和外浆之

---

① C. J. Brainerd. Developmental review's most influential articles. Developmental Review，2005，25，pp. 419-433.

② 劳拉·E. 贝克．儿童发展(第五版)[M]．吴颖，译．南京：江苏教育出版社，2002：2.

③ 马克思恩格斯选集[M]．第4卷．北京：人民出版社，1995：383.

分。这是最简单的心理现象，即感觉的萌芽。

2. 多细胞动物阶段

由单细胞动物发展到多细胞动物，是动物进化史的一个里程碑。从多细胞动物开始，动物身体的各个部分为适应生活环境的变化而逐渐分化，出现了许多专门接受外界刺激的特殊细胞，这些细胞的集成，形成了专门的器官如感觉器官、运动器官等。多细胞动物神经元之间的联结叫突触。突触式的联系使神经系统出现了新的功能，即能够建立巩固的暂时神经联系，对信号刺激物形成稳固的条件反射。这是心理现象产生的标志。从这个意义上讲，动物才步入了儿童发展的初级阶段，即感觉阶段。

3. 脊椎动物阶段

单细胞原生动物和多细胞的环节动物，都属于无脊椎动物。从环节动物开始才出现了心理的最初反应形式——感觉。无脊椎动物的发展水平，属于感觉阶段。动物从无脊椎动物进化到脊椎动物后，其神经系统就发生了很大变化。其具体标志是它有了脊椎和脑泡。脑泡包括五部分：前脑、间脑、中脑、后脑和末脑。这些脑泡会逐渐演化成高等脊椎动物的前脑、间脑、中脑、后脑和末脑。从此，动物可以依赖知觉的过程，对周围的事物作出整体的反应。也就是说，这阶段动物的心理才真正登上知觉阶段的台阶。

4. 哺乳动物阶段

从低等的脊椎动物进化到高等脊椎动物，这期间也经历了一个漫长的演化过程。高等脊椎动物是指哺乳动物，包括啮齿类、食肉类和灵长类等动物。哺乳类动物是由爬行动物进化而来的。它们的神经系统更加完善，大脑半球出现沟回，从而扩大了皮层的表面积。这为大脑皮层担负更重要的调控机能奠定了物质基础。同时，其脑的各部分的机能也更为分化，有利于心理和行为的发展。

哺乳动物发展到高级阶段，出现了灵长类动物，其中最具代表性的是类人猿。它的神经系统达到了相当完善的程度。其大脑的外形、结构、机能等已接近现代人脑。大脑皮层机能的完善，不仅使类人猿对外界刺激的分析和综合能力增强，而且使其对事物之间关系的认识达到了新的高度。其思维的水平达到思维的萌芽阶段。在这一阶段中，类人猿能够利用简单、粗糙的工具解决一般性的问题，能够模仿人的动作，具有手势语言等初级的人类思维水平。

(二)人类发展视野下的儿童发展

人类是由动物进化而来的。古生物、考古研究发现，人类的祖先是高度发展的、现已灭绝的猿类。根据目前化石资料证明，猿类出现在至今大约5000万年前，之后，古猿逐渐分化为两支：一支演变为森林古猿；另一支演变成拉马古猿(约1400万年前)。森林古猿的家园一直是茂密的森林，逐渐演变成现代的类人猿；而拉马古猿则由于离开森林在原野上过地居生活，逐渐演变为人类的直接祖先——南方古猿(约在500万～130万年前)。过着地居生活的南方古猿，能直立行走，但它们还不会制造工具。大约在300万～50万年前，南方古猿发展成为最早的人类——猿人。人类学家认为，从直立行走的南方古猿到能制造工具的人，就是猿到人的进化史。

人类学家认为，人类发展经历了四个时期：第一时期是早期猿人，大约生活在300万～100万年以前，其发展能力特点是能制造粗糙的工具，靠集体的力量来捕食度日。第二时期是晚期猿人，大约生活在150万～50万年前，其发展能力特点是能制造各种石器并懂得利用天然火。第三时期是早期智人，大约生活在20万～4万年前，其发展能力特点是对石器的改进更大、利用更广，还学会了人工取火。第四时期是晚期智人，其发展能力特点是会猎取野兽，会采集植物果实，但还不会用金属制造工具，不会烧制陶器，不会驯养家畜，不会耕种植物。

在人类进化的历史长河中，以下几个发展标志，对人类发展有几点重要的意义。第一，直立行走和手的发展。这是从猿到人转变过程中具有决定意义的发展标志。直立行走使双手从行走机能中解放出来，成为劳动的器官，为劳动准备了条件，也使其身体姿势发生了重大的变化，头部可以抬起，视野得以扩大，来自视觉器官的刺激增多，摄入脑的形象刺激增多，这些都发展了大脑的机能。双手的发展使其成为劳动的器官，在抓握和操纵物体时，双手由于与物体的接触而接受了各种各样的刺激，促进了感知觉的发展。第二，使用工具和制造工具。使用和制造工具标志着劳动的开始。恩格斯曾指出，“劳动是从制造工具开始的……手不仅是劳动的器官，它还是劳动的产物”①。“只是由于劳动，由于总是要适应新的动作，由于这样所引起的肌肉、韧带以及经过更长的时间引起的骨骼的特殊发育遗传下来，而且由于这些遗传下来的灵巧性不断以新的方式应用于新的越来越复杂的动作，人的手才达到这样高度的完善，以致像施魔法一样造就了拉斐尔的绘画、托瓦森的雕刻和帕格尼尼的音乐。”②劳动是完成从猿到人的转变过程中的决定性因素。人类通过劳动工具作用于劳动对象，并在劳动中积累经验，认识劳动工具的种种客观属性、劳动工具与劳动对象的关系即工具与客观世界的关系。这一切使得人类慢慢产生了各种各样的观念。第三，在劳动实践中产生语言。语言同劳动关系十分密切。恩格斯曾说过：“首先是劳动，然后是语言和劳动一起，成了两个最主要的推动力，在它们的影响下，猿的脑髓就逐渐地变成了人的脑髓。”③语言在人类的进化过程中起着举足轻重的作用，语言的发展不仅改变了人们社会交往的方式，而且通过语言推动了人类抽象思维能力的发展，使人类的心理发展水平实现了质的飞跃。语言的累积和文化传承功能为人类的认知发展、文化发展奠定了坚实的基础，是推动人类高级机能发展的重要动力。

从上述人类发展总体的特点可以看出：动物种系的发展更多地受物质条件的影

① 马克思恩格斯选集[M]．第4卷．北京：人民出版社，1995：375.

② 马克思恩格斯选集[M]．第4卷．北京：人民出版社，1995：375.

③ 马克思恩格斯选集[M]．第4卷．北京：人民出版社，1995：375.

响和生物规律的支配；而人类的发展在遵循生物规律的基础上，也深受社会因素、文化因素的影响并遵循人类的历史文化规律。人类群体的独特社会性、文化性决定了人类生活是物质生活和精神生活的统一。社会文化的发展也制约着人类的发展。

三、儿童发展阶段的划分

(一)年龄阶段划分标准

如何根据儿童发展本身的规律科学地划分发展阶段，是一项复杂而艰巨的科学难题，它是儿童发展研究的一个重要内容。

目前依据一定标准划分人生发展阶段的典型理论，可归为如下几类：

1. 单纯以生物的变化或种系的演化规律来分

柏曼(L. Berman)以内分泌腺的发育优势为年龄阶段的划分标准，将发展阶段划分为：①胸腺时期(幼年)；②松果腺时期(童年)；③性腺时期(青年)。

弗洛伊德(Freud)以性本能的发展为划分标准，将发展阶段划分为：①口唇期(0～1岁)；②肛门期(1～3岁)；③前生殖器期(3～6岁)；④潜伏期(6～11岁)；⑤青春期(11～20岁)。

施太伦(W. Sten)根据复演论的思想，把人类个体的发展等同于种系的发展，分为三个阶段：①幼儿期(6岁以前)是从哺乳期动物到原始人类阶段；②意识的学习期(从入学到13岁)是人类古老文化阶段；③青年成熟期(从14岁到18岁)是近代文化阶段。

以上这些划分由于都是单纯以生物的变化或种系的演化规律来划分的，有生物主义倾向，所以不可能科学地反映儿童发展的阶段性，只作为参考依据。

2. 以心理特质的变化为依据来分

皮亚杰以智慧或认知结构的变化为依据来划分发展阶段为：①感知——运动智慧阶段(0～1.5、2岁)；②前运算智慧阶段(1.5、2～6、7岁)；③具体运算智慧阶段(6、7～11、12岁)；④形式运算智慧阶段(11、12～14、15岁)。

艾里克森(Erikson)将生物、文化和社会这三种因素相结合来划分个体儿童发展的阶段为：①基本的信任感对基本的不信任感(0～1.5岁)；②基本的自主感对基本的羞耻感和怀疑(1.5～3岁)；③基本的主动感对基本的内疚感(3～5、6岁)；④基本的勤奋感对基本的自卑感(6～11、12岁)；⑤基本的同一性感对基本的同一性感混乱(11、12～17岁)；⑥基本的亲密感对基本的孤独感(成年早期)；⑦基本的繁殖感对基本的停滞感(成年中期)；⑧基本的自我整合感对基本的绝望感(成年晚期)。

苏联心理学家达维多夫(B давыдов)以儿童活动形式的转变作为划分的标准：①直接情绪性交往活动(0～1岁)；②摆弄实物活动(1～3岁)；③游戏活动(3～7岁)；④基本的学习活动(7～11岁)；⑤社会有益活动(11～15岁)；⑥专业的学习活动(15～17岁)。

儿童发展年龄阶段的划分，事实上依据不同的标准是无穷的，从不同的视角、不同的标准可产生多样性的、无尽的划分类型。信息栏 1－1 就是一种独特的划分类型。

以上几种划分儿童发展阶段的标准相对早期的划分标准来说更具合理性，但儿童发展阶段的划分是一个动态的过程，是一个实切性和相对性的统一。我国学者根据以上各种划分标准和我国儿童自身活动的特点，形成了自己的儿童发展阶段划分标准：①新生儿期(出生到 1 个月)；②乳儿期(1 岁以内)；③婴儿期(1～3 岁)；④幼儿期(3～6 岁)；⑤儿童期(6～11、12 岁)；⑥少年期(11、12～14、15 岁)；⑦青年期(14、15～17、18 岁)；⑧成年期(18 岁以后)。如果配以我国的学制，则个体的发展阶段可分为：①先学前期即婴儿期(3 岁以前，托儿所)；②学前期即幼儿期(3～5、6 岁，幼儿园)；③学龄初期即学龄儿童期(6、7～11、12 岁，小学)；④学龄中期即少年期(11、12～14、15 岁，初中阶段)；⑤学龄晚期即青年期(14、15～17、18 岁，高中阶段)。

信息栏1－1

舒特戴森(R. Shuter-Dyson)关于儿童音乐能力发展的年龄特征

0～1 岁：对声音作出各种反应。

1～2 岁：自发地、本能地“创作”并唱歌。

2～3 岁：开始能把听到的歌曲片段模仿地唱出。

3～4 岁：能感知旋律轮廓。如果此时开始学习某种乐器的演奏，可以培养绝对音高感。

4～5 岁：能辨别音高、音区，能重复简单的节奏。

5～6 岁：能理解、分辨响亮之声和柔和之声；能从一些简单的旋律或节奏模式中辨认出相同的部分。

6～7 岁：在唱歌的音高方面已较为准确；明白有调性的音乐比不成调的音的堆砌好听。

7～8 岁：有鉴赏协和音和不协和音的能力。

8～9 岁：在唱歌和演奏乐器时，节奏感比以前有明显的提高。

9～10 岁：节奏、旋律的记忆改善了，逐步具有韵律感；能感知两声部旋律。

10～11 岁：和声概念建立，对音乐的优美特征已有一定程度的感知和判断能力。

12～17 岁：欣赏、认识和情感反应逐步提高。

(资料来源：王振宇主编《学前儿童发展心理学》，人民教育出版社，2004 年版，第 267 页)

尽管儿童发展阶段划分的视角可各不相同，但划分的基本准则却是有共识的，

儿童发展学界普遍认为划分个体发展阶段的基本准则应该是：在一定社会教育条件下，个体发展在各个不同时期，表现在身体、生理、认知、情感、个性、文化性、社会性等方面发展水平上的特殊矛盾或本质特点总和。由于目前人们对儿童发展的本质特点仍揭示得不充分、不完全，所以还不能真正客观地、科学地划分儿童的发展阶段。

(二)儿童发展的年龄特征

儿童发展过程中，既有连续性又有间断性，所以整个过程就表现出若干连续的阶段。那么这些过程究竟如何变换呢？一个阶段向另一阶段的质的变化又是发生在什么时候？这些问题都与年龄有着密切的联系，因此在儿童发展研究中通常把它们界定为儿童发展的“年龄特征”问题。儿童发展的年龄特征与年龄阶段的划分标准是一个问题的两个方面，它们互为依存。为此苏联儿童心理学家就强调，儿童发展的年龄特征是客观存在的，我们可将其归纳为以下三个方面：

第一，儿童心理年龄特征是指在儿童发展的各个年龄阶段中所形成的一般的、典型的、本质的特征，它与儿童生理发展的年龄阶段有关，但不是由年龄决定的。年龄特征是在一定社会、教育条件下生理、心理、社会整合机制的结果，儿童发展既有连续性又有阶段性，在每一个阶段中既留有上一阶段的特征，又含有下一阶段的新质。

第二，一定条件下，儿童年龄特征既相对稳定，同时又可以随社会生活和教育条件而改变；既不存在一个古今中外统一的、一成不变的、永久性的年龄特征，也不存在一个绝对不变的年龄特征，这也就是说年龄特征既有稳定性又有可变性。就形成稳定性来说，主要有三个原因：①社会教育条件虽然不断发展变化，但在一定时间内有其相对稳定性；②儿童掌握知识经验有一定的顺序性，在一般条件下，大多数儿童的发展次序和所需时间是相同的；③生物发展有相对稳定的程序，生物成熟对儿童发展的影响对人类有一种共同的规律。就其可变性来说，主要表现在两个方面：①社会教育条件的不断变化可以引起儿童年龄特征的变化，但不是立刻就反映出来，要经过一定的时间；②可变化性也指个体差异，共性中所表现出来的个性，即在特定条件下不同个体在年龄特征上可能有所差异，如他们发展的速度可能会加速或延缓，有时会表现出某些特殊的儿童发展特征。

第三，儿童发展由于存在个体差异，使其在年龄特征上也存在不平衡性。儿童的年龄特征是从许多个别的儿童的发展事实中概括出来的，它仅代表了这一年龄阶段大多数儿童发展的典型特征和一般趋势，而不能代表每个儿童的年龄发展特征。所以在年龄特征问题上要正确处理一般与个别、典型性与多样性的关系。

(三)儿童发展各阶段的主要特点：

现就我国学者关于儿童发展五个阶段划分各阶段的主要特点总结如下：

1. 婴儿期的特点

婴儿期一般指从出生到满3周岁的婴儿，通常将出生一个月内的婴儿称为新生儿，从出生到1周岁的婴儿称为乳儿。婴儿期是儿童生理发育与心理发展最迅速的时期，这一时期儿童的神经系统与大脑发育迅速，出生新生儿的脑只占成人脑的25%(体重只有成人的5%)，3岁时婴儿的脑已达到成人的75%。从大脑皮质看，婴儿皮质细胞迅速扩展，突触日趋复杂化，白质与灰质明显分开，并开始实现髓鞘化。从大脑功能看，3岁婴儿已具有大脑功能单侧化倾向，右利手婴儿左半球逐渐显示出语言优势。这一时期婴儿的行走动作、手的动作得到了发展，其动作发展的顺序是从首部到尾端、从躯干到四肢、从整体到特殊；在感知觉方面婴儿的视敏度、听敏度、颜色视觉、听觉、立体知觉等方面已初步形成并具有符号记忆能力、信息编码能力、动作思维能力以及简单的问题解决能力。这一时期婴儿的学习分三个层次：习惯化、工具性条件反射、语言的掌握。言语发展是婴儿发展的重要内容，儿童发展学家普遍认为：语言的获得就标志着婴儿期的结束。婴儿期儿童的情绪不断分化，出现了社会性微笑等社会性情感，出现了依恋性社会行为，在游戏中学会与同伴的简单交往。

2. 幼儿期的特点

这是儿童身心的飞速发展时期，约从3岁到6岁，在我国学制对应于幼儿园阶段。进入幼儿期由于儿童身心的发展和生活范围的扩大，儿童对周围世界充满了好奇和探索的欲望，产生了参加活动的愿望，增强了独立意识。但幼儿的能力有限，常常需要成人的帮助。这一时期儿童发展的主要矛盾是：渴望独立参加社会实践活动的新需要同独立活动的经验与能力的矛盾。从生理特征看，幼儿的脑重与体积接近成人，大脑皮层结构进一步复杂化表现为神经纤维增多增长，额叶面积增大，神经纤维髓鞘化已基本完成，脑电波从以β波为主逐渐转变为以α波为主。皮质抑制机能速度增强，睡眠时间由新生儿的每天20小时以上，减少为11～12小时。幼儿期儿童的主导活动是游戏，它是促进幼儿发展的最好形式。幼儿期儿童的认知活动带有明显的具体形象性和不随意性，但其抽象概括性和随意性也开始发展，幼儿的记忆容量、记忆广度在增加，有意识记忆能力明显增强，形成了初步的记忆策略和记忆能力。幼儿期儿童的语言能力不断发展表现为词汇数量的增加、词汇内容的丰富和深化、词类范围的扩大、积极词汇的增加、语法规则的初步掌握和口语表达能力的提高。这一时期儿童的个性倾向逐步形成，儿童的侵犯行为、亲社会行为开始出现，并与同伴具有一定的交往能力，按成人的要求逐步掌握社会行为规范，并能初步评价自己的行为，控制和调节自己的行为。这一时期儿童已初步形成了自我意识，能以一种全新的方式去认识世界，表达和解释自己的想法和愿望，接受成人的教育，同时希望有效地影响他人，上述表明儿童的社会性、文化性得到了初步发展。

3. 学龄儿童期的特点

这是儿童发展的重要转折时期，7～12岁也是儿童进入小学学习的时期，因而称为学龄儿童初期。儿童进入小学后，学习活动逐步取代了游戏活动成为儿童的主

要活动形式，并对儿童产生重大影响。由于儿童学习具有目的性、系统性、强制性等特点，这就要求在学习过程中重视调动儿童的注意、记忆、思维等认知活动，同时学习也是儿童根据社会的要求完成社会义务产生责任感、义务感，培养其意志、情感、发展社会交往技能的重要途径。从低年级儿童看还具有明显的学前儿童的特点，而从高年级儿童看，随着青春期的来临，又具有少年期的一些特征雏形，因而学龄儿童期表现了明显的过渡性特征。

4. 少年期的特点

少年期是青春发育时期，约从 12、13 岁到 14、15 岁，在我国学制基本对应于初中阶段，也称学龄中期。这一时期是儿童身体各方面迅速发育的第二个高峰期，主要表现为身高、体重、体形、大脑结构、头面部的变化，身体、生理各方面机能的增强，生殖系统发育的成熟和第二性征的出现。由于身体发育十分迅速并达到成熟水平，而心理的发展速度则相对缓慢，处于从幼稚向成熟的过渡时期。这种生理特征上变化的成人感，使其从心理上也希望进入成人世界，扮演全新的社会角色，获得新的社会评价，这样就使其身心处于一种非平衡状态。这一时期儿童的自我意识高涨、性意识觉醒、反抗心理突出、情绪表现强烈、人际交往发生显著变化，思维水平由形象到抽象发生了质的飞跃。

5. 青年期的特点

这一阶段从 14、15 岁到 17、18 岁，与我国学制的高中阶段相对应，也称学龄晚期。经过少年期生理与心理上的剧变，青年期的生理与心理趋于成熟和稳定。在认知方面表现为其观察能力、记忆能力、思维能力走向形式化、抽象化、符号化。从社会性方面看表现为自我意识的独立性和自省性，自尊心增强，自我评价深化，自我价值观确立，人际交往扩大，同伴群体稳定，社会性发展接近于成人。青年期以后，人的生理、心理已达到成熟，社会性、文化性发展趋于稳定。

第二节　早期儿童发展科学的历史与现状

儿童发展学作为一门学科研究，是建立在不同时期的社会意识水平对儿童的解读，也建立在科学研究对儿童发展的密切关注。不同时期人们对儿童和成人的观念是不同的，因而形成了不同的儿童观。任何时期、任何形态的儿童发展学都建立在显性或潜在的儿童观的理论前提中。

一、早期儿童发展科学的演变历程

(一)早期社会儿童观的形成

儿童发展最早的研究起源于人们对童年的认识。在原始社会时期，由于生产力水平的极端低下，人们只是急切地希望儿童快速加入成人的行列，能够进行采集、狩猎等劳动活动。在相当长的历史时期，社会意识水平未能将“人”的类概念中分化出“儿童”与“成人”，儿童概念在历史的长河中未能浮现。然而，古代的先哲们，都很关注儿童问题。在我国，先秦思想家孔子、孟子、老子、荀子就“性与习”或“性与伪”的方式探讨儿童发展的先天性与后天性的问题，但他们大多将儿童看作是成年人成长生长的一部分，是未长大的成人。老子是最早发现儿童智慧的学者之一，他认为大智慧者若处于婴孩的精神状态，是绝圣之举。

在西方，古罗马教育家就认为应“给孩子以最大的尊严”。昆体良(M. Quintilian)强调童年的重要性，说“我们都生性自然地清楚地记着童年时期所吸收的东西”。古希腊思想的集大成者亚里士多德将人的发展分为三个时期：第一是身体成长时期；第二是爱好至上时期；第三是理智至上时期。亚里士多德认为5岁以前的儿童要通过娱乐、游戏来学习，5～7岁要通过口语、实力来学习。因此教育史家劳伦斯认为亚里士多德是“第一个多少理解小孩子需要的人”①。中世纪的儿童观是以“儿童生而有罪”为核心的，教会认为儿童生来就具有原罪，只有通过畏神教育才能消除原罪。文艺复兴运动高举人性、人道、人权的大旗，充分肯定人的地位，人的力量、人的智慧、人的价值、人的尊严，这种新的人性观对儿童观产生了全新的影响。人文主义教育思想的杰出代表夸美纽斯(J. A. Comenius)认为儿童从出生起就自然地播有知识、道德和虔诚的种子，教育可以使这些种子发展、成长起来，这就是他著名的“种子论”。洛克((J. Lockt)认为儿童来到人世间时其精神方面犹如一块“白板”，想做成什么就做成什么，这就是著名的“白板说”，它与“原罪说”形成鲜明的对立。启蒙主义教育家卢梭(J. Rousseau)更是认为人生来没有邪恶，只有冲动；而本性的最初冲动始终是正确的；他认为儿童从出生就是真正意义的人，儿童具有独立的存在价值。

法国启蒙主义教育运动之后，教育领域出现了教育的心理学化运动的思潮，主张教育应以心理学规律为依据，儿童教育应以对儿童心理的认识为前提，其代表人物是裴斯泰洛齐(Pestalozzi)、赫尔巴特(Herbart)、福禄培尔(Froebel)。教育的心理学化运动思潮，使儿童教育建立在科学心理的基础上形成共识，这些教育先驱在教育实践中运用并发展了心理学，特别是在实践中开始重视科学的研究方法，为早期儿童心理学的诞生奠定了基础。

(二)早期儿童发展科学的前期形态

儿童发展学产生于19世纪后半期。裴斯泰洛齐，他对自己的一个不足3岁的孩子用日记法写下了大约一个月的观察日记。这份日记在现在看来科学价值不大，但应算是儿童心理学研究的先声。提德曼(Tiedeman)用日记法对自己孩子的发展作了详细的观察记录，1787年出版了《儿童心理发展的观察》一书。我国清代学者王清任明确描述了婴儿身心发展的特点：“小儿初生时，脑未全，囟门软，目不灵动，

---

① 伊丽莎白·劳伦斯著．现代教育的起源和发展[M]．纪晓林，译．北京：北京语言学院出版社，1992：11.

耳不知听，鼻不知闻，舌不言。至周岁，脑渐生，囟门渐长，耳稍知听，目稍有灵动，鼻知香臭，语言成句。”罗比叙(Lobisch)，1851年出版《儿童心理发展史》，偏重儿童生理发展的研究。西格门德(Sigismund)，1856年出版《儿童与世界》，记录他的儿子出生以后的动作、语言等方面的发展。库斯缪(Kussmual)，1859年出版《新生儿心理生活的研究》一书，这是对较多婴儿进行观察实验以后统计整理的结果。他用糖水、盐水、奎宁水等分别倒在新生儿口中，观察他们的反应，等等，这已经接近实验法了。根兹麦(Genzmer)，1873年发表《新生儿的感官知觉的研究》，他记录并系统分析了婴儿各种感觉发展的特点。达尔文(Darwin)，根据长期观察自己孩子的心理发展写成了《一个婴儿的传略》，1876年出版。太因(Taine)，1876年出版了《儿童与民族语言的研究》。德国生理学家普莱尔(W. Preyer)是儿童发展学的创始人。他对自己的孩子从出生到3岁每天进行系统观察，然后把这些观察记录整理成一部著作《儿童心理》(*Mind of the child*)。该书于1882年出版，被公认为一部科学的、系统的儿童发展学著作。儿童发展学正式成为科学就是从1882年普莱尔《儿童心理》的出版算起。

把普莱尔视为科学儿童发展学之父，主要是由他的《儿童心理》问世的时间、目的和内容、方法和手段及影响这四个方面共同决定的。①从时间上看，《儿童心理》一书第一版出版于1882年，是第一部研究儿童发展的著作。②从著作的目的和内容上看，普莱尔之前的学者，都不是完全以儿童发展为主要研究的，而是像达尔文那样，研究儿童心理只是为进化论提供依据。而《儿童心理》一书的研究目的是研究儿童自身的心理特点，对儿童的身体发育和儿童发展进行专门的论述。③从研究方法和手段上看，普莱尔对其孩子从出生直至3岁这段时间不仅每天都做系统的观察和记录，而且也进行了诸如内省法之类的科学心理实验。④从影响上看，《儿童心理》一出版，就受到国际心理学界的高度重视和同行学者的青睐，各国心理学家先后把它译成十几种文字，向全世界推广，儿童发展学也随之发展起来。可见，普莱尔的《儿童心理》对科学儿童发展学的发展有多么深远的影响。

我国最早进行儿童心理研究的是陈鹤琴，最早讲授儿童发展心理学课程的也是陈鹤琴。他观察记录自己儿子的身心发展情况，如身体、运动、模仿、游戏和语言发展等，并将这些研究写成了《儿童心理之研究》(1925)一书。此书是我国较早的儿童心理学教科书。儿童心理学家孙国华在国外对婴儿进行研究后撰写了专著《初生儿的行为研究》(1930)。儿童心理学家黄翼在20世纪三四十年代期间对儿童的语言、绘画、性格评定等方面进行了研究，艾伟编制了儿童心理测验，肖孝嵘、陆志伟和吴天敏介绍并修订了国外的儿童心理测验，艾华(1923)、肖恩承(1928)、肖孝嵘(1936)、黄翼(1946)等分别撰写了儿童心理学教科书等。这些早期的儿童发展心理学家为我国儿童发展学科的建立奠定了基础。

(三)早期儿童发展科学的进一步演变

自普莱尔以来，儿童发展科学的演变有以下特点：

1. 研究日益系统规范，最常用的方法是观察法和实验法，《儿童心理》就是一部系统观察的杰作。我国的第一本儿童心理学的著作《儿童心理之研究》也是陈鹤琴先生系统地观察记录自己儿子的身体、运动、模仿、语言、游戏等方面而写就的。初创时期运用科学方法研究的典范还有霍尔、鲍德曼、卡特尔、比纳、施太伦等。

2. 儿童发展研究的范围在扩展。早期儿童发展的研究主要集中在低龄儿童，发展的连续性决定了不能孤立地研究儿童。美国儿童心理学之父霍尔，在 1904 年出版了《青少年：它的心理学及其与生理学、人类学、社会学、性、犯罪、宗教和教育的关系》，将年幼儿童的发展扩展到青春期，1922 年还出版了《衰老：人的后半生》，但他没有提出毕生发展的思想。美国心理学家柯林沃斯(H. L. Hollingworth)最先提出儿童发展的研究应站在人的毕生发展的高度来研究。他于 1930 年出版了第一本《发展心理学概论》。美国的另一位心理学家古德伊洛弗(J. Goodenough)也持有类似的看法，1935 年他出版了《儿童心理发展》一书。他认为，人的心理在各种条件和因素的作用下在持续不断地变化着；研究儿童发展既要重视外在行为，又要重视内在心理状态，既要重视正常人的发展变化，又要重视非正常人的发展变化。他特别强调在研究儿童、青少年心理变化时，也不要忽略成年人、老年人的发展变化。随着毕生发展思想的深入人心，1957 年美国《心理学年鉴》专题中用“发展心理学”取代了“儿童心理学”。

3. 儿童发展各领域的研究越来越精细化。早期的儿童发展的研究是以对儿童整体的系统观察为特征的，皮亚杰开创了对认知发展进行系统研究的先河，20 世纪 70 年代以后情绪、个性、社会性研究得到了长足发展。同时儿童发展各阶段的研究也越来越精细化，如 20 世纪 70 年代以后对婴儿的感知觉、注意、记忆、情绪、早期依恋进行了系统的研究，并发展了偏好法、习惯化法、伴随性操作行为强化法、自然反应法、脑成像技术法等一系列研究方法，创办了专门研究婴儿的杂志《婴儿行为与发展》。

4. 儿童发展理论由学派纷争走向发展理论的微型化。20 世纪前半叶是儿童发展理论研究学派纷争的时期，机能主义、行为主义、精神分析、格式塔心理学、发生认识论、人本主义、认知主义是其主要的理论源泉，儿童发展理论形成了百舸争流的繁荣局面，如发展机体论(developmental organism)、认知发展论(cognitive development theory)、道德发展论(theory of moral development)、经典学习理论(classical learning theory)、社会历史理论(social learning theory)、精神分析理论(psychoanalytic theory)、语言发展理论(theory of language development)等。

5. 儿童发展研究方法多元化，研究方法论指向整合。儿童发展学科的初创主要是一些心理学家、生理学家的研究。倡导研究整合的实验心理学家武德沃斯(Woodworth)，1925 年发起成立了国际性的儿童发展研究协会，并创办了《儿童发展》(Child development)学术刊物，但由于相关学科的不成熟，儿童发展研究的主流仍然是各自为阵。随着 20 世纪后半叶学科高度分化与高度综合趋势的到来，儿

童发展研究的学科越来越走向整合，学科之间的相互交叉、相互渗透日益明显，研究方法也在相互借鉴、相互融合中，对各自的优点和局限进行了系统的总结，如认知发展领域对儿童电视注意特点的研究就系统地运用了眼动记录法、自我报告法、视觉定向法、脑电记录法、再认测验法等手段。

二、早期儿童发展研究的现状

随着社会的进步，人们对儿童发展的关注日益增强。当代儿童发展的研究呈现了空前繁荣的局面：基础教育的普及和重视使人们对低幼儿童的发展研究倾注了更多的人力、财力；公共卫生、社会福利事业的发展，使家庭、社区、医疗、公共福祉部门更多地关注儿童发展的病理问题、社会问题、文化问题，特别是关注特殊群体、弱势群体儿童的特殊发展问题；科学技术的进步为儿童发展的研究提供了可靠的保障，当代儿童发展研究中模拟现实技术、脑电技术、分子生物学技术是推动儿童发展研究精细化的主要技术支持。

早期儿童发展研究的繁荣局面，可从儿童发展研究专业期刊的群星璀璨窥见一斑(见信息栏 1-2)。

信息栏1-2

儿童发展研究的主要专业期刊与手册

New Directions for Child Development（《儿童发展研究动态》，自 1978 年每年出版数卷）

Developmental Review（《发展评论》发展心理学研究的有关综述）

Developmental science《发展科学》

British Journal of Development Psychology《英国发展心理学杂志》

Child Development《儿童发展》

Cognitive Development《认知发展》

Development Psychology《发展心理学》

Genetic Psychology Monographs《遗传心理学专刊》

Human Development《人类发展》

Infant Behavior and Development《婴儿行为与发展》

International Journal of Behavioural Development《国际行为发展杂志》

Journal of Applied Developmental Psychology《应用发展心理学杂志》

Journal of Experimental ChildPsychlolgy《实验儿童心理学杂志》

Journal of Genetic Psychology《遗传心理学杂志》

Merrill-Palmer Quarterly《Merrill-Palmer 季刊》

Monographs of the Society for Research in Child Development《儿童研究学会专刊》

Development《发展》

Social Development《社会性发展》

Advances in Child Development and Behavior（《儿童发展与行为研究进展》，1963 年出版第一卷，之后几乎每年一卷）

Annuals of Child Development（《儿童发展年鉴》，自 1984 年每年出版一卷）

Annual Review of Psychology（《心理学年鉴》，自 1950 年每年出版一卷）

Handbooks of Child Psychology（《儿童心理学手册》，1998 年出版第五版）

Minnesota Symposia on Child Psychology（《Minnesota 儿童心理学专题研讨会文集》，自 1967 年每年一卷）

（资料来源：S. 米勒著(郭力平译)：发展的研究方法，华东师范大学出版社，2004 年版，第 5～7 页）

当代早期儿童发展研究已形成如下热点研究领域：

1. 婴儿发展研究的兴起

由于婴儿缺乏言语能力，动作能力也极其有限，这在客观上给婴儿的发展研究带来困难。近年来婴儿发展研究取得令人瞩目的成果，主要得益于研究方法的进步，如运用自然反应法、偏好法这些以婴儿的吸吮、转头、眨眼、注视等非言语行为指标与推断婴儿的知觉、记忆等，将生理、行为指标有机结合起来。大量的研究发现新生儿、婴儿在听知觉、视知觉，对事件、客体、空间位置、数的知觉，通道的知觉能力等远超出皮亚杰理论所及范围。

2. 早期社会性发展研究增多

早期关于儿童社会性发展的研究主要集中在儿童道德判断、儿童社会游戏规则的认识方面。20 世纪 80 年代以来，儿童社会性的研究已成为儿童发展的最主要研究领域之一，如婴儿面孔识别与面孔认知，婴儿基本情绪能力，儿童的归因能力，社会信息加工能力，观点采择能力、对他人行为、情绪的社会认知能力，有关性别角色、友谊、权威、公正等概念的形成与发展研究，儿童依恋及其行为模型的研究，儿童气质形成的研究、儿童自我概念、自尊、自控能力的研究等。

3. 他心理论发展研究

他心理论的研究主要涉及早期儿童关于心理状态的认识，关于现实世界中的事件、自身与他人行为的认识，关于心理状态中信息、愿望、意图、动机等相互间关系的认识等。儿童他心理论的研究是对 3～5 岁儿童认知特点的一个重大发现。由于儿童他心理论与儿童的日常生活认知关系十分密切，儿童他心理论的发展水平会影响儿童的道德发展、人际关系发展、情绪个性的发展，因而儿童他心理论的研究一跃成为认知发展、社会性发展的核心领地。短短十几年里，儿童他心理论已成为当前儿童发展研究中最引人注目的研究课题和最热门、最鼓舞人心的研究领域之一。

4. 生活记忆发展研究

记忆是儿童经验积累和心理发展的重要前提，记忆发展研究对儿童发展研究具有重要的意义。但长期以来受艾宾浩斯研究传统的影响，儿童记忆研究远离生活。回归儿童生活记忆的研究成为新的热点。近年来研究者在婴儿记忆、儿童记忆容量、儿童元记忆、儿童生活记忆的建构性特点等方面都取得了重要成果。在儿童自传记忆、儿童前瞻记忆、儿童错误记忆、儿童内隐记忆等方面都有重要进展。

5. 婴幼儿语言发展研究

自乔姆斯基(Chomsky)的心理语言创立以来，语言发展研究一直是儿童发展研究的活跃领域。新近婴幼儿语言发展研究主要集中在婴儿语音识别研究、母亲语言环境研究、语言音节研究等。在语用研究方面，研究者对前言语交流、不同年龄语言交流能力的发展、语言元交流的发展、情绪表达与语言表达等方面进行系统研究。在语言环境的影响方面，研究集中于语言模仿、语言强化、父母活动对儿童语言的影响、儿向语言的使用等方面。语言元认知方面主要集中在儿童语言知觉、语言知识、语言自我控制的研究方面。

6. 婴幼儿日常认知研究

受社会文化观和生态观的影响，儿童发展研究开始重视“日常认知”(everyday cognition)研究。儿童日常生活认知研究就是在儿童自然生活情境中，以常人方法学来研究儿童的记忆、语言、学习、思维、生活技能、社会行为等。

7. 早期儿童发展认知神经科学

儿童发展认知神经科学是利用认知神经科学手段来研究儿童认知发展问题的一门儿童发展新兴学科。儿童发展认知神经科学力图通过神经科学方法与心理行为方法的整合特别是脑成像技术来研究儿童发展的神经机制，探索儿童发展的行为、心理与神经机制的关系。尽管儿童发展认知神经科学的形成不到十年的历史，但它几乎影响到儿童发展研究的所有传统领域。儿童发展认知神经科学的特点是整合性和超学科性，琼斯认为，未来的发展认知神经科学家是超学科的，须接受多学科的训练。①

8. 认知行为遗传学

认知行为遗传学是在分子遗传学的水平，来探索儿童发展中遗传与环境的关系问题。认知行为遗传学的研究对象多以同卵双生子、异卵双生子为主，通过纵向研究设计，以分子生物学技术为手段，来研究个体发展中基因密码、表观基因与各种环境因素间的相互作用关系。

改革开放以来，我国儿童发展研究获得了新生，特别是随着我国基础教育事业的发展，儿童发展研究出现了空前的繁荣。从研究的范围看，包括幼儿的数概念、类概念、左右概念等的形成，以及方位知觉、时间知觉、图画认知能力、道德品质

---

① Mark, H. Johnson. (2005), Developmental Cognitive Neuroscience (2nd), Oxford: Blackwell Publishing Ltd, p. 178.

等的形成研究；从研究的年龄阶段看，有儿童早期、学龄期及青少年期的研究，其中以幼儿期和学龄期儿童的心理研究为主体；从研究的理论性课题看，如遗传、教育在儿童发展中的作用问题、儿童发展动力问题、教育与发展的关系问题、年龄特征的稳定性与可变性问题等。近年来，儿童发展的研究机构逐渐增多，研究队伍逐渐壮大，我国的儿童发展学也开始蓬勃发展起来。其主要表现是儿童发展学研究的范围得到了很大的扩展，涉及的内容主要有早期教育与发展的问题，婴幼儿动作、言语发展的研究，超常、低常儿童的儿童发展的研究，道德的发展研究，幼儿数概念的发展研究以及皮亚杰的实验验证研究等；儿童他心理论、儿童情绪发展、社会化、儿童社会能力、新生儿发展研究等。到目前为止，我国儿童发展研究基本上跟上了国际儿童发展研究的步伐，并出现了与国际儿童发展研究并驾齐驱地向前发展的局面。

上述热点领域的系统研究极大地丰富了儿童发展的学科知识体系。本书将最大限度地吸纳这些研究成果，为我国儿童发展学科知识体系的构建尽最大的努力。

三、早期儿童发展研究的新趋向

当代儿童发展如火如荼的研究，已展示了该学科进一步深入研究的多种可能。我们将在一个更宏观的层面，在诸多研究的热点领域和问题中，推断可能性的趋向。

1. 儿童发展研究多层次、多领域的整合趋向

儿童发展问题是教育、卫生、公共福祉、家庭、社区、医院、学校等实践领域共同关注的基本问题，其研究需要多学科的交叉、渗透、其研究需要多领域的协同攻关。从研究层次看，需要贯通分子、基因、细胞、生理、心理、行为、社会、文化的不同层面，目前新兴的人类发展生物学、发展认知神经科学、分子行为遗传学已很好地体现了这一特点；从领域看也需要传统领域的相互沟通，如儿童他心理论就很好地沟通了认知发展、情绪社会性发展、个性发展的关系。

2. 儿童发展研究理论形态的两极趋向

儿童发展的中观理论似乎已经走到尽头。新近发展理论走向了宏大理论和微型理论；宏大理论以系统发展观、生态发展观、行动发展观为代表；微型理论以各种形色的情境理论为显现。

3. 儿童发展研究方法论的统整趋向

儿童发展研究方法论的统整表现在：把儿童作为一个发展的、完整的生命存在，儿童是物种进化与个体生命发生的统一。研究完整的儿童生命存在必须是科学主义下的实验室范式与自然主义下的生态范式统整、量化研究与质化研究的统整和科学精神与人文精神的统整。

4. 儿童发展研究的实践转向

随着社会的进步，改善儿童的生存状态，促进儿童健康和谐的发展，使儿童发展研究的实践需求突显出来。儿童发展病理学研究、儿童发展指导研究的兴起；游

戏中、活动中、美术中、音乐中、舞蹈中儿童发展问题的研究已显示了这种实践转向。

5. 儿童发展研究的文化转向

以文化的视角研究儿童发展，是儿童发展研究的弱项，甚至是早期研究的盲点。文化维度显然是儿童发展研究的重要维度。早期的儿童发展研究中要么将文化作为影响儿童发展的一个因素，要么在跨文化儿童发展研究中专注于不同民族儿童行为与心理的相似性和差异性，这是一种表浅的文化研究。齐苏奇认为儿童发展研究真正的文化转向将是强调儿童发展中文化与心理、行为的不可分割性，文化不仅是决定儿童心理行为的背景，更是儿童心理行为的有机组织部分。[①] 当代儿童发展研究文化转向的直接动因在于两个方面，一是社会生活的急剧变化改变了儿童生活的文化处境，在国外波兹曼(D. Elkind)、梅罗维茨(J. Meyrowitz)、桑德斯(B. Sanders)、阿尔凯德(D. Elkind)、威恩(M. Winn)等从20世纪80年代开始已有相当的研究。二是全球化背景下人口大范围的流动对儿童行为方式、文化生活的影响，特别是多元化背景下儿童的文化情感、文化适应、文化认同问题日益突显。[②] 早期儿童发展研究文化维度的缺失，既有科学主义倾向认知发展研究的自我陶醉因素，也与儿童发展研究者缺乏大文化素养和大文化情怀有关。在当代儿童发展研究中如果没有对文化维度的累积和思考，以及相应研究范式的突破，儿童发展研究很难有更大的提升空间，这是所有研究者必须共同面对的世界性难题。

总之，在当代儿童发展研究中，跨越传统学科疆界的穿梭是对儿童发展研究者素养的极大挑战，也是对儿童发展学习者的挑战。认识儿童、对儿童发展的真切把握，就必须从儿童遗传的分子组合、生物信息密码、神经细胞、身体组织，到儿童的同伴、邻里、社会、文化等，进行多角度、全方位的理解。我们对儿童真正认识的距离，既有知识的距离，更有能力的距离，有思想观念的距离，方法技术的距离，更有思维方式和方法论的距离。

四、早期儿童发展研究与教育

儿童发展研究与基础教育存在密切的关系。现代教育思想家以不同的方式表达了认识教育对象的重要性和早期教育的迫切性。儿童发展学是研究儿童的核心学科，因而它是教育理论的基础和前提，是教育实践的依据和指南。

对学前教育而言，了解学前儿童发展的规律有特别重要的意义。例如儿童大脑神经突触的生长呈倒"U"形特点，目前研究的结论是：新生儿神经突触的密度低于成人，但婴儿期突触的生长极快，到4岁时突触的密度在脑的所有部位达到顶峰，并超过成人水平的50%；就人脑的视觉区域而言，突触的迅速增加开始于出生后的

---

① Xenia. Chryssochoou. (2004), Cultural Diversity, Oxford: Blackwell Publishing Ltd, p. 97.

② 参阅 D. Buckingham. (2000), After the Death of Childhood: Growing up in the Age of Electronic Media, Cambridge: Polity Press Ltd.

2个月，增长顶峰在8～10个月，然后在10岁左右下降到成人水平，这说明4岁前儿童的脑潜能开发，意义十分重要。儿童发展研究认为儿童脑功能的发展存在不同的关键期，儿童视觉功能的发展在3岁前，听觉功能的发展在幼儿期；语言功能的发展方面，语音、语韵功能发展的关键期在幼儿期，语法学习能力发展的关键期则在青少年期。儿童发展研究认为教育抓住发展的关键期，便是适时打开开发大脑潜能的“机会之窗”。①

教师、家长、社会工作者只有充分了解儿童发展的知识，掌握儿童发展的规律，才能真正做到尊重儿童，“让儿童真正成为儿童”。我们的教师、家长做不到这一点，一个天才儿童也许会泯灭。

信息栏1-3

一个科学家的母亲

华裔诺贝尔物理学奖得主丁肇中是一位念书时常排倒数、做科学研究不知道第二的人。丁肇中没有考第一的童年，他的童年会令那些望子成龙的家长失望。丁肇中小时候在重庆长大，经常有日本飞机来“访问”，所以没有很多的时间念书，当时他对念书也特别没有兴趣，排名次他一般都是倒数几名，可是他的母亲是学儿童心理学的，从来没有责备过他，“至少对我来说，我母亲和父亲让我自由发展，这对我很重要。”他说：“仔细分析一下，考试是考人家已经做过的事情，科学的进展是要推翻别人做过的事情，会考试并不能代表以后会有特别的成就。我没有考第一的童年，但做科学研究我不知道第二名是什么感觉。”

教育的目的最终是促进儿童的发展。我国政府颁布了《3～6岁儿童学习与发展指南》，明确提出3～6岁儿童学习与发展的五个基本领域：健康领域、语言领域、艺术/审美领域、科学/认知领域、社会/人格领域。这些都超越了传统中小学意义上的“知识”“技能”“能力”概念与教育意蕴。因而我们应该以促进儿童发展的视角来理解学前教育，学前教育是提升国民素质的基础，学前教育要为人发展的核心素养奠基。

---

① 秦金亮. 发展认知神经科学——儿童发展研究的新领域[J]. 幼儿教育，2005(7)，20－21.

信息栏1-4

OECD 关于人的发展的核心素养

国际经合组织(OECD)将人的核心素养概括为三个方面，即互动地使用工具、自主行动和在社会异质群体中互动。OECD 对人的核心素养的概括反映的是人与工具、人与自我、人与社会的三角交互关系，是对人的发展中关涉“物我”“自我”“人我”人的复杂性的深刻把握。

OECD 认为，个人生活需求如科技的、多样性的、变迁的、责任的、全球化的，社会愿景如人权的、可持续发展的、平等的、生产力的、社会平等的，他们共同影响“使用工具”“自主行动”“群体中互动”，而这三种核心能力又影响“成功生活”“健全社会”。

第三节　影响早期儿童发展的系统因素

从系统动态运动的机制来看，影响早期儿童发展的因素由儿童自身条件因素与外部环境因素组成，它们共同组成一个动态系统。

一、早期儿童发展的自身条件

儿童发展受多种因素的制约，传统认为人的发展受遗传和环境的影响。这种相对静态的观点忽略了自身状态因素此时对彼时的影响，遗传和自我调节是儿童发展自身的主要因素。遗传的基础性、方向性在当代发展分子遗传学中得到进一步证实，众所周知的重大儿童疾病如精神分裂症和自闭症，目前不能做到治愈，只能改善、缓解症状。下面的实验在自闭症的遗传机制方面有较为深刻的揭示。

信息栏1-5

美国 MIT 认知神经科学实验室的自闭症老鼠

麻省理工学院脑与认知科学学院 McGovern 实验室通过基因敲击技术，成功培育出自闭症老鼠，表现出行为单一刻板、不愿与其他老鼠交往等基本行为特征。自闭症鼠的神经解剖特征表现为纹状体区域异常。

自闭症，亦称孤独症或孤独性障碍(autistic disorder)，是大脑中枢神经系统失衡引起的一种儿童疾病，约占精神残疾儿童病的 60.66%，男女比例约为 3∶1～4∶1，流行病学调查表明每年有递增的趋势，表现为社交障碍、语言障碍、行为刻板三大症状。1)社会关系障碍：生活在自己的世界里，不理会父母的喜、怒、哀、乐，对事物没兴趣，面部无表情，在建立和保持人际关系方面缺乏技能。2)语言沟通障碍：有的缄默不语，有的会说很少的词语，常重复别人话语，说的话往往缺乏抑扬顿挫，语调、速度和语法等也存在问题；模仿言语、拘泥于文字表面意义、重复、代词和韵律错用等奇怪方式，与人讲话生硬、迂腐和不自然。3)兴趣狭窄和刻板重复动作：他们通常爱好一种做事方式，喜欢单一物品，并且抵制变化，喜欢向父母反复提问同样一个问题，也要求父母用同样的话来回答，否则就烦躁不安。攻击性和自伤性行为也常见于自闭症儿童；随着性成熟，少数患者有当众手淫和暴露生殖器，触摸别人生殖器等异常表现。在临床治疗中自闭症这些行为特征只能缓解、减弱，不能根治。

麻省理工学院 McGovern 实验室课题组发现自闭症鼠 DNA 受体蛋白 Shank3 异常是导致自闭症鼠纹状体区域异常的分子生物学基础。他们希望通过靶药的分子修复改善 Shank3 受体蛋白，从遗传源头为治愈自闭症创造条件。

（资料来源：Peca J，Feliciano C，Ting JT，Wang W，Wells MF，Venkatraman TY，Lascola CD，Fu Z and Feng G.（2011）Shank3 mutant mice display autistic-like behaviours and striatal dysfunction. Nature，472：437-442）

（一）早期儿童发展的遗传基础

遗传因素在个体身上体现为遗传素质，主要包括机体的构造、形态、感官和神经系统的特征等通过基因传递的生物特性，而其中最主要的是大脑和神经系统的解剖特点。遗传因素是儿童发展的生物前提和自然条件。

从辩证唯物主义的哲学观来看，事物的发展趋势是由事物的内因决定的，就比如石头不能孵出小鸡，就算外界温度、湿度等条件再怎么合适，这种事情也不会发生。儿童的后天发展也很大一部分是由自身的遗传因素决定的。而儿童的这些遗传因子都来自双亲。从遗传学角度来看，含有携带了父亲染色体的精子与携带母亲染色体的卵细胞相结合产生了受精卵，在此过程中受精卵中来自父母双亲的半数的染色体经过组合从而使其染色体数目与体细胞一致，受精卵通过有丝分裂使得细胞的数量不断地增加，细胞复制的过程中，遗传物质也不断地复制，而且每个细胞的遗传物质所携带的信息都是一样的。细胞数量在增加的过程中，部分细胞在形态和功能上产生分化，形成人体的不同组织与器官。这就解释了为什么遗传因子能在儿童和父母之间数量上保持一致，而且可以稳定地遗传。同时，这也解释了为什么儿童会在有些方面和父母有相似之处，包括机体构造、形态、感官和神经系统等。我们知道：染色体是遗传信息的载体，基因是染色体上有遗传信息的 DNA 片段。染色体和基因在遗传过程中都有可能发生缺失、重复和变异，这种非正常遗传信息一旦遗传给儿童，儿童就会表现出不同于父母的表型，甚至是出现病态。另外，儿童在继承父母的遗传因子的同时，也有可能继承父母自身存在的含有缺陷的遗传因素，

比如如果父母双方有一方有家族遗传病史，则他们的后代很有可能携带有遗传病基因。总的来说，儿童继承父母的遗传因子是个相对稳定的过程，但是在此过程中也会发生一些变异现象。这就解释了为什么儿童在某些方面像父母，但在某些方面与父母又存在差异。

(二)早期儿童发展的自我调节

发展应该被认为是一项逐渐增长的自我调节能力，从完全依靠他人来管理自己的世界，发展到获得必要的能力自己来管理自己的世界。从婴儿出生后最初几周的睡觉和安定，到学龄前期出现的情绪调节、行为抑制以及对重要任务的集中注意，这些自我调节的能力反映了年幼儿童从无能到胜任的转变过程。科普①还曾把儿童自我调节和自我控制的早期发展总结为五个阶段。早期发展的调节深深地植根于儿童与他人的关系中，为儿童提供经验、支持和鼓励，使他们能够自己接受一个个功能领域中的自我调节，这是成功的养育最关键的元素之一。自我调节的各个维度是密切相关的，我们必须更多地了解调节能力的正常发展模式，以及有各种发展障碍的年幼儿童在这些能力上所做的调整，并且探讨成功应对在恰当的调节行为发展的过程中遇到的挑战的机制。

1. 行为调节

(1)日夜起居节奏的获得

出生后的3～4个月间是睡眠的结构和时间组织发展的最快时期。② 新生儿通常每天睡16～17个小时，此时的睡眠—清醒结构更多反映的是一个持续90分钟的基本的休息—活动周期，而不是白天—黑夜的节奏。到3个月大的时候，总睡眠时间减少到每天大约14～15个小时，睡觉和清醒的周期开始拉长并且固定下来。生长激素、压力激素皮质醇(cortisol)和体温等都与睡眠有关，睡眠的发展和组织在帮助调整着其他系统的日夜节奏。

母乳喂养和亲子共眠都会增加短周期的睡眠，并使夜间睡眠不会太沉。但是也需要从跨文化的角度考虑不同文化下不同标准性做法如何最佳地适应儿童发展着的能力。一方面，认识到人类婴儿具有惊人的能力适应各种养育方式是很有意义的；另一方面，认识到世界上出现并被保持下来的一些育儿方式是非常有价值的。

(2)学习控制啼哭

所有研究过的文化中的婴儿都会啼哭，而且有趣的是所有婴儿的啼哭都有一个相似的发展过程。出生后孩子一天中啼哭的时间越来越多，大约6～8周的时候达到顶峰，然后开始逐渐减少。加拿大研究者证实让宝宝哭得少或容易安抚不存在什么秘诀，除了时间。在婴儿12～16周时，大多数已经安定下来，白天啼哭的时间

---

① KoppC. B. The antecedents of self-control: a development anaylsis. Developmental Psychology, 1982, 18, pp. 199-204.

② Anders, T. F. (1975) Maturation of Sleep Patterns in the Newborn Infant. New York: Spectrum.

减少了，更容易让父母理解自己，变得更容易安抚。如果宝宝的痛苦能得到照料者积极的回应，他们含义不清的啼哭所传达的意思能得到照料者敏感的解读，那么这些宝宝会更顺利地过渡到非啼哭式的交流模式。但是那些从来没有得到回应的婴儿，如成长在机构中的孩子，到3个月时就几乎完全停止了哭泣，显然，得不到奖赏强化的婴儿也会学会停止哭泣。

2. 情绪调节

年幼儿童如何理解自身的和他人的情绪以及情绪调节的早期发展过程也是情绪发展过程中最具有挑战性的方面。情绪自我调节能力是儿童学习遵从行为的外在和内化标准任务必不可少的前提条件。情绪自我调节指的是，为了达到某种目标而使用策略，把自身情绪状态调节到合适的强度水平。情绪的调节需要把对情绪的理解运用到现实生活的情境中去，这些情境可能是极端沮丧的、悲伤的或让人局促不安的。情绪调节的任务不是简单地学习压抑自己的情绪，它包含的内容更宽泛，要求儿童在各种不同的场合中，在玩耍和学习的时候，在各种关系中有效地表达情绪。但是，不同的文化，甚至不同的家庭关于情绪的适当表达和管理的标准都是不一样的。因此，学习调节情绪对于从一种文化环境(如移民孩子所在的家庭)跨到另一种文化环境(如他们的幼儿园可能与他们的家庭文化不同)的儿童而言，是一项尤其艰巨的任务。

刚出生的婴儿完全没有能力对如何表达内心压倒性感受的方式进行调节，没有能力将情绪适当地整合到社会性互动中，也不能在使用情绪时做到专注和有意维持注意力。然而婴儿从很早就开始发展管理自己情绪经验的基本技能，其中一种做法就是学习向他人求助。在一岁半的儿童身上可以观察到，他们会积极地避免或忽视那些会引起负面情绪的境况，会进行自我鼓励或自我安慰，会改变曾经失败过的目标或用新的目标替代，或者运用其他相当精巧的行为策略来管理自己的情绪。到入学前，随着儿童逐渐认识到他们对事件的解释会影响自己的行为，认识到如果有必要自己可以隐藏自己的情绪，儿童的情绪调节功能已经趋向于熟练并具有灵活性。①

学会有效地管理自己情绪的儿童，不仅在他们感到失望、沮丧或受到伤害的时候能显得比较快乐一点，也通常与家里的、儿童照料机构中的以及同伴相处得更愉快。这就提醒我们必须培养儿童积极地社会互动的能力，并且必须为这方面有问题的年幼儿童提供帮助。特别是当孩子在日常生活中遇到令他们感到混乱或受到惊吓的感觉，而不知道该如何进行描述，更没有策略来调节时，儿童与照料者间的关系提供给孩子的安全感和信心可以培养孩子调节情绪的能力。同时调节情绪的能力的获得还会使儿童相信情绪是可以调节、控制并且可以恰当地驱动和表达的，简言之，一个人的感受不一定是压倒性、破坏性或者使人混乱的，即萨尔尼②所称的

---

① Harris，P. L. (1993) Understanding emotion. pp. 237-246 in Handbook of Emotions. M. Lewis and J. M. Haviland，eds. New York：Guliford.

② Saarni，C. (1999) The development of Emotional Competence. New York：Guilford.

“情绪的自我效能”。

行为调节方面的问题在早产儿或容易出现疾病的婴儿身上尤为突出。婴儿可能在建立并固定睡觉、醒来和喂食的生物性节奏方面适应得不如正常的新生儿。他们的行为可能更加难以预料，在社会互动过程中更容易感到不安，缺乏与他人的视线接触，缺少微笑，发声较少，很少表现积极的情绪，即更难让父母理解自己。

3. 注意调节

正如婴幼儿必须学习控制他们的情绪一样，他们也必须学习调节内部的心理过程。思考、提取、记忆信息和解决问题的能力，都依赖于注意、记忆和执行性功能的发展。如果自我调节中这些更具有认知性质的方面发展有困难，就有可能导致儿童在学校中、人际关系中以及整个一生中出现问题。

注意和各种认知能力的自我调节经常被描述为执行性功能的一种形式。研究者们普遍认为，执行性功能应该包含：自我调节、行为有序、灵活性、反应的抑制、计划和行为的组织。行为的控制和调节源自发起、转换、抑制、维持、计划、组织和制定策略等能力。研究表明，执行性功能的早期形态在婴儿期已经出现，而且认为儿童在进行这类执行性任务的能力的发展是阶段性的，与婴儿期和整个童年早期额叶的迅速发展同步的。神经心理学文献中将执行性功能的缺陷与早期额叶的机能不全联系起来的研究结果，也为这些执行性技能的早期出现的证据提供了更进一步的支持。

执行性功能最早出现的标志是儿童能够定位环境中的相关和重要的特征、能够预测事件以及象征性地表征世界。例如出生 6 周的婴儿能够预见某些事件的顺序，实验者在可预见的时间和位置向出生 6 周的婴儿呈现和撤去图片，这些婴儿会迅速形成预期，在下一图片出现之前会将视线转移到自己料想的出现下一张图片的位置。第二种雏形就是手段——目的，一般在 8～12 个月的时候开始出现，如皮亚杰移去障碍拿回玩具的实验。12 个月左右的婴儿开始学习运用语言，以及通过符号表征世界。在婴儿期出现且发展持续整个儿童时期的第三种技能是自我控制。关于自我控制的研究考察的是儿童初现的遵从要求的能力，抑制或延迟某项活动的能力，以及根据情境要求监控行为的能力。儿童的自我控制能力在 18～30 个月间持续发展，且随着时间的推移和经历的情境的增多变得更加稳定。①

事实上，最近由于人们越来越关注童年期的品行问题、注意缺陷、抑郁和焦虑障碍以及其他心理问题的早期雏形，对有问题的调节行为的注意也增加了，但是早期诊断过程中仍然存在着许多陷阱和不确定性。而且调节能力发展的文化维度似乎为大多数科学家和实际幼儿工作者所忽略。然而文化价值深深地影响着年幼儿童如何学习解释和表达自己的情绪，影响着在不同的环境中对“儿童期”行为的理解。例如，非洲的约鲁巴族用自我依靠的术语来定义童年期，而不再将那些能够说话、走

---

① Vaughn，B. E. (1984) The emergence and consolidation of self-control from eighteen to thirty months of age：Normative trends and individual difference. Child Development 55，pp. 990-1004.

路、自己穿衣服和做生活中的其他一些事情的儿童称为儿童。①

二、早期儿童发展的生态环境

(一)早期儿童发展的家庭环境

研究者们很早就关注养育关系、父母的教育水平、家庭收入、父母的就职情况和职业地位以及家庭结构等家庭社会经济资源指标与儿童发展的关系。近些年来研究者们开始关注家庭资源的动力性特征，包括家庭收入、父母就职状况的变化、家庭进入和摆脱贫困状态的变化，以及贫困对儿童在不同年龄阶段的不同影响。

父母的教育程度、收入和职业状况的不同会使家庭处于不同的社会经济阶层，不同阶层的家庭在购买安全的住房，营养丰富的事物，获得高质量的儿童照料以及其他能够积极影响儿童健康状况、学习和适应情况的因素上的能力是完全不同的。② 父亲与母亲的就业情况也是家庭所能提供给孩子的时间和金钱的强有力的决定因素，主要在于父母的工作安排方式、父母工作的环境、工作的收入、工作的性质和结构、工作的时间和总的工时对儿童发展的影响。父亲的失业会对家庭内部的动力系统存在有害影响，会对儿童的发展产生短期和长期的负面影响。③

布迪厄认为，不同家庭背景的子女继承父辈的文化资本，是一种文化资本的再生产。家庭占有的文化资本越多，距离学术领域的要求越近，为早期教育(文化资本的积累)所作的努力越大，从而使家庭文化资本实现实质性的代际传递。而文化资本的再生产最关键的阶段是学前期的家庭教育。这里既有父母对孩子有意识的引导，也有孩子对父母无意识的效仿，这是一种潜移默化的教育。在有关文化资本与儿童发展的相关研究中，研究者认为，家庭的生活风格等也是构成孩子“文化”的主要关键，透过父母的教养方式以及一些活动的参与，如参观博物馆或者在家里阅读众多图书，来提供有价值的教育资源以促进孩子的学习动机并提升孩子的发展成就。由此，文化资本不但可以展现家庭环境的品质，而且能充分提供孩子在学习方面的资源和环境，进而有助于孩子发展成就的活动。

(二)早期儿童发展的托幼机构环境

根据布朗芬布伦纳和克劳特对环境的定义，可以将幼儿园环境看成是幼儿本身以外的、影响幼儿发展或者受幼儿发展所影响的幼儿园中的一切外部条件和事件。一般而言，除家庭之外，幼儿园环境最直接地影响着幼儿的行为和发展，也最直接地受幼儿的发展影响。托幼机构是发展着的幼儿能体验到的活动、角色和人际关系

---

① Zeitlin，M. My child is my crown：Yoruba parental theories and practices in early childhood. pp. 407-427 in parents' Cultural Belief Systems. S. Harkness and C. m. Super，eds. New York：Guilfors Press.

② Becker，G. S.，(1981). A treatise on the Family. Cambridge，MA：Harvard University Press.

③ Conger，R. D. (1994). Economic stress，coercive family process and development problems of adolescents. Child Development65(2)，pp. 541-561.

的具有特定物理和物质特征的一种情境。Day 通过对研究资料的分析，提出在托幼机构中有三个环境因素与幼儿的行为与发展有关联，“它们是：(1)物理环境和空间的利用；(2)材料的可获得性和运用；(3)成人与幼儿交互作用的数量和类型”。即物理环境和空间、活动的材料以及教师与幼儿互动三个方面。[①]

托幼机构物理环境和空间的使用(包括拥挤状况、活动室空间分隔和设备安排、户外活动场地和活动器械、噪声等)以及活动材料的数量、种类、类型和陈列都会对幼儿行为和发展产生影响。例如，高于一定密度的幼儿活动室，有可能使在其中活动的幼儿的攻击性行为增加，社会交往行为减少，不主动参与活动的比率提高；现代的户外活动场地能使儿童更多地参与象征性游戏，儿童更多地以小组游戏的形式进行活动，而在传统的户外活动场地中，则更多的是联系性活动；幼儿园持续性噪声更容易使幼儿活动停止，间歇性噪声则更容易使幼儿的活动发生转换；活动材料对幼儿行为和发展极为重要，准备和提供各种材料，为幼儿创设良好的直接相互作用的环境等。

托幼机构是儿童最早加入的集体教育机构，托幼机构的心理——社会环境对幼儿的各种行为有深远的影响意义。幼儿园心理——社会环境是比幼儿园物质环境更为复杂的环境，它与有关的各层次、各种类的生态系统之间的关系更为密切，它直接影响着幼儿认知、情感和个性的发展，对幼儿社会性行为的塑造关系更为密切。幼儿园课程被看作是生态环境中的一个方面，不同课程或教育方案在涉及同伴间社会交往、成人与幼儿间社会交往、组群大小，以及空间安排和材料等问题时都是不相同的。对幼儿园课程或教育方案与幼儿行为和发展的关系的研究主要集中在课程结构和课程内容等方面，例如幼儿游戏的状况、成人指导的性质和数量、教学内容的性质等。筑起孩子需要的环境，有益于幼儿产生和形成我们所期望的行为。

(三)早期儿童发展的社区环境

社区，作为与儿童发展和教育有密切关联的一个较大的生态环境，近些年来也引起了幼儿教育研究者的广泛关注。布朗芬布伦纳的外系统和大系统是儿童发展的更为广阔的背景，它们包含了社区和社区文化所具有的各种要素；又如，罗高福界定的文化社区概念虽然与上述视角界定的社会和社区文化不尽相同，但是在她对自己所界定的文化社区和文化过程的研究中，人们也能领悟到她的关于社区和社区文化对儿童发展影响的一些独特见解。

人创造了社区和社区文化，但是人的发展也受制于社区和社区文化。正如美国人类学家本尼迪克所说，“个人生活历史首先是适应他的社区代代相传下来的生活模式和标准。从他出生之日起，他生于其中的风俗就再塑造着他的经验和行为。到他能说话的时候，他就成了自己文化的大小的创造物，而当他长大成人并能参与这种文化活动时，其文化的习惯就是他的习惯，其文化的修养就是他的信仰，其文化

① Day，D. E. (1983) Early childhood education：A human ecological approach. Scott，Foreman and Company.

的不可能性亦就是他的不可能性。”①这就是布朗芬布伦纳的微观系统对人的行为和发展的影响，是在外系统和大系统这种广阔的背景下得以实现的。社区内的机关、团体、包括教育机构在内的企事业单位、社会风俗、社会舆论、大众媒体、人际交往等各种有形无形的要素交织成一体，构成了影响人的发展的一个系统，通过诸如血缘关系、地缘关系、社交关系等，无时无刻不在影响着儿童的发展，并受儿童的发展影响。

另外，早期教育机构在社区内运行，它们受社区和社区文化的影响，也影响着社区和社区文化。在各种不同性质的社区和社区文化中，社区与早期教育机构有依托或隶属关系。社区和社区文化对儿童发展和教育的影响主要来自社区的一些非物质方面的东西，包含语言、文字、习俗、民风、民德、纪律、法律、制度、认同感、凝聚力等。所有这些都会通过各种途径，与早期教育机构发生千丝万缕的联系。这就是布朗芬布伦纳在外系统和大系统所包含的较低层次的生态系统，在具体的方方面面的表现可能差距很大，但是却具有内部的同源性，发展主体在外系统和大系统所属的各级生态系统中所表现出来的行为特征，实际上也是宏观系统对人的发展的影响的具体表现。

最近研究者们探讨邻里和社区可能影响儿童发展的发展，提出了不同的观点，主要有压力理论——强调物质毒素和社会及心理因素对儿童的影响，前者如土壤和油漆中的铅，后者如社区暴力；社会组织理论——社区中的榜样和公认的价值观念的重要性，这些因素转而会限制和控制年轻人的问题行为；机构模型理论——真正对儿童发展产生影响的是社区中的各种机构(如学校、警察的保护)，而不是社区中的人本身；流行理论——强调同伴影响在问题行为流传中的强大力量。

(四)早期儿童发展的媒体环境

大众传媒在现代社会是一个非常重要的社会化因素，它对人的社会化影响早已引起人们的注意。传播学研究者指出，在儿童可塑性最强的时期，大众媒介为他们提供了现实世界的图景和各种人生理想的模型。在科学技术迅猛发展的今天，大众传播媒介获得了空前的发展，新兴的电子媒介，特别是多媒体技术和网络技术的发展日新月异，其覆盖范围广泛，内容丰富多彩，方式灵活多样，生动活泼，它必将带来人的思想价值观念、行为模式等方面的一场深刻革命。在儿童成长过程中，大众媒介作为儿童社会化的重要承担者，能使儿童获取必要和充分的信息资源、娱乐资源和知识资源。儿童作为大众传媒中的主体，不同社会经济背景之下儿童媒介接触及其影响也会存在很大不同。

关于媒介与儿童(主要是传播效果)的研究起源于20世纪20年代的美国。随着1933年公开发表的《电影和儿童研究摘要》，1960年发表的《儿童生活中的电视》、20世纪70年代《关于电视与社会行为的卫生局长报告》、80年代《电视与行为：10

---

① R. 本尼迪克. 文化的模式[M]. 何锡章，译. 北京：华夏出版社，2.

年的科学进展和对80年代的启示》《心理与媒体》等媒介影响的研究一步步发展起来，从简单的一个关于儿童的疑问，扩展到媒介影响社会的关注。在这个问题的研究上大多集中在以下几个方面：儿童使用媒介的模式、媒介对儿童生理和心理健康的影响、媒介对儿童认知发展和社会行为的影响。具体例如暴力与攻击行为、亲社会行为、道德社会化、性别角色、社会刻板印象、电视收看的认知和情感方面、电视与健康、家庭与人际关系、社会信念与社会行为、电视对社会的影响等。

但是1982年，尼尔·波兹曼在《童年的消逝》一书中，提出了这样一个命题：以电视为中心的媒介环境正在导致童年在北美地区的消逝。通过对童年历史的考察，他提出：印刷媒介有效地将成人世界与儿童世界相隔离，由此发明了童年；以电视为中心的媒介环境模糊了成人与儿童的世界的界限，由此导致了童年在北美地区的消逝。正是由于电视等电子媒介引起的资讯结构的变化，成年人将儿童隔离于成人世界的“污垢”外的努力失去了原本的效果，如今的儿童可以轻而易举地了解成人世界里的欲望和游戏，而成人对作为“天使”的儿童也开始失去想象的热情。成人开始意识到，儿童并不真的幼稚无能，他们通过电子媒介了解了他们想知道的一切。儿童和成人一样居住在电子环境里，不再呈现出儿童的个性，儿童和成人一起变成了“大众社会人”。电子媒介并非人类感官的延伸，而是否定人类感官的存在，它带领我们进入一个与他人同时存在又转眼即逝的世界。

由于电视缺乏旧媒体(如报纸、广播)所具有的“知识障碍”，不需要儿童通过学习而获得理解它的能力，由此简化了他们对信息的接近，将从前保留给成人的经验公开展示给了儿童，这在一定程度上意味着人类经验变得“同质化”了，即所有的人都可以拥有同样的经验，儿童也因此“世故”和“成熟”了。但实际上，儿童享用与成人同样的信息，懂得使用与成人同样的词语，并不意味着真正理解这些信息的内容了，因此，电视只是产生了“虚假世故”的现象，这却蒙蔽了成人并导致成人把儿童当成比他们实际年龄更大的个体来对待。

那么能否说电视摧毁了童年？按波兹曼的理解，电视作为视听大众文化，被成年人和儿童共享，儿童的个性不复存在，所以也就带来了儿童文化的消亡，儿童和成人一起变成了“大众社会人”。由此看来，电视摧毁的是儿童的个性，从而摧毁了童年。在现代社会，儿童个性形成既受到电视媒介的影响，也受到其他许多媒介形式的影响。流行读物、网络文化都有可能造成“大众社会人”。另外，作为儿童本身，不同的成长环境能造就不同的儿童，儿童并不是完全被动地使用媒介，儿童也不只是单纯地生活在某种媒介环境(如电视中)，儿童受到媒介文化以及社会环境共同的影响。

信息栏1-6

留守儿童成为流浪儿童，垃圾箱取暖集体中毒死亡

2012 年 11 月 16 日在贵州毕节市发生了一起 5 个流浪儿童躲在垃圾箱里生火取暖、一氧化碳中毒集体死亡的事件。5 个孩子是同一个大家庭的，最小 9 岁，最大 13 岁，这 5 个孩子是毕节市海子街镇擦枪岩村团结二组陶老二(死亡孩子陶中林)、陶老四(死亡孩子陶中井、陶中红)、陶老五(死亡孩子陶冲、陶波)家的 5 个孩子。

事发后媒体、网友自然要追问家庭、学校、政府这些儿童发展保护责任的道道防线，然而这些责任主体在仔细调查后，却是无奈的失效和叠加后的马尔科夫链最终断裂。

社会背景：毕节位于云、贵、川三省交界的云贵高原腹地，是贵州的落后地区。但该地区矿产资源丰富，小小城市在建的五星级酒店就有 7 家，夜色中娱乐场所门前的豪车拥挤不堪。该市 2011 年财政收入 180 亿元，增幅连续两年位居全省第一，但按照年人均收入 2300 元的扶贫标准，还有 250.05 万贫困人口，占全省 21.76%。该市民政救助是个“雷声大雨点小”的系统，市级救助站年经费十几万元，承担过渡性救急，争取当天接走，最长不超过 10 天。随着城市化流浪者增多，每年救助在 1000 人左右，流浪儿一般联系家长当天接回，只有个别残疾儿才送到儿童福利院。

家庭背景：陶家五兄弟除老大(57 岁)、先前智障的老三外，全部外出打工，还留下一个双目失明年已 81 岁的老母亲，根本无法照看孙子。打工在外的父母只是偶尔寄点钱给孩子们买点米，平日里只吃稀饭、土豆、玉米蘸盐巴。毕节是产煤区但家里没烧过煤，孩子们捡些树枝烧饭，低矮的土坯房只能弯腰进去，狭小、阴暗、潮湿，墙上裂开宽缝，木床上零乱地堆着棉被褥。

学校背景：“成绩不好，不想读书”是辍学的主要原因。2007 年农村义务教育免除学杂费后，对学校、家庭而言费用不是问题，“控辍保学”成为学校的红线。学校、家庭、政府形成三级保障网，但沟通渠道不畅无法落实责任，按责任要求，如果学生不到校，班主任任课教师负责追查学生，如果三番五次追不到，上报镇政府，政府下复学通知书，限期家长送孩子入学，做不到只有处罚家长，家长既在外打工，又没钱没文化，责任无法落实。

区域文化背景：这里是苗族集聚区，宗族观念强，“谁家儿子多就不会受欺负”，生四五个孩子是常态，女孩子没有社会地位，十五六岁就嫁人生育，男孩子十几岁就外出打工，有的孩子大人根本就不管，民政部门联系其中的一位父亲，对方回答说：“孩子我不要了，爱到哪里就到哪里，我在外打工也难。”

自身心理状态：缺乏温暖和关爱比贫穷更可怕。外出打工的父母把孩子留给爷爷、奶奶，一方面，年迈的老人管不了淘气的孩子；另一方面，父母给家

里寄的钱不多，久而久之孩子在爷爷奶奶眼里成了累赘；学习成绩不好又受老师、同学的歧视，这样的孩子变成多余的，没有人给他们好脸色看。“只要你们让我回家、上学，我就逃跑。”

（资料来源：“毕节儿童死亡事件调查”，载《三联生活周刊》2012年第48期，第116－124页）

三、早期儿童发展的动态生态系统

（一）早期儿童发展因素的系统生态作用

关于遗传、早期经历、照料关系和环境威胁对儿童发展的显著影响，从行为基因学和神经科学到政策的分析和干预研究都提供了不容置疑的科学证据。事实上，人类早期发展的每一个方面从脑的神经回路到儿童移情的能力，都受到环境和生活经历的影响，从胎儿期开始来自这些方面的影响便开始了，而且以一种不断累积的方式贯穿整个童年早期。当前我们面临的问题是早期经验如何影响和塑造个体的发展，并对儿童继续在积极的道路上发展起作用。

布朗芬布伦纳提出的人类发展生态学也指出：发展的人是一个不断成长并时刻重新构建其所在环境的动态的实体；人与环境之间的相互作用过程是双向的，呈现一种互动的关系；与发展过程相联系的包括单一的、即时的情境，还包括各情境之间的相互联系，以及这些情境所根植的更大的环境。

因此，人类发展存在着无数的可能性，遗传特性和生活既可以限制也可以扩展每位儿童的能力。在儿童生命早期，父母和其他固定照料者是环境影响的“活性要素”，父母的身心健康和幸福感，家庭之外的照料关系、童年早期的经验、威胁中枢神经系统发展的众多环境因素等都在塑造着儿童的发展。

（二）早期儿童发展的动态生成

人类的行为与发展是动态的，许多动态系统理论学家，例如费舍尔与必德尔[①]、塞伦与史密斯[②]都坚持认为：发展要通过发展体系中所有层次连续不断的相互交流才能够得以进行。根据这种观点，对儿童来说，体系中任一方面的任何变化，例如生物意义的成长、社会反应的调整都会导致这个体系其他方面的不平衡与重新调整。其结果是对行为连续不断地进行重新组织，从而使这种行为更加有效、合适。但是在这种不稳定性中，依然存在着一定的规律与可预测性。

---

① Fischer，K. W&Bidell，T. R. (1998). Dynamic development of psychological structures in action and thought. In W. Damon(editor-in-chief：R. M. Lerner，volume editor)，Handbook of child psychology：Vol. 1. Theoretical models of human development(5th). New York：Wiley.

② Thelen，E.，& Smith，L. B. (1998). Dynamic systems theories. In W. Damon(editor-in-chief：R. M. Lerner，volume editor)，Handbook of child psychology：Vol. 1. Theoretical models of human development(5th). New York：Wiley.

托马斯[①]指出，在研究儿童发展中强调在一种体系中相互作用的各个成分的变化。例如，身体、情感、社会性以及智力的增长通过复杂的方式相互链接，在一个领域发生的机能上的变化能够对其他领域的机能产生深邃的影响。动态系统理论为人类的发展引入了崭新的“暗喻”。这些“暗喻”取代了将人类看成是对外部因素做出高度反应的机械的模式，也取代了将人类发展看成是一系列阶段与步骤的“理论比喻”，或者是看成一座需要攀登的山峰的“理论比喻”。由塞伦与史密斯(Thelen & Smith，1998)所描述的新比喻之一是：将人类的发展比喻为山涧小溪中的河流，总是伴随着不断变化的漩涡与急流，它的水流与它的涟漪缓缓流淌，对暴风雨、干旱、融化的冰雪、大风，以及无数年代所产生的地质变化做出反应。因此理解儿童发展的相互交织的图案，是一个复杂的并且是精彩的过程。

而20世纪60年代末期开始建立并发展起来的一种系统理论——自组织理论也很好地诠释了儿童发展的动态生成过程。自组织理论的研究对象之一是复杂自组织系统——生命系统的形成和发展机制问题。自组织理论认为，人的发展不需要特定的外部作用，系统通过一定相互作用的内部机制，人的发展自行从简单向复杂、从粗糙向细致方向发展，不断地提高自身的复杂度和精细度，能动的形成具有自主调节，并自我完善、自主发展。

本章小结

早期儿童发展领域的研究有一个较长的过去，自库斯缪(Kussmual)1859年发表《新生儿心理生活的研究》已有一个多世纪。1925年成立了国际性的儿童发展研究协会(RSCD)。受分析主义思潮的影响，各学科分割式的研究一直占主导地位，儿童发展及早期儿童发展的整合研究是实践工作者对儿童生存状态关注的结果。

“发展”有广泛的含义，儿童发展的特点主要体现在：发展的基础性、发展的递进性、发展的易感性。早期儿童发展研究包括身体生理、心理与行为、社会与文化三个层面；儿童发展领域的研究包括身体生理发展、认知发展、个性与社会性发展、文化性发展，这些发展的研究领域不是彼此孤立的，而是存在相互联系的，你中有我，我中有你。儿童发展的研究也可以从活动领域切入如游戏活动中的儿童发展研究、审美活动中的儿童发展研究、交往活动中的儿童发展、学习活动中的儿童发展研究、劳动活动中的儿童发展研究等。

早期儿童发展是人类发展的重要组成部分，是个体发展最迅速、最关键的阶段。人类发展包括种系发展和个体发展，个体发展中早期儿童发展是基础的基础，儿童发展在一定程度上是重演了种系发展的历史。动物种系发展和人类种系发展构成了种系发展的全部历史。在个体发展中胎儿发展、儿童发展、成人发展、老年人

---

① Thomas，R. M.，(2000). Comparing theories of child development(5th). pacific Grove，Ca：Wadsworth.

发展构成了毕生发展的完整体系。

儿童发展阶段的划分有不同的标准，早期划分倾向于按照生物特征来划分，最有影响的划分则是以心理特征、社会文化特征来划分。我国儿童发展学界将儿童发展阶段的划分与学制的形成有机结合起来，并揭示了我国儿童各阶段年龄特征的特点。

儿童发展思想的演进有一个漫长的过去，有什么样的儿童观就有什么样的儿童发展研究，同时儿童发展的研究方式又改变着旧有的儿童观。

当代儿童发展研究呈现出以下的热点研究领域：婴儿发展研究，婴幼儿社会性发展研究，儿童他心理论研究，记忆发展研究，语言发展研究，婴幼儿日常认知研究，早期儿童发展认知神经科学研究，认知行为遗传学研究等。

早期儿童发展过程是多种因素交织作用的动态过程。遗传基础、自我调节是早期儿童发展的自身条件因素；家庭环境、正规托幼机构、社区、媒体环境是早期儿童发展的外部条件因素；这些因素与其他的宏观因素共同构成一个动态生态系统。早期儿童发展是这一动态生态系统作用生成的。

进一步学习资源

● 关于“儿童发展”学科知识体系结构的进一步了解可参阅 Laura Berk：*Child development* (9th)，Allyn & Bacon，2012。

● 关于“早期儿童发展科学”的理论与实践可参阅美国科学家委员会组编（方俊明、李伟亚译）《从神经细胞到社会成员——早期儿童发展科学》，南京师范大学出版社，2007 年版。

● 关于经典教科书体系可参阅陈国眉主编《学前心理学》，北京师范大学出版社，1990 年版；王振宇主编《学前儿童发展心理学》，人民教育出版社，2004 年版。

● 关于我国儿童心理学的系统研究成果可参阅朱智贤著、林崇德（修订）《儿童心理学》，人民教育出版社 2004 年版；方富熹、方格著《儿童发展心理学》，人民教育出版社，2005 年版。

● 关于婴儿心理学研究的系统总结可参阅孟昭兰著《婴儿心理学》，北京大学出版社，1997 年版，庞丽娟《婴儿心理学》，浙江教育出版社，1996 年版。

● 关于儿童发展的认知神经科学研究可参阅 Mark H. Johnson：*Developmental cognitive neuroscience* (2th)，Blackwell publishing，2005。

● 关于早期儿童发展研究的最新信息可登录下列网站：

http：//www. srcd. org/about. html　国际儿童发展研究会

http：//www. issbd. org/　国际行为发展研究会

http：//www. apa. org/about/division/div7，html　美国心理学会发展心理学分会

http：//www. thefederationonline. org/　行为、心理、认知科学联盟

http：//www. cogneurosociety. org/　认知神经科学学会

http：//www. cognitivescience society. org/　认知科学学会

http：//www. humanbrainmapping. org/　人类大脑图谱组织

http：//www. sfn. org/　神经科学学会

http：//www. asnweb. org/　美国神经影像学会

http：//www. med. harvard. edu/aanlib/　儿童脑成像资源库

关键概念

人类发展　儿童发展　早期儿童发展　新生儿发展　婴儿发展　学龄前儿童发展　前学龄前儿童发展　身体发展　认知发展　个性发展　社会性发展　文化性发展　儿童发展阶段　婴儿期　幼儿期　学龄儿童期　少年期　青年期

思考与探究

1. 结合教材和相关文献画出早期儿童发展学科在儿童发展科学、发展科学中的谱系图。

2. 比较相关“早期儿童发展”与“学前儿童心理学”教科书知识体系的异同。

3.“观察、观察、再观察”是诺贝尔生理学奖获得者巴甫洛夫的座右铭。你如何理解观察法在儿童发展研究中的作用?

4. 如何理解儿童发展阶段划分与我国学制入学年龄要求的内在关联?

5. 你对种系发展与个体发展的关联有何看法? 你是怎样理解其相关理论的?

6. 结合英美国家的“K6”初等教育体系与 preschool 及 pre-preschool 教育体系谈谈对早期儿童发展研究成果的认识。

7. 儿童发展认知神经科学研究是一种神经生理机制研究吗? 结合相关网站的信息，谈谈该新兴学科对儿童发展研究的意义。

8. 提高新一代的素质，是实现中华民族伟大复兴的关键。从儿童发展的研究视角，谈谈你对我国父母“科学育儿”知识普及的设想。

趣味现象·做做看

栏目设置目的

儿童发展科学是实证科学、实验科学，它需要精细的观察、实验、测量。目前，学前院系都普遍建有儿童生理、心理实验室，但这些实验室受多种因素的限制，难以产生理想的效应，同时部分幼师院系还没有建立实验室。而事实上一些儿童发展的实验就在我们身边，重要的是我们如何指导学生创设实验情境，并在情境中观察有趣的现象，这是提升学生专业素养的重要途径，我们的尝试是初步的，甚至很肤浅，但我们深信我们的教学思路是正确的，我们在探索，我们在努力，在不久的将来，读者将会看到本教材关于实验方面的配套读本和课程网站上的相关资源。

在研究方法的教科书中，实验法、观察法、测量法为三大方法，分别讲述。在婴幼儿发展研究中这些方法很难截然分开，它们是一个系统的整体，其中皮亚杰的研究已树立了典范。自20世纪70年代以来，婴幼儿发展学者形成了独特的整合性实验研究方法，包括偏好法、去习惯法、操作行为强化法、视崖反应法、抓握反应法、回避反应法等一系列方法。在此简单介绍同学很容易做到的抓握反应法。抓握反应法可通过创设情境诱导婴儿的抓握反应动作，来进一步研究婴儿的感知觉能力和对事物的理解能力。请同学作以下尝试：

实验目的：观察不同月龄的婴儿对刺激物的抓握反应动作。

研究对象：亲戚或邻居家3～8个月的婴儿(也可采用出生周数计龄)。

实验工具：大小不同红、绿、蓝颜色的气球或其他大小不同颜色相应的布质玩具；摄像机或记录纸。

程序：一位同学呈现刺激，将大小颜色不同的球依次放在婴儿的面前并以儿语诱导婴儿，另一位同学记录婴儿反应方式。

问题：

(1)不同月龄婴儿对不同大小气球的抓握方式。

(1)婴儿对不同颜色气球抓握反应有无偏好？

(2)母亲语言诱导和陌生人语言诱导有无差异？

提示：本类实验可从改变刺激材料、行为变化、环境变化等入手，还有多种变式，请同学开动脑筋大胆设想并付诸实施。

第二章 早期儿童发展的基础

本章导航

本章将有助于你掌握：

遗传的物质基础——染色体与DNA
遗传的方式——有性生殖
常见的几种遗传疾病
产前发育的三个阶段及影响产前发育的主要因素
对胎教的理解
神经系统的基本结构与功能单位——神经元及其联结
儿童大脑发育的主要特点
神经的可塑性
身体发展的主要变化
动作发展的规律
影响动作发展的因素——生物因素和非生物因素

据《青年时报》2006年11月9日报道，在沈阳和平区中兴街，住着一对有着诗情画意名字——美轮、美奂的双胞胎姐妹，她们与其他双胞胎不同的是一个肤色稍黑、一个肤色较白。这对天使般的双胞胎姐妹降生于2006年1月12日早9时03分，小美轮浑身黝黑，而小美奂则一身雪白。随着孩子一天天长大，两个小宝宝越长越漂亮，每到一个地方都会成为众人瞩目的焦点。

另据青年时报网 2006-10-24 10:23:00 报道，在澳大利亚布里斯班市北部布潘加里地区，有一对 5 个月大的双胞胎姐妹艾丽西娅和贾斯敏，她们的皮肤竟然也是一黑一白！

据悉，这对双胞胎的母亲娜塔莎是具有牙买加血统和英国血统的混血儿，而父亲则是德国白人，她们的母亲通过自然怀孕的方式生下了这对"黑白双胞胎"姐妹。据基因专家称，这样的概率大约只有 100 万分之一。

为什么会有这样的变化呢？据基因专家称，在大多数例子中，混血女性的卵子将同时包含黑皮肤和白皮肤的混合基因；但在一些更罕见的例子中，混血女性的卵子中只包含一种占优势地位的肤色基因。而娜塔莎之所以生下了一对"黑白双胞胎"，是因为她的两枚卵子，其中一个黑肤色基因占优势，另一个则是白肤色基因占优势。

那么，这些双胞胎姐妹将来生理的发展会一模一样吗？会有一些什么变化呢？

儿童发展受遗传、发育、环境、教育等多种因素的影响，这些因素之间相互影响、相互制约。心理活动是以机体的生理活动(尤其是机体的神经系统的生理活动)为基础的，正常的生理基础和遗传素质是正常心理活动所必须具备的条件。遗传素质，主要是指那些与生俱来的有机体的构造、形态、感官和神经系统等方面的解剖生理特征。

婴儿出生以后，具有一定遗传素质的身体各部分及其器官的结构和机能还没有发育完善，需要经过一个很长时期的生长、发展过程，才达到结构上的完善和机能上的成熟。这就是我们一般所说的生理成熟。对不同系统的器官来说，成熟的早晚和不同时期发展的速度都是不同的，但都各有其规律。

第一节　遗传与产前发育

人类通过生殖实现种族的延续，在种族延续的过程中进行着遗传物质的传递。亲代与子代之间，在形态、结构和生理功能上相似的现象称为遗传。人类通过遗传将祖先在长期生活过程中形成和固定下来的生物特征传递给下一代。遗传和成熟是儿童心理发展必要的物质前提和基础。

一、遗传的物质基础

(一)染色体与 DNA

细胞是生命的最基本结构和功能单位。每个人的身体都是由亿万个细胞组成的。每个细胞都由细胞膜、细胞质和细胞核构成。在细胞核中含有一些储存和传递遗传信息的线状结构——染色体。染色体主要是由蛋白质和脱氧核糖核酸(简称DNA)组成的，其中 DNA 在染色体里含量稳定，是主要的遗传物质。人体细胞里的染色体都是成对存在的。每对染色体的大小和形状一般都相同，一个来自父方，一个来自母方，称为同源染色体。人类共有 23 对(46 条)染色体，其中第 23 对是性染色体，女性是 XX，男性是 XY。

DNA 分子是一个长链式的“双螺旋”的特殊结构，看上去像一个盘旋而上的梯子。每条长链都是由核苷酸组成，故又称作多核苷酸长链。核苷酸分四种，用符号 A、T、C、G 表示，它们以不同的顺序分布在多核苷酸长链上。核苷酸的不同排列顺序代表各种不同的遗传信息，每个 DNA 分子长链上分布着难以计数的遗传信息。DNA 分子的特殊“双螺旋”结构，使它承担着传递信息的特殊使命。

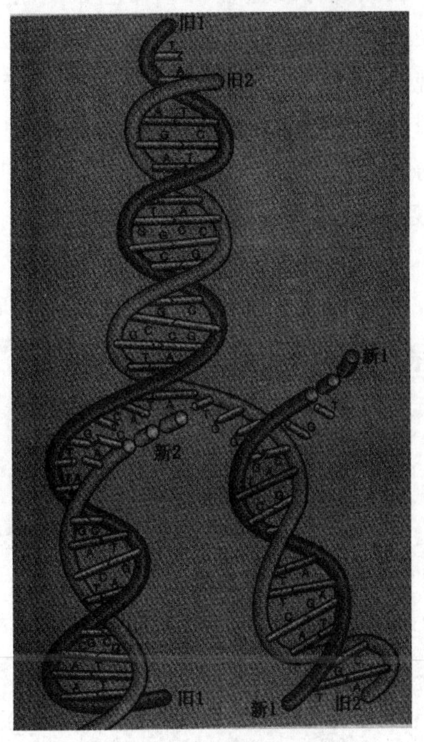

图 2-1　DNA 梯状结构

([美] 劳拉 · E. 贝克著，《儿童发展》(第七版)，江苏教育出版社，71)

DNA 分子上具有遗传效应的片段就是基因。基因直接或间接地决定一定的遗传性状。基因是 DNA 上的结构单位，也是具有遗传效应的功能单位。基因的任务是发送指令到细胞质，用以合成各种类型的蛋白质，而这些蛋白质是形成人类机体各种特征的生物基础。据中、美、日、德、法、英 6 国科学家和美国塞莱拉公司于 2001 年 2 月 12 日联合公布的人类基因组图谱及初步分析结果，人类基因组是由 31.647 亿个碱基对组成的，共有 3 万至 3.5 万个基因，少于原先估计的 10 万个基因。

在一定条件下，DNA 分子通过复制能准确地将遗传信息传递给后代。

(二)遗传方式

生殖是种族繁衍的重要生命活动，也是遗传物质分离、重组、传递和结合的循环过程。成熟的个体能够产生与自己相似的子代个体，这种功能称为生殖。

既然一个新的生命通过父母的生殖细胞获得遗传信息，为什么在生理、心理上兄弟姐妹、亲属、孪生兄弟姐妹会存在差异呢？为什么每一个个体在这个世界上都是独一无二的呢？

生殖细胞的成熟过程，实际上就是精子和卵子的形成过程。精子和卵子的形成是通过减数分裂实现的。在减数分裂过程中，染色体复制一次，细胞分裂两次。首先经过自我复制的同源染色体进行配对，配对的同源染色体片段间进行交叉互换，造成染色体上的基因出现互相替代，从而实现基因改组产生新的遗传信息。接着，同源染色体分开，非同源染色体随机组合。最后，已复制的染色体一分为二，进入生殖细胞内。通过减数分裂最终形成的精子与卵子都只获得亲体细胞染色体的一半，即它们都各只有23条染色体，进而完全随机的由精子和卵子相结合产生新的个体并决定子代的性别。因此，来自同一父母基因库的新个体所具有的染色体就可能不同，从而兄弟姐妹、亲属之间在生理、心理上就会表现出差异。

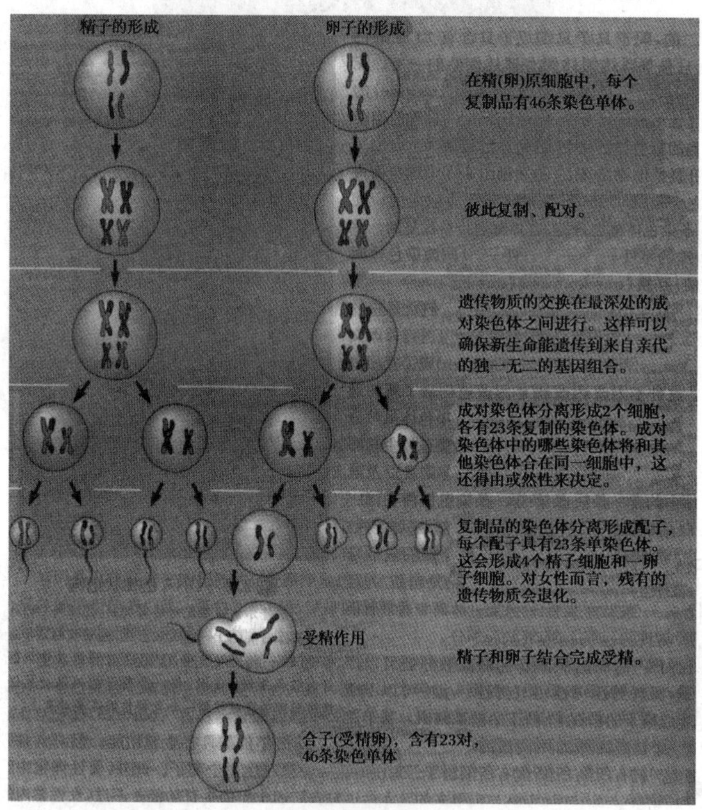

图 2-2　减数分裂形成配子过程及受精作用

([美] 劳拉·E. 贝克著，《儿童发展》(第五版)，江苏教育出版社，72)

在同卵双生子的情况中，一个受精卵通过有丝分裂，分裂成两个个体(双生子)或多个个体(多生子)，他们的基因则是100%的相同，而异卵双生子的情况与不同时间生的兄弟姐妹是一样的，因为异卵双生子或异卵多生子是由两个或多个不同的卵细胞各自接受不同的精细胞结合而成的，他们都经历各自不同的染色体减数分裂过程中随机组合的不同，他们彼此之间的相像程度可能多些，也可能少些。正因为如此，每个人与父母、兄弟姐妹甚至祖父母，可以有相似之处，因为他们有相同的基因；但他们又有很多个体的独特特征，因为他们每个人都不可能有完全相同的一组基因。

(三)遗传疾病

影响儿童正常发展的许多疾病都是遗传性疾病，主要是由基因缺陷或基因突变引起代谢性缺陷以及染色体数目或形态不正常导致的各种发育不正常。

1. 苯丙酮酸尿症

最典型的代谢性缺陷遗传疾病就是苯丙酮酸尿症(PKU)，其病因是新生个体从父母亲那儿继承了一对特殊的隐性基因，因而身体上缺少一种能把食物中的苯丙氨酸转化为无害副产品的酶。结果，苯丙氨酸的浓度超过正常量，就转化为一种有毒的物质——苯丙酮酸，使中枢神经系统的神经细胞受到损害。患有这种病的婴儿如果不及时发现、及早治疗，大约3～5个月，他们就会开始对周围的环境失去兴趣；经过一年的时间，他们就会永久性地智力迟钝和精神发育迟缓。尽管苯丙酮酸尿症具有潜在的破坏效应，但这些遗传而来的不健康的基因并不都意味着孩子的状况是不可治疗的。现在有些发达国家的法律规定，必须对新生儿进行尿检，以便早期检出这种高危儿童，并对他们提供富有营养但苯丙氨酸含量很低的食谱。接受治疗的孩子在其婴儿期和童年早期，在对条理性有较高要求的认识技能方面的发展显得迟缓。这是由于只要有少量的苯丙氨酸就会干扰和影响他们大脑的功能。但是通过饮食疗法尽早治疗并得以持续的话，毒性酸就不再积累，儿童就能获得平均人的智力，并且一生智力都是正常的，寿命也是正常的。

2. 唐氏综合征

唐氏综合征是一种最为常见的染色体变异所导致的疾病，它又称为先天愚型、伸舌样白痴，其发病率为八百分之一。在减数分裂过程中，第21对染色体分离不成功，这时新的个体就遗传到了三条染色体而非正常情况下的两条染色体，这样就会导致唐氏综合征。所以，唐氏综合征又被称为21三体综合征。在其他发生频率不高的形式中，也存在第21对染色体中的一条受到损伤造成染色体结构异常的情况。有丝分裂的早期阶段发生差错也会导致一些细胞(但不是全部)中的染色体构成产生缺陷。在这些情况中，由于涉及的遗传物质较少，因而所表现出的症状也少一些。

患有唐氏综合征的儿童具有下列显著的身体特征：斜视、身材矮小粗壮、面部扁平、伸舌、杏眼以及手掌上有一条极少见的皱沟。此外，患病的婴儿生来就患有白内障、心脏病等疾病。唐氏综合征引起的行为后果包括：心智发育迟缓、语言表达能力差、词汇掌握受限以及运动发育缓慢等。与正常儿童相比，患病儿童身上的这些问题随着年龄的增长越发显得明显，而且从婴幼儿期开始发育速度逐渐放慢。另外，唐氏综合征婴幼儿患者很少笑，目光交流能力差，而且对物体的观察缺乏持久性。

有迹象表明，唐氏综合征大约有80%左右是由母体中的配子所致。随着母亲年龄的增长，唐氏综合征发病的比率也会大幅度增加：母亲20岁时是1/1900，35岁时是1/300，而49岁时是1/30。基因学家认为，由于随着年龄的增长或更多地暴露在有关环境介质中，加之受孕以来身体中的卵子本身就很虚弱，结果导致减数分裂中染色体不能顺利分裂；另外，随着年龄的增长，怀了有缺陷的胚胎的妇女不太会流产，因此，唐氏综合征的发生比率会随着母亲年龄的增长而增加。

3. 其他

与唐氏综合征不同，常染色体异常导致的疾病影响胎儿发育，严重者会致流产。患有常染色体疾病的孩子在生下来后，很少有人能活过儿童早期，而性染色体疾病却很少导致这些问题。性染色体疾病常常在像青春期发育迟延一类的生理离差现象中才得到确诊，一般最容易发生X染色体或Y染色体的增加或女性X染色体的缺失。

发生在女性的特纳氏综合征(XO)，就是整条X染色体完全缺失，患者只有45条染色体(22对+X)，它将导致性别特征发展方面的变异。患者在一般认知发展方面并无明显落后之处，但在空间技能方面存在特殊的缺陷。男性中最常见的性染色体变异为克莱恩费尔特氏综合征(XXY)，患者有47条染色体(22对+XXY)，虽然他们不生育，但有很多女性特征。患者在与文字表达有关的智力发展方面有些缺陷。

无论是基因突变还是染色体变异导致的疾病，都会造成儿童发展的偏离，有的会严重影响脑和神经系统的发育，导致智力落后，影响儿童心理的正常发展。

二、产前发育

个体生命运动的真正起点是从精子与卵子相结合的那一刻开始的。受精后，儿童发展过程中的最快时期——产前发育就开始了。然而，由一个微小的未分化的细胞发育成一个具有完整的器官和功能的成熟的胎儿，却是一个相对漫长的过程。虽然任何一个个体在受精卵形成的那一瞬间，他特有的遗传基因已被决定了，但这并不意味着胎儿就能顺利发育成熟并出生。胎儿的正常发育需要一定的条件。妊娠早期对胚胎形成、胎儿器官的分化发育都是十分重要的。

(一)产前发育的阶段

个体出生前，在母体内大约度过了10个月的时间(约280天)。个体产前的发育过程按其发展特点，可分为三个时期：胚种期、胚胎期和胎儿期。

1. 胚种期

从受精卵单细胞直到形成一个球形细胞团(它仅有针头那么大)，并植入子宫内，在子宫内膜上“着床”为止，共持续2周左右(8～14天)的时间，就是胚种期。

受精卵在输卵管内向子宫腔移动的同时，进行细胞分裂。大约3天，受精卵由一个细胞分裂成由12～16个细胞组成的实心细胞团，外面为透明带包裹，体积不变，在输卵管蠕动和收缩的协调作用下，此细胞团形似桑椹，称桑椹胚。桑椹胚通过输卵管进入子宫腔，从腺体分泌物吸取营养，并继续细胞分裂，体积扩大，内中出现囊腔，称之为胚泡，并逐渐靠近子宫壁。受精后的7～8天，子宫内膜在雌激素和孕酮的作用下处于分泌期，这是胚泡着床的最好时期。此时，胚泡表面的滋养层细胞上的微绒毛与子宫内膜绒毛交织成网，使胚泡植入子宫内膜。胚泡外层由外到内分化成绒毛膜和羊膜，它们将正在里面生长的胚胎包住。羊膜内充满液体，胎儿浸于其中。绒毛膜在羊膜外面，它的一部分成为胎盘的内层。胎盘是胚胎在子宫内着床的部分。通过胚胎的脐带，胎儿与胎盘相连接。胚胎所需的营养物质和氧从孕妇的血液通过胎盘部位和脐带输送给胎儿，并通过这一渠道把胚胎的二氧化碳和废物排入母体血液中。这部分组织具有的胎盘屏障允许养料及废物这些微小的分子通过，并阻止母体大量的血液通过，以保证胎儿通过母体血液进行生长的新陈代谢活动。

2. 胚胎期

胚胎期是胚胎处于迅速生长的状态，从第2周一直持续到第8周末。各种重要器官的分化和生理系统的产生在这一时期出现。胚胎期虽然不长，但胎儿身体的大部分器官在此时期发育成为一个人的原始状态。

在胚胎期，胎盘形成三层细胞：①外胚层，以后会形成神经系统和皮肤、牙齿、感觉器官等；②中胚层，将会发育成肌肉、骨骼、循环系统等；③内胚层，将会发育成消化系统、呼吸系统、腺体等。

胚胎初期，神经发育最快。外胚层发育成神经管或初级脊髓。在3周半时，顶端膨大发育为大脑。神经元的生长开始深入进神经管。一旦形成，神经元沿着细丝状道路前行到达永久性驻地，在那里，它们形成脑的主要组成部分。在神经系统发育的同时，心脏已形成，并开始搏动，并分化出眼睛、鼻子、耳朵、嘴以及四肢的肢芽，消化器官已开始出现并发育。到第7～8周，开始性别分化，形成睾丸或卵巢。这时胎儿已长到4～5cm长，并已具有人的外形和成为人类的各种身体结构。

这个时期，胚胎对环境影响非常敏感。

3. 胎儿期

胎儿期是产前发育的最后阶段，从怀孕第9周到胎儿出生。在这个时期，器官的进一步分化有待于完成，躯体比例改变，机能增长。

从第3个月开始，胎儿骨骼肌肉的生长及神经系统与各组织开始变得相连，大脑有了反应，使胎儿开始能活动其四肢。到第3个月末，胎儿长到9cm长，头部显得特别大，已能吞咽、消化和排泄。利用超声波技术可以探测出胎儿的性别。

胎儿生长的第4～6个月内，新生命已经长得很大以至于其运动已经可被母体

感觉到。此时胎儿的感觉器官已能发挥其功能作用。怀孕6个月早产的婴儿显示对铃声的警觉反应和对强光的眨眼反应就是证明。这时胎儿的神经系统以及呼吸、循环各系统均已基本长成并发挥功能作用。这是在现代改进和提高了的医疗条件下，6～7个月早产儿可以存活的基本保证。在此时期，大脑中许多神经元都已各就各位，这是胎儿发育中的一个重要里程碑。

胎儿从7～9个月身体迅速长大。身体细胞，特别是脑细胞体积长大，数目增加，大脑皮层增长，使胎儿身体各器官、各系统成长和成熟。这时期身体的增长使得胎儿在窄小的子宫内以蜷曲的姿势生存其中，胎儿对外界环境的反应越来越多了。在最后3个月中，胎儿已重达3～3.5kg，长达45～50cm，皮下脂肪逐渐丰满以调节体温。胎儿从母体中接受抗体以抵御疾病。在最后几个星期中，大多数胎儿在子宫里采取倒置的姿势，生长开始放慢，分娩的时刻也就快到了。

(二)影响产前发育的因素①②

个体在受精卵形成的一瞬间，他特有的遗传基因就已决定了个体的各种遗传性状。有些缺陷是先天遗传的，有些则是由于产前发育的环境危害造成的，虽然产前的环境远比胚胎外面的环境要稳定得多，但外界各种因素还是会通过各种渠道影响胎儿，尤其是母体本身的影响更为明显。

在胎儿期损害胎儿发展的任何环境因素我们称之为致畸因子，由致畸因子引发的损伤并不总是简单而明确的，往往是由多种因素引起的。这些特定的致畸因子累积到一定的量并长时间作用就会影响胎儿的正常发育，甚至产生更严重的后果。致畸因子对不同时期的胎儿影响不同。

1. 药物

孕妇服用的绝大多数药物都会进入胚泡和胎儿的血管。一般来说，除了中枢神经系统，胎儿器官在妊娠12周时完全形成。因此，在妊娠12周前应避免服用药物和免疫抑制剂，尤其是致畸药物，如抗生素(大部分抗菌素)、解热镇痛药、镇静安眠药、避孕药、激素类药物等。许多人把维生素当成安全药、营养药，但维生素能致畸胎则往往被人们忽视。过量的维生素A可破坏胎儿软骨细胞导致骨畸形、腭裂、眼畸形、脑畸形；过量的维生素D使胎儿血钙增高，易致胎儿智力发育低下。据报道，孕期内超大剂量服用维生素C、B也可致畸胎。

此外，孕妇大量饮酒、抽烟、摄入咖啡因类物质，都会影响胎儿的生长发育，降低婴儿的体重和对疾病的抵抗能力，增加流产和早产的可能性，甚至于影响婴儿智力发展，造成身体畸形、先天性心脏病等。如果母亲吸毒，即经常服用诸如可卡因和海洛因之类既令人上瘾又使人情绪变化无常的药品，就会分娩出因药致瘾的婴儿，他们往往表现出早产、低重、焦躁、发热、痉挛、呼吸和睡眠困难等特征以及分娩前后发生死亡。

---

① 劳拉·E. 贝克[美]. 儿童发展(第五版)[M]. 南京：江苏教育出版社，128－144.

② 乐杰. 妇产科学(第六版)[M]. 北京：人民卫生出版社，2004：137－142.

2. 疾病

在怀孕期间，有5%的妇女会感染上这样或那样的疾病，这些疾病中的绝大多数(如一般性的感冒)目前看来对胚胎和胎儿没什么影响，但有些疾病会对机体造成严重危害。最严重的病毒性疾病如风疹，如果发生在胚胎敏感期，它就可能会造成心脏畸形、耳聋、白内障、生殖器和泌尿等方面的疾病，出现心智发育迟滞等。如果在胎儿期感染，也会发生低重、听力丧失以及骨疾等。

此外，妊娠期中的胎儿对疱疹病毒一族比较敏感，尤其是生殖器疱疹和巨细胞病毒，这两种病毒都会侵害孕妇的生殖器，因此，婴儿既可以在孕期被感染也可以在分娩时被传染。生殖器疱疹病毒会严重损伤神经。

3. 辐射

辐射对胚胎和胎儿有害，可能引发先天缺陷，因为辐射会导致基因突变，从而造成流产、畸形、大脑发育不全，尤其是怀孕后6周内遇辐射。如果受到X射线的照射，对胎儿的影响最严重，会产生小头畸形、智力缺陷、腭裂、失明、唐氏综合征、生殖器畸形等。

一般来说，对可能怀孕或已经怀孕的妇女都不应该进行X射线的检查以及放射性治疗，尤其在早孕期，否则会对胎儿的正常发育造成极大的危害。

4. 营养

妊娠期间营养不足，孕妇身体虚弱、骨质软化，这不仅会使胎儿体格发育有限，而且会影响胎儿大脑的发育和孩子的智力发展。人的脑细胞数量在胎内时期是直线上升的，出生后增长速度就放缓，半年至两年内，脑细胞就停止增殖，之后就只有脑细胞体积与重量的增加。有研究表明，妊娠早期及出生前营养不良能损害胎儿大脑皮层和神经细胞的形成；妊娠后期及出生之初的营养不良则能干扰神经轴索的形成及限制中枢神经系统内的树突的发育。怀孕期间母体营养不良不仅会严重影响胎儿脑细胞数量的增加而且还会造成流产、死胎等现象。营养不良发生的时间越早，对胎儿的影响就越严重。

信息栏2-1

营养与神经管发育

神经管的形成是神经系统发育中决定性环节。它在怀孕后3周时发生，通常此时母亲们还没有意识到自己已经怀孕。神经管无法正确闭合是一种常见的先天性缺陷，约500个婴儿中就有一例。最近一份关于大众健康的重要发现表明，许多神经管缺陷病例都是由于怀孕后几周内因日常饮食中的叶酸缺乏引起的。经证实，在此期间的饮食中提供适量的叶酸可以使该症的发生减少90%。

叶酸在许多新陈代谢途径中起着重要的作用，包括发育过程中细胞分裂所必需的DNA生物合成。虽然我们尚未完全了解叶酸缺乏导致神经管缺陷病症出现的机制，我们依然能够想象得出它是如何改变神经板形成的复杂过程。

5. 年龄

25～35 岁是女性分娩最有利的年龄。35 岁以上的妇女生育率较低，并随着年龄的增加继续降低。许多研究发现，母亲怀孕的年龄常常影响儿童智力的正常发展。以唐氏综合征的发病率为例，母亲年龄低于 29 岁的发病率只有三千分之一，而母亲怀孕年龄在 45～49 岁之间的发病率为四十分之一，这种儿童的智力大部分低下。这种病并不是遗传病，而是母体内的卵子长期暴露在体内环境中，受到损害，因此出现额外染色体的结果。

6. 情绪及状态

孕妇的情绪、心理状态对胎儿的发育是有影响的。尽管母亲和胎儿的神经系统没有直接的联系，但持续、强烈的情绪波动，如忧伤、发怒、恐惧、焦虑会使母亲的身体产生巨大的变化。在情绪波动状态下，自主神经系统激活内分泌腺，产生各种激素，尤其是肾上腺素，使细胞的新陈代谢发生变化，血液中的合成物也发生变化，这些物质透过胎盘作用于胎儿，并影响胎儿的发育。因此，怀孕期间母亲长期不安、情绪紧张，可能会生出异常的儿童，对儿童也会有持久性的影响。情绪烦躁、不愉快的母亲所生的婴儿较有可能早产、低体重、活动过度、易激动不安，或者表现出某些困难，如饮食不规则、睡眠障碍、过度哭叫等现象。

(三)分娩

1. 分娩的理解

人类的妊娠期约为 280±14 天，一般是从最末次月经的第一天开始计算。分娩是妊娠满 28 周及以后的胎儿及其附属物，从临产发动至从母体全部娩出的过程。整个过程是通过胎儿和母体间的相互作用，调节子宫肌的收缩而完成的。正常妊娠为 280 天左右(即 40 周)，到了预产期前后就会“瓜熟蒂落”自然分娩，在孕 37 周至孕 42 周以内生产均属正常。但是，凡超过预产期 2 周以上的，叫过期妊娠。此时，胎盘会发生老化，功能会下降，输送血液的能力会降低，胎儿会因此而缺血缺氧，这样不仅直接影响胎儿正常的生长发育，还容易在分娩过程中导致胎儿窒息死亡。一般在妊娠 28 周以前娩出胎儿的，叫流产；在 28～37 周之内分娩的叫早产；37 周之后分娩的，叫足月分娩，只有足月分娩的成熟新生儿才能更好地适应子宫外的环境。

2. 分娩的过程与途径

分娩的整个过程通常分为 3 个时期：宫颈扩张期，胎儿娩出期和胎盘娩出期。

分娩的途径一般分为两类：阴道自然分娩和手术剖宫分娩。在正常的状况下，医生都会鼓励孕妇选择阴道自然分娩，顺应自然的规律，对母子的生理与心理方面都有益处。分娩途径取决于胎儿、产道、产力和精神心理因素，同时受胎儿或新生儿情况和母亲及胎儿对分娩耐受性的制约。若孕妇和胎儿有不能纠正的异常情况而不适宜经阴道分娩，则应进行剖宫产。大多数孕妇都能顺利通过阴道生下孩子。

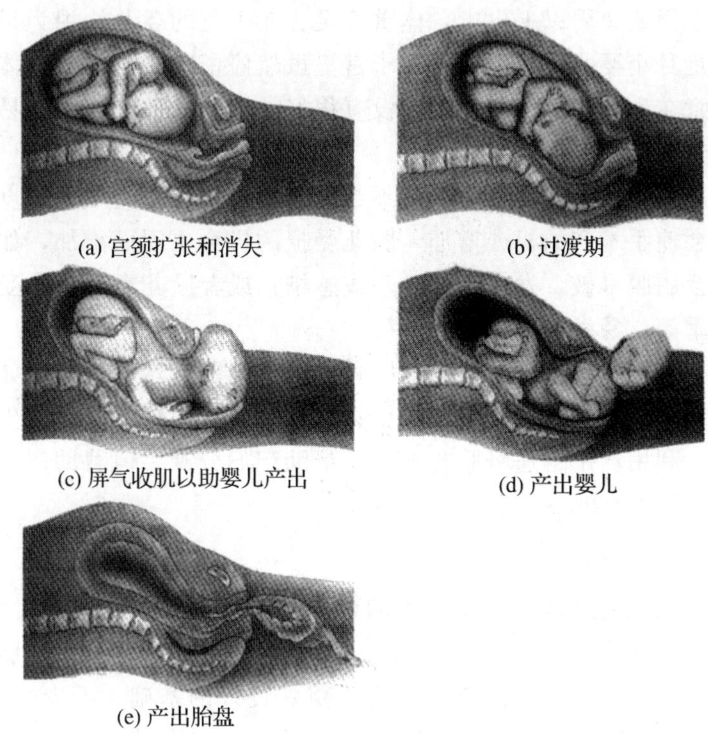

图 2-3　分娩三阶段

（[美] 劳拉·E. 贝克著，《儿童发展》(第五版)，江苏教育出版社，145）

3. 分娩的异常

当孕妇身体健康状况不良、没有好的医疗护理或有孕期病史的婴儿，更容易发生分娩并发症。分娩并发症，如供氧不足、孕期结束过早和婴儿出生低体重等，都会不同程度地威胁到孩子的生长发育，对于这些婴儿需要特别的护理和精心的照料，需要在良好的环境影响下才有助于他们健康正常地生长发育。

在分娩过程中，会有少数的婴儿由于各种原因遭遇缺氧症，即氧气供应不足，如出生时不能立即开始呼吸就容易引起缺氧。在“异常分娩”，俗称“难产”时，也容易发生缺氧症。另外，胎盘前置或胎盘早剥，也是导致缺氧的原因，这会危及生命安全，因而需要立即结束分娩。母婴的 Rh 溶血因子现象会减少婴儿氧气的供应，导致心智发育迟滞、心肌受损以及死胎等情况的发生。总之，在缺氧的条件下，虽然婴儿能够存活的时间比成人长，但如果呼吸延迟 3 分钟以上，就有可能使大脑受到损害。在整个儿童早期，分娩过程中缺氧的孩子在智力和运动能力发育方面较其年龄相仿的同伴要显得落后。但到一定年龄，绝大多数还是能在发育上赶上来，缺氧症特别严重的除外。

胎儿体重是一项用来衡量婴儿存活和健康发育的较为适用的前瞻性指标。许多体重不足 1.5 千克的婴儿有不少疾病和困难，如注意力不集中、多动以及运动的不协调、学习方面存在缺陷等问题会一直伴随着他们儿童期的成长。一般未能完成整个孕期而提前 3 周或 3 周以上出生，体重不足 2.5 千克的婴儿均视为早产儿。低体重儿中有些是足月小婴儿，他们在母体子宫里虽然停留时间足月，但体重却低于期望值，这类儿童在生下的第一年中如果没有很好的环境条件，比较容易患传染病或脑损坏，容易夭折。

分娩出现异常未能及时发现或处理不当时，母子均可遭受不同程度的损害。在胎儿方面可能会使手术产的机会增加，胎儿受损的机会也因而增加，如颅内出血及骨折等；可能会胎膜早破，发生脐带脱垂或感染；或者胎儿在产道内受压迫过久或因并发脐带脱垂等，易发生窒息，甚至死亡。

有些时候，当产程即将结束而胎儿因种种因素不能自然分娩时，如胎头已下降到阴道口，宫缩力量不够、胎头位置欠佳、出现胎儿宫内缺氧等，医生会采取紧急措施保护胎儿，利用产钳迅速将胎儿娩出，帮助产妇分娩。但若助产处理不当，也会在不同程度上损伤婴儿。

三、胎教

所谓胎教，就是通过调整孕妇身体的内外环境，消除不良刺激对胎儿的影响，并采用一定的方法和手段，积极主动地对胎儿进行训练和教育，以使胎儿的身心发育更加健康成熟，为其出生后的继续教育，奠定良好的基础。不少学者研究指出，中国是世界胎教的策源地。我国古代的胎教思想是与医学思想密切相连的，如“有诸内必形诸外”“外象而内感”等学说理论，应用到孕期妇女的心理卫生上，即为“胎教”。

其实，为了消除孕妇的紧张感，心绪宁静是最好的胎教。宁静，是指孕妇本身的宁静，即不急不躁，不郁不怒，情绪安定，心情愉悦等精神状态。只有情绪稳定的孕妇，才有可能生育一个聪明而又健康小宝宝。科学家们在研究中还发现，孕妇在妊娠期间的所想所闻，乃至梦中的感觉，都可以转变为内环境的变化信息，在不知不觉中传给胎儿，而恶劣的情绪必然给胎儿带来不良影响。有研究证实，多动症患儿在胚胎期，母亲都曾有过较大情绪波动和心理困扰的过程。

随着现代科学的发展，人们对胎教的作用和意义的认识更为清晰并具有科学性，胎教已渐渐受到社会的重视。某些研究表明，胎儿不仅可以通过母亲间接接受外界的刺激和影响，而且可以直接接受外界的刺激和影响。目前有关胎教的研究主要集中于母亲情绪和音响环境对胎儿的影响。从生理心理学方面的研究可知，在情绪活动时，自主神经系统激活了内分泌腺，使内分泌腺分泌激素进入血液，而这些激素可以产生许多情绪状态特征。激素通过胎盘传给胎儿，从而影响胎儿。孕妇情绪不安不仅影响胎儿的体重，也会影响胎儿的智力。当孕妇发怒时大声哭叫会引起胎儿的不安，并且，孕妇发怒时体内分泌大量去甲肾上腺素，血压随之上升，导致暂时性的子宫—胎盘血液循环障碍，会发生胎儿暂时性缺氧并最终影响胎儿身心健康。孕妇强烈的负性情绪会有害于胎儿，这一结论已得到了多方面的证据。但是，孕妇在孕前和孕期的极度兴奋会对胎儿产生什么影响，目前尚不清楚。

“胎教”思想的提出虽然历史悠久，但科学的胎教研究尚处在萌芽阶段，胎教工作的效果究竟如何，对胎儿具体会产生什么(怎)样的作用，目前还缺乏确切、具体的研究结论。

第二节　大脑发育与神经可塑性

脑虽然是人体中最精巧最高效的结构，但在分娩时它的发育程度比其他器官更接近成人，在出生后生命的前两年中发育特别快。人的神经系统是人体各器官、系统中最早发展起来的，脑是优先发展的。在怀孕后的第四周，神经系统就已经开始形成，第 8 周胎儿的大脑皮质就可以分辨出来，3 个月胎儿的大脑外形与成人十分相似，六七个月时，大脑形态上已得到初步发展，脑的基本结构已经具备，出生时，脑细胞分化，大脑皮质已有六层，细胞构筑区和层次分化已基本完成，大多数沟回已出现。出生后，婴儿的脑继续发展，主要在于大脑皮质结构的复杂化和脑机能的完善化。

一、神经元及其联结

(一)神经元和神经胶质

神经组织包括神经细胞和神经胶质细胞。神经细胞又称神经元，是神经系统中最基本的结构和功能单位。神经元由胞体和突起两部分组成，突起又分树突和轴突。神经元具有接受和传导冲动并整合信息的能力，使其产生感觉和调节其他系统的活动。神经胶质细胞遍布于神经元胞体与突起之间，数量约为神经元的 10 倍，神经胶质细胞虽然不参与神经冲动的传导，但对神经元起营养、支持、修复、保护作用，参与髓鞘的形成。神经胶质终身保持分裂能力。

信息栏2-2

占人类脑细胞总量90％的胶质细胞，常被认为像“胶水”一样黏附在神经元细胞周围，只对神经元起到支撑和营养作用，但最新研究发现，这类惰性细胞不仅具备信息传递和处理功能，而且具有与学习记忆有关的可塑性。

神经学科诞生百余年来，研究者一般把神经元作为大脑的“聪明之源”，认为它们“触手”的尖端——突触具有信息传递和处理能力，而且这种能力可以改变，一旦改变还能维持很长时间，具有“长时程”的可塑性，这可能就是大脑智能的基础。好比“一朝被蛇咬，十年怕井绳”，大脑受到某一次较大刺激后，相关突触的反应机制就突然增强，这一“重塑”事件能被长期保存。

在人类的脑细胞中，被认定为“智者”的神经元细胞约 10^{11} 亿～10^{12} 亿个，其余则都是看似有点“懒惰”的胶质细胞。但为什么脑中胶质细胞的比例却与生

物进化程度成正比？比如果蝇只有25%，老鼠仅65%，人类则高达90%。近年来的研究发现，神经元与一类"NG2"胶质细胞间存在直接的突触联系，但这种联系到底有何意义却一直不清楚。

中科院上海生科院神经所经过4年多研究，发现这种胶质细胞的突触同样具有神经元突触那样的可塑性，也能通过刺激产生"长时程"的增强反应。也就是说，它们其实也很"聪明"，可能与大脑信息处理、储存及学习、记忆有关。从这两类神经细胞的形态区分看，神经元细胞的"触手"较长，适于相对长距离的信息传递；而NG2胶质细胞的"触手"较短，似乎更适应某个局部的信息处理。

大多数神经元之间突触可塑性的产生，是由于激活了一种叫NMDA的"信息感受器"——受体，尽管NG2胶质细胞并没有这种受体，但它们却拥有另一种与大多数神经元不同的AMPA受体，对钙离子也具有通透性，能让细胞外的钙离子进入细胞内，从而产生可塑性变化。这些发现对人们更深入地认识大脑的工作原理具有重要意义。

(二)突触[①]

突触是神经元之间、神经元与非神经元之间特化的细胞连接结构，有传递信息和分析整合的作用。通过突触进行细胞间的通信联系，形成复杂的神经通路和网络，实现神经活动。根据神经冲动的传递形式，突触可分为：化学突触与电突触。化学突触由突触间隙、突触前膜和突触后膜组成。神经元轴突末梢分枝膨大成小球

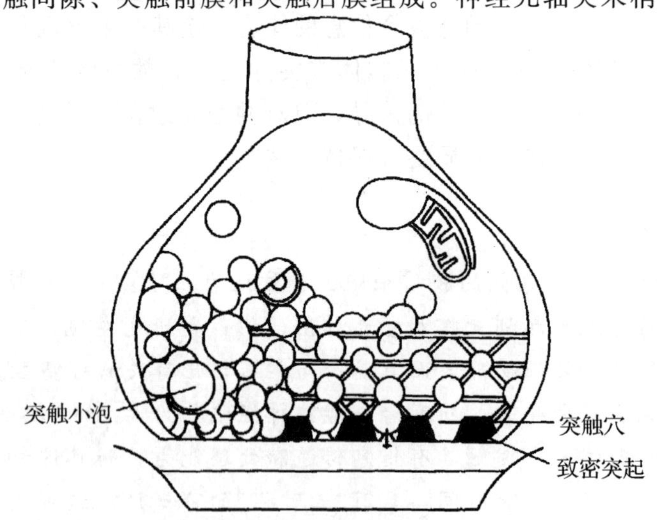

图 2-4 化学突触结构模式图

(寿天德，《神经生物学》，高等教育出版社，27)

① 寿天德. 神经生物学[M]. 北京：高等教育出版社，27－33.

状，称突触小体，突触前膜即突触小体的膜，与突触前膜相对应的突触后神经元膜为突触后膜。在突触小体的轴浆内，含有较多的线粒体和大量聚集的突触囊泡。突触囊泡内含有高浓度的化学递质，线粒体可以提供合成新递质所需的能量ATP。不同类型神经元的突触囊泡的形状和大小不完全相同，并且所含递质也不相同，有些递质是兴奋性的，有些是抑制性的。突触后膜上存在一些特殊的蛋白质结构，称为受体。受体能与一定的递质发生特异性结合，从而改变突触后膜对离子的通透性、激起突触后神经元产生电位的变化。此外，在后膜上还存在能分解递质使其失活的酶。

一个神经元的轴突末梢可分出许多末梢突触小体，它可以与多个神经元的胞体或树突形成突触。一个神经元可通过突触传递影响多个神经元的活动；同时，一个神经元的胞体或树突也可通过突触接受多个神经元传来的信息。

二、大脑发育

大脑是中枢神经系统的最高级部分，人类的大脑是长期进化过程中发展起来的意识和思维的器官。人的大脑分左右两个半球，体积占整个中枢神经系统一半以上，重量占全部脑重量的60%～70%。大脑皮层的总面积可达2 200～2 600cm^2，集中了约10^{11}亿～10^{12}亿个神经细胞，突触数约为10^{14}亿～10^{15}亿个，神经胶质细胞数大约是神经元的10～50倍。

(一)脑重量的增加

人的大脑平均重量大约为1 400g，新生儿的大脑从胚胎时就开始发育，出生时重量大约350g，是成人脑重的25%左右。此后第一年脑重的增长速度最快，第一年年末达到50%；2.5～3岁时增长到900g，相当于成人脑重的75%；到5岁时，达到90%。此后脑重量增加速度变慢，但脑细胞的结构和功能却不断地向着复杂化的过程发展。这些发展变化在一定程度上反映了大脑的发育和成熟状况。研究表明，婴儿脑重的增加并不是神经细胞大量增加，而主要在于神经细胞结构的复杂化和神经纤维的延伸。

(二)大脑皮层的发育

大脑皮层是人脑中最大的结构，占脑重的85%，也是最后停止生长的脑结构。因此，它比大脑的其他任何部位对环境性的影响都来得敏感。

大脑皮层的作用在于有意识地控制动作、学习和思维，它是控制和协调行为的重要组织，但在整个大脑的发展过程中它却是发育最晚的部位。大脑的发展顺序是从脑干到皮层。婴儿出生时，大脑的低级层次相对已比较成熟，在3个月前婴儿的绝大多数行为是由脊髓、脑干和脑的低级部位调节的。到7个月时，中脑开始充分起作用，出现一些新的能力。新生儿的大脑皮层表面比较光滑，构造十分简单，沟回很浅。此后，婴儿皮层细胞迅速发展，细胞体积扩大，层次扩展，沟回变深，神经细胞突触日趋复杂，神经纤维从不同方向越来越多地深入到皮层各层。与此同时，神经纤维发生髓鞘化，使原来赤裸的纤维包上了绝缘的髓鞘膜，它的功能很像

电线外面的绝缘层能加速神经冲动的传导，并引导它们传向指定的器官。神经纤维的髓鞘化是脑内部成熟的重要标志，它为神经兴奋的迅速传导以及分化提供了保证。儿童大脑皮层在1岁时，开始发挥主要作用；到2岁时，大脑皮层大部已发育成熟；8岁时，人的神经系统的各个部分几乎完全发育成熟，只有一小部分要持续到青少年中期才完全成熟。

儿童脑的发育还表现为脑的偏侧优势的形成和进一步加强。大脑皮层是由左右两半球皮层构成的，根据对大脑电活动的测量结果，两半球发育的速率是不相同的。对大多数儿童来说，在3～6岁间，左半球表现出发展的加速期，6岁以后其发育转向平稳。与之相对照，整个的童年早期和中期，右半球成熟的速度较慢，仅在8～10岁之间略显出速度的增加。这些大脑皮层生理的研究，从一个方面说明了儿童各种认知能力的发展状况，如语言的发展在幼儿期较为迅速，而空间认知能力则发展较慢。这种两半球功能的不对称性或脑的偏侧优势的加强，也在儿童认知发展的不同方面反映出来。

对于我们大多数人，用右手使用工具的能力比左手强，这一现象叫右利手，而也有少数人则是左利手。根据观察发现，大约5～6个月的婴儿就开始表现出利手的倾向：他们中的大多数人都喜欢用右手去拿东西，大约2岁的时候，利手就比较稳定。这是和这一年龄阶段儿童脑的偏侧优势发展相符合的。利手现象的发展有它的生理基础，它反映了大脑的某一侧对控制、调节运动技能具有越来越大的优势，其他由优势脑半球控制的能力也得到更大的发展。据国外统计，属于右利手的人约占人口的90%，这些人的语言活动和对右利手的控制属于左脑的功能，而余下的10%的左利手者，其语言活动往往是由左右脑协同支配，这表明对于左利手脑的偏侧优势不如右利手强。事实上，有很多左利手者是属于双利手，虽然他们喜欢用左手，但有时他们对使用右手也感到很方便。

(三)脑电活动与脑电波①

脑电波是脑发育的一个重要参数，也是研究儿童发展的中心问题之一。人脑电波有多种形式，其中α波是人脑活动的最基本的节律，频率为8～13次/秒。成人α波呈现频率一般比较稳定，10±0.5次/秒的α波节律是人脑与外界保持最佳平衡的节律。θ波的频率一般为4～7次/秒，正常成人在觉醒状态下很少出现。δ波的频率一般为0.5～3次/秒，意味着皮层活动性降低，正常成人在觉醒状态下绝少出现。国内外的有关研究发现：新生儿的脑电波多为δ波，并且不规则；随着儿童年龄的增长，脑电波趋于有规律，频率升高。一般在5个月时枕叶开始出现θ波，1～3岁时δ波减少，θ波增多，同时出现少量的α波，但在5岁前，儿童的θ波一直多于α波；儿童从4岁开始，θ波逐渐减少，α波增多，5～7岁时，θ波与α波的数量基本相同；到7岁以后，儿童的α波逐渐占主导地位，θ波开始从枕叶、颞叶、

---

① 左明雪. 人体解剖生理学[M]. 北京：高等教育出版社，120－122.

顶叶消失；13 岁左右脑电波基本达到成人水平。另外，研究还表明，若以儿童的脑皮质细胞的电活动频率基本达到 α 波范围与 θ 波基本上消失作为成熟的指标，则儿童大脑各区域的成熟顺序是由后往前分别进行的：枕叶—颞叶—顶叶—额叶。这一顺序是正常儿童的脑逐渐发展至成人的必然规律，一些脑发展有障碍的儿童可能在某一环节发生了问题。有关脑电波的研究还发现，个体在 4～20 岁之间，大脑的发展存在两个加速期：一个在 5～6 岁幼儿期，此时枕叶 θ 波与 α 波斗争最为激烈，最后 α 波逐渐超过了 θ 波；另一个在 13～14 岁左右，此时整个皮层 α 波与 θ 波的斗争已基本平息，α 波基本代替了 θ 波。

(四)脑的反射活动

反射是脑的基本活动，是大脑机能发展的重要标志。新生儿的大脑皮质还未完全成熟，所进行的只是皮质下的一些先天遗传的无条件反射，一些是对生命有意义的，如吮吸、吞咽、朝向反射等，另一些是特有的，如足趾、抓握、惊跳、强直反射等，正常情况下它们在出生后不久都会渐渐消失。这些反射是在种族进化过程中遗传下来的，从它们消失的时间可以作为神经系统是否成熟或是否有障碍的一种指标。如果在该消失的年龄仍然存在，就表明脑和神经系统的发育可能不正常。反之，在它们应该存在时却不存在，也提示脑和神经系统可能存在发育异常。

一个人的生命早在胎儿期就已经开始了。胎儿生活的环境是非常安全和舒适的，很少受到外界刺激的直接影响，只有母体运动时给予的一些刺激，或者偶尔有些外界特别大的声响刺激。出生后，环境骤然发生质的变化。那么，儿童怎样适应新生活、新环境呢?

新生儿首先依靠先天具有的对生命有意义的无条件反射来维持生活，许多的无条件反射对新生儿具有保护意义，但仅有这些无条件反射只能对固定的刺激作出固定的反应，不足以应付儿童生活环境中变化多端的刺激。因此，在婴儿出生后不久，就在无条件反射的基础上形成了条件反射。条件反射的出现对新生儿的生活有极其重大的意义。无条件反射是一种本能活动，实际上是一种生物性活动而不是心理活动。条件反射既是生理活动又是心理活动。条件反射在生理学上称为暂时联系，在一定条件下，经过多次结合，条件反射和条件刺激物才能建立起联系，条件反射形成后，如果多次不结合，联系就会消失。条件反射在心理学上称为联想。例如：望梅止渴。条件反射的出现，标志着心理活动的发生。条件反射形成是基于大脑皮质成熟、健全而正常的状态之上的。当儿童的大脑皮质还没有足够成熟时，不能建立条件反射，大脑皮质各部位生理成熟有早晚，不同条件反射的出现也有早晚。儿童第一个条件反射出现的时间，决定于开始训练儿童建立条件反射的时间。儿童出生后，开始训练儿童条件反射的时间越早，条件反射出现的时间也越早。出生第一个月，儿童已经能够建立条件反射，心理活动也就随之发生了。

三、神经可塑性

人类大脑是一个高度动态的器官，根据环境的需要其功能和结构的组织都不断

地变化着。哲学家 Heraclitus 曾说我们不能进入同一条河流两次，事实上，由于脑的高度动态性变化，我们也不可能进入同样的脑两次。神经可塑性就是指神经系统为不断适应外界环境的变化而改变自身结构的能力，包括神经组织的正常发展和成熟、新技能的获得，以及在神经系统受损以及感觉剥夺后的代偿等。在儿童发展过程中，脑功能的成熟需要解决"脑如何与外界经验世界相协调"的问题和"脑内信息传导如何加速以提高信息通道效率"的问题。前者主要是通过突触修剪(synaptic pruning)的过程来解决；而后者则主要通过神经纤维髓鞘化(myelination)的过程来实现。而突触修剪和髓鞘化都是脑发育过程中神经可塑性(neural plasticity)的典型反映。"成熟论"认为脑发育主要是基因的展开，这种观点极大地低估了经验在塑造脑的精细结构与功能方面的强大角色。虽然大脑皮层突触生长的早期，经验预期性过程占主导地位，但在突触发育的后期，经验依赖性过程逐渐占据了主导地位。神经可塑性这种大脑功能性与结构性再组织机制，使得儿童在学习和经验外部世界的过程中得以不断发展建构其认知、情绪和思维的能力。

1. 不同层次的神经可塑性

儿童神经系统发育是一个动态的过程，受经验和发育程序交互影响所支配，在宏观和微观上都表现出可塑性。神经可塑性对儿童心理与行为发展的影响已成为儿童发展研究的热点之一。神经可塑性的表现大体可以为三个不同的层次：宏观脑功能的结构重组；细胞层次神经可塑性以及神经可塑性的分子、基因机制。

(1)整体回路水平的神经可塑性

大脑的结构和功能组织在发育的过程中逐渐成形，但是大脑具有重组这些功能组织的潜力，并能在经验的塑造下改变其结构。例如，手指的灵巧性有助于提高小提琴演奏者的技巧，并得到正向加强——如增加音乐练习的频率。而这种经验不但可以再造肌肉和腱等外周器官，同时也能改变脑中控制手指运动的结构，使得手指的灵巧性进一步提高。实验显示，长期音乐训练会导致皮层的功能重组：小提琴演奏者左手握弦，使得左手对应的脑内手指代表区，与对照相比发生扩张位移 0.5～0.7 cm，而拉弓的右手则无显著差异。并且在 13 岁以前，即青春期之前开始常规练琴者的皮层功能重组最显著。此后练琴的人虽然幅度较其为小，但仍显著高于对照组，表明神经可塑性在青春期后仍然存在。大脑对听觉刺激同样表现了神经可塑性，如非音乐专业人士，对钢琴音调和平滑音调反应无显著差异；而音乐专业人士(特别是 9 岁前开始训练)钢琴音调的代表区则比平滑音调代表区大出 25%。

(2)细胞水平的神经可塑性

细胞层次的神经可塑性主要表现在突触可塑性，包括突触在形态上和功能上的修饰。其主要变化可分为：突触前修饰、突触后修饰、突触前或突触后结构的可塑性等。神经突触的可塑性变化可以影响到神经系统的生长发育、神经的损伤和修复以及学习记忆等多种脑功能。此外，最近还发现大脑中新神经元不断地形成。

缝合猫眼与猴眼的可塑性实验

对视觉皮层的研究也表明了这种可塑性。Wiesel和Hubel利用动物实验操作，戏剧性地证明了出生后眼优势柱的可塑性。正常猫双眼通过外侧膝状体投射到视皮层第Ⅳ层的传入神经末梢各占50%的位置；而在单眼剥夺(将初生小猫的一只眼缝合，留着另一只作为对照)若干天后，剥夺眼占据的地方减少，而非剥夺眼则占据70%～80%的部位，并且这一变化是显著而永久的。除了两眼外侧膝状体竞争视皮层Ⅳ层细胞的突触后联系外，两眼从视皮层17区向高级皮层传导中仍不断竞争。这种空间竞争导致了视皮层眼优势柱的改变，使剥夺眼成为弱视。他们对初生猴子所做的单眼剥夺实验也得到了类似的结果。

(资料来源：Mark. F. Bear著(王建军译)：神经科学——探索脑，高等教育出版社，2004年版，第692—701页)

①突触形态上的修饰：神经元超过95%的兴奋性突触在树突棘上。在发育期间树突和棘生长迅速，在成年时树突和棘仍表现有相当的可塑性。通常通过染色后，根据树突长度和棘密度可以大致估算出突触的数量。研究发现，丰富的环境刺激，可以影响大鼠的脑大小、皮层厚度、神经元大小、树突分枝、棘密度、单个神经元上突触数、胶质细胞数和神经元形态等许多的参数。

②突触功能上的修饰：Donald Hebb于1949年在著名的《行为的组织》一书中提出，如果神经细胞A的轴突足够靠近细胞B并能使之兴奋的话，如果A重复或持续地刺激细胞B，那么在这两个神经细胞或其中一个细胞上必然有某种生长过程或代谢过程的变化，这种变化使细胞A激活细胞B的效率有所增加。Hebb指出神经细胞之间的联系会因持续地刺激而增强，这一假设因LTP(长时程增强)现象的发现而得以证实。

③新神经元的生成：过去认为成年哺乳动物大脑皮层神经元的丧失是永久性的，而近年来发现成年哺乳动物脑中仍然保有一群具增生能力并能进一步分化成神经元的前体细胞——神经干细胞。侧脑室附近的室管膜下区、海马和齿状回是成年哺乳动物神经干细胞最集中的区域。有证据显示，哺乳动物包括灵长目的大脑，能够为嗅球、海马结构，甚至额叶皮层和颞叶皮层产生出新的神经细胞。推测这一过程是为了增加大脑的神经可塑性，特别涉及学习和记忆的功能。受伤大脑的神经细胞生成速率显著加快，有助于皮层的更新和功能的恢复。[①]

(3)分子水平的神经可塑性

神经可塑性的本质还可以追溯到调控学习记忆的分子及相关基因的表达。著名

① 秦金亮、卢英俊．儿童发展[M]．北京：高等教育出版社，2008：52—54．

发展认知神经科学家Johnson教授指出，脑发育并不仅仅是一个展开基因图谱的过程，也并非只是一种对外界输入的被动反应，而是在分子、细胞和器官水平的一种活动依赖性过程。基因、脑和行为之间存在着交互的影响。

除了NMDA受体、AMPA受体、一氧化氮、谷氨酸等与LTP密切相关的分子以外，大量研究还发现神经可塑性在基因和分子水平，与即刻早期基因、神经生长相关蛋白、cAMP反应元件结合蛋白、α-CaMK Ⅱ、酪氨酸激酶、神经细胞黏附因子、神经颗粒素、神经元突起局部合成的蛋白质、神经营养素、突触素和细胞因子等都密切相关。

2. 不同阶段的神经可塑性

在以下部分，我们将可塑性解构为两种类型：发育可塑性与成年期可塑性。这一提法就是指在脑发育时期的可塑性过程(大概生命中的前二十年)和发育完成后时期的可塑性过程(脑显然仍具有变化的能力，但却不同于儿童脑的方式；也就是说，此变化非彼变化)。

(1)发育可塑性

经验对脑的影响在生命之旅中并非是恒常的。当脑经过它不同的发育阶段时，它对经验的敏感性也相应地变化——这就是所谓敏感期(sensitive periods)的概念。早期经验通常对于塑造未成熟脑的功能性特征有特别强烈的影响。许多神经连接都会经过一段发展时期，在该时段内其受经验驱动来修饰的能力要比成年期大。下面是几个具有代表性的发育可塑性研究案例：

Sur和Leamey报道了将幼年动物的听觉皮层改造成视觉皮层的奇妙可塑性案例。正常视网膜输入经过丘脑外侧膝状体(LGN)到达视觉皮层，而正常听觉输入经过内侧膝状体(MGN)到达听觉皮层。在这一研究中，通过外科手术来重建回路，使得幼年雪貂的视网膜投射经过内侧膝状体。而后来对听觉皮层进行电生理记录时，观测到了典型的视觉反应——如这些“听觉”细胞对视觉刺激表现出方向选择性。

此外，Cheng和Merzenich报道了被饲养于持续中度水平噪声中的婴儿鼠，会表现出听觉皮层组构的延迟；特别地，其听觉感受野与在正常听觉条件下饲养所预期的不同。当这些老鼠到达成年早期时，听觉皮层表现得非常像婴儿鼠——也就是说，听觉感受野尚未成形为成年模式，所以仍然保持它们幼稚的状态。所以早期生命中退化听觉输入会延缓听觉皮层组构的成熟。他们推测早期暴露于异常听觉输入(如响的噪声)，也将造成人类儿童的某些听觉和语言延迟。

已知人类立体深度知觉的发育有赖于眼优势柱(ocular dominance columns)的发育，后者代表了在双眼和视觉皮层第Ⅳ层之间的联系。如果双眼没有正常配准，或是不能共同移动(转向运动)，那么支持正常立体深度知觉的眼优势柱将不能正常发育。如果这一状态不能在4～5岁(当突触数目开始达到成年水平)之前得以纠正，儿童将不能发展出正常的视觉功能。因此，在敏感期内原始视觉系统的正常视觉输入对于双眼视觉的发育是非常重要的。

(2)成年期可塑性

传统观点认为一旦脑发育完全(被认为在青春期结束时)，其被经验所模造和从创伤中恢复的能力就被大大限制了。但这种观点在近年来被翻转；事实上，所谓的“成年期可塑性(adult plasticity)”的研究最近在神经科学领域正引起极大的关注。研究表明体感、视觉和听觉皮层一直到成年期都具有很好的重组能力。

信息栏2-4

杂技演员与出租车司机的“可塑脑”

下述的这些脑成像研究明显揭示了成年期可塑性的存在。Draganski 等报道了那些被给予 3 个月时间学习杂技的成人个体在中颞叶双侧脑区和左侧后内顶沟的神经激活增强；重要的是，在这一组杂技演员停止表演杂技 3 个月后，激活表现降低。此外，在杂技表演和脑活动变化之间还存在着剂量反应效应，即表演越多、其脑激活增强也越多。最后，非杂技演员对照在这 6 个月的时期内未表现出脑活动的变化。

另一个有关经验诱导成人记忆相关神经结构变化的戏剧性的例子是“伦敦出租车司机研究”。在此研究中，对伦敦出租车司机进行结构性磁共振扫描，而他们都非常擅长于巡回伦敦的各条街道。Maguire 等报道了这些司机的海马后部(该脑区被假定是空间表征的存储位置)比对照组要大。而且不足为奇地，在海马体积与司机的经验数目之间存在着正相关。

(资料来源：Charles A Nelson 等著：Neuroscience of cognitive Development：the role of experience and the developing brain，John Wiley & Sons，Inc.，2006 年版，第 36—43 页)

研究证实丰富多彩的环境对成人脑功能同样起作用。Colcombe 等报道了适应有氧运动的老年人或先前不适应的老年人接受有氧训练后，在执行功能测验中改善了成绩，并且在额上回、额中回和顶上小叶表现出任务相关的活动增强，在前扣带皮层活动减少，而上述区域都与注意控制有关。这不仅说明上述皮层区域的可塑性一直延续终身，也揭示了在典型的生活条件以外(许多美国老人在这种条件下都存在心血管健康问题)的丰富环境能给予脑功能以益处。

(3)发育与可塑性的差异①

在分子学水平上，我们可能会主张可塑性背后的过程(如突触结构的神经化学变化、解剖变化如轴突生长或新树突棘的发芽等)在发育的脑与成熟的脑中并无区别。具体来说，一旦细胞机制正常地工作，它就几乎完全相同地运行，而与它承载

① 卢英俊. 儿童发展的神经可塑性及教育启示[J]. 幼儿教育：教育科学版，2010，10：47—52.

者的年龄无关。类似地，针对复杂环境反应所造成的新树突棘的发芽也是同样运行的，与相应脑的年龄无关——并且树突功能变化背后的分子事件也可能是非常类似的。然而，在发育中的脑与成人脑中的可塑性过程仍然有一些基本的不同：

在生命早期与生命后期可塑性过程中局部的细胞、解剖与代谢环境是非常不同的。因此，新生脑比成年脑拥有多得无可计数的神经元和突触，其中大部分仍未专属于特定的回路或功能。所以，当轴突朝向目标生长时，在新生脑与成年脑中相比需要穿越的地形非常不同。相仿地，修饰早已成形的突触与将突触首次安置于一特定回路相比是非常不同的。

如 Carleton 等报道了成年期生成的神经元(如出生后衍生的神经元)的电生理特性的发展与出生前或围产期生成的神经元不同。例如，晚生成细胞的放电活动比早生成的细胞要延迟；也就是说，前者的放电活动直到细胞接近完全成熟时才能被观察到。作者认为这是由于需要保证晚生成的新细胞不会干扰已经存在的回路，直到它已经预备好成为该回路的一部分。这足以描述在发育中脑与已发育脑的神经发生之间的根本性差异。

此外，Gould 发现出生前生成细胞的数目在发育过程中趋向于非常稳定，只有随着衰老轻微地减少；相反地，成年后生成的细胞倾向于大量生成但却存活相对较短。例如，成年啮齿类动物齿状回可能拥有总共 1 500 000 个细胞，而其中每个月新生成 250 000 个细胞。

发育与成年期可塑性之间的差异也存在于系统或行为水平上。例如，婴儿发育神经回路的一个基本目标是为某些行为来服务的。然而，在成人中这些系统早已存在，只是为着一个不同但相关的目的而简单地重构，如获取第二或第三语言。这样，第二语言学习事实上可能与第一语言学习有本质的不同。对前者而言，已经存在一个建造用的脚手架，而后者则无(不管在出生时已存在何种获取语言的准备)。自然地，第二语言学习可能涉及回路重组或将已经存在的神经回路向一个新而相关的领域延伸，但学习第一语言毫无疑问涉及新回路的构成。

发育和可塑性之间是否真的存在差别？发展心理学家对跨越年龄的行为变化背后的原理很熟悉；而神经科学家也意识到在行为变化背后可能存在分子、解剖、生理和神经化学的变化。这样，如果整体而言在细胞/解剖水平调节行为变化的过程并不随年龄变化而变化，那么发育和可塑性有何区别呢？差异在于我们将可塑性视为终生之久，而将发育视为发生在生命大约前二十年的事件。发展认知神经科学的研究，将帮助我们更好地解释贯穿整个生命的可塑性过程与那些在生命前二十年运作来指导发育的过程可能存在的差异。

3. 早期经验、神经可塑性与脑的构建

受教育与学习，是儿童建构脑的重要经验。教育者需要认真了解脑的可塑性知识，以使我们的教育成为真正的“基于脑的教育(brain-based education)”。

(1)动态的交互作用

我们发现基因、经验和脑三者之间明显存在动态的交互作用，并且在儿童发展过程中交织成有机的整体。这种对儿童发展的理解，显然比传统的“Nature-Nurture(先天与后天，或遗传与环境)”的认识更为深入。经验是一种在环境与脑之间不断进行交互作用的产物。认识到经验不只是单向作用于大脑是很重要的。此外经验也是由个体生活环境的特征所典型确定的——例如，一个人所置身的语言环境，他所拥有的被照顾经验的类型，环境所支持的认知挑战类型等。因此教育者必须意识到经验不仅仅是环境本身的一种函数，而是一种环境与发育的脑之间的复杂双向交互作用的结果。

经验与基因有重要的相互作用。有两个例子可以证实[①]：①Francis 等的研究发现啮齿类动物联合交叉养育的作用一定归因与非基因因素，且反映了经验对基因表达的强大作用。②Turkheimer 等检查了 7 岁孪生子的 IQ，其中很大一部分是来自于生活在贫困线或以下水平的家庭。他们发现 IQ 的遗传性是社会经济状态(socioeconomic status，SES)的一个函数，呈非线性变化。这样，在穷困环境中生活的孪生子，很大一部分的差异可以归因于环境因素，而归因于基因的差异相对较小；相反的，这一效果在富裕家庭生活的孪生子中几乎是完全翻转的。环境在调整和调节基因对行为的作用中影响强大。

脑的相对成熟度会影响经验。中枢神经系统的不同区域以不同的速率成熟。当一幼童暴露于他或她的脑还无法加工的信息中时，他或她无法获取像那些已获得更先进能力的年长儿童相同的经验。一个较不成熟的脑在很大程度上受更基础性的环境特征所影响，如有图案的光线或言语训练。当脑成熟并随着经验而变化时，环境中更具体的和可能更特别的方面开始影响它。因此，早期教育工作者需要清醒地意识到当儿童的脑在改变时，特别是在早期发育阶段，同样的物理环境可能导致非常不同的经验。

总之，脑的某些特征在个体之间或个体的发展史中会戏剧性的不同。由于经验是脑与环境的交互作用，因此教育学家对于儿童经验的科学性描述必须还包括其背景、发育阶段、脑的状态，以及该个体置于何种特定经验的描述。出于同样的原因，当研究者对一种儿童经验的效果进行分析时也必须考虑到以上这些变量的变异性。

(2)神经可塑性造成脑的个体差异

我们知道儿童发育中的脑可塑性程度会因不同领域而变化(如视觉功能与认知功能)，会因不同时期而变化(如敏感期或关键期的长度在不同领域间变化)，并且可能因个体差异而变化。而个体差异这个成分是非常难以捉摸的，因为大多数研究都在处理组而非个体。因此，当我们检验这些研究时，可以发现在个体之间很清楚

---

① Charles A Nelson 等著：Neuroscience of cognitive Development：the role of experience and the developing brain，John Wiley & Sons，Inc.，2006，36－43.

地存在差异。

今天教育界或多或少存在的歧视“差生”、歧视弱势群体、歧视特殊需要儿童和“贴标签”现象，都是无视儿童脑的个体差异的表现。多元智能之父加德纳在新作《受过学科训练的心智》中指出，“我不相信所谓的核心心智或文化水平，这是一种肤浅的教育观。……人类至少有八种不同的智能，每个人都有自己的’智能组合’，而且与其他人不同。……多元智能的理念是对单一智能观及只关注语言能力和逻辑能力的学校课程的批判”。认知神经科学研究已经证实了脑功能普遍存在模块封装化，且不同的认知功能涉及分散分布而又互相联结的脑区与系统，从而进一步支持了多元智能理论。

例如，一些科学家和数学家患有亚斯伯格综合征(Asperger's syndrome，AS)，但这种特殊发展的脑并没有妨碍他们在特定的领域做出贡献。而AS是一种神经发展性障碍，与自闭症同属广泛性发育障碍谱系疾病，其病征包括社交困难、沟通困难以及固执或狭窄的兴趣等。

(3)抓住敏感期的机会窗口

许多脑成像研究证实，先天失明的个体在阅读盲文(Braille)或运用其他触觉辨别功能时，视觉皮层出现激活。并且Sadato等报道了在盲文阅读个体中发现的有趣现象：那些在16岁以后丧失视力的，初级视觉皮层的激活消失，而那些在16岁前失去视力的存在这样的激活。也就是说，在16岁之前的盲文学习，使得盲人视觉皮层重构而能处理触觉信息；但16岁之后再学习盲文的人就不能重构视觉皮层的功能。这些发现与视觉功能存在敏感期的理论相一致。

此外，语言习得同样存在敏感期。对芬兰早产儿进行的ERP研究表明，出生时其元音听觉认知已经可以诱发出失匹配负波(MMN)；而且12个月婴儿对母语中元音的MMN反应已经类似成人，而6个月时与成人的反应模式仍有所不同。这说明针对母语音素的神经痕迹可能出现在出生后6～12个月内，因此在这段时间内需要让婴儿多暴露于标准母语的刺激中，且尽量避免外语的干扰，以帮助婴儿建构起高效的母语语音加工回路。

一生之计在于童，如果错过了儿童脑功能发育的敏感期，会对其智力发展造成影响。国外关于儿童养育方面的研究表明，优质的早期教育有助于儿童早期依恋的发展，并促进其认知、语言、智力和社会技能的积极发展。虽然我们对脑生长/神经发育与高质量的保育/教育之间的确切本质联系还有待于不断深入地研究，但早期大脑发育的敏感性与关键性已经毋庸置疑地决定了所有儿童拥有良好的早期学习经历的必要性。

(4)终身学习的神经基础

上述杂技演员与伦敦出租车司机的脑成像研究都显示，即使进入成人期大脑仍然具有相当程度的可塑性。而且，认知神经科学研究表明学习和记忆功能与多个水平的脑内变化相关，包括从受谷氨酸受体调节的突触前和突触后的功能性改变，到解剖结构水平的摩尔变化。但是却很少或没有证据显示学习和记忆的发生存在一个敏感期。

事实上，人类的学习与记忆系统的活动似乎可以给予终身的学习记忆功能以某种支持。而前面关于有氧运动对老年人脑激活改变的研究同样表明，脑的可塑性本身是没有时间限制的。脑的成年期可塑性，为“活到老，学到老”的终身学习提供了神经基础。

第三节　早期儿童动作发展

动作不仅是个体发展的重要方面，而且与个体发展的其他方面也有着重要的内在联系。动作从个体生命早期开始就是评价、诊断、监测个体身心发展状况的重要指标。在个体发展各阶段动作的具体表现也是不同的。早期儿童更多的动作发展表现在一些基本动作的学习、联系及活动上，而这些基本动作的发展受到身体的发育，特别是骨骼肌肉的发展顺序及神经系统的支配作用所制约。

一、身体的发育

身体的发育是儿童心理发展的物质基础和前提，良好的身体素质为人的一生发展奠定了基础和方向。

(一)身高体重的变化

儿童身体发育最为明显的就是整个身体大小发生了变化，身高和体重是儿童身体发展的重要标志，它们标志着内部器官如呼吸、消化、排泄系统及骨骼的发育状况。

儿童出生后，在婴儿期经历了身体生长的第一个高峰。刚出生时，足月男婴体重为 3.3～3.4kg，足月女婴体重为 3.2～3.3kg，大约第 6 个月，体重就翻了 1 倍，1 岁时增加了 2 倍；新生婴儿身高约 50cm 左右，在第 1 年内，身长就增加了 20～25cm，是出生时身长的 50％，到第二年时就增加到出生时的 75％。从第 2 年开始，婴儿的生长发育速度减慢，此后身高和体重的增加十分平稳，几乎呈直线，一直到青春期，开始出现身体生长的第二个高峰期。在人的一生中，幼儿期仍是身体生长速度较快的一个时期，每年身体平均增高约 6～7cm，平均体重增加约 2kg。

(二)骨骼肌肉的生长

幼儿肌肉组织的发育是很明显的。幼儿的体重每年都在增加，而其中 75％的增加是肌肉发育的结果。4 岁幼儿肌肉发育的速度已能跟上整个身体生长的速度。幼儿 3 岁时身体的大肌肉群比小肌肉群更加发达。由于大肌肉群的发育，幼儿喜欢整天不停地活动。由于经常使用肌肉动作，幼儿肌肉组织纤维在长度和力量上也日益增加。幼儿的小肌肉群在 5～6 岁时才开始发育，此时他们能够从事一些精细的动作活动，如写字、手工制作等，从而进一步促进小肌肉群的发育。此时，小肌肉群虽然开始发育，但并不发达，幼儿的手腕、手指的精细动作协调性较差，也容易产生疲劳，因此，对他们的动作活动质量不能提出过高的要求。

骨骼系统在出生后就一直迅速地生长发育。在 2～6 岁之间，大约有 45 个新骨骺出现在骨骼的各个不同部位，这可以通过 X 射线的照射就能观察出来。骨龄是身体发育成熟程度的一个最好指标。刚刚出生时，女孩的骨龄比男孩的超前，随着年龄的增长，这一差距越来越大。随着青春期的快速生长，女孩较男孩平均超前 2 年。骨骼系统发育的另一个重要方面就是牙齿的生长。约 5～6 岁时，幼儿开始换牙。

(三)身体各系统的发育

儿童从出生到 20 岁，身体不同的器官组织系统的发育速率是不同的，因此表现为不同的发展曲线，如图 2-5 所示。

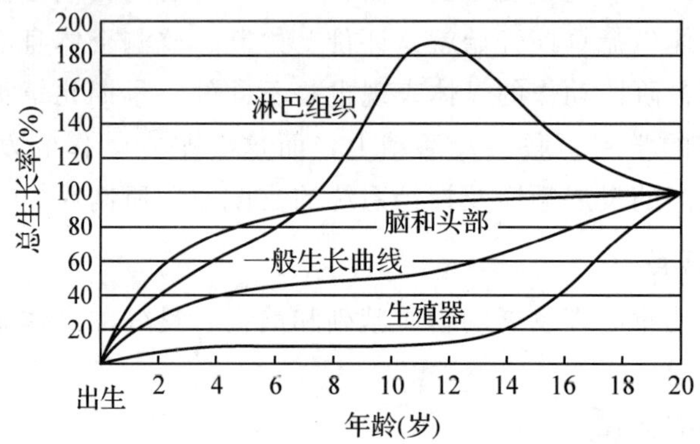

图 2-5　从出生到 20 岁身体各器官组织的成长比较

(方富熹，方格，林佩芬编著，《幼儿认知发展与教育》，北京师范大学出版社，52)

在图中，一般生长曲线代表躯体或骨骼肌肉的发展趋势(通常以身高和体重作为指标)，它经历了两个生长加速期：婴儿期和青少年期。而在生殖系统曲线中，从出生到整个童年时期生殖系统的发育速度很慢，几乎没有什么发展，进入青春期后，生殖系统加速发育，曲线陡然上升。淋巴系统的发育曲线从婴儿期到整个儿童期，则以惊人的速率向上增长，到青少年期陡然下降。这是因为儿童时期机体对疾病的抵抗力弱，需要淋巴系统来进行保护。以后随着其他各系统的逐渐成熟和对疾病的抵抗力的增强，淋巴系统逐渐退缩。最后，从脑和头部的发育看，神经系统，尤其是大脑在整个生命的前几年，其发育的速率一直是领先的，其成长曲线都高于其他曲线所代表的有机体各个器官系统的发育速率，大脑发育得最早，达到成熟的水平也最快。从上述几条曲线可看出，身体各组织系统的发育是非同步的。

二、动作发展的规律

动作发展是个体心理发展的重要方面。儿童的心理是在积极的活动中，在跟周围事物积极交往中能动的反映。儿童通过积极的活动形成和发展着自己的心理，同时，已形成的心理又反过来调节以后的活动。儿童各种动作的发展是儿童活动发展的直接前提。在儿童早期，对动作发育程度的测量常被用作儿童心理的筛查及诊断测验，用以评价心理发展水平。

新生儿由于大脑皮质发育不成熟，神经纤维髓鞘化尚未完全形成，动作和行为能力发展水平都很有限，最初主要是靠本能的无条件反射来适应周围环境，以后逐渐形成条件反射，使其能更好地熟悉并适应环境。

儿童动作的发展是在神经中枢的控制下进行的，因此儿童动作的发展与神经系统的发展密切相关，并与身体的发展有着类似的发展规律。如果说儿童身体的发展遵循一定的先后次序，即头部—颈部—躯干—四肢，那么儿童动作的发展也有一定的顺序。

从上到下，又称上下规律，即先会抬头，然后坐，站立、走路。儿童最早发展的是头部动作；其次是躯干动作；最后是脚的动作。所有婴儿都是沿着抬头—翻身—坐—爬—站—行走的动作发展方向成熟的。

由近及远，即先从靠近躯干的动作开始然后离躯干远处的动作出现。头和躯干的动作先发展，然后是双臂和腿部动作的发展，最后才发展手的精细动作。

由粗到细，或是由大到小。先学会躯体大肌肉、大幅度的粗动作，以后才逐渐学会手的小肌肉的精细动作。如婴儿首先发展的是双臂和腿部等躯体动作，以后才是灵巧的手部小肌肉动作以及准确的视觉动作等。

由整体到分化。最初的动作是全身性的、笼统的、弥散性的手舞足蹈，以后才逐渐分化为局部的、精确的、专门化的动作。开始时为了完成某一个动作，如取胸前的玩具，小儿会手舞足蹈，全身肌肉在活动，可是还取不到东西；之后会弯腰，身体向前，轻而易举地取到了东西。

从无意到有意。先出现无意动作然后才逐渐出现有意动作，动作发展的方向越来越多地受心理意识的支配。

半个多世纪来，国内外的心理学家和心理学者对婴儿动作发展进程进行了大量的、大样本的和大时间跨度的研究，取得了许多丰富的、有价值的常模数据和资料，并制定了许多有意义的婴儿发展量表。国外如格塞尔的发展量表、丹佛发展筛选量表等，从不同角度和程度反映了国际婴儿动作发展的整个进程。国内如中国科学院心理研究所和首都儿科研究所共同研制的中国“0～3 岁小儿精神发育检查表”、中国儿童发展中心制定的“中国儿童发展量表(0～3 岁)”等，也从不同的角度不同程度地反映了中国婴儿动作发展的整个进程。

表 2-1　2～6 岁儿童动作技能的发展变化①

年龄	走和跑	跳	单脚跳	投掷和抓取	踏车和把握方向
2～3 岁	行走有节奏，手臂与腿能反方向运动。快走变成了真正的跑。	从台阶向下跳。双脚离地几英寸，手臂不活动。	每次单脚跳 1～3 次，上身和不跳的腿保持不动。	只用前臂来扔球；脚保持不动。将要扔球的胳臂僵化地伸展。	双脚蹬车，但不能把握方向。
3～4 岁	双脚交替上楼。下楼时只用一只脚下楼梯。	跳的时候有手臂的协调动作。跳的跨度为 1 英寸。	单脚能跳 4～6 次，上身出现协调动作，不跳的腿摆动。	虽然在扔球时身体能稍微转动，但还是不能将重心转到脚上。让肘弯曲准备抓取东西；把球放在胸前。	双脚蹬车，对三轮车出现驾驶动作。
4～5 岁	双脚交替下楼。动作更流畅。飞奔和用单脚跳。	向上、向前跳的能力提高，跨度增大。	单脚跳达 7～9 次，跳的速度加快。	在扔球时，上身转动并将重心转到脚上。用手抓住球。如果不成功可能会把球放在胸前。	速度加快，驾驭熟练。
5～6 岁	跑速提高。飞奔更为流畅。真正的跳跃动作出现。	跳的高度达到 1 英寸，跨度达 3 英尺。	在 10 秒内能跳 50 下。单脚交替地有节奏地跳（如一只脚跳两次后，另一只脚再跳两次）。	有了成熟地扔东西和抓东西的动作模式。在扔东西的时候，手臂运动更多，将重心移到前脚。将要扔球时，手的姿势放松。让身体和双脚协调动作。	骑有训练轮的自行车。

三、影响动作发展的因素

影响儿童动作发展的因素不是单一的，而是多个系统协调作用的结果。个体自身的发展状况、个体所处环境以及所面临的任务要求等都会对儿童个体的动作发展产生重要影响。

(一)影响动作发展的生物学因素

个体自身因素为儿童动作发展提供了必要的物质基础和生物可能性，儿童动作的发展是以自身生理结构和功能上的完善为自然前提的，它受神经系统、运动系统等成熟程度的影响，也与个体知觉、情绪等心理因素的相互作用有关。

影响儿童动作发展的生物学因素有出生缺陷与先天失常、染色体疾病、围生期因素(新生儿缺氧缺血性脑病、新生儿颅内出血、新生儿惊厥)、神经系统疾病、营养因素、环境毒物等多种因素。

① Newman. 发展心理学[M]. 白学军，译. 西安：陕西师范大学出版社，196.

1. 基因的因素

行为动作产生的物质基础主要是神经系统，尤其是中枢神经系统，而神经元和神经系统的分化、发育，以及最终形成的生理生化性能和行为功能都受基因的调控。基因作为遗传物质本身不直接产生各种行为，但在神经系统的分化发育过程中各类基因的表达及产物，则可间接影响行为。大多数在产前就已存在的因素如基因突变、染色体异常等，对个体在动作发展上会有影响。有些会使个体的动作发展迟缓，甚至有无法从事某些活动的情况发生。

2. 中枢神经系统的成熟度

中枢神经系统的发展在一定程度上影响了儿童动作的发展，大部分的运动肌肉是由中枢神经系统控制的，如果中枢神经系统本身的成熟度不够，将直接影响肌肉的发展，而使动作表现较为迟缓。

3. 感官经验的统合

所谓的感官，包括眼睛、耳朵、触觉器官、味觉器官、鼻子等。通过感觉系统如视觉、听觉、触觉、味觉、嗅觉、前庭阶觉、本体感受觉等，将感觉信息送到大脑作统合、分析，然后再发出指令使运动系统做出反应，即所谓的感官经验的统合。感觉信息在运动控制中有重要的作用，对于编制运动程序和执行运动活动起着必要的反馈调节作用。所以，如果感觉器官出现问题，或者在统合时无法命令运动系统做出所应有的反应，就会影响到动作的产生和发展。

(二)影响动作发展的非生物学因素

个体成长的物质生活环境、特定的养育观念和方式等，对儿童动作的发展速度不仅会产生直接影响，也会影响其特定动作的发展水平以及动作发展的顺序和倾向。环境的影响既有来自自然环境特征的，也有来自社会文化和心理环境特点的，如气候、文化背景、家庭环境等都会对儿童动作发展产生影响。

另外，个体面临的动作任务也是动作发展的外部要求和动力，个体在特定情境中的动作活动特点在很大程度上取决于环境提出的要求。

信息栏2-5

动作的发展有赖个体的成熟与练习

美国心理学家阿诺德·格塞尔［Arnold Lucius Gesell，1880.06.21—1961.05.29］，在经历了近半个世纪对儿童发展的实验研究后，发表了著名的《成熟论》，强调生物的自然、成熟的因素在儿童发展中的重要作用。

20世纪初，他以双生子为对象，研究动作发展与成熟的关系，即双生子爬梯实验。在这个实验中，双生子T从出生后第48周起每天作10分钟爬梯训练，连续6周，到第52周，他能熟练地爬上5级楼梯。在此期间，双生子C不做爬梯训练，而是从出生后第53周才开始进行爬梯训练，两周以后，双生子C不用旁人帮助，就可以爬到楼梯顶端。由此，格塞尔得出的结论是：在儿童生理上未达到准备状态(即成熟)时就无从产生学习，学习只是对成熟起一种促进作用；而一旦在生理上有了完成这种动作的准备，训练就能起到事半功倍的效果。学习依赖于成熟所提供的准备状态。

信息栏2-6

运动发展过程中先天和后天的作用

运动发展是阐明个体生长受控于遗传和经验相互作用的最好例子。不断展开的运动能力被遗传所控制，说明婴儿身上可观察到许多反射行为。同时，在这个过程中，人们可观察到婴儿个体和群体之间的差异。这种差异不仅在婴儿出生时就已存在，而且也表现在他们的运动能力发展的速度上。此外，不同的文化环境提供给婴儿运动探索的机会也存在差异。

基因与环境是通过怎样的相互作用来影响个体行为仍是一个尚待解决的关键问题。没有一个合适的环境，基因的作用就表现不出来。这个环境包括小到细胞水平的生物环境、大到宏观系统水平的物理和社会环境。例如，人类生存下去需要呼吸氧气，如果一名婴儿在胎儿期或生产过程中缺氧，将很难从行为中观察到其智力的遗传潜能。另外，个体与环境的相互作用是动态和变化的，并且彼此之间也在不断地相互影响。

四、动作发展的神经机制

中枢运动控制系统是以等级性的方式组构的，前脑处于最高水平，而脊髓则位于最低水平。中枢运动控制系统的最高水平，主要有新皮层的联合皮层和前脑基底神经节，负责运动的策略(strategy)层面，即确定运动的目标和达到目标的最佳运动策略。中间水平以运动皮层和小脑为代表，负责运动的技术层面(tactics)，即肌肉收缩的顺序、运动的空间和时间安排，以及如何使运动平滑而准确地达到预定的目标。最低水平以脑干和脊髓为代表，负责运动的执行层面(execution)，即激活那些发起目标定向性运动的神经元和中间神经元，并在运动过程中对姿势进行必要的调整。

1. 运动的神经控制：脊髓、基底神经节与小脑①

(1)脊髓：有句俗语说："像一只无头鸡那样四处乱窜。"这句话有一定科学性，因为一些复杂的行为模式在没有脑参与的情况下也可能发生，如刚被砍掉了头的鸡

① Mark F Bear. 神经科学——探索脑[M]. 王建军，译. 北京：高等教育出版社，2004：442－468.

在场地上乱跑。在脊髓的内部，有大量的协调控制某些运动的神经环路，特别是那些控制定型运动(即重复性运动)的环路——如那些与行走有关的环路。Sherrington与 Graham Brown 证明，把猫和狗的脊髓与中枢神经系统的其他部分离开很长一段时间以后，仍然可以激发出它们后肢的节律性运动。目前更准确的观点是：脊髓具有诱导某些协调性运动的运动程序(motor programs)，而这些程序被脑的下行指令所影响、执行和修饰。所以，运动控制可以分为两部分：①脊髓对肌肉收缩的命令与控制；②脑对脊髓运动程序的命令与控制。

运动神经元在脊髓中的分布主要为：脊髓颈膨大包含支配上肢肌肉的运动神经元；腰膨大包含支配下肢肌肉的运动神经元。而脑是怎样与脊髓运动神经元进行交流的呢？来自脑的轴突沿两条主要的通路下行到脊髓。一条在脊髓外侧柱内；另一条在脊髓腹内侧内柱内下行。外侧通路(lateral pathway)参与肢体远端肌肉的随意运动，该通路受皮层直接控制；腹内侧通路(ventromedial pathway)参与身体姿势和行走运动，受脑干控制。

(2)基底神经节(basal ganglia)：到达运动皮层第 6 区的主要皮层下输入来自背侧丘脑的一个核团——腹外侧核 (ventral lateral nucleus，VL 核)，而到达 VL 核的一部分的 VLo 的输入起源于埋藏在端脑深处的基底神经节。基底神经节又是大脑皮层的靶核，尤其是大脑皮层的额叶、前额叶和顶叶皮层的靶核。这样，就形成了从大脑皮层经基底神经节和丘脑再回到大脑皮层，特别是辅助运动区(SMA)的信息环路。该环路的功能之一是筛选和发起意向性运动。

基底神经节包括尾核 (caudate nucleus)、壳核 (putamen)、苍白球(globus pallidus)和底丘脑核 (subthalamic nucleus)，还可以加上黑质(substantia nigra)。黑质是与位于前脑的基底神经节之间有交互联系的中脑结构。黑质中大量多巴胺能神经元的坏死是造成著名的帕金森氏症的主要原因。尾核和壳核合称为纹状体(striatum)，纹状体是皮层到基底神经节输入的靶核，而苍白球则是基底神经节到丘脑输出的源头。经过基底神经节的运动环路中最直接的通路，起源于皮层到壳核细胞的兴奋性连接。壳核细胞与苍白球神经元形成抑制性的突触，后者再与 VLo 神经元形成抑制性连接。从 VLo 到 SMA 的丘脑皮层连接是兴奋性通路，它可增强 SMA 相关运动神经元的放电。

(3)小脑：要指令肌肉收缩可不是一件容易的事。拉出一个弧旋球要求具备一系列精细的肌肉运动，每一步都要精确地定时，而管理这种重要运动功能的结构正是小脑(cerebellum)。毁损小脑后，运动会变得不协调、不精确，即产生所谓共济失调(ataxia)，可知其的确参与了运动控制。小脑障碍患者的另一个特征性功能缺陷是他们的手指运动辨距不良(dysmetria)，即他们的手指要么到达不了鼻子，要么就超过了鼻子而戳到脸上。在醉酒的人身上也可看到类似的症状。醉酒者的笨拙动作，正是由于小脑神经环路受到酒精抑制所导致的。

小脑环路对运动进行监控与调整：由感觉运动皮层(包括额叶 4 区和 6 区、中

央后回的躯体运动区和后顶叶区皮层)第Ⅴ层的锥体细胞轴突形成的巨大纤维束投射到脑桥的一群细胞，即脑桥核(pontine nuclei) 中，然后进入小脑。这条通路的投射包含大约2000万根轴突。而小脑外侧部通过丘脑腹外侧核(VLc)的接转，又投射回运动皮层。从毁损这条通路的结果来看，它在计划性随意多关节运动的执行方面是至关重要的。小脑一旦接到运动意图的信号，它便把关于运动的方向、定时和力量的指令传送给初级运动皮层。对发射性运动(ballistic movement)而言，这些指令完全基于他们对后果的预测(因为这种运动太快，来不及利用反馈信号)。这种预测是基于经验来习得的，故此小脑是运动学习的重要部位。小脑会将运动意图与运动结果相比较，并通过环路对运动做补偿性的修饰。

小脑还可以对运动进行编程。我们学习一个新技巧时，如溜滑板车，打网球，骑自行车，抛曲线球等。起初，你会将你的注意力集中在这个新的运动上，你的动作不连贯，也不协调。然后，通过练习动作将逐渐变得完美。而当你掌握了这一技巧，动作便会变得娴熟起来，事实上完全可以无意识地完成该动作。这一过程反映出一种新运动程序的形成，而该运动程序可以在不需要意识的控制之下产生一个适宜的序列性运动。小脑好像是一个实施自动化控制的电脑芯片，它能够在无意识参与下指挥技巧性运动准确地被执行，并且随时地对运动进行反馈性调整。

2. 大脑皮层对运动的控制：计划与发起①

尽管皮层4区和6区被称为运动皮层，而事实上几乎所有新皮层都参与对随意运动的控制。目标导向运动(goal-directed movement)需要身体在空间的位置、运动欲达到的目标，以及选择什么样的运动计划来达到目标等信息。一旦运动计划被设定，它就必须被保存在记忆中直到对运动执行器官发出运动指令为止。大脑皮层的不同区域控制着运动过程的不同方面。

(1)运动皮层：运动皮层位于额叶，界限清楚。4区位于中央前回，在中央沟的前面，而6区则在4区前方(参见下图)。

信息栏2-7

人脑躯体运动定位图的发现

加拿大神经外科医生 Wilder Penfield 在对癫痫病人进行外科手术时，用微弱的电流刺激其大脑皮层，以此确定哪一块区域比较重要，不应该被切除。结果，Penfield 发现刺激位于中央前回的4区，可以激发病人对侧身体某些特定部位肌肉的抽搐。经过对这一区域的系统性探查，建立了人脑的躯体运动定位图(参见下图)。通常将4区叫做初级运动皮层或 M1。

① Mark F Bear. 神经科学——探索脑[M]. 王建军，译. 北京：高等教育出版社，2004：442－468.

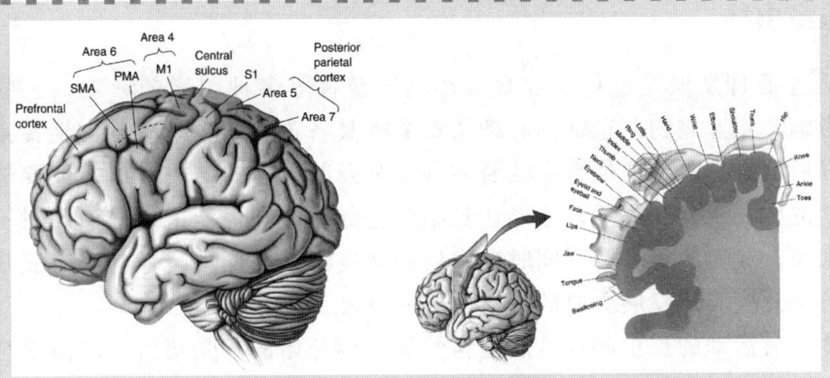

图 2-6 左图：运动相关皮层区域；右图：人脑的躯体运动定位图

Campbell 曾推测与 4 区左侧相邻的皮层 6 区可能是负责技巧性随意运动的区域；50 年后，Penfield 的研究印证了这一推测。在人类，这是一个比较高级的运动区，电刺激 6 区能激发任何一侧身体的复杂运动。Penfield 在 6 区发现了两个躯体运动性定位分布(参见上图)：一个位于 6 区的外侧部，他称之为前运动区(premotor area，PMA)；另一个位于内侧部，称为辅助运动区(supplementary motor area，SMA)。这两个区执行类似的功能，但控制不同的肌群。SMA 的轴突直接支配远端肌肉的运动单位，PMA 主要支配近端肌肉的运动单位。

(资料来源：Mark F Bear. 神经科学——探索脑[M]. 王建军，译. 高等教育出版社，2004：448—456)

(2)后顶叶皮层和前额叶皮层的作用：想象一下羽毛球运动员准备扣杀时的情境。在能够计划详细的肌肉收缩序列以先，运动员必须获取目前身体的空间位置，以及他与对手之间相对位置等有关信息。这种脑海中的身体图像似乎是由躯体感觉、本体感觉和视觉的传入到达后顶叶皮层而综合产生的。

顶叶与额叶前部区域有广泛联系。额叶前部对抽象思维、做出决策和预料行为后果等都是十分重要的。这些前额叶区与后顶叶皮层，是运动控制等级结构的最高层次。在此处对运动做决策，即进行什么运动，以及评估运动的可能结果。前额叶皮层和顶叶皮层都发出轴突，在 6 区会聚。皮质脊髓束中的大部分轴突由 6 区和 4 区的下行纤维构成。因此，6 区是运动通路的中间连接点。在该处，将计划做某动作的信号转化为特定的动作该如何实现的信号。

丹麦神经内科医生 Per Roland 等用正电子发射断层扫描术(PET)监视执行随意运动时皮层活动的变化。当受试者被要求凭记忆执行一系列手指运动时，躯体感觉区和后顶叶区、部分前额叶皮层(8 区)、6 区和 4 区等几个皮层区的血流量增加。而这些皮层区域恰好是产生运动意图并将其转化为运动计划的大脑皮层。有趣的是，当受试者被要求仅心理想象进行该手指运动，而实际并不运动手指时，6 区仍然被激活，4 区却未被激活。

本章小结

1. 儿童心理发展受遗传、发育、环境、教育等多种因素的影响，这些因素之间相互影响、相互制约。正常的心理活动必须具备正常的生理基础和遗传素质。婴儿出生以后，具有一定遗传素质的身体各部分及其器官的结构和机能还要经过一个很长时期的生长、发展过程，才能达到结构上的完善和机能上的成熟。对不同系统的器官来说，成熟的早晚和不同时期发展的速度都是不同的，但都各有其规律。遗传和成熟是儿童心理发展必要的物质前提和基础。

个体生命运动的真正起点是从受精的那一刻开始的。受精后，产前发育就开始了。然而，由一个微小的未分化的细胞发育成一个具有完整的器官和功能的成熟的胎儿，却是一个相对漫长的过程。虽然任何一个个体在受精卵形成的那一瞬间，他特有的遗传基因已被决定了，但这并不意味着胎儿就能顺利发育成熟并出生。胎儿的正常发育需要一定的条件。妊娠早期对胚胎形成、胎儿器官的分化发育都是十分重要的，而产前检查能使孕妇更自觉地从妊娠早期开始，避免一些不良因素的影响。

2. 人的神经系统是人体各器官、系统中最早发展起来的。脑虽然是人体中最精巧最高效的结构，但在分娩时它的发育程度比其他器官更接近成人，在出生后生命的前两年中发育特别快。在怀孕后的第四周，神经系统就已经开始形成，第八周胎儿的大脑皮质就可以分辨出来，3个月胎儿的大脑外形与成人十分相似，六七个月时，大脑形态上已得到初步发展，脑的基本结构已经具备，出生时，脑细胞分化，大脑皮质已有六层，细胞构筑区和层次分化已基本完成，大多数沟回已出现。出生后，婴儿的脑继续发展，主要在于大脑皮质结构的复杂化和脑机能的完善化。

3. 大脑发育过程中，在三种不同层次上都存在着神经可塑性。宏观来说，大脑皮层能够根据经验进行功能重组。微观来说，神经可塑性表现在突触效能、突触形态等的变化，也进一步体现在分子和基因的水平上。突触的倒"U"形发展模式是儿童心理发展关键期理论的神经基础，早期经验能通过神经可塑性的机制来影响儿童认知功能的发育。神经可塑性的研究成果，对于学前教育者把握教育时机和制定教育方案，都具有重要的意义。

4. 身体的发育是儿童心理发展的物质基础和前提，良好的身体素质为人的一生发展奠定了基础和方向。动作发展是个体心理发展的重要方面。动作本身并不是心理，但是它和心理的发展有着密切的关系，被认为是心理功能的外在表现。人的活动是在神经系统特别是在大脑的支配下通过动作来完成的，动作的发展在一定程度上反映大脑皮层神经系统活动的发展。因此，人们常把动作作为测定儿童心理发展水平的一项指标。影响儿童动作发展的因素是多个系统协调作用的结果。个体自身的发展状况、个体所处环境以及所面临的任务要求等都会对儿童个体的动作发展产生重要影响。

进一步学习资源

● 关于生物基础、产前期和分娩；婴儿期的运动发展；身体发展等知识问题可进一步参阅[美] 劳拉·E. 贝克著，《儿童发展》第二部分：发展的基础，江苏教育出版社，2002 年版。

● 关于对产前发育相关知识的进一步了解，可参阅[美]简·卡珀，雷丽萍，李海燕译，《大脑的营养》，新华出版社，2002 年版。

● 关于儿童行为发育有关问题的进一步深入了解，可参阅邹小兵，静进主编，《发育行为儿科学》，人民卫生出版社，2005 年版。

● 关于神经系统的结构与功能单位——神经元的进一步深入学习，可查阅[美]Mark F Bear 王建军译，《神经科学——探索脑》第一篇 基础篇，高等教育出版社，2004 年版。

● 脑功能结构重组与神经元再生研究可参考：Charles A. Nelson and Monica Luciana，*Handbook of developmental cognitive neuroscience*，The MIT Press，London，2001。

● 突触长时程增强现象可参考：王建军译，《神经科学——探索脑》，高等教育出版社，2004 年版。

● 神经可塑性与幼儿教育研究可参考：王爱民译，《大脑研究与儿童教育》，中国轻工业出版社，2006 年版。

● 关于早期儿童的动作发展、身体发育的影响等知识问题，可参阅[美] 劳拉·E. 贝克著，《婴儿、儿童和青少年》(第 5 版)第五章：婴儿和学步期的身体发展，上海人民出版社，2008 年版。

● 早期儿童的动作发展的相关问题探讨，可参阅董奇，陶沙主编《动作与心理发展》相关的章节，北京师范大学出版社，2004 年版。

关键概念

遗传　染色体与 DNA　基因　苯丙酮酸尿症　唐氏综合征　致畸因子　神经元　突触　神经可塑性　皮层功能重组　突触可塑性　神经元新生　突触倒“U”形发展　发展关键期　动作发展规律

思考与探究

1. 患有遗传性疾病孩子的家庭，有哪些因素可以帮助他们处理好这一问题？

2. 请将你知道的影响产前发育的因素尽可能多地列举出来，并提出你认为可以预防的措施。

3. 遗传对大脑的发育起着重要的作用，那么，经历是否对大脑和机体也有影响呢？

4. 神经可塑性在细胞层次上表现为哪些方面？

5. 对患有先天性斜视的小孩，以前到青春期之后才开始纠正，而今日通常在幼儿时期就试图进行外科纠治，为什么？

6. 孩子通常能够不费力地学习几种语言，而成人则需为掌握第二语言付出极大的努力。从神经可塑性的角度，请谈谈上述情况为何可能发生。

7. 请你在查找资料后，对动态系统研究所强调的运动发展多样性进行描述。

8. 请具体叙述影响动作发展的多个系统因子。

趣味现象·做做看

实验目的：通过手指敲击测验(finger tapping test)，检验幼儿的运动速度、两手精细运动的能力、建立和维持连续节律地敲打的能力；可以评估儿童小脑与基底神经节的功能发展。手指敲击测验可应用于诊断运动技能障碍儿童(又称笨拙儿童综合征，clumsy child syndrome)。大多数运动技能障碍的儿童在婴幼儿期即存在运动发育的异常，对其进行早期预防和干预非常重要。动作技能障碍常给患儿日常生活带来显著困难，并可严重影响到其学业成就，其障碍并不会随年龄增长而消失。

研究对象：3～6岁幼儿

实验工具：机械计数器，塑料板等。

程序：将一机械计数器和一块22.9×24cm的板相连，让幼儿用食指尽可能快地在上面敲打10秒，利手和非利手交替进行，直到得出每次交替时两手敲打数之差小于5的敲打5次为止。用利手敲打5次的平均敲打数为计分标准。

第三章

早期儿童感知觉、注意的发展

本章导航

本章将有助于你掌握:

早期儿童感觉的发展轮廓
早期儿童视觉的发展
早期儿童听觉的发展
早期儿童其他感觉的发展

早期儿童知觉发展
早期儿童图形知觉的发展
早期儿童空间知觉的发展
早期儿童社会知觉的发展
面孔偏好

早期儿童注意的发展
早期儿童注意品质特征及影响因素
多动症(ADHD)
注意力的培养

注意发展的认知神经科学研究

新生儿的注意

早期婴儿的注意发展

注意发展中的个体差异

执行性注意的发展

心理努力和注意发展

注意力训练与脑的可塑性

欣欣已经6岁了，妈妈又生了一个可爱的小弟弟。欣欣对这个喜欢皱眉、吐口水、睡觉姿势像只小青蛙似的小弟弟无比好奇。为什么他喜欢吃大人觉得口味并不好的奶水？为什么父母总是用如此温柔和略高的语调和小弟弟说话？为什么他不喜欢满身烟味的爷爷？为什么小弟弟的脸会被自己的手指甲划破？

当弟弟睁开眼睛看着欣欣的时候，欣欣欢欣雀跃，她并不知道，新生儿的最佳视力也只有20厘米左右，并不能将她这个活跃好动的姐姐的面容看清楚。欣欣摸着小弟弟比她的手掌还小的小脚，像个姐姐那样地说："快长大啊，长大了你就会跑步，我带你出去看世界。"是啊，儿童这快快长大的过程，就如人类进化一般，是积聚着量变与质变的过程。早期儿童以月龄、甚至天数为单位快速成长，其生理系统分层次地不断发展，直到有一天，他们拥有敏锐的感觉，正确的认知，身心的协调，注意到周围丰富刺激中他们渴望注意的部分，那时候，他们便不再是柔弱地躺在襁褓中的婴儿，而是一个拥有人类基本能力，完整独立的欣欣向荣的个体了。

早期儿童的发展对人的一生有极其重要的意义，无论在社会、学校、家庭，建立丰富刺激环境下的高质量教养与儿童未来的学业成绩、行为习惯有很高的相关。父母的养育质量，尤其是母亲，对儿童未来的社会情感发展、认知发展有很强的影响效能。这意味着，对早期儿童的科学养育是关键而不可逆的。然而，科学养育的前提是教育工作者和养育者对于早期儿童的正确的认识，以及对于儿童发展规律的把握，并认识到儿童发展与环境的交互作用。

人类20%的生命历程是身体成熟的过程，这涵盖了生命孕育新生直到青少年时代结束的过程。感觉和知觉的加工几乎参与了整个发展过程。人体中最为需要的塑造的部分之一——大脑、感知觉、注意能力等的发展会受到遗传预定模式的影响，同时，也深受环境的影响。教育与心理学界公认，早期儿童的发展情况将是终身发展的基奠。

在长期的儿童发展心理学研究中，逐渐产生了一个对人类影响深远的定律，曾认为是对刺激被动接受的儿童，在现代观察和研究中被发现，原来是周围社会和自然两方面的积极参与者。在儿童早期过程中势必存在一个特殊的时期，这个特殊的时期所产生的显著的作用远远超过了其他时期。在后来的研究中，这个时期被命名为敏感期或者关键期。关于这个特殊平台时期的研究十分丰富，研究方法与过程也是引人入胜的。儿童的早期经验与感知注意的发展就是这个平台研究中重要的组成部分。比如，人们研究早期触摸对后期学习与反应的影响。又如，著名心理学家Hirsch与Spinell给幼猫戴上了特殊的遮光镜，使猫只能看到垂直线，成年后才给猫摘去眼镜。这些猫长大以后，视觉能力尽管正常，但不能看到水平线条。这个实验提醒我们，视觉的发展存在敏感期，而感知觉发展的敏感期通常是个体生命早期，在敏感期，个体的发展更容易受到环境的影响。

出生直至儿童早期，是人类感知觉发展关键阶段。婴儿的感觉经历影响着婴儿的神经元的大小以及连接。随着身体的发育成长，以及个体与环境的相互作用，婴儿的感官能够发展到精确、稳定的成熟的程度。早期儿童在成长过程中，自发地开始进行一些游戏、活动，他们可能不停地敲打着某些物件，可能趴在地上翻滚，甚至会认真地把小草拔出放进嘴里咀嚼。这些成年人看起来单调诙谐的行为，有的被我们所理解，有的被认为是不妥当的。而正是这些行为，提供给早期儿童感知觉的基本经验。丰富的机遇就展现在儿童面前，他们需要用感知、协调的注意能力来敲开一道道门进入新的发展层次。

当儿童进入社会，他的感觉、知觉以及注意的发展都被烙以社会的印记。心理学工作者也对不同种族、经济地位的儿童感知觉、注意发展进行跨文化研究。在我们看来，人生而平等也含有生理平等的意义，研究者未曾定论种族引起的儿童在感知觉、注意发展引起的差异，却强调了在生理基础无差异的情况下，文化、教育、经济所关联的儿童感知觉、注意的差异，这其中的研究精彩纷呈，比如社会知觉研究中早期儿童对表情知觉的跨文化研究，影响儿童注意力发展的家庭教养方式研究等。我们作为学前教育工作者，应该在把握早期儿童发展的特点基础上，博览群书，以触摸前沿研究，以更新知识结构。

第一节 早期儿童感觉的发展

成年人有时会对一些特殊的气味产生偏好或者抗拒。比如有的人喜好皮革的味道，有的人对汽油的味道感到不适。科学家认为，虽然产生这种偏好的答复并不明确，但大多与早期经验有关。

儿童个体的发展始于出生之前，包括了父母基因的传递，子宫环境的影响等。出生以后，儿童发展与充满关联的环境有关，这种环境包括化学环境，比如膳食平衡条件下的营养环境、空气质量和饮用水。如若化学环境充满危险，则会破坏儿童大脑发育或者紊乱儿童身体技能，影响儿童感知觉正常发展。

德国雷娜特·齐默尔教授总结了胎儿阶段主要感知觉发育的过程：

表 3-1　胎儿阶段主要感知觉发育

胎儿月龄	感知觉发育
胎儿期第 2 个月	出现了动觉，嗅觉的接收器开始发育
胎儿期第 3 个月	手、口、身体表面大部分地方开始有触觉 耳蜗初步形成；平衡觉刺激开始发挥作用，此后数月持续发育
胎儿期第 4 个月	能感受到刺激和疼痛；味觉成熟
胎儿期第 5 个月	视杆细胞分化
胎儿期第 6 个月	有按压、疼痛、温冷的感觉；平衡觉发育成熟
胎儿期第 7 个月	可以用手进行感知；嗅觉发育成熟；听觉发育成熟；能对子宫外的刺激作出反应
胎儿期第 8 个月	大部分感知觉发育成熟；视觉继续发育
胎儿期第 9 个月	能接受光刺激
出生	运作所有感官

新生儿的感知觉事关他们如何向自然与人类社会学习的重任，新生的婴儿并不是完全被动与无能的，他们可以感知到个体周围的各种经验，视觉、嗅觉、听觉、味觉，无一不在告诉他们这个子宫外的世界是具体而生动的。在他呱呱坠地的那一刻起，他便开始尽全力调动了几乎人类所有的感知觉系统，除此之外，新生的婴儿甚至有记忆和情绪的体验，会根据自己的感知经验来修正或者调整自己的行为。接收和加工环境信息是感知的核心作用。我们的每一种感觉器官都对应接收特定的刺激(感知系统对应着感觉器官：触觉——皮肤，动觉——本体感受器，前庭觉——平衡器官、内耳，味觉——舌头，嗅觉——鼻子，听觉——耳朵，视觉——眼睛)，感觉器官再将物理刺激转换为神经冲动，被大脑感知。感觉器官接受外界刺激与信息，传入中枢神经系统，也就是大脑和脊髓，中枢神经系统对刺激和信息进行分析，发出行为反应的指令。

相对单项感觉器官的工作，感官之间的协调合作则是发生在出生后的一周至一个月间。这是一个相对缓慢发动整合的过程。对任何一个对成年人来说是简单自然的动作，都需要早期儿童积累经验反复操练刺激，并协调多个器官才能完成的。例如，儿童第一次手眼协调地去抓握住他感到新奇对之饶有兴致的玩具铃铛。这一个简单的行为，需要儿童调动多个感觉功能，比如视觉定位、方向感、处觉、动觉。

但是，仅仅需要 2 年，他们就通过感知发展得到了大笔的经验财富。相比 2 岁的儿童看到的是父母清晰的面庞，新生儿看到的是明暗对比；相比 2 岁的儿童听到的是有意义的单词，新生儿听到的仅仅是某一种“声音”而已。有一个有趣的实验，是由 Striano 和 Bushnell 评价让儿童通过触摸来命名物体的能力。这个能力是指对重要线索的指向能力，称为触觉分离辨析(haptic discrimination)。在一个黑暗的房间里，给 3 个月龄的婴儿 2 个小型的形态和重量等同的哑铃形骨针(dumb-bell)的其中一个，两个骨针在球形部位都包有有孔海绵。其中一个的柄轴是光滑的，另外一个柄轴是有螺纹的。结果看起来，婴儿更偏好反复去握柄轴光滑的骨针。这表明，婴儿是根据触觉来区别这两个物体的。接下来的实验结果则更超出了研究者的预计。当研究者打开这个房间中的电灯时，3 个月龄的婴儿对这两个物体没有兴趣上的分别。他们不能根据视觉和触觉经验对这两个物体进行分离。这说明，对早期儿童来说，虽然感觉的发展已经广泛化了，但是知觉的综合还是局促的。随着儿童年龄的增长，很多感知的限制会淡化，知觉能力会发展得更为成熟。

接受外界的刺激无疑是使感知能力更为成熟的必要条件。感觉中枢的刺激可以促进新生儿形成神经元的联结。儿童神经细胞特定的功能性的特征，是在孩子们感知体验过程中逐渐形成的。感觉刺激在某种意义上被研究者称为大脑的营养，尤其是针对早期儿童来说，刺激对大脑的继续发育有至关重要的作用。

在探索早期儿童感知觉发展的历程中，研究者们以经典的实验完善着对该领域的理解，同时伴随着理论的一次次交锋与提升。认知主义与经验主义取向对早期儿童知觉发展有不同的解释。经验主义认为感觉经验是知觉的基础，感觉所产生的基本数据是认识世界与学习的基础。婴儿可以通过反复刺激从而识别母亲与其他人的声音，包括嗓音、脚步声、呼唤的名字的声音等。也可以识别母亲的面容、表情、常穿的衣服，逐渐地，将视觉与听觉的印象进行联结，慢慢形成母亲的概念。

认知取向对知觉有不同理解角度。比如，他们认为，儿童的情绪、评价、动机、知识、对事物的理解、环境等因素，可以影响儿童对表象的知觉。吉布森的差别理论则肯定了儿童，包括婴儿在感觉发生中的主动性，认为婴儿注意到了面孔表情精细区分。

这三种知觉理论在遗传和环境的所起作用方面有不同的解释。经验取向与认知取向都认为，感觉最终会丰富与联系形成知觉。而吉布森的差别理论认为复杂的信息不是感觉的堆砌，儿童有一种识别复杂信息特征的能力，这种能力是随年龄增大而增长的，当个体非常明确自己的知觉目的，那么复杂的信息模式是可以直接获得的。这些理论引发了心理学家对于儿童感觉和知觉发展的热烈的研究。

信息栏3-1

新生儿的感知状态与阿普伽评分(Apgar Scale)

目前运用比较广泛的阿普伽评分列表：

表 3-2　对新生儿进行大略的评分

	A	P	G	A	R
分数	外貌(肤色)	脉搏(心率)	面部表情(如做鬼脸，愤怒的反射行为)	活动(肌肉)	呼吸
0	蓝色，苍白	无	无	跛	无

续表

	A	P	G	A	R
1	身体粉红，四肢浅蓝	慢 少于 100	有反射	四肢弯曲	缓慢，无规律
2	完全粉红	快 多于 100	啼哭	积极运动	良好，强大的哭声

大多数新生儿的阿普伽评分都在 7 分以上，4～6 分的新生儿需要医学上的支持，3 分及以下的新生儿需要紧急医学监护。

如果是一个健康的阿普伽评分比较高的新生儿，会被整理干净以后依偎放置在母亲的胸上。婴儿靠着母亲的身体休息，一般，新生儿会变得安静而又警觉。婴儿基本会动也不动地看着母亲，盯着她的脸。母亲在此时也完全被婴儿吸引，凝视着孩子。在出生后的这段时间里，如果婴儿与母亲有了皮肤的接触，婴儿可能保持长时间的觉醒，半小时甚至更长。这个觉醒期使母亲与新生儿更加熟悉信任，充满了关爱。

新生儿通常是在重复六个独立有意识阶段。每一个阶段都有一些明确的活动、身心特征。包括三个觉醒的状态：安静地觉醒、活跃地觉醒、哭，一个过渡阶段：困倦瞌睡阶段，两个睡眠阶段：安静睡眠阶段、活跃睡眠阶段。

一、早期儿童视觉、听觉的发展

婴儿到底是怎样看见物体的呢？新生婴儿能有足够的视觉能力辨别形状吗？新生婴儿能再认人脸吗？他们眼中的世界是怎样的呢？他们如何进行视觉追踪呢？19世纪 80 年代后，随着对婴儿认知能力的肯定的观念的增长，研究人员开始热衷于探究婴儿感知能力的旅程。

近年的研究揭示了婴儿视觉学习的一种形式——适应(habituation)，即刺激重复强化了反应。新刺激容易引起注意，但是，随着更多的刺激呈现，反应弱化，去习惯化的方式提供了了解婴儿感知通路。Alan Slater 等(1988)以出生 7 个小时的婴儿为被试。首先呈现刺激 A，新生儿凝视刺激的平均时间为 41 秒。随着刺激的重复呈现，婴儿注视兴趣很快就衰退了。将图形顺时针旋转 90°成为变体 A′，婴儿认识到了 A′与 A 的不同。

另外一些有趣的使用了眼动仪进行视觉追踪的实验表明，一个月龄的儿童看似在观看给予的图片，其实，他们所表现出来的是一种视觉扫描。他们关注的是事物的分界线，边缘部分。当呈现脸部图形时，婴儿往往也在扫描脸部轮廓。随着年龄的增长，儿童的视觉扫描发展得更加系统化。到 2 个月大的时候，婴儿已经开始更多地将视觉集中于眼睛和嘴巴。这已经与刚出生时他们所关注的焦点有所不同了。

伴随脑科学和神经科学实验研究的深入，早期儿童的含有视觉因素的研究也分外生动了起来，比如现在广泛使用的眼动仪。通过视线追踪技术，监测用户在看特定目标时的眼睛运动和注视方向，并进行相关分析的过程，这比早期研究者使用照相、电影摄影等方式来记录眼球运动的情况要精确许多。

(一)早期儿童视敏度的发展

儿童的眼睛与成年人的眼睛具备了同样的功能：对明暗的感知与适应，对颜色的辨认，对图案和形状的辨认。其中，视敏度是眼睛功能指标的重要项目。

视敏度(visual acuity)是衡量视觉发展优劣的指标，是指分辨物体细节和轮廓的能力，也就是人眼正确分辨物体的最小维度。我们常说的视力就是医学上用视力测定的视敏度。一般，视敏度为 1.0 是正常的，有的国家规定，视敏度低于 0.05 就属于盲人标准。在外界环境上，不同的亮度、物体与背景之间的对比度会影响视敏度。我国用标准 C 型和 E 型视表来检查视敏度。

Fantz 在 1975 年的时候就已经得出研究结论，认为早期儿童视敏度随着年龄增长而提高。在 14 周左右，双眼视觉发育成熟；正常新生儿两个眼球已经成形，有光感，但视力还没有完全发育。出生到一星期之间的视力为 0.01～0.02。1 个月大的婴儿视力为 0.05～0.1。新生儿和 1 个月大的婴儿在 20 英尺内看到的事物与成年在 200 英尺到 400 英尺内看到的是差不多的(1 英尺＝0.304 8 米)；到了 3 个月，婴儿能够注视和追随玩具，头也会转动。彩色、运动的物体都能吸引他们；接下来的 3 个月中，婴儿视网膜会发育得很好，观察物体的距离可以在远近之间自由变化，物体的细微部位也能看清楚了；婴儿 4 个月开始时，开始建立立体视觉，对于距离的判断开始发展；到了第 6 个月，婴儿眼睛已有成年人的三分之二大甚至相当，几乎可以达到 20/20。看物体是双眼同时看，从而获得正常的“两眼视觉”；1 岁的时候，儿童视力进一步全面发展。此时视力有 0.1～0.3，1 岁之前的视力为“可塑期”；2～4 岁时立体视觉建立接近完成，视力水平为 0.6～0.8。4 岁时的正常视力可达到 0.8～1.0；5～7 岁时的视力达到 1.0，已经接近于成人；8～9 岁时的视力发育已经完成，一般来说，视敏度不会有太大变动。

与早期儿童其他身体方面的发展类似，外界的环境容易影响某项机能的发育。视敏度比较容易受到后天的干扰。所以，良好的用眼习惯和姿势，以及良好的用眼环境是非常必要的。例如幼儿园用房就应布置在当地最好日照方位，并满足冬至日底层满窗日照不少于 3 小时。同时要避免阳光直射入室内产生眩光，强烈的光线对儿童视力伤害最大。可将儿童学习游戏的桌椅避开明亮的窗口；也可在窗口处安装白色窗帘形成散射柔和的光线或者将光线先引到墙壁或天花板然后让光线散射在整个空间。

信息栏3-2

婴儿视觉发展的里程碑

在生命早期，视觉系统一直在发展。从出生到成熟，眼睛的大小增大到出生时的 3 倍，而且这个增长到 3 岁时基本完成，眼睛直径 1/3 的增长发生在生命的第一年。以下信息总结了幼儿从出生到3岁正常视觉发展的历程及其相关的脑功能启示。

早产儿(依赖于成熟程度)：眼睑还没有完全分开，虹膜不能收缩或扩大，泪腺系统的功能还没有完全发展，脉络膜缺少颜色，视网膜血管未发育完全，视神经纤维还没有髓鞘化。功能启示：不能控制光线进入眼睛，视觉系统的功能还没有准备就绪。

出生：瞳孔还没有完全扩大，晶状体的曲度几乎是球面的，视网膜还没有完全发展，婴儿能看到一定程度的远处，并伴有散光。功能启示：新生儿的集中注视能力较差，颜色分辨能力较差，视野小，视敏度约在20/200和20/400之间。此时由于主要是皮层下的定向机制作用，从出生到3个月婴儿定向到单一目标存在困难。婴儿偏好黑白图案，特别是棋盘格。

3个月：眼睛或头部运动的皮层控制出现，使得注意切换成为可能。腹侧和背侧视觉系统开始协同作用来调节婴儿的视觉行为，视觉运动多数时候是协调的。注意力通常被黑白或彩色(黄和红)目标吸引；婴儿能够注意到更小的目标(小到2.5cm)；视觉注意和视觉搜索开始；婴儿开始把视觉刺激和事件相联系(比如奶瓶和喂养)。

5～6个月：婴儿能够看(即视觉上检视)自己手里的客体；视觉运动更加流畅；婴儿开始视觉探索环境，注视点能够由近及远轻松切换；婴儿注视的距离约为1m；眼手协调能够进行；此时，婴儿感兴趣于观看下落的客体，并通常会把眼睛停留在客体消失的位置。

6～9个月：视敏度快速提高(几乎接近成人水平)；视觉探索行为增多，能进行从手到手的客体转移，并表现出对几何图案的兴趣。

9个月～1岁：儿童能够看见2～3mm小的客体；喜欢观看人脸并模仿表情；在观看了“隐藏”行为后会出现搜寻客体的行为；对新异的人、客体和环境比较警觉；能区分生人和熟人；视觉开始引导运动控制。

2岁：视神经髓鞘化完成；所有的视觉技能都是流畅的和协调的；视敏度在20/20到20/30之间。儿童能模仿运动；能根据单一特征(比如，颜色或形状)匹配相同的客体；能在一本书里找到特定的图片。

在2～5岁，儿童的脑功能几乎接近成人基本的感觉加工能力。但是，对于分析复杂视觉情境的脑机制发展在后期才会发生。具备最基本的社会知觉能力，但是推测他人意图的社会认知能力还在继续发展。

3岁：视网膜组织成熟了；儿童能基于记忆完成简单的拼图，能画粗糙的圆圈，能把2.5cm大小的物体放入相应孔中。

5～7岁：皮层感觉区的基本功能已发育完全；但是，对于负责知觉复杂视觉情境的大脑皮层的功能发展仍在继续。这些变化包括神经连接的继续髓鞘化，前额叶皮层神经突触的密度增加等。

(二)早期儿童颜色视觉的发展

新生儿都展示出一种无意识的偏好，即看有色刺激的时间比无色刺激要长。Bornstein认为，所有婴儿出生时就具备辨别各种颜色(蓝、绿、黄、红、粉红、紫、棕、橘、红)的能力。去习惯化的研究表明，到三四个月的时候，婴儿的颜色知觉已经与成人接近了，这与这个阶段婴儿的视锥细胞以及联结而成的神经通路发挥了作用有关。6个月大的婴儿的颜色视觉的发展已经接近成人。1岁的时候，婴儿开始看到一个清晰且富有色彩的世界。而1岁的儿童，往往最喜欢红色和黄色。从我们的生活经验，我们可以感知到，早期儿童往往偏好那些色调纯正、明快、鲜艳的颜色。

随年龄增长，受本族语言和文化的影响，早期儿童与生俱来的对各种颜色的辨别能力会消退。因此，语言的学习，特别是颜色词的学习改变了人对颜色知觉的分类，语言与颜色分类效应一致。进一步研究表明，儿童能否正确命名颜色，主要取决于他们是否掌握颜色的名称。所以，父母应该在平时与儿童相处的过程中，多教儿童一些颜色的名称，以提高他们对颜色命名的能力。语言的积累、言语能力的发展有助于儿童对颜色的正确命名。

虽然，颜色视觉的能力不像视敏度那样容易被破坏，但是，仍然需要成年人给予一个良好的发展环境，比如，颜色适当丰富的生活环境。因为，长期在单色光环境中生活的儿童有可能无法识别颜色。同时要注意的是，要避免使用那些色彩斑斓、跳跃的灯光，儿童如果长期处于这样的环境，不但会影响他们视力正常的发育，还会使他们变得坐立不安，烦躁易怒。

在日常学习生活中，有很多机会可以促进早期儿童颜色知觉的发展。研究者也设计了许多感知颜色的游戏。例如亲子游戏：请宝宝按照妈妈给的颜色卡，去找找家里有什么东西是同样颜色的。或者，请宝宝把家里不同颜色的物品各找一件，然后将物品排成小火车。

又如，教师可以引导一个颜色主题的活动，请小朋友们穿上不同颜色的小背心，(一次游戏可用三四种颜色，儿童随机选取这些颜色的背心)，做不同的颜色宝宝，请宝宝们互相认识，记住其他宝宝穿了什么颜色。然后背过身去，看看谁回忆小朋友们穿颜色背心的情况正确率更高，回答正确则给予奖励。

眼动仪

眼动仪是心理学基础研究的重要仪器。眼动仪用于记录人在处理视觉信息时的眼动轨迹特征，广泛用于注意、视知觉、阅读等领域的研究，现已有多种不同型号。

早在19世纪就有人通过考察人的眼球运动来研究人的心理活动，通过分

析记录到的眼动数据来探讨眼动与人的心理活动的关系。眼动仪的问世为心理学家利用眼动技术(eye movement technique)探索人在各种不同条件下的视觉信息加工机制，观察其与心理活动直接或间接奇妙而有趣的关系，提供了新的有效工具。

现代眼动仪的结构一般包括四个系统，即光学系统，瞳孔中心坐标提取系统，视景与瞳孔坐标叠加系统和图像与数据的记录分析系统。眼动有三种基本方式：注视(fixation)，眼跳(saccades)和追随运动(pursuit movement)。利用眼动仪进行心理学研究常用的资料或参数主要包括：注视点轨迹图，眼动时间，眼跳方向(direction)的平均速度(average velocity)时间和距离(或称幅度amplitude)，瞳孔(pupil)大小(面积或直径，单位像素 pixel)和眨眼(Blink)。在早期儿童研究中，可以通过记录不同年龄的儿童在各种不同条件下的眼动信息，可以探测其信息加工能力，学习能力的发展水平。如果将眼动分析应用于学科问题解决的研究，则可以探究比较儿童在解决各种问题时对外部信息的提取并由此推断其表征问题的过程和机制。

我们可以看一看以下两张图，图 3-1 表示的是 1978 年 Yarbus 利用眼动技术的研究记录，图 3-2 表示的是被试略读一段文字的眼动模式。

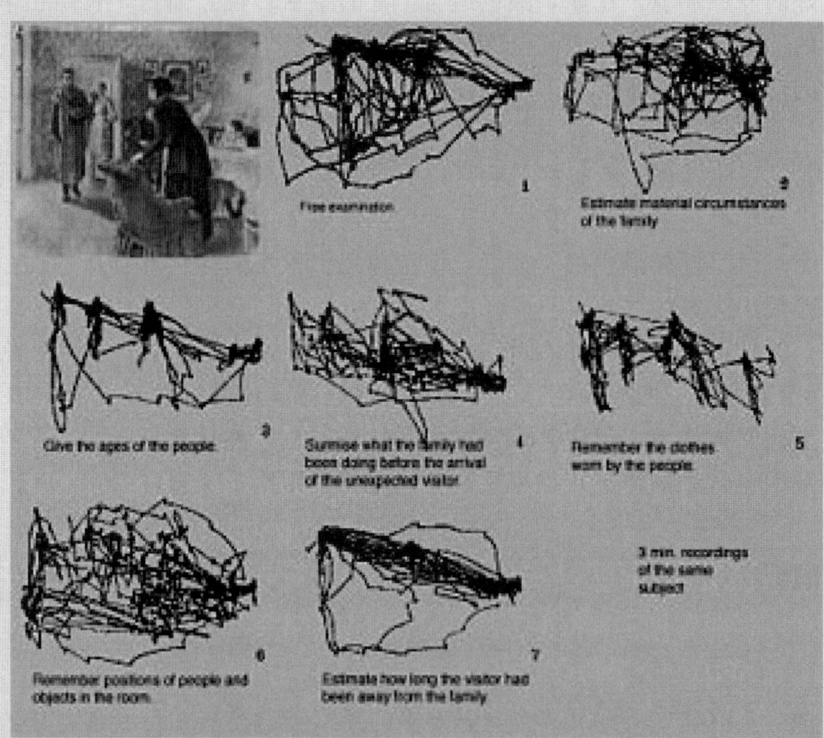

图 3-1　1978 年 Yarbus 利用眼动技术的研究记录

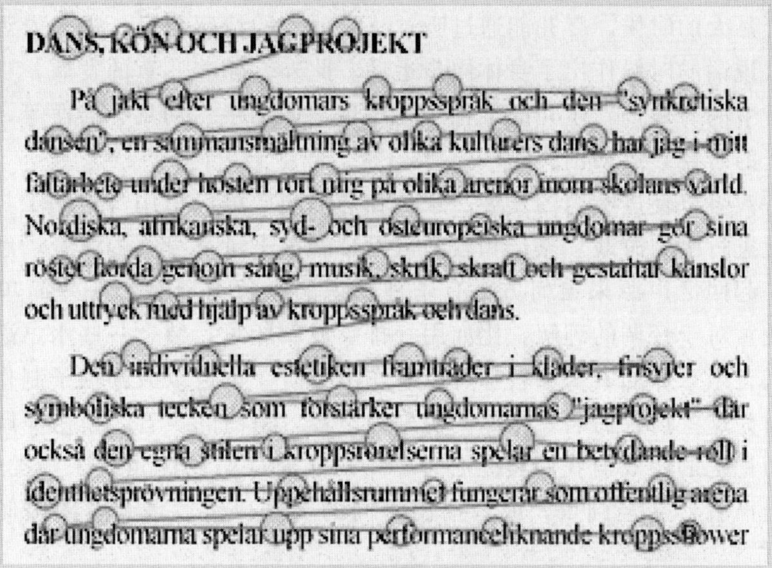

DANS, KÖN OCH JAGPROJEKT

På jakt efter ungdomars kroppsspråk och den "synkretiska dansen", en sammansmältning av olika kulturers dans, har jag i mitt fältarbete under hösten rört mig på olika arenor inom skolans värld. Nordiska, afrikanska, syd- och östeuropeiska ungdomar gör sina röster hörda genom sång, musik, skrik, skratt och gestaltar känslor och uttryck med hjälp av kroppsspråk och dans.

Den individuella estetiken framträder i kläder, frisyrer och symboliska tecken som förstärker ungdomarnas "jagprojekt" där också den egna stilen i kroppsrörelserna spelar en betydande roll i identitetsprövningen. Uppehållsrummet fungerar som offentlig arena där ungdomarna spelar upp sina performanceliknande kroppsshower

图 3-2　被试略读一段文字的眼动模式

（资料来源：http：//en. wikipedia. org/wiki/ Eye _ tracking # Technologies _ and _ techniques）

(三)早期儿童各阶段听觉发展特征

胎儿、婴儿、幼儿的生理和心理发展，包括感觉发展是具有连续性的。听觉与婴儿的生存有着莫大的关联。听觉必须持续接受刺激。这个感觉系统一直辛勤地工作，不能关闭。婴儿的听觉能力包括声音的检测、音色音调的辨别、音源定位、语音知觉能力。儿童的听力发展与语言发展有关，婴儿能够区分席位差异的语词。听力也可以帮助辨别空间距离，同时也可以与注意的发展相互促进。

5个月的胎儿已经有听力，可以听到母亲的说话声音，母体内的声音，母亲的呼吸与心跳以及身体内其他声音，甚至外界的声音，而外界不同强度的声音刺激也能引发胎儿不同反应。这个时候，也是传统意义上适合音乐胎教的月份。

刚出生第一天的新生儿延续具有听觉反应。新生儿不仅能听见声音，还能区分声音的音高、音响和声音的持续时间。持续的温和的乐音对新生儿有抚慰或镇静作用。新生儿对人说话的声音比较敏感，对于沉闷、愤怒、硬冷的语调与轻松、愉悦、温柔的语调，新生儿会有不同的反应。人们与儿童说话时不自觉地提高了嗓音，经常性出现儿化语，话语结尾也往往升调，是因为儿童喜欢这种声调的说话方式。

早期儿童对人类语音的敏感是一项了不起的能力，这也说明儿童学习人类语言的能力是与生俱来的。同时，婴儿对母亲的高度的依恋还表现在各个方面，如视觉的追踪，也有听觉上的喜好。他们在听母亲声音的时候所吸的奶会多一些。此外，

相对于其他语言，他们更喜欢听母亲的本族语言。

到3个月大的时候，婴儿能通过听觉感受他人的情感信息，很多人观察到新生儿在听成人说话的时候作出了身体同步运动。此外，随着儿童的发展，当外界发出一个词或音节的时候，新生儿的某种运动出现，如动手、动足、摇摆等，当这个词或音节终止的时候，运动消失。

听力游戏可以促进听力的发展。家长和老师同样可以采用身边的工具，在任何时间和儿童进行听力游戏。家长和教师可以带着孩子录下身边的声音，然后播放给孩子听，一起回忆声源来自何方。有乐理知识的家长可以制作一些简单的发声乐器，锻炼儿童对于音调的理解。比如用一排空玻璃瓶子，装上一些水，敲击出不同的音调，有音乐素养的家长和教师可以制作出音阶。也可以鼓励孩子制作出不同的声音，同时为这些声音命名，比如，快乐的声音，粗糙的声音，模仿马蹄声等。还有一些听力记忆的游戏与我们实验心理学中对听觉阈限的测量有一些类似的手段。用瓶子摇出声音，从轻到重，或者摇出不同的节奏，然后请儿童闭眼倾听，进行辨别。

二、早期儿童其他感觉发展及研究

(一)早期儿童嗅觉、味觉的特征

嗅觉对动物界抚养来说有着非同寻常的意义。人类的嗅觉显然是比不上某些动物那么发达的，但是，人类的嗅觉发生与发展对于婴儿的安全成长同样重要。新生儿能够享受舒适的气味，对于不舒适的气味有消极的反应，比如改变面部表情，不规则的深呼吸，脉搏加强，打喷嚏，头躲开，四肢和全身不安宁动作等。用一团浸着香蕉精的棉花在鼻下晃动时，新生儿会快乐地笑，而闻着臭鸡蛋味时，便会露出抗议的神情。有人做了试验，把渗浸着母亲乳汁的布片靠近婴儿鼻端，婴儿会顿时停止哭闹而做出寻乳的姿态。第二个月末和第三个月内，婴幼儿能够对两种不同的气味进行分化，但还不稳定。到第四个月时，嗅觉的分化会比较稳定。比如，婴儿能区分出配方奶与母乳的味道，并表现强烈地倾向于后者。婴儿还能依靠嗅觉辨认出母亲，尤其是母乳喂养的婴儿能将母亲与其他成人的气味区分开来。将两个分别有婴儿母亲和另外一位母亲的乳汁的包有纱布的填充物放在婴儿头部两边。新生儿反应偏向于转向放有母亲乳汁气味的那边。所以，心理学家提倡婴儿期由母亲陪睡，这对其大脑可产生良性刺激。那种不停更换陪睡人员的婴儿，难以适应不停变换的复杂气味，心理上易紧张，无法安睡，这对其健康有害，尤其是对气味比较敏感的婴儿，严重可致婴儿发育迟缓。

嗅觉和味觉可以相互沟通，闻着喷香的食物，吃起来也会更可口，感冒的时候鼻塞，也会影响对事物的品尝。味蕾多集中在舌尖、舌面和舌的两侧，少量分布在舌根口腔内部。不同的味蕾各司其职：主管甜味的味蕾主要分布在舌尖，主管酸味的味蕾主要分布在舌的两侧，主管咸味的味蕾也主要分布在舌的两侧，主管苦味的味蕾主要分布在舌根，我们喝中药的时候，往往喝完了才更觉得苦就是这个道理。

新生儿的味觉很发达，他(她)们似乎天生都喜欢吃甜的东西。刚出生的婴儿不喜欢有咸味的食物，但4个月以后，他们开始喜欢摄入咸味食物，这是为婴儿断奶并接受固体食物做准备了。同时，婴儿对味觉上的差异比较敏感，遇到与习惯的滋味有区别的食物，能立刻辨别出来。例如，吃惯了母乳的孩子不愿意吃奶粉，吃惯了某种味道的奶粉后不愿意吃另一种奶粉。第三个月的婴儿对各种主要味觉物质的溶液甚至能精确分化，再过一段时间，多数婴儿也可以分化出不同程度的甜或咸。入园后的早期儿童口味已经不尽相同，有的偏好吃更甜一些的，有的偏好吃酸一点的，有的偏好吃咸一点的，甚至有的喜欢吃点辣。但是，清淡适宜的味道更宜保护儿童味觉的发展。

(二)婴儿痛觉

以往人们普遍认为新生婴儿感知不到疼痛，但事实上，新生期是儿童疼痛功能及其通路发育的关键期。新生期接受任何伤害性刺激均会影响个体疼痛功能及其通路的发育，进而影响到痛觉敏感性，而且这种影响可持续至成年后。业已证实，新生期炎性刺激、机械刺激、结直肠扩张、神经损伤等均可造成儿童痛觉敏感性增高。其相关机制可能与新生期疼痛刺激后神经解剖、神经发育及神经递质改变有关。

有研究表明，新生婴儿具备疼痛敏感性，且敏感性在早产儿身上得到进一步强化。所以婴儿并不像人们想象的那样对痛无所畏惧，由于止痛药对婴儿有危险，所以在对男婴儿进行包皮环切手术时，手术往往在不使用麻醉的情况下进行。婴儿经常发出紧张而尖利刺耳的尖叫，此外，婴儿的心率加快，血压升高，兴奋增加，而且随后几小时的睡眠也受到了影响。

新生儿疼痛的特征表现很多，比较常见的有哭闹、挤眉弄眼、张口，心率增快、呼吸急促、血压升高、面色青紫、掌心出汗、肤色苍白、呕吐、呃逆等。痛觉虽然是生存必需的保护性感受，但是，反复的疼痛刺激，会严重影响新生儿的脑发育。环境和行为干预都可以减少婴儿疼痛，人们认为，母乳喂养时触觉、母亲的喃喃细语、温度、气味、生理和心理的巨大满足体验，都可以缓解婴儿疼痛。在有的研究中，还发现蔗糖水以及按摩也可以减轻疼痛感受。

(三)早期儿童触觉发展与抚触

触觉是最早发展的感官系统之一，在子宫内就开始发展，32周的胎儿已经对触摸敏感。对新生儿来说，触觉的发育是相对高度成熟的。在皮肤表层有数量众多的感知细胞，接受温度觉、触摸觉、压觉、震动觉、拉伸觉、痛觉等感觉。

婴儿的嘴唇、手掌、脚掌、前额、眼皮都是非常敏感的部位。新生儿喜欢温和的温度感觉，对太冷或者太热的事物会给予拒绝。婴儿非常需要触摸，皮肤的触觉作用非比寻常，触摸是父母与婴儿之间相互影响的一种基本途径，良好的触摸对婴儿的情感发展起了重要作用。婴儿会在手掌、脚底被触摸的时候作出反应，尤其会对嘴周围被触摸作出反应。对婴儿的温柔地拥抱、轻柔地抚摸、亲密地亲吻，可以让婴儿感觉到身心的愉悦与安全。抚触是养护者与婴儿之间交流情感的途径，充分抚触可减轻婴儿成年后对于肌肤亲密的过度饥渴或者冷漠倾向，让儿童从拥抱亲吻中体会到爱与被爱。著名的哈洛的实验表明，小猴子在另外邻近的铁丝模型母猴身上喝完奶后(该模型挂有奶瓶)，还是愿意依偎在用铁丝做模型、外周用柔软布料包扎起来有温和的触觉感受的"猩猩母亲"身上。

触觉不仅仅与儿童情感发展紧密关联，同时触觉使个体产生一系列复杂的化学反应有助于婴儿的生存发育，此外非常重要的一点是，触觉还是刺激大脑发育的良好手段。婴儿的神经网是在大脑发育的关键期发展出来的，在早期岁月里，婴儿大脑完成了约70%～80%的大脑细胞的连接。对于这样迅速发育的大脑，最需要的就是良好的刺激，抚摸则是通过人体最大的最基本的感觉器官皮肤进行良好的刺激。在母亲哺乳过程中，不断发生的充满爱的抚触行为刺激婴儿全身皮肤感官与兴奋中枢感受点，刺激神经细胞的形成及其与触觉间的联系，逐渐促使小儿神经系统的发育和智能的成熟，同时可以促进婴儿血液循环，促进运动技能的发展，促进消化，增加体重，而且，有助于婴儿产生安全感，形成正常的活动觉醒周期，为成年后形成独立个性做准备。

触觉，还是婴儿探索这个神秘世界、探索自身的最重要的手段。早期婴儿经常看着某种物体，并进行触摸、啃咬、舔尝等。多数婴儿喜欢啃咬自己的小手小脚，直到被自己咬疼了哭了起来，通过这样的过程，来认识自己的存在和周围其他物体的存在，这被称为试探性嘴咬现象，在第一年的中间时段发生最为频繁，然后开始减少，而喜欢用手进行细致触摸的现象逐渐增加。整个发展过程也正体现皮亚杰"触觉与视觉结合并用手操控物体的过程是早期认知发展的基本"观点。当儿童学会手眼协调之后，"嘴啃世界"的动作逐渐减少，手又成为了儿童看世界的重要部分。当我们呵斥儿童"不要去摸"的时候，当我们给儿童诸多控制自己不允许动手的禁令的时候，事实上，也是在抹杀儿童去"用手看世界"的欲望。这是一种成年人世界必需的规则，在不久，儿童将学会用更多其他的手段来放弃一部分用手触摸的方式，以另外的认知手段来认识这个世界。

我们已经很高兴地发现，在不少国内外的早期教育机构中，考虑到了儿童热衷于触摸的特性，为此设计了触觉墙。在专门的墙面或者过道墙面上，铺设了一些不同的材料，称之为触觉墙，可以让儿童了解这些不同材质的物质的触觉差异。比如金属、扣子、石块、鹅卵石、绒布、沙皮纸、木块、棉花、谷物、塑料泡沫等。

(四)早期儿童感觉统合

当我们注视着新生儿，对着他吐舌头、挤眉头或者张大嘴巴的时候，他会慢慢地学着我们的样子，翻动小舌头，或者动动眉头，或者张开小嘴。这种看似平凡的脸部表情的模仿是婴儿了不起的成就之一，即婴儿将视觉输入信息转化为运动指令的跨通道知觉。

在人类生存的每一天，都需要多感官渠道同时畅通无阻并协同工作。我们时常融合所有的刺激，形成认知的整个过程。我们的身心对这些感官的运用与刺激融合是如此的自然和娴熟，以至于我们往往意识不到自己正在做着复杂和高级的行为。这种看似寻常的感官共同作用称之为“感觉统合”。感觉统合是是个体与环境交互作用，是单个感知系统运行，并行整体运行的过程。从神经发育模式上看，人的高层次的学习，如认知、语言、注意、机能性行为等有赖于感觉统合的发展。

但是，有的儿童在机体生长发育阶段，由于各器官发育不成熟，生理功能不健全，或是由于环境提供的刺激太少等多种器质性、环境性的刺激的综合作用下，造成大脑对信息难以进行有效的组合，对感觉刺激的综合分析能力不能得到应有的发展，使机体不能对外界信息作出正常的应答反应，而出现感觉统合失调。

感觉统合理论是由美国临床心理学家 Ayres 提出的。感觉统合是指将人体器官各部分感觉信息输入组合起来，经大脑整合作用，完成对身体内外知觉，并作出反应。当大脑对感觉信息的统合发生问题时，就会使机体不能有效地运动，称为感觉统合失调。感觉统合失调的儿童虽然智商正常，但由于大脑的协调性差，因而会直接影响学习和生活。

感觉统合发展的障碍有四个方面：触摸感知障碍；运动、平衡觉障碍；视、听、语言障碍；发展条件受限的失用症。

感觉统合失调的症状在幼年期也许不会表现得非常明显，但在学龄期，由于学习任务的加重和对学生生活规律的需求增加，失调的症状开始表现出来。儿童感觉统合失调有许多外显的行为，例如，当儿童长期出现多动、注意力差、笨手笨脚、胆小害羞不自信、适应力差、写字笔画或部首颠倒、阅读困难、计算粗心、做事或做作业磨磨蹭蹭、孤僻、黏人、爱哭闹、偏食、挑食、怕人触摸、攻击性强等问题时，可以考虑是否与感觉统合失调有关。这些年，儿童感觉统合失调的发生率一直有逐年上升的趋势，家长应提高警惕，尽早发现儿童的失调问题，在学龄前期即进行治疗矫正，是能够取得一些效果的。

感觉统合失调对儿童的成长非常不利。由于注意力的发展与学习适应能力受限，感觉统合失调的儿童在学业成绩方面往往不佳。感觉统合失调的儿童似乎每天都生活在跌跌撞撞中，这会引起同伴与教师的心理拒绝和不理解。他们对课本要求的集中注意力以及记忆感到十分困难。学业的失败与社会交往的受挫，会使这些儿童的自我评价降低。由于自我评价的降低，不同的儿童会有不同的反应。有的形成退缩行为习惯，有的反向表现出攻击行为，从而使儿童本人继续受挫，产生了不良的循环。

目前，人们一般认为，感觉统合失调的后天主要原因是运动与游戏的缺失，但是，不可否认的是，产前先兆流产、妊高症、胎位不正、孕妇情绪问题、早产、剖宫产等也是导致儿童感觉统合失调的原因。

儿童时期是神经系统发展的关键时期，儿童大脑本身所具有的可塑性为改善其脑功能提供了基础。感觉统合治疗针对儿童存在的大脑对外界信息处理不良的问题进行矫治，增加感觉信息的输入，尤其是前庭刺激的输入，打开通往神经系统部分的通路，从而达到改善脑功能的目的。虽然目前还没有形成完美的系统性感觉统合的预防措施，但是，从婴儿期起，家长可以经常用不同的姿势抱婴儿，以便婴儿从不同角度观察世界，从而可以让儿童的身体感官发育得更好。家长也应多和儿童玩耍，甚至打闹，适当的身体接触是可以锻炼孩子的运动和感觉系统发展的。对稍大一些儿童来说，目前比较常用的治疗工具是以滑板为主要训练器材的全套感知运动训练教具。教具的参与运用就是感觉统合的治疗，亦是一种寓训练治疗于游戏之中，运用游戏式的运动控制感觉的输入，特别是从前庭系统、肌肉关节及皮肤等刺激的感觉输入，使儿童能统合这些感觉，并同时做出适应性反应，从而改善儿童感觉统合失调的症状。

三、早期儿童感觉缺陷

(一)早期儿童听觉发展缺陷

部分儿童存在听觉障碍(disorders of children hearing)问题，大龄儿童与成人容易沟通，比较容易大致地判断听觉障碍情况，对于低龄儿童来说，更需要做听力测试。不少听力损伤情况都始于儿童期。在儿童出现以下情况时父母与教育工作者应引起重视，或做进一步听力测验以确认是否存在听觉障碍：1. 新生儿出生 6～8 星期时还不能对声音做出反应；2. 到 1 岁左右不会学说话；3. 难以掌握语词，尤其在复述的时候音准度差，有的儿童到了入小学年龄即使集中了精力还常有发音错误；4. 反复中耳感染，头部或耳部受伤；5. 患有腭裂、唐氏综合征或其他生理缺陷。

信息栏3-4

金属中毒影响注意能力

在某些水平范围内频繁测试周围环境对人类影响的研究结果表明，环境重金属过量，将干扰脑的发育成熟与脑功能的完善性。这些毒性影响包括中断细胞在不同脑区的迁移，影响细胞的联结、突触的构成，而对于一个建构正常的大脑，这几点是必不可少的环节。重金属也干扰了神经传递，阻止了信号的运行。而这些功能对于脑的整体运作是有着重大意义的。重金属过量严重影响了儿童的学习、情绪控制、社会配合能力，同时，也十分严重地影响着儿童的运动能力、视觉、听觉、触觉的发展。

比如儿童铅中毒。铅对早期儿童脑发育的影响是多层次、多方面的。包括大脑神经回路的塑造，大脑细胞的网状联结，髓鞘化过程。这种分裂性的影响是巨大的，干扰了重要的神经传递功能，包括多巴胺、谷氨酸酯、乙酰胆碱。铅中毒会给人类(尤其是儿童)、动物带来一系列重要的功能性障碍。比如学习障碍、不协调行为、难以集中注意力等。

正常情况下，新生儿的听觉阈限与年长儿童相似，只不过新生儿的反应方式是反射。心理学家和生理学家用下表描述了听觉阈限水平与缺陷的关系：

表 3-3 听觉阈限水平与缺陷的关系

以分贝表示的听觉阈限水平	描述性术语	缺陷和需要
0～15	正常	听弱音没问题
15～26	微弱	听轻声有困难
27～40	轻度	有时听正常讲话声有困难，可能需要助声器
41～55	中度	交谈声加大时才能理解，需要进行言语和语言治疗
56～70	次重度	无帮助的情况下不能理解听觉指导，需要进听力缺乏儿童特殊班
71～90	重度	需要专门的训练
大于 90	深度	不能依赖听觉进行交流，需要专门的聋儿训练

（资料来源：陈立，高觉敷，张民生总顾问．心理学百科全书．浙江：浙江教育出版社，1994，第692页）

早期儿童听力康复技术主要包括听力障碍的筛查、诊断评估、放大听力学(助听器技术、人工耳蜗技术)和康复训练技术。目前采取的新生儿听力普遍筛查主要技术包括耳声发射和脑干诱发电位。对聋儿的康复手段之一是聋儿早期干预康复模式(early intervention)的建立。所谓早期，一般是指耳聋发生后一年内作出诊断。干预，很大程度上是训练聋哑儿童的各方面能力。在目前儿童听力康复训练中，常使儿童佩戴多通道人工耳蜗(cochlear implant，CI)，使儿童接受一定时期和形式的言语训练后，融合在一般社会生活情境里，进行听力、语言、运动、认知、社会能力和生活自理等方面的的学习。听力障碍儿童的发音训练往往会花费比正常儿童多出几倍、甚至十几倍的时间和精力。训练者的口型，训练方法，与儿童的情感交流程度，客观的阶段性评估等都与儿童的言语获得成果相关。在训练过程中，父母的支持、参与与理解是非常必要的。有西方研究者认为，如果家庭中有必须用手语交流的聋哑儿童，父母应该也学会使用手语，并且在家庭中多设置温情的便条与指示牌，使儿童有被关爱的感觉，这些儿童都更能感受到被接受和表达更高的自尊。

聋哑本身并不影响儿童的智力能力，但是，聋哑所带来的各种情形会间接影响儿童的智力发展以及其他方面的身心健康。在美国，一般聋哑儿童加入公立学校特殊教育计划，剩下的一部分进入日常班级，一些就近入学，还有一些接受不同渠道的手语指导。在这些儿童当中，虽然有不少是学习低能者，却不乏有格外聪慧的儿童。本质上来说，几乎所有儿童，无论是听力正常与否，无论是使用手语或使用口语者，都有相同的学习能力。

听力训练可以说是康复的关键，以下介绍一些提高或培养低龄聋儿听力的方法，家长可根据实际情况进行变通。

第一，训练聋儿说话时对自身音量的控制调节，提高聋儿对声音大小的感受性。游戏“选木偶”。

准备工具：发声器乐，柔软的细绳，大、中、小三种型号不同、形态不同的玩具木偶，分别是木偶爸爸、木偶妈妈、木偶宝宝。游戏方法：示意聋儿听到大声响，选择大号木偶爸爸放在指定位置；听到中等程度声响，选择中号木偶妈妈放在指定位置；听到最轻程度声响，选择小号木偶宝宝放在指定位置。事先让聋儿熟悉三种程度声响。

注意事项：音量的控制是关键，注意不同声响的阶梯度。年龄过低的儿童或失聪程度严重的儿童只需大、小两种声响。待儿童熟悉游戏后可根据儿童性别、兴趣更换木偶为其他玩具等。

第二，训练聋儿辨别声调，帮助聋儿进行有声学习。游戏“像我听的那样做”。

准备工具：玩具小飞机(或超人、玩具车等)，画有行道及方向标识的硬纸板一张，奖品若干。游戏方法：选择聋儿熟悉的单音节词，如“一”“圆”“好”“爸”，包括一至四声。示意儿童听到特定的声调单词，就将小飞机在图纸上以特定方向开一段路程，如一声向东开；二声向西开。重复多次，飞机将飞到预先指定的地点，成功着陆，获得奖品。

注意事项：聋儿熟悉游戏和程序以后，可以用自身的身体运动代替“开小飞机”，也可以变换词汇，继续巩固。

第三，训练强化聋儿对日常生活用语的辨听能力，是聋儿进入社会正常生活的前提。游戏“我来布置家”。

工具准备：情境实物图片若干，家具积木模型若干。

游戏方法：训练者与聋儿团坐，设置好游戏的情境，如家人吃饭。训练者摆好家具模型，然后叫出人称，要求聋儿听到以后，把相应的图片放到相应位置。训练者也可以说出不同食物名称，要求聋儿“上菜”。

注意事项：生活中有许多环境可以模拟，只须准备足够的图片、照片即可。训练者必须吐字清晰、发音准确。

(二)早期儿童视觉发展障碍

视觉具有感受性、空间辨别、时间辨别、客体识别定位等与人类生存息息相关的基本功能，视觉缺失一旦发生在儿童早期，由于主诉困难且生理机制不成熟，往往造成治疗不及时，带来更大伤害。父母与儿童教育工作人员要了解视觉缺陷的儿童外显的行为特征，例如，在阅读书写的时候，是否握笔过于紧张，头与书本间的距离过近，过于喜欢用手指指点书本，经常眯缝着眼睛，做作业的时候经常颠倒数字、字母的顺序(如把 28 当成 82，把 b 与 p 混淆当成 BA，把 8 误记为 6，9 误记为 7 等)，总是做不好需要手眼协调的体育活动项目等。当儿童出现上述各种症状时，一般人多以为是由于儿童个性、习惯造成的。但值得注意的是，这些看似普通的现象往往是由于儿童视觉方面存在着某些障碍所导致的，所以，儿童经常出现上述症状时，要注意找到症状的原因，不要错怪他们，也不可大意，要及时采取措施进行纠正和治疗。

视觉障碍中有一部分表现为色觉缺失。大约有1/50的人存在色觉缺失(color-deficient)，而这类人很可能是男性，因为，色觉缺失多是伴性遗传的。其表现为对色调感的缺陷，一般为对红、绿、蓝颜色无分辨能力。按分辨能力的异常程度，又可以分为全色盲(单色觉)、部分色盲(二色觉)、色弱(三色觉异常)。科学家们提出各种色觉理论来解释色盲现象，较为著名的有Young-Helmholtz的三色说(trichromatic theory)，Hering的对抗过程理论(opponent-process theory)，现在普遍认为，色盲是视锥细胞及视觉通路上具有某种缺陷而造成的。在视觉筛查中，一般采用假性同色图，如斯蒂林、石厚色盲测验。色觉异常儿童在接受教育和生活中都会受到一定影响。红绿色盲的儿童被教给交通灯有关知识的时候，他们需要去学习灯光的位置的意义而不是颜色的意义。在进行数学活动时如果教师用有色的计算器或者珠子等教数字的位值等概念，或者使用借助颜色辨别功能的图表和曲线，色盲儿童会引起混淆。

目前，斜视成为相对发生率较高的视觉障碍。斜视是指两眼不能同时注视目标，按照斜视方向分为内斜、外斜、上斜、下斜、旋转斜视。按病因可分为共同性斜视和麻痹性斜视。斜视儿童因为眼位不正，其注意一个物体时，此物体影像于正常眼落在视网膜中心凹上，斜视眼则落在中心凹以外的位置，如此视物就会出现复视情形；一眼影像受到抑制，丧失两眼之单一视功能与立体感，有的还会导致视力发育不良而造成弱视。一般程度较轻的斜视可以通过外力矫正，较严重的斜视则需要尽早手术。

信息栏3-5

早期儿童音乐能力与感知觉发展

在一些音乐能力表现与测量的研究中，研究者十分重视音乐听觉的能力。人类从婴儿期开始，对于音乐所激发的感知能力是超文化的。美国研究者J. W. Anderson研究总结道，大多数婴儿已经具备了敏锐的辨别不同频率声音的能力，而6个月的婴儿已经能感知协和音程的变化，表示出了对协和音程的偏好；同时，婴儿还能感觉出话语中的感情因素，表现出对带有愉悦感情的语音的偏好；甚至，婴儿还能觉察出自然完整的乐句与截断不完整乐句的差异，对完整的乐句，流畅的音符表示出了偏好。也就是说，婴儿业已有识别旋律轮廓的心理参与的听觉能力。

婴儿对完整与不完整的乐句偏好的实验研究：

这是Krumhansl和Juscyk在1990年所做的研究。实验使用了两种音乐样本，一是西方古典音乐作品中自然、完整的乐句；二是从西方古典音乐作品原有乐句中截出的一段，没有开始，也没有结束。两种样本有类似的音高及长度。

实验中，婴儿坐在妈妈身上，播音器上有一个闪烁的灯吸引婴儿的注意。两种音乐样本随机播放。

结果，24 个婴儿中有 22 个表现出对完整乐句的偏好。在有完整乐句的音乐样本播放时，他们把头偏向播放器，表现出长时间的兴趣，而在有不完整乐句的音乐样本播放时，他们两秒钟不到就把头扭开。

后来研究者又对四个半月的婴儿做了同样的实验，得到了同样的结果。

此外，我们还可以看一看舒特-戴森、加布里尔关于各年龄阶段音乐发展主要特征的归纳，来理解听觉对于儿童的意义。

表 3-4　不同年龄对应的音乐发展主要特征

年龄(岁)	音乐发展的主要特征
0～1	对声音作出各种反应
0～2	自发地、本能地“创作”歌曲
2～3	开始能把听到的歌曲片断模仿唱出
3～4	能感知旋律轮廓。如此时开始学习某种乐器演奏，可以培养绝对音高感
4～5	能辨识音高、音区，能重复简单的节奏
5～6	能理解、分辨响亮之声与柔和之声；能从简单的旋律或节奏中辨认出相同的部分
6～7	在歌唱的音高方面已经较为准确；明白有调性的音乐比不成调的音乐的堆砌好听
7～8	有鉴赏协和与不协和之和音的能力
8～9	在歌唱及演奏乐器时，节奏感较过去好
9～10	节奏、旋律的记忆改善了，逐步具有韵律感，能感知两声部旋律
10～11	和声观念建立，对音乐优美特征有了一定程度的感知和判断能力
12～17	欣赏、认识和感情反应能力逐步提高

第二节　早期儿童知觉的发展

人类的眼睛宛如相机一般记录下了身边的影像，但是人类的大脑并非那么简单，它创造出了自己的映象。无论从生理学还是心理学的角度，人类的知觉都是一个神秘的领域。

知觉是人们对客观事物各种属性的综合反映，泛指赋予感觉输入的连贯性和统一性的各种过程，包括物理的、生理的、神经的、感官的、认知的和感情的成分。①20世纪中后期以来，出现了许多著名的知觉理论，如信息加工理论、特征结合理论、无意识推理、完形理论、生态光学理论等。虽然以脑事件相关电位为主要手段的心理生理学研究积累了许多材料，对知觉模式和脑机制的研究也有了重大进展，知觉心理学虽然稚嫩却是欣欣向荣的。我们认识到，次级感觉皮层、联络区皮层、与记忆有关的脑结构，共同构成知觉的神经基础。儿童在众多图片中辨认出自己母亲的时候脑电波也有变化的现象，因此，中枢神经的发展对知觉的发展也很重要。

在普通心理学的学习中，我们了解到知觉的几个主要特性，整体性、恒常性、意义性、选择性，知觉适应性。当刺激物之间有某种差别时，一部分刺激物才能成为知觉对象，而另一部分刺激物便成为背景，从而使知觉对象从背景中分离出来，这是知觉的选择性。一般来说，视觉冲击大、对比明显、色泽鲜艳、活动的刺激容易成为知觉对象。同时，某些具有特征的刺激物也容易成为知觉选择对象，具有重大意义的刺激能唤起注意。例如在喧嚣环境中很容易听到别人叫自己的名字，母亲在睡眠中特别容易被哺乳的婴儿唤醒。此外，一个人内在需要、期望、任务和以往的经验是决定知觉选择性的重要因素。教师在做板书的时候要注意幼儿的知觉选择特点，加大对象与背景的区分，突出儿童应注意对象，不要使用过于复杂的模糊有歧义的背景。知觉整体性是指人们在过去经验的基础上把由多种属性构成的直接作用于感官的客观事物知觉为一个统一的整体的特性。西方格式塔心理学派指出，知觉的整体性与知觉对象的特性及各组成部分之间的结构成分有密切关系，并总结出一些定律：①接近律(law of proximity)：指视野中空间位置相近的客体容易被知觉为一个整体。②相似律(law of similarity)：物理属性，如形状、颜色、亮度、大小等，相同或相似的客体容易被知觉为一个整体。③良好图形律(law of good figure)：视野中显示的图形，一般是同一刺激显示的各种组合中最有意义的图形。良好图形也称完形，形成完形的因素有很多，人们常接触到的一般有以下三种。一是连续律(law of continuity)：具有连续倾向或者共同运动方向的客体容易被知觉为一个整体。二是闭合律(law of closure)：轮廓闭合的对象较不完全或有开口的不闭合对象容易知觉为一个整体。三是对称(balance)：对称或者平衡的客体容易被知觉为一个整体。知觉的理解性是指人们对任何事物的知觉都是以已有的知识和过去的经验为基础，并用词语概括说明的组织加工过程。由于幼儿缺乏实际经验，很难看出不可能图形的矛盾。

根据知觉的对象，可以将知觉分为空间知觉、时间知觉、运动知觉等。其中，空间知觉是物体的形状、大小、远近、方位等空间特性在人脑中的反映。空间知觉包括形状知觉、大小知觉、立体知觉、方位知觉、远近知觉等。

儿童绘画与知觉的研究中揭示了一些早期儿童知觉发展的特征及研究方法 。

---

① [美]阿瑟·S. 雷伯．心理学词典[M]．李伯黍等，译．上海：上海译文出版社，1996：601.

如 Piaget 的关于儿童认识图形、物体间的拓扑位置关系及图像空间的研究；Karmiloff-Smith 的关于儿童符号系统、元程序的研究；G. Axia 等关于欧洲儿童画欧洲地图来了解欧洲各国儿童地理空间认知能力的研究。

这是典型的幼儿从 2 岁到 5 岁的绘画。我们可以看到，低龄幼儿可以画圆圈、角、线。事实上，在儿童早期，他们所绘画出的简单的图形很可能是代表了复杂的意思的。如图 3-3，是 4 周岁的儿童命题画“家”。画面是三对脚丫，她解读自己的画是“爸爸、妈妈和宝宝的脚丫，代表一家人”。

图 3-3　4 周岁儿童画

随着年龄的增长，儿童能够把这些线条组合为更有意义的事物。很有趣的是，对于同一幅画，甚至是儿童自己的作品，隔了一段时间以后，儿童能对其进行不同的解读。

儿童的绘画作品与成年人的绘画作品有非常巨大的区别。比如，表征视觉的不同，最主要的一点是，幼儿简化了人类特征的主要框架。对一个 3 岁的儿童来说，人脸的特征重要性远甚身体特征。这个阶段的儿童人物画像总是显示出更大的脑袋，和相对小的四肢、身体。从 3 岁到 8 岁，儿童对事物的知觉模式变得更精细化，这一点可以在他们的画中体现出来。比如这幅 5 周岁儿童画的“大象”。(图 3-4)

图 3-4　5 周岁儿童画

一、早期儿童图形知觉的发展

目前对于婴儿的知觉研究方法基本有三种：①偏好法(preference method)：指从婴儿特别喜欢注意某一刺激物的偏好来推断婴儿知觉的一种方法。偏好法有着令人遗憾的特点，婴儿不显示优先选取的偏好行为，并不等同于对两个刺激不能进行辨别。②单刺激法(single-stimulus method)：视物偏好法使用时至少选用两个刺激，对新生婴儿而言，对过多刺激进行选择可能会有困难。因此，心理学家设计了单刺激法。在婴儿面前呈现单一刺激(视觉或听觉)，追踪婴儿对此刺激的反应；停止刺激，观察婴儿反应；再呈现该刺激，记录婴儿反应。采用 A-B-A 的实验方式，反复进行数次以后，如果发现婴儿的反应随着 A-B-A 变化的顺序而变化，即可以确定该刺激对婴儿来说，已经具有知觉上的意义。③习惯化法 (habituation method)：因刺激变换，引起婴儿在意，从而推断婴儿能表现知觉辨别的一种办法。在婴儿面前先出现一种刺激，并维持不变，使婴儿对之习惯化，不再对之注意，此时再出现另一刺激，并观察记录婴儿对新出现刺激的反应。

心理学家通过各种方法研究婴儿的形状知觉。通过记录婴儿对不同形状、色彩、内容的图形的视觉扫描过程，来了解人类早期的辨认知觉体系。美国心理学家范茨(R. Fantz)发明了“注视箱”来进行研究。在多种实验中，人们发现：

1. 一般来说，婴儿喜欢清晰图像、中等复杂程度区间的图像。儿童对于复杂程度不同的图形的偏好与年龄有关，比如，在某个案例中，范茨发现 2 月龄以下的婴儿偏好水平条纹的图形，而 2 月龄以上的幼儿偏好模仿牛眼睛的图形。

2. 对于适当速率运动的物体，新生儿已经能进行视觉追踪。作为人类的独有特质，新生儿对社会性刺激比非社会性刺激注视时间长。

3. 新生儿对物体的某个重要特征视觉偏好强于对整体的关注。2 个月后，可以关注多个特征及边缘。但主要还是关注局部特征。这种特征可持续到童年期。

4. 单色刺激(如黑、白)与图案刺激相比，婴儿偏好后者。随着年龄的增大，婴儿偏好的图案越来越复杂，与直线相比，他更喜欢曲线；新生儿宁愿看到布满图案的刺激而不愿看单色的刺激。给婴儿看黑白色棋盘，3 周大的婴儿看那些只有一些大方格棋盘的时间最长，而 8～14 周大的婴儿却喜欢布有许多方格的棋盘(Brennan，Ames & moore)。

5. 婴儿早期对图案的选择存在对比敏感性(contrast sensitivity)原则，即喜欢含有更多醒目明显对比的图案(Banks & Ginsburg，1985)。

根据范茨的视觉偏好实验研究及以上研究结论，早期教育者养育婴幼儿有以下启示：为儿童的成长提供丰富的视觉刺激。例如在婴儿床头一定高度悬挂色彩明艳的发声玩具，也可以悬挂家人或者儿童的脸部照片、中等复杂程度的图案，甚至可以让宝宝照照镜子，看看自己的小脸。值得注意的是，要防止婴儿因长期观察图像主体而引起的斜视。其次，要适当地变换周围视觉环境，满足婴儿对新刺激的需求。在替换视觉环境时，也可以延续部分旧的细节，因为婴儿对熟悉与新异程度并

存的刺激更有兴趣。某些欧洲的婴儿托管机构，在婴儿睡觉的小床上方天花板上绘制着色调温馨柔和、内容活泼的图案。隔几个小时，护理人员会给婴儿调换睡觉的方位，儿童的视觉刺激也得到了调整。同时，早期教育工作者应同时训练婴幼儿其他感觉的发展，音乐、抚触等都可以促进视觉以及认知发展。

有经验的学前教育工作者在了解四个年龄阶段的儿童特征以后，能认识到，幼儿的形状知觉发展得很快，一般来说，一岁的儿童已经具备了通过残缺图形识别物体的能力。小班：一般可辨别圆形、方形、三角形；中班：可拼合三角形、拼合圆形；大班：认识椭圆形、菱形、五角形、六角形、圆柱形。但是，实际上，很多教师会发现，班级中的幼儿在形状知觉上似乎发展得比这个规律要快一些。对幼儿来说，形状配对最容易，命名最难。4 岁是儿童的图形知觉敏感期，我们的汉字是象形文字，所以，有人认为，4 岁也是认识汉字的最佳时期。

信息栏3-6

儿童在玩具偏好上的性别差异

儿童的玩具有很多类别，其中比较主要的一类就是模拟真实客体的微缩复制品，包括交通工具、日常用品、动物和各种人物等。在日常生活中，人们发现男孩和女孩对这些玩具的喜欢程度是不一样的。总的说来，男孩通常比较偏爱各种交通工具和建构类材料；女孩则比较喜欢与各类人物玩具和日常用品进行交互作用。儿童这种玩具偏好上的性别差异与成人社会活动的性别差异具有高度的一致性，因此，玩具偏好的形成可能源于性别社会化、性别身份的认同和性别角色刻板化的作用。

很多研究已经表明儿童在玩具选择上的性别差异出现在生命中的第二年，并且到 3 岁时这种性别偏好就完全建立了起来。比如，Serbin 等人(2001)使用视觉注视的研究方法，证明了 18 个月大的婴儿能够根据语言提示(比如，我的玩具在哪里?)把视觉注视停留在与图片人物性别相匹配的刻板化玩具上。这与儿童性别社会化的认知发展是一致的。

但是新近研究表明幼儿玩具偏好上的性别差异也有先天的成分，即在儿童性别社会化发展之前就已经具备了。研究者采用眼动追踪技术，在 6 个月左右的婴儿面前同时呈现立体的玩具小汽车和毛绒玩具，结果发现女孩把更多的视觉注视投向了毛绒玩具而不是玩具小汽车，而男孩在对两者的视觉注视上则没有显著差异；在对玩具小汽车的视觉注意上，男孩的注视显著多于女孩(见下图)。

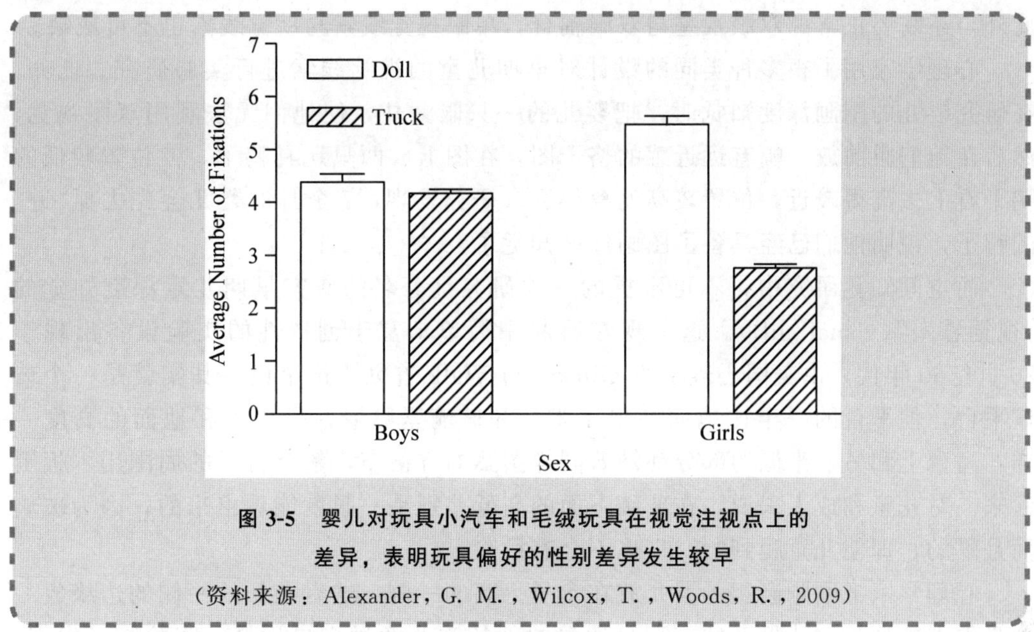

图 3-5　婴儿对玩具小汽车和毛绒玩具在视觉注视点上的差异，表明玩具偏好的性别差异发生较早

（资料来源：Alexander，G. M.，Wilcox，T.，Woods，R.，2009）

二、早期儿童空间知觉的发展的研究

早期儿童的空间知觉包括儿童对物体空间特性的掌握，儿童主体与物体之间的空间关系的把握。人们所熟知的有方位知觉、距离知觉、深度知觉。

方位知觉即方向定位，是指一个人对物体和自身所处方向的知觉。一般包括前、后，左、右，上、下和东、南、西、北等。由于方位总是相对的，是与所参照的物体方位相比较来说的，因此，儿童的方位知觉发展要比其他知觉发展慢。一般，3 岁的儿童已经能辨别上下方位；4 岁的儿童能辨别前后方位；5 岁的儿童能够以自己为中心，初步辨别左右方位；6 岁的儿童能够完全正确辨别上、下、前、后四个方位。研究还表明，5～7 岁的儿童大部分能够辨别自己的左右手或左右脚，但不能辨别对面人的左右手或左右脚，这可以为托小班的孩子课堂上的镜画行为作出解释；7～9 岁的儿童不仅能以自己为中心辨别左右，还能以别人的身体为基准辨别左右，同时还能辨别两个物体的左右关系，但有时还会出错；9～11 岁的儿童则能灵活地辨别左右方位。

对许多陆居动物而言，它们终日奔跑于森林、峭壁之间。是什么能力使得这些动物，比如能够在悬崖之前止步，是什么能力使得这些动物具备了天生的远离坠落危险的倾向？研究者们在审视这个问题的时候，提出了一个专有名词来说明这种情况，即深度知觉。动物具有这种知觉能力，以求安全地生存，人类是否也具有这种能力呢？视觉悬崖的经典实验给了我们肯定的答复。

深度知觉就是对远近、深浅的知觉，它对于早期儿童了解环境中各种物体的位置排列，从而引导儿童的运动活动，是非常重要的。深度知觉是一项寻常却又复杂的功能。儿童必须能够利用双眼视差、梯度、相对大小、掩蔽等深度知觉的线索，

此外，还需要正常的双眼视差与双眼辐合，单眼视觉线索与动觉线索也不可或缺。

心理学家用了很多种类同的设计对早期儿童的视觉线索进行实验研究。比如，在研究婴儿的图画深度知觉时，把婴儿的一只眼蒙住，使他们无法利用双眼视觉，然后在他们眼前放一幅有远近感的格子图，在图上放两只玩具鸭子，使位置较低的鸭子看上去离得较近，位置较高的离得远。研究发现，7 个月的婴儿会先去抓“近”的鸭子，说明他们已经具备了图画深度知觉了。

而空间知觉研究中，不可不提的一项研究是著名的研究早期儿童深度知觉的“视觉悬崖”(visual cliff)。这个现在看起来简单却富于创造性的实验设备出现于20 世纪60 年代，由美国心理学家 Gibson 与 Walk 首创。这个设备其实就是一个玻璃平台，但平台的一半比地面高出 1 米，和玻璃紧贴着，另一半和地面的高度一样，高台上和另一半低的部分都铺着同样图案的方格布，整个台子的周围用木板围起来。对儿童和成人来说，在玻璃下面的高低差别是一眼就能看出来的，因为玻璃面是平的，即使儿童爬到“悬崖”也不会有危险。

心理学家把刚刚会爬的婴儿放在台子上高的一侧，然后在低的一侧的边缘放一个吸引人的玩具，让母亲站在玩具边温柔地招呼儿童过来拿玩具。实验结果发现：6 个月的婴儿爬到悬崖边的时候几乎全部停止前行。有学者认为，婴儿出生到 6 个月之间，由于视觉和触觉以及翻滚等动作早已发展，婴儿可能在生活中学习到深度知觉。但由于这期间的婴儿还不会爬行，所以，不能依据视觉悬崖实验判定其是否已具备深度知觉。Gibson 采用出生立即可以行走的小狗、小猫做实验，发现它们不需要学习也能在视觉悬崖边表现出深度知觉反应。后来的心理学家，通过测量不同月份的婴儿的生理指标，发现两个月的婴儿已有深度知觉，但其知觉所引起的反应是好奇而非恐惧。6 个月的婴儿在悬崖边心跳加速，说明他的知觉已经发展到了知其恐惧的地步。

这个有趣的实验在今后的心理学发展中起到了很大的作用。关于天赋与后天经验对于深度知觉的影响力具体如何分配这个问题，研究结论众多，但仍不能压倒性地说服不同论证者。人们一般认为，天赋是知觉发展的必备，同时，经验在知觉发展方面起到了协调、指引、保持的作用。

三、早期儿童社会知觉的发展

(一)婴幼儿面孔偏好的研究

在社会知觉发展中，面孔知觉可以说是侧面反映了人与生俱来的社会性。面孔偏好的心理学层面的研究已经由来已久。施皮茨与 K. M. 沃尔夫早在 1941 年时对145 名婴儿做的“对人无差别的微笑反应”实验，其结果仍有一定意义：

表 3-5　婴儿"对人无差别的微笑反应"实验

	人类对象				非人类对象
	微笑的脸	歪嘴皱眉的脸	戴假面具的脸	戴假面具的稻草人的脸	奶瓶或玩具等
发生微笑	142	141	140	140	0
不发生微笑	3	4	5	5	145

婴儿对人的面孔存在视觉偏好，简称婴儿面孔偏好(face preference)。面孔偏好的图形知觉研究的材料是人脸。该研究的结论比较翔实丰富。有以下一些基本的观点：

第一，面孔是能够引起婴儿选择性注意的特别强烈的刺激。新生婴儿能很快表现出面孔偏好。面孔偏好在婴儿 1 岁以内，随着年龄的增加呈现类似"U"型发展曲线。这种偏好在 1 个月左右的婴儿身上似乎很难观察到，而在 2 个月或者更大的婴儿身上则重新出现这种偏好。

人们发现，婴儿面孔偏好与其他能力的发展轨迹类同，而且偏好似乎是一个跨种系的现象，具有社会化的意义在新生儿第一个月，婴儿偏好于女性和同种族人的脸部。然后逐渐发展成能够更好地认知不同种族人的脸部。两个月大的婴儿对人脸的注视率占绝对优势，他宁可看一幅草拼出来的人脸图，也不愿意多为黑白椭圆形逗留(Fantz，1961)。而相对来说，婴儿对充实的脸部最有兴趣。

在对人脸的扫描注视特点随月龄增大而发展。婴儿出生时注意面部周围轮廓，但 3 个月以后，就能把注意力集中在人脸的关键内部结构上，尤其是眼睛和嘴部。第 2、3 个月的婴儿能对不同的面容特征区分。比如，他们能对两个陌生人的照片作出区分，甚至在面孔很相似的情况下也能区分(Barrera&Maurer，1981)。在这一时间后前后，婴儿也能从照片上认出他们母亲的面容，因为他们看照片上母亲面容所花的时间比看陌生人照片所花的时间更长(Barrera&Maurer，1981)。4 个月大的婴儿已经偏好正常的不扭曲的面孔。与长相一般的人脸相比，他更喜欢长相美丽的人脸。5 个月后的婴儿，开始注意了口部的运动。6、7 个月的婴儿开始学会根据不同的面貌特征来区别不同的人。

婴儿对人脸注视所伴随的社会学意义也在增长。2 个月后会发展到注意人的表情；3 个月的婴儿能够注意到脸部表达情绪的主要部位。在此间，婴儿不仅能注视人脸，还能在面临人脸或人声刺激时作出微笑反应。婴儿面对该图片时，也会做出与图片同样的表情，甚至咯咯发笑。在 7～10 个月间，婴儿开始对情感表达作出有序而有意义的整体反应。他们对待积极表情(幸福和惊奇)不同于对待消极表情(悲伤和恐惧)，甚至是通过不同的模型使这些表情有细微的不同(Ludemann，1991)。

目前，对于婴儿面孔偏好产生原因，有几个主要理论：

第一，线性系统模型(linear system model，LSM)

该模型的本质基于婴儿的视觉偏好仅仅受注视高度可视化图形的倾向所支配，

如图形的边缘、角度、高对比的区域、大的细节等。该模型认为婴儿大脑中并没有面孔偏好中枢，面孔偏好只是由于组成面孔的要素的物理能量特性对他们视觉产生的综合作用恰好可以和其较弱的对比敏感性相匹配，从而能够被婴儿观察到。但线性模型理论不具有普遍性。例如，以物理特性匹配的水平线条与竖直线条作为刺激材料，婴儿偏好观看水平线条图案，这种现象是 LSM 无法解释的。

第二，右脑优势模型

de Schonen 与 Mathivet 发现，婴儿面孔识别是存在左眼视野优势的，也就是说，右半脑在婴儿面孔偏好中有重要的作用。他们推测，右半脑在处理低频空间信息(如整体面孔识别)时有优势，但处理面孔精细识别时却并无优势。

第三，CONSPEC 和 CONLERN 理论

Morton 和 Johnson 提出的 CONSPEC 和 CONLERN 理论是婴儿面孔偏好的重要理论。CONSPEC 机制从出生开始发挥作用，随后 CONLERN 机制占上风，两种机制强弱交替，影响婴儿对面孔特征的加工。简单地说，也就是新生婴儿主要受内在加工倾向的制约，随着年龄增长，经验和记忆在加工中有了更重的权重。

第四，视觉模块理论

Nelson 认为，婴儿面孔偏好是因为他们的生活环境中可以接触到大量的面孔刺激，在这些经验积累下，人脑先天存在的视觉识别中枢逐渐特异化为专门识别面孔。

第五，非特异化识别理论

和大多数心理学家不同，Turati 等人认为婴儿面孔偏好不是特殊遗传机制的结果，而是一种非特殊性的偏好行为。它遵循两个标准，一个是“顶部优势”(top-heavy)原则排列，即以图形的水平中线为准，中线上部的元素数量要多于中线下部的元素数量，如人面孔的元素排列。第二个原则是刺激图形的元素排列具有某种一致性。对于第二个原则，研究者尚未有明确有力的解释。

(二)影响早期儿童知觉的动机因素

无论是感觉系统还是知觉系统，都能受到成熟、环境、心理等诸多因素的联合作用。对于早期儿童感知觉的发展来说，生理结构的正常成熟是决定性的。但是，同时，东西方的研究者也共同承认环境给予的经验对于知觉发展的关键作用。成长在单调视觉环境的儿童，其视觉追踪能力、辨色能力等都会被挫伤。在早期儿童生活的世界里，除了周边环境之外，还有几种因素可以暂时影响儿童的知觉情况。离我们最近的是动机对知觉的影响。

调皮的孩子盼望着跑出课堂去户外玩耍，打开书本学习写“上课”这两个字的时候，可能会误看成“下课”。研究者假设，动机影响着我们的知觉。Sanford 于 20 世纪进行过生理动机饥饿对两可图形知觉的影响。被试是 10 名儿童，在饥饿状态和饭后将两幅图形呈现给儿童，请儿童作出图形与食物有关的联想。结果很有趣，饥饿状态的儿童作出的联想是饱食状态儿童的两倍。这个结论并不偶然，后来的几个

心理学家以类同的研究方法得到了相似的结果。

Bruner 和 Goodman 仍以 10 岁的儿童为被试，一组来自波士顿的贫民区；一组来自富裕区的私立学校。研究者假设是社会经济地位相差显著的这些儿童对金钱有着显著差异的需求感。假定金钱对贫民区儿童来说更有价值，则贫民区儿童对钱币形状大小的估计比私立学校的儿童会更大些。对钱币的大小估计采用心理物理学法中常用方法调整法。要求儿童根据记忆估计各种钱币的大小。再将钱币放在儿童面前，让儿童在机器操作台上估计比对钱币大小。研究发现。当钱币放在儿童面前的时候，所有儿童对铅笔的形状大小估计都高一些，但是，贫民区的儿童比富裕区的儿童估计得更高。此外，基本上，随着钱币价值的增加，儿童对钱币大小估计过高的总量也有增加的趋势。研究者随即认为，价值影响了知觉。但所有的研究都不是一帆风顺百无疏漏的。对 Bruner 和 Goodman 的钱币知觉研究的主要批评是来自于被试的差异。批评者认为，除了对金钱的需要在影响着知觉以外，仍有很多因素差异在影响着知觉。而这些差异无疑也是研究中被忽略的变量。比如，不同阶层儿童对钱币的熟悉程度。

同样在 20 世纪，另一批研究者设计了一个非常巧妙的经典研究来证明知觉的动机因素。这团队中的主要人物是 Lambsrt、Solomon、Watson 和 Ashley。被试者是 3 岁到 5 岁的儿童，共 37 名。20 名在实验组，17 名受试者在对照组。实验者教导儿童把过去的中性纸牌筹码赋予价位。教实验组的儿童转动一个曲柄可以得到一张纸牌筹码，然后将纸牌筹码插进一个小缝就得到一颗糖。对照组的儿童也学会转动曲柄，他们这样他直接得到一颗，不需要得到筹码就能得到糖。实验后在第 11 天，筹码的价值不存在了。将筹码插进小缝中，没有糖块掉出来。对照组儿童转动曲柄也没有得到糖块。第二天，给报酬的情况又恢复了，实验组儿童将筹码塞进小缝里又得到糖，对照组儿童转动曲柄又得到了糖。实验结束后，实验数据表明，对照组在整个实验过程中对大小的判断保持相对稳定。而实验组对大小的估计在筹码有价值诱惑后明显升高，在筹码价值消失后恢复到基线，在筹码价值恢复后又升高。这个实验成为动机影响了知觉的强有力的支持。

第三节 早期儿童注意发展

在早期儿童的成长中，经常会有一些信息是需要儿童给予继续加工的，选择这类信息，并对筛选过后的刺激进行处理加工的过程，这就是注意。早期儿童注意的发展是自我控制的过程，并在认知发展中起到了巨大的作用，因此，注意能力发展的状况也成为了早期教育有效性的评价指标之一。儿童的注意分两个基本方式，一种是通过指向的运用；一种是通过语言的运用，复杂的指向方式是更为基本和自然

的注意控制方式。婴幼儿自己也通常在使用语言前已经进行了注意的指向。

人在注意某些对象时，大脑皮层相应区域会产生一个优势兴奋中心，它是大脑皮层对当前刺激进行分析和综合的核心，具有适度的兴奋性，在这里旧的暂时神经联系容易恢复，新的暂时神经联系容易形成和分化，因而能充分揭露出注意对象的意义和作用，对客观事物产生清晰而完善的反应。当大脑皮层一定区域产生一个优势兴奋中心时，由于负诱导大脑皮层的其他区域或多或少地处于相对抑制状态，使落在这里相对抑制区域的刺激，不能引起应有的兴奋。负诱导愈强，注意就愈集中，当人的注意集中于某一事物时，对于其他事物就会视而不见或听而不闻。额叶在高级有意注意中有决定性作用，脑干网状结构使大脑皮层和整个机体保持觉醒状态，丘脑等部位的活动控制着注意的转移以及注意对象的选择。

在早期儿童学习过程中，我们和儿童常说的注意，往往是和视觉联系在一起的，称为视觉注意(visual attention)。在学前儿童的注意研究领域，儿童视觉注意也是研究者们着力较多的方面。研究者应用眼动技术研究儿童注意，能发现儿童所能注意的对象大小、所喜欢的色彩、儿童扫描序列等有规律性的结论。在儿童成长过程中，注意的发展随着生理的成熟而飞跃，体现在注意时间量的增加，以及注意活动效率的提高。托小班、中大班、小学、中学，不同阶段的儿童，上课时间长短在增加，这也是顺应了注意力的发展。一般来说，儿童的视觉注意能力随年龄增长而提高，平行或系列的加工的早期注意过程在儿童早期还没有成熟，到童年晚期达到成人的水平。多数教师有这样的体会，在公开课的时候，低年龄的孩子不容易控制自己对于新奇环境新鲜面孔的好奇和兴奋，上课的时候也更容易开小差。而如何将这些孩子的注意力集中在教师的指向上，是一件费力的事情，更是一种教学艺术。为此，我们必须了解不同年龄阶段儿童的注意特点，并知道怎样才能让主题成为被儿童选中的信息。

研究者根据自己的专业领域，将儿童注意力发展作为其中一因子，与其他因子协同作业。詹建英等在对小学生注意和执行功能的发展研究中发现，儿童结束学龄前阶段后，开始学龄阶段之后的这段时期，其选择性注意的准确性和速度随年龄呈二次方程式模式发展，且两者发展不同步。选择性注意具有策略上的性别差异。简单视觉选择性注意的错误主要以与行为控制能力相关的错误居多，很少是目标特征处理异常。由此可见，儿童注意力的发展也与儿童对于干扰因素的抑制能力以及行为控制能力的发展并行。研究还通过实验研究发现，转移注意能力一般到 14 岁左右才稳定下来。而持续性注意能力随年龄呈非线性发展模式，其成熟相对较迟，速度性持续发展到青春期。

目前，关于注意力发展的研究仍然备受重视，有的发展心理学权威期刊开辟了专门的专题对此进行讨论。研究者们对注意力发展的研究思路很广阔，儿童生活中的任何细小环节都似乎能够对注意力发展引起正向或者负向、隐性或者显性的影响，如科学家对于早期儿童注意力、认知发展与电视媒体的研究意犹未尽。早期儿童能否，以及如何处理视觉材料？观看视频材料是否会妨碍注意的发展？曾风靡一时的儿童节目“芝麻街”也受到了质疑，因为研究者认为，这类快节奏的儿童节目在数据上显示了与儿童日趋严重的注意力问题有相关。

信息栏3-7

婴儿的注意问题和3岁以前观看电视有关？

20世纪以后，有些研究发现，婴儿的注意问题和3岁以前观看电视有关。

从新近的研究了解到，发展心理学对早期儿童的视觉探索不仅仅局限于对被动的视觉刺激的接受过程的研究，也重视了主观的视觉方式，将“看”与知觉联系在了一起。

在一些研究媒体与儿童发展的文献中提到，现代许多儿童的视觉负荷不轻，电子产品的高速发展与普及，以及生活中充斥着大量的被动视觉刺激。多数孩子在看电视的过程中习惯了快速的电视图像频率，而弱化了儿童主动处理视觉刺激以及思考刺激关联的能力。

一、早期儿童注意的阶段特征及发展

(一)早期儿童注意的发展历程

注意不是一项单独孤立的心理过程，它的发展是智力整合发展的保证。在胎儿听力研究的实验中，我们可以看到注意的早期发展。Groome 与 Lecanuet 研究表明胎儿对声音有定向反射。生物性定向反射是和注意联系在一起的，集中与定向是形成注意的前提也是注意形成的目标。胎儿在宫内受到多种复杂声音刺激的影响，如母体的体内声音、外界的声音等。心理工作者对胎儿进行听力研究实验中，胎儿对不同的分贝的声音做不同反应，即对不同的声音刺激有选择性注意，对感觉到的刺激进行选择、分析，对于高强度的声音刺激，胎儿甚至可以反应出应激状态。

新生儿已有非条件性的定向反射。大声说话能够引起他们停止活动，发光物能够引起他们视线的片刻停留，这都是原始的定向活动。这些定向活动是生物性的，在脑的低级部位，如网状结构发生。新生儿经过睡眠—觉醒规律养成的过程，标志着神经系统和脑的成熟。脑神经细胞数量增长，细胞体增大，神经纤维增多和神经网络增长，神经纤维髓鞘化，脑功能分区形成，这为婴儿保持觉醒，感受刺激，进行信息加工处理提供可能，也为儿童注意行为的发生和感知觉的进行提供可能。①

Cohen 用棋盘格子作为注视对象的实验表明，引起3～6个月婴儿注意的主要是刺激的物理特征，如棋盘格子大小、突然变化的亮度、声音、运动等。6～12个月的孩子，注意的范围扩大，能力增强，其注意选择性受到经验支配。在婴儿学会

① 孟昭兰．婴儿心理学[M]．北京：北京师范大学出版社，1997：188.

说话以后，受意识支配的有意注意出现。学龄前儿童对刺激的注意力是随着活动的不断进行而增加的，儿童集中于复杂游戏的能力支持着持续注意，到学龄儿童，注意的选择性和适应性将得到明显提高。

渐渐地，儿童开始注意与成人生活和活动有关的事物，注意听成人说话。当成人对一周岁的婴儿说出某物体的名称，并用手指着它时，婴儿的注意会被引向这件东西。在这个年龄阶段，儿童的言语活动的发促进了儿童的记忆发展儿童的有意注意在这个时候得到了发展的保障。儿童的言语活动支配着婴儿的注意选择性，言语活动能将婴儿持续控制在词句所表达的行为上。随着儿童对表象的加工和提取，婴儿出现了稳定的客体永存性反应。婴儿的注意能在刺激物与表象之间进行较自如的切换。

人集中注意的时候，伴随着特定的生理变化和外部表现。早期儿童的注意外部表现比较明显，是教师判断幼儿是否集中注意的重要线索，具体表现一般如下：适应性运动。人在集中注意的时候，感觉器官指向刺激物。例如，“侧耳倾听”，“屏息凝气”都是这种现象；无关运动的停止。儿童在听老师讲一个引人入胜的故事的时候，会一动不动，甚至本来站着的儿童会一直站着听老师的故事，也会忘了吃手里拿着的冰激凌；呼吸运动的变化。在情绪状态时，呼吸系统的活动会有所改变。呼吸反应可以用吸气呼气比率记录，即 I/E 值，I 是吸气时间，E 是呼气时间。人在集中注意的时候，呼吸轻微缓慢，一般吸短呼长，高度集中注意的时候，会“大气不敢出，屏息凝气”。一般来说，在进行需要注意的脑力工作的时候，I＝0.3。

此外，很多孩子在注意力紧张的时候，面部表情会紧张，如锁眉咬牙，同时脉搏速度加快，四肢紧张，双拳紧握等。

(二)早期儿童注意的品质特征

第一，早期儿童注意集中与持久性在增加。

儿童注意的集中程度和持久程度在增加，儿童逐渐能将注意集中在与任务目标有关的刺激中来。在一个典型实验中，要求学龄儿童与成人根据卡片上的图案尽可能快地对卡片进行分类。例如，一个管子中有一个圆而在另一个管子中有一个方框。这些卡片中有些没有不相关信息，而有些则有一个或两个不相关的刺激，如有直线穿过圆形或在上方或下方出现星星。实验表明，儿童忽视无关信息的能力是由他们对有无关刺激的卡片进行分类时所需时间长短决定的。

第二，早期儿童的注意稳定性在逐步提升。

注意的稳定性是指对同一对象或同一活动上注意所能持续的时间。某实验发现，一般从警戒作业开始后半个小时左右注意明显下降。注意状态也很难保持不变，会出现周期性的变化，称为注意的起伏。例如，我们听表的声音，会感到时而强，时而弱。幼儿的注意稳定性比较差，但不同的年龄阶段，稳定性有差别。3 岁儿童能够集中注意 3～5 分钟；4 岁儿童能够集中注意 10 分钟；5～6 岁儿童可以集中注意 15 分钟左右，甚至可以到 20 分钟。

学前教育工作者在教学过程中为凝聚早期儿童注意力，可以作到以下几点：提供具体形象、生动鲜明的注意对象；学习活动游戏化，避免枯燥单调的方式；活动与实际操作结合，鼓励幼儿参与；保持幼儿良好的身心状态；注意对象、任务过于复杂或者过于简单都不利于注意的集中。

国内学者根据拉特儿童行为问卷、康纳量表、儿童行为评定量表(Child Behavior Checklist，CBCL)等有关内容，列出大致判断儿童注意力问题的几个方面：注意力不集中、注意力短暂、活动过多、情绪不良或社会适应不良。

第三，早期儿童的注意广度在增长。

注意广度(span of attention)，即同一时间里能把握的对象的数量，有时候我们称为注意范围。W. S. 耶斯文 1871 实验：抓一把黑豆撒在一个黑色背景的白盘中，只有一部分豆子落到盘子中，其余豆子滚到黑色背景上面去，当豆子刚一落下到白盘子中，便立刻报告所看到的盘子中的豆子的数量。重复了 1000 多次后结果表明：①当盘子里有 5 颗豆子时，开始发生估计上的误差；当不超过 8～9 颗豆子时，错误估计次数还在 50%以下；当豆子超过 8～9 颗时，错误估计次数便占 50%以上。②豆子数量越多，估计的偏差范围越大。③豆子数量增多，出现低估倾向。

另外，一般用速示器来研究确定视觉的注意范围。在不超过 1/10 秒的时间内，在速示器上呈现一些印有数字、图形或字母的卡片，由于呈现时间很短，被试的眼球来不及移动，因此，他对刺激物的知觉几乎是同时进行的，被试所能知觉的数量就表示了他的注意范围。实验表明，成人在 1/10 秒时间里，一般能注意 8～9 个黑色圆点，或 4～6 个无关联外文字母，或 3～4 个几何图形。小学生一般能注意 2～5 个无关联字母，幼儿最多只能把握 2～3 个对象。可见，幼儿的注意广度比较狭窄。随着儿童的成长，生活圈子的扩大，注意广度会增长。

第四，早期儿童注意的分配能力增强，转移开始灵活。

注意分配能力指同一时间里，注意指向多个不同对象，比如老师一边弹琴，一边要注意班上的孩子。注意的分配是有条件的：其一，同时并行的两种活动中必须有一种是熟练的；其二，同时并行的两种或几种活动之间如果有联系，注意分配就显得轻松很多，如载歌载舞。

人的有意注意是由脑的较高层次指挥的。额叶除了有寻找信息功能之外，能抑制脑对无关刺激的注意。额叶大约在 7 岁的时候基本发展到相对稳定而且完善的层次，之后缓慢增长直到成年。因而，在 7 岁左右，注意开始变得有效率和稳定。在额叶发展的最后阶段，诱发电位等神经生理的变化变得更稳定，12 岁左右达到效率的最高水平。而随意注意基本上是社会性行动，是可以被训练的。Bruner 通过对眼动的研究观察了学龄儿童注意的发展。发现 4 岁的儿童还处于需要大量提醒才能进行有意注意的阶段，而到了 5 岁半的时候，有意注意会有一个很大的飞跃。而在听的注意力上，年龄较大的儿童在有必要的时候可以同时注意两个声音，幼小儿童比年长儿童较多地被两个声音所妨碍(Doyle，1973)。麦考贝和康纳德实验发现，年长儿童能比较准确地集中注意，抵抗干扰的能力随年龄增长而增长。一般来说，教师能够体会到，幼儿的注意分配能力很差，会顾此失彼，注意力也很难在多种任务之间灵活转移，影响了注意的分配。到了小学阶段，注意分配能力迅速提高。

学前教育工作者要注意儿童注意分配能力差的特点，避免同时给儿童多种任务，要求儿童专心做事情，如吃饭要专心。

注意的转移能力即有意识地将注意从一个对象转移到另一个对象上。注意转移的快慢与原来注意的紧张程度及新对象的性质有关。当然还存在个体差异。对原来的注意对象越紧张，注意转移就越困难。有实验表明，成人正常注意转移过程约耗时 1～2 秒。

第五，早期儿童有意注意的持续发展。

有意注意是自觉的、有预定目的的注意，是由第二信号系统支配的，即能够借助于词语而实现。婴儿有意注意主要是由成人提出的要求和任务引起的，在无意注意的基础上随着言语的发展而发展，这在婴儿后期已经有萌芽和初步表现。周岁以内的儿童已经能够用手指指点引发并保持注意。两三岁儿童逐渐能够自己叫出物体的名称，并以此组织自己的注意。有意注意的发生和发展，对儿童的成长有着特殊的意义：

1. 注意是心理活动的积极维护者，是高质量认知活动的捍卫者

注意是儿童游戏和学习的保证，是任何人不可或缺的能力。那些人们津津乐道的天才儿童，无疑是有着超常的注意力和学习效率的。例如一个孩子，两岁的时候就可以搭积木几个小时，幼儿时期练钢琴、学画画都能坚持并投入很长时间，不容易被外界干扰。有研究表明，用两种不同的学习态度学习 12 个无意义音节，学习效果极不一样，抱有强烈学习愿望而注意学习的儿童与不注意学习目标的儿童相比，前者甚至可以比后者高 7～10 倍的学习效率。

可见，注意程度对学习效果的影响很大。有的幼儿学习效果差，掌握新知识的速度慢，并不是他们的智力水平不高，而是没有集中注意力的原因。

2. 有意注意对儿童心理活动发展有功能性意义

注意使幼儿吸收接纳大量的感知材料，积累了经验。注意其他幼儿、成人的外部表现能帮助幼儿及时适当地调整自己的行为以提高社会适应性。注意与儿童的坚持性、意志形成也是不可分割的。同时，注意作为一种复杂的心理活动，有一系列功能：

(1)选择功能：注意对信息进行选择，趋向于有意义的、符合主体需要的和与当前活动任务相一致的各种刺激，排除避免其他无关的、无意义的、有干扰的刺激，将有关信息分离出来，使心理活动有指向性更明确。

(2)保持功能：注意使反映的对象保持在意识之中，防止信息的消失，一直到目的达成为止。

(3)调节和监督功能：注意控制着整个心理活动朝向一定的目标方向进行，维持心理活动的积极状态，当外界、注意客体、主体自身发生变化的时候，注意会促使心理现象适当分配、调整直到任务有效完成。

在日常生活中，处处都有引起注意的例子。例如，交通警察的服装画有警戒色的横条，引起司机的注意；有的广告倒置，反而引起人们的注意等。学前教育工作者要研究幼儿注意特点，充分发挥幼儿注意的功能。

除了以上注意发展的这些板块以外，注意的其他发展研究也很丰富。比如，在注意的策略研究表明，早期儿童的注意策略有效性尚不强，儿童注意策略的出现和提炼表现为创造力缺失与控制力缺失及效用缺失。

(三)与早期儿童注意发展相关的因素

年龄较小的儿童需要外界的帮助才能维持有效率的注意。为此，教育者们会采用一些基本的常见的方法，比如隔绝，突出关键信息，消退无关信息等。上课的时候，小班儿童容易被落地玻璃窗外的事物所影响，尤其是家长前来探视的时候，教师拉上窗帘，虽然不一定能使儿童完全从获取无关信息的兴奋中脱离，但也能消退与教学无关的信息。对于年龄较小的孩子坐在桌前进行某项活动，比如看书，绘画，或者手工时，教师或家长可以拿开其他不相关物品，以维持儿童的注意力集中程度。

对低龄段早期儿童来说，注意力的发展与儿童自身的状态有密切关系，儿童在身体不适的情况下，是很难集中注意的。尤其是婴儿，其是否吃饱了，是否尿湿了，是否不舒服等身体因素更为直接地影响着其注意力。

同时，营养过量和缺乏都可能由于导致了儿童身体不健康而阻碍了注意力的发展。例如缺锌和缺碘都严重影响婴儿的大脑发育，微量元素铅与注意力关系尤其密切，铅中毒的孩子一般都伴随着注意缺陷，摄入含铅量过度的饮食(不一定达到铅中毒)也会导致多动。儿童铅摄入的途径很多，油漆、染料、汽车尾气、不合格玩具等，都有可能含有大量的铅，地面一米以外的铅尘含量高得惊人，所以儿童通过呼吸摄入体内的铅远远高于成人。此外抚养人皮肤或者衣服上的污染容易带给婴幼儿。儿童对于铅的吸收率是成人的数分之一，排泄率又是成人的数分之一，一部分铅还将滞留在体内或者通过血液向软组织中转移。另外，母源性婴幼儿铅中毒也并不罕见。成人应该确保孩子能够接触到的环境是“零铅”或“低铅”环境。

在儿童注意发展障碍问题上，有一个专有名词越来越被人们关注，即多动症。儿童注意缺陷多动障碍(attention-deficit hyperactivity disorder，ADHD)又称小儿多动症，是儿童期最为常见的精神卫生问题，其突出表现为三个核心特质：注意力缺陷，以多动为主的行为障碍及冲动性。美国对本国研究后的数据表明，一般在学龄儿童中的发病率有3%～5%。尽管诊断出男孩子患有此症状的比率是女孩子的5～10倍，但最近的证据表明许多女孩子也患有多动症，女孩子之所以不能被诊断出来，是因为她们的症状并不是忍无可忍的(Gauba & Carlson，1997)。

关于ADHD的致病因素，国内外许多专家进行研究探讨，普遍认为可能与下

列因素有关：第一，因感染、中毒或外伤等导致轻微脑损伤；第二，遗传因素；第三，大脑某些生理功能缺陷；第四，家庭环境及教育方式不良等因素。ADHD是多种病因所致的一组综合征，或者是在某些先天遗传素质不良，某种神经递质缺陷的基础上，加上后天某些因素造成的脑损伤或精神创伤，促使了症状的出现或发展，目前，人们还是认为该病症比较大程度上归因于神经以及遗传因素，很小程度上是生化、孕期因素，还有一部分是社会因素。但是，ADHD是关于典型发展模式的基本的偏离，还是特定脑区发展的延迟或者功能失调，关于这一点，研究者仍有争论。

研究表明同卵双胞胎比异卵双胞胎的无序行为更多，注意力集中不够且有行为过度的收养儿童，其亲生父母也可能具有同样的症状，这都说明遗传在ADHD中起到很重要的作用。最近EEG和FMRI研究揭示了ADHD患儿与正常儿童在大脑结构方面尤其是皮层突起的前端和对注意力和不习惯行为作出反应的其他区域有差异。

大脑皮质被分出不同的区域，分别执行着特定的功能，譬如感觉管理，如听觉、视觉，或其他感觉。以及高级的认知、情感功能管理，比如情绪控制、注意、学习、记忆。大脑这种能力的发展从出生起持续推进，最终在7～11岁达到顶峰。大脑的成长有着我们仍然不能把握和理解差异性。研究表明：患ADHD儿童大脑执行主要感觉功能的区域脑皮层厚度到达顶峰的年龄与正常儿童相比，有延迟的现象，一般儿童是7.5岁，而ADHD儿童是10.5岁。而对于负责认知、情绪调节区域的大脑皮层，尤其是额叶部位，ADHD儿童发育到顶峰的年龄比正常儿童甚至要延迟5年。研究者用磁共振扫描手段(MRI)收集了400多例多个年龄段的典型ADHD儿童神经影像结构数据，对这些儿童进行比对研究。研究表明，ADHD儿童的发展模式与其他神经发展障碍的儿童相比(如孤独症、智力障碍等)，有着根本的区别。

多动症的孩子由于在行为和学习上会遇到问题，所以，往往社会适应不良。仍然有很多人不能够理解并巧妙地与ADHD儿童相处。对于ADHD儿童，主要是实施教育及行为治疗，很少需要药物治疗，或是在医生严密观察下小剂量使用。因为儿童药物治疗副作用较明显，还可能出现分离性焦虑、依附行为、情绪异常等不良反应。

在执行功能特征方面，ADHD儿童也有其不同于正常儿童的特点，ADHD儿童存在反应抑制、语音工作记忆、视空间工作记忆、计划能力和定势转移能力等多项执行功能的缺陷。

李建英等研究者采用了Stroop效应、视觉听觉的Go/No-Go反应、倒背数字、延缓期的空间位置记忆广度、伦敦塔任务和连线测验，结果发现：ADHD儿童完成字义与字色相矛盾的字色命名时间较正常对照组儿童明显延长($p<0.05$)；ADHD儿童完成视觉和听觉的Go/No-Go反应所犯的错误数均较正常对照组儿童

明显增多($p<0.01$)；ADHD儿童倒背数字分数和延缓期的空间位置记忆广度均较正常对照组儿童明显低($p<0.01$)；ADHD儿童完成两步、四步和五步伦敦塔任务的时间均较正常对照组儿童明显延长、犯错误数明显增多($p<0.05$)；而完成四步、五步伦敦塔任务的最初计划时间则较正常对照组儿童明显缩短($p<0.01$)；ADHD儿童完成连线测验乙式所需时间则较正常对照组儿童明显延长、犯错误数明显增多($p<0.05$)。

信息栏3-8

血铅水平与儿童注意力及行为

儿童铅中毒问题在我国已普遍存在。铅是一种具有神经毒性的重金属元素，能影响神经系统的多种功能。儿童由于代谢和发育的特点，对铅毒性特别敏感。儿童的脑组织发育不完善，铅容易在儿童脑部蓄积，并沉积在大脑的不同区域，最首要的部位包括大脑皮质的额前区、海马回和小脑。大脑皮质额前区的损害可以引起认知功能的损害及进行性的注意力分散，铅对中枢神经系统的毒性作用导致中枢神经系统功能紊乱，必然反映到儿童行为功能的改变。

有研究者对189名学龄儿童(其中男童157例，女童32例，年龄6～13岁，平均9岁)的血铅水平与行为问题进行了研究。

血铅测试采取微量血，使用美国产P—E3030原子吸收分光光度仪测试血铅。按照国家标准WS/T 20—1996中的质控要求采用加标的正常人混和血样做质控样。分级标准按照中华预防医学会儿童保健分会制定的儿童期铅污染及损害防治常规，按血铅水平0.48、0.70、0.90 μmol/L为界分为4级，<0.48 μnml/L为1级(正常对照)，(0.48～0.69) μmol/L为2-A级，(0.70～0.89) μmol/L为2-B级(轻度铅中毒)，(0.90～2.17) μmol/L为3级(中度铅中毒)，并在研究中排除对智力发育及行为问题有潜在影响的其他因素。

儿童行为评定量表是注意缺陷多动障碍诊断量表(DSM—Ⅳ)及Rutter儿童行为量表，该量表结合视觉激发电位仪测试注意力以辅助诊断多动—注意力障碍。注意缺陷多动障碍诊断量表(DSM—Ⅳ)分为以注意缺陷为主型(9项中有6项以上满足，至少持续6个月)，以多动—冲动为主型(9项中有6项以上满足，至少持续6个月)及注意缺陷多动障碍组合型(两者均有)。

Rutter儿童行为量表(家长用，共32项)，以总分≥13分为异常．在此基础上分为A行为(违纪行为或攻击性行为)及N行为(神经症行为)。所有标有A行为项目总分大于标有N行为项目总分时，即为A行为；反之，为N行为；两者总分相等为M行为(混合性行为)。

结果表明：不同血铅水平儿童行为障碍率差异有统计学意义。2-A级、2-B级、3级儿童行为障碍率均高于对照组，差异均有统计学意义(p值均<0.05)。提示2-A级以上铅中毒即可对儿童行为产生影响，发生行为障碍。同

时，不同血铅水平儿童行为分型差异有统计学意义。两两比较发现，2-A级、2-B级、3级儿童A行为检出率均高于对照组，差异均有统计学意义（$p<0.05$）；3级（中度）儿童N行为检出率高于其他各组，差异均有统计学意义（p值均<0.05）。提示铅中毒组以A行为发生情况居多；血铅水平高至中度时，N行为增多。

不同血铅水平儿童注意缺陷多动障碍率差异有统计学意义。两两比较发现，2-A级、2-B级、3级儿童注意缺陷多动障碍率均高于对照组，差异均有统计学意义（p值均<0.05）。提示2-A级以上铅中毒即可发生注意缺陷多动障碍。不同血铅水平儿童注意缺陷多动障碍分型差异有统计学意义；两两比较发现，2-A级、2-B级、3级儿童注意缺陷型检出率均高于对照组，差异均有统计学意义（p值均<0.05）。提示铅中毒组以注意缺陷型发生情况更多。

多种研究同样支持该研究的结论：轻度以上铅中毒即可对儿童行为产生影响，发生行为障碍或注意缺陷多动障碍，且以攻击性行为及注意力缺陷型较为多见；中度铅中毒时，神经症行为增加。提示血铅增高可引起攻击性行为、多动注意力障碍甚至神经症行为等行为问题。研究进一步证实，低浓度铅中毒可导致儿童行为问题的出现，提示对有攻击性行为、多动注意力障碍等行为问题的患儿应常规做血铅测试，从而为临床防治提供参考依据。

（资料来源：邹时朴，胡淑珍，李维君，范广勤，钟云莺，冯昶．血铅水平与儿童注意力及行为的相关研究．中国学校卫生，2008年，第29卷第11期：1004-1005）

二、早期儿童注意力培养

在测量领域，有不少关于注意力测量的问卷、实验。我们常见的有：大规模的形似符号或者图形的消划测验、程序特定的链条形心算测试、校对测试或者清单检查测试、在数字群中寻找特定指令测试。在这些测试中，某些包含有超乎早期儿童认知能力的内容对于早期儿童来说往往执行比较困难，但仍然有一些测试是可行的，比如简单的心算、图形对比等。

儿童注意力的培养是潜移默化与练习培训相结合的过程，在培养早期儿童注意过程中可以参考以下几个原则：

第一，刺激丰富化原则。尽量使刺激组合为一个整体，避免刺激孤立，利用联觉培养有效的刺激反应。刺激物宜适度丰富、鲜明。

第二，注意训练与注意发展匹配原则。例如，与婴儿、低龄幼儿谈话的语速要缓慢，声音要柔和。刺激物的运动速度不能太快，并要在视野中持续一段时间。在儿童注意力转移之前，训练者最好不要自行更换刺激物。不同年龄段的幼儿注意力集中的时间不同，不能操之过急，要因龄施教。训练视觉注意的过程更要与儿童视觉发展过程相适宜。例如，对于婴儿来说，训练视觉注意的时间以十分钟为宜，一般采用跟随法或寻找法。即以物体吸引儿童追寻，伴随亲子的情感互动。

第三，形式立体化原则。注意力的培养训练并不是单纯的某种操作或几次操作就可以完成的，必须是一个全方位的培养模式，儿童在游戏、作业、吃饭的时候都可以进行。一般以游戏训练为主，如“咬耳朵”的游戏，由同伴依次向后者小声传述前者告知的口训，并伴随竞技项目。

第四，空间渗透式原则。良好的注意能力是学习的前提，也是认知世界的保障。注意力集中是一种好的学习习惯。儿童注意力的养成渗透在生活的方方面面。在婴幼儿时期，当儿童在专心玩弄手中玩具的时候，父母应给予安静的空间直至儿童自行停止游戏。年龄大的儿童在独自做作业的时候，父母要避免经常性地以“关心”和“查看”为名中断儿童的专心思维。

第四节　注意发展的认知神经科学研究

注意可以被定义为以牺牲其他行为为代价而选择性地提高某些行为。关于注意的著作经常引用威廉·詹姆斯的话“每个人都知道注意是什么”(W. James，1890)。这是因为我们对注意都有一些常识性的认识，即人们的任何有意识行为都离不开注意。比如，注意一个客体，与其他人共同注意，社会注意等。注意既是一种特殊的心理机制，也是一种个体心理行为特征。因此，从发展的观点来看，注意拥有两种分离的认知过程，一方面它独立于其他心理机制而发展；另一方面它特定于行为而发展。注意的发展通常与涉及注意的脑区发展有关。

一、新生儿的注意：刺激定向

注意行为在新生儿身上即可观察到。新生儿表现出的一种注意形式叫“刺激定向”，即需要通过感受器的运动来改善外部信息的质量。例如，当我们在新生儿的一侧摇动拨浪鼓，新生儿就会出现头部的转向运动。通过头的转动，眼睛和耳朵都对准了声音，从而也就提高了听觉和视觉能力。但是，凭借婴儿尚处于发展中的感知器官和大脑，他们的注意能力是非常有限的。发生在最初 6 个月的视觉和听觉行为的很多变化其实与感受器本身的发展有关，比如，眼球大小、视网膜的神经连接密度等。以及与知觉活动有关的初级感觉皮层的发展有关，比如，初级视皮层的神经连接。因此，此阶段的注意发展可能并不是由于刺激定向能力本身的改善，而是由于其他方面的发展所致。

二、早期婴儿的注意发展：从刺激定向到持续性注意

在最初 18 个月内发生在婴儿注意上的最大变化是出现了持续性注意(也叫集中注意)。持续性注意使得注意能够长时间集中于某一行为系统，从而改善其信息加工能力。它类似于改善了认知加工过程中的唤醒状态。婴儿的很多有趣的认知和社

会活动都发生在持续性注意的过程中。例如，婴儿偏好于看相对新异的客体、人脸和声音。新异刺激引起了最初的刺激定向反应，然后就出现了持续性注意。在持续性注意过程中，婴儿会"记住"这个刺激并对它产生熟悉感(Richards，1997)。接下来，婴儿就很少会再出现对这个刺激的定向反应和持续性注意行为了。

婴儿早在3个月时就开始出现5～10秒的持续性注意了(Richards，2001)。从3个月到1岁半，持续性注意的时间不断增加。例如，伴随持续性注意而发生的是心率变化在年龄较大婴儿身上出现的时间更长，婴儿对感兴趣的刺激注视的时间也会更长。刺激定向(出生时就出现)和持续性注意(发展于3～18个月之间)是人类认知和行为系统的两个基本过程。到18个月时，这两个基本的注意加工都获得了全面的发展。

婴儿时期持续性注意的发展与控制觉醒状态的脑神经系统紧密相关。持续性注意是全面唤醒系统的表现，与睡眠和其他行为状态并没有两样。这个唤醒系统调控对环境事件的响应能力并影响感觉系统。它与中脑网状激活系统紧密相关，并受到去甲肾上腺素和胆碱神经系统的调制(Robbins & Everitt，1995)。下图显示了与注意发展有关的脑区，包括去甲肾上腺素神经递质系统和网状激活系统。

这些神经递质系统对皮层敏感性和兴奋性有广泛影响。因此，持续性注意代表着在需要注意的情境中这个唤醒系统的激活。持续性注意的行为指标(比如，外围活动减少、主要活动增强)和生理指标(比如，心率、脑电)也都表明这些脑系统是激活的。因此，控制觉醒的神经化学系统的发展变化，与婴儿身上所表现出的持续

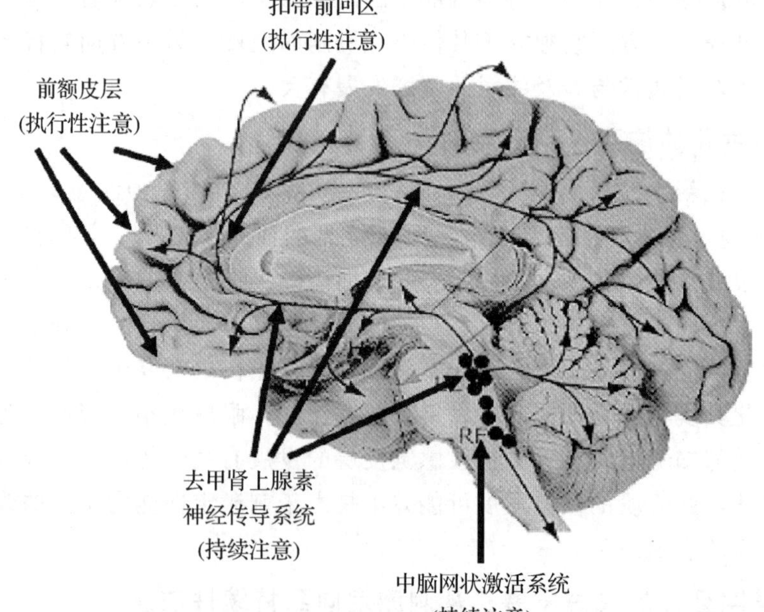

图3-6　注意发展相关的脑区。去甲肾上腺素神经传导系统和中脑网状激活系统控制持续性注意，显示了婴儿的发展变化。前额皮层和扣带前回控制执行性注意，显示了从早期儿童到青少年的发展变化。(from Richards，2001)

性注意的发展变化是一致的。

婴儿的注意与视觉注视

婴儿的注意与视觉注视持续时间的关系是有违直觉的。很多研究者把视觉注意定义为同时发生的视觉注视。那就是说，有关婴儿注意的心理学研究中，因变量通常是婴儿的眼睛注视某个视觉刺激的持续时间。但实际上，婴儿可以做到在一种非注意状态下看某个视觉刺激。在婴儿头 3 个月时这种情况特别多。婴儿朝着一个视觉刺激看可以仅仅是被这个视觉模式捕获，而其他指标(比如，心率变化、脑活动、心理操作、缺乏后期的再认记忆)显示这个婴儿是无注意的。例如，心理变化可以被用来表明儿童的注意状态，心率降低说明一个孩子正处于注意状态，而当心率回到基线水平则表明注意状态已经结束(Richards，2001)。年幼婴儿经常表现出持续地看某个物体，即使他们的心率已经显示他们不再处于唤醒状态，也就是说，持续性注意没有发生。

在 3～12 个月之间，随着持续性注意的增加，婴儿对简单视觉模式的注视时间出现相应的减少。下图显示了在很多婴儿研究中已经揭示出的婴儿对相当简单刺激的视觉注视持续时间的变化。婴儿从出生到 2 个月最初表现出视觉注视的增加，随后到 6 个月时呈现出降低的趋势。这个变化反映了加工速度的增加超越了这个年龄范围。对简单模式注视时间的减少可能预示着持续性注意的增加，导向更有效的认知加工，而对于加工简单视觉模式的时间需求量减少。或者是，此时对复杂多变的视觉模式或复杂的视—听模式的注视时间会增加。

下图显示了看芝麻街电视节目或看简单的计算机随机产生的黑白几何图案的平均注视时间。从 6 个月到 2 岁儿童看芝麻街电视节目的注视时间不断增加，但是对于看简单图案的注视时间却保持不变。对复杂视觉图案注视时间的增加说明婴儿正选择性地增强对复杂刺激的加工。

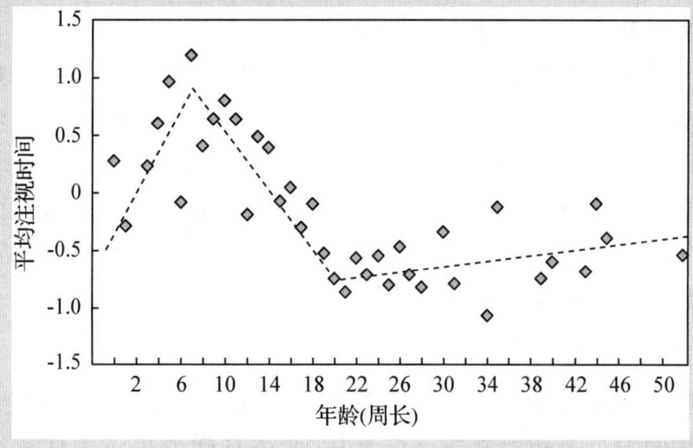

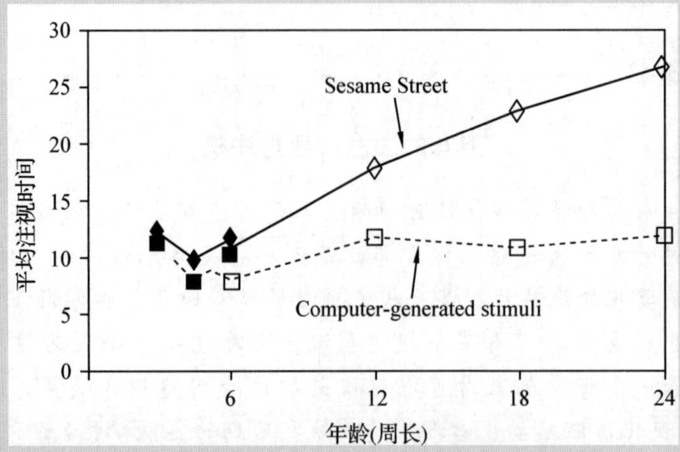

图 3-7　反映婴儿注意发展的注视时间的变化。前图：对简单刺激注视时间的系统性减少反映了加工速度的增加以及加工简单视觉刺激的时间需求减少。后图：儿童看芝麻街电视节目的注视时间增加而对简单几何模式的注视时间保持不变，反映了对复杂刺激的持续性注意的增加(实心符号代表来自 3～6 个月婴儿的研究；空心符号代表来自 6～24 个月婴儿的研究)。(from Richards，2001)

三、注意发展中的个体差异

婴儿注意行为的个体差异持续到整个童年早期都是稳定的。在某个特殊年龄，比如 6 个月时，人们可能发现有些婴儿比其他婴儿产生了更多的注意行为。例如，行为上的(快速加工时间、身体运动、再认记忆)和生理指标上(心率变化、脑活动)的变化表明婴儿之间的专注程度是不同的，而且这个差异在好几种不同的刺激情境中都存在。人们可以测量两个不同年龄的相似行为(比如，6 个月和 12 个月)，然后发现在第一个年龄段时表现出高专注的个体在第二个年龄段时也有相似的表现。同一年龄内多个行为之间以及不同年龄的行为之间的关系通常用相关系数来测量，即测量不同行为之间的年龄内的稳定性和年龄间的稳定性。6～12 个月婴儿的早期和后期行为的相关系数通常在 0.2～0.8 之间。

一个显著的发现是早期婴儿行为的某些方面与儿童早期甚至青少年期的智力有相关。例如，很多研究表明 6 个月婴儿对新异客体的注意总量与 11 岁时的智力测试呈负相关(Rose，Feldman，Futterweit，& Jankowski，1997)。这主要是由于有较快加工速度的婴儿往往有更高水平的注意，注视简单刺激仅需要较短的时间，在儿童期也有较高的智力水平。因此，婴儿注意的个体差异在短期内是非常稳定的，在整个儿童期也保持相对稳定的状态。

四、执行性注意的发展

相对于刺激定向和持续性注意的发展而言，执行性注意的出现较迟。1 岁以内的婴儿在执行控制能力上相对缺乏。但是从 18 个月到青少年中期执行性注意和执行功能得到了广泛的发展。执行功能是描述行为控制、认知资源分配、评估行为进步、指导目标行为和计划的心理活动。执行功能的一个方面是分配注意与自我建立的目标和计划一致。例如，如果幼儿决定玩一套玩具，并用玩具搭建一个小环境，那么他必须注意到玩具的相关特征(比如，建筑连接体，情境框架，环境的特征等)。同时，那些与目标无关的玩具特征必须被忽视。相似地，环境中的其他儿童感兴趣的特征也必须要忽视，否则它将打断这个计划行为。导引这些计划行为的执行功能选择性地促使注意集中于与行为有关的环境方面，而抑制注意分配到无关活动上。

与持续性注意一样，执行性注意和执行功能也与脑活动紧密相关，特别是前额皮层的活动。图 3-6 显示了与注意发展相关的几个脑区，包括前额皮层。这个脑区控制执行目标导向的行为，抑制干扰，协调与目标或和计划一致的多个行为。前额叶皮层的特定脑区也与执行性注意有关。一些研究发现前额叶皮层的扣带前回与注意的转移有关。因此，控制执行功能的脑区发展在一定程度上可以解释在儿童行为上所观察到的执行性注意和执行功能发展的持续增加(比如，从 18 个月到青春期这段时间)。

信息栏3-10

注意控制的神经系统

借助于脑功能成像技术，现代研究已经揭示出与注意控制有关的神经网络，主要包括扣带前回(ACC)和前额叶侧向区域。其中 ACC 主要与冲突的觉察和监控有关，前额叶侧向区域主要关系到冲突解决的过程(Botvinick，Nystrom，Fissell，Carter & Cohen，1999)。觉察和解决冲突在解剖学上与信息选择是两个相互分离的系统，主要涉及高级顶叶皮层和额上回(Casey et al.，2000)。

ACC 作为执行性注意神经网络上的主要节点，它也是边缘系统的一部分，与情绪加工紧密相关。通过对有关脑成像研究的元分析发现，当解决诸如 Stroop 任务这样的认知冲突任务时，扣带前回的背侧区域总是被激活；而当解决情绪任务时，则会激活扣带前回的毗邻区域。当然这两个区域也存在交互作用，通常是当认知部分被激活时，情绪部分则失活，反之亦然。从而反映了注意的意志努力和情绪控制两个方面。

从神经化学的角度来看，大脑的腹侧被盖区汇集了大量的多巴胺(DA)神经元，它们集中投射到与执行性注意有关的脑区。而且，所有类型的 DA 接收器都出现在扣带回皮层。当人们完成需要执行功能的任务时，DA 是一个重要的调节器(Diamond & Goldman-Rakic，1989)。

五、心理努力和注意发展

儿童期分配在一个任务上的注意的量存在显著的变化，因为注意和心理努力紧密相关。当解决一个任务必须施加心理努力或需要心理加工时，我们通常能观察到用在任务中的注意。注意的基本过程(刺激定向，持续性注意)和更复杂的过程(执行性注意)都与任务的努力程度相当。需要心理努力的几个认知功能也存在戏剧性的发展变化。例如，随着儿童期信息加工速度的增加，工作记忆容量也增加，这将导致需要较少心理努力和时间来完成心理任务。随着儿童期心理努力的减少，与任务相关的注意的量和持续时间也会减少。相似地，随着工作记忆的增加和技能的提高，以及随着儿童的增长，他们花在一些任务上的持续时间也会增加，从而导致分配给任务的注意的量和持续时间都增加。这些注意的显著的增加和减少其实并不是注意本身的变化，相反，他们反映了注意与其他行为或认知过程的内在变化之间存在紧密关系。

信息栏3-11

执行性注意与自我调节

执行性注意的发展与自我调节的出现紧密相关。自我调节主要指人们通过努力来控制自己的内部状态和内在加工的很多心理过程。如何把自身整合为一个整体是其中的关键。从更宽泛的意义上说，这也是动物与人的主要区别(Vohs & Baumeister，2004，p. 1)。

控制自己行为的能力在儿童人格和社会性发展方面起着重要作用。自我调节与情绪状态、延迟满足、服从、道德发展、社交能力、移情、认知和学业成绩有关(Eisenberg，Smith，Sadovsky，& Spinrad，2004)。此外，自我调节还被认为是遗传素质、早期经验和成年期的条件反射的重要调节器(Fonagy & Target，2002)。

在过去几十年，很多研究都尝试整合注意和自我调节。在生命的第一年，注意定向作为一种压力调节器而出现(Harman，Rothbart，& Posner，1997)。在接连几个月中，婴儿的注意会经历一种从刺激驱动的被动注意向自我驱动的主动注意转变。这个转变支持行为的自主控制。自主控制的机制主要包括有意识觉察、行为抑制和冲突解决三方面。

信息栏3-12

ADHD和儿童注意

有一种类型的注意困难在幼儿身上比较常见，特别是当他们进入小学后，那就是注意缺失多动症(ADHD)。大约有5%～10%的学校儿童受到ADHD困扰。这种障碍的典型特征是注意迟钝、活动过度、无法抑制冲动以及存在行为管理困难等。当他们进入学校后，这些儿童常常引起老师们的普遍关注，因为他们在需要长时间行为控制的情境中的表现实在是差。ADHD 通常被分成三个亚类：ADHD 注意迟钝型（ADHD-I），ADHD 活动过度型（ADHD-H），ADHD 混合型（ADHD-C）。ADHD-I 型主要存在注意控制问题，持续性注意能力差，以及表现出大量的注意迟钝现象。ADHD-H 型主要表现为行为抑制能力差以及活动过度。ADHD-C 型儿童同时具备注意迟钝和活动过度两个特征。目前对 ADHD 的治疗主要还是依赖药物。

ADHD 的类型区分可能关系到持续性注意和执行性注意的区别。人们普遍认为 ADHD-H 型主要是由于执行功能系统运作较差所致。与这个观点相一致的是，ADHD-H 儿童在执行需要完成的任务、抑制反射性或自动化行为，以及冲动控制方面表现较差。这些儿童往往存在前额叶损伤这样的脑损问题。另外，被诊断为 ADHD-I 型儿童的执行功能几乎与正常儿童一样。但是，他们在完成需要持续性注意的任务时存在困难，比如，连续性的作业任务、隐性的注意转移任务和选择性任务等（Aman，Roberts & Pennington，1998）。因此，ADHD 的不同类型可能是由于控制持续性注意和执行性注意的脑区不同。

婴儿早期在持续性注意上的个体差异可能是由于 ADHD-I 的结果，特别是婴儿表现出较少的持续性注意。负责持续性注意的部分脑区存在损伤，导致这些婴儿和儿童不能始终如一地专注于某事。另外，ADHD-H 型儿童在两三岁前并没有表现出明显的个体差异。这可能是由于控制执行功能的前额叶皮层还没有充分地发展，毕竟在冲动控制上的个体差异依赖于前额叶皮层的发展。

六、注意力训练与脑的可塑性

Posner & Petersen (1990)指出注意资源在大脑上形成了特定的解剖学区域，这些区域可进一步分成三个功能性的神经网络，分别承担着警觉、定向和执行控制功能。警觉是指实现和维持警觉状态；定向是从众多感觉输入中实现对信息的选择；执行控制是在多种反应中解决冲突。

警觉系统主要与右半球的额叶和顶叶区域有关，因为连续的活动和警戒任务激活了警觉的不同水平，同时这些任务也激活了右半球的额顶区域。这通常被认为是大脑去甲肾上腺素系统的皮层分布所致（Coull，Frith，Frackowiak & Grasby，1996；Marrocco，Witte & Davidson，1994）。

定向系统与顶叶和额叶有关。定向主要通过提供空间线索来引导人们的注意，人们可通过外显的眼动或在没有任何眼动的情况下内隐地把注意导向线索位置。事件相关的功能磁共振（fMRI）研究表明，高级顶叶区与线索导向注意有关（Corbetta et al.，2000）。人类的高级顶叶与猴子的外侧顶内沟（LIP）存在紧密关系，LIP 通常被认为是产生眼动的区域（Anderson，Snyder，Bradley & Xing，1997）。当目标出现

在非线索位置时，注意不得不转移到新的位置，于是导致了颞—定联合区的激活。

注意的执行功能的研究通常采用冲突任务，比如各种形式的 Stroop 任务。这些任务会激活前额叶中线区域和侧向前额皮层。很多研究都表明涉及冲突和其他形式的心理努力任务会导致两者的共同激活(Bush et al.，2000)。目前非常确定的是侧抑制任务会激活扣带前回，这与其他冲突任务的激活区域不同，但也有重叠。

研究者已经开发出专门的实验程序用作注意力评估，这个程序被称为注意网络测试，简称 ANT(Fan et al.，2002)。该程序主要有以下几个特点：①它包括了三个注意网络；②能用来测试每个注意网络的有效性；③实施简便，可适用于儿童、病人和动物。ANT 把线索反应时和侧向任务结合起来，要求被试判断中间的箭头朝向左边还是右边。箭头可能出现在注视点的上方或下方，或者是有侧向干扰，具体参见图 3-8 所示。三个注意网络的有效性可以通过测量反应时来进行评估，即反应时在多大程度上受到警觉线索、空间线索和侧向干扰的影响。鉴于 ANT 在实践

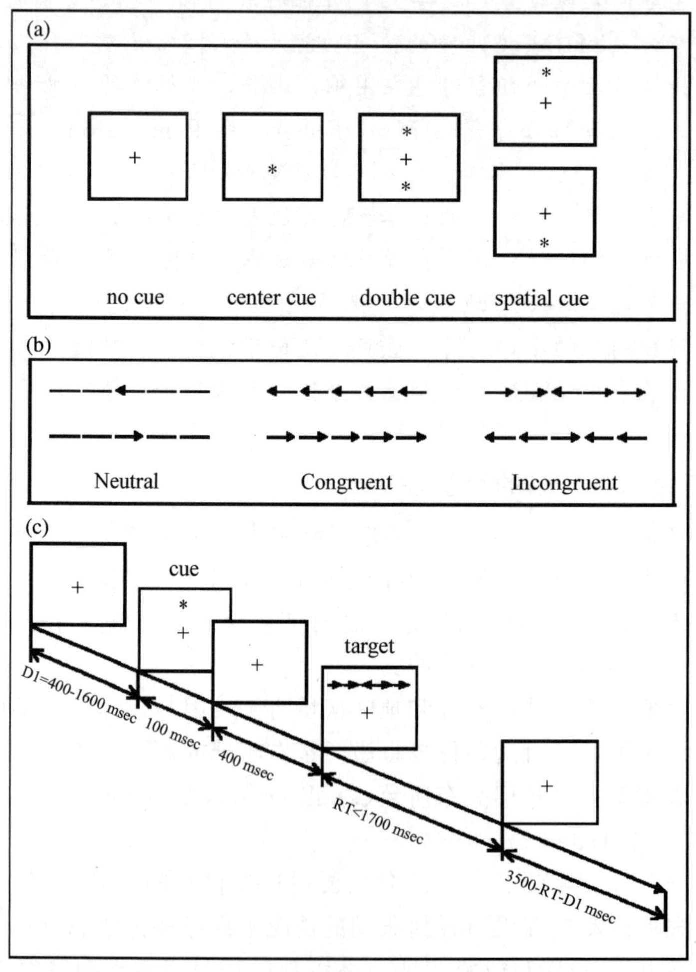

图 3-8　ANT 的实验程序。其中(a)显示的是四个线索条件；(b)显示的是六个目标刺激；(c)显示的是在不一致空间线索下的一个实验流程。(from Fan et al.，2002)

中的便捷性和有效性，因此它在注意力测试与评估中得到了广泛的应用。在此基础上，Rueda 等人(2004)还进一步开发了专门用于测试低幼儿童的执行性注意功能的注意网络测试，被称为儿童版 ANT。在这个实验程序中，五条小鱼排成一排出现在屏幕中央，儿童的任务是判断居中的那条小鱼的朝向，两侧的小鱼朝向或者与中间一致或者不一致，从而构成一致或不一致的两种注意条件，如图 3-9 所示。

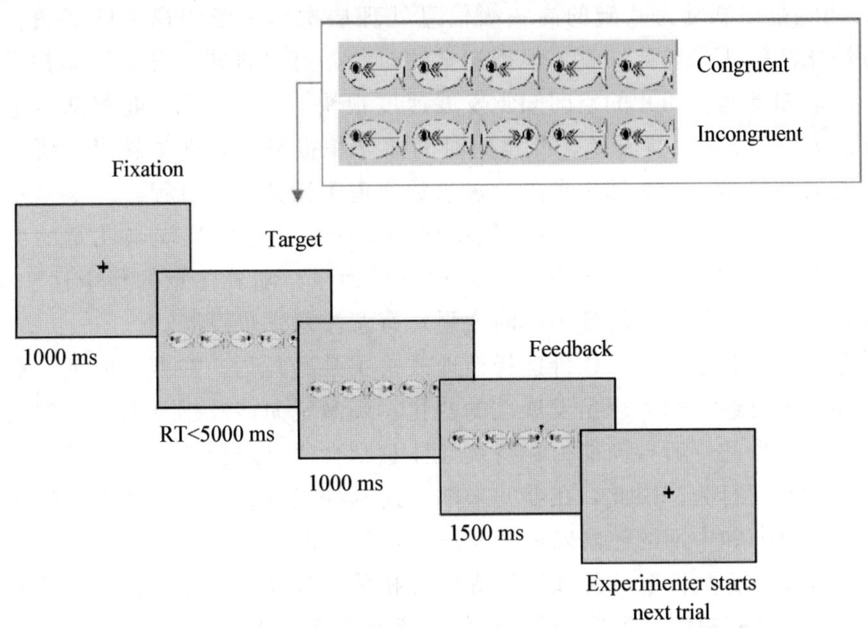

图 3-9　儿童版 ANT 中侧向冲突任务的图式表征

(from Reuda et al., 2004)

在一系列采用儿童版 ANT 的实验研究中，研究者发现从 4 岁到 7 岁，儿童在冲突解决能力上有相当大的进步，但是从 7 岁之后直到成年期却表现出惊人的一致性。相对于成人，儿童解决冲突的时间更长，反应更慢。在冲突解决过程中，儿童激活的脑区较为分散，而成人则相对集中，从而提高了任务绩效(Reuda et al., 2004)。

尽管儿童注意力的发展在一定程度上受到多巴胺的控制，但是仍然有不少研究显示教育和训练会对注意力发展产生影响。比如，Rueda 等人(2005)通过对儿童实施为期 5 天的注意力专门训练，训练以视频游戏的方式进行，结果表明不管是从行为上还是电生理上，数据都一致显示 4～6 岁儿童的执行性注意能力和智力得到了显著的改善。其他研究也表明，通过专门的注意力训练还能改善脑损伤病人、注意力缺陷多动症儿童以及正常成人的执行性注意能力以及一般智力。

本章小结

儿童的感知觉、注意的发展是一个渐进的规律性的过程，也具有风格不一的个体差异。

1. 感觉的发展是人类生存和发展的基础，是婴幼儿体验世界的保障，其成熟水平对儿童发展具有重要意义。视觉、听觉、嗅味觉、肤觉等发展均具有鲜明的年龄段特征。儿童视觉的发展在6个月以后接近成人，听觉技能一直到青春期才会达到成熟。触觉对儿童的身心发育都相当重要。儿童的感觉障碍、损伤都应尽量早发现、早干预。

2. 知觉是以感觉为基础的高一级信息处理层次。一般用视物偏好法、单刺激法、习惯化法等研究婴儿知觉。根据知觉的对象，可以将知觉分为空间知觉、时间知觉、运动知觉等。幼儿的空间知觉发展速度很快，9～11岁的儿童基本上可以有较明确的方向定位，3岁开始，儿童的时间概念积极形成，视觉悬崖是研究儿童空间视觉的典型实验。儿童知觉发展是多感觉通道刺激整合的过程。

3. 注意是心理活动对一定对象的指向和集中，注意的发展与儿童的生活、游戏、学习有密切的联系。儿童主要以无意注意为主，随着注意的集中性、持久性、策略有效性、稳定性、灵活性等不断增强，有意注意逐步发展。

注意以牺牲其他行为为代价选择性地改善了某些行为。在婴儿时期，刺激定向和持续性注意已经开始表现出发展性的变化。刺激定向涉及感觉系统和感受器朝向环境中重要事件的一般导向能力；持续性注意则会通过选择性地加工某些信息从而提高特定的心理行为。因此，在婴儿末期，这两种基本的注意功能都得到了全面发展。在儿童早期和中期的注意发展涉及执行性注意的发展，它主要与执行需要计划的任务、复杂任务的注意分配和监控进度等相关。持续性注意和执行性注意的变化与大脑的发展紧密相关。儿童期最普遍的注意障碍就是ADHD，与执行性注意系统出现问题紧密相关，可能是由于负责执行功能的脑区出现损伤所致。尽管注意网络的发展在一定程度上受到多巴胺等生物学因素的控制，但是研究表明教育和训练也会对其产生显著影响。我们可以在日常生活中、教学中渗入式地培养儿童的有意注意。

进一步学习资源

● 关于国内外心理学工作者对婴儿感知觉、注意发展研究的经典实验的结论，可参阅由庞丽娟、李辉编著，《婴儿心理学》，浙江教育出版社出版，1993年版。

● 关于多种研究感知觉、注意的实验及研究方式方法，意图了解实证研究的范式，可参阅杨治良著，《实验心理学》，浙江教育出版社，1998年版。

● 要了解儿童感知、注意与学习的研究内容，可以参阅由Harry Morgan于2011年在Lanham出版的《Early childhood education》。

● 要了解关于儿童心理学研究最新导向，以及本章的相关研究和主流结论，参阅哈佛大学儿童发展中心(Harvard Child Development Center)网站。

● 要学习在游戏和日常生活中训练早期儿童感知发展的方法，可参考由Debby Cryer，Thelma Harms，Beth Bourland所著，由少年儿童出版社出版的《FPG早教方案　幼儿学习指导手册》。

关键概念

感觉　感觉统合　视敏度　知觉　ADHD　面孔偏好　注意　眼动　持续性注意　执行性注意　注意网络测试(ANT)

思考与探究

1. 儿童早期各感觉能力发展的基本特征有哪些？

2. 婴儿图形知觉的特点有哪些，对早期教育有何启示？

3. 在生活中，我们经常观察到幼儿“b”和“d”、“p”和“q”不分的现象，请结合幼儿方位知觉发展的有关规律进行解释。

4. 儿童的深度知觉是先天的吗？请结合有关实验研究来说明。

5. 儿童的知觉是客观的吗？结合有关实验研究来说明儿童的知觉受到动机等因素的影响。

6. 儿童注意发展的基本特征有哪些，如何有效利用这些规律对儿童进行早期教育？

7. 结合实例说明早期儿童注意的发展与脑的发展有何关系？

8. 观察记录幼儿园小、中、大班儿童的注意力发展的功能性特征，结合幼儿实际设计一两个可用性较强的注意力训练小游戏，并比较训练前后儿童注意力发展状况的差异。

趣味现象·做做看

1. 儿童嗅觉适应实验

背景与目的：

嗅觉是儿童感知觉体系中十分重要的组成部分，婴儿的嗅觉就已相当敏锐。嗅觉适应是有气味物质作用于嗅觉器官一定时间以后，嗅觉感受性降低的现象。测量适应程度的指标，是刺激作用前后嗅觉阈限值的变化。在儿童的嗅觉适应实验中，我们应注意保护儿童的嗅觉，采用舒适、安全的实验材料。

被试：

有言语交流能力的儿童，5～6 岁，男童，女童。

器材：

有橡皮活塞的同种小玻璃瓶 5 个。原始材料香水、酒、蒜汁、醋、水。卡通蒙眼罩或者桌面遮眼小屏风。清水一大杯，量杯一只。

步骤：

(1)将实验对象分成 5 组，每组一种气味。

或者同一组分别用不同气味做同样的实验 5 次。注意要中场休息，保持儿童兴趣。

(2)用原始材料，与水在量杯中配置合适浓度的溶液：100%，50%，10%。

让儿童坐在小桌子对面，告诉他(她)“我们来做一个有趣的游戏，看看我们的鼻子有什么本领。当我说开始的时候，你会闻到一种你熟悉的气味，请你告诉我这是什么气味好吗？然后你接着闻，当你闻不到气味的时候，要马上告诉我。完成这个小游戏以后，我会送你一个狗侦探小玩具，它的鼻子可灵了呢”。

主试将100%“醋”小瓶打开，放在被试鼻子下1cm处，同时说开始，等被试回答“闻不到了”，立刻移开小瓶。记录“开始”到“闻不到了”的时间。期间，可以温和平缓地提醒儿童，“闻到了吗？闻起来怎么样？还能闻到吗?”等。等该阶段结束后，用同样的方法测试50%“醋”，10%“醋”，以及类推于其他原始材料上。

结果记录：记录在实验报告中，绘制儿童嗅觉适应表。

表×-×　儿童对不同浓度不同嗅刺激完全适应时

儿童	醋			香　水			……
甲	100%	50%	10%	100%	50%	10%	
乙							
⋮							

备注：当儿童在实验中感到疲惫的时候，可以仅对其中某种浓度或材料进行测试，不要求所有材料与浓度选项都进行测试。

讨论分析：

(1)在本实验中，哪些因素影响了儿童嗅刺激完全适应时的数据？

(2)你的实验数据中，能体现个体差异吗？

(3)给同班同学也做一次该实验，将结果与儿童数据进行比较分析。

2. 儿童颜色命名能力的发展

结合以下研究的研究结论，制作色卡，设计一个研究方案，对你周围的儿童进行颜色命名测查，将结果与该研究进行比较，并分析原因。

“该文报告了我国大陆地区的汉族、蒙古族、维吾尔族、壮族、白族及哈尼族3～6岁儿童的颜色命名发展的水平与差异。采用8种常见色片，即红、橙、黄、绿、蓝、紫及黑、白作为本实验用色样。结果表明：6个不同民族儿童的颜色正确命名率均随年龄增长而提高，不同民族儿童的颜色正确命名率存在一定差异。从总平均结果值来看，汉族儿童正确命名率为75.7%，蒙古族为74.9%，哈尼族为59.8%，壮族为57.8%，白族为56.3%，维吾尔族为42.9%。对不同颜色的正确命名难易程度是不同的，但总的发展趋势是一致的，正确命名颜色的先后发展次序是：先是黑色、红色、白色，然后是黄色和绿色，再后是蓝色，最后是紫色与橙色。对儿童给予早期颜色命名教育可以明显提高和促进其颜色命名能力的发展。儿童对不同颜色正确命名能力的发展，无疑与其言语发展有着密切关系。初生的婴儿只要视网膜的锥体细胞没有缺陷，出生后一星期左右，便开始会初步分辨颜色，到3个月后，锥体细胞发育已经相当完善，此时已能很好地分辨各种颜色，但他们只能分辨颜色，还不能说出这是什么颜色。颜色名称是人们用词对某一特定波长的光波赋予的称呼。因此，幼儿只有当言语能力发展到一定阶段后，才能进行颜色命名的操作。从1.5岁到2岁是儿童积极的言语活动发展阶段，此时儿童只能掌握初步的言语，能说一些简单句。儿童到3岁时已掌握词汇约1 000左右，其中包括红、白、大、小等形容词，词汇的增多有利于儿童对颜色命名的操作。Herbert Zimiles在其一项有关颜色抽象能力发展的研究中证明，儿童对颜色抽象概念的掌握是与词汇知识的掌握有着密切关系的，在日常生活中，成人可以通过言语向儿童进行教育，传授知识。儿童随着年龄的增长，成人对其教育及传授知识的机会也越来越多，儿童在与成人交往中，容易得到语言的强化，对有色物体的色名容易建立条件联系。因此，随着年龄的增长，颜色命名的正确率也逐步提高，这是容易理解的。”

（资料来源：林仲贤，张增慧，韩布新，傅金芝，3～6岁不同民族儿童颜色命名发展的比较，心理学报，2001，33(4)：333－337）

第四章 早期儿童记忆的发展

本章导航

本章将有助于你掌握：

婴儿期的记忆
婴儿期记忆的研究方法
婴儿期记忆的发展

幼儿记忆的发展
幼儿外显记忆和内隐记忆的发展
幼儿自传体记忆的发展
幼儿前瞻记忆的发展
幼儿记忆准确性和错误记忆的发展

记忆规律与儿童的学习
记忆的规律
儿童记忆的评估
儿童的学习

学习记忆的神经基础
多重记忆系统发展的神经机制

皮皮三个月大了，妈妈发现，在逗引他的时候，与其他人相比，皮皮会对妈妈展现更多的笑容，而他的小眼睛似乎也总是更愿意跟着妈妈转。

妈妈抱着六个月的皮皮出门，有个阿姨看着皮皮可爱，伸手从妈妈怀里把皮皮抱了过来，皮皮顿时大哭，而妈妈记得就在一个礼拜前，别人抱皮皮，皮皮还不哭的。

两岁的皮皮把颜料抹得到处都是，妈妈很生气，她一脸怒容。当皮皮看到妈妈的表情后，马上就瞥开眼睛。再看一眼妈妈，妈妈还在生气，皮皮禁不住哭了起来。

皮皮上幼儿园了，第一次这么长时间离开妈妈，皮皮很伤心。他会问老师："妈妈什么时候来接我?"不过当老师拿出可爱的卡通娃娃和小朋友做游戏时，皮皮就忘记想妈妈了，和小朋友玩的时候他的眼角还有泪痕呢。

皮皮5岁了，他会摇头晃脑地给小朋友讲他以前听的故事，会背唐诗，从幼儿园回来会给爸爸妈妈讲他在幼儿园看到、听到的事情，会记得老师交代的任务。

……

我们知道，儿童有着惊人的学习能力，而这种学习能力则源自于记忆。他们看，他们听，他们不断地进行各种尝试，并且将获得的这些信息储存起来。皮皮为什么不让别人抱？因为皮皮已经对妈妈有了清晰的记忆。皮皮看到妈妈生气的样子为什么哭？因为皮皮已经有关于生气这种情绪表现的记忆。正是伴随着信息的不断积累，个体的心理才得以发展。在记忆的基础上，我们建立了客观的自我感受。也正是由于记忆，我们才能认识周围环境的变化和延续。假想一下，如果一个人没有记忆的能力，那他将永远只会像初生的婴儿一样，不断地重复着觅食、吸吮、手脚无意识地挥动这些本能的动作，他的心理将永远地停留在那个阶段。而一个失去记忆的人，将只能处在持续变化的、毫无意义的时刻中，既没有过去，也没有将来，在他的脑海里，只是一片空白。

记忆在人的整个心理系统中居于重要和突出的地位。人的心理的大部分功能在其发挥作用时都需要记忆系统的参与和协调，从简单的行为、感知到复杂的学习、思维，都必须在记忆的基础上进行。记忆是使人的心理活动在时间上得以延续的根本保证，是经验积累和心理发展的前提，也是人格形成的重要条件。因此，记忆被誉为"心灵的仓库"，而且是整个认知过程的核心。从上面皮皮的事例中，我们可以看出，皮皮记住了情绪的表情特征，并据此识别了妈妈的情绪，而作出了保护自己的反应。我们不禁会问：儿童是从什么时候开始有记忆的？儿童又是如何识记、保持和恢复这些信息的？从儿童的记忆到成人的记忆究竟有哪些发展和变化？怎样才能把这些关于儿童记忆的心理学知识应用于教育领域？本章试从这些方面进行解读，力图展现关于儿童记忆发展的原貌，构建其完整体系。

记忆(memory)是人脑对过去经验的识记、保持和恢复的过程。现代信息加工

理论认为，记忆是人脑对信息进行编码、储存和提取的过程。我们感知过的一切事物，体验过的情绪情感，想过的事情，说过的话，曾经认识的人，学过的歌，跳过的舞，这一切生活实践中的内容都会在人们的脑海里留下印象，并在以后一定条件下得到恢复，这就是记忆。

记忆是一种基本的心理过程，它与其他心理活动紧密相关，没有记忆的参与，人们就不可能分辨和确定周围的事物，也不可能进行推理和判断。从十分广泛的意义上说，所有的认知都是记忆，因为人们将所获得的关于世界的知识储存于记忆中，他们才能记住身边的人、物、事，能够区分辨别狗和猫，并在一定情境下预测事件的发生。

记忆连接着人们心理世界的过去和现在，是个体生活的最基本技能；记忆也承载着人类的文明，使之能够代代相传。正因如此，关于记忆的探讨与研究从古希腊时期持续至今。早在古希腊时期，赫拉克利特、柏拉图、亚里士多德等哲人就对记忆现象提出了自己的见解。但真正意义上的记忆研究始于艾宾浩斯，他对记忆进行定量的实验研究，探讨了记忆与遗忘的规律。进入20世纪50年代，在信息论、控制论和计算机科学的影响下，认知心理学蓬勃发展，而对儿童记忆的研究也因此而逐渐深入与完善。

第一节　婴儿期的记忆

安安3个月，她的妈妈站在小床边，拿着一个布娃娃不停地放到她面前再拿开，并发出逗引她的声音，安安突然就笑了。事实上，安安似乎对妈妈的逗引从来都不感到厌倦，很快地，妈妈只要一拿起布娃娃凑到她眼前，她就开始笑。

很显然，安安已经记住了妈妈接近她的一种行为方式。但是，安安是什么时候有了记忆，又是如何记住的呢？要回答类似这样的问题，我们需要考虑个体婴儿获取和使用信息的特定加工过程，而不是致力于确认儿童认知发展的阶段性特征，也就是说应更多地关注婴儿表现出的信息加工过程中日益增长的复杂性、速度以及能力的量的变化，而不是只留意他们心理发展的质的改变。

我们知道，婴儿生来就有非常的能力，波维尔(Bower，1989)说："他们能够使用我们为他们提供的任何信息。"在这些生来就有的能力的基础上，我们可以观察到他们在成长过程中所发生的迅速变化。例如，出生几天的婴儿就能对作用于脸颊的刺激和作用于嘴唇的刺激做出不同的反应，这种辨别似乎已经说明了记忆的存在。

一、婴儿记忆的研究方法

逻辑上的思考和大量的研究都证明，婴儿很小就有记忆能力。对婴儿记忆的研究不是一件容易的事，因为婴儿既不能用言语，也不能用有意识的动作行为向我们表述他是否记住了，记住了什么，因此，心理学家们采用了一些非言语形式的特殊的研究范式来考察婴儿早期的记忆。

(一)习惯化与去习惯化

我们知道，当一个人接收到新异刺激时，往往会停下正在进行的活动，而将感官朝向这个刺激，比如，侧耳倾听，转目凝视……这种对新异刺激做出反应的倾向就是定向反射。这些现象在动物身上表现得非常明显，正在吃草的鹿感到有别的动物逼近时，马上就停止吃草的动作，抬起头，竖起耳朵，好像在说："是谁?"婴儿虽没有如此明显的外在表现，但我们借助仪器可以发现他们在生理上，诸如心率、瞳孔、血压、皮肤电活动等的变化，这些都表明了婴儿定向反射的发生。

定向反射是当新异刺激出现时主体产生的反应，而当刺激多次出现后，主体就不会再产生这样的变化，或是反应下降。这种定向反应的消失或下降我们称为"习惯化"。把婴儿的定向反应和"习惯化"后的反应进行对比，我们就能判断婴儿是否有了记忆。正如婴儿感知觉研究所显示的那样，婴儿对多次出现的图片(视觉刺激)或其他刺激都会产生习惯化反应。

一旦习惯化发生，一种新刺激出现，又使有机体的反应恢复到一种较高的水平，这称为"去习惯化"。许多心理学家采用标准的习惯化研究程序证实了 3 个月以前婴儿学习能力的稳定存在。其中，爱玛斯(Eimas，1971) 等发现，1 个月的婴儿能对电脑模拟的言语刺激产生习惯化并能鉴别出刺激的某些变化且对之习惯。

值得一提的是，在关于婴儿记忆的研究中还有令人惊奇的发现。研究者在采用习惯化范式对婴儿再认记忆进行研究的过程中发现，婴儿习惯化的速率存在差异，一些婴儿比另一些婴儿更快习惯化。一些研究者对他们的被试进行追踪研究直到儿童晚期，以了解习惯化的速率是否可以预测以后智力活动的某些方面。结果表明，婴儿的习惯化可以预测儿童以后的智力表现。在平均水平上，婴儿习惯化相对较快的儿童，在儿童期的 IQ 测验上得分也较高。而在此之前，心理学家们尚未找到对婴儿智力进行预测的方法和指标。不过，需要补充的是，婴儿期的这种度量远不是以后的智商的理想预测指标，而且就智商本身而言，对其所进行的测量与真正的认知水平之间也依然存在着一定的距离。

(二)经典性条件反射与操作性条件反射

条件反射是指主体对条件刺激作出条件反应，条件反射的建立说明记忆主体记住了条件刺激，表明了再认的存在，因而是对婴儿记忆研究的另一指标。

经典性条件反射使婴儿认识到在日常生活中有哪些事件经常在一块或先后发生，某一事件出现以后可以预料另一事件也可能会跟着出现，婴儿会感到他生活的环境是有次序的、可以预料的。当两个刺激之间的关系对婴儿具有生存价值时，他们最容易形成条件反射。一般认为，儿童最早建立的自然条件反射是出生第十天左右建立的哺乳反射，也就是婴儿对哺乳姿势的再认。研究发现，人工条件反射可以建立得更早，出生后一到三天的新生儿，就可以形成出现铃声刺激就把头转向右面

的条件反射。

对于刚出生不久的婴儿，由于运动能力差，他们能控制的行为非常有限，因而只能对吮吸和转头这类简单的行为形成操作条件反射。随着婴儿年龄的增长、运动能力的发展，操作性条件反射学习的范围越来越大。在卢弗—科利尔等人(Rover-Collier，1999；Rover-Collier & Hayne，1987)的研究中，2个月的婴儿就能在看到某一活动装置时作出踢腿反应形成操作条件反射。而且经过适当的复习，这种学习效果能够保持4个星期之久。

(三)模仿

模仿是认知主体通过感知而进行的一种积极反应，Meltzoff 和 Moore(1977)的研究发现，不满一月的婴儿就能够模仿成人把舌头伸出来以及其他的面部姿态。婴儿似乎不仅仅是尝试复制他们从模仿对象那里所获得的刺激，Meltzoff 和 Moore 认为从婴儿接收到的视觉刺激到某个特殊的动力输出之间肯定有一个转换，他们称之为“积极的交互式匹配”。尽管隐含在新生儿的模仿过程中的机制引起一定的争议，但毋庸置疑，模仿能力的发展是婴儿记忆能力发展的重要表现。

在基于模仿的记忆任务中，一个成年人会使用道具来做出一个或一系列的行动，此后婴儿或儿童将有机会模仿这些行为。“制作拨浪鼓”就是一个行动序列的例子：把一只球或积木放进杯子里，用另一只杯子盖上，然后晃动杯子发出声响。若他们能以正确的时间顺序复现序列，则证明了婴儿和儿童的行为是受回忆指引的。诱发模仿(没有间隔时间就出现的模仿)和延迟模仿(延迟一段时间之后的模仿)是研究婴儿回忆长时记忆的极好的范式。为了在延迟一段时间后能够模仿，婴儿必须不仅仅认识到一个特定的事件是陌生的还是熟悉的；还必须回忆出一个经历过的事件，并且努力复制它。许多研究者(例如，Bauer，Wiebe，Carver，Waters & Nelson，2003)都是用了延迟模仿范式来研究婴儿回忆经历过的事件的顺序的能力以及这种能力的发展变化。他们发现(Bauer，et al.，2003；Wiebe，Carver，Waters & Nelson，2000)，在某些情况下，9个月的婴儿能够记住并复制2个或3个复杂事件的顺序，并持续1个月的时间。①

二、婴儿期记忆的发展

(一)婴儿期的记忆能力概述

记忆是信息被编码、储存和提取的加工过程，婴儿无疑具有记忆能力。婴儿能够区分旧刺激与新刺激，这说明他对最初的刺激有一定的记忆(Newcombe，Drummey & Lie，1995)。而且婴儿的记忆能力是随着他们年龄的增长而不断提高的，Rovee-Collier(1993，1999)的研究中教婴儿通过踢腿来移动挂在婴儿床上方的运动物体，2个月的婴儿几天就忘记了他们受过的训练，但6个月大的婴儿在3个星期

---

① William Damon Richard M. Lerner. 儿童心理学手册(第六版)[M]. 上海：华东师范大学出版社，2009：248－249.

后仍然记得。在关于婴儿的记忆与成人记忆是否存在质的差异的问题上，研究者一般认为，在人的毕生发展中，即使加工的信息种类会发生变化，大脑所使用的部分会有所不同，但信息加工的方式是相似的。婴儿或成人都会有选择地对信息进行编码；不论年龄大小，人们都会渐渐失去记忆；而且一个记忆被提取的次数越多，那么这个记忆保持的时间也就越长。①

1. 记忆加工过程自动化

在对信息进行编码、存储和提取的过程中根据加工所需注意程度存在两种形式：自动化加工和注意性加工。需要较少注意的加工就是自动化的；需要意志努力的加工则是注意性的。自动化心理加工通过使儿童以特定的方式容易、自动地加工信息，为他们最初面对这个世界的时候提供帮助。例如近年来的一些研究证明了在社会性参照过程中，父母除了传递情感信号，还通过动作对婴儿作出示范和指导。而 Hufsten 和 Siddiqui (1993) 对 6～12 个月的婴儿进行的研究表明，婴儿不仅是一般性地模仿成人的动作，而且还在模仿中学会了与不同物体的作用方式，而这正是在自动化的心理过程中实现的。婴儿时期的记忆主要以无意识记为主，他们还不能为特定的目的而进行记忆。尤其在 2 岁以前，他们记住的往往是那些外部特征突出的事物或带有情绪色彩的事情。2 岁以后，由于其他认知能力的发展和言语能力的迅速提高，婴儿的有意识记开始萌芽，同时无意识记也得到了进一步的发展。例如，儿童可以记住一些简单的歌谣、故事；可以完成成人吩咐的简单任务等。

2. 事件记忆的充分发展

事件记忆是指对个体参与的有目的活动的记忆(Katherine Nelson，1986)。“事件”在时间上是延展的：它有开始、中间和结尾；而且事件中的行动是指向某个目标或结果的。事件记忆发展的重要性一方面体现在帮助婴儿指导自己当前的行为。例如一个婴儿记住了“妈妈给她戴上帽子，接下来就是要带她出去”这个事件，她就会在戴上帽子后去拿上自己心爱的玩具——做出去的准备。另一方面体现为促进儿童自我认知的发展。婴儿的事件记忆，帮助他感知和体验并最终获得“自己是谁”的认知。关于婴儿事件记忆的发展在接下来的内容中会大量涉及并进行解释。

(二)婴儿期记忆的发展趋势

1. 记忆保持时间长度的变化

研究表明，婴儿不仅很早就存在记忆能力，而且还具有相当好的信息保持能力。在费根(Fagan，1989)的一项实验中，5 个月的婴儿看一张面部照片仅仅两分钟，在长达两个星期后仍有能够再认照片的迹象。另外的实验表明(Bahrick & Pickens，1995)，当采用像小汽车这类更具有动感的活动刺激时，第一次接触刺激时仅仅为 3 个月的婴儿，在经过 3 个月的延迟后仍表现出了再认。

婴儿记忆的保持时间总是比成人要短，但在生命最初的一年半中，记忆保持的

① [美]罗伯特·费尔德曼．发展心理学——人的毕生发展[M]．北京：世界图书出版公司，2007：185～186.

时间会逐步变得越来越长。Collie 和 Hayne(1999)对 6 个月的婴儿的延迟模仿研究发现，他们在 24 小时延迟后平均能记住五种可能动作中的一项。在 9～11 个月，婴儿对实验室事件的保持时间有了明显的、本质上的飞跃。9 个月的婴儿在 24 小时(Meltzoff，1988)到 5 周(Carver & Bauer，1999，2001)的延迟后仍能记得单独的动作。在 10～11 个月的时候，记忆保持的时间可达到 3 个月(Carver & Bauer，2001；Mandler & McDonough，1995)。13～14 个月的婴儿则达到 4～6 个月(Bauer et al.，2000；Meltzoff，1995)。到 20 个月时，婴儿能够记住的时间达到 12 个月(Bauer et al. 2000)。

婴儿的记忆到底能保持多久？成人以后，他们的记忆还能被回忆起来吗？婴儿记忆的另一重要特征，也是儿童心理学中的一个经典困惑，即婴儿期记忆缺失现象，表现为我们无法保持有关婴儿时期的经验。弗洛伊德对此提出了最早的解释，他认为人类早期没有记忆，这种现象是由于被禁止的想法被压抑到无意识中。当然，这种观点并不能为人们所接受，但目前关于婴儿期记忆缺失仍然没有一致的解释。传统的记忆理论对婴儿遗忘症的解释归因于储存失败(如知觉或神经系统的不成熟、无效的编码等)，或者提取失败(如压抑、编码和提取背景的不匹配等)，并认为在早期的自传记忆中存在着不连续性。近年的一些研究认为人类具有两个结构、功能和发展速度不同的记忆系统。而 2～3 岁前儿童的神经生理发展的研究表明，虽然儿童的神经系统还不成熟，但是知觉、学习和记忆所必需的基本的神经结构已经存在并发挥作用，表现为此时的儿童可以将信息在记忆中保持几天甚至几月。看来，在神经系统的发展过程中不可能有一个突变的过程而使记忆中储存的信息突然消失，婴儿遗忘症根源似乎不是神经生理发展的局限，而是认知功能发展的结果。①

婴儿遗忘症的消失发生在 2 岁左右，“认知的自我”的出现标志着自传记忆的产生。Howe & Courage 和 Amsterdam 认为在生命的第二年中，通过镜像自我测验，可以反映出儿童的自我认知已经形成，自我认知是一种自觉的组织系统，儿童一旦有了自我认知就会组织记忆事件，随着自我认知能力的发展，儿童可以理解较复杂的事件，就有能力理解同自我有关的完整事件，自传记忆就逐步形成。

2. 记忆牢固性的变化

在最初两年里，记忆的牢固性会发生变化。其中一个重要的表现是婴儿为了记住事件所需要的经验次数会发生改变。Barr 等(1996)的研究发现，6 个月大的婴儿需要 6 次演示，才能在 24 小时候仍然记住事件。而要 9 个月的婴儿在 24 小时后保持信息，所需演示的次数只要 3 次(Meltzoff，1988)。当婴儿 14 个月时，只需要单一演示阶段就可以支持对多个单一动作在 4 个月后的延迟回忆(Meltzoff，1995)。

另一个考察记忆牢固性的指标是看记忆过程中其他信息是否对记忆产生干扰作

① 张志杰，黄希庭．自传记忆的出现及早期发展[J]．心理学动态，1999，7(2)．

用。接收到更少刺激的婴儿是否会有更高的回忆水平？其答案仍然未知。有一项直接的研究表明，当婴儿 20 个月时，短暂记忆保持间隔中呈现的具有潜在干扰性的刺激，并不会影响婴儿的事件记忆。还有研究发现婴儿能在编码和测验间进行牢固的概括化(如演示和测验中所使用的物体的形状、颜色、大小和材质的变化或背景的变化等)，而且这种概括化程度随年龄增长而不断提高。

在有关于婴儿促成关系的事件(即事件的步骤有必然联系，前一个动作是后一个动作的前提)与任意序列事件的对比研究中，研究者们还发现婴儿记忆在对事件的时间结构敏感性的变化，婴儿对促成关系事件有更好的回忆。同时事件序列中步骤的数量也对婴儿的记忆有影响。

3. 记忆提取形式的变化

尽管从婴儿到成人，他们的信息加工过程很相似，但随着婴儿的成长，信息的提取方式和量上存在着显著的差异。大一点的婴儿能够更快地提取信息，也能记得更久一点。

婴儿是如何提取信息的？提取信息有两种形式：再认和回忆。再认是注意到当前刺激是过去曾经历过的刺激，例如，看到某人就想起曾在哪里见过他。回忆则是对已消失的刺激产生一个心理表征的过程，例如，听到某人的名字就想起他的模样。关于再认和回忆能力的发展的研究显示，新生儿和年幼婴儿的再认是粗略而梗概的，类似于较低级有机体所具有的再认过程。而年长婴儿的再认行为则更为复杂，他们可能具有关于该客体是曾经认识过的意识，并且可能会回忆更多有关该再认刺激的信息。

皮亚杰认为 18 个月以前的婴儿具有再认记忆，而没有回忆记忆，但这种观点受到质疑。我们知道，大约 8 个月的婴儿就开始搜寻被藏起来的物品，一些研究者认为这需要婴儿具有回忆记忆。另外，有关延迟模仿能力的研究也为此提供了佐证。所谓延迟模仿，即不是立即就出现的模仿，而是经过一段时间后，突然出现的模仿。研究发现，甚至是 9 个月的婴儿也能够模仿 24 小时之前看到的某个行为榜样，这种行为需要对以往经验的回忆，而不仅仅是对当前知觉信息的再认。

4. 提取线索对记忆提取效能的变化

你是否有过忘记老同学姓名的经验？再想想你是怎样尝试回忆的呢？这个时候，提取线索帮助我们找寻相关信息。研究认为，言语提示同样能够帮助年仅 13 个月的婴儿的记忆提取(Bauer et al.，1995，2000)。在关于延迟后所回忆出的信息量方面，言语提示可以降低与年龄相关的差异性。Bauer 的研究中，当各种间隔后的回忆仅仅由和事件相关的道具引发时，与年龄相关的回忆量差异比较大；而当伴随着道具以及对须记忆事件的言语提示时，回忆量的年龄差异比较小。言语提示能够引发回忆，这一发现对较长时间间隔后的回忆特别重要：在较长间隔后，不管儿童的年龄多大，没有得到提示的内容很少能被提取出来。其他提示物也同样可以帮助 2 岁前婴儿的记忆提取。在回答前面关于“为什么婴儿看起来记忆得较少呢?”这样的问题时，就记忆的提取而言，一个可能的原因还在于语言对回忆方式上的影响。由于在最初储存的时候，婴儿的词汇非常有限，即使事件确实储存于他们的记忆中，日后他们也无法描述出这个事件。

总的来说，在生命的最初几年，儿童记忆的发展有着惊人的表现。这种表现反映在他们对信息进行编码、储存、提取的心理过程中。研究认为(Bauer，2006)，婴儿的编码存在年龄差异，10个月大的婴儿比9个月的婴儿表现出更牢固的编码(利用演示后立刻出现的熟悉和新异事件的事件相关电位——ERPS——来证明)以及更牢固的回忆(以延后模仿作为指标)。在对婴儿记忆储存过程的研究中，研究者们考察储存过程对9个月的婴儿在长时外显事件记忆的影响，结果表明婴儿确实对事件进行了编码，但他们也很快会发生遗忘，而在对不同年龄组的比较发现，年幼儿童比年长儿童更容易出现中期遗忘。而排除编码过程对长时记忆年龄差异的潜在影响来分析记忆过程，就会发现延迟回忆中年龄差异的主要来源是储存过程，而不是提取过程。同时，大多的研究也反映了婴儿记忆过程中的个别差异。

关于婴儿客体运动认识的研究(Renee Bailargeon，1994)：在婴儿的注视下，一只手推着一个盒子沿着平面移动。一种情况下(可能事件)移动的末端盒子和平台的接触足以维持对盒子的支持；在另一种情况下(不可能事件)盒子和平台的接触不足以维持对盒子的支持 。6个月的婴儿对不可能结果的注视时间比较长。表明他们事实上能够记住和利用有关信息并产生预期 Child Psychology(《Minnesota 儿童心理学专题研讨会文集》，自1967年每年一卷)

第二节　幼儿记忆的发展

接下来，我们要讨论的是幼儿的记忆，所有有关的研究可以归结为两个焦点，一是描述随着年龄增长儿童记忆表现出怎样的发展；二是解释他们为什么会有这样的发展。

一、幼儿外显记忆与内隐记忆的发展

人类记忆具有极其复杂的认知结构。研究者根据不同的标准，将记忆分为各种不同的结构类型。而根据先前经验是否是有意识地对记忆测验成绩产生影响，可以将记忆分为：需要意识主动参与、提取以往经验的外显记忆(Explicit memory)和不需要对过去特定的经验进行有意识的回忆，但其会在某种特定情境下表现出来的内

隐记忆(Implicit memory)。

(一)外显记忆的发展

关于儿童记忆的研究早期主要集中于外显记忆。儿童的记忆能力随着年龄的增长在数量和质量上产生了巨大的改进，这是有关儿童外显记忆发展的实验研究所发现的一个基本事实。从人的毕生发展来看，记忆的发展呈倒"U"形。

1. 记忆有意性的发展

根据幼儿活动的有无目的，可以将记忆分为无意记忆和有意记忆。没有目的和意图、自然而然的记忆，叫做无意记忆；相反，有明确记忆目的和意图的记忆是有意记忆。记忆有意性的发展是幼儿记忆发展的一个很重要的方面。

3 岁前儿童基本上只有无意记忆，他们不会进行有意记忆。例如，让幼儿观察一些图片，然后要求他们回忆，或者要求他们记住一些图片，然后回忆。在两种情况下，3 岁幼儿的记忆效果基本一致。原因在于，幼儿并没有真正接受识记任务，他们的记忆都是依靠无意识记保持下来的。[①] 在整个幼儿期，无意记忆的效果都优于有意记忆，但随着记忆有意性的发展，有意记忆的效果逐渐提高，到了小学阶段，有意记忆就赶上了无意记忆。

幼儿无意记忆的效果依赖于：①客观事物的性质，容易引起幼儿注意的事物也就容易被幼儿记住。②客观事物与幼儿主体的关系，符合幼儿兴趣与需要，能引起幼儿强烈情绪体验的事物容易被幼儿记住。③记忆事物是否是幼儿认知对象，如分类任务中要求对图符的辨认可提高对图符的记忆效果。④感官参与的数量，多感官的参与有利于提高幼儿无意记忆的效果。⑤活动动机，如竞赛性游戏动机比一般任务动机下记忆效果要好。

幼儿记忆有意性的发展，是幼儿记忆发展中最重要的质的飞跃。而这种发展依赖于：①成人的要求与引导。②记忆任务和活动动机。而幼儿有意再现的发展先于有意识记这一特征，也正说明了任务意识对幼儿记忆的影响。

2. 记忆容量的发展

记忆容量是指在记忆过程中，可供心理过程使用的总的心理工作空间。信息加工理论的一个主要贡献就是表明人类认知活动在信息加工容量上存在限度。假如要求你在听到以每秒一个的速度呈现的一串数字后马上报出，我们先从 4 个开始："4—6—7—1"，然后是 5 个，6 个，7 个……到多少个数字时，你就报不出了呢？这个限度就被称为是记忆的广度。记忆容量随着年龄的增长而渐增，例如，有研究显示，数字、字母和词的广度从 5 岁的 4～5 个，增加到 9 岁时的 6 个，成人时的 7 个。

信息加工理论认为我们认知过程中每个加工步骤的执行都需要一定数量的时间和认知资源，每一次都只有少量的信息单元或"组块"能够在工作记忆中保持活动状

① 陈帼眉．学前儿童心理学[M]．北京：北京师范大学出版社．2000：126.

态。工作记忆(working memory)是在进行学习、记忆、思维及问题解决等高级认知活动时，人们需要一个暂时的信息加工与存储机制，它能够保存被激活的信息表征，以备进一步加工之用。工作记忆依赖于大脑前额叶皮层神经环路的功能，而大脑额叶要在儿童7岁时才发育成熟。这也可以从另一方面来说明为什么年长儿童的记忆效果比年幼儿童好。

传统的研究把这个心理工作空间比喻成容器，那么由于神经系统的自然成熟，成人的容器是大的，儿童却只拥有小的容器，成人之所以比儿童记得更多，是因为成人的心理容量可以容纳得更多，认为较大儿童的加工容量较大，所以在完成需要同样的加工资源的任务时，其成绩要好于较小的儿童。而近期的研究对上述观点作了某些修正，认为随着年龄的增长，儿童的信息加工容量并未发生变化，而是他能够更加有效地使用已有的加工资源了，从而改进了在特定记忆任务上的成绩。

显然经验的增加可导致资源使用效能的增进。一方面是源于关于世界的知识的增多，例如成人可以很快地发现“149162536496481”这组数字按照自然数的平方排列的规律，然后记住它，而幼儿却不能。另一方面是由于技能的熟练化，例如随着诸如辨认单词这类基本心理过程逐渐变得更加熟练，他们变得更加快速而较少需要努力，其所释放的容量可以专门用于策略或储存更多的项目。同样，策略的使用也是如此，随着策略使用技能的娴熟，也可以为其他记忆活动释放更多的容量。

3. 记忆策略的发展

假使让你记住一个新的电话号码，你是否会不停地重复这个信息？假使让你记一些词汇，当你回忆的时候，你是否发现它们的顺序早已发生了改变，为什么？再假使让你记忆“猫”“灯塔”这两个毫无联系的词时，你是否会联想到猫站在了高高的灯塔尖上这样的场景？在看书的时候，你是否会在认为有价值的信息下面画线或作出标记？当寻找一个失踪的物体时，你是否会努力回忆自己经常把它放在哪里？最后一次见到或使用它是在哪里？正如前面所说的，为了有效地记住我们需要记住的内容，我们常常会使用一些策略。

由于人们热衷于探究儿童认知发展中最早的能力，因此，儿童期记忆策略的获得是许多研究的主题，有关于此方面的研究也是硕果累累。记忆策略范畴涉及多种多样可能的意识活动，但事实上，记忆策略在学步幼儿阶段就已经产生了。让18～24个月的婴儿看到实验者把一个玩具藏在某个位置，告诉他要记住玩具的位置，以便以后能找到它，然后让他从事其他有趣的活动4分钟。而在这4分钟里，儿童总是会中断活动说起那个被藏玩具的位置，或用眼睛注视那个位置，甚至用手指，并走近该位置，企图找出玩具。这些行为似乎都是在保持被藏玩具的信息，而不是偶然地谈及。为了确定这些行为的真实意义，研究者又加入了两个控制条件：把玩具放在看得到的位置，这样就不需要记忆；或不需要儿童取回玩具，实验者会自己拿回玩具。在加入控制条件后，儿童表现出的上述行为就大大减少了(Deloache，Cassidy & Brown，1985)。当然，一般来说，在较小年龄阶段儿童记忆过程中，他们并不是很有意地使用策略来提供记忆的效果，或者可以说，这些还不是真正意义上的记忆策略。

关于儿童记忆策略发展的研究主要针对记忆进行的三种基本策略开展：复述；组织；精细加工。

(1)复述

如果某个词出现在记忆词表的开始位置，如果儿童使用复述策略，由于这个词得到的复述机会更多，那么他记住这个词的可能性就特别大，这个现象也叫做首因效应。大量的研究说明学前儿童就已经开始使用复述了，当他们被要求要记住一组物体的名称时，他们会说、看，并减少其他活动，当然，他们表现出的复述过程的持续性是有限的。他们的复述行为要到6岁以后才会对他们的记忆产生影响。在一个研究中(Keeney，Canizzo & Flavel，1967)，研究者给6～10岁的儿童对物体图片进行记忆，结果显示，年长儿童比较小儿童更多地进行复述，而这些复述多的儿童记忆效果也更好。

为什么年龄小的儿童不习惯复述呢？一个可能的原因是较小儿童还不知道复述可以促进回忆，而事实上，对于某些记忆内容或记忆者对策略的不恰当使用，记忆策略也确实不能起到好的作用。让儿童记忆一组词汇，较小年龄的儿童只能一个接一个地重复。例如，对“桌子、男子、院子、猫”这组词，当听完猫后，他们大部分只会复述“猫、猫、猫”。相反，年长儿童则会把先前出现的词与最新出现的词结合起来，听完“猫”后，他们大多会复述“桌子、男子、院子、猫”，这是一个提高记忆的方法。另一个可能的原因是技能本身的充分发展是作为策略性手段的前提，而年幼儿童的技能水平是有限的。例如，对幼儿来说，像言语复述这样的一种行为模式本身就是有难度的，他们更难以把其并入到记忆这个更大的认知系统中去。也就是说，他们还缺乏熟练而有效地执行策略的能力。就好像儿童在书写能力本身还未熟练之前，他就不可能边听边记边想，因为个体的认知操作的空间是有限的。总之，研究表明随着儿童使用策略效率的提高和执行策略能力的发展，儿童对记忆策略的自发使用必将越来越频繁。

(2)组织

如果在记忆一些内容时，你能将信息结合成为更大的单元，这就是组织策略的使用。这种策略的使用同样可以在很小的儿童身上发现。在一个对2～5岁儿童的研究中(DeLoachs & Todd，1988)，研究者拿出12个相同的容器，或是放入一块糖，或是放入一个木头钉子，并将容器一个接一个地递给儿童，要求他们记住糖果放在哪个容器中，4岁的儿童就能将糖果容器放在一边，而将钉子容器放在另一边。不过学前儿童还不能进行语义组织——将物体或图片按照意义进行分类，这是由于他们本身还未建立高度概括的、逻辑意义上的概念网络。

当儿童能通过掌握语义上的组织方法来保存信息后，他们的组织策略就会随着年龄的增加而不断增强。对“猴子、头、帽子、鞋子、香蕉、脚”这组词你会怎样记

忆呢？一般情况是我们会把这些项目归类为动物、身体部位、衣物和食物，而对年龄较小的儿童来说，他们可能会说“帽子——头，脚——鞋子，猴子——香蕉”（Bjorklund & Jaclbs，1985），他们的记忆方式反映的是这些项目内容在生活中的联系。对儿童而言，他们对物体的聚类主要依靠于词汇之间的联想。

与复述策略的发展一样，儿童只有通过大量的实践和执行策略能力的提高，组织这一策略才能在记忆任务中发挥更大的作用。一旦很好地建立起组织性，它就更加富有灵活性。例如，年长儿童在回忆物体名称时会依赖语义组织，而当回忆房间这一特定情境里的物品时则会采用空间组织。在二年级和四年级期间，儿童会更加经常性地将组织和其他记忆策略结合起来，如把复述和对项目的归类相结合，这种多重策略技术大大提高了记忆的效果。

（3）精细加工

有时候信息不能很容易地进行分类，个体确认或建构记忆项目之间某种意义上的联系，这就是精细加工策略。例如一个记忆任务要求被试学习成对项目，在呈现一个词（如“象”），要求他们回忆出另一个词（如“针”）。你可能会有意地形成某种荒唐可笑或其他难忘的视觉形象“一头大象小心翼翼地站在一根针头上一本正经地向观众的喝彩致谢”。可以看出，精细加工可能是一种非常有效地把项目结合在一起加以记忆的方法。

与其他的策略相比，精细加工是一种较迟发展的能力，一般出现在 11 岁以后。因为精细加工要求记忆者必须将物体项目转化成图像，并在他们之间建立一定的联系，这就要求儿童首先要具有比较丰富的认知资源和较大的工作记忆量。正因如此，教授 11 岁以前的儿童使用精细加工策略并不有效。例如，记忆“狗、汽车”这两个项目，11 岁以前的儿童通常产生静止的图像，如“这个狗有汽车”。而成人则更容易产生活动的图像，如“这个狗跟着汽车穿过了镇子”（Reese，1977）。而一旦儿童发现了这种策略技巧并得益于它，就将使他趋向于用精细加工代替其他策略。

关于记忆策略的研究发现，年幼儿童记忆策略的发展要经历产生式缺乏（production deficiency）和中介缺乏（mediational deficiency）两个阶段。产生式缺乏是指年幼儿童具备执行策略的基本能力，但往往不能在具体的记忆情境中自发地运用策略。中介缺乏是指儿童使用策略但并不能提高记忆的成绩。

4. 元记忆的发展

元记忆是最近几十年才频繁出现的名词，也是记忆研究领域的热点。美国心理学家 Flavell 曾泛泛地把它称作有关记忆过程的不同方面的知识。为了更精确地定义这一概念，有心理学家把有关记忆的知识分为两部分：一种为有意识的，可用语词来表述的知识；一种为内隐的、可能意识不到的知识。一般可以将元记忆分为关于记忆的元认知知识、元认知自我监控和元认知自我调节。研究者对元记忆的关注是由于它能帮助儿童的记忆变得更加有效。

(1)关于记忆的元认知知识

关于记忆的元认知知识，又可以分为关于人、任务、策略三个方面的内容。

关于人的元认知知识是指儿童对自己和他人作为记忆主体所具有的能力、局限、特质方面的认识。随着年龄增长，儿童之间学会识别和确认记忆及遗忘的经验，在认识上把这些经验与诸如思维、梦、感知等其他经验区别开来。一个有意思的发现是，学前儿童往往高估自己或他人的记忆能力，这可能与他们的愿望有关，研究者认为这种高估是有益的，它可以使儿童保持乐观的态度，乐于尝试事实上超过他们现有能力的任务。

关于任务的知识即对任务难易程度的认识，儿童逐渐认识到记忆任务的难度取决于两个方面：必须储存的信息的数量和种类。幼儿也知道，单纯增加记忆内容的项目数会增加记忆的难度，而年长儿童则能认识到记忆项目之间意义联系与记忆难度之间的关系。

关于策略的知识，我们在前面已经涉及，学前儿童只有初步的策略概念。年幼儿童与年长儿童相比，对策略类型、效果的认识及其使用能力上都有着显著的差距。

(2)自我监控与调节

记忆者对自己记忆过程的监控和进行相应的调节是提高记忆的好方法，自我监控是将记忆内容、记忆目标相比较，以了解自己所处的位置。自我调节包括计划、指导和评价自己的记忆活动。一个高效的记忆者，当他面对一个记忆任务，会选择相应的记忆策略，并在记忆过程中根据自己的体验作出适应性的识别和反应，如不断调整自己的注意力，适时变换自己的记忆策略。

自我监控和调节是建立在自我体验的基础上的，学前儿童在这方面表现出有限的能力。研究发现，2 岁儿童在玩具消失的情境中具有“似曾相识感”，他们会持续在玩具消失的附近寻找。到 4 岁的时候，儿童有了“话到嘴边”的状态，即感知到某个人的名字就在自己回忆的边缘。小学儿童才能较好地认识到，充分熟记的内容可以确保被提取。①

在 Flavell(1970)有关记忆预测研究中，要求儿童预测即时记忆的广度，呈现给被试一长串儿童熟悉的物体图片，并要求被试估计自己能记住多少，然后用同样的顺序再测儿童实际记住了多少，再比较两者的差异。结果发现所有年龄组的儿童都有高估自己记忆成绩的趋势，但年龄越小高估的程度越大。相关的研究也都说明年幼儿童的记忆监控能力没有充分发展。研究者认为儿童记忆监控能力的发展一方面是由于记忆任务之于幼儿难度的变化，即同一任务对年幼儿童来说要比对年长儿童要难；另一方面则可能是由于幼儿缺乏思考自己的记忆的经验。

研究表明，元记忆监测和元记忆调节的发展是不同步的，随着年龄发展，二者

① 桑标．当代儿童发展心理学[M]．上海：上海教育出版社．2003：148.

逐渐趋于协调。从发展的角度看，元记忆监测能力可能属于较为低级的能力，出现较早，而元记忆控制能力属于较高级的能力，出现较晚。元记忆监测能力的发展是元记忆控制能力的前提。

(二)内隐记忆的发展

1. 内隐记忆的概念

内隐记忆是指人们不能够有意识回忆，却能够在行为中表现出来的经验。1968年，沃灵顿等的研究发现，健忘症患者丧失了短期记忆，不能够有意识地再认和回忆近期经历的事或学过的内容，但却能在词汇判断、残词补全等间接测量中表现出对它们的记忆效果。据此，人们认为，在外显的有意识的记忆之外，存在着一个相对独立的内隐的记忆系统。

内隐记忆与外显记忆的区别并不在于信息输入的意识性，换言之，在两种记忆中，信息的输入既可是有意识的，也可是无意识的；而在于信息提取是否是有意识的参与。这两种记忆的区别表现在：①内隐记忆更加依赖刺激的表面特征。许多研究表明，在不改变感觉通道的情况下，内隐记忆的作业成绩高度依赖于刺激的表面特征，而外显记忆作业并未受到影响。②内隐记忆比外显记忆具有更强的耐久性。外显的再认和回忆效果在几天内迅速衰退，而内隐的知觉确认和残词补全成绩在经历了相当长的保持期以后才缓慢地衰退，仿佛不会遗忘。③内隐记忆的成绩不受学习加工的类型和水平影响。外显记忆中精细加工比粗加工成绩好，而内隐记忆不受加工类型影响，启动效应在精细和非精细加工条件下几乎相同。④内隐记忆与外显记忆相比，具有功能上的相对独立性。研究表明，内隐记忆成绩的好坏与外显记忆无关。⑤健忘症人具有正常的内隐记忆功能说明内隐记忆与外显记忆有不同性质的记忆过程。

2. 幼儿内隐记忆的发展

Naito(1990)、Schacter 和 Moscoviteh(1954)认为在新生儿期内隐记忆就已出现，内隐记忆的发展比外显记忆更早发生，发展曲线为渐近线，成熟也更快。Rovee，Collier(1997)的实验结果却与之有所不同，2、3、6个月的婴儿的反应性任务成绩基本保持不变，而延迟再认任务成绩却随年龄的增大而升高。以上研究证据表明，婴幼儿具有记忆能力，有些记忆能力一定程度上属于内隐记忆能力。由于研究方法等的缺陷，对婴幼儿研究的困难程度客观存在，婴幼儿内隐记忆的数量还没有得到足够的挖掘。

许多心理学家对内隐记忆发展特点进行研究，Light 和 Singh(1987)的实验发现，内隐记忆并不随年龄变化而变化，而外显记忆却明显随年龄增加而变化。Natio(1990)以一年级到六年级儿童和成人为被试，用残词补全任务评估内隐记忆。结果发现，回忆成绩在年龄和编码条件间显示出交互作用：回忆成绩随年龄的增长而显著提高。这进一步证实了内隐记忆的存在，以及内隐记忆是没有年龄效应这一特点的。中国学者郭力平和杨治良(1998)用具体图形为实验材料，采用 Buchner 等人提出的加工分离修正模型，研究内隐记忆和外显记忆的发展特点，结果发现，对具体图形的内隐记忆在 9、18 个月和 5 岁之间基本保持不变，而具体图形的外显记忆发展在 12 岁左右达到高峰。①

纵览儿童内隐记忆的发展研究成果，中外学者非常注重对儿童内隐记忆的研究，为记忆领域增添了新的理论观点，研究的重点结论主要为：①内隐记忆始于婴儿期；②从婴儿期开始到学龄期，无论是具体图片还是抽象图片，无论是非语言材料还是语言材料，儿童内隐记忆的效果并不比外显记忆的效果差，内隐记忆的发展比较平稳，外显记忆的发展则有一定变化，表现为逐步发展和逐步衰退两个阶段。

在了解了儿童外显记忆和内隐记忆的发展之后，我们不禁要问：这些发展是记忆功能的发展？还是记忆的知识基础发展？所谓记忆的功能发展是指记忆随年龄而发生的变化是记忆能力、机能变化的结果，具有生物性的特点；而记忆的知识基础发展，是指记忆随年龄而发生的变化是知识基础变化的结果而非记忆能力的提高。

皮亚杰认为，儿童任何记忆能力的发展都是以其认知能力的发展为基础的，不能将两者绝对地分离开来。但是，一些研究者（如 Bjorklund，1985）强调，儿童在记忆发展上的年龄差异，在很大程度上是由其知识基础决定的。儿童年龄越大，他们关于世界的知识也就越多，这就使其对事物的记忆也相对容易。一般来说，当一个儿童对某一个特殊的项目比较熟悉的时候，他对与此有关的信息的加工速度就快，也就会表现出更高的记忆水平。②

如果是这样的话，就出现了一个矛盾：随着年龄的增长，知识的积累是越来越丰富的，那么由知识基础决定的记忆应该是随着年龄的增长而不断地增长的，即使像皮亚杰所说的从功能进化与知识积累相互作用的互动角度出发来度量记忆的发展，那么，记忆发展的毕生曲线，似乎更应该是一个类似“厂”字形的特点而非倒“U”形特点。

这可能有以下两方面的原因：一方面是内隐记忆的加工分离研究提示我们，外显记忆测量中没有排除无意识提取（即内隐记忆）的成分。传统外显记忆测验所测量出的外显记忆成绩可能受到了无意识的“污染”，而没有表现出“纯净的意识性提取”成绩，也就是说，外显记忆成绩不是“纯净的”；另一方面是把记忆发展中的功能进化与知识基础发展相混淆，并没有在实验研究中加以严格区分，有循环论证的嫌疑。

二、幼儿自传体记忆的发展

“妈妈给我买了一把小红伞，我很喜欢。我们在马路上走，我看到了好多伞，妈妈买伞……我喜欢红色的，喜欢黄色的……太麻烦，就买了一把红色的……”这是 4 岁的佳佳在追述她的一天。

① 郭力平，杨治良．内隐和外显记忆的发展研究[J]．心理科学，1998，21(4)．

② 陈英和．认知发展心理学[M]．杭州：浙江人民出版社，1997：170．

(一)自传体记忆的特征

佳佳的描述反映的是早期儿童的自传体记忆(autobiographical memory)，这是一种特殊的情境记忆，指个体在日常生活中对自身经历事件的记忆，具有不随意性。自传体记忆反映了我们是谁，以及我们的经验如何塑造我们的性格。这个阶段的儿童常常会追忆他们所经历过的一些活动，这种自传体记忆包含着发生在个体身上的某个具体事件，这类事件又常常发生于早些时候的某个时间。自传体记忆的研究表明了儿童在日常生活中如何真正地使用记忆，正因如此，关于儿童自传体记忆的研究成为近年来心理学的热点。

自传体记忆与"一般的"事件记忆有所不同，因为自传体记忆融合了一种个人卷入感或对事件的所有权。自传体记忆是关于自己身上发生的事件的记忆，个体自身参与到这些事件中，并对事件产生情绪、想法、回应和反省。自传体记忆对儿童发展的重要性至少反映在两个方面：对以往事件的经历有助于儿童预测和期待未来的事件；同时，它还为个体提供了某种时间的延续感，从而看到过去的自我和现在的自我之间的联系，与儿童自我意识的建立密切相关。

自传体记忆除了"个人性"之外的另一特征是倾向于记忆在特定时间、特定地点发生的独特事件。或者说自传体记忆是有关特定情节或经验的记忆。另外自传体记忆还带有自我意识的觉知感，对特殊儿童的研究也发现，特殊儿童自传体记忆的出现与年龄没有直接的相关，但与认知自我出现的时间却存在密切关系。

(二)自传体记忆的出现与发展

1. 自传体记忆的出现

作为存储有关自我信息的自传记忆，具有自我特征的知识系统就成为自传记忆的存在的重要标准。没有一个独立自我的确认，个体经历就没有组织的参照点，也就不可能产生自传记忆。在儿童的认知发展过程中，"认知的自我"产生之前，儿童虽然可以进行学习和记忆，但是这些经历都不可能组织成为与"我"相关的信息，而只能作为片断的、不完整的一般学习经验存储在记忆中。虽然 2 岁儿童对事件记忆已经比较准确，但是儿童记忆的只是事件本身，事件中的细节却容易遗忘，年龄越小的儿童表现得越明显。因此 Howe 和 Courage(1997)的研究认为在 2 岁末以视觉自我再认为标志的"认知的自我"的出现是自传体记忆产生的基础，"认知的自我"的出现与广泛研究的婴儿遗忘症消失和自传体记忆出现的时间相当。

对自我镜像反应的研究表明，在 18～24 个月的婴儿已具有了自我知识，但仅限于有关自我生理特点的再认。以视觉的自我再认作为自我发展的研究，对婴儿的研究是比较容易操纵的，但是视觉的自我再认只是认识自我的一个方面。虽然从生理发展的角度来看，视觉的成熟比其他的感觉道如听觉、嗅觉要晚，可能其他感觉道所产生的自我再认要更早一些。但婴儿是通过其他的感觉线索来构建自我形象并反映到镜子所提供的形象，因此视觉适合于综合由其他感觉道提供的信息形成自我形象，而缺少视觉信息的盲童的自我形象产生得较晚。在 2 岁的后半年，婴儿能够把认知、语言和情感的成分整合为自我的统一体来认识。这一时期是对客体自我的认知和对言语理解、组织和巩固的阶段，也就是说只有这一阶段完成之后，自我才有可能成为自传体记忆的组织者，年幼的儿童也才可能讲述出他所回忆生活中的个人事件。

自传体记忆的发生与发展是以童年期遗忘为起点的，即童年期遗忘的消退就是自传体记忆发展的开始。J. usher 与 U. Nesser 的研究认为不同事件的童年期遗忘存在着差异，关于同胞弟妹的出生与去医院就医这样的目标事件，童年期遗忘消失在 2 岁以后，而关于家庭成员的死亡、家庭搬迁这样的目标事件，童年期遗忘消失在 3 岁以后，部分被试的童年期遗忘消失在 4 岁以后。

2. 自传体记忆的发展

在整个学前期，儿童的事件记忆具有了越来越多的自传体特征。从很小的年龄开始，他们就在叙述中提到自己："我摔倒了。"随着年龄的增长，儿童越来越多地在叙述中表达自己的个人看法，说明事件对他产生的意义或影响。如"我很痛""我不好意思"。正是这种主观看法，能够解释为什么事件会是有趣的或是悲伤的，并会对个人具有重要意义。

随着儿童年龄的增长，儿童的自传体记忆中会越来越多地提到特定的时间、地点、任务等标记，如"昨天早上""在幼儿园""冰冰和我"等。这些标记不仅确定了事件发生的时间，而且还建立了一条时间线，构造出事件发生的有组织的历史记录，由于这些标记的清晰使得每个事件都非常独特。

同时，儿童的记忆中会包含越来越多能够提供丰富细节的元素，增加了"再次体验"的感受，如"王老师亲了我，她喜欢我"。这种描述细节的数量在学前期出现了戏剧性地增长。Fivush 和 Haden(1997)的研究中，儿童从 3 岁时大约对每个事件使用 4 个描述词汇，发展到 6 岁时对每个事件使用 12 个此类词汇。儿童自传体记忆描述性的发展使得讲述的人和听众都产生身临其境的感觉。这也可能解释了为什么成年人对自己 3～7 岁间发生的事件，有着随年龄而稳步增长的记忆。

(三)自传体记忆的影响因素

1. 内在机制

关于自传体记忆是如何形成和发展起来的近期研究主要从三个层面上进行解释：神经机制的解释、认知机制的解释和社会互动机制的解释。神经机制的解释中有研究认为情节记忆的主要活动脑区是海马，自传体记忆尚未形成而表现出来的童年期遗忘是海马结构不成熟导致的直接后果；神经心理学对遗忘症病人的临床研究发现颞叶皮质内侧与间脑的区域受损对陈述性的自传记忆产生明显影响。上述研究表明自传记忆的形成和发展同海马区域及其他大脑皮层区的成熟水平有关。

认知机制的解释认为儿童成长中认知结构的改变导致童年期的记忆经验不再适应成年人的认知图式，随着儿童自我认知能力的发展，自传记忆就逐步形成；镜像自我测验的研究说明，2 岁婴儿的自我认知已经形成，自我认知是一种自觉的组织

系统，儿童一旦有了自我认知就会组织记忆事件，随着自我认知能力的发展，儿童可以理解较复杂的事件，就有能力理解同自我有关的完整事件，自传记忆就逐步形成。[①]

2. 外部因素

首先成人与婴儿的社会交往方式是影响儿童自传体记忆发展的重要因素。婴儿在与成人的交往过程中会学习成人的肢体语言，特别是手势语言，并形成延迟模仿；在这一发展中母亲和婴儿的交往方式是互动，随着婴儿的成长，儿童还会与其他重要的人进行广泛的交往，自传记忆就形成了不同的存储、表征、加工、提取方式。

婴儿只有记忆简单事件的能力，发展到学前儿童期，则具有记忆比较复杂事件的能力，这显然是儿童记忆精细化的表现。在成人引导的对话中，儿童逐渐学会了如何记忆及以连贯的叙述方式讲述过去所经历过的事件。例如，我们会问孩子："你在幼儿园见到王老师了吗?""你们做了些什么?""然后呢?"又如："当你钻进大皮球进入到水里时，你感觉怎么样?""好玩吗?""你还想这样玩吗?" 成人在与儿童对话时，总是会为儿童提供事件的叙述结构，或是有关于事件发生时的情境信息，并根据儿童记忆能力的发展而不断减少所提供的信息。在上述关于三四岁的儿童参观过迪斯尼乐园的这一事件进行记忆的研究中发现(Hamond & Fivush，1991)，那些能在 18 个月后仍然记得大量有关于此次参观的信息的儿童，他们的父母常常就此次参观与他们进行讨论。

成人与儿童对话是否支持自传体记忆的发展，不在于他们对话的多少，而是取决于他们对话的风格。有一些父母能对儿童部分的回忆加以精细化，并提出进一步的问题以激发儿童的记忆，这种精细化的对话有利于儿童自传体记忆的发展。而另一些父母往往只是提同样的问题，经常转换话题，并且没能对儿童的记忆加以精细化。在重述型对话环境下成长的儿童，在 18 个月或 32 个月后，就表现出只能回忆较少的信息，并且其记忆更缺乏组织性。另外，跨文化研究发现，父母与儿童对话的方式还存在着文化差异。例如，美国的母亲与 3 岁孩子讨论过去，几乎是韩国母亲的三倍，并且更多地注重儿童的体验与记忆。同时，对话还存在性别差异，特别是在某些文化中。母亲与儿子多是谈论学校中学习上的交往，而与女儿则更多地谈论社会交往。

其次，事件特征也是影响儿童自传体记忆的外部因素。儿童对发生于有意义的熟悉情境的真实事件的记忆，优于他们对诸如图片、言语等材料进行的实验室中的记忆。儿童对新异事件的自传体记忆常常是非常好的，三四岁的儿童参观过迪斯尼乐园的 18 个月后，仍然能记得大量有关于此次参观的信息(Hamond & Fivush，1991)。高情绪强度和对个人意义重大的事件可以激发出详细的、高回忆度的且相

① 秦金亮．儿童自传体记忆形成与发展的机制研究评述[J]．心理科学，2005，1.

对不易遗忘的自传体记忆。这些记忆为进一步的社会交互作用和动态的自我概念的保持奠定基础，并且在概念意义的表征中起更为广泛的作用。相反，对于常规和经常重复的低情绪唤醒的日常事件的自传体记忆在记忆表征中并不详细。①

三、幼儿前瞻记忆的发展

(一)前瞻记忆的概念

前瞻记忆(Prospective Memory)是指对预定事件或行为的记忆，即日常生活中讲"记得要做什么事"，如记得离开的时候要把钥匙拿上。前瞻记忆的关键是在要求的情境下提取任务要求并执行，相对于对已发生事件的回忆——回溯记忆(Retrospective Memory)，前瞻记忆更依赖自我启动。和成人一样，儿童在日常生活中也有很多前瞻记忆任务，这些任务能否正确执行完成和儿童的日常学习生活紧密相关。儿童经常需要记得完成老师和家长交代的任务，如美术课上要带的手工材料，星期天去春游等。

根据线索不同，前瞻记忆分为三种类型：基于时间的前瞻记忆，即要求个体在某一时间去执行某项动作，如记得晚上去小朋友家；基于事件的前瞻记忆，即要求个体在某一特定事件出现时去执行某项动作，如经过文具店要买水彩笔；基于活动的前瞻记忆，即结束当前活动后再执行某项任务，如记得吃完饭后去倒垃圾。

(二)幼儿前瞻记忆的发展及影响因素

1. 幼儿前瞻记忆的发展

幼儿已有了前瞻记忆。Somerville 等人(1983)研究 2 岁、3 岁、4 岁的儿童的前瞻记忆，并没有发现年龄效应，2 岁的儿童表现得和 4 岁的儿童一样好。Guajardo 等人(2000)比较了 3 岁和 5 岁儿童在情境和实验室的事件前瞻记忆，发现不管有无奖励，5 岁的表现都明显好于 3 岁。一个近期研究(Kliegel&Theodor Jager，2007)考察了学龄前儿童(2.6 岁)的事件前瞻记忆的发展，发现事件前瞻记忆表现随年龄增长而提高。张磊、郭力平和许蓓君(2003)对 4 岁、5 岁、6 岁、7 岁儿童的前瞻记忆发展研究表明，在幼儿园中班到大班之间儿童的前瞻记忆有较大发展，之后一直到小学二年级都趋于稳定。② 虽然结果不完全一致，但可以肯定的是学龄前儿童已有前瞻记忆，3 岁和 5 岁可能是关键期。

2. 前瞻记忆的影响因素

前瞻记忆的表现和所处的环境以及个体使用的策略密切相关。这些影响因素包括线索、是否中断进行中任务、场景熟悉度、奖赏。

线索对幼儿前瞻记忆的影响较大，线索可以帮助儿童进行前瞻记忆。Defeyter (2005)比较 5 岁和 7 岁儿童事件前瞻记忆，前瞻记忆任务是看到食物则按指定键将食物放到篮子里，进行中任务是对图片进行命名，结果发现当前瞻记忆线索图片明

---

① 赵佳，方格．婴幼儿自传体记忆研究的现状及展望[J]．中国特殊教育，2005，9.

② 张磊，郭力平，许蓓君．儿童前瞻记忆的发展研究[J]．心理科学，2003，6.

显大于进行中任务图片时(线索明显)，年龄差异减小了。

编码是前瞻记忆中的起点，和回溯记忆一样，对线索有效地编码可以提高前瞻记忆。Passolunghi 等人(1995)的研究比较了 7 岁和 10 岁儿童在不同的编码方式下的前瞻记忆成绩。10 岁儿童对前瞻任务的记忆在视觉编码下为 30%，而在动作编码下则增长至 92%。相反的，7 岁儿童的前瞻记忆成功率在视觉编码下为 50%，而动作编码下只有 5%。这说明不同年龄的儿童适用的编码方式也不同，而不同儿童的前瞻任务强调重点也应该因年龄而异。

另外，儿童在熟悉场景中和高奖励都有利于儿童进行前瞻记忆。

四、幼儿记忆准确性和错误记忆的发展

(一)儿童记忆准确性的发展

关于儿童记忆准确性的研究，是当今十分活跃的心理学研究领域。对此方面的研究最初主要是由于涉及儿童犯罪尤其是性虐待犯罪的增多，而在这种犯罪中，又常常只有儿童是犯罪目击者，因此儿童是否能准确地描述罪犯行为就显得至关重要。研究内容主要有：不同年龄段的儿童，对其所目击的时间有多好的记忆能力？在被重复提问的过程中，儿童是否容易受到暗示？事件发生时的情绪状态是否会影响他们的记忆？从案发到被询问的一段时间中，信息是否能保持？以下是有关研究揭示的一些结论：①

● 与成人相比，学前儿童认出嫌疑犯的可能性更小，更可能存在确认错误，他们可能回忆起的犯罪细节也更少(Gicci & Beal，1998)。

● 学前儿童可能记起其从来都没有经历过的身体健康检查程序。例如，使用一些有暗示性的提问，一些儿童会错误地断言小儿科医生用棍子和手指敲打了他们的生殖器(Bruck et al，1995)。

● 3～4 岁的幼儿似乎有回答“是的”的偏向，与没有发生或不知道相比，他们更有可能回答某事真的发生了(McBrien & Dagenbach，1998)。

● 当让学前儿童进行猜想来提供他们不能确定的答案时，如果引导这些猜想的问题经常重复时，他们会变得更加确定，最终合理地完全相信他们的猜想(Poole & White，1991)。

可以看出，年幼儿童，尤其是学前儿童的记忆准确性和详细程度均不如年长儿童和成人；而且他们还更容易受到暗示。因为年幼儿童更容易信任他人，他们会尽力顺着问题的引导方向来回答。

虽然上述结论表明，幼儿不能准确地报告事件，但一般而言，他们更可能出现遗漏的错误，而不是添油加醋的错误，除非成人有意地暗示，他们极少虚构。例如，不是问儿童“告诉我发生了什么?”而是问“那人戴着一顶蓝帽子吗?”再比如，这

---

① [加]Guy R. Lefrancois. 孩子们——儿童心理发展[M]. 王金志，译. 北京：北京大学出版社，2004：323.

样对儿童说“如果你告诉我谁摸了你，你会感觉好得多”。显然，这样很轻易地就把一些错误的信息植入到学前儿童的记忆中。也有研究表明，在恰当的环境中，通过合理的提问，即使是年龄很小的幼儿也能高度准确地做出记忆报告。

(二)幼儿错误记忆的发展

错误记忆有时也被称为记忆错觉，是一种常见的记忆的扭曲现象，指的是人们对过去经历过的事件的报告与事件的实际情况之间发生了严重偏离的心理现象。

我们知道，记忆不是对识记痕迹的简单重现，而是能够想象的重新建构。1932 年，最早关于错误记忆研究的心理学家 Bartlett 在其著作《记忆：一个实验的与社会的心理学研究》，根据其研究结果提出记忆具有重新建构的特点。在一项名为“幽灵之战”的实验中，首先让大学生阅读一个名为“幽灵之战”的印第安民间故事，然后让被试分别在不同的时间间隔下重复回忆故事内容，结果发现在多次重复回忆故事内容之后，被试的记忆出现了扭曲现象。

幼儿错误记忆低于成人。在前面幼儿记忆准确性的发展中我们提及幼儿不能准确报告事件，但主要是遗漏，而不是对信息添油加醋地改变。Caraeiro 等(2007)以学龄前儿童(3～4 岁)，二年级儿童(7～8 岁)，青少年(11～12 岁)为被试，从发展性角度研究错误记忆的变化趋势。结果发现学龄前儿童几乎没有错误记忆，其他被试的错误记忆成绩随年龄而增长。这一发现与前人研究结果一致。

有关研究进一步说明早期儿童的记忆加工方式或与成人不同，儿童记忆加工更加依赖于表层和细节信息，而成人记忆加工则更倾向于进行语义联结、概括和抽象。也可以说幼儿更多使用机械记忆，而成人则更多使用意义记忆。7～11 岁之间儿童的错误记忆发展最为明显，间接表明这一年龄段儿童的联想激活能力、提取与保持要点痕迹及字面痕迹的能力在不断发展。

第三节　记忆规律与儿童学习

我们知道，记忆是决定儿童学习的一个重要因素，记忆过程中有哪些规律？针对这些规律，如何更有效地提高儿童学习的效果？这些问题是我们接下来要讨论的内容。

一、记忆的保持和遗忘规律

(一)记忆的保持规律

保持是记忆者对信息进行储存和巩固的过程。信息的保持并不是静止的，假如现在让你回忆你看过的一部电影，再给你重新播放一遍与之对比，你会发现它们早已发生了变化，这些变化主要表现在两个方面：质与量。量上的变化表现为信息数量的减少，出现遗忘。质的变化则是表现为记忆内容的简略、概括，或是详细、合

理，再或者是夸张、突出。

（二）记忆的遗忘规律

1. 记忆遗忘的一般规律

对于识记过的东西不能或者错误地再认或者回忆的现象称为遗忘。心理学家艾宾浩斯对遗忘做了系统的研究，他用无意义音节作为记忆的材料，用节省法计算保持和遗忘的数量，发现了以往进程的规律。并绘制了第一条遗忘曲线，发现遗忘的发展是不均衡的，先快后慢，在学习停止的短时间内，遗忘特别迅速，后来逐渐缓慢，到了一定时间，几乎不再遗忘。（见图 4-1）

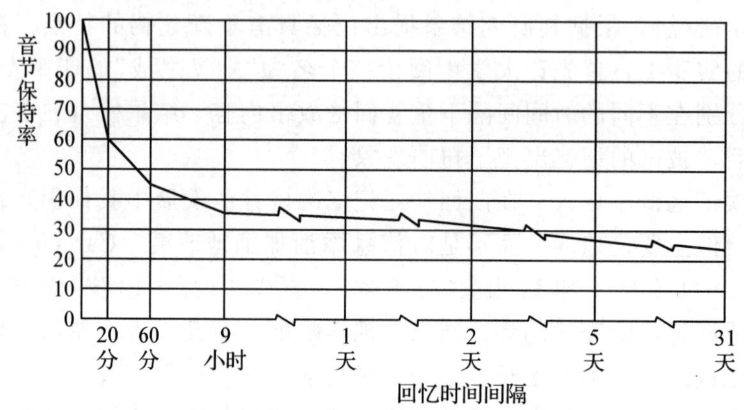

图 4-1　艾宾浩斯遗忘曲线

遗忘与很多因素有关，一般认为，学习程度越高，遗忘得就越少，但是，学习程度与保持效果并不成永恒的正比关系。研究发现，在过度学习到达 150%的时候，记忆内容保持最佳。过度学习是指学习后的巩固水平超过其刚能背诵的程度。低于或者高于 150%的学习程度，都会导致记忆效果不佳。除学习程度之外，学习者对记忆任务的态度以及记忆内容的性质、数量都与遗忘有关。

信息栏4-2

德国心理学家艾宾浩斯(Hermann Ebbinghaus，1850—1909)，是发现记忆遗忘规律的第一人。艾宾浩斯拿自己作为测试对象，选用了一些没有意义的音节，也就是那些不能拼出单词来的众多字母的组合，比如 asww，cfhhj，ijikmb，rfyjbc 等。他经过对自己的测试，得到了一些数据，艾宾浩斯又根据了这些点描绘出了一条曲线，这就是非常有名的揭示遗忘规律的曲线：艾宾浩斯遗忘曲线。而且，艾宾浩斯还在关于记忆的实验中发现，记住 12 个无意义音节，平均需要重复 16.5 次；为了记住 36 个无意义章节，须重复 54 次；而记忆六首诗中的 480 个音节，平均只需要重复 8 次！这个实验告诉我们，凡是理解了的知识，就能记得迅速、全面而牢固。

2. 儿童记忆遗忘的特殊规律

儿童记忆遗忘与成人不同，有一种特殊的现象，叫记忆恢复现象，即学习某种材料后，相隔一段时间所测量到的保持量，比学习后立即测量到的保持量要高。这也就是说，幼儿学习之后，马上要求其回忆，其成绩倒不如稍过一段时间之后。这种记忆恢复现象使记忆过程出现了另外一种可能的保持曲线：这一曲线在识记材料之后的头几个小时和头几天呈逐渐上升，在达到一定高度之后开始慢慢下降，真正的遗忘是在这以后开始的。

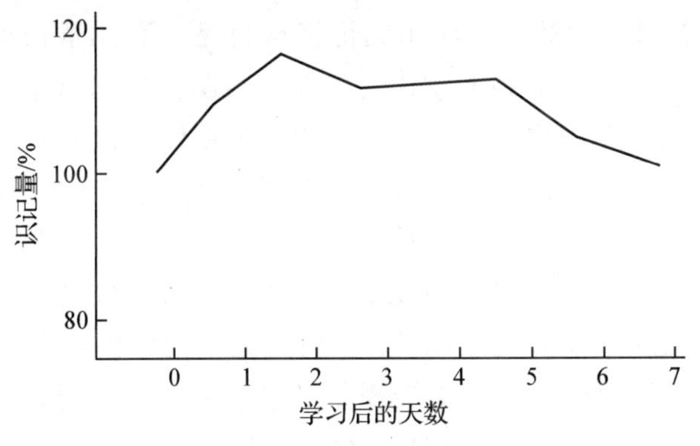

图 4-2　记忆恢复现象

儿童的记忆恢复现象最早是由美国心理学家 P. B. 巴拉德在 1913 年发现的。巴拉德让一些 12 岁左右的儿童识记一首诗，结果发现识记后即刻回忆的成绩不如一两天后的回忆成绩好，尽管在这期间并没有让儿童进行复习。若以识记后立即回忆的平均分数为 100，则识记一天后的平均分数为 111，识记两天后的平均分数为 117，再往后回忆的数量就逐渐减少。证明儿童在学习后相隔若干天记忆保持会有所发展。

这种现象在年幼儿童身上表现得较普遍。苏联的克拉西尔希科娃在实验中证明学前儿童记忆恢复量占记忆总量的 85.7%，小学生记忆恢复量占 60%，5～7 年级学生的记忆恢复量占 50%。我国有关实验证明，记忆恢复现象在年幼儿童身上表现得更为明显。

关于记忆恢复的原因，肯定不是由于在间隔时间内复习或学习其他有关材料而造成的。很多人用大脑皮层神经细胞的保护性抑制加以解释。这种观点认为，在识记复杂材料的过程中，皮层中有关的神经细胞在刺激物的频繁影响下，会产生抑制的积累。因此，回忆最好成绩不可能出现于识记之后的当时，而只能出现在识记之后经过了充分的休息但还没有开始遗忘的时候。但是，记忆恢复现象有时候发生在识记数目之后，而上述保护性抑制作用不会持续这样长的时间。可见，这种解释仍不完善，有待进一步的研究。

二、儿童记忆发展的评估

(一)外显记忆与内隐记忆的分离

在目前儿童记忆发展进行评估的研究中，最突出的问题是存在着外显记忆与内

隐记忆的分离现象。儿童的记忆能力随年龄的增长在数量和质量上都发生巨大的改变，这是有关儿童外显记忆发展的实验研究所发现的一个基本事实，外显记忆受学习阶段的加工深度、学习后的时间间隔以及干扰等因素的影响较大。相对于外显记忆而言，内隐记忆不随个体年龄的增长而变化，即不同年龄的儿童及成人的启动效应没有表现出显著的差异。内隐记忆则较少受加工深度、时间、干扰刺激等因素的影响。

Greenbaum 和 Graf(1989)曾经以外显的回忆和内隐的"项目生成任务"，对 3～5 岁的幼小儿童进行过一项研究。所用的记忆材料是一套儿童在动物园、餐厅、厨房和公园这 4 个地方经常会见到的物体的线条轮廓图。向儿童呈现这些图片，要求他们命名和记忆它们。学习之后，立即进行内隐记忆测验向儿童讲述有关上述 4 个地方的故事，问他们通常在那里会发现什么东西。启动效应通过比较学过图片和未学过图片儿童生成的项目来确定。然后进行外显记忆测量，即要求儿童回忆先前记忆过的图片的名称。结果显示尽管在儿童所报告的项目总数量上有随年龄增长而增多的趋向，但仍表现出了明显的启动效应，特别是不同年龄组儿童的启动量没有显著差异。相反，在外显的回忆成绩上表现出了显著的年龄差异。这项研究表明，甚至 3 岁儿童就已经有了充分的内隐记忆，虽然他们在外显记忆上还存在困难。还有研究表明，甚至几个月大的婴儿就已经能够内隐地记住在他们的视野内相继出现的物体的顺序，虽然他们的外显记忆能力还很有限，而且内隐记忆不因年龄的增长而变化，这和传统上有关外显记忆的一般发现形成了鲜明的对照。

从理论上，迄今已有两种观点对此作出了解释："加工说"认为，内隐和外显记忆测量的不一致是由于这两种测量分别依赖于同一记忆系统的不同的加工类型。内隐记忆测量主要依赖于材料驱动加工，即由材料的表面特征所驱使的、无须个体意识控制的自动加工。从种族进化和个体发展的角度看这种加工类型起源较早，而且是一种"全"或"无"的现象，所以用来测量这种能力的内隐记忆测验成绩没有表现出明显的年龄差异。而外显记忆测验主要依赖于概念驱动加工，即需要个体对材料进行主动理解和精心组织的控制加工。这种加工方式从进化和发展的角度看起源较晚，而且是随年龄的增长逐渐完善的，所以用来测量这种能力的外显记忆测验成绩有明显的年龄差异。"多重系统说"则认为，人类的记忆并不是单一的系统，而是由功能上各不相同的多重系统构成的。内隐和外显记忆成绩的不一致是由于它们分别依赖于不同的潜在记忆系统。例如，有人指出，内隐记忆与程序记忆系统有关，在这种系统中，记忆效果可以通过加工操作或程序调整的内隐方式表现出来，而外显记忆则是描述性记忆系统的功能，这种记忆系统与有意识的知识结构的形成有关。①

(二)儿童记忆的受暗示性

在关于目击记忆的研究中，研究者们发现，不正确的暗示信息会影响儿童记忆

① 刘永芳．儿童记忆发展研究的历史与现状[J]．心理学科学，23(1)．

报告的准确性，儿童比成人表现出更多的受暗示性，同时年龄越小受暗示性明显。Ceci 等人(1987)对 3～12 岁儿童记忆的受暗示性进行研究，研究者先给儿童听一段故事，并辅以图片加以理解，延长一段时间后，其中一半儿童接受故事内容的误导信息，另一半不接受误导信息，作为控制组。又过了一段时间后，所有儿童接受再认测验。结果发现，接受误导信息的儿童比不接受误导信息的儿童更可能选择错误的误导项目，其中，3 岁和 4 岁儿童表现出最大的记忆受暗示性。

影响儿童记忆受暗示性的因素主要包括外部因素(访谈者偏见、访谈者权威、是否重复提问等)、认知因素(智力、语言、记忆、心理理论等)和社会心理因素(个性特征、自我效能、情绪唤醒等)。例如，Ceci 等人(1994)作的研究中，每次访谈主试都会提及某一假想事件，通过连续会谈儿童逐渐认同所提及的假想事件，当连续会谈 11 次后，大部分的儿童都确信了该事件的真实性，并用它错误地去支持由此推导出来的错误论断。在 Bruck 和 Ceci 等(1995)的研究中，5 岁儿童去他们的儿科医生那儿接受防治，一年后对那个事件的几个突出细节进行了四次访谈，那些施行中立的无误导方式访谈的儿童，提供了与先前情况一致的正确报告。相反，运用诱导性提问给予了错误信息的儿童的报告则非常不正确，他们不仅增添了诱导性暗示的信息而且还添加了非暗示性的不正确信息。还有研究发现提问的方式也会影响儿童记忆的受暗示性，儿童对开放式的问题通常能提供比较精确的回答。Hyman 等人(1996)的实验中，他们向一目击损伤性事件的儿童提问，最初是问开放式问题，然后问特殊的问题(如你自己在哪儿？你是否伤了膝盖?)，儿童对开放式问题的回答显著要正确得多(正确率分别为 91%与 45%)。迫选问题(如它是黑的还是白的?)也会影响儿童报告的可靠性，因为他们不愿说自己不知道。[①] 正因为幼儿记忆的受暗示性受到诸多因素的影响，这使得我们不得不从更生态的背景下去考量对幼儿记忆的评估。

三、促进儿童有效地学习

在了解了儿童记忆发展的特点和记忆的普遍规律之后，一个具有实践价值的内容便是如何促进儿童更高效能地学习？

(一)根据儿童记忆特点促进儿童学习

儿童，尤其是学前儿童，他们是以无意识记为主的。因此在培养孩子记忆能力，教他学习记住一些事物的时候，应该尽量选择形象、直观、具体、生动，能引发孩子兴趣、吸引孩子注意的对象。由于孩子的有意识记正在逐渐发展，家长和教师要注意采取一定的方法，对其有意识记行为进行启发诱导，事先把学习的目的和步骤向儿童说明是一个比较好的方法，比如，让孩子开展表演游戏活动，在游戏中事先提出角色要求。在给孩子讲故事之前，提出要求复述的条件等。像这样多加训练，能促进有意识记的发展。

---

① 周丽华、刘爱伦．儿童记忆受暗示性影响的研究综述[J]．心理科学进展，11(5)．

我们知道，儿童对事件的记忆能力发展早，而对单纯的图片等材料，特别是语词进行记忆的能力发展晚，因此，要尽量避免让儿童单调就材料进行记忆，而应当适当地结合情境，形象生动地进行记忆。例如，在教儿童一首儿歌之前，可以先讲述一个故事，让儿童表演、想象，这样记忆的效果会好得多。

由于儿童记忆容量有限，一次记忆的内容不应太多。而且，心理容量小的另一个结果就是造成儿童在学习过程中容易疲劳，所以学习过程的安排应做到动静交替，劳逸结合。另外，在儿童学习的过程中可以适当教授一些记忆的策略，例如，追述、联想、分类、组块等，以加强记忆的效果。

(二)针对记忆规律促进儿童学习

在这里首先要提到的就是科学地组织复习。遗忘的进程是先快后慢，因此，在指导儿童学习时，对他们学过的东西，要及时地安排复习，早复习比晚复习效果好，如果等到记忆信息已经丢失了很多时再复习，就差不多是重新学习。同时根据记忆内容和儿童遗忘的程度合理地分配复习时间，一般认为，经常性分散的复习当然比集中复习的效果要好。而且，对于幼儿来说，复习也不能仅仅是简单、机械地进行，通过多种方式，运用多种感官相结合的复习方式对儿童学习是大大有利的。

干扰理论认为，遗忘的主要原因是由于材料之间的干扰，比如你正在记一个电话号码，如果这时有人和你说话，你马上就忘记了那个电话号码。所以在安排儿童学习时应尽量做到，在同一时间里，不要要求他们学习的内容太多。同时不要把内容、性质相似的材料安排在一起学习，以减少记忆内容之间的相互干扰。另外，根据我们在前面对遗忘因素的分析，不难看出，在学习前具有良好的情绪状态，学习过程中学习兴趣的建立，对学习内容的理解以及达到一定量的学习程度都是儿童有效学习所必需的要素。

第四节　记忆的发展认知神经科学研究

诗人说："然而当我想起童年第一次捧起雪白的茉莉花时，记忆仍是那么甜蜜。"儿童在发展中不断整合着环境中丰富的信息以形成知觉，而记忆也随着神经结构的成熟而渐渐发挥作用。有学者曾指出，20 世纪是核酸和蛋白的世纪，而 21 世纪人们将更加关注记忆和欲望。诚然，人们依赖记忆来建构自我的形象和认识周围的世界，正如培根所说的"记忆是一切知识之母"。我们期待发展认知神经科学能够为记忆发展研究带来更多的发现和应用。例如，目前英国的神经科学家正试图从海鱼中提取一种通过作用于神经突触来增进儿童记忆能力发展的营养品。

一、学习的脑机制

DonaldHebb 在其著名的《行为的组织》一书中提出，如果神经细胞 A 的轴突足够靠近细胞B并能使之兴奋的话，如果A重复或持续地刺激细胞B，那么在这两个神经细胞或其中一个细胞上必然有某种生长过程或代谢过程的变化，这种变化使细胞A激活细胞B的效率有所增加。Hebb规则较好地反映了突触前与突触后神经细胞放电的相关性。因此，Hebb学说被广泛地应用于解析各种各样的陈述性学习记忆过程中潜在的突触机制。

突触的可塑性主要指突触连接在形态上和功能上的修饰。实验显示，在成年时树突和棘仍表现有相当的可塑性。在某些经验后，数小时甚至数分钟内，树突可产生棘，轴突可产生新轴突。此外，突触的长时程增强(LTP)现象被认为可能是记忆的细胞层面机制。而且有证据显示，哺乳动物包括灵长目的大脑，能够为嗅球、海马结构，甚至额叶皮层和颞叶皮层产生出新的神经细胞。也许这一过程是为了增加大脑的神经可塑性，特别是涉及学习和记忆的功能。对灵长类动物的脑损毁和人类患者的临床研究证明，海马是学习记忆相关的重要部位。

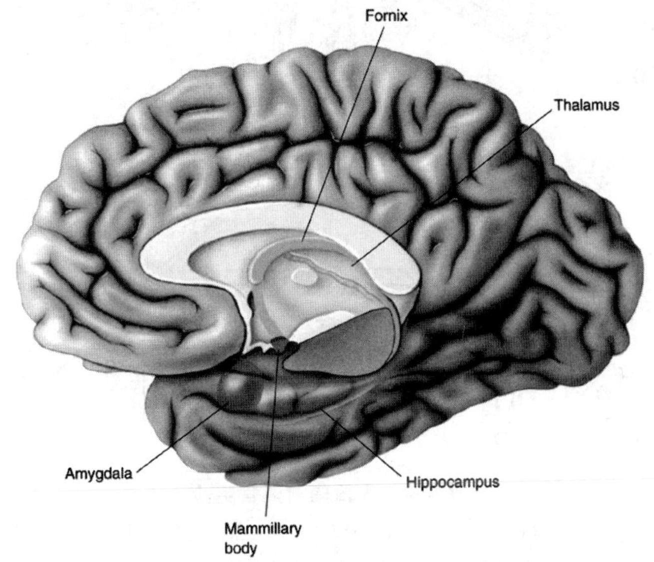

图 4-3　参与记忆的内侧颞叶与间脑等结构

(Mark F Bear 等著(王建军等译)：神经科学——探索脑，高等教育出版社，2004年版，第729页)

大鼠的“迷宫”

John Hopkins 大学的 David Olton 等设计了大鼠的辐射迷宫(radial arm maze)实验，参见下图。他们训练大鼠在迷宫中取得食物，该实验可以揭示海马脑区的记忆功能。若把一只正常大鼠放入这个迷宫，它会搜寻到每个路径末端的食物。大鼠穿过迷宫时，会利用视觉或其他迷宫周围线索来记住哪里已经去过，而不必重复经过那些路径。Olton 将这种记忆称为“工作记忆(working memory)”。若大鼠在放入迷宫前，被损毁了海马脑区，虽然它外表正常，但行为方式却发生了有趣的改变。它们虽然能够穿过迷宫吃到末端的食物，但学习的效率很低。它们会不止一次地进入同一条辐射臂找食物，需要很长时间才能找到所有的食物。

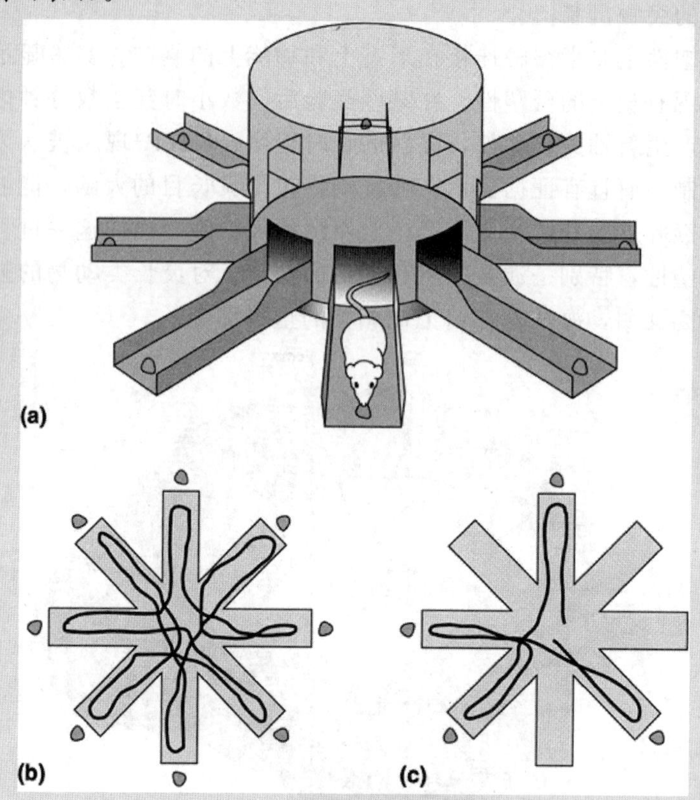

图 4-4 大鼠辐射迷宫实验

(a)八臂辐射迷宫；(b)所有迷宫都有食物时，正常大鼠走过的路径，它不重复；(c)通过学习，正常大鼠会回避没有食物的路径，且不重复

如果不在所有的辐射臂末端放食物，只在某些固定的路径末端放食物。海马损伤的大鼠通过学习也会像正常大鼠一样避开没有食物的路径，但却在有食物的路径中反复进出搜寻。似乎大鼠的海马损伤只危及了某些记忆的部分。Olton 认为这是由于海马损伤所损害的仅是大鼠的工作记忆，而对固定位置的记忆未受影响所致。

（资料来源：Mark F Bear 等著(王建军等译)：神经科学——探索脑，高等教育出版社，2004 年版，第 730—734 页）

二、多重记忆系统与相应脑区

人类记忆存在多重记忆系统，可以分为瞬时记忆、工作记忆和长时记忆。长时记忆又分为称述性记忆与非称述性记忆。称述性记忆包括对事实(语义记忆)或事件

(情境记忆)的记忆，主要与内侧颞叶、间脑等相关。非称述性记忆中的程序性记忆(包括技巧和习惯)的神经基础主要在纹状体，情感反应主要通过杏仁核，而经典条件反射则与小脑相关。各种记忆功能的完善有赖于相应脑区发育的成熟。

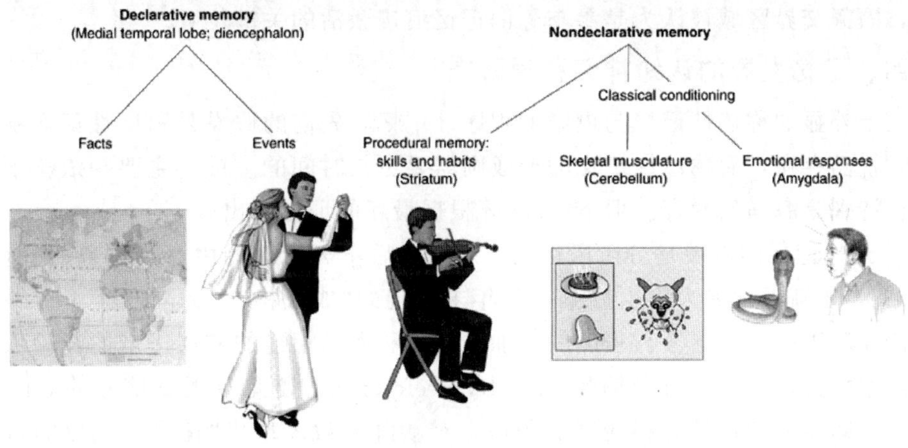

图 4-5　多重记忆系统对应的大脑结构

(Mark F Bear 著(王建军译)：神经科学——探索脑，高等教育出版社，2004 年版，第 711 页)

三、长时记忆神经机制的相关理论①

1. 认知地图理论(Cognitive map theory，CM)：海马参与了产生以外部线索为参照点的环境空间表征的过程，而这些表征提供了插入情节性事件所需的背景。CM 理论假设认知地图不区分近期或陈旧，所以海马在保存与提取近期或陈旧的空间记忆中都发挥作用，但这一 CM 的基本原则已被脑损伤和神经成像技术研究结果所否定。

2. 标准巩固模型(Standard consolidation model，SC)：情节记忆先在海马中存储一个暂时的阶段，尔后被巩固于颞叶新皮层中。此后，对于此类记忆的存储和提取都无须海马参与。支持这一理论的证据是在实验观察中得到的，如发现某些遗忘症病人存在时间梯度的记忆丧失，即已经巩固的记忆——生命早期事件比近期记忆保存得更好。

3. 多痕迹理论(Multiple trace theory，MTT)：海马永久性地参与情节记忆的提取。根据 MTT，海马存储着指向新皮层记忆表征的索引或指针。一个记忆每被激活一次，就产生一条新的痕迹。旧的记忆比近期记忆更不易破坏，因为它们经常被复原而增加了痕迹的分布。由于 SC 和 MTT 都得到一定实验证据的支持，深入研究与探讨有待进一步展开。

4. 颞额假说(Temporofrontal hypothesis)：额叶皮层和颞叶皮层在陈旧记忆提

---

① Moscovitch M.，Nadel L.，Winocur G.，et al. The cognitive neuroscience of remote episodic, semantic and spatial memory. Current Opinion in Neurobiology，2006. 16，pp. 179-190.

取过程中起核心作用。前额叶皮层通过提供主动记忆痕迹搜索的动力与触发，以及作为时间组织器(time organizer)的两种方式参与记忆提取；外侧颞叶通过癫痫病例、电刺激试验和语义痴呆病例的研究已被证明是记忆提取的重要脑区。在颞额假说中，颞额交界区域被认为是参与陈旧记忆痕迹激活的关键位置。

四、记忆发展的认知神经科学研究①

关于外显的称述性记忆与内隐的程序性记忆，先前的假设是程序性记忆系统在出生时就已存在，而称述性记忆的形成则需要更长时间的发展，主要是依赖于边缘系统、特别是海马的发育。但 Nelson 等根据最新的证据指出：

1. 外显记忆的发展是分阶段性的：从出生后不久出现的由海马调节的“前－外显记忆”，逐渐地发展为出生后第一年年末出现的“成人样－外显记忆”。在外显记忆的神经基础中，皮层参与程度的增加可能与和海马相连的皮层区域的经验依赖性特化作用相关。比如，新奇偏爱(novelty preference，婴儿对视觉信号的刺激能有所记忆，即能区别熟悉的和新鲜的刺激，对新鲜刺激表现出“偏爱”)现象的机制是基于“前－外显记忆”系统。海马是这一系统的关键结构，在出生时或紧接出生后就工作。

在许多涉及再认记忆(recognition memory)、协调不同感觉形态之间的信息，将“自我(self)”加入记忆，或是基于先前经验产生行动计划等的任务都需要外显记忆系统的参与。这一记忆系统，涉及“前－外显记忆”系统神经基础的扩展，包括加入内嗅皮层和颞下皮层等。这种“成人样－外显记忆”在出生后第一年年末开始工作，并伴随着前额叶皮层的发育而一直发展到青少年时期。

2. 存在多个不同的内隐学习系统。例如视觉期待(visual expectation)任务这一类型的程序性记忆依赖于纹状体，而非颞叶或小脑，在至少 3 个月的婴儿中发现。而包含条件反射的任务也与内隐记忆系统相关，其依赖于小脑与脑干深部核团，如需提取或视觉再认可能还有海马的参与。条件反射在至少 3 个月的婴儿中可获取。

3. 工作记忆系统在婴儿 6～12 个月时开始发展，但在整个儿童期都似乎发展缓慢，这是受背外侧前额叶发育的限制所致。

4. 目前新成为发展认知神经科学研究的热点之一是来源记忆与自传记忆。来源记忆是对回忆事件发生背景(包括地点与时间等)的记忆。研究者考察了 4 岁、6 岁和 8 岁儿童对事件的来源记忆(source memory)，发现儿童来源记忆能力在 4 岁与 6 岁之间有显著的提高，4 岁儿童在确定事件来源中犯很多的错误。这一发现，结合在额叶皮层受损的成人中发现的“来源遗忘症(source amnesia)”，可以推测儿童这一记忆能力的改善与额叶皮层相应区域的成熟有密切的关系。

自传记忆是有关个人过去经验的记忆，包括所有情绪与知觉的细节。Pillemer

---

① 参阅 Mark，H. Johnson. (2005)，Developmental Cognitive Neuroscience (2nd)，Oxford：Blackwell Publishing Ltd，pp. 119-129.

等认为自传记忆尚未形成而表现出来的童年期遗忘是海马区域结构不成熟导致的直接后果。然而利用 PET、fMRI 和皮层慢电位等认知神经科学方法对自传记忆进行研究，发现了与自传记忆提取相关的广泛性神经网络。例如 Steinvorth 等研究了自传记忆痕迹激活(包括搜索和回想两个阶段)所对应的脑区，发现一个很大的双侧网络(左侧激活较右侧更强)支持着自传记忆提取：包含颞叶、颞－顶－枕交界、背侧前额叶皮层、额内侧皮层、压后皮层(retrosplenial cortex，与情感有关)和周围区域，以及内侧颞叶结构。因此，海马区域结构的成熟对自传记忆的形成是不充分的，还需要大脑额叶皮层、颞叶皮层、枕叶皮层、内侧颞叶等许多结构的发育成熟。①

本章小结

记忆是人脑对过去经验的识记、保持和恢复的过程。记忆是一种基本的心理过程，在人类个体生活和社会生活中发挥着巨大的作用。早期儿童经验的获得对其各方面的发展都有重要的影响。

婴儿具有令人惊异的记忆能力，心理学家们采用了特殊的方法：习惯化和条件反射，对尚未能用语言和非常外显的行为表达自己记忆的婴儿进行研究，结果显示，甚至是新生儿也有再认记忆的存在。在接下来的时间里，婴儿能对更多和更复杂的记忆材料进行记忆，他们记忆保持的时间也在不断延长。在差不多到 1 岁左右的时候，婴儿似乎就已经出现了回忆式的记忆。同时有关研究还显示，婴儿习惯化的速率存在差异，而这种速率上的差异可能与儿童未来的智力发展相联系。而成人不能回忆起婴儿阶段的记忆内容，这种婴儿期记忆缺失现象也是心理学家们感兴趣的研究内容之一。

幼儿外显记忆的发展主要表现在记忆有意性的发展、记忆容量、记忆策略和元记忆等方面的发展上，有意性的发展是幼儿记忆发展中最重要的方面。有关研究都说明了这样一个事实：儿童记忆能力的发展水平是随着年龄发展而不断提高的。与外显记忆相比，儿童内隐记忆的发展则相对比较稳定，在婴幼儿期，内隐记忆的变化似乎并不明显。儿童记忆的发展和儿童意识的发展、经验的积累是分不开的。

记忆自传体记忆，即对个人经历事件的记忆，无疑是婴儿阶段之后儿童记忆发展的重要表现。儿童对发生于有意义的熟悉情境的真实事件的记忆，要优于他们对诸如图片、言语等材料进行的实验室中的记忆。成人与儿童对话活动可以帮助儿童对所经历的事件进行回忆，尤其是精细化的对话方式更是起到了明显的支持作用。

前瞻记忆是关于将要完成任务的记忆。它是儿童记忆发展的重要方面，关系到幼儿与社会环境的互动。幼儿期已有了前瞻记忆，并有随年龄发展的趋势。前瞻记

---

① Steinvorth S.，Corkin S.，Halgren E. Ecphory of autobiographical memories：an fMRI study of recent and remote memory retrieval. NeuroImage，2006，30，pp. 285-298.

忆的发展与线索、场景熟悉度、奖赏等有关。

年幼儿童的记忆准确性和详细程度均不如年长儿童和成人，并且更容易受到暗示。但研究也显示，成人的提问方式可能会改变他们的记忆信息，而在恰当的环境中，通过合理的提问，即使是年龄很小的幼儿也能高度准确地做出记忆报告。儿童错误记忆低于成人，这与儿童记忆的加工方式不同于成人有关，儿童倾向于表面特征及细节的加工。

记忆信息的保持有一个动态的变化过程，体现在质和量两个方面。记忆的遗忘规律告诉我们遗忘进程是先快后慢，遗忘与从学习后到信息提取的时间、学习程度、学习态度、学习内容等多种因素有关。与成人的差异是，儿童存在记忆恢复的现象，即学习后过几天测得的保持量比学习后立即测得的保持量要高的记忆现象。

促进儿童有效学习可以从两个方面入手，一是根据儿童记忆发展的特点；二是记忆的普遍规律。

儿童的记忆随着神经结构的成熟而渐渐发挥作用。突触的长时程增强(LTP)现象被认为是记忆的细胞层面机制。海马是学习记忆相关的重要脑区。人类记忆存在多重记忆系统，可以分为瞬时记忆、工作记忆和长时记忆。长时记忆又分为称述性记忆与非称述性记忆。不同的记忆功能有赖于脑内对应复杂系统的成熟。

进一步学习资源

关于记忆的基本问题可以参阅鲁忠义、杜建政著的《记忆心理学》(人民教育出版社，2005)、[美]戴维·迈尔斯著的《心理学》(人民邮电出版社，2005)、M. W. 艾森克和 M. T. 基恩所著的《认知心理学》(华东师范大学出版社，2003)。

婴儿记忆的研究可参阅 J. H. 弗拉维尔著《认知发展》，华东师范大学出版社，2002 年版；William Damon Richard M. Lerner 著的《儿童心理学手册》(第六版)(华东师范大学出版社，2009)、孟昭兰著《婴儿心理学》(北京大学出版社，1997)、[美]罗伯特·费尔德曼著的《发展心理学——人的毕生发展》(第 4 版)(世界图书出版社，2007)、王振宇编著的《学前儿童发展心理学》(人民教育出版社，2004)。

关于自传体记忆的研究可参阅劳拉·E. 贝克著《儿童发展》(江苏教育出版社、2002)、William Damon Richard M. Lerner 著的《儿童心理学手册》(第六版)(华东师范大学出版社，2009)。

关于策略发展的研究可参阅桑标著《当代儿童心理学》(上海教育出版社，2003) William Damon Richard M. Lerner 著的《儿童心理学手册》(第六版)(华东师范大学出版社，2009)、[美]罗伯特·费尔德曼著的《发展心理学——人的毕生发展》(第 4 版)(世界图书出版社，2007)。

关于儿童元认知及记忆精确性的研究可参阅 Guy R. Lefrancois 著《孩子们——儿童心理发展》，北京大学出版社，2004 年版、J. H. 弗拉维尔等著的《认知发展》(华东师范大学出版社)。关于促进儿童有效学习的进一步学习可参阅陈帼眉著《学前心理学》，北京师范大学出版社，2000 年版。

关于记忆的更多研究与应用可登录中国记忆网站：www. chinamemory. net。

关键概念

记忆　定向反射　习惯化　条件反射　再认　回忆　诱发模仿　延迟模仿　自动化加工　注意性加工　事件记忆　自传体记忆　复述　组织　精细加工　元记忆　记忆容量　记忆的保持与遗忘规律　记忆恢复现象　遗忘规律　边缘系统　海马　长时程增强　多重记忆系统　瞬时记忆　工作记忆　长时记忆　外显记忆　内隐记忆前—外显记忆

思考与探究

1. 心理学家们是如何研究婴儿记忆的？婴儿期记忆有何特征？

2. 什么是自传体记忆？它对儿童发展有何意义？

3. 记录幼儿对某一事件回忆的描述，并试着进行分析。

4. 用图片、实物或数字符号作为记忆内容，让不同年龄段幼儿进行记忆，记录、分析、比较他们所使用的记忆策略。

5. 记忆的保持和遗忘都有什么规律？

6. 如果请你教幼儿学习一首儿歌，你会怎样设计？请提出你的教育方案。

7. 海马脑区在记忆发展中起什么作用？

8. 解释何为人类的多重记忆系统。

趣味现象·做做看

要求幼儿在 2 分钟内记忆 10 张实物图片，询问他是否能都记住，并告诉他完成任务会得到奖励。而你在前 1 分钟内只是静静地在旁边观察他，在后 1 分钟内则在旁边玩玩具并观察他。

这个小实验主要是了解幼儿的元记忆能力，具体从以下几个方面研究：一是幼儿对自己记忆能力的认识；二是对记忆任务的认识；三是记忆策略的使用；四是在记忆过程中监控与调节能力的体现。做做看，你会发现很多有意思的现象。

第五章

早期儿童想象、思维的发展

本章导航

本章将有助于你掌握：

早期儿童想象的基本概念
早期儿童想象发展的特点

早期儿童思维的基本概念
早期儿童思维发展的基本特点

早期儿童概念的基本内涵
早期儿童掌握概念的基本规律
早期儿童实物概念的发展
早期儿童数概念的发展

早期儿童判断、推理和理解的基本内涵
早期儿童判断发展的基本特点
早期儿童推理发展的基本特点
早期儿童理解发展的基本特点

早期儿童问题解决的基本内涵

早期儿童问题解决过程中所涉及的心理资源

儿童思维发展与额叶发育
儿童思维发展与朴素理论
心理发展的神经基础
儿童发展的神经评估

小雅和小荷是表姐妹，今年都3岁多了，小荷比小雅早出生两天，可个头却比小雅要矮一小截。一天在奶奶家的小院子里，小雅和小荷正在玩把椅子当小马的游戏，当“马儿”要越过花盆时，小雅对小荷说：“妹妹，我们翻山了……”这时奶奶笑着对小雅说小荷是姐姐。小雅委屈地说：“奶奶，我比小荷高，我是姐姐。”小雅认为自己个子比小荷要高，就比小荷大，为什么还要叫小荷“姐姐”呢，她执意认为自己才是姐姐……

小雅和小荷正在把椅子当马骑，椅子当然不是马了，她们把它想象成马，把花盆想象成小山。那么什么是想象，儿童想象的发展趋势又如何，想象与思维有什么关系呢？在此例中，我们看到当奶奶说小荷才是姐姐时，小雅有着自己的辩解。小雅直接通过自己的具体形象——个头的高低来比较自己和小荷谁大谁小，小雅为什么会这样呢？小雅的比较与判断是一种思维活动，那么什么是思维？思维是一个重要的心理活动与过程，人类在思维的基础上认识事物进行推理解决问题，思维对于整个心理活动与过程的发展起着举足轻重的作用。为什么小雅会如此进行判断呢？儿童思维发展的基本特征是什么？儿童思维发展的基本过程又是怎样呢？本章将围绕上述这些问题进行介绍，同时帮助读者利用这些知识去认识儿童想象与思维发展的基本规律与特点，从而更好地了解儿童和教育儿童。

第一节　早期儿童想象的发展

想象是对头脑中已有的表象进行加工改造从而建立新形象的心理过程。所谓表象是指当事物不在眼前时，能在头脑中形成对该事物的稳定形象。但是想象又不同于表象，它是更加高级的心理过程。显然，想象要借助于头脑中已有的表象，对这些表象进行重新加工，形成新的形象。小雅和小荷虽然没有见过、更没有骑过真正的马，但是她们或许在绘本或是电视里看到过马。借助这些，小雅和小荷在头脑中就形成了关于马的生动形象。于是在玩游戏时，她们把头脑中的关于马的形象进行了新加工，把椅子当作马。想象所形成的新形象不仅仅是现实中所存在的，还可以是现实中所不存在的。一天，小雅看到奶奶家的棉花堆，她笑着说：“奶奶，你看

棉花长得像白雪公主。”无论想象所创造的新形象是现实的还是不现实的，想象的基础还是来源于现实生活。想象同其他心理活动与过程一样，是对客观现实的主观反映。

想象在儿童心理发展中处于重要地位，它与儿童记忆的发展、语言的发展和思维的发展等关系密切。学前期的游戏和绘画等活动，儿童都须借助想象才能进行；入学后，儿童须借助想象阅读、欣赏和理解文学作品，以及学习数学等自然科学知识。那么早期儿童想象的发展趋势如何，经历了哪些阶段？早期儿童想象从无意想象到创造想象又呈现出了哪些特点？下面，我们将围绕这些问题进行详细阐述。

一、早期儿童想象发展概述

想象是对头脑中已有的表象进行加工改造从而建立新形象的心理过程，它来源于现实，是对现实的一种反映。根据想象有无目的性可分为无意想象和有意想象。有意想象又包括再造想象和创造想象。

无意想象是指无特定目的、不自觉的想象。例如，小雅看到棉花堆成的样子，便想到了《白雪公主》里的“白雪公主”；看到天上的白云，又马上想到了它的形状像“巴啦啦小魔棒”；听奶奶讲故事时，随着奶奶生动形象的讲述，小雅头脑中会不由自主地浮现出故事中的情境。无意想象最极端的例子是梦，它是一种漫无目的、不由自主的奇异想象。

有意想象是指有一定目的、自觉进行的想象。例如，建筑师设计楼房，服装设计师设计服装，科学家从事科学创造发明等，他们根据一定的目的和任务进行想象，这些想象都是有意想象。根据想象内容形成方式的不同，有意想象又包含再造想象和创造想象。再造想象是根据语言或图画等非语言的描述，在头脑中形成相应的新形象的过程。例如，当我们阅读《红楼梦》名著时，头脑中便会形成林黛玉、贾宝玉和王熙凤等人物的形象；当房屋装饰工人看到设计图纸时，眼前便出现了房屋装饰后温馨浪漫的样子。而创造想象是创造新形象的过程，创造想象的内容不仅新颖还具有开创性。例如科学家开创一种新理论；艺术家创造新的艺术作品；发明家创造的发明物等，这些都是创造想象。显然创造想象比再造想象更复杂。

想象是对人脑中已有表象的加工与改造，也是人脑对客观现实的主观反映。但是想象的内容可能与现实相符合，也可能脱离现实。与现实相符合的创造想象是创造性思维；脱离实际的创造想象是空想或幻想。但是人类的许多发明创造都来源于这种脱离现实的空想或幻想。例如人类对太空旅行的想象与实现。而思维是一种心理现象，是人脑对客观现实的间接和概括的主观反映。可见，想象与思维发展有着密切的关系，有研究者认为想象就是一种形象性思维。

想象与其他心理过程一样，有其自身的发展规律与特点。一般而言，早期儿童想象的发展呈现出从最初的无目的性的无意想象到有意想象；从以再造想象为主到出现创造想象的萌芽；从想象脱离实际到合乎现实逻辑性的趋势与特征。

二、早期儿童想象发展的特点

一般认为1岁半到2岁左右幼儿出现想象的萌芽，但这种想象是一种类似情形的记忆再现或联想。例如，幼儿看到小朋友生病了，医生给小朋友打针，在游戏中便模仿医生给娃娃打针吃药。幼儿在游戏中模仿日常生活情形，就已具有了想象的成分。但这种想象还只是幼儿在新的情境下对所感知过的情境的重复。随着幼儿语言、感知和知识经验的不断增加和丰富，幼儿想象也得到不断地发展。

(一)学前期幼儿想象发展的基本特点

1. 学前期幼儿有意想象逐渐得到发展，但主要还是无意想象

幼儿的无意想象表现出无目的性、无稳定主题、内容零乱无系统性并以想象过程为满足等特点。例如，幼儿用积木搭了件模型，高兴地说“钢琴”可以弹了，便开始用手不停地弹“钢琴”；看见电视里正在播放发射“神舟十号飞船”，便说“钢琴”是“神舟十号飞船”了；看到别的小朋友搭了“城堡”，便又说“飞船”是“城堡”了。由此可见，此时幼儿的无意想象毫无目的，主要由外界刺激而引起，看到了“飞船”便是飞船；没有稳定的主题，一会儿说搭的积木模型是“钢琴”，一会儿又说是“飞船”和“城堡”；前后所想象的事物之间也没有任何的联系，很零乱，根本没有系统性。

此时幼儿进行想象没有任何目的，他们从想象过程中获得满足与乐趣。例如，幼儿园里，幼儿讲故事时一会儿讲到爸爸昨天带回家一艘“轮船”(模型)，一会儿又讲了星期天妈妈带我去游乐场了。虽然幼儿所讲故事的内容前后没有衔接，而讲的幼儿还是津津乐道，听的幼儿却也是津津有味。幼儿无意想象的特点还呈现出幼儿想象有时跟现实分不清楚。例如，常常听到幼儿说“我今天看到了什么或我今天听到了什么……”等，而实际情况是他/她根本没有看到，是在进行想象。

幼儿对自己涂鸦的解释也说明了这一时期幼儿想象的特点。绘画作为一种符号表征形式，是人类心智发展的重要成就之一。涂鸦阶段(2～4岁)的幼儿开始能够认识到绘画内容与外界事物的关系，能够受画面象征符号的启发而命名自己的涂鸦内容。例如2岁1个月的马休斯画出连续重叠的螺旋线之后，看着自己的作品说：“它正在角落里绕圈呢。”当他又在上面覆盖了一层线条之后，他说，“它现在绕走了”。①

在生命的第3年中，幼儿开始用线条描画故事中的形象。但是他们在乱涂乱画之前没有明确的目的，仅仅是一种游戏而已。他们一般先玩涂鸦游戏，然后根据自己完成的作品，将图形与看似无关的、来自真实生活或故事中的人、事、物联系起来。所以我们常常会看到这样的场景：幼儿画完以后，非常惊讶于自己的成就，高兴地大叫着向成人展示自己的伟大作品：“妈妈，妈妈，看我画的是什么，是一个人!”

---

① Claire Golomb. 儿童绘画心理学——儿童创造的图画世界[M]. 李甦，译. 北京：中国轻工业出版社，2008，13.

此时如果有成人的鼓励和肯定，幼儿会更经常地涂鸦，更经常地有意识地寻找自己绘出的图形与物体之间的相似性。而实际情况也是如此，幼儿所作的抽象派的“原生态”作品往往能引起家长的兴趣，家长兴奋和喜悦的言行反过来又鼓励了幼儿的涂鸦行为，使幼儿更积极地投入到涂鸦活动中。

需要注意的是由于幼儿经验等的缺乏，还不能分清现实与想象。那么作为教师与家长需分清幼儿是在想象还是在撒谎，以免阻碍了幼儿想象的发展。到了学前晚期，幼儿在成人教育与影响下出现了有意想象的萌芽，并不断得到发展。幼儿从无意想象到有意想象的发展表现出想象具有目的性，主题逐渐稳定，内容逐步出现完整性等特点，但这种有意想象还处于初级水平。

2. 学前幼儿在再造想象的基础上，逐渐发展创造想象

再造想象是学前期幼儿想象的主要形式。有研究者对幼儿图画想象的研究表明，主要是再造想象。研究者对其实验研究结果进行分析，发现根据幼儿想象的内容可将幼儿再造想象分成四种不同的类型：经验性、情境性、愿望性和拟人化的再造想象。其中第一种类型占主要形式。幼儿再造想象需借助成人指导和外部行动进行。例如，在幼儿园里，老师们可展开主题性的绘画活动或根据具体的故事主题等展开游戏。在游戏过程，幼儿需要借助老师的语言或行为的指导。

到了学前晚期，幼儿在再造想象的基础上，随着语言和知识经验等的不断增加，逐渐发展了创造想象。但这时的创造想象还只是萌芽阶段，并不像成人那样具有完全的独立性和新颖性。

3. 想象完全脱离现实到合乎客观逻辑

最初，幼儿想象时常常会夸大现实，甚至完全脱离现实。比如，老师让幼儿想象被印在宣纸上的不规则的黑点像什么。小班里有幼儿说它像足球，而在中班和大班有的幼儿听说后，便摇了摇头说“怎么会像足球，像小玻璃球还差不多”。随着年龄的增长，知识经验的增加与丰富，儿童想象的内容越来越符合客观逻辑。

(二)入学后儿童想象发展的基本特点

朱智贤、林崇德(1979，2002)认为儿童入学后，在教育教学的影响下，随着儿童语言和知识经验等的增长，儿童想象将获得进一步的发展，主要表现在想象的有意性迅速增加，创造性的内容逐步增加，想象的独特性也日见端倪，想象更符合现实逻辑。教师在教学过程中，要积极发展儿童的想象，培养儿童独立思考问题的能力。

第二节　早期儿童思维的发展

思维是人脑对客观世界的反映。皮亚杰认为刚刚出生的婴儿的动作是一系列的条件反射，并不具有智慧。也就是说，初生儿还没进行真正的思维活动。幼儿的思维是在幼儿个体和周围现实相互交往的活动中产生和发展起来的。幼儿思维活动从条件反射和感知觉活动开始。首先幼儿在条件反射的过程中形成对事物的感知觉，例如，不论妈妈穿什么衣服，幼儿都能认出自己的妈妈，这就是皮亚杰所说的“客体永久性”。有研究者认为幼儿获得“客体永久性”是早期儿童思维发展的转折，而且正是这种“客体永久性”的感知觉有利于幼儿进行深层次的加工，为形成表象创造条件。表象是指当事物不在眼前时，能在头脑中形成对该事物的稳定形象。表象还不是真正意义上的思维，但它为形成逻辑思维提供了基础。

皮亚杰认为，在儿童思维的形成过程中，从无条件反射到逻辑思维的形成，都是在个体不断地与外界相互交往中进行的。当儿童不断地与外界进行交往时，儿童思维操作能力(如分析、综合)不断得到发展；当感知觉、表象和语言相互作用时，儿童的思维活动就逐步产生和发展起来。一般认为，儿童思维的发展是从直观行动思维、具体形象思维和抽象逻辑思维逐步发展起来的。那么究竟什么是思维，它具体又是如何发展的呢?

一、早期儿童思维发展概述

思维是一种心理现象，是脑对客观现实的反映。它是人类最重要的认识活动，也是人类区别于动物的主要特征。思维具有概括性、间接性、逻辑性等主要特征。

概括性是思维的核心特征，正是因为有了概括性，思维才能认识事物的内在本质和规律。思维认识事物的过程主要就是抽象与概括的过程。首先，由抽象提取事物的一般规律；其次，由概括性将事物的一般规律与特征推广到其他的同类事物，以此来认识事物。由此可见，对于思维而言，概括对思维认识事物起着非常重要的作用。

思维的间接性是指思维是人脑对客观世界的一种间接反映。例如，清早起床时，发现地面是湿的，由此判定“昨晚下雨了”，但是个体并没有亲身感知昨晚下雨的过程，他/她是根据自己的知识经验，根据地面湿度来判定“昨晚下雨”了。另外，人们还可以借助知识经验，对从未感知过的事物进行反映。例如，宇宙飞船在太空的运行速度。除此之外，个体在认识事物的基础上，可利用现有的知识经验，认识和预测事物的发展与未来。

思维的逻辑性是指思维活动作为一种心理活动和心理现象，其本身不是混乱的，毫无规律的，它具有一定的逻辑性和规律性。例如，思维活动过程中，首先形成对事物本质属性与特征的掌握，即概念的形成。在概念形成的基础上，来进行判断，又由判断进行推理，也就是说，概念、判断和推理是思维的基本形式和过程。那么如何形成概念、如何进行判断和推理，这就涉及思维的基本方法和规律。

思维活动是一种极其复杂的心理现象与活动。其种类繁多，依据不同的划分可分为不同的种类。例如，根据思维所要解决的问题不同，可分为动作思维、形象思维和抽象思维；根据思维探索答案方向的不同，可分为聚合思维和发散式思维；根

据思维独创性，可将思维区分为常规思维和创造思维。那么，儿童思维究竟有哪些类型呢？在发展心理学中，根据思维抽象程度进行划分，通常将儿童思维分成直观行动思维、具体形象思维和抽象逻辑思维。

直观行动思维是指直接与物质活动相联系的思维，它又叫感知运动(或动作)思维，它是思维发展的初级阶段，它的主要作用就是协调感知和动作。具体形象思维是以表象为材料的思维，它是一般形象思维的初级形态，也是思维发展的必经阶段。它具备思维的概括性、间接性和逻辑性等特点，同时它带有强烈的个人情感色彩。具体形象思维借助活泼、具体和形象的语言或作品来对表象和形象等重要材料进行加工，由此成为艺术创作中不可缺少的一种特殊的思维活动。抽象逻辑思维是在实践活动和感知经验的基础上，以抽象概念为形式的思维。它是人类思维的核心形态，主要以概念、判断和推理的形式表现出来，分形式逻辑和辩证逻辑两种形式。

思维作为一种心理现象，同其他心理现象一样有其自身的发展规律和特征。儿童思维的发展是个体不断地同客体相互作用的结果，是一个由量变到质变的过程。一般认为，儿童思维的发展具有阶段性、顺序性和年龄特征等特点。所谓阶段性，指儿童思维发展主要由直观行动思维、具体形象思维和抽象逻辑思维三个阶段构成，且有其顺序性，其发展顺序是直观行动思维→具体形象思维→抽象逻辑思维，但由于思维活动本身的复杂性，这三种思维之间又会互相渗透，同时表现出一定的年龄特征。

二、早期儿童思维发展的基本特点

思维是个体在与周围客体相互作用的过程中产生和发展起来的。一般认为，初生儿并没有进行真正的思维活动。他们只有先天的一些条件反射，如吮吸、抓、握，但正是这些先天的条件反射是思维产生的前提条件。例如，当幼儿吃过一次香蕉时，下次再看到弯弯的、黄黄的香蕉时，也就知道了香蕉是好吃的，知道了香蕉是可以吃的。虽然这种对事物的认识水平还很低，但它是幼儿认识的起源。当幼儿开始以表象为基础，以词为中介，并形成了对客观现实初步的、概括的和间接的反映时，思维便开始发生。目前，有关幼儿出现思维的年龄界限还没有统一的认识，一般人们认为，2 岁左右发生了思维，2 岁之前是准备期。

(一)婴幼期思维发展的基本特征

0～3 岁是早期幼儿思维发生和萌芽的阶段，此时的思维基本上属于直观行动思维，此时的思维特点主要是直观行动性。主要表现在：

1. 产生了词的概括

幼儿从 1～2 岁，是动作和语言开始迅速发展的时期。在动作发展的过程中，由于语言的出现，儿童的直观行动概括能力得到逐步发展。但是这种概括一般只限于对事物的感知，并没有认识到事物的本质。例如，1 岁左右的儿童只知道“妈妈”这个词指自己的妈妈，当听到别的孩子把他们的妈妈也叫妈妈时，就感到很困惑。

以后，词开始标志着一类相似的事物，这就产生了最初的概括。例如，“汽车”这个词开始意味着“大汽车”和“小汽车”，但这还只是词和表象的结合，只是事物外部特征(形状大小)的描述，还没有对其本质进行概括。到了3岁左右，儿童开始能用词对一类事物的比较稳定的主要特征进行概括。比如，此时儿童可以将“汽车”这个词作为各种汽车的名称，而不再根据汽车的形状、颜色进行概括了。甚至当“汽车”该事物不在眼前时，儿童也能从概括的意义上使用这个词，这就产生了词的概括。

2. 存在显著的年龄特征

皮亚杰将儿童思维发展划分为四个阶段。将从出生到2岁称之为“感知运动阶段”，它是儿童智力发展的萌芽阶段。这个阶段又可分成六个小阶段，由于一般的学前心理学教科书中对此都有详细的介绍，故在此不再加以详细说明。每个小阶段都有着相应的年龄划分和发展状况，如4个半月～9个月，是有目的的动作的形成时期。在这个时期儿童能够重复他刚才偶然做出的动作，但目的与手段还没有完全分化。到了9～11、12个月，是手段和目的之间的协调时期。这些都表明，3岁前儿童思维的发展就表现出强烈的年龄特征。

总之，3岁前儿童思维主要是直观行动思维，具有直观行动性，虽然这种思维还处于思维的低级阶段，但是其产生和发展的意义是巨大的，它不仅标志着智慧活动的真正开始，还意味着人的意识的萌芽。

(二)学前幼儿思维发展的特征

学前期指3岁～6、7岁这一时期，这一时期相比较前一时期，幼儿进入了新的环境(如幼儿园)，参加了新的社会生活(如幼儿园生活与活动)并受到了一定的社会教育。同时，成人对幼儿的要求也有所不同了，让儿童独自吃饭、睡觉、穿衣等。随着幼儿与周围环境的相互作用的频繁与深入，幼儿思维发展也较第一阶段(0～3岁)有了新的特点，其形式发展主要表现在：

1. 思维的具体形象性

学前幼儿思维由直观行动思维发展到具体形象思维，向抽象逻辑思维过渡。思维的具体形象性是学前期思维发展的主要特点，它以直观行动思维为基础，以具体形象或表象为加工材料，主要还是以感知觉进行思维，而不是依靠理性的概念来进行思维。但它与直观行动思维有着本质的不同，具体形象思维较直观行动思维的概括性更高。有研究表明，此时期幼儿解决问题的复杂性较直观行动思维时期要高得多。思维的具体形象性又主要表现在以下几个方面：

(1)相对具体性

此时幼儿还是以具体形象的事物为加工材料，借助已有的知识经验进行思维活动，还不能运用概念进行抽象逻辑思维。例如，问幼儿“6＋3等于几呀”，大部分幼儿会马上扳出手指头来算或借助其他的具体事物来计算。而且此时若向幼儿布置较为复杂的任务，幼儿可能理解不了老师的意思。比如，冬天来了，成人会给小朋友们添加衣服，幼儿就会给自己的玩具娃娃穿衣服，有的幼儿还急着要去给外面的

小树穿衣服，因为“冬天来了，外面的小树也很冷，它们没有穿衣服”。

(2)不可逆性

当问一个3岁的幼儿“你有哥哥吗?”他说“有”，再问“你哥哥有弟弟吗?”他却说“没有”。这就是思维不可逆性。同时，儿童思维还不具有守恒性。例如，皮亚杰守恒实验显示(如下图5-1所示)：把两个大小形状且装着一样多水的杯子呈现给幼儿，然后将其中一个杯子里的水倒入另一个形状矮胖的杯子，再问及儿童两个杯子里的水是不是一样多时？通常大部分儿童回答：不一样。

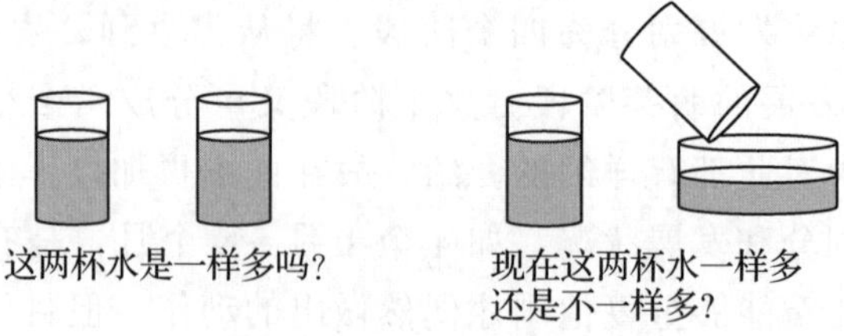

图5-1　皮亚杰液体守恒实验

(引自方富熹、方格，《儿童发展心理学》，人民教育出版社，2005年，第305页)

(3)自我中心

此时幼儿思维过程中都以自我为中心，他们不会站在别人的角度来思考问题，也没有认识到别人会有着和自己不同的观点。在他们看来，其他人的想法都是和自己一样的。例如，皮亚杰著名的“三山问题”实验中，他在桌子上向幼儿呈现了一个“三山模型”(如下图5-2所示)：让幼儿站在一边，然后让一个洋娃娃围绕该模型，站在不同的位置观看这“三座山”，让幼儿从备选的照片中选出一张符合当前洋娃娃观察到的山的形状。研究结果表明，学前期幼儿一般不能完成这一任务，因为他们总是根据自己的视角位置来选择照片，也就是他自己看到什么便认为别人也是如

图5-2　皮亚杰“三山问题”实验

(一座山的山顶上建着一座小房子，另一座山上有一个红色的十字架，最高的山顶上覆盖着“白雪”)(摘自方富熹、方格，《儿童发展心理学》，人民教育出版社，2005年，第303页)

此。(Piager & Inhelder，1948/1956，转摘自方富熹、方格，2005)。

自我中心的另一表现就是拟人性，即幼儿表现出一种泛灵论思维，认为任何事物同人一样具有生命。例如，问一位3岁多的儿童：为什么草上的露珠不见了呢？他/她会说：太阳公公起床了，小露珠害羞了，回家了。学前期幼儿喜欢童话故事，因为童话故事用拟人的手法来描述，正符合幼儿的思维特点。

2. 思维的抽象逻辑性开始萌芽

抽象逻辑思维是思维发展的高级阶段，学前期幼儿还不具备这种思维，但是4～5岁幼儿已出现了抽象逻辑思维的萌芽。例如，4岁幼儿可以猜中像“花生”“月亮”等谜语，5岁幼儿会知道“把葫芦子种到地里会长出葫芦来”。但是这些因果关系，都是幼儿日常生活中比较熟悉的，对于自己比较陌生的或不太熟悉的事物，就不易掌握事物的本质特征与规律。其实，关于这一点往往成人也不例外。到了学前晚期，在良好的教育条件下，幼儿生活经验和知识经验不断累积，伴随着幼儿语言的发展，幼儿的抽象概括能力也逐渐发展起来，开始进行一些初步的抽象逻辑思维，但是这种抽象逻辑思维还只是处于一种萌芽阶段。

(三)入学后儿童思维发展的基本特征

朱智贤、林崇德(1979，2002)认为小学儿童思维发展的主要特点是，由具体形象思维过渡到以抽象逻辑思维为主要形式，但这种抽象逻辑思维还只是直接与感知经验相联系，仍然具有很大的具体形象性。虽然在小学阶段，儿童逐渐具备了人类思维的完整结构，但这个结构还有待于进一步地完善和发展。同时在由具体形象思维向抽象思维过渡的过程中存在着较大的不平衡性。青少年思维发展的主要特点是，青少年儿童进入中学后，思维获得飞跃性的发展；在青少年时期，抽象逻辑思维处于优势地位。

第三节　早期儿童概念的发展

概念是人脑对客观事物本质属性和特征的反映。幼儿在概括的基础上，由具体形象思维向抽象逻辑思维的发展过程中，逐渐掌握以词为标志的概念。人类概念是在人类历史发展过程中形成的。幼儿在与周围环境发生相互作用、相互交往中学习、掌握概念。幼儿掌握概念是一个积极主动的过程，而不是被动地接受由成人、老师、同伴乃至一些传播媒体所传授的概念。

学前幼儿由于知识经验的匮乏，对概念的掌握还主要停留于事物的感知方面(如大小、形状、颜色和用途等)，并没有对事物的本质属性进行深入的了解，甚至也不可能理解。因此学前期幼儿对概念往往呈现概括不精确、非本质且内容比较贫乏等特点。例如，“方便袋”是“奶奶早上用来买菜用的”，“是妈妈用来装书的”；4

岁左右的儿童以为“儿子”只代表小孩，当他们看到一位身材高大且留着短胡须的男人，说是妈妈同事的儿子时，便感到非常困惑和惊讶。入学后，儿童掌握概念逐步丰富化、深刻化且精确化。

儿童掌握概念的类型主要有以下几个方面：实物、数、空间和时间、科学概念等。接下来，我们将以实物概念和数概念的掌握为例，详细说明儿童掌握概念的基本特点。

一、实物概念的发展

(一)学前幼儿掌握实物概念的特点

学前幼儿对实物概念的掌握，主要体现在跟自己日常生活联系密切、十分常见的一些实物。研究者主要通过观察儿童摆弄物体，如给儿童呈现各种类型的物体，如动物玩具、交通工具、家具，观察他们如何将物体进行分类，来考察儿童对概念的表征。众多研究结果均显示，对实物概念的掌握，幼儿往往从感知觉或实物的用途方面进行概括，从而掌握实物概念。有研究表明(刘静和等，1964)，幼儿对实物概念的掌握主要以低层次概念为主。如下图所示，当向幼儿呈现画有以下水果和蔬菜的图片，让4～6岁儿童进行分类，结果发现：

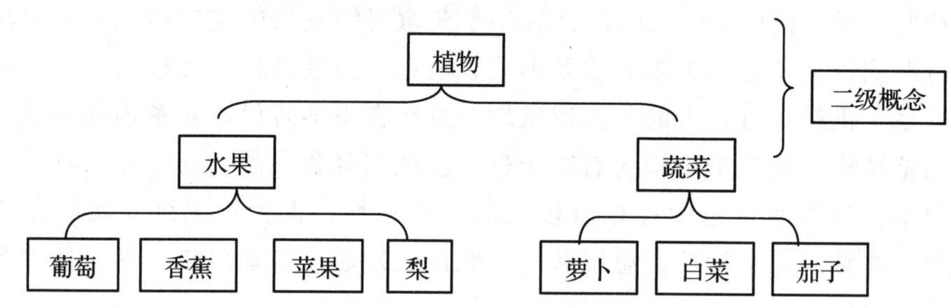

图5-3　水果及蔬菜图片

1.4岁左右的儿童还不能进行一级概念的独立分类，基本上不能完成二级概念的分类任务。

2.5岁左右的儿童可以进行独立分类，但他们往往以事物的外部特征或功用进行分类。例如，把香蕉和茄子放在一起，因为它们都长得弯弯的。

3.6岁左右的儿童可以进行独立分类，不同于5岁左右儿童的是，6岁左右的儿童开始将某些比较熟悉的实物的许多特征进行总和，但这些特征还只是局限于实物的内、外特征，并不能很好地区分本质与现象。例如，把萝卜、白菜和茄子放在一起，因为它们都是可以吃的。

也有研究者发现：年长儿童通常用定义特征对物体归类，如把动物和动物归为一类，把车辆和车辆归为一类等，而学前幼儿通常不会根据单一固定的维度对物体进行分类，他们常常不根据类别关系，而倾向于根据物体间相互作用方式进行分类，如把狗和飞碟归为一类(因为狗经常玩飞碟)，把玩具和架子归在一起(因为玩具放在架子上)。但这并不是说幼儿不能理解分类关系。当实验者询问时，他们也能运用分类关系作出正确解释。因此，幼儿的这种分类行为可能源自他们的兴趣，不能完全代表他们的能力。比起成人，学前幼儿更善于发现不同的有趣关系，把狗和飞碟归在一起，可能是因为他们觉得狗和飞碟之间的关系更有趣。

综合各研究者的观点，幼儿概念的发展经历可以细分为三个阶段：在非常小的时候，幼儿形成的概念是主题式概念，根据共同的活动或主题进行分类，强调特定配对物体之间的关系；稍大一些后，幼儿在颜色或形状等外部特征的抽象维度的基础上暂时归类，形成分类式概念，能按照等级对概念进行组织，类似于生物学上对动植物的划分，但此阶段幼儿分类的依据不稳定，常忘记自己在做什么，所以随时可能转变分类的依据。到小学阶段，他们基于稳定的充分必要的特征形成了真正的概念。

二、数概念的发展

数概念是数学中最基础的知识，也是儿童开始积累数学的感性经验首先遇到的问题之一。数概念相对于实物概念更加抽象，掌握数概念是一个较复杂、较长期的过程。最初，幼儿并没有数量的观念，对物体集合的感知模糊不清，没有分化，往往要与具体的事物相结合，以后逐渐能区别数量的多少。例如，给 1 岁多的幼儿每只手里放一块饼干，如果拿走一块，他/她会不满意。2 岁左右，在成人的教育影响下，幼儿逐步学会个别的数词，如“1”“2”，但往往不能正确地用以表示物体的数量。例如，当问到物体“有多少”时，有些儿童往往都用“两个”来回答。林崇德(1980)通过实验研究表明，儿童形成数的概念，经历了口头数数——给物说数——按数取物——掌握数概念四个发展阶段。

1. 口头数数

口头数数也叫唱数，是在幼儿没有形成真正数概念前，将数词作为单纯的语音连续地唱出来的行为。研究表明，3 岁多的儿童，多数能数到 10；4 岁多的儿童，多数能数 20 以内的数，其中少数能数到 100；5 岁多的儿童，多数能数 30 以上的数，其中约半数能数到 100；6 岁多的儿童，大多数能数到 100。

2. 给物说数

给物说数，即点数实物后，说出总数。在 3～4 岁时，儿童开始熟练于建立基础值的另一种方法——点数。有研究者指出儿童快速习得点数，并假设在点数原则知识的指引下，快速学习是有可能的。他们假设幼儿知道以下点数原则：

(1)一对一原则：给每个物体分配一个且只有一个数字。

(2)固定顺序原则：总是以相同的顺序分配数字。

(3)基数原则：最后一个点数的数字代表这组物体的数量。

(4)次序无关原则：被点数物体的顺序是无关紧要的。

(5)抽象原则：适用于任何数量集合的物体。

研究结果表明，3 岁幼儿只能理解部分原则，而 5 岁幼儿能理解所有这些原则。

儿童说出计数的结果比点物数的能力的发展更迟缓一些。据调查，2 岁多的儿童，大部分能点数到 2～3，还有小部分儿童完全不会点数。3 岁多的儿童，大都能

点物数5以内的数，有的能点数到10以内，但他们的说数的能力明显落后于他们的点物数的能力。5岁多的儿童，大多数能点物数，点物数的数目与口头数的数目范围基本趋于一致。6岁多的儿童，基本上都能点物数到20以内的数。

3. 按数取物

3岁多的儿童，大多还不能按指定的数(5以内)取物，有些儿童所取物体的数量是对的，但是当问到所取的总数是多少时，又说错了。4岁多的儿童，大多数能说出数量在10以内的物体的总数，而且能按指定的数(10以内)取物；约半数的儿童说出计数结果的数目范围与点物数的数目范围大体趋于一致。这表明儿童初步理解了数的基数含义。5～6岁的儿童，不仅计数的范围逐步扩大，计数的准确性也不断提高，基本上都能按指定的数正确地取出物体。

4. 掌握数概念

计数能力的形成并不代表掌握了数概念，因为概念的抽象性更大，掌握概念是要掌握事物的本质属性。从以上三种能力的形成到数概念的掌握，还有一段漫长的过程。研究表明(林崇德，1980)，在数概念的发展过程中，儿童对于一个数概念的获得所花的时间是不一样的。例如，掌握1～2数概念较快，而从"2"过渡到"3"的时间却几乎是前者的一倍时间(约半年以上)。

学前儿童数概念的发展具有一定的年龄特征。2～3岁幼儿大都处在数量感知阶段，对数仅有模糊观念，有些幼儿虽认识几个数，大多是靠直接感知的。4～5岁幼儿大都进入数概念开始形成阶段，能点数数量不多的物体，并说出计数的结果。6～7岁幼儿大都进入数概念基本形成阶段，能较顺利地一个一个点数较多的物体。

有研究表明，儿童入学后，随着儿童文化知识、经验的不断增长及与客体的不断相互作用，儿童对数概念的掌握不断深刻化、丰富化和系统化。

第四节　早期儿童判断、推理和理解的发展

判断是概念与概念之间的联系，是对事物间或事物与它们的特征间的联系的反映。判断的结果只有一种：肯定概念或否定概念。推理是判断与判断间的联系，是在已有判断的基础上推出新的判断。对概念进行判断，对判断进行推理这些思维活动都必须建立在对事物理解的基础上。概念、判断、推理和理解是进行抽象逻辑思维的基本活动。

一、判断的发展

判断有直接判断和间接判断两种。所谓直接判断即基于对事物的感知特征进行判断，不需要复杂的思维加工。间接判断，是根据事物的本质定义和事物的因果关

系进行判断，它是以抽象形式进行的思维活动。幼儿判断发展的过程是一个由直接判断向间接判断不断发展的长期过程。陈帼眉(1989，2006)认为幼儿判断发展主要呈以下特点：

1. 判断形式逐渐间接化。即从直接的感知判断向间接抽象判断发展。6～7岁判断发展显著，是直接和间接两种判断变化的转折点。

2. 判断内容逐渐深入。从判断的内容来分析，幼儿判断内容从对事物的表面感知所得信息，开始向对事物的本质认识发展。

3. 判断依据客观化。幼儿从以主观态度为判断依据，开始向以客观逻辑为依据发展。

4. 判断论据明确化。幼儿从没有意识到判断的根据，开始向明确意识到自己的判断根据发展。

有研究者认为，从直接判断向间接判断的发展过程主要经历了以下几个阶段：①根据事物的名称来进行判断；②根据事物的外在属性进行判断；③根据事物外在属性的差异进行判断；④分析和综合事物的特征后进行判断。总之，早期儿童对事物所进行的判断，主要是按事物的外在特征和联系而进行的，他们往往把直接观察到的物体间的表面特征和现象作为因果关系进行判断，所以他们的判断往往是不准确的。

二、推理的发展

(一)最初的传导推理

儿童最初的推理是传导推理，皮亚杰认为幼儿在2岁时就出现了传导推理。传导推理是从一些特殊的事例到另一些特殊的事例，这种推理并不具有逻辑性，往往也不符合客观规律。它常常是从一个个别现象到另一个个别现象，这其中没有任务的包含关系，没有任务的逻辑关系，也没有可逆性。当事例之间关系简单，推理过程中并没有类关系和逻辑关系时，幼儿的传导推理往往是正确的。一旦情况不是如此，幼儿的传导推理就出现不符合逻辑并得出错误结论。一个非常有名的案例(转摘自陈帼眉，2006)是皮亚杰对其女儿传导推理的分析：女孩J(2岁1个月)在户外散步时看见一个驼背的小男孩，问："他为什么有个驼背?"经解释后，她说："他有病，他驼背。"几天之后，她要求去见那个小男孩，被告知："他有病，感冒了。"她说："他生病，在床上。"又过了几天，听说小男孩病好了，不躺在床上了，她说："他背上没有大驼驼了。"这是一典型的传导推理，从中可见小女孩已将所有的"病"都等同了，并没有将驼背的病与感冒的病相区别，只是简单地将两者混淆在一起，并进行直接的推理，认为感冒病好了，那么驼背病也好了。

(二)类比推理

类比推理也是一种逻辑推理，它在某种程度上属于归纳推理。它是对事物或数量之间关系的发现和应用。类比推理一般的表现形式为：A：B / C：D。当两种较低级的关系(A和B，C和D)之间有一个高一级的等值或接近等值的关系时，就存在类比。例如耳朵：听／眼睛：看。Freeman，McKie & Bauer (1994) 曾做过“破损与完好”的实验。实验者首先出示一把破损的雨伞和一把儿好的雨伞(如图 5-4 组 A 所示)，一根折断的木棍和一根完整的木棍(如组 B 所示)。然后让儿童看到一个破损的蛋壳(组 C)，并要从组 D 的排列中做出选择。儿童能忽略知觉相似性的影响而选择完好的蛋壳。由此可见，学前儿童，甚至更早的儿童就已经有了类比推理认知能力。而在皮亚杰看来，儿童要到形式运算期通过习得才具有类比推理。

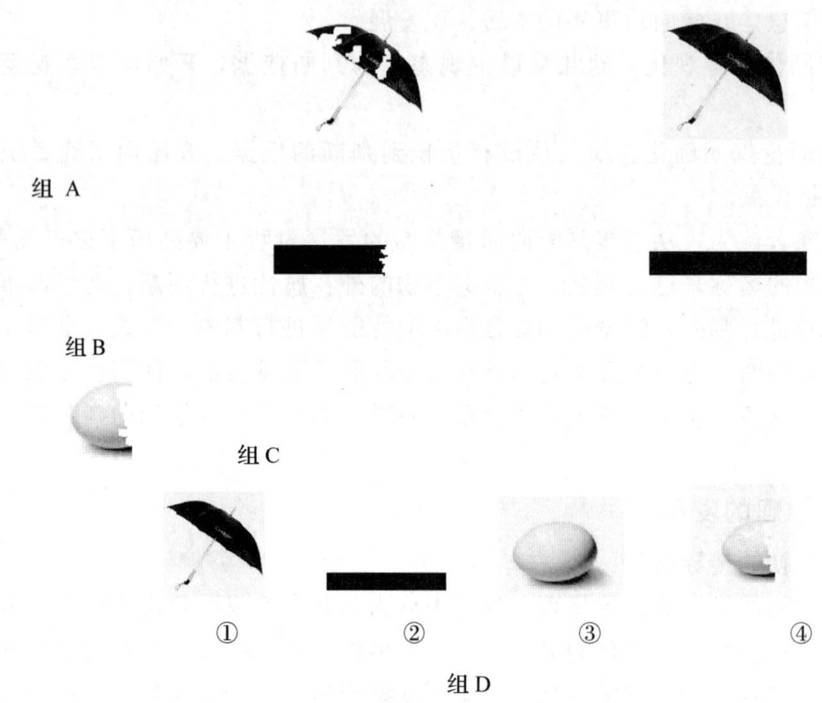

图 5-4 “破损与完好”实验

(部分图片来自百度图片库 http：//image. baidu. com)

我国学者查子秀等人(1984)的实验研究认为，学前期幼儿已经具有一定水平的类比推理。该研究用几何图形、实物图片、数概括三种形式，要求幼儿通过选择进行类比推理。结果表明，幼儿在三种类比推理中发展的速度不完全相同，但经历的阶段基本相同。学前期，幼儿会出现根据两种事物之间外部的功用或部分的特征来进行初级形式的类比推理。例如，4 岁儿童中不少人对“水果/苹果，文具/?”的类比项目，虽然能够正确选择“铅笔”作回答，但他的理由是看见文具图片中也有一支铅笔，认为“铅笔跟铅笔(文具中的)是一块儿的”或“铅笔也是写字用的”，而没有理解苹果是水果中的一种，不是基于对水果/苹果是种属关系的理解去类比铅笔是文具的一种，从而推断出应该选择铅笔。查子秀等认为 4 岁幼儿的类比推理还不能算是真正的类比推理，只能说是萌芽状态。随着幼儿知识、经验与技能的增加，他们也能进行青少年期出现的抽象而又复杂的类比推理。

有关儿童的传递推理研究

传递性推理是指对元素排列次序关系的一种推理，比如，由 A>B，B>C，推理 A>C。它是儿童逻辑推理能力的一个核心。Pears 和 Bryant 通过设计实验，研究结果表明 4 岁儿童在没有任何训练的前提情况下也能进行传递性推理，而且发现刺激的排列次序对推理成绩没有显著性影响。Mark ovits. H. 等人做了进一步的实验，结果发现 6 岁组儿童具有传递性推理能力。

我国学者魏华忠等的研究表明，3～6 岁儿童能解决五项系列的传递性推理问题，李红(1997)的研究表明 5 岁以上的幼儿基本上具备了这种能力。毕鸿燕，方格(2001)通过实验研究表明：4 岁组幼儿开始对空间“上下”和“前后”方位传递性推理有了认识；从 4～6 岁，“上下”方位传递性推理能力的发展优于“前后”方位；4～6 岁幼儿还不能完全摆脱知觉干扰因素的影响，形成稳定的传递性推理能力。

（资料来源：毕鸿燕，方格．4～6 岁幼儿空间方位传递性推理能力的发展．心理学报，2001，33(3)）

类比推理能力随着年龄增长而发生根本性变化。年幼儿童类比推理时需要明确的暗示或示范，而年长儿童则不需要这种帮助。年幼儿童的推理也会受到表面的知觉差异和联系的阻碍，而这种影响对成人和年长儿童而言要小得多。原因之一在于内容知识的不断丰富。因为儿童获得更多的知识，他们会越来越能够理解事物的核心属性。类比推理能力发展的第二个原因是语言。语言可以为抽象的关系命名，否则这种关系很难被看成相似之处而提取出来。

(三)因果推理

将概念视为内隐理论的学者，强调因果关系是概念理解的核心。因果关系对于整合我们的理解非常重要。问题的解决无疑也经常是人们努力寻找事件原因的过程。例如，儿童拆开一个小闹钟看看它是怎么运转的，他想知道是什么使得分针和时针不停地走动。2 岁儿童无休止的“为什么”问题有时也是想知道原因。

不到 1 岁的婴儿就已经会使用时间和空间的接近性来推断因果关系了，有研究证明了这一点。在其中一个实验中，实验者反复给 6～10 个月的婴儿呈现一段影片，表现的是一个移动的物体撞击一个静止的物体，然后静止的物体开始移动。接着给婴儿呈现违反了空间接近性的影片(即第二个物体在移动，尽管第一个物体没有碰到它)，或是违反了时间接近性的影片(第一个物体撞了第二个物体，但是第二个物体开始没动，过了 3/4 秒才移动)。结果那些违反了时间和空间接近性的事件吸引了儿童更长时间的注视，这说明这种违反使婴儿感到很惊奇。

到了 5 岁，或许更早，儿童也会根据事件的发生顺序来推断事件之间的因果关

系。当实验者将三个事件以 A-B-C 的顺序呈现给 3 岁和 4 岁儿童，然后问他们“什么导致了 B 事件的发生?”他们倾向于选择事件 A，因为事件 A 先于事件 B 发生，而不是后于事件 B 发生的事件 C。然而，3 岁儿童对居先性的理解不如年长的儿童。在某些情况下，3 岁儿童说第二个事件是第一个事件原因的人数，和他们持相反说法的人数一样多，不过，所有研究都发现 5 岁儿童会始终把先发生的事件作为原因。

从婴儿期起，儿童就能够理解效果的大小与引起事件原因的大小有很大相关。从 3 岁开始，儿童就会区分身体原因和心理原因，3 岁儿童已经可以根据不同的因果机制来解释不同的图解事件(接触性与非接触性事件)。

儿童很小就已经懂得不同种类的原因适合于解释不同类型的实体。甚至学前儿童就已经知道使动物体内的某种东西使它们可以想动就动。

在不同的情境中，有不同类型的信息可以用来推断事件发生的原因。有时候各种信息指向同样的推论，有时却不是这样。要确定事件各种潜在的原因，最大的挑战在于权衡哪些信息的权重最大。至少从 3 岁开始，儿童似乎就会使用一系列策略选择规则来作出抉择。如果有因果机制的信息可以利用时，儿童能够进行使用。如果没有可利用的因果机制信息，他们倾向于依靠时间和空间的接近性以及令人印象深刻的知觉事件进行推理。

一旦儿童理解了因果关系，他们就会把这种知识用于其他的问题解决情境中，如分类和推论。实际上，一些证据显示，儿童在划分类别时赋予因果关系特别大的权重。在儿童的思维中，与因果机制有关的信息显得特别突出，不仅是在因果评价中，在进行分类时也是如此。

三、理解的发展

掌握概念，进行判断与推理等思维活动，都需要对事物有一定的理解。思维的发展也表现在理解的发展，理解就是指对事物本质的认识。理解是在已有的知识经验前提下，用这些已有的知识去认识新的事物、发现新的联系。例如，幼儿吃过糖后，知道了糖的味道、形状和颜色等。经过知识和经验的不断积累，幼儿还认识到了糖的用途和其他更深的有关性质。由于儿童知识经验水平的有限性，他们对事物的理解往往是片面的、有偏的或不准确的。也就是说，幼儿最初对事物的理解是直接的理解，即来自感知经验的理解，随后才是间接理解，即对事物的本质的理解。朱智贤、林崇德和陈帼眉等认为学前期幼儿理解的发展主要呈现以下特点：

1. 从对个别事物的理解发展到对事物关系的理解。这一点在幼儿对图画和对故事的理解中就反映出来了。幼儿起初对图画的理解是对单个的人或物的理解，然后再是人与人或人与物之间联系的理解。若图画的内容单一简洁，幼儿很快就能理解图片的内容，若图画内容细节多，幼儿就不能理解整幅图画的内容了。

2. 从主要依靠具体形象来理解发展到主要依靠词的说明来理解。起初幼儿理解事物会借助于具体形象或实际行动。例如，老师向幼儿讲述时，幼儿有时会做出相应的动作。有研究表明，插图可以促进幼儿理解文学作品的水平。但随着年龄的增长和语言的发展，也逐渐可以不借助图画而单纯用词语说明来理解事物。

3. 从对事物的比较简单的、表面的评价发展到对事物的比较复杂的、深刻的评价。起初幼儿只能理解事物的表面现象和特征，而难以理解事物的内部联系与本质。例如，在阅读绘本时，幼儿往往只能理解图画对人物的表面描述，却不能再深入理解人物的内心活动和思想等。

4. 从自我中心的理解发展到比较客观的理解。幼儿早期常常带着自己的情感来理解事物，例如，幼儿不喜欢某事物就认为该事物是不好的、坏的；若喜欢某事物就认为它是好的。而年龄较大的幼儿开始能够根据事物的客观逻辑来理解。

入学后，儿童判断、推理和理解逐渐由直接发展到间接，抽象逻辑思维获得全面发展，逐渐成为思维的主要形式。

第五节　早期儿童问题解决的发展

从日常生活到工作、学习，相信每个人都有问题解决的经历，体会过问题解决后所带来的快感。例如考虑下个学期选择哪些方向模块课程；自由旅行中，如何到达目的地等。思维发展的最终目的是为了问题解决。成人有着问题解决的过程与快乐，早期儿童是否也是如此？他们问题解决的心理发展过程又如何呢？

一、问题解决的含义与过程

现代认知心理学认为所谓问题解决是由一定情境引起，按照一定目标，应用一定认知操作或技能活动，使问题得以解决的过程。① 问题解决的过程是人类主动地进行有目的的认知活动过程。另外，问题解决是一种“个人”的行为，也就是说，对于某些人来说该问题需要一定的认知操作或技能得以解决，但对于其他人来说，这也许就不是什么问题。例如，对于不会开车的人而言，让他们开车就是问题解决，而对于熟练的车手来说，这就不是什么问题了。

当代认知心理学认为(梁宁建，2003)，问题解决过程大致有四个阶段：发现问题，分析问题，提出解决问题的假设和验证假设。一个人在其求知欲等动机下发现问题，并对问题的条件和要求进行分析，从而提出解决问题的方案和策略，并在实际问题解决过程中验证所提出的方案和策略是否成功。经过学习与累积，人们掌握了某领域的专门知识或称专业知识或专家知识，而专家知识对问题解决起着重要作用。专家在其知识组织方式上与新手存在着本质的差异。在专家头脑中，知识是整体的、系统的，专家能够最快最准地对问题的本质进行深层次的分析；而新手的专

---

① 梁宁建．当代认知心理学[M]．上海：上海教育出版社，276．

业知识是零散的、不完整的、无系统性的，新手们总是对问题的表面特征进行浅显的分析。同时专家与新手在知识数量上也存在着差异。正是这些差异导致了专家与新手在问题解决过程中存在着显著的不同，当面对问题时，知识经验丰富的专家比知识量少经验不多的新手，能够更准确地判断问题的本质，组织已有的专门知识，采取正确的策略解决问题。

二、儿童问题解决的发展

皮亚杰通过客体守恒实验，认为婴幼儿的问题解决能力还处于知觉水平，儿童通过试误来完成问题解决。但最近研究表明，婴儿比皮亚杰所想象的更早就具有问题解决的能力，而且婴幼儿在问题解决时并不需要试误的方法。例如，在一研究中，向 9 个月大的婴儿呈现一个玩具，把玩具放在一块桌布上，婴儿的手够不着玩具但能够着桌布，但在婴儿与桌布之间有一障碍物——一块泡沫塑料。婴儿要想得到玩具，必须先越过泡沫塑料，然后拉动桌布取到玩具。研究结果表明 9 个月大的婴儿并没有经过试误，就一次性地解决了该问题，取得了玩具。由此可见婴儿比我们所想象的更早地就具有了问题解决的能力。我国学者董奇等(2002)通过实验探查了 8～11 个月的婴儿问题解决行为，其结果表明，婴儿解决问题行为取决于抑制性控制能力与加式整合信息能力的提高，而这些又跟大脑皮层额叶的成熟程度有关。可是现实中的问题比实验中从桌布上的拿玩具要复杂得多。

西格勒等(2004)认为问题解决加工主要有计划、工具使用、科学和逻辑推理等(刘电芝等译，2006)。计划是以将来为导向的问题解决加工，它是在新的问题情境中使用最频繁的加工过程。工具使用指儿童在解决问题过程当中会使用一切可用的工具，包括常见的物品、语言、数学符号甚至是其他的人。弗拉维尔等(邓赐平、刘明译，2002)认为儿童在问题解决的过程中除了常用的一些资源与技能外，主要还涉及四个方面的资源与技能，它们分别是专业知识、元认知、游戏感和社会支持。随着儿童交往、学习等能力的增加，儿童也能像成人一样在某些领域建立专业知识，通过专业知识来进行问题解决。有时专业知识远远地超过了年龄的限制，例如，在象棋、围棋等运动和绘画领域里的儿童与少年专家，比对该领域一无所知的成人更具有专业知识。而且儿童也通过参加社会交往与学习，如参加各种博览会和活动比赛等，不断地长时间地积累知识与经验，从而建立了某项专业知识。这样一来，儿童在其熟悉的领域能够运用所建立的专业知识解决问题，但是对于自己不熟悉的领域则还是一无所知，无从解决。由此可见，当儿童逐渐地建立了与成人一样的专业知识时，在问题解决心理过程中，他们也能表现得和成人一样。

元认知概念起源于 20 世纪 70 年代，30 多年以来认知心理学家们对元认知进行了许多广泛而深入的研究。元认知涉及心理学领域的各个层面，许多研究者们逐渐开始用元认知来解释一些心理行为与过程。弗拉维尔认为所谓元认知是指，反映或调节人的认知活动的任一方面的知识或者认知活动，即“对认知的认知”。元认知涉及元认知知识、元认知监测和自我调节三个方面。儿童在解决问题的过程当中，不仅要思考解决问题，还要对解决问题的过程和策略进行思考。例如，让儿童进行加/减法运算时，儿童不仅会运算，还能说出自己是如何进行运算的，也即对自己的运算过程进行了思考。弗拉维尔认为，若我们仔细观察，会发现学步的幼儿就具有了某种监测问题解决的初始能力。在问题解决的过程当中，儿童通过不断地自我修正错误，学习到了什么样的策略有助于问题解决，而什么样的策略是无用的，这些都将会促进元认知的发展。另外，元认知的发展反过来又促进了儿童在问题解决的过程当中，采用有利于问题解决的新策略或正确策略，从而促进问题解决的发展。

弗拉维尔认为幼儿在平常的游戏中、日常生活当中逐渐形成了有关"事情应如何进行"的程式。随着年龄的增长，儿童很可能在问题解决的过程当中，运用这些建构"事情应如何进行"的知识结构。也就是说，幼儿运用日常所得，获得了事情应如何进行的逻辑与推理，以后运用这些逻辑与推理(或知识结构)来解决问题。儿童问题解决的另一个重要来源——社会支持，主要包括两方面：社会文化和同伴。维果茨基等社会文化历史观者认为儿童在社会历史文化背景下，与父母、老师或年长儿童相互交往。在此过程中，来自他们的鼓励、支持与帮助将有利于儿童的问题解决。当然，不同的社会文化下，社会支持将会不一样。但是最终儿童都是用自己被内化了的文化价值观来获得处理问题的信息和方式。同伴对于儿童获得问题解决的策略也有着极大的帮助，有研究表明，同伴的热情参与有助于问题解决。

第六节　早期儿童想象、思维发展的神经科学研究

一、大脑高级功能与前额叶的成熟

1. 额叶与思维

前额叶在人类最为发达，远远超过猴、狗、猫等哺乳动物。包括前额叶在内的除运动区以外的额叶皮层占了全部大脑皮质的23.5%，额叶有相当发达的传入和传出纤维联系。特别是前额叶皮层，除了接受视觉、听觉和体感传入神经以外，还接受来自皮质下的结构，如杏仁核、下丘脑等部位传来的纤维。额叶的传出纤维也很发达，不仅有到达皮层其他脑叶的传出纤维，还有大量传出到皮质下结构，如基底神经节、丘脑背内侧核、杏仁核、海马以及下丘脑等处。

人脑是非常复杂的器官，思维是人脑的一种高级活动，是以感觉、知觉和表象为基础的一种更高级的认知过程。大脑在思维活动时，很多部位均在不同程度上参与并协同活动着。临床神经心理学的大量研究表明，额叶损伤会导致患者出现如下思维活动方面的障碍：形象思维障碍、概念形成障碍、分类障碍、计划障碍、预测障碍、推理障碍和数学障碍等。神经电生理和功能影像方面的研究也表明额叶在人

进行思维等高级心理活动时是最为活跃的区域。关于额叶在人的高级心理活动，特别是思维等过程中的作用的研究，正是脑科学研究的主要内容之一。

2. 前额叶功能的三种发展理论

前额叶皮层在所有的皮层区域里是发育最为缓慢的。目前，理解前额叶在认知发展过程中的作用主要有两种理论。成熟理论是根据年幼婴儿对物体永恒性的固着性错误(perseverative errors)，以及伴随背外侧前额叶的成熟而能够正确完成搜寻任务所得到的(从婴儿、幼猴和前额叶损伤的成年猴研究中得出的结论)。成熟理论认为前额叶的成熟，使得跨空间与时间的信息整合，以及抑制强势反应(prepotent response)成为可能。

技能学习理论则认为，前额叶皮层在认知发展中的作用是基于它是技能学习所必需的脑区，并且在脑的组构中发挥重要和早期的作用。例如，脑电相干性研究(EEG coherence)提示前额叶可能在认知发展的皮层表征的循环重组(cyclical reorganization)中起作用。

交互式特化作用(Interactive specialization)理论指出，前额叶高级功能的特化，是由该区域起初的神经化学和连通性的偏爱，以及该区域跨越至成年早期的长期可塑性，在儿童发展过程中的经验的共同作用下产生的结果。①

3. 额叶功能的经典神经心理测评方法简介

(1)Stroop 色词测验(Stroop Color-word Test，CWT)

心理语言学中的经典实验。它可测量儿童的抗干扰能力，在临床上经常被用来测评额叶的功能。色词测验的材料通常由 A、B、C 三张卡片组成，A 卡片上共有 50 个字，是统一用黑色书写的“红”“绿”“黄”“蓝”四个字，顺序随机。B 卡片上的字与 A 卡片相同，但用不同于颜色字本身的色彩来书写，如“红”这个字用绿色书写。C 卡片上没有字，而是排列红、绿、黄、蓝四种颜色的点。CWT 实施过程是：①读 A 卡片上的字；②读 B 卡片上的字，忽略字的颜色；③说出 C 卡片上的颜色；④说出 B 卡片上字的颜色，忽略字义。Stroop 色词测验的主要评定指标是时间，在施测过程中需要准确记录被试读每张卡片所用的时间，然后根据完成时间进行评分。

(2)威斯康星卡片分类测验(Wisconsin card sorting test，WCST)

测查儿童根据前面的经验进行分类、概括及其工作记忆和认知转移的能力，也用于测评脑病和脑损伤患者的思维能力，是在临床上应用普遍的单项神经心理测验。这个测验对额叶特别是背外侧额叶功能的发展成熟十分敏感。

测验在计算机上完成，共 128 张卡片分别按照颜色(红，绿，黄，蓝)、形状(三角形，五角星形，十字形，圆形)和图形数量(1，2，3，4)的不同来绘制。首先在屏幕上(选择区)出现 1 个红三角，2 个绿五角星，3 个黄十字和 4 个蓝圆形的 4

① 秦金亮. 儿童发展概论[M]. 北京：高等教育出版社，2008：301－308.

张卡片(刺激卡)。然后要求被试者根据这4张卡片对128张卡片(反应卡)进行分类，分类的顺序是按数量、形状、颜色依次进行。操作时不把分类顺序的原则告诉儿童，系统会自动告诉测试者每一次选择是正确还是错误的。通过WCST，可以测试儿童的执行功能等高级认知功能的发展情况。测验完成后，系统将自动统计所有测验数据并自动生成测验报告。

二、对物理世界理解与操作能力发展的神经基础

1. 客体概念的形成

自皮亚杰提出婴儿客体概念的获得年龄约为出生后8个月后，客体概念的形成一直为认知发展研究者所关注。后来的研究者发现婴儿在更早的时候(如约2个半月时)就可能具备了客体的概念。

信息栏5-2

A-not-B任务与婴儿的客体概念

延迟—反应学习(delayed response learning)是几十年来神经科学家用来探究猴子额叶皮层功能发展的范式，但它在本质上相当于认知发展中的皮亚杰A-not-B任务。A-not-B任务是，将物体(如玩具)藏于A处，并允许婴儿取得它。在完成预定的成功提取次数(通常是3次)后，物体被藏于B处。当藏物和搜寻之间的延迟在2s或更长的时候，婴儿就无法搜寻到隐藏的物体。

Diamond和Goldman-Rakic等发现猕猴避免A-not-B错误与额叶前部皮层调节功能的发展紧密相关：损伤顶叶皮层、海马等与空间加工或记忆加工联系密切的脑区，并不会引起A-not-B错误；但若损伤背外侧前额叶，将严重影响成年猴的操作，提示客体概念形成的神经基础就存在于背外侧前额叶。Diamond推测婴儿最早表现出对物体永恒性的认识是伴随着前额叶皮层的成熟，在5～12月之间。

(资料来源：Mark H. Johnson等著(徐芬等译). 发展认知神经科学. 北京师范大学出版社，2007年，第173—175页)

2. 儿童大脑的数字加工系统

除了语言以外，对数字的理解与操作也能极大地促进幼儿思维的发展。在人类的脑中有两个数字相关系统。其一是模拟幅度系统(analog-magnitude system)，在时间和长度判断中激活，是对≥4的自然数的近似表征，又称为大数的近似表征系统。另一个系统则追踪小数目的物体(对自然数1～3或4的精确表征)，称为小数精确表征系统。Hauser和Spelke等认为对小数的精确表征系统和对大数的近似表征系统是构成人类数量表征基础的两个核心系统。有趣的是，厄斯·丹齐克指出乌鸦能精确地计算小数目，却无法计算5以上的数字。

Sathian等的PET研究报告显示，“对精确小数的感数”激活了枕叶的外纹状皮

层区，而“对大数的计数”则激活了广泛的脑区，包括与视觉注意转移有关的多个脑区——双侧顶上回和右侧额下回。针对两种数量表征系统的神经基础的研究，较一致地发现大数近似表征系统的神经基础在顶内沟的双侧横向部分(bilateral horizontal segment of the IPS, HIPS)。而“感数”是一种基本的、高度自动化的加工过程，它无论在加工一个或多个视觉刺激时都会被卷入，因而很难找到该系统独有的神经基础。

两个系统在年幼婴儿中似乎都已激活，并成为婴儿进行小数目物体简单数字计算的神经基础。目前对婴儿数量表征能力的研究主要有四种范式：习惯化范式(habituation time paradigm；也称注视偏向范式，preferential looking method)、期望违背范式(expectancy-violation paradigm)、二盒选择范式(two-box choice paradigm)以及手动搜索范式(manual search paradigm)。应用于这些范式的大量行为研究都提示婴儿具有两种不同的数量表征系统。如卡伦·温对5个月大婴儿的期望违背范式研究显示他们对小数字能够综合运用基数与系数的原理。有研究者指出，对大数更复杂的运算，还需要在两系统之间进行以语言为中介的整合。①

三、儿童思维发展与朴素理论

1. 儿童朴素理论

儿童如何认识客观世界，如山川河流、鸟兽虫鱼、生老病死、喜怒哀乐、家庭关系等？儿童能够区分生物与非生物吗？他们能够区分心理、物理及生物现象吗？他们如何理解这些领域知识之间的关系？发展心理学家认为学前儿童已经拥有关于客观世界的一些重要知识。例如，儿童知道怎样预测和影响其周围重要人物的心理和行为，能逐步地理解玩具和工具的结构和功能(如钟表等机械装置)，开始认识到人类、动物的出生和成长、植物的栽培和生长及其与自然界的相互作用，包括遗传的作用和环境因素等。儿童朴素理论是指儿童对日常生活中的事物与现象的非正式、非科学的理解和解释。儿童正是通过自主地建构自己的内部理论——朴素理论，来解释周围的事物，认识自己的生活环境，丰富自己的认识的。

儿童朴素理论包括三个方面的内容：一是带有本体论特性的知识；二是对该领域的现象作因果推理；三是这些因果推理形成了一个具有内在一致性的理论框架，其中因果推理是该理论的核心部分。幼儿正是凭借自己对生活中特定事物之间的因果关系的理解，作为自己的知识框架和基础理论来解释生活中的各种现象。儿童朴素理论主要包括儿童朴素物理学、儿童朴素生物学和儿童朴素心理学三大领域。儿童朴素理论研究可以帮助我们了解儿童运用何种方式来理解物理、生物与心理现象，进而促进幼教工作者更加有效地进行教学。

(1)儿童朴素心理学理论(心理理论)

所谓心理理论(theory of mind, ToM)就是指个体对自己或他人的内在心理状

① 秦金亮，卢英俊．儿童发展[M]．北京：高等教育出版社，2008：286－287.

态与外在行为的认识能力。它可以泛指任何关于心理的知识，也可以被严格地定义为用于认识心理世界的因果解释系统，即心理状态(如信念、愿望、知觉、思想、情绪和意图等)之间是相互联系的。个体可以利用这些相互联系的心理状态来解释和预测行为。

Wimmer 和 Perner 将心理理论概念引入了儿童心理学的研究中，并设计出了错误信念任务这一经典的实验范式，用以考察儿童心理理论的年龄发展性。目前研究者们对婴儿是否具有心理理论还存在着争议，虽然婴儿时期个体的确表现出了某种心理理论的前兆。到 2 岁以后，儿童逐步地获得更多的心理理论。Wellman 认为心理理论是基于信念—愿望的推理。人们解释、预测个体的行为都是基于对他人愿望和信念的理解。

信息栏5-3

幼儿愿望与信念的发展性变化

大约 2 岁左右的儿童开始获得愿望心理学(desire psychology)。这种愿望心理学包含愿望、知觉、情绪、行为和结果之间简单的因果关系。在此阶段，儿童最主要的特点就是对自己及别人的心理几乎都是以愿望来评定。到儿童 3 岁的时候，开始进入愿望—信念心理学(desire-belief psychology)阶段。儿童开始自发地谈及信念、思想和愿望，也能够掌握运用一些信念来推测行为。例如 3 岁儿童知道自己和他人可能会有不同的信念，行为是由信念指导的。虽然其对信念有初步的理解，儿童对自己及别人的行为仍以愿望而非信念为标准来解释。例如 3 岁儿童不能通过意外地点任务，因儿童此时还是基于愿望来推测小狗的行为而非信念。大约到 4 岁的时候，儿童获得了类似于成人的信念—愿望心理学(belief-desire psychology)。儿童开始综合信念和愿望等因素对自己和别人的行为进行推断。4 岁儿童不仅能通过错误信念任务，也能通过外表—真实任务。在外表—真实任务中，实验者先给儿童看一个外表是石头的海绵，问儿童这是什么，儿童通常会回答这是石头；而当让儿童触摸海绵后，3 岁儿童会错误地回答是石头，4 岁儿童则能正确地回答说是海绵。4 岁儿童在错误信念任务、外表—真实任务以及其他具有双重表征特征的任务中的一致正确性，表明其在此阶段获得了某种心理表征理论，认识到事物可能以不同的方式加以表征。这一突破性的发展对儿童获得心理理论能力有重要的意义。

(资料来源：李红等著. 幼儿心理学. 人民教育出版社，2010 年，第七章第 2 节)

关于心理理论的获得和发展，主要的理论有理论论、模拟论和模块论。[①] 理论论(Theory Theory)主要的支持者为 Wellman。这一理论认为人们关于心理的知识是一种日常的非正式的理论，类似于科学理论。这种理论具有三个属性：首先，该理论明确了一组只出现于该领域而不出现于其他领域的实体或过程；其次，在该理论领域中有特定的因果原则；最后，理论系统必须是由一些相互关联的概念组成。心理理论恰好具备理论论所提出的三个属性，它有自己的独特的实体或过程，如信念、愿望等；它具有因果性，如什么影响心理或心理影响什么；它包含了一系列相互关联的概念，如不同的心理状态与外部环境的输入和行为的输出有着复杂的联系。理论论的支持者认为儿童心理理论的发展遵循愿望心理学、愿望—信念心理学和信念—愿望心理学这三个发展阶段。而且认为经验在个体心理理论的发展中起着非常重要的作用。类似于皮亚杰主理论中的发展由不平衡到平衡再到不平衡一样，经验可以不断带给儿童以往理论结构中无法理解和解释的信息，这些新的信息最终会促使儿童修正和改进其理论结构，进而提高心理理论水平。

模块论(Modularity Theory)的支持者主要有 Baron-Cohen 与 Leslie。该理论认为心理理论的发展是神经成熟的结果。Leslie 认为心理理论的发展与三个机制的成熟有关。第一个机制被称为身体理论机制(Theory of body mechanisms)，这一机制发展于婴儿第一年的早期，它的成熟使婴儿能够认识到动因(agents)拥有允许他们按照自己意愿活动的内部力量。第二个机制和第三个机制都被称为心理理论机制(Theory of Mind Mechanisms，ToMM)，这两个机制负责处理动因的意图(intentionality)或相关性(aboutness)。在婴儿的第一年后期，ToMM 1 成熟，这使得婴儿能够将人或者其他动因解释为可知觉的环境和可追逐的目标。在婴儿的第二年，ToMM2 成熟，这使儿童具有了元表征能力，可以从事诸如假装的活动。最近的认知神经科学研究显示，对心理的加工可定位于大脑中的某些区域。例如 Siegal 和 Varley 等发现语言系统、额叶和颞顶皮层都是支持心理理论的辅助系统，而杏仁核回路是核心系统。

模拟论(Simulation Theory)的主要支持者为 Harris。该理论认为儿童能够内省地认识到自己的心理状态，并且能够用认识到的关于自己的心理状态通过角色采择或模拟手段来推测他人的心理状态。例如在意外内容任务中，儿童需要通过想象或在心里模仿自己在此情况下的行为来预测其他小孩看见糖果盒里面时的心理。这一理论的支持者并不排除人们在推测他人心理时有时需要求助于“理论”，但他们更强调模仿的重要性。

除了上述三种理论外，还有心理理论的执行功能说、文化发展说等。这些理论都不乏实验证据支持，是从不同侧面来解释儿童心理理论的发展。例如模块论侧重于心理理论发展所需要的生理基础，理论论侧重于人们对日常生活中心理知识的归

---

① 熊哲宏，李其维. 模拟论、模块论与理论论：儿童“心理理论”发展的三大解释理论[J]. 华东师范大学学报：教育科学版，2001(2)：70－77.

纳与总结，而模拟论则侧重于儿童运用心理理论时所使用的方法。

(2)儿童朴素物理理论

朴素物理学是指人们对物理实体、物理过程、物理现象的直觉认识。儿童的朴素物理理论是儿童认识日常生活中物理现象的工具。儿童朴素物理理论是儿童凭借自己的理论去解释物理现象的起因和预测发展方向。儿童的朴素物理理论具有预测、解释功能。预测功能是指儿童能根据自己的朴素理论预测将要发生的事情，解释功能是指儿童根据朴素理论解释某一现象为何会发生。

当幼儿通过自己已有的理论预测和解释正确时，会增强其信心，并把这项新的经验整合到原有的理论框架中去。当儿童的预测和解释错误时，会触发其对此现象产生新的预测和解释，并通过不断地排除自己的错误理解而不断接近正确解释。如在此时，有成人给予正确方向的提示，而儿童能认同成人的提示，将会排除错误信息，减少失误的次数，快速得到正确的解释。当不能认同时，儿童还将继续自己的探索和思考，直到自己的认识与真正的解释相同时，才能真正地获得此项经验。

儿童朴素物理理论中的前科学概念与科学事实之间可能存在矛盾。儿童在获得物理经验时通常只能注意其表象，如会发光、发热、可以运动等，在解释上往往是凭借生活经验使用自发的概念，具有零散性和直观性。这些凭感性经验得来的知识与当前的基本科学概念常会发生冲突，比如：重的物体比轻的物体落得快；糖溶于水中消失，最终溶液的重量会少于糖加水的总重量等。进行物理教育时，存在的最大困难是对儿童在幼年时形成的物理前科学概念的转化，这直接影响着儿童物理科学知识的获得。如何促使儿童的前科学经验转换为真正的科学经验，成为儿童朴素理论在儿童科学教育中要解决的主要问题。

(3)儿童朴素生物理论①

儿童朴素生物理论，即儿童对各种生物的特征和行为进行一致的、合理的预测和推理的模式。它是儿童运用一种非意图的因果解释框架来理解个体的生存和生理过程，能区分生物与非生物并对生物现象能进行非意图的、内在一致性因果推理解释的理论。心理学研究表明，儿童的朴素生物理论是开始于对生物与非生物的区别，儿童是以"生长"特征作为区别生物与非生物的首要特征。

儿童的朴素生物理论是在对生物体(包括人、动物和植物)的接触过程中逐步形成和发展起来的，以自身作为人的基本行为特征和心理特征来判断，并随年龄的逐步增长而提高。幼儿对生长的认识首先来源于物体是否长大，如能长大就是生物体，不能则是非生物体。幼儿在 4 岁时已可以借着自身映射来认识生物体的一些特征，如长大、吃饭、喝水、有妈妈等。但此时幼儿还未形成稳定的朴素生物理论，因此在实际事物判断之中时常会出现混淆、不确定和错误现象。当幼儿 5 岁时，可以凭借此项认知来区分生物与非生物，形成生物朴素理论的雏形。6 岁的幼儿已经

① 孙雅婷，张莉．儿童朴素理论对幼儿科学教育的启示[J]．幼儿教育导读：教师版，2009，1：4－6.

能更清晰地区分生物与非生物，说明幼儿已经形成了稳定的朴素生物理论。研究表明，幼儿对生物体的认知首先发源于对动物的认知，对人体的认知慢于对动物的认知，而对植物的认知最慢、也最不清晰。因为植物的生长特征与动物有本质区别，不易让幼儿切身感受到。此外，幼儿在获得对生物的认知时依从从部分到整体的规律，倾向于把生物的部分特征割裂出来，并以自身的行为和心理特征来作为认知的基础。

2. 儿童思维与朴素理论的关系

儿童思维发展的差异性，在其朴素理论上有明显体现。儿童所获得的朴素理论，对其在特定领域内的问题解决和其他信息加工活动具有重大的影响。心理学中的一个经典问题是在多大程度上思维发展是普遍的而非特异的。皮亚杰的传统发展阶段理论试图描述思维发展的普遍规律，并将之运用于各个内容领域。例如，具体运算思维涵盖了非常不同的领域，包括儿童对数、时间、重量、道德、分类和因果关系等的理解。皮亚杰提出的认知结构与内容无关，在各领域内通用。类似地，发展的信息加工观点也用普遍过程来解释认知发展过程。例如，假设某些普遍参数如加工速度或工作记忆的容量随年龄而增长，且影响认知的所有方面。对基本信息加工过程如存储和提取的研究发现，记忆发展是能力、策略和成绩随年龄普遍提高的重要原因。

普遍领域理论的优点在于能用相对少的原则解释很多现象，但最新的研究表明认知发展的普遍规律并非和内容无关。例如，记忆能力很大程度是由特定内容决定的。因此，成人或年长儿童未必比年幼儿童更有优势。研究发现，儿童象棋高手远比成人象棋新手对象棋位置的记忆好，尽管成人对数字广度的记忆更好。近年来，学者越来越倾向于认为，儿童对不同领域的认知可能有较大差异，如对不同概念(如数字、语言、空间、生物等)的理解在性质、结构和发展上都不同。这种关注特殊领域的理论倾向，反映了人们对特定知识体系的认知系统发展越来越感兴趣。

在儿童的日常思维中，有3种不同的事物，它们有不同的因果作用形式。例如，球在重力作用下下落是典型的物理运动；蚂蚁的群体生活和储藏食物的模式，属于生物性运动；儿童因小金鱼死了而伤心落泪则是属于心理性活动。研究幼儿对人类基本知识领域的朴素理论，是发展心理学研究的一次革命，被 Flavell 评价为“新颖的、激动人心的”。朴素理论观点强调领域的特殊性，强调知识经验的作用，而不是强调认知结构在各领域中的普遍性。

儿童朴素理论的研究结果，有助于重新评价婴幼儿的能力，并使教育者更加深切地认识到幼儿在各个具体领域的潜力，而不只是一些笼统的描述。这些研究对教育学和临床心理学具有重要意义。此外，对儿童核心领域知识的描述对研究的方法学也有重要贡献。朴素理论研究揭示的是儿童的早期能力，其方法学的成功在于使用简化的评估任务，去除不必要的加工要求，降低了复杂性。实际上任务也未必都简单，如 Goswami 和 Brown 的类比推理任务揭示幼儿的能力不是由于任务简单，而是因为探查到了儿童对某种物理因果事件的理解；Estes 探查儿童对心理实体理解的任务也并不比皮亚杰实验的任务要求低。朴素理论研究思路能促使儿童发展的研究集中在核心领域问题上，故其研究方法更敏感，更具有区分度。①

四、大脑思维的图像——心像的发展认知神经科学研究

视觉心像是人类认知的一个重要方面。古希腊先哲都认为图像在心理功能中具有关键作用，如亚里士多德曾说过，“灵魂不能离开心像而独立思考”。然而，由于视觉心像与个人内心私密景象的浮现有密切的关联，因而很难对其进行科学研究。在过去的 20 多年里，很多新兴的研究方法纷纷出现。利用多种手段，包括行为学研究、神经成像、经颅磁刺激(TMS)和脑损伤后的缺陷，发现视觉心像的两个基本原则：(1)视觉表象与视知觉共享着很多神经加工过程；(2)视觉表象是伴随与大量加工的子过程相互作用而产生，它不是一个单一的过程。

视觉心理表象与视知觉不同，它主要在无外部视觉刺激的情况下产生。事实上，视觉心理图像以能够通过“脑中的眼睛”经历事件、并对视觉事件进行短时记忆表征为特征。这种心理表征是以脑内的视觉长时记忆为资源库的，但又不完全被视觉记忆中的具体经历的事件所限制。视觉图像尽管以大脑中已储存的记忆为基础，但也能以一些新异的方式转化、整合，从而形成一些未经感知过的事件或物体的图像。事实上，视觉图像确实有多元的转化方式：例如，我们能够想象得到某物体因受外力(旋转、挤压等)而形成的样子。此外，视觉图像的转化也有不同的加工过程。例如，人们很容易想象得到某物体因外力旋转和自己亲自旋转的情境，而这两个情境所激活的脑区是不同的。

1. 视觉心像与初级视觉皮层的发展

初级视觉皮层(V1)的尾端部分代表最中心的视觉区域，而越向嘴端延伸的部分代表着越为周边的视觉区域。因而，若要检验视觉心像所用的初级视觉皮层是否具有类似拓扑结构，则要测验大物体的视觉图像是否比小物体的视觉图像更容易诱发出嘴端初级视觉皮层的活动。

信息栏5-4

心像在视觉皮层具有拓扑结构吗？

Kosslyn 等让被试看字母表中小字体的字母(足够小，但依然易于区分不同字母)和大字体字母(足够大，但字母仍然在视野范围)的时候，用 PET 扫描他们的大脑。同时要求被试将字母图像保持 4 秒钟，然后回答字母是什么样子的(比如是否有任何弯曲的线条)。PET 数据显示当被试看小字体字母时，尾部 V1 区域激活；相反，当被试看大字体字母时，嘴端 V1 区域激活。Tootell 等人

---

① 朱莉琪，方富熹．儿童认知发展研究的新进展[J]．心理科学，1997，2：151－155.

采用fMRI技术重复了该研究。基于同样的推理逻辑，Kosslyn等让被试记住一些通用物体(如船、铃铛)的简笔画模样，接着要求被试想象物体(由物体的名字为线索提取)的视觉图像，将图像保持4秒钟，然后对物体的模样做简要的评判(如左边高还是右边高)。物体简笔画图像以三种大小分别呈现：小号(0.25°视角)、中号(4°视角)和大号(16°视角)。PET数据显示，小号图片激活最多的是尾部初级视觉皮层，中号图片对嘴端初级视觉皮层有少量激活，大号图片对嘴端的初级视觉皮层V1和V2激活最多，这与预期的表象的拓扑表征相符。

Klein等利用fMRI对视觉心像中的极角与视知觉中的极角有相同的表征方式的假设进行了验证。他们让被试从水平和垂直两个角度来感知和想象象棋棋盘的边缘。对大多数被试而言，视觉化垂直方向的边缘能激活更多在垂直经线周围的V1/V2区域；视觉化水平方向的边缘能激活水平纬线附近的V1/V2区域。

(资料来源：Michael S Gazzaniga主编. The Cognitive Neurosciences，the MIT press，2004(3)，pp. 931-942)

通过可造成所选择脑区暂时性的虚拟损伤的TMS技术，有助于揭示该脑区与心像的因果关系。已知TMS刺激会削减大脑皮层的兴奋性，也会降低该处脑区加工的效率。例如，Kosslyn等利用PET扫描发现心像与视觉想象任务都会激活初级视觉皮层，而用TMS作用于初级视觉皮层时，两者均被阻断。该研究结果证实了初级视觉脑区在执行表象任务时的关键作用。

2. 视觉心像与高级视觉皮层的发展

视觉功能，主要可以分为腹侧通路和背侧通路。腹侧通路包括部分枕叶和腹侧颞叶，一般参与形状和颜色的分析。如果该部分脑区受损，则有损再认和识别视觉刺激的能力。而背侧通路包括部分枕叶和后侧顶叶部分脑区，参与空间和动作信息的加工。如果该部分脑区受损，则会干扰对定位刺激做出判断的能力。那么视觉心像是用腹侧通路还是背侧通路来维持的？Levine等报告某病例，他的颜色(色盲)和脸部再认(面孔失认)能力受损，且该病人从自己的记忆中提取人脸和物体色彩的描述性信息的能力也受损了。相反，另一病例表现出空间定向障碍，且从记忆中提取空间关系的描述性信息的能力也受损。

许多针对高级视觉脑区损伤者的研究证明了视觉表象与视觉间有部分加工是并行的。该脑成像研究普遍发现高级视觉脑区在视觉心理表象时会被激活，这与神经心理学研究结果一致。此外，视觉表象激活时的特定模式与视觉激活时的模式很类似。比如，fMRI研究发现腹侧颞叶特定部分偏好对面孔、地点图像作反应，且其反应模式与对面孔、地点进行想象的模式很相似。虽然视觉表象与视觉会激活很多共同的脑区，但是这种重叠并不完全相同。例如，Ishai等人的fMRI研究中，让被试看不同类别的物体，继而对这些物体进行想象。视觉过程中分类信息明显激活了腹侧通路的部分脑区，然而该脑区只有一小部分在视觉想象任务中被激活。脑成像研究的另一个普遍发现是不同脑区参与不同的视觉表征任务，这与神经心理学研究的结果一致。例如"where"通路中的顶叶脑区往往参与像心理旋转(即想象一个物体旋转之后的样子)之类的视觉空间任务，而"what"通道中的初级视觉皮层和枕颞脑区往往参与物体形状的表象任务。

组成腹侧通路的核心脑区都在脑部较深的位置，所以TMS很难对准。但用TMS刺激对面孔敏感的脑区，如梭状回，仍可引发面孔再认能力的损伤。有一些实验室用TMS来评估背侧通路是否与空间表象存在因果联系。结果发现对顶叶皮层的重复TMS刺激会干扰空间表象。例如TMS刺激可以干扰心理时钟任务(给被试听像"4点30分"之类的时间信号，然后让其想象手上有一个显示相同时间的时钟等)。①

3. 运动想象的神经基础

当人们想象完成一个特定动作(如穿鞋)并在动作结束时示意，我们发现对这个运动想象的时间与实际操作该动作需要的时间非常接近。当操作这些不同类型的动作时，让人们根据提问报告他们自己想象完成该动作的情境。大量研究显示这类运动想象能与单纯的视觉心像相分离。例如，若干神经成像研究表明与动作执行相关的脑区在运动想象中起关键作用，而这些脑区在视觉心像时不会被激活。另外，行为学研究也显示在头脑中练习特定的动作能够提高该动作执行的速度、准确性和力量。这一发现提示运动想象与动作执行过程可能激活多个相同的神经回路。上述发现还具有很大的潜在应用价值，例如，可运用到特殊儿童的大脑康复、竞技体育运动训练中。

Georgopoulos等人发现运动脑区与运动想象有关。他们在猴子计划沿着圆弧来移动手柄时记录它们初级运动皮层中单细胞的活动。控制手臂的脑区(操作手的对侧半球)的神经元会根据手臂的朝向而调整；这些单个神经元的激活整合形成一个群聚向量，可以为手臂的朝向编码。而且，这些神经元的活动先于真实动作的执行，这就揭示了运动想象与运动计划之间的联系。总之，神经心理学、神经成像以及行为学研究都显示，心像能够参与运动系统。这为运动和视觉加工的关联研究提供了途径。而未来的研究，应着重进一步阐明儿童运动想象在多种运动过程，例如，运动前计划、动作选择和动作执行中的作用。

---

① Michael S Gazzaniga. The Cognitive Neurosciences[M]. the MIT press, 2004(3), pp. 931-942.

信息栏5-5

儿童发展的神经评估

儿童神经心理测评，在许多国家都是由发展神经心理学家或受过专门训练的临床儿童心理学家来进行。它主要目的是检测儿童大脑是否存在器质性病变以及发育上的异常。不过，神经心理学测验也被用来进一步探索儿童的优势和劣势体现在什么方面。在诊断学习障碍和发展迟滞的时候，这些测验也常是有用的。

此外，儿童神经心理测评与成人神经心理测评也有较大差别。主要在于：成人的脑已基本定型，而儿童的脑正处于发展之中，因而对儿童脑损伤所造成的神经心理障碍往往不如成人确定。而且儿童脑损伤多出现弥散性的障碍，通常是严重的注意障碍，而成人脑损伤多造成局限性的机能障碍。

神经心理学测验主要测量感觉运动、知觉、语言和记忆等技能。对测验中表现的解释，可根据已知的某大脑结构和行为之间的关系来比对。例如，快速敲击手指，说话，或者记住某些事情的技能是由大脑不同的区域所控制的。因此，在各种测验中所得到的分数的模式可以显明大脑的某个区域是否有损伤。

完成神经心理学测验所需时间差别很大。有的只需要几分钟，而有的则需要半个小时甚至更长。通常，年龄越小，测验的时间越短。如果安排儿童进行一次“完整的神经心理学评估”，评估者可能需要花 1～2 个小时来完成测量(在 1～2 个小时的智商测验及 1～2 个小时的成就测验之外)。不仅这些时间是需要付费的，计算在账单内的时间还包括报告写作、解释、记分、咨询等时间。整个过程通常需要 10～16 个小时。因此，神经心理学测验通常包含的范围非常广且价格昂贵。完整的神经心理学评估在美国通常需要花费 1 500～2 500 美元。

神经心理学家选择哪些测验很大部分取决于存在的问题。例如，如果一个儿童报告说有记忆问题(可能是在车祸中受伤的结果)，心理学家可能就专注于记忆功能，给儿童进行一组记忆的测验以评估儿童回忆所听到的信息(如数列或者短小的故事)的能力，或者回忆所看到的信息的能力(如面孔或者图形)。如果儿童的注意存在缺陷，心理学家对其注意的测验会包括测量儿童专心听并且复述故事的能力，注意电脑屏幕上刺激的能力，或者在重复性的任务中保持注意的能力。不过，也可以进行一些标准的、综合的测验。通过系统的儿童神经发展评估，可以帮助教育者与家长准确地诊断阅读障碍、注意缺陷多动症(ADHD)、自闭症和阿斯伯格综合征等广泛性发育障碍、数学障碍、书写障碍、抑郁和焦虑等儿童心境障碍，精神发育迟滞等儿童发展性障碍，并有助于发现天才儿童。

(a)NEPSY 是最新的儿童神经心理学综合测验。NEPSY 来自于神经心理学(neuropsychology)和心理学(psychology)的头几个字母(NEPSY)。NEPSY的分测验是为3～12岁的儿童所设计，评估神经心理五方面的发展情况：注意或执行功能，语言，感觉运动功能，视空间加工，记忆和学习。这组测验设计用来评估那些对儿童学习非常重要的认知能力。

(b)H-R幼儿神经心理成套测验(Halstead-Reitan Neuropsychological Test Battery for Younger Children)：1947年美国心理学家Halstead在专著《脑与智力——额叶的定量研究》一书中首次介绍，后经Reitan(1955)修改发展而成。此套测验用于脑损伤评估和脑与行为关系的研究。由感知觉、失语检查和握力、失语、音乐节律、触摸操作和范畴测验等十余个分测验组成，分别测查感觉、知觉、运动、思维、记忆、语言和空间能力等多方面神经心理功能。根据完成项目的时间、错误数划界，分正常与否和损伤指数等，反映脑功能状况，判断有无脑损伤或脑功能缺陷等。具有较好的信度和效度，常用于脑损伤辅助诊断、脑功能状况评估、疗效评估和康复指导等方面。有适用于不同年龄的版本，如成人版(16岁以上)、少儿版(9～15岁)和幼儿版(5～8岁)。H-R幼儿神经心理成套测验中国修订本是根据雷坦—印第安纳幼儿神经心理测验，结合中国文化背景修订而成。中国常模取自5～8岁的正常儿童1000名，脑损伤儿童98名。包括8个分测验：(1)范畴测验。测查抽象概括力和推理能力。(2)触摸操作测验。测查触知觉、空间知觉、运动能力和触觉记忆等能力。(3)色形和渐进测验。测定大脑功能的灵活性，测查空间知觉、记忆和眼手协调能力。(4)前进测验。测查随意运动控制能力、协调能力和节律运动能力。(5)个别操作测验。测查视觉和空间知觉及眼手协调运动能力。(6)图形配对测验，这是幼儿特有测验。测查分析综合能力，包括视觉的和语言的。(7)靶测验，测查幼儿视觉空间能力、注意力和记忆力。(8)敲击测验。测查精细和快速运动能力。还有4项检查：(1)握力检查。测查侧性肌力和运动能力。(2)侧性优势检查。检查利侧，测定大脑半球的优势侧。(3)失语甄别检查。测查有无言语功能障碍或失语症。(4)感知觉检查。检查有无感知觉障碍。

(资料来源：Ellen Braaten等著(傅莉等译). 儿童心理测验——更好地理解孩子. 中国轻工业出版社，2008年，第86—88页)

本章小结

早期儿童思维发展是儿童发展的重要组成部分。我们从早期儿童想象、思维发展的基本概念、思维活动的主要内容，以及更高级的思维活动—问题解决等方面，详细地剖析了早期儿童思维发展的基本规律和特点。想象是人脑对已有表象的加工改造形成新形象的心理过程，想象发展与思维发展关系密切。早期儿童想象发展呈现出显著的特点和发展趋势：从最初的无意性到有意性；从以再造想象为主发展到创造性想象；从最初想象的完全脱离现实到逐步合乎客观逻辑。

思维是人脑对客观世界的反映，思维对早期儿童发展具有重要意义。早期儿童思维发展具有阶段性、顺序性并呈现出年龄特征等特点。早期儿童思维发展主要包括直观行动思维、具体形象思维和抽象逻辑思维三个阶段。学前期幼儿思维发展主要呈现具体形象性。

概念、判断、推理和理解是进行思维活动的主要内容。幼儿在掌握概念，进行判断、推理和理解的思维发展过程呈现出：在形式上由直接到间接，在内容上由浅显到深入、由单一到丰富、由主观情感到客观等特点。

问题解决是一项复杂的高水平的认知活动，有研究表明婴幼儿并不一定要经过试误来解决问题，婴幼儿问题解决的能力超出我们的想象。在问题解决过程中，幼儿会借助多种资源与技能来进行。另外，如专业知识、社会支持、元认知及游戏感，随着儿童知识与经验的增加，也能如成人那样熟练地运用专业知识，进行元认知加工，还能借助社会支持及在游戏与日常生活中的所得，进行问题解决。

思维是人脑的一种高级活动，是以感觉、知觉和表象为基础的一种更高级的认知过程。大脑在思维活动时，很多部位均在不同程度上参与并协同活动着。儿童朴素理论是指儿童对日常生活中的事物与现象的非正式、非科学的理解和解释。儿童正是通过自主地建构自己的内部理论——朴素理论，来解释周围的事物，认识自己的生活环境，丰富自己的认识的。儿童神经心理测评的主要目的是检测儿童大脑是否存在器质性病变以及发育上的异常，也被用来探索儿童的优势和劣势体现在什么方面，并能诊断学习障碍和发展迟滞。

进一步学习资源

● 有关国外儿童思维的新探索可参阅：

佟秀丽，莫雷等．国外儿童科学思维发展的新探索．心理科学．2005，28(4)：933—936。

● 有关儿童分类能力的发展可进一步参阅：

曹瑞，阴国恩．3～7岁儿童分类方式对分类结果影响的研究．心理发展与教育．2001，2：7—12。

刘果元，阴国恩．基本认知训练对3～4岁儿童分类能力发展的影响．心理科学．2006，29(1)：120—123。

陈友庆，阴国恩．儿童依“相似性”分类能力的发展及影响分类结果因素的实验研究．心理发展与教育．2002，1：27—31。

李文馥，王贞琳．儿童认知几何图形干扰因素的研究．心理学报．1997，29(4)：377—384。

● 有关儿童对数的认知可进一步参阅：

方格，田学红，毕鸿燕．幼儿对数的认知及其策略．心理学报．2001，33(1)：

30—36。

● 有关儿童其他推理能力的发展可进一步参阅：

朱莉琪．儿童推理能力的新发现——儿童的道义推理．心理科学．2001，24(2)：214，220。

毕鸿燕，彭聘龄．4～6岁儿童直接推理能力及策略的实验研究．心理科学．2003，26(3)：228—231。

张宏，沃建中．图形推理任务中儿童策略获得的发展机制．心理科学．2005，28(2)：314—317。

毕鸿燕，方格．国外关于儿童传递性推理的研究及相关模型．心理学动态．2000，8(2)：22—25。

王沛，赵志霞．幼儿特质推理发展的初步研究．心理发展与教育．2004,1:1—5。

● 有关儿童概念的发展可参阅：

周仁来，张环，林崇德．儿童"零"概念形成的实验研究．心理学探新．2003，23(1)：29—32。

潘开祥，张铁忠．4～10岁儿童理解大小概念的发展研究．心理科学．1997，20(5)：466—477。

● 王滢．儿童涂鸦的发展特点与心理基础．中国校外教育。

● 孔起英．皮亚杰儿童发展理论与学前儿童绘画的发展和教育．学前教育研究，1996，58(4)：18—21。

● 其他可进一步参阅资料：

Development review

Development psychology

Early childhood research quarterly

关键概念

想象　表象　无意想象　有意想象　再造想象　创造想象　思维

直观行动思维　自我中心　数概念　口头数数　给物说数　按数取物

判断　传导推理　类比推理　理解　问题解决　元认知　额叶　客体概念

大脑数字加工系统　儿童朴素理论　朴素心理理论　朴素物理理论

朴素生物理论　心像　儿童神经心理评估

思考与探究

1. 简述早期儿童思维发展的主要特点。
2. 简述早期儿童掌握实物概念的主要特点。
3. 简述早期儿童掌握数概念的基本规律和特点。

4. 理解儿童判断、推理和理解的发展。

5. 弗拉维尔等认为儿童问题解决过程中涉及哪些资源？

6. 参照图5-1，试在幼儿园中选不同年龄的幼儿若干名，观察记录他们的回答，分析不同年龄幼儿守恒发展的特点。

7. 参照图5-2，挑选一些幼儿比较熟悉的日常物品，试在幼儿园中选不同年龄的幼儿若干名，观察记录他们的分类情况，分析不同年龄的发展特点。

8. 参照图5-3，试在幼儿园中选不同年龄的幼儿若干名，观察记录他们的选择结果，分析不同年龄的发展特点。

9. 如何理解幼儿的朴素心理理论，朴素物理理论与朴素生物理论。

10. 简述常用的儿童发展神经评估有哪些，及其主要测评的内容。

趣味现象·做做看

让幼儿从放杂物的小抽屉里取出卡片，引导幼儿数数共有多少张卡片。注意选择适量的卡片总数目，在幼儿数数的过程中注意观察、记录幼儿的行为特点。

该过程考察了幼儿对数的掌握情况。你会观察到不同年龄阶段的幼儿其掌握数概念的基本过程与特点，从口头数数到最后说出总数需要一定的发展过程。一般来说，5岁以上的儿童，能够正确地说出最后卡片的总数。从中你还可以发现儿童掌握数概念的个体差异与年龄特点。

第六章

早期儿童语言的发展

本章导航

本章将有助于你掌握：

“月亮出来了，小孩和小狗一块儿在看青蛙，看呀看。青蛙眼睛冲上，也看着

他们。小孩睡着了，青蛙跳出来了，伸出来了一只腿，嘴巴张着。等他醒之前，他看见青蛙没了，狗也看见青蛙没了，它就说：'汪！汪！'他们俩就找呀找，找呀找——"①

以上是一个5岁的女孩根据连环画《小青蛙，你在哪里?》讲出的一段故事。惊叹于该儿童出色的语言表达能力的同时，我们不免产生疑问：这么小的儿童为什么能够说出如此连贯的语言呢？婴幼儿是以怎样的顺序获得这准确而丰富的语音的？婴幼儿是怎样发展起这些丰富的语义、语法知识的？婴幼儿的语言运用能力表现在哪些方面？这些问题都是对儿童言语获得和言语发展感兴趣的人士所渴望了解的问题，也是深深吸引研究者投入巨大热情，不断探索的问题。这些现象和问题同样引发我们展开本章的撰写。在结合新近研究成果的基础上，我们试图澄清：语言到底是什么；语言的构成要素有哪些；影响儿童语言发展的因素有哪些；婴儿、幼儿各自的语音、语义、语法和语用系统是怎样发展和完善起来的。

第一节 语言的概念和语言发展的影响因素

一、语言的内涵和组成要素

(一)语言的内涵

日常生活中，人们常常将"语言"和"言语"两个词混淆。实际上，这两个概念的含义有所不同。语言最常被定义为：(1)使用特定符号代表人或事物的符号系统(Reed，1988)；(2)使用约定俗成的任意符号系统表征有关世界的概念(Bloom，1988)；(3)一种赋予声音、文字、手势动作(如手语)及其他符号系统符号意义的认知系统；(4)一种规则掌控的符号系统。② 可见，语言是人类社会中客观存在的现象，是一种社会上约定俗成的符号系统，是一种音义统一的人类交际工具。世界上存在上百种语言，每一种语言都有其特定的符号及规则。语言之所以存在，因为这些符号在一定的范围内是共用的，因此可以用来交换信息和概念。

言语，实际上指人们在交际中对语言进行运用的过程。言语是个体所进行的活动，即个体借助语言这种交流工具来传递信息的过程，也就是理解语言和用语言来表达思想的过程，它必须遵从语言的规范。言语活动为人类所特有。"讲课""写作""闲聊"等都属于不同方式的言语活动。③

尽管语言和言语是两个不同的概念，但是两者之间又存在密切的联系。一方

---

① J. B. Jean. 语言的发展(影印本)[M]. 北京：世界图书出版公司，2005，1.

② 锜宝香．儿童语言障碍：理论、评量与教学[M]. 中国台湾：心理出版社，2010，6.

③ 叶亦乾、何存道、梁宁建．普通心理学[M]. 上海：华东师范大学出版社，2010，180.

面，言语活动要依靠语言材料和规则来进行，个人言语的能力受到其掌握的语言规则程度的制约；另一方面，语言也离不开言语活动，只有通过人们的言语活动才能发挥它作为交际工具的作用。

(二)语言的组成要素

根据 Bloom 和 Lahey(1978)的理论，语言可以分成三个主要成分：形式(form)、内容(content)及用法(use)，见图 6-1。在形式方面，包括音韵(phonology)、构词(morphology)及语法(syntax)；语言内容方面则常以语义(semantcis)来代指；而在语言的使用即为语用(pragmatics)。具体概念见下：

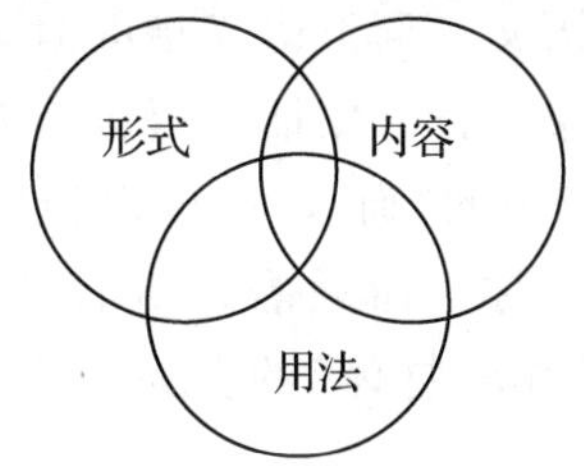

图 6-1　Bloom 及 Lahey 的语言模式

1. 形式

形式即声音及符号与意义相连接的语言要素，也包括支配发音及结合体(音韵)、支配词汇内在组织(构词)，即说明词汇如何组成句型(语法)的规则。[①]

(1)音韵

音韵(phonology)是支配发音及其结合的规则系统。每一种语言都有其特定的声音及音素。当音素以特殊方式结合时，便形成词汇。音素是说话最小的语言单位，能使意义有所差异。例如 bat 和 pat 唯一的不同点是起首字母，因为这个差异而产生两个不同的词汇，因此，/b/和/p/是两个不同的音素。音素的使用存在一些规则，例如，英文 long 中，ng 的声音是单音素，且从未出现在字首。又如，英文中 rs 从未出现在同一音节；汉语中 fb 也从未出现在同一音节。总之，音韵规则支配着语言的声音、分布及顺序。

(2)构词

构词主要是指有意义词素的应用规则。例如，在英文 jump 中，jump 是一个单一词素，但 jumping 则变成由两个词素“jump”和“ing”两个词素构成的词汇。词素可以分成自由词素和黏着词素。自由词素是指可以单独出现而具有意义的构词单位，且无法再细分为更小的构词单位。黏着词素是指需要与其他词素一起出现才具有意义的构词单位。jumping 中，jump 是自由词素，而 ing 是黏着词素。构词主要就是指自由词素与黏着词素的应用规则。在中文中，也存在自由词素和黏着词素，但划分并不绝对。例如，“工人”和“动工”中，前面是黏着词素，而后面的则是自由

① D. K. Bernstein. , E. Tiegerman-Faber. 王大延，译. 中国台湾：心理出版社，2009，7.

词素。[①]

(3)语法

语法(syntax)是支配句子结构的规则系统。例如,“碗你洗了吗?”和“你洗碗了吗?”两句使用了相同的词汇,但词汇出现的顺序并不相同。又如“娃娃打我”和“我打娃娃”两句使用了相同的词汇,但表达的意思完全不同。这里,我们就需要应用不同的语法知识去理解这些句子。

2. 内容

内容描述的是物体、事件、人物以及这些要素之间的关系,主要用语义来代指。语义分成词汇语义和命题语义。词汇语义指的对词义的掌握。词汇语义将涉及多义词、反义词、同义词、抽象语言、象征性语言以及语义网络等。儿童对词汇的理解不同于成人,2 岁的儿童口中的“狗”,也可以指“羊”或者“猫”,或者是指一只特定、具体的狗,而不是狗的总称。命题语义指的是句子所表达的基本语义关系,例如,“吃饭饭”,表达的是“动作—物体”的关系,而“妈妈亲”,表达的是“人物—动作”的关系。

3. 用法

用法包括在社会情境中支配语言使用的规则,也称为语用学。语用指的是在不同沟通情境中掌控语言使用及其功能的社会规则,涉及如何以符合社会规范或约定俗成的方式使用语言与人对话、沟通和交谈。其次,语用首先涉及语言的功能,语言功能与说话者的意图和目标有关,常见的功能包括打招呼、问问题、回答问题、要求信息、提供信息等。语用还包括对说话对象和说话情境的考量。说话者必须考虑对象的年龄、认知、相关知识背景等特点,还要考虑情境中已知、未知以及环境中的信息。最后,语用还包括了交谈的规则和策略。为了使得谈话有条理,说话者必须学习如何加入、开始以及继续对话,也必须学习如何轮流、如何适当地回应等。

二、语言发展的影响因素

(一)环境因素

很显然,儿童只有接触到语言才能够习得语言,环境因素对于儿童的语言具有促进作用。在传统的行为主义语言获得理论中,模仿和强化的作用被置于很高的位置,现在这种观点逐渐受到质疑。许多证据表明,模仿和强化并不是儿童语法获得的必要因素。例如,儿童几乎很少完全模仿,从生命早期开始,他们就以一种创造性的方式产生一些从来没有听到过的句子。但尽管如此,研究者仍然指出,儿童生活环境中的这样一些活动可以帮助儿童习得语言这种影响,表现在儿童语言习得的很多方面:

1. 前语言交流

远在产生第一批真正的词之前,婴儿已经表现出明显的交流。在这一阶段,成

① D. K. Bernstein., E. Tiegerman-Faber. 王大延,等,译. 中国台湾:心理出版社,2009,7.

人的许多活动都有助于儿童的语言学习。例如，他们与婴儿进行“对话”，产生某种恰似孩子气的话语，等待婴儿的反应，进而对婴儿的反应又给予反馈，并等待婴儿的再次反应。父母在他们的孩子能够真正运用语言之前，就教孩子学会如何参与会话性交流和基本的语言行为。

2. 妈妈语

研究表明，语音简单、语速缓慢、语调和重音夸张的妈妈语至少有两个优点：其一，它能够增加婴儿对语言的兴趣；其二，它有助于婴儿进行语音辨别。研究还发现，在婴儿期和学步期期间，母亲如果较高频率地使用妈妈语，儿童早期的语言发展也将相对较快。

3. 对儿童语言的反馈

在语义学习方面，父母的引导和教育将大大促进儿童语义的发展。关于这一点，许多人是深信不疑的。可是，父母的谈论究竟是怎样发挥作用呢？新近的心理理论的研究揭示了这一问题的答案。所谓心理理论，是个体为了解释和预测行为而推测他人心理状态的能力。首先，我们可以看到父母心理理论的作用。经验和研究都表明，父母非常善于识别他们的孩子在注意什么，以及对什么感兴趣。例如，当孩子正在注意兔子的耳朵，或背景中的树木时，父母不会说“兔子”。父母的这种心理推测能力，能够较好地帮助孩子把称谓与对象联系起来。除了父母的心理推测能力外，我们还要注意到儿童本身心理理论的作用。儿童从很小的时候起，就非常善于辨别他们父母所注意的对象。大约在出生 18 个月后，儿童就获得了这种重要的能力。他们认识到他人是有意图的，他们与周边的世界存在各种各样的心理联系。例如，儿童与成人会产生“共同注意”，能够将视线与他人一起集中于同一事物。研究表明，成人心理理论和儿童心理理论的共同作用，为儿童语义的学习提供了极为有利的支持。

在语法方面，父母的示范能够为孩子提供比较精细的语法结构线索，从而能够促进儿童对语法的掌握。父母有时会把孩子不完整的话语扩展为完整的语言。例如，儿童的话语“扔爸爸”可能被父母扩展为“把它扔给爸爸”。父母有时也会重新改编儿童的话语。例如，儿童的话语“他就要回家”可能被父母改编为“他就要回家，是吗?”父母对儿童的类似反馈还很多，儿童能够从父母的反馈中了解自己语言中的错误，这将大大有益于其对语法的掌握。

(二)认知因素

认知因素也是影响儿童语言获得的一个重要因素。一个有力的证据是：人们可以利用语义来学习语法方面的知识。在掌握句法系统之前，儿童已经能够认识许多单词的意义。开始时，他们就可以利用这些意义，结合情境信息，了解许多句子的意思。随着儿童习得某些基本的语义和语义关系，儿童便可以利用语言中的语义概念之间的关系来习得句法。例如，一旦儿童注意到，物体和人的名称普遍是名词，他便可能逐渐领会出名词的一般用法。正是通过这样的过程，儿童逐渐从他们以前

形成的概念和语义关系中抽取出句法知识。与此同时，儿童也能够利用句法知识引导语义的学习。也就是说，儿童一旦掌握了某些语法知识，他们就可能会利用这些知识来弄懂新的单词。实际上，在各种语言中，都存在着大量的关于单词意义的语法线索。假如说英文的儿童听到这样一个句子“The duck is grouping the bunny”(鸭子在 grouping 小兔子)，即使他以前没有听说过 grouping 一词，他同样能够对这个词的含义进行推测。因为它处于“is”和“ing”之间，这种句法线索就强烈地预示它是一个动词，而且是一个正在进行的动作。同时，这个词的前面和后面都包含了一个名词，这又预示着它是一个及物动词，鸭子(the duck)是发出“group”动作的一方，而小兔子(the bunny)是被“grouped”的一方。①

(三)生物因素

最后，生物因素也强有力地影响着儿童语言的获得。这一观点并不否认环境和认知因素的作用，只是认为这两个因素还不足以为儿童的语言获得提供完整的解释。研究者认为，环境因素和认知因素只是对儿童语言的获得有所帮助，却并不充分。例如，妈妈语能够促使儿童产生较高的语言能力，但并非所有的研究均报告妈妈语和语言增进之间存在正相关，即使存在，相关程度通常也不高。又如，我们提到语义的引发对儿童的语法获得有益，但是我们仍要看到，语义只是为句法的获得提供了一个起点而已。我们看到，语义和句法的关系并非绝对，比方说，不是所有的名词都是物体的名称，要掌握名词这一抽象的范畴，儿童必须超越最初对意义的依赖，并开始纯粹利用句法分布信息。

最旗帜鲜明地支持上述观点的当属乔姆斯基。他认为，语言是人类的先天特性，是人的一种“心理官能”。不同的语言尽管在表层结构特性上存在许多不同之处，但是在深层水平上却同样具有许多重要的特征。这种普遍语法便存在于儿童与生俱来的强大而特异性语言获得装置中。乔姆斯基的观点初看上去确实难以置信，但迄今为止的确尚没有人证实，可以排除生物因素而对人类的语言学习提供完整的解释。

研究者找到了一些证据来支持语言学习的生物学取向。其一，在生物上，人脑似乎很适宜学习和使用人类的口头语言。从出生开始，人的发音器官就被专门化，产生快速而连续的人类语言声音流，而人的大脑左半球也被专门化，适合于分析语言形式的输入。研究发现，新生儿的大脑对语言和非语言刺激的反应是非对称性的，左半球对语言声音反应强，而右半球对非语言声音反应强。其二，儿童的成熟水平也强烈地影响着儿童的语法获得。一个有趣的现象是，世界各地的儿童都以同样的次序，与大致相同的年龄，经历大致相同的语言学习阶段。虽然存在一些差异，但这种差异是有限的，并没有超出某种基本相似的核心。其三，人类语言具有物种广泛性或普遍性。可以看到，任何人类社会中都存在丰富的、语法复杂的语

---

① J. H. 弗拉维尔，P. H. 米勒，S. A. 米勒. 邓锡平，译. 认知发展(第四版)[M]. 上海：华东师范大学出版社，413.

言，而世界上所有的语言，某些基本方面是相似的。

第二节　婴儿语言的发展(0～3岁)

0～3岁是婴儿出生的头三年。在这三年的时间里，儿童的身心发展产生了巨大的变化。一般来说，婴儿在语言的发展上要经历三个阶段：0～1岁是婴儿言语发生的准备阶段，又称为前言语阶段；1～2岁时婴儿说出第一批真正有意义、具有概括性词的阶段，又称为言语发生阶段；2～3岁时婴儿基本掌握口语阶段。当然，三个阶段的划分并不绝对。在本节中，将分别阐述0～1岁以及1～3岁婴儿语言的发展特点。

一、0～1岁婴儿语言的发展

(一)语音发展

1. 听音的获得

研究表明，早在胎儿5～6个月时就已经具备了听觉，而当婴儿呱呱坠地，就对环境世界的声音非常敏感。研究表明，婴儿出生0～3个月这一时期就已经形成了感知辨别单一语音的能力。

(1)语音偏好

语音偏好的出现表明0～3个月的婴儿就能够分辨语音与其他的声音，以及分辨不同话语的声音。大量研究表明，婴儿喜欢倾听言语，而尤其喜欢听“妈妈语”和母亲的言语。

①与一般的声音相比，婴儿更喜欢倾听言语

从生命的早期，儿童就已经开始能够辨别言语和非言语，并对言语表现出更多的关注。研究者曾经以出生几天的新生儿为对象开展实验。他们分别设立了两个人工乳头。一个连接着一小段言语录音或歌声录音，另一个则连接着其他乐器或有节奏声音的录音。新生儿只要吸吮，便会接通电源，两种不同的声音就会播放。结果发现，连接言语或歌声的人工乳头更容易引起新生儿的吸吮反应。其他研究也发现，出生不久的婴儿，对妇女的说话声作出的反应比对铃声作出的反应更多、更有力；两周大的新生儿在听到大人说话时会停止哭喊，而听到摇铃时却不会这样。

②与其他的言语形式相比，婴儿更喜欢倾听“妈妈语”

所谓“妈妈语”，又被称为“儿向言语”，通常指的是母亲指向婴儿的言语，它们具有语速慢、声音高和音调高度夸张等特征，并具有强烈的起伏性。从出生的最初几天里，婴儿便对“妈妈语”更感兴趣和更关注，甚至当声音由一位陌生女子或男子发出时，也同样如此。针对聋婴儿的研究发现，如果聋婴儿的母亲放慢她们的手势，表现出“手势妈妈语”时，聋婴儿也对其表现出较之成人手势更多的偏好。可

见，即使感觉的通道不是通常的听觉，婴儿对“妈妈语”的偏好也十分明显。

③与其他人的言语相比，婴儿更喜欢倾听自己母亲的声音

研究者指出，即使在出生后的最初三天里，新生儿就能够辨别不同的声音，仅仅与母亲有过很少的接触，他们也对母亲的声音有所偏好。为什么这么小的婴儿就能够识别并记住自己母亲的声音呢？近年来的研究发现，婴儿能够记住他们在母亲子宫里所听到的声音事件。由于婴儿出生前已经受到母亲声音的影响，出生后他们便对母亲的声音有所偏好。一项著名的研究——“帽子里的猫”研究证实了这一结论。研究中，研究者要求孕妇在怀孕的最后 6 周内，每天两次大声朗读故事《帽子里的猫》。在婴儿出生后两天内，研究者采用不同的故事(其中一则故事是《帽子里的猫》)对婴儿进行测试。结果发现，婴儿在听到《帽子里的猫》故事时，表现出更多的吸吮反应。可见，婴儿能够保持其在胎儿期中的经验。该研究带给我们不少启发。它表明在出生之前，婴儿确实能够感知到某些声音，而他们也有足够的感知能力对特定的声音输入进行加工，此外，他们还拥有足够的认知、记忆能力来存储这些信息。因为只有这样，他们才能够记住胎儿期间某种特定的语音输入。

(2)范畴知觉

在婴儿倾听语音时，他们到底听到了怎样的语音呢？在过去的几十年里，研究者围绕这一问题展开了大量的探索，这使得我们对婴儿的能力有了新的认识。从这些研究成果中，我们可以得出一个重要的结论：婴儿是以“范畴知觉”的形式来辨别语音的。

要理解什么是语音的范畴知觉，首先要弄清楚成人言语的性质。举例来说，从纯粹的物理学来看，“ba”和“pa”两个声音刺激是一个量的连续变化体，仿佛位于一把尺子的两端。我们可以设想，如果从“ba”音开始，逐渐地改变刺激，向尺子的另一端移动，“ba”音听起来就会逐渐地越来越像“pa”音。这样，在“ba”音和“pa”音之间就存在一个宽泛的区域。在这个区域内，倾听者可能很难轻易辨别出所发的声音更像“ba”，还是更像“pa”。如果对他们进行测验，倾听者就会游离不定。即使是这个区域的同一个音，他们也可能在这次试验中报告听到了“ba”音，而在下一次试验中报告称听到了“pa”音。

那么，成人的言语知觉果真如此吗？言语知觉的研究表明，成人并不是以这种设想的连续的方式感知语音的。实际的情况是，在“ba”和“pa”这两个连续体之间的某一个点上，刺激被陡然地感知为“ba”或者“pa”。从而，成人对语音的觉知通常是间断或者范畴性的，这便是语音的范畴知觉。成人以“范畴”的形式对语音加以感知，显然不同于其他的知觉(如视觉)。例如，如果在纸上画线，当达到一定长度时，我们并不会突然地感知它是“长的”，而不是“短的”①。

研究表明，1 个月的婴儿就已经具备了语音范畴知觉，他们能够正确地分辨出

① J. H. 弗拉维尔，P. H. 米勒，S. A. 米勒. 邓锡平，译. 认知发展(第四版)[M]. 上海：华东师范大学出版社，2002，68.

属于不同音位范畴的[b]和[p]。研究者 Eimas 等(1971)利用婴儿吸奶的速率来反映婴儿对于语音差别的感知。他首先向婴儿呈现一个单个的音[b]，经过数次呈现，婴儿便出现了厌倦，吸奶的速率下降。这时，他分三种情况对这个音进行了修改：(1)改变音素的 VOT(唇松开后和声带颤动之间的延迟时间)值，使[b]变成了[p]；(2)同样改变音素的 VOT 值，但仍与原来的[b]同属于一个范畴；(3)仍使用原来的[b]音。结果发现，在第一种情况下，婴儿吸吮奶的速度有明显增加，而在后两种情况下则没有变化。事实表明，虽然第(2)种音与原来的音有变异，但是只要它们仍属于同一个范畴，婴儿便会忽略这种差异，把它们知觉为相同的声音。

有人会问，为什么婴儿具有这样的语音范畴知觉呢？是不是婴儿早期学习的结果呢？也就是说，婴儿是否能够通过学习而获得这样的能力呢？目前人们一般认为这一能力并不是后天习得的。这是因为：其一，婴儿早在出生时 1 个月(可以测量的最小年龄)便出现了这样的能力；其二，不同言语社会中的婴儿，虽然听到的语音各不相同，但是在知觉上他们所能够辨别的语音却十分相似。因此，大多研究者认为，语音范畴知觉很可能是一种先天的听觉能力，在人类出生时就具有，并专门用来获得和利用人类自然言语的声音特性。

2. 语音表达

语言包括接受，也包括产生。早在婴儿产生第一批单词之前，他们就开始发出类似语言的声音。根据中外研究者的研究，世界各国婴儿最初的发音呈现出大致相同的趋势：都是从最初的哭声中逐步分化出来，并沿着“单音节音—双音节音—多音节音—有意义语音”的顺序发生和发展的。概括起来，婴儿的发音可以划分为以下发展阶段：

(1)反射性发音

婴儿的哭声可分为两种：分化的和未分化的。1 个月以内的新生儿的哭声是未分化的，1 个月后婴儿的哭声逐渐地带有条件反射的性质，出现了分化的哭叫化，但仍很粗略。约从第 5 周开始，婴儿开始发生一些非哭叫的声音，显示发音器官的偶然动作，随后因玩弄自己的发音器官而发出了许多非哭叫的声音，先出现类似于后元音的 a、o、u、e 等，随后出现辅音 k、p、m 等。

(2)呀呀语

大约 5 个月左右的儿童进入了呀呀学语的阶段。所谓呀呀语就是类似于成人语言中所使用的那些音节的重复。这些声音对婴儿毫无意义，他们只是以发音做游戏而得到快感。此时婴儿能发出的声音很多，不限于母语的声音。不同种族和生长在不同社会文化环境下的所有婴儿发出的声音都很相似。聋儿在此时期也会像正常婴儿一样发出呀呀语，只因他们缺乏听觉反馈，其呀呀语停止得比正常儿童早。婴儿自第 9 个月起，呀呀语的出现达到高峰，虽然呀呀语听起来像语音，并常具有升降调，但它们仍然是无意义的，是不能被理解的。

从呀呀语开始，婴儿的发音呈现两个相辅相成的过程。一方面，语音扩充，即

逐步增加符合母语的声音。根据吴天敏的研究，本阶段婴儿的发音又增加了 b、d、g、p、n、f 和 ong、eng 等音。这时婴儿辅音和元音结合在一起的音大量增加，一些婴儿已经会模仿发出成人的词音，并开始将特定的声音与具体形象结合起来，使声音具有了一定的意义，如发"ba－ba"时找爸爸，最初的词音就这样产生了。另外，儿童在这一阶段又呈现出语音紧缩的现象，即逐步淘汰环境中用不着的声音。不少研究发现，呀呀语期后，当儿童即将进入独词句阶段时，会有一个短暂的"沉默期"，即儿童的发音突然变少了。

从语调发展来看，此阶段婴儿已经有了颇似成人的语调。约 8～9 个月，婴儿的呀呀语发生了变化，除了同音节的重复，明显地增加了不同音节的连续发音，而且出现了音调的变化，除发出第一声外，其他三声也出现了，国外有学者称其为"小儿语"，又做变调节呀呀语。成人无法辨认这种非语言声音流的确切意思，但从它的音调变化中人们能感受到似乎含有命令、陈述、问题的意思。这说明婴儿已经在为说出句子做准备了。同时，婴儿开始模仿成人的音高。例如，当婴儿和父亲玩时，婴儿的音调就降低到接近于父亲的音高；当婴儿和母亲玩时，呀呀语的音高又上升。

咿哑学语使婴儿了解了有关语言的机制，练习如何控制和协调发音时的动作与呼吸，了解口腔发音和听觉结果的关系，学着把口腔的某种运动和发出某种声音联系起来，逐渐取得控制发音活动的经验。成人经常模仿婴儿的发音与其"对话"，能使孩子发出更多的音，使发音器官得到更多的锻炼。因此，呀呀语的主要作用并不在于能具体地发某个音以便以后使用，而是通过呀呀语，学会调节和控制发音器官的活动。这是以后真正的语言产生和发展所必需的。

(二)语义发展

词汇语义是儿童对词义的掌握。在儿童产生第一批真正的词之前，他们已经理解了许多词。大约在 6 个月时，儿童已经有话语理解的萌芽，能对个别极简单的词语作出指令性的反应。8～9 个月时，婴儿已开始表现出能听懂成人的一些话，并作出相应的反应。如果母亲抱着婴儿问"爸爸在哪里"时，儿童就会把头转向父亲。对他说"拍拍手""摇摇头"，他就会作出相应的动作。到了 1 岁，婴儿能作出反应的祈使句和疑问句就更多了。据李宇明统计，在前语言阶段，婴儿一共能够理解 230 个"语元"①(语元是婴儿能够理解的最小话语单位，其可能是词，也可能是比词大的单位)。

儿童这种以动作来表示回答的反应最初并非对语词本身的确切反应，而是对包括语词在内的整个情境的反应。由于在这个时期内，词在这个情境的一切成分中是最不起作用的，因此，对 6～9 个月的儿童来说，只要保持同样的音调，保持习惯情境的一切成分，一些常用的词即使用其他词来代替，婴儿也能始终不变地作出相

① 李宇明．儿童语言的发展[M]．武汉：华中师范大学出版社，1995，66.

应的反应。在这里，词是无关紧要的。通常到 11 个月左右，语词才逐渐从复合情境中分解出来，作为信号而引起相应的反应，这时儿童才开始真正理解词的意义。

(三)语用发展

在语言产生之前，儿童已经习得一些交流技能，一些特定的声音和姿态变成了他们用来进行信息交流的重要手段，我们称之为“前语言交流”。一些研究者认为，这些前语言的交流经验将对儿童语用的发展起到重要的作用。概括起来，儿童的前语言交流体现出以下三大特点：

1. 交流的目的性

研究者发现，婴儿在大约 9 个月时开始出现有目的或有计划的交流，其标志是“原始请求”和“原始肯定”行为的出现。“原始请求”行为，指的是婴儿请求别人把够不着的物体拿给他。例如，婴儿可能张开手急切而坚持地伸向某个物体，同时还伴有揪心的喊叫或哀声，并且以肯定的目光看着可能成为“工具”的成人。在“原始请求”中，行为的目的性是外在的，成人只是儿童获得某一事物的手段。而在“原始肯定”中，成人成为交流的对象，外在的事物则变成引起成人注意的手段。例如，婴儿把玩具举起朝向成人，成人微笑或者积极反应后，他才把玩具放下来或继续游戏。可见，“原始肯定”中，行为目的是内在的，其本身就是为了交流。无论行为的目的是外在还是内在，“原始请求”和“原始肯定”行为都显示了儿童前语言交流的目的指向性。

2. 交流的指代性

研究发现，婴儿出生后第 9 周就出现了类似指示动作的姿势。这表明人类生来具有产生指示动作的某种“生物准备性”。这种指示动作的出现是前语言交流指代性的典型外在表现，在前语言交流过程中扮演着特殊而重要的角色，与其随后语言能力存在一定的正相关。

3. 交流的约定性

交流的约定性在语言活动中扮演着重要的作用。婴儿要进行语言交流，就必须学习这种普遍的社会约定性。在前语言交流阶段，婴儿对约定性的学习体现在两个方面。其一，婴儿对语言的模仿。例如，9 个月时，婴儿能够通过模仿而掌握手的动作的约定性。他们知道什么动作是“欢迎”，什么动作表示“再见”等。在这里，成人的指导和婴儿对这些词的理解促进了他们前语言约定性的发展。其二，婴儿的仪式化行为。在出生后半年里，婴儿能够通过操作化条件发射作用而逐渐实现交流行为的仪式化过程。例如，婴儿很可能学会在躲猫猫游戏或其他仪式化日常活动中如何相互轮换。当他们长大以后，参与语言活动时，这种技能便能够很好地为他们所用。

二、1～3 岁婴儿语言的发展

(一)单词句阶段的语言特点(1～1 岁半)

在经历了前面近一年的言语阶段准备，婴儿开始进入学习口语的全盛时期。在

1岁～1岁半，婴儿开始进入单词句阶段，所谓单词句，指的是用单个词来表达成人需要用一个句子才能表达的内容，它们不再仅仅发挥标志或指物的功能，而可以用来描述某个情境、事件或用来表达愿望和感觉状态等。例如，当婴儿说“球球”时，他有可能是说“这个球球”“我要球球”“球球滚掉了”等具有不同含义的句子。这个时候儿童说出的词，并不能单独地和词所代表的对象发生联系，而是和包括这个对象在内的一种情境相联系。[①] 单词句阶段，婴儿的表达是含混不清的，成人只能够通过手势、表情、语态等作为参考因素来推测婴儿的意思。

1. 语音发展

(1)语音的觉知

在前语言阶段，儿童主要是以范畴知觉的形式对语音加以感知的。只要两个音分属于不同的范畴，如[b]和[p]，儿童就能够区分出它们。进入到语言发展阶段之后，儿童对于语音的感知开始要跟一定的意义、一定的语言系统结合起来。也就是说，儿童逐渐地学习并掌握那些在特定语言系统中能够区分意义的语音差别。另外那些不能区分意义的语音上的差别，它们就要逐渐地给予忽略。这时，儿童开始进入音位感知阶段。

音位是语音中最小的能够区分意义的语音聚类。例如，汉语普通话里的[p]和[p′]有区别词的语音形式的作用，“拔”[pa]和“爬”[p′a]等不同词就是靠这两个辅音的差别来区别的，它们在汉语普通话中可视为两个辅音音位，分别标写为/p/和/p′/。而在英语里[p]和[p′]就没有区别意义的作用，假如把它们混淆起来，把port(港口)里的[p′]念成[p]，只会使人感到发音不地道，却不会使人误解为另一个词。这说明它们之间的差别没有区别意义的功能，因而在英语中[p]和[p′]就只属于一个音位。在音位阶段，对于汉语儿童来说，他们就需要进一步掌握[p′]和[p]之间的差异，而对于英语儿童来说，他们就要学会把[p′]和[p]归为一个音位，忽略它们之间的细微差异。儿童对不同音位辨别的发展是有一定顺序的，如萨那查金发现讲俄语的儿童首先能够区分元音，在元音中又首先区分[a]，之后学会区分辅音，辅音的区分顺序是塞音、擦音和鼻音、流音、滑音。[②]

在儿童学会辨别不同的音位之后，接着要学习音位组合的规则。在各种语言中，音位的组合都必须遵循一定的规则。例如，在汉语普通话中，舌根音、舌尖前音和舌尖后音不能同齐齿呼、嘬口呼的韵母组合，而只能同开口呼、合口呼的韵母组合。又如，在英语中也同样存在音位的组合规则。凡是操英语的成人，虽然不懂得slithy和toves是什么意思，但是他们会认为这些词可能是英语的词，而mvaq，sred却不可能是英语中的词。研究表明，儿童小的时候并不懂得这些组合规则，因此会出现用sred来代替thread(线)的情况。儿童只有到了4岁才具有这种能力。

除了音位知觉外，儿童在语言阶段的语音感知特点还表现为建立词的语音表

---

① 张明红. 幼儿语言教育[M]. 上海：上海教育出版社，2004，75.

② 李宇明. 儿童语言的发展[M]. 武汉：华中师范大学出版社，1995，70.

象。研究者指出，儿童记忆中词的语音主要是按照成人的发音形式来存储的。一些观察发现，儿童能够识别他们自己还不能够发音的词，这种现象被称为“fis”现象。伯科和布朗发现：一个儿童把他的玩具充气塑料鱼叫做“fis”(正确的发音是“fish”)，而当成人故意模仿他的发音也叫做“fis”时，这个儿童却试图纠正成人模仿的发音，说“不是 fis，是 fis”，反复数次，几乎发火。当成人改口说“fish”时，这个儿童才认可。这个现象表明，儿童虽然在发音上不能区分两者的区别，但是能够觉察到成人的发音中两者的区别。儿童将词的语音与成人的发音形式紧密联系，而不是将其与自己的发音形式相联系。

(2)语音的产生

从 1 岁左右，儿童开始学习发出词的音。儿童集中的无意义的发音现象已经消失，此时的发音已与发出词和句子整合在一起。这个时期，儿童的发音表现出两个特点：发音紧缩现象和使用发音策略。发音紧缩，指的是婴儿开始丧失发出一切语音的能力。有的母语中没有的音，此时开始发不出来，而且从此以后，儿童的发音基本上属于母语范畴的，对于早期的一些母语中没有的音，他一般不再发了，甚至也听辨不出来了。使用发音策略，指的是儿童开始使用一些发音方法来促使自己发出一些音。这些策略可以分为两大类：改变与选择。改变包括替代(如用 d、t，替代 g、k)、同化(如“老公公快快来”变成“老蹦蹦派派来”)和删除(如“汽车”，不是只发“汽汽”、就是只发“车车”)等；选择包括避免发某个音和倾向发某个音。

2. 语义发展

在单词句阶段，婴儿的语言理解能力大大增加。总体上，婴儿能够理解的语言要远远多于能够说出的语言。

(1)语义理解

从理解层面上说，儿童在单词句阶段已经能够理解很多名词和动词。名词主要是儿童周围生活的、所熟悉的家用物品，人物的称谓、动物的名称和特征较明显的身体器官的名称等。动词则主要是表示身体动作的动词以及表示事件和活动的能愿动词、判断动词。命题语义指的是理解句子所表达的基本语义关系。在单词句阶段，儿童产生的语言还不存在命题语义，因为单一的词还无法体现复杂的语义关系。但是，这一阶段的儿童已经能够理解一些句子的基本含义。研究者总结出，这一阶段儿童能够理解的句子有以下几种：

①呼应句，即呼唤他人(呼唤句)或是对他人呼喊的应答(应答句)。

②述事句，即幼儿对自己发现的事情的述说。如爸爸问：“你的球呢?”幼儿四处望一下说：“没。”

③述意句，即幼儿述说自己意愿的句子。幼儿所表述的意愿大多是表示否定的。例如成人让婴儿赶快收拾玩具吃饭，幼儿会说：“不”，以表示自己不愿意。①

① 张明红. 学前儿童语言教育[M]. 上海：华东师范大学出版社，2001，137.

(2)语义表达

从产生层面来说，儿童此阶段产生的词语却不如理解的词那么多。许多研究者针对儿童产生的第一批词作了详细的研究，取得了较丰富的研究成果。我们将从“词的意义”和“词的类型”来阐述儿童产生的第一批词的特点。

①词的意义

大约在10～13个月，儿童开始发出最初的单词。他们看到父母能分别叫“爸爸”“妈妈”，看到玩具会叫“娃娃”。然而，在单词句阶段，儿童对这些词汇的理解还是比较笼统的。

过度扩充，指的是儿童超越和扩充了词义的意义范围。例如，儿童不仅称狗为“狗”，而且将牛、马、羊等能走动的四足动物都称为“狗”。对产生扩张的原因，克拉克早先提出的语义特征假设认为，对于成人而言，一个词的意义可分成很多小的特征，有些特征是一般的特征，有些是特殊的特征。儿童最初学习词时不是一下子掌握所有的特征，其并不知道成人关于这个词的全部含义，而是把词义和某些特征等同起来，这样就出现了词的使用范围的扩张。以后随着掌握的词义特征的增加，每一个新的特征进一步限制了这个词的使用范围，直至最终掌握词义。

值得注意的是，近来的研究发现儿童的过度扩充更多地出现在语言的产生中，如把所有的圆形物体(如球、番茄、洋葱、饼干)都称作苹果，而在语言的理解上，他们的过度扩充却没有那么严重。例如，研究者要求那位过度扩充“猫”称谓的儿童，从一系列看起来相似的动物中“找出猫”，他毫不困难地做出了正确的选择。这说明，儿童对某些词的意义的实际了解比语言产生更多。

有时，儿童又过度缩小词义。例如，某儿童最初可能只将“猫”用于指家里的猫，或只用于指窗外看到的猫，而不是一般的猫。这可能是儿童获得每个新词的初期表现。随着儿童接触同类物体的机会增加，加上成人在交谈中所提供的一些非语言和语言的线索，儿童逐渐能够将其他的猫也归入“猫”的名下。这样，过度缩小的儿童必然会拓宽指示范围。但是，有些儿童一开始又过度地拓展，常常过度扩大起初被他们过度缩小的单词。

②词的类型

儿童最初产生的是哪种类型的词？首先，从抽象和概括水平来说，儿童最初使用的是那些中等概括水平的词。例如，儿童可能最先学会“狗”，之后才能学会下级类别(如“长毛垂耳狗”)和上级类别的词(如“动物”)。中等水平的词之所以学得早，是因为它们对于儿童最为实用。另外，父母也更愿意教孩子这种中等抽象水平的词。其次，从与儿童经验相联系的程度说，儿童最初使用的都是在认知方面和社会交往方面与他们关系最为密切的词，如他们最熟悉的人和物，像爸爸、妈妈、抱抱等。美国研究者纳尔逊(K. Nelson)对18名美国儿童最早出现的50个词进行了词类分析，发现儿童最初词的类型存在共性。其中，比例最大的是名词，占到全部词数量的51%，其次是专有名词(如“猫咪”)和动词(如“给”)、修饰语(如“脏的”)和功能词(如“为”)。①

然而，除了词汇类型普遍的共性外，不同的儿童在最初词类的学习上也表现出一些差异。纳尔逊根据儿童最初的词类将儿童分成两类。一类是“指称”型儿童，他们首先学会的是表示物体名称的词，如“牛奶”“积木”“鞋子”等。第二类是“表达”型儿童，他们则首先学会表达个体愿望或社会交往方面的词，如“再见”“要”“请”等。这两种类型的儿童对语言的功能似乎有不同的理解。“指称”型儿童更关注名称，也更加注意“指称”对象，而“表达”型儿童则更多使用语言来调节他们与其他人的交往。当然，大多数的儿童都处于两种类型之间，较少的儿童才有极端的表现。

3. 语法发展

单词语是否已经具有了某种句法特点呢？对此存在着不同的意见。第一种意见认为，句子必须以具有一定的语法结构为基础，单词只是一个单词而已，并不具有句法基础。第二种意见则认为，在单词话语阶段，儿童已具有简单句法关系和句法范畴的知识，不能说出完整的句子并不是因为不知道句法，而是由于儿童没有掌握足够的词和受到其他方面的限制。虽然这两类意见的争执至今没有停止，但绝大多数研究者倾向于同意后者。其中，最为显著的证据便是“词的选择”。在同样的语境里，儿童会在不同的时期选择同一主题的不同部分。例如，当儿童拿着锤子敲钉子时说“敲”，这时他选择的是动作的名称。而在另一相同情境下，他可能说“钉子”，所选择的是动作的对象。这种选择不是随机的，而是极其有序地出现。这表明儿童头脑中已经有一个完整的主题，但每次只表达其中的某一个方面，其他方面则需要依靠语境来传递。因而，研究者认为，儿童实际上已经具有对实践的丰富理解，但只能用有限的语词来表达。这时儿童利用单词，并结合使用姿势和语调等辅助手段来达到表达愿望、要求和疑问以及称谓物体和事物的目的。因此，儿童的单词话语，借助于言语和非言语的各种信息，已经具有比单个单词更加丰富的意义，已能在具体的语境中发挥句子的交际功能，在功能上类似完整的句子，从而具有句法的特点。

(二)双词句阶段的语言特点(18～24个月)

大约在18个月，儿童似乎突然开口，说话的积极性很高。儿童的单词语开始结合为双词语。我们把儿童1岁半～2岁这段时期称为“双词句”阶段。这个阶段，说英语的国家的父母会听到类似“put book”“more milk”等这样的话语，而在说汉语的环境里，父母会听到诸如“妈妈鞋”“娃娃饼饼”等句子。这些话听起来像我们发电报时所采用的省略语，因此，又被称为电报句。

1. 语音发展

到了双词句阶段，儿童在语音的感知上进一步建立音位知觉，习得音位系统。

---

① 朱曼殊、缪小春．心理语言学[M]．上海：华东师范大学出版社，1990，337.

2. 语义发展

(1)词汇语义

双词句阶段，儿童在词汇语义发展上表现出如下特点：

①词汇数目和种类突飞猛进

从理解层面上说，儿童在这一阶段所能理解的词汇越来越多。尤其是对名词和动词的理解在本阶段是一个飞跃。但是，儿童理解的词汇仍局限于日常生活范围之内，像科技词义、文学词义他们还是无法理解。从产生层面说，这阶段儿童的言语表达能力突飞猛进，出现“词语爆炸”的现象。他们每个月平均说出25个新单词，到2岁时平均能够说出300个左右单词。

②词汇意义逐渐精确化

这一阶段，婴儿已经能够脱离具体情境、准确地把词与物体或动作联系起来。如果婴儿把玩具狗拿过来，他就能把玩具狗从一对毛绒玩具中拿出来，而不会再把毛绒绒的东西误以为是狗。这说明词的特定称谓功能开始形成，语义扩大开始减少。另外，词的概括性逐渐形成。如婴儿已经由只认识穿红衣服的娃娃，过渡到把穿不同衣服的娃娃都叫“娃娃”。“娃娃”一词就变得概括了，这说明上一阶段的语义缩小也开始减少。

(2)命题语义

在双词句阶段，儿童的命题语义开始出现在儿童的口语中。罗杰·布朗(Roger Brown)详尽地评述了来自许多言语的发展资料，认为儿童说出的大多数双词语表达了八种语义关系，它们是：施事—动作(如“妈妈抱”)、动作—对象(如“开嘟嘟”)、施事—对象(如“妈妈鞋鞋”)、动作—位置(如“坐凳凳”)、实体—位置(如“饭饭碗”)、所有者—所有物(如“妹妹娃娃”)、实体—属性(如“好看衣服”)和指示词—实体(如“这个娃娃”)。儿童就是利用上述这些词的组合来标志他们在感知运动阶段所获得的概念和关系，其表达也比单词句阶段更加清楚。①

3. 语法发展

在双词句阶段，儿童句子结构的萌芽开始出现。可以看到，在双词句中，儿童省略了在交流中比较不重要的单词，诸如，连词、介词、助词等虚词，而使用的往往是情境所必需的名词、动词等实词。

在讨论单词句时，我们曾提到可以根据儿童不同情境下“词的选择”来推测儿童的单词句具有句法特点。而在双词句阶段，是否有证据表明双词句已经具有一定的句法基础，而不仅仅是基于语义关系呢？最为显著的证据便是词序。许多研究者都发现儿童并非任意使用词序，而是利用词序作为一种表达的装置。有人给这个阶段的儿童看一幅一只熊背一只猴的图画。儿童大多数都会说出“熊背”“背猴”，而不会说出“背熊”“猴背”。可见，在语言中刚刚开始能将词加以组合的儿童，已经能够根

---

① J. H. 弗拉维尔，P. H. 米勒，S. A. 米勒. 邓锡平，译. 认知发展(第四版)[M]. 上海：华东师范大学出版社，2002，391.

据词序来正确地理解一些简单句子的含义。当然，此阶段儿童的语法基础仍是十分具体的，并没有形成超出具体语义关系的抽象语法范畴。在双词句阶段，儿童还不能理解主语、动词和宾语的抽象含义。例如，儿童还不会使用诸如“北京是个大城市”“钥匙开了门”等无生命主语句。

(三)2～3岁儿童的语言特点

2～3岁，是婴幼儿基本掌握口语的阶段。这一阶段的婴儿，在掌握语音、词汇、语法和口语表达能力方面都较前一阶段明显地进步。

1. 语音发展

这一阶段儿童的发音器官逐渐发育成熟，婴儿在发音上的困难也日益减少。唇音已经基本没有困难，但是凡是需要舌头参与的音(舌尖、舌面、舌根等)还存在不同的困难，尤其以舌尖音突出，如zh、ch、sh、r等，少数婴儿发出g、k、h、ü、e等发音也有困难。①

2. 语义发展

2～3岁是婴儿词汇量增长迅速的时期，也是婴儿对语言的理解能力迅速提高的时期。能理解的词汇达到900多个。在词汇语义上，词的窄化、泛化等现象明显减少，对词汇的理解也日益接近成人用词的含义。词的概括性进一步提高，对有些词(如“树”“花”)已经能理解为代表一类事物的词，除能叫出自己家里附近的“猫”和“花”之外，在外面已经能够说出他们熟悉的“树”和“花”的名字。但是，这一阶段的儿童对某些词汇的理解还具有直接性和表面性。在命题语义上，儿童能够理解的语义关系进一步精确，运用也更加熟练。

3. 语法发展

(1)句子长度增加

句子的长度被视为衡量儿童句法能力的重要指标。一般来说，句子的含词量大约在25～27个月时出现了三词句，在28～30个月时出现了四词句，有个别的婴儿还出现了五词句和六词句。朱曼殊以2～6岁儿童为被试研究了儿童平均句子长度，发现2～3岁儿童所使用的句子的平均长度有显著增加，从平均的2.91增加到4.61。②

(2)句法结构发展

从2岁以后，儿童开始从之前的不完整句逐渐过渡到开始使用完整的简单句。汉语儿童各种单句的出现有一定顺序，它们是：无修饰单句、简单修饰语单句、双宾句、简单连动句、复杂修饰语、复杂连动词、兼语句、主语或宾语含有主—谓结构的句子。2～3岁婴儿所使用的句子中，简单句占90%左右，复合句只占到10%左右。在简单句中，主要有主谓结构、主谓宾结构和主谓补三种结构。复合句大多是不完全复句，仍然是省略连词的简单句的组合。

---

① 张明红．幼儿语言教育[M]．上海：上海教育出版社，2004，84.

② 朱曼殊、缪小春．心理语言学[M]．上海：华东师范大学出版社，1990，312－315.

2岁儿童在句中极少用修饰语，有时即使在形式上似有修饰语，如“小白兔”“老奶奶”等，但实际上，儿童是把整个词当作一个名词来使用的，因此他们会出现“灰小白兔”等可笑的称谓。2岁半后，儿童开始出现了一些简单的修饰语，如“两个娃娃玩积木”“××穿好看衣服”。此后，儿童使用的修饰语数量和复杂程度都不断地发展。到了3岁左右，儿童开始使用较为复杂的名词性结构“的”字句(如“这是我的娃娃”)、介词结构的“把”字句(如“我把积木放在盒子里面”)，还出现了较复杂的时间、空间状语(如“我有的时候到小红他们家去玩”“我在公园和爸爸划船”)。

2岁左右，是婴儿疑问句产生的主要时期。疑问句对于儿童社会化的发展具有重要意义。儿童利用提问获得成人的关注和必要的信息，成人通过对问题的回答来提升儿童认知和语言发展水平。在一定意义上，儿童提问的水平代表了儿童认知和语言的发展水平。2岁4个月到3岁是婴儿疑问句快速发展的时期。2岁出现反复问句(吗、呢、吧、什么等)。“谁”“如何”“在哪里”“什么时候”“为什么”，这六个词是婴儿疑问句的主要表现形式。(张明红，84)。疑问句的出现将逐渐提高儿童理解话语、搜索和重组知识经验，表述自我的思想感情等多方面的能力。①

2岁以后，儿童还出现了由几个结构相互串联或相互包含所组成的具有一个以上谓语的单句，即复杂单句。2～6岁儿童一般会讲出三类复杂单句：一是连动句，如“小朋友看见了就去告诉老师”；二是兼语句，如“老师教我们做游戏”，其中，“我们”既是“教”的宾语，又是“做”的主语；第三种是句子的主语或宾语中又包含主谓结构的复杂单句，如“两个小朋友在一起玩就好了”，其中，“两个小朋友在一起玩”是句子的主语，而其本身是主谓结构。

(四)1～3岁儿童语用的发展

1. 对交流对象的考虑

1～3岁儿童语用的发展首先表现在他们在使用语言时越来越考虑交流的对象。例如，2岁儿童跟比自己小的儿童或洋娃娃说话时会简化他们的语言。幼儿还会根据听者能否看见他们而改变其交流行为。相对于视力正常的儿童，3岁儿童与一个被遮住眼睛的人说话时，口头表述会更加清晰。② 即使是很小的儿童也能够改变他们的交流行为来满足听者的需要。

2. 语用功能的增多

哈里德把儿童的言语功能划分为七种功能：(1)工具功能，即利用言语表达要求和愿望，如“我要”“给我那个”；(2)控制功能，即试图控制别人的行为，如“照我告诉你的去做”；(3)交流功能，即利用言语进行社会和情感交流，如“你和我”；(4)表达个体功能，即引起别人对他本人和他的行为的注意，如“我来了”；(5)启发功能，即要求得到对事件的某种解释，如“告诉我为什么”；(6)想象功能，即儿童

① 张明红．幼儿语言教育[M]．上海：上海教育出版社，2004，84.

② 罗伯特·西格勒，玛莎·阿利巴利．刘电芝，译．儿童思维发展[M]．北京：世界图书出版公司，2006，234.

用言语来创造不同于成人的自我世界，如“让我们假装”；(7)表现功能，即利用言语告诉他人一些事情，如“我有些事情要告诉你”。根据哈里德的研究，以上七种功能的出现有一定的顺序。10个半月到16个半月，儿童主要掌握的是前四种功能，即工具功能、控制功能、交流功能和表达个体功能。18个月左右，儿童除了表现功能外，其他六种功能都已经掌握。最后，儿童在22个半月左右将掌握表现功能。

周兢等人(2009)从言语倾向、言语行动水平和言语变通三个维度研究汉语儿童语言功能的发展。言语倾向指的是说话者用某种方式表达他们的交往意图倾向。言语倾向类型的增加实际上代表的是语用功能的提升。周兢等的研究表明，3岁前的儿童言语倾向类型主要包括三种：(1)引起听话者的注意；(2)协商即刻进行的活动；(3)讨论当前共同关注的焦点。① 14个月的儿童就已经平均广泛使用了这三种类型的言语倾向。并且，儿童的言语倾向类型的多少与母亲的言语行动之间呈现正向关系。

言语行动水平指的是说话者通过某种言语形式来表达自己的交往意图，如说话者可能采用提问、陈述等方式来完成一次交流。言语行动水平的提升同样表明说话者语用能力的增强。周兢等的研究表明，0～3岁的言语行动类型从4.0发展到13.4，然而最主要的三种类型是：“陈述自己的观点”“对特殊疑问的问答”和“对是非问疑问的肯定回答”。②

言语变通，指的是说话者能够根据情境的需要对不同言语表达的形式进行灵活的选择和变通。言语变通水平，反映的是人们交流时的流畅性和丰富性状态。周兢等的研究表明，0～3岁汉语儿童已经掌握了20多种言语变通类型，如“引起对方注意：不可诠释”，“讨论当前焦点：回答特殊疑问”，“讨论当前焦点：陈述说明”等。③

第三节 幼儿儿童语言的发展(3～6岁)

一、语音的发展

(一)语音正确率逐年提高

汉语儿童的发音是随年龄的发展而逐步提高的，2.5～4岁是语音发展飞跃期，可持续到4岁半，4～5岁儿童的语音进步最明显。4岁以上幼儿基本能够掌握本民族语言的全部语音。刘兆吉等人曾以《汉语拼音方案》中规定的声、韵母来测查3～6岁学前儿童语音的正确率，结果发现，4岁儿童声母的正确率，城市儿童已达到

① 周兢主编．汉语儿童语言发展研究[M]．北京：教育科学出版社，2009，268－276.

② 周兢主编．汉语儿童语言发展研究[M]．北京：教育科学出版社，2009，268－276.

③ 周兢主编．汉语儿童语言发展研究[M]．北京：教育科学出版社，2009，268－276.

97%，农村儿童已达到74%；韵母发音的正确率，城市儿童已达到100%，农村儿童已达到85%。①

3～6岁儿童在不同的年龄阶段，语音发展又各具特点。3～4岁儿童发音器官还不够完善，细小肌群活动不灵活，听觉的分化能力差，对近似音不易辨别。如把“走”说成“斗”，把“灿”说成“叹”，把“老师”说成“老西”等。4～5岁儿童的发音器官基本完善，在正确引导下基本都能正确发音，但也有少数幼儿对个别难发的音感到困难，如把“树”说成“富”。5～6岁儿童发音器官健全，建立了语言的自我调节机制，能够辨别声音的细微差异，所以在发音方面已经没有问题。不仅能够正确发出词音，还能够根据语句的内容，清楚地分出四声。但也有个别儿童发音不清楚的现象。②

(二)声母发音易掌握，韵母发音易犯错

在儿童的发音中，韵母正确率偏高，只有“o”和“e”易混淆，因为这些音发音部位相同，只是在发音方法上有细致差别。儿童对声母的发音正确率较低，因为这时儿童还没有掌握一些主要的发音方法，某些发音器官还不会运用。汉语儿童对zh、ch、sh(舌尖后清擦音)、r(舌尖后浊擦音)等声母的发音感到困难，zh、ch、sh容易与z、c、s相混。史惠中等人对我国10个省市5 000名3～6岁幼儿的语音进行了调查，得到以下数据：

信息栏6-1

表6-1 调查表

年龄	儿童数	错误频次		
		zh ch sh r	z c s	d t n l
3	1 203	2 646	1 563	228
4	1 400	936	553	161
5	1 450	321	253	58
6	1 447	130	140	46

(三)语音习得的地方差异

经常可以看到，南方儿童说普通话往往混淆“n、l”。上海方言往往混淆“h、f”，也无前鼻音和后鼻音之分，如老师(lǎo shī)发成老师(lǎo sī)。朱智贤的研究比较了儿童跟读绕口令和背绕口令的情况，发现背绕口令的发音正确率(49.5%)远低于

① 刘兆吉．三～六岁儿童语音发展水平调查研究[J]．儿童心理与教育心理．1980，2，161—170.

② 朱海琳．学前儿童语言教育[M]．北京：科学技术出版社，2011，30.

③ 张明红．幼儿语言教育[M]．上海：上海教育出版社，2004，101.

跟读的正确率(84.7%)。研究者把这种差异归结为“当地语言的发音习惯对学前儿童的正确发音产生了严重的阻碍作用”。

(四)语音意识的出现和发展

语音意识是一种语音的自我调节机制。当儿童开始能够自觉地辨别发音是否正确，主动地模仿正确的发音，纠正错误的发音，那么就可以说儿童的语音意识形成了。一般在4岁左右，儿童的语音意识明显地发展起来。主要表现在：能够意识到并自觉调节自己的发音，如不愿意在别人面前发自己发不准的音；为别人故意模仿他的错误发音而生气；能够评价别人发音的特点，指出并纠正别人的发音错误，或者取消、故意模仿别人的错误发音等。语音意识的发生和发展，使儿童学习语言的活动成为自觉、主动的活动。

二、语义的发展

(一)词汇数量和质量的提高

1. 习得新词汇

3岁以后，儿童仍以惊人的速度习得大量的新词。一般估计，汉语儿童词汇量3岁时为800～1 000个，4岁时为1 600～2 000个，5岁时为2 200～3 000个，6岁时的词汇量可以达到3 000～4 000个。有关研究表明，3～6岁是人的一生中词汇数量增加最快的时期，其中3岁为第一个高速期，6岁为第二个高速期。

2. 有顺序地掌握各类词

儿童对于不同类的词的掌握是有一定顺序的，他们在单词句和双词句阶段总是先学会名词，然后是动词、形容词等。到了幼儿阶段，名词所占总词汇量的比例有所下降，而动词却不断增加。根据许政援等人的研究材料，6岁儿童在复述老师讲述时所使用的词类，动词最多，占38.4%，其次是名词，占22.4%，接着是形容词、代词、数次、副词、介词、助词和语气词。

儿童对于每一类词的掌握也有一定的顺序。张仁俊等人对2～6岁幼儿空间方位词的研究表明，幼儿掌握的顺序是：“里、上、下、后、前、外、中、左、右。”朱曼殊等人的调查发现，对于时间次序的词，幼儿掌握的顺序是：“先、后、以前、以后、同时”；对于表示动作的时态词，幼儿掌握的顺序是：“正在、已经、就要”。缪小春等人的研究发现，幼儿对于疑问代词掌握的顺序是：“谁、什么、什么地方、什么时候、怎样和为什么。”全国语言协作组对于幼儿掌握空间维度形容词的调查表明，幼儿掌握的顺序是：“大—小、长—短、高—矮—高—低、粗—细、厚—薄、宽—窄—深—浅。”①

3. 充实词的意义

在词汇量不断增加、词类不断增加的同时，幼儿对每一个词本身的含义的理解

① 方富熹，方格，林佩芬．幼儿认知发展与教育[M]．北京：北京师范大学出版社，2003，227—229.

也逐渐确切和加深了。经过这样的过程，儿童在早期所出现的词义过分扩充和过分缩小的现象进一步减少。例如，一个1岁左右的婴儿曾经把天上圆圆的月亮、乒乓球、橘子都称作“鸡蛋”，因为他认为凡是圆的东西都是“鸡蛋”。这时，他对鸡蛋的理解是笼统的。随着对词义的理解的确切和加深，儿童才能够掌握词的确切含义。

4. 从单义到多义

每个词都可能具有多种含义，而各种含义间可能互不相关。儿童要逐个掌握，然后把原来互不相关的成分组合起来，并根据不同的语境去使用该词的不同含义。儿童这方面的发展是缓慢而漫长的。例如，关于“前”“后”两个同时具有空间意义和时间意义的词，儿童总是先理解其空间意义，后理解其时间意义，两者相差时间达到1～2年。

5. 学习同音异义词

汉语中同音异义词特别多，因此汉语儿童后期语义的发展还包括对同音异义词的学习。在口语中，儿童必须学会根据语境的线索来辨别词义，否则容易出现张冠李戴的错误。例如一名20个月大的儿童将“带”理解成“戴”，妈妈要求她“把娃娃带出去”，他却把娃娃放在头上说“戴出去”。同音异义词的理解要求儿童具有丰富的感知经验和概念知识，还要有一定的语言能力，能根据语境和句法结果进行推论。

(二)对语义关系的逐步把握

语义网络的发展反映了儿童对词与词之间关系的理解和把握。语义网络假设，每个词语都可以以它自己为核心，在其周围集结着一个词群，构成语义的网络系统。其他各词在其周围一圈一圈地向外扩展，离核心越近，则和核心的意义越接近(如与“汽车”接近的词汇有“卡车”“救护车”“救火车”等)。对于发展中的儿童来说，语义网络的构建是比较晚的。但是，研究者发现，语义网络在较年幼儿童中已经开始出现，因为儿童总是在不断地探究他们所经历的各种事物之间的联系和关系。当然，儿童此时的语义网络仍是原始的，有待于不断地充实和修正，较晚才能形成成人式的语义网络。

三、语法的发展

(一)句子复杂程度的发展

复合句是指由两个以上单句组合而成的句子。汉语儿童从2～2岁半开始能说出极为少数的简单复句，到5岁时发展速度才快起来。复句主要是联合复句和主从复句两类，其中联合复句占全部复句的75%以上，主从复句约占15%。在联合复句中，出现得最多的是并列复句，即把两件并列的事加以陈述，如“爸爸写字，我看书”。首先是连贯句，即按事情的经过情况加以描述，如“吃好饭以后，我在家里和小华玩一会儿，就看电视了”。其次是补充复句，即对前面讲的主题加以补充说明，如“奶奶给我一本书，是讲孙悟空的”。在主从复句中，出现得最多的是说明因果关系的因果复句。如“这个小朋友睡觉的时候不好好睡，还要吵，老师把他关在小房间”。最后，是为数不多的转折复句和条件复句。转折复句如“孙悟空人是好的，就是样子太难看”，条件复句如“妈妈你给我讲故事，我就去睡觉觉”。

较小幼儿所使用的复句最显著的特点是结构松散、缺少连词。随着年龄的增加，儿童使用的连词复杂程度也随之增加。开始时，儿童使用的连词最多的是“还”“也”“又”等词，后来逐渐出现“后来”“那么”“只好”等词。到了5～6岁时，儿童使用的连词数量大为增长，出现了“因为”“为了”“结果”等说明因果、转折、条件、假设等关系的连词，还出现了前后呼应的成对连词，如“一边……一边”“没有……只有”等。当然，连词的掌握对儿童来说是个复杂的过程。儿童在连词的学习过程中，经常会犯一些错误，如“告诉他下雨了，他就回家去睡觉”，这句话形式上是因果复句，而语义上却又不存在因果关系。由于连词学习的复杂性，儿童直到6岁，使用连词的句子仍不到复句总数的三分之一。

我国心理学工作者对儿童语言发展的研究发现，幼儿在句法结构方面的发展可概括为：第一，复合句所占比例随年龄增高。第二，使用句型增多。学前期，儿童使用的句型中陈述句占三分之一，随着年龄的发展，儿童开始使用疑问句和否定句。第三，语句趋于完善。同3岁前儿童相比，幼儿简单句的正确率有较大提高，到6岁，简单句的完整率已经达到90%。

(二)句子完整性的发展

根据句子结构是否完整，可以把句子分成不完整句和完整句。2岁以前，儿童使用的句子主要是不完整句。2岁以后，完整句开始出现，其数量和比例越来越高。2岁以后儿童的简单句中完整句占64%左右，3岁占93%，5岁占95%，6岁占98%。[①] 儿童最初出现的复句，大部分也是不完整的(66.6%)，结构松散、不严谨，缺乏连词，有时甚至会造成句子意思不确切。到了6岁，儿童的句法结构一般就比较完整了。

(三)句子长度的发展

朱曼殊的研究表明(见信息栏6-2)，2～6岁儿童使用的句子长度随着年龄增加而增加。史慧中等人采用看图讲述和参观后讲述两种手段，对我国10省市3～6岁幼儿的句子的含词量进行了调查，发现3～4岁儿童的多数句子含有4～6个词；4～5岁儿童的多数句子含有7～10个词；5～6岁儿童的多数句子含有7～10个词，同时也出现了不少含有11～16个词的句子，但较少出现3个词以下和16个词以上的句子。总体上，从3～6岁，儿童使用的句子中含6～10个字的句子比例较高，但是含有11～15个字和含16～20个字的句子呈现随着年龄而增长的趋势。

---

① 朱海琳．学前儿童语言教育[M]．北京：科学技术出版社，2011，30．

信息栏6-2

表 6-2　年龄与掌握的平均句长的关系①

年龄	2	2.5	3	3.5	4	5	6
平均句长	2.91	3.76	4.61	5.22	5.77	7.87	8.39

(四)句子类型的发展

儿童最初掌握的是陈述句，即用来说明事物和现象的句型。在整个学前期，陈述句是儿童使用的基本句型，占全部语句的三分之二左右。但是，其他句型，如疑问句、否定句、祈使句、感叹句等也逐渐发展起来。学前儿童使用的陈述句和其他句型的比例见信息栏 6-3。

信息栏6-3

表 6-3　3～6 岁儿童陈述句和非陈述句的比例(100%)例②

句型 / 资料来源 / 年龄	陈述句		疑问句		祈使句		感叹句	
	Ⅰ	Ⅱ	Ⅰ	Ⅱ	Ⅰ	Ⅱ	Ⅰ	Ⅱ
3～3.5	76.7	70.8	8.8	8.4	9.6	11.6	4.9	9.3
3.5～4	66.5	72.2	12.4	10.4	10.3	9.7	11.8	7.7
4～5	65.3	66.5	13.8	12.7	10.3	10.3	10.6	9.9
5～6	66.3	65.1	15.8	13.4	8.6	13.9	9.3	7.6

注：Ⅰ——抚顺资料；Ⅱ——北京资料。

否定句方面，汉语儿童在双语句阶段就开始使用否定句，但一直将否定词置于句子之外，以后逐渐地将否定词移入句子中间。儿童期使用的否定句，具有四种功能：一是否定物体存在；二是拒绝；三是否认；四是反对。其中，前两种否定句出现时间较早，后两种出现时间较晚。③

被动句方面，国外的研究表明，儿童理解和掌握被动句要比主动句更迟。在汉语中，有一些特别的被动现象，包括“被”字句、“叫”字句、“让”字句和“给”字句。其中，以“被”字句最为典型。朱曼殊的研究表明，4～5 岁的汉语儿童已经大量使用“给”字句和“让”字句，同时也有少量的“让”字句，“被”字句的出现比较迟，到了 6 岁才能够偶尔使用。

---

① 方富熹，方格，林佩芬．幼儿认知发展与教育[M]．北京：北京师范大学出版社，2003，229.
② 朱海琳．学前儿童语言教育[M]．北京：科学技术出版社，2011，39.
③ 周兢．汉语儿童语言发展研究[M]．北京：教育科学出版社，2009，18.

双重否定句方面，朱曼殊等人的研究表明，6 岁儿童对双重否定句的理解正确率为 60%，产生的正确率为 50%；7 岁儿童理解和产生的正确率均达到 80%以上，说明 7 岁儿童基本掌握双重否定句。①

(五)句子修饰性的发展

儿童在 2 岁半左右开始出现一定数量的简单修饰语，如“三个娃娃”。3 岁以后，随着儿童词汇量的增加，儿童所说句子中的修饰语也显著增加，并具有一定的语法规则，如“我挖的沙坑”。朱曼殊等人的研究发现，2 岁儿童运用修饰语的句子仅占 20%，3 岁时达到 50%。从 4 岁起，有修饰的语句开始占据优势。6 岁时，有修饰的句子已经达到 90%。②

四、语用的发展

与 0～3 岁儿童相比，3～6 岁汉语儿童的语用能力获得了长足的进展。儿童能够根据不同的交际对象调整自己的言语内容和形式，能够更好地把握交流的主题，在言语的表达技巧上也表现出明显的进步，包括言语的表达类型、言语的行动水平和变通水平上的提升等。

(一)对交际对象的把握

能够根据听者的特点调节说话的内容和形式是语用能力的一个表现。在话语交流中，儿童必须学会使自己语言的产生和理解都适应于倾听者的特性。成人说话者一般在两个维度上使自己的说话适应于倾听者的特性：清晰度维度和礼貌维度。

清晰度维度指的是为了适应听者的能力和需要而对交流信息的内容和方式进行调节，以保证信息能为听者所理解和接受。新近的研究表明，4 岁儿童已能根据不同的交谈对象使用不同谈话方式。当他对 2 岁儿童介绍某一玩具时，其话语简短而多次重复，还不时发出引起儿童注意的提示，如“看着”“你看这个”，而当其对同龄儿童或成人作说明时，则多使用较长或较复杂的句子。又如，研究也发现仅仅 2 岁的幼儿也表现出某种对倾听者知识状态的敏感性：当要求母亲帮助拿到某个够不着的物品时，如果放置物品时妈妈不在场，则幼儿对母亲的要求比较完整，提供更多有关的信息；如果放置物品时母亲在场，知道了物品所处的位置，这种要求就比较简短。

礼貌维度指的是遵循社交习惯，为了适应交流场合和听者的角色特征及其和说话者的熟悉程度，对语言内容和表达方式进行调节。礼貌维度的两端即所谓的正式的语言和非正式的语言。对社会地位高和陌生的人应使用正式、间接和婉转的表达方式；而对熟悉的同事和亲密的朋友则可以使用非正式的、直接的表达方式。2～5 岁的儿童，不管在什么情况下，对同伴多用直接祈使句，而对长辈则多用较为婉转的表达方式。例如，幼儿对教师多用陈述句介绍玩具，“把这个放在鱼嘴巴里”，说

---

① 朱曼殊．儿童语言发展与研究[M]．上海：华东师范大学出版社，1986.

② 朱曼殊．儿童语言发展与研究[M]．上海：华东师范大学出版社，1986.

话的语气比较礼貌、谨慎、委婉，不那么强烈。但当面对熟悉的同班幼儿时，他们说话一般比较随便、大胆、语气比较明快、强烈、活泼，他们常常使用祈使句，如“手放得平一点”“你这样做不像话”。他们也用疑问句、感叹句。例如“你知道开关在哪里?”“谁叫你把这个拿起来!”“快点，哎呀，快点!”当幼儿面对的是年龄更小的幼儿，他们所使用的陈述句、祈使句、疑问句还要更多，语气也更加喜欢以“长者”自居，爱催促和批评年龄小的幼儿。总之，儿童在很早的时候，就会根据角色的亲疏，使用不同的语言表达方式。

(二)对交谈话题的把握

交流中，说话双方必须将交流的中心维持在某一话题上。交谈中保持话题的一致是一种重要的语用技能。研究者曾经把2～6岁的儿童按四个人分为一组，让他们在自由游戏中相互交谈，观察他们对话题的保持和选择。研究结果是，在2岁的年龄段中，没有发现儿童围绕一个话题进行交谈的现象，3岁儿童在这方面有很大进步，保持同一话题的交谈频频可见。而在4岁年龄段的儿童中，研究者还发现了三个儿童围绕一个话题进行交谈的例子。该研究表明，3岁左右的儿童，已经具有了相当的保持同一话题进行交谈的能力。话题保持能力的发展，是儿童社会化语言发展的一种体现。

(三)语用功能的进一步拓展

1. 言语倾向类型的增加

周兢等人的研究表明，3～6岁儿童使用的言语倾向类型从平均7.85发展到9.20，表明儿童与他们交流的社会倾向表达能力随着年龄不断提高。3岁之前的儿童使用的言语倾向类型包括“引起听者对于物和人的注意”“协商即刻的活动”和“讨论当前共同关注的焦点”，而在3岁以后，儿童的言语倾向表达变得更加丰富。除了上面提及的几种，还包括“澄清两可的言语交流”“讨论某个词的表述”“讨论说话者的想法和情绪”等多种类型。尤其是3岁以后，儿童“讨论”类的言语倾向类型有了长足的进步，如“讨论想象情境中的活动”“讨论与目前有关的事情”“讨论刚才发生的事情”等。当然，尽管这些新的言语倾向类型有了发展，但最主要的三种言语倾向仍然与之前相同，即“引起听者对于物和人的注意”“协商即刻的活动”“讨论当前共同关注的焦点”。①

2. 言语行动水平的提高

周兢等人的研究表明，3～6岁汉语儿童言语行动类型呈现逐渐发展的趋势，平均从14.10攀升到16.15。3岁的儿童更多地是用应答的方式回答母亲的提问，但在3～6岁期间，儿童的主动提问语言增多了。儿童在“通过宣布建立事情的一种新情况”“不同意先前说话者表达的提议”“陈述自己做什么事的意象”等言语行动的类型都有所提升。言语行动类型的增多表明儿童有了更加清晰准确的表达方式来表达自己的倾向意图。当然，在3～6岁阶段，儿童最主要的言语行动类型仍与3岁

---

① 周兢. 汉语儿童语言发展研究[M]. 北京：教育科学出版社，2009，268—276.

之前相同，分别为“陈述自己的观点”“对特殊疑问的回答”“对是非疑问的肯定回答”。①

3. 言语变通水平的提升

言语变通，指的是说话者能够根据情境的需要对不同言语表达的形式进行灵活的选择和变通。言语变通水平，反映的是人们交流时的流畅性和丰富性状态。周兢等人的研究表明，3～6 岁汉语儿童言语变通能力处于质的飞跃时期。0～3 岁儿童的言语变通类型从 20 种以内，发展到接近 80 种；3 岁以后汉语儿童能够使用的言语变通类型高达 100 种，之后便一直处于稳定状态。尽管 3～6 岁儿童在言语变通类型的量上趋于稳定，但他们在质上有了明显的提升。② 例如，3 岁之前，儿童可能通过用“呼唤称呼”的方法来引起对方的关注(通过叫“妈妈”引起妈妈对某事的关注)，但在 3 岁以后，儿童多采用不同的方式来达到这样的目的，包括提问、陈述等。3 岁以前，儿童参与谈话时，一般都采用“回答问题”或者“陈述事实”的方法来讨论当前关注的焦点，但 3 岁以后则会采用“剔除特殊疑问句”“提出是否疑问的问题”等方法来讨论问题，显示儿童可以使用更多的形式自如地表达交流意图。

第四节　早期儿童语言发展的神经科学研究③④⑤

学习语言的能力是人类所特有的，语言的获取机制已成为发展认知神经科学研究的热点领域。传统的行为观察虽已发现一些早期语言习得的阶段性发展规律，而近年来非侵入性神经成像和神经电生理技术的发展更为儿童语言与第二语言习得的研究提供了新而有力的手段，借助这些技术可以深入揭示语言获取与加工背后的神经机制。

一、儿童语言习得的神经机制

1. 言语产生的脑区定位

传统的理论中，将言语相关的功能区分为：言语表达中枢(Broca 区)，言语感受中枢(包括左半球颞上回、颞叶后部以及顶叶)，言语阅读中枢(角回)和言语书写中枢(左半球额中回后部)。最近，应用先进的非侵入性神经成像技术发现传统语言

---

① 周兢．汉语儿童语言发展研究[M]．北京：教育科学出版社，2009，268－276.

② 周兢．汉语儿童语言发展研究[M]．北京：教育科学出版社，2009，268－276.

③ Nelson C. A. (2000) Handbook of developmental cognitive neuroscience[M]. The MIT Press, 269-280.

④ Friedrici A. D. The Developmental Cognitive Neuroscience of Language[J]. Brain and Language, 2000, 71, 65-68.

⑤ Neville H. J. & Bavelier D. Neural organization and plasticity of language[J]. Current Opinion in Neurobiology, 1998, 8, 254-258.

相关脑区的划分和定义存在误差。首先，成像研究表明语言中心并不是很精确划分开的均质区域，而是由小块、不连接的、特异化聚焦的特殊语言单元所组成。其次，语言相关激活不仅在经典的语言相关脑区被观察到，而且在这些中心区外围，如左外侧裂周区皮层，包括在整个颞上回和颞叶、舌回和纺锤状回、前额叶中区和脑岛也都有激活。最后，描述言语相关区域的功能性作用，用语言学术语如"语音、语法、语义"等就比用"说，复述，阅读和听"等行为性术语更准确。

2. 言语的可塑性

脑损伤及脑成像研究都表明多数成人的左半球在言语功能中具有重要作用。言语产生控制的普遍单侧化，已成为人类大脑半球特异化的标志性特征。而随着对胼胝体切开术的跟踪研究，右半球具有言语产生能力的新发现也引起了广泛关注。ERP研究发现语言偏侧化的左右脑转换，使得中风诱发失语症的成人康复起来。典型的韦尼卡型失语症表现为长期向右半球功能的转移，而布洛卡型患者则表现为功能暂时右移、之后再回到左脑偏侧化。正常成人ERP记录显示特殊语言训练之后，语言相关的皮层活动也发生变化。这些结果都表明至少在语言的某些方面存在长期的神经可塑性。

3. 言语的偏侧化

左半球语言区特异化功能的起因尚悬而未决：它究竟是一个特定处理语言信息的特异化区域，还是更多地与一般性处理有关(例如，感觉/运动信息处理)。虽然手语与口语差异很大，前者依赖于视空间定位与动作，而后者则依靠听空间定位对信息快速变化的感知，但在脑损伤对手语影响的研究中同样发现了左半球的核心作用，这说明其作用来自语言的高级特性。有关PET、fMRI及ERP对未损伤个体的手语加工研究报道，无论手语还是口语/书面语，它们在左半球内的许多激活模式都很相似。

二、第二语言习得的神经机制

1. 双语语义表征的脑功能成像

在双语语义表征的脑功能成像研究中，有关不同语言的语义在双语者头脑中存储的系统存在不同的意见：(1)不同语言的语义在双语者大脑中存储在共同的语义系统里。(2)不同语言的语义分别存储于大脑不同的语义系统。多数脑损伤方面的研究倾向于这一结论，也有来自健康被试的证据。(3)脑区激活的变化与第二语言习得的年龄无关，而与语言的熟练程度有关。笔者认为第二语言开始学习年龄的大小其实与语言的熟练程度是非常相关的。有调查显示，关键期开始学习第二语言的儿童对该语言的熟练程度与以该语言为母语的儿童没有明显差异。儿童在关键期内学习第二语言，所利用的是专门的语言处理系统，因此比在晚期学习更为高效。Kim等人在《Nature》上发表的利用fMRI研究的结果表明，幼年期掌握第二语言的被试，母语和第二语言的表征有相同的脑区；而成年期后开始学习外语的被试的母语和第二母语是分别表征的。也有研究者发现：可能左侧前额叶是负责两种语言交替变换的脑区。[①]

2. 时间因素对第二语言习得的影响

通过对正常成人的脑成像研究发现：较晚学习第二语言的人(7岁以后)，其第二语言与母语对应的神经系统只有部分重叠，或完全没有重叠。而对早期双语者的研究报道了母语与第二语言激活区域的重叠。这表明较晚习得第二语言的双语者在学习新语言时需重新构建一不同于母语的言语处理系统。在脑损伤对双语者(主要是较晚习得第二语言的双语者)影响的研究中也已经发现，他们的母语和第二语言的言语处理系统不同，且神经系统更少地倾向于偏侧化，即其进行第二语言处理的系统很可能是非专门的言语处理系统。

第二语言的表征会因为语言获得的年龄不同而有所差异。例如 Aglioti 等人发现一患者的左侧基底神经节损伤导致其长期的母语失语症，但却能应用另一种较晚学习的语言。Dehaene 等人报道说 fMRI 检测到第二语言处理期间扣带前回被激活，而处理母语时则不被激活。这些研究结果与认为基底神经节在无意识、内隐处理中起作用和扣带前回在有意识、受控的任务中起作用的假设相一致。另外，在发音方面，第二语言习得的年龄表现出对左半球前额区比后部区域的影响更大，对语法加工及其相关脑系统的影响也大于对语义加工的影响。有关不同类型语言和个体语言获得年龄差异的问题有待进一步研究。此外，开展语言熟练程度及第一、第二语言之间相似度等方面的深入研究，都将使不同语言神经表征中多种重要因素更加明朗。

3. 第二语言习得的事件相关电位研究

Cheour 等人选取 3～6 岁以芬兰语为母语的单语种儿童作为被试，实验为期 6 个月。实验组的儿童参加法语学校或在 50%～90% 日常时间里使用法语的日护中心，而控制组则不接触法语。实验过程中将记录的两组 ERP 进行比较，以发现由于学习法语在听觉方面引起的变化。结果控制组的 ERP 在测试阶段没有明显变化；而实验组儿童在习得法语音素的过程中，伴随有 MMN，P3a 以及 LDN 波幅的增加。MMN 被认为是一种监测已建立的稳定听觉环境中突然出现偏差刺激声音时产生的自动、前意识的脑加工反应。当偏差刺激的声音知觉显著时，MMN 之后会出现 P3a 成分，它是 ERP 中的一个正成分。P3a 比 P3b 的头皮分布更靠前，被认为是反映朝向新异刺激或偏差刺激的非随意的、瞬态的注意力汇集。LDN—晚差异负波也是儿童对偏差刺激的反应，它是 MMN 的第二个负波，在刺激变化开始后大约 400～600 毫秒达到峰值，有时也称为“晚失匹配负波”。至于 LDN 的功能，Korpilahti 等人认为 LDN 也许代表了一种发生在语义领域的失匹配波，但对此也存在不同意见。

第二语言习得相关的听觉事件相关电位随着实验进行而产生变化。仅仅两个月，这些在接触法语环境里的儿童辨别法语差异引起的 MMN 波幅，与控制组相比

① 郭瑞芳，彭聃龄．脑可塑性研究综述[J]．心理科学，2005，28(2)，409－411.

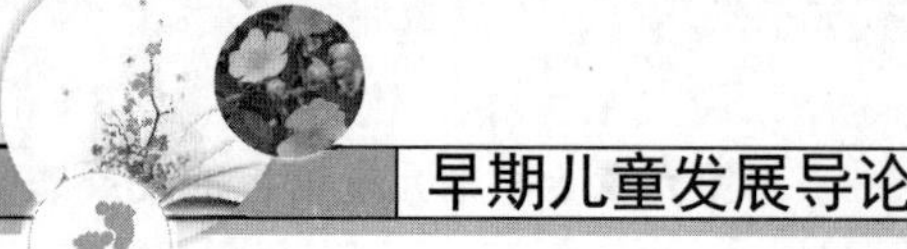

已经有显著差异。在学习过程中，MMN 的波幅增大，潜伏期则不断缩小；P3a 的波幅显著增大；LDN——儿童对偏差刺激的反应，也随着学习时间的推移而逐渐增强。这都表明由于儿童对法语的逐渐熟悉，对区分第二语言音素之间的差异越来越敏感。实验组的儿童在学习第二语言的情况下，自动发展了法语的特殊记忆回路，以帮助他们识别、分类以及对新语言进行发声。

本章小结

出生的头一年，婴儿在语音、语义和语用上的发展为其语言的最终产生奠定了重要的基础。语音方面，大量证据表明，普通婴儿从出生开始就对语言有特殊的倾向性反应，且尤其喜欢听“妈妈语”和母亲的语言。同时，他们还与生俱来地能够听出口语中分属不同范畴的语音之间的差异。在语音的产生上，儿童发音的能力也表现出显而易见的变化：从反射性发音到呀呀语。在出生的头一年，儿童语音的产生更多地是受先天的生物机制所影响。即使是没有任何语言经验的聋儿，也与普通儿童一样，会出现反射性发音和呀呀语。语义方面，尽管还没有说出一个真正的词，但 1 岁前的婴儿已经能够听懂成人的一些话，并作出相应的反应。据李宇明统计，在前语言阶段，婴儿一共能够理解 230 个“语元”。语用方面，在语言产生之前，儿童已经习得一些交流技能，一些特定的声音和姿态变成了他们用来进行信息交流的重要手段。1 岁前婴儿的前语言交流表现出三大特点：目的性、指代性和约定性。

1～3 岁的婴儿在语言发展上取得长足的进展。语音发展方面，1 岁左右，儿童的语音感知开始类似于成年人。他们逐渐地对于那些不能区分意义的语音差异不那么敏感了，这标志着他们对语音的感知进入到音位水平。从 1 岁左右，儿童开始学习发出词的音，起初儿童的发音表现出发音紧缩现象和使用发音策略两大特点。随着年龄的提高，到了 2～3 岁，儿童的发音器官逐渐发育成熟，他们在发音上的困难也日益减少，唇音已经基本没有困难，但是凡是需要舌头参与的音(舌尖、舌面、舌根等)还存在不同的困难。语义发展方面，婴儿的语言理解能力大大增加。总体上，1～3 岁婴儿能够理解的语言要远远多于能够说出的语言。在语义理解上，儿童能够理解的词汇数量不断增加，而对词汇的理解也不断精确，1 岁左右产生的窄化词义和泛化词义现象逐渐消失。在语义表达上，儿童从单词句发展到双词句，进而能够说出简单单句，乃至复杂单句，能够表达的语义关系更加复杂。在语法发展上，婴儿对语法的掌握逐渐娴熟，能够说出的句子越来越长，句法结构越来越复杂，句子的修饰性提高，疑问句也在 2 岁左右得以产生。在语用发展上，1～3 岁婴儿的语言运用技巧也取得明显进步，逐步在交谈时能够考虑交谈对象的特点，语用的功能类型逐渐增多。从 2～3 岁开始，儿童开始进入基本掌握口语的阶段。

进入幼儿阶段，儿童的语言能力突飞猛进。语音上，儿童在 4 岁左右基本能够发出本民族的全部语音，少数儿童在韵母的掌握上仍存在一些困难。此外，4 岁左右的儿童开始出现语音意识，即对语音组合的规则有了更加清晰的了解和应用。语义发展上，3岁以后，儿童仍以惊人的速度习得大量的新词。汉语儿童3岁时词汇量为800～1 000个，6岁的词汇量则可以达到3 000～4 000个。这一阶段的儿童还能够有顺序地掌握各个类别的词，并且逐渐掌握多义词、同音异义词等，对词的理解进一步精确，最后构建出语义网络。在语法发展上，3～6岁的儿童复合句所占比例随年龄增高，使用的句型不断增多，句子更加延长，语句也趋于完善。在语言的运用上，3～6岁的儿童较0～3岁的儿童能够更好地考虑交际对象的特点，能够使用策略把握交谈主题，还能够进一步拓展语言的功能，在言语的行动水平和变通水平上都有所提升。到了6岁，儿童基本可以掌握本民族的口头语言了。

传统的行为观察虽已发现一些早期语言习得的阶段性发展规律，而近年来非侵入性神经成像和神经电生理技术的发展更为儿童语言与第二语言习得的研究提供了新而有力的手段，借助这些技术可以深入揭示语言获取与加工背后的神经机制。

进一步学习资源

● 关于“婴幼儿总体语言发展情况”，主要内容和研究趋势可参阅Beverly Otto (2002)

Language development in early childhood. Upper Saddle River, N. J. : Merrill/Prentice Hall

● 关于“婴幼儿语音的发展”，主要研究内容和研究趋势可参阅Jean Berko Gleason(2005)

The development of language(儿童语言发展). 北京：世界图书出版公司北京分公司，2005

● 关于“婴幼儿语义的发展”，主要内容和研究趋势可参阅Bloom, P. (2000).

How children learn the meaning of words. Cambridge, MA: MIT Press

● 关于“婴幼儿语法的发展”，主要内容可参阅(1)朱曼殊主编，心理语言学，华东师范大学出版社，1990；(2) McDaniel D., McKee, C. & Cairns, H. S. (eds.). (1996) Methods for assessing children's syntax. Cambridge, MA: MIT Press. An excellent detailed discussion of how to study grammatical development in young children.

● 关于“婴幼儿语用的发展”，主要内容可参阅周兢，汉语儿童语言发展研究——国际儿童语料库研究方法的应用与发展，教育科学出版社，2009年版。

● 关于儿童语言发展的最新信息，可登录以下网站：

http://www.childes.cn/index.html

http://www.uiowa.edu/～clrc/

http://cslr.colorado.edu/

http://www.childdevelopmentinfo.com/development/language_development.shtml

http：//www.childdevelopmentinfo.com/development/current_research_language_development.shtml

http：//www.umass.edu/sphhs/centers/speech.html

关键概念

语言　言语　音韵　语义　语法　语用　妈妈语
语音范畴知觉　呀呀语　音位知觉　“fis”现象
发音紧缩现象　词汇语义　命题语义　词义窄化
言语倾向　言语行动　言语变通　语言的脑区定位
语言的偏侧化　神经可塑性　第二语言习得
双语表征

思考与探究

1. 什么是语言？语言的构成要素有哪些？
2. 影响儿童语言发展的因素有哪些？
3. 婴儿有怎样的语音偏好？
4. 怎样理解婴儿的语音范畴知觉？
5. 请描述儿童前语言阶段的发音状况。
6. 请描述单词句阶段婴儿的语言特点。
7. 请描述双词句阶段婴儿的语言特点。
8. 什么是语义？请简要描绘出0～6岁儿童语义发展的脉络。
9. 什么是语法？是否有证据表明儿童的单词句和双词句具有语法特性？
10. 什么是语用？请描述幼儿的语用发展体现在哪些方面。
11. 简述和语言相关的大脑区域。
12. 解释语言的偏侧化现象。
13. 时间因素对第二语言习得有何影响？其背后的脑机制是什么？

趣味现象·做做看

研究表明，亲子互动过程中母亲的语言状况对儿童的语言发展具有重要影响。用视频记录下特定游戏情境下几名学前儿童与母亲之间的对话，每对母子至少记录3次，每次20分钟。运用语料分析工具(如CLAN分析软件)分析视频，记录儿童的语言状况，包括儿童的语音、词汇量和句子结构等状况。然后，分析母亲在单位时间内的词汇数量、句子长度、句子结构以及对儿童的反馈类型和质量等。看看这几位母亲的语言与儿童语言之间存在怎样的关系。

第七章

早期儿童情绪的发展

本章导航

本章将有助于你掌握：

儿童基本情绪的类别
儿童高兴、生气、伤心和害怕等基本情绪的内涵
儿童的社会性微笑和陌生人焦虑

儿童社会情绪的类别
儿童移情和自我意识情绪的内涵
自我意识和成人指导对儿童自我意识情绪发展的作用

儿童情绪理解的发展
社会参照对儿童发展的意义
儿童对情绪原因和结果的理解
儿童对混合情绪的理解

儿童情绪表达的神经科学研究
儿童情绪理解的神经科学研究
儿童情绪调节的神经科学研究

幼儿园里，4 岁的东东和蛋蛋正在玩海盗游戏，他们佩带塑料剑，揣着“金币”，还带着一只毛绒鹦鹉。他们玩得可高兴了。突然，蛋蛋发现了“宝藏”，啊，太棒了！这时候，一边的林林想加入游戏。不行！林林平时最会捣蛋，不能让他加入。东东生气地阻止林林，胆小的蛋蛋哇哇地哭起来。班里最会欺负人的毛毛也跑过来嘲笑他们，对着哭泣的蛋蛋做鬼脸。东东站了出来，他一边安慰蛋蛋，一边设法让林林离开，而且他努力不去在意毛毛的嘲笑。这时候，铃响了，老师让小朋友们吃点心了。

这个情境在幼儿园里十分常见，在这一情境中小朋友们表现出了各种不同的情绪：当蛋蛋发现宝藏时，他是那么高兴。当捣蛋鬼林林要加入游戏时，蛋蛋感到很害怕，而东东表现出生气，不让林林加入。同时，东东理解蛋蛋的害怕情绪，并快速做出反应，安慰哭泣的蛋蛋。而当爱欺负人的毛毛嘲笑他们时，东东又很好地掩饰了自己的生气和害怕。这里的高兴、害怕、生气等都属于情绪。那么什么是情绪呢？

情绪是个体对外部事物和内部需要的主观体验，它包括生理、表情和体验等多种成分。人的情绪体验是无处不在的。在心理学研究中，情绪过程与认知过程、意志过程一起被称为个体三大心理活动过程，所谓知、情、意。在谈到情绪时，要区分另一个概念，那就是情感。情绪具有较大的情境性、激动性和暂时性，它随着情境的改变而改变，而情感则具有较大的稳定性、深刻性和持久性，是对人、对事稳定态度的反映。

对幼儿而言，情绪尤其重要。有研究表明，进行情绪交流和维持积极的同伴交往是幼儿阶段的主要发展任务，而情绪则是这些发展任务的中心。幼儿的世界，从某种意义上讲就是一个情绪的世界。幼儿阶段是情绪发展的关键时期。

儿童是什么时候开始有情绪体验的？除了基本情绪，儿童是否发展出更高级的社会情绪？儿童如何理解他人和自己的情绪？又是怎样调节自己的情绪？本章将围绕这些问题展开讨论，重点关注年幼儿童基本情绪、社会情绪、情绪理解以及情绪调节的发展。

第一节　早期儿童情绪表达的发展

基本情绪包括：高兴、兴趣、惊奇、害怕、生气、伤心和厌恶等，是人类和其他物种普遍共有的。情绪有一个很长的发展进化历史，不同文化的人拥有相同的基本情绪。那么，婴儿天生就具有表达基本情绪的能力吗？Izard(1992)[①]等人认为情绪系统中有部分反映是天生的，是进化适应过程的一部分，婴儿天生就具有愉快、兴趣、惊奇、厌恶、痛苦、生气、伤心和害怕等多种具体的情绪表现。但是 Bridges 等人认为，新生儿的情绪只是一种弥散性的兴奋或激动，是一种杂乱无章的未分化的反应。它包括一些由强烈的刺激所引起的不协调的内脏和肌肉反应。主要包括兴奋状态或正性和负性两种情绪状态。通过成熟和学习，各种不同性质的情绪才逐渐分化出来。出生后 3 个月，快乐、伤心和厌恶等情绪就以一种原始的形式出现了，生气出现在 2～4 个月之间。6 个月时，婴儿对预期事件发生变化时表露出惊奇。7～8 个月时，婴儿开始表现出害怕。

我国心理学家林传鼎根据对出生 1～10 天的新生儿动作变化的观察，认为新生儿已具有两种可以分清的情绪反应：一种是愉快情绪反应，代表生理需要的满足；一种是不愉快的情绪反应，代表生理需要尚未满足(如疼痛、身体受束缚等)。不愉快反映由所有不利于机体安全的刺激所引起，表现为某些自然动作的简单增加；而愉快反映由一些利于机体安全的刺激所引起，表现为某些自然动作、尤其是四肢末端自由动作的增加[②]。

孟昭兰根据自己的研究和对前人研究的总结，提出人类婴儿具有 8～10 类从种族进化中获得的情绪。个体情绪发生有一定的时间次序和诱因(见表 7-1)。情绪发展有一定的规律，也有个体差异[③]。

表 7-1　婴儿情绪发生的时间、诱因和情绪表现

时间	诱　因	情　绪
初生	痛—异味—新异光、声、运动	痛苦—厌恶—感兴趣和微笑
3～6 周	看到人脸或听到高频语声	社会性微笑
2 个月	打针	生气
3～4 个月	痛刺激	伤心
7 个月	与熟人分离，在高处	伤心，害怕
1 岁	新异刺激突然出现	惊奇
1～1.5 岁	在熟悉的环境遇到陌生人	害羞
	做了不对的事	内疚、不安

① Izard, C. (1992). Basic emotions, relations among emotions, and emotion cognition relations[J]. Psychological Review, 99, 561－565.

② 刘金花．儿童发展心理学[M]. 上海：华东师范大学出版社，2008.

③ 孟昭兰．情绪心理学[M]. 北京：北京大学出版社，2005.

一、基本情绪的发展

(一)愉快

愉快或快乐，是个体追求并达到所盼望的目的时产生的情绪体验。主要表现为微笑和出声的笑。当年幼儿童获得新技能时，他们会微笑和出声的笑，表明成功的喜悦。愉快也可以获得照料者更多的关爱，它使父母和幼儿之间形成一种温暖的、支持性的关系，这种关系有助于幼儿能力的发展。

Bowlby(1969)①等人认为婴儿的微笑分成以下三个阶段。

第一阶段：自发的微笑(0～5 周)。这个阶段婴儿的微笑主要使用嘴做怪相，它与中枢神经系统活动不稳定有关。笑的时候眼睛周围的肌肉并未收缩，脸的其余部分仍保持松弛状态。这种微笑被认为是非社会意义的微笑，是嘴的微笑。

第二阶段：无选择的社会性微笑(3～4 周起)。婴儿得到妈妈温柔的抚摸、听到妈妈轻柔的声音或者吃饱后都可能露出微笑。1 个月左右，婴儿开始对有趣的东西露出微笑，但是这些东西必须是活动的，比如，一个亮闪闪的玩具突然出现在婴儿眼前。这时候婴儿对陌生人的微笑与对熟悉的照料者的微笑没有多大区别，只是对熟悉的人的微笑比对陌生人的微笑多一点，这种情况持续到 6 个月左右。婴儿见到熟悉的、陌生的脸，甚至假面具都会笑。

第三阶段：有选择的社会性微笑(5～6 个月起)。随着婴儿处理信息能力的增加，他能够分别熟悉和陌生的东西，开始对不同的个体做出不同的反应。表现出婴儿对熟悉的人会无拘无束地微笑，而对陌生人则带有一种警惕的注意。随着社会交往的增加，幼儿的社会性微笑逐渐增多。有一项研究考察 1 岁半和 3 岁幼儿的三种笑：幼儿自己玩得高兴时的笑，对教师的笑和对小朋友的笑。结果发现，1 岁半的幼儿主要在自己玩得高兴时笑，而 3 岁幼儿主要是对教师和对小朋友笑。

(二)生气和伤心

生气是愿望不能实现或目标受阻时引起的一种紧张而不愉快的情绪体验。新生儿对各种不愉快体验都会做出痛苦反应，包括饥饿、打针吃药、身体不舒服等。从 4～6 个月～2 岁，幼儿的生气表情逐渐增多。在很多情况下幼儿都会感到生气，比如，喜欢的玩具被拿走了，得不到想要的玩具，照料者一定要让他们睡觉等。

为什么生气反应随着年龄的增长而增长？这主要是因为随着认知和运动技能的发展，幼儿希望控制他们的行为。幼儿逐渐能够辨别阻碍他们的目标或引发他们痛苦的刺激，而且运动能力的发展使得幼儿可以通过生气调动能量，以克服障碍或保护自己。

伤心是失去自己心爱的对象(人或物)或在自己的理想或愿望破灭时所产生的情绪体验。对于年幼儿童而言，分离是引起幼儿伤心的普遍原因。当幼儿得知父母离异，自己将要和爸爸或妈妈分开时，他/她会体验到一种被遗弃感，感到很伤心。

---

① Bowlby, J. (1969). *Attachment and loss*: *Vol*. 1. *Attachment*. New York: Basic Books.

或者幼儿想跟同伴玩，却被排斥时，也会产生伤心的情绪。

在某些情境中，生气和伤心可能会同时出现。比如，借给别的小朋友玩的玩具被弄坏了，儿童可能既感到生气，又感到伤心：感到生气是因为那个小朋友把他的玩具弄坏了；感到伤心是因为玩具被弄坏了，自己不能玩了。总体上看，个体主要根据三个方面来区分生气和伤心。一是根据行为发出者的意图，生气与别人的故意伤害相联系，伤心与无意、不可控的因素相联系；二是对消极结果类型的感知，生气的结果是敌对事物的出现，伤心的结果是所渴望事物的消失；三是目标是否可以修复，生气与更多目标可修复联系，伤心与更多目标不可修复联系。

(三)害怕

害怕是因为受到威胁而产生，并伴随逃避愿望的情绪。最初的害怕不是由视觉刺激引起的，而是由听觉、肤觉、机体运动觉等引发的，比如，听到尖锐刺耳的声音、皮肤被烫、突然从高处摔下等。随着视觉的发展，面对不熟悉的玩具，婴儿会表现出犹豫。在视崖实验中，刚刚会爬的婴儿对前方不可测的深崖表现出害怕。随着年龄的增长，婴儿逐渐出现了另一种类型的害怕即社会性害怕，它与知觉、经验、记忆和想象相联系。

4 个月的婴儿对陌生人也会笑，只是比对母亲笑得更少，不过并不害怕陌生人。但 7～9 个月后，婴儿见到陌生人就会感到害怕，这种反应被称为陌生人焦虑。比如，当在一个新的环境中，一个陌生人把幼儿抱起来时，陌生人焦虑就可能出现了。又如，母亲告诉正在玩耍的 1 岁婴儿，她要离开一会儿，很快回来。儿童会很认真地注视母亲离开的地方，几秒钟后开始大哭。这说明母亲离开后，在儿童记忆中产生了从前母亲在场的图式，并把前后情境加以比较，如不能解释这些不一致，就会哭叫，这是与知觉、与记忆相联系的恐惧。气质(有些幼儿特别容易害怕)、环境的熟悉性(不熟悉的实验室比熟悉的家里更容易引发害怕)、陌生人的特点(陌生的成人比陌生的幼儿更容易引发害怕)、父母是否在场、幼儿与母亲的亲密程度等因素都会影响幼儿的这种陌生人焦虑。如果陌生人用温和的交流方式，拿出具有吸引力的玩具，慢慢地靠近幼儿，同时幼儿的妈妈也在一边，那么幼儿的害怕就会减少。

幼儿的这种害怕情绪也有其适应功能，这使得他们能够保持与父母的亲密关系，远离外界的危险。但是，过度的害怕对于幼儿的发展不利。比如，6 岁的林林特别怕黑，不敢一个人待在屋子里。一关灯她就缩在被子里，把头蒙得紧紧的。而开着灯，她又总觉得柜子后面藏着怪物，所以她一直无法一个人单独睡觉。这种害怕情绪可能直接影响林林的独立能力发展和社会适应。不过，随着幼儿认知的发展，幼儿逐渐能够有效地区分哪些个体和情境是具有威胁性的，哪些是安全的。

信息栏7-1

帮助幼儿克服害怕

害怕	建　议
害怕妖怪和怕黑	在幼儿还无法区分现实和表象之前，不要给他/她讲恐怖故事，或者让他/她看恐怖片。带着幼儿彻底搜索一遍房间，让他/她知道房间里没有妖怪。等幼儿入睡后再离开房间，或者开着床头灯，让他/她抱着一个最喜欢的玩具入睡。
害怕小动物	不要强迫幼儿去接近小狗、小猫等可能会让幼儿感到害怕的小动物。教幼儿如何照料小动物，使他们体会到：如果我们关爱小动物，小动物也会对我们友善。
害怕上幼儿园	幼儿害怕上幼儿园，原因多数在于不愿意与父母分离。在这种情况下，给予幼儿情绪支持，并鼓励他/她独立。如果发现幼儿害怕待在幼儿园，试图找出幼儿究竟害怕什么，教师？其他小朋友？嘈杂的环境？

（资料来源：劳拉·伯克．发展心理学：婴儿、孩童、青春期．第五版．北京，北京大学出版社，2005：364）

二、社会情绪的发展

出生后的第二个半年，随着婴儿自我意识的发展，婴儿开始出现另一大类情绪——社会情绪，包括自豪、嫉妒、羞愧、内疚等。如果说基本情绪是人类和其他物种共有的，那么社会情绪就是人类区别于其他物种的一个显著特征。社会情绪的产生和发展要晚于基本情绪，它依赖于社会情境，并要求个体对自身在社会情境中的处境和状态有更广泛的认知。儿童社会化最初的和首要的方面是情绪的社会化。

社会情绪主要分为自我意识情绪、自我预期的情绪和依恋性社会情绪三类。自我意识情绪包括自豪、内疚、羞愧等；自我预期情绪包括后悔、嫉妒等，依恋性社会情绪包括爱、移情等。社会情绪有助于个体了解他人的处境和状况，并产生共鸣，即移情(empathy)；也有助于个体适应社会的需要，促进其亲社会行为的发展。个体的羞愧、内疚等自我意识情绪(Self-conscious emotion)也会影响道德判断、推理和决策等高级认知过程。这些情绪在某种程度上与道德发展相连，所以又被称为道德情绪。

(一)自我意识情绪

在社会情境中，个体根据他人对自身或自身行为的评价所产生的情绪被称为自我意识情绪，自我意识情绪包括对自己的肯定，比如，实现了某个目标，或取得了某些成就时，感到自豪；对自我的否定，比如，做错事情时，感到羞愧、尴尬、内疚。它对个体的行为具有显著的调节功能，能促使个体通过引发和协调自己的行为来达到特定的社会目标，从而保持与真实的或理想中的自我表征相一致。个体在从事某种社会行为时，自我意识情绪的产生可以帮助其识别和改正自己的行为，以避免做一些可能会引起自己或他人不满的事情。

自我意识情绪在幼儿2岁半左右出现，它是伴随自我意识的发展而产生的。我们可以从18～24个月的幼儿身上看到羞愧和尴尬，做错事后他们会低垂着眼睛，耷拉着脑袋，用手把脸蒙起来。自豪也在这个时候出现，嫉妒主要在3岁以后出现。

除了自我意识的发展，幼儿自我意识情绪的出现也需要得到成人的指导。父母可能很早就会对幼儿说："宝宝，瞧你把球扔得这么远，真棒!"或者"你抢别人的玩具应该感到难为情。"在不同的文化中，成人赞同的情绪也有所不同。在西方个体主义文化中，大多数儿童为自我成就感到自豪，比如，球扔得最远、比赛获胜以及学习上获得好成绩。在集体主义文化中，比如，中国，纯粹关注个体成就会引发尴尬和自满。为了更多关注他人，避免违反文化标准，父母、教师都强调儿童应该感到羞愧。

而且，只有在成人在场的时候，幼儿才会表现出自我意识情绪。可见，幼儿的自我意识情绪很大程度上受到成人评价的影响。如果父母只是不断地给幼儿价值和表现的反馈(比如，"这件事做得真糟糕，我还以为你是一个好孩子")，幼儿倾向于在失败时感到羞愧。如果父母关注如何改进幼儿的表现(比如，"你应该这样做")，幼儿更多体验到一种适度的、更具有适应性的羞愧和内疚。

(二)移情

移情是儿童观察他人情绪反应时体验到的与他人相似的情绪反应。移情主要包括认知和情感两个成分：认知移情指个体从认知上洞察和理解他人的情绪体验；情感移情指个体从情感上体验他人的内部情绪。移情是亲社会或利他行为的重要激发者，是道德发展的前提。移情能力强的儿童表现出较少的攻击行为，较多的助人和亲社会行为，并且具有较高的道德判断水平。

新生儿会因为其他婴儿的哭泣而哇哇大哭，但这只是一种非常原始的情绪感染，因为新生儿不能把自身与他人区分开来，以至于他们无法弄清谁在体验这种情绪，而且常常把发生在别人身上的事情当作发生在自己身上，所以他们的这种反应还称不上真正意义上的移情。移情的前提是儿童理解自身和他人的差异，能够从他人的角度看问题。否则，它只是一种对痛苦的消极反应，可能导致自我安慰，比如，因为别人的痛苦，个体产生厌烦、焦虑情绪。因此，移情伴随着一种消除他人痛苦的他人导向的动机，而对痛苦的消极反应伴随着一种减轻个人痛苦的自我导向的动机。移情在儿童2岁左右出现。

相比学步儿童，5～6岁幼儿更多依靠言语来表达他们的移情。当一个6岁幼儿发现妈妈正为找了很久都没找到旅馆而苦恼时，他说："妈妈，你肯定很失望、很伤心吧。我想一切都会好的，我们很快能找到一个很好的地方。"随着观点采择能力的发展，儿童的移情反应逐渐增加。

有研究表明，儿童更倾向于安慰哭泣的女孩，批评哭泣的男孩。相比陌生人，朋友的哭泣更容易引发儿童的移情反应。经常生气或伤心的儿童比经常高兴的儿童，更少对他人的痛苦做出移情反应。另外，自闭症儿童的移情能力较弱。

第二节　早期儿童情绪理解的发展

情绪理解是指儿童理解情绪的原因和结果的能力，以及应用这些信息对自我和他人产生合适的情绪反应的能力。许多研究发现，情绪理解能够促进儿童与他人良好相处。3～5岁幼儿的情绪理解与其友好、体谅、助人等亲社会行为积极相关。儿童推断同伴情绪的能力越强，就越受同伴欢迎。情绪理解包括的范围很广，表情识别、情绪情境识别、对混合情绪的理解等都可以归为这个范畴。

一、表情识别

面部表情是人们情绪的外在表现，研究者发现婴儿很早就能够对他人的面部表情进行识别和模仿。Field(1982)的研究发现，出生3天的婴儿可以模仿成年人高兴、伤心和惊奇的表情。尼尔森(Nelson)等人(1979)提出，表情识别反映出儿童通过表情推测他人内部心理状态的能力。7～9个月的婴儿开始把面部表情知觉为有组织的模式，他们能把说话者的情绪语调与恰当的面部表情相匹配，说明这些信号对婴儿而言是有意义的①。随着联合注意(joint attention)的发展，婴儿认识到表情不仅有意义，而且也是对特定客体或事件的反应。

一旦建立这种认识后，婴儿就开始使用社会参照(social reference)，遇到不熟悉的情境或陌生的物体，他们会主动从信任者那里寻找情绪线索作为行动参照。研究者给14～18个月的婴儿看椰菜和饼干，在一种情境下，研究者做出喜欢椰菜、讨厌饼干的表情，然后要求幼儿和他分享食物，结果发现14个月的婴儿往往把自己喜欢的食物(通常是饼干)分给他，而18个月的婴儿则可以脱离个人偏好，分享的是研究者喜欢的椰菜。所以，18个月的婴儿已经可以把他人的表情当作社会参照，指导他们做出行为反应。另一个经典的视崖研究也支持这个观点，把幼儿置于研究装置的“浅滩”一端，母亲站在“悬崖”另一端，用玩具吸引孩子爬过去。结果，看到露出高兴表情的母亲，幼儿更多爬过“悬崖”；而看到面露害怕神情的母亲，几乎没有幼儿爬过“悬崖”②。总之，社会参照不仅帮助儿童对他人的情绪信息做出反应，而且有助于儿童使用这些信息来指导自己的行为，并找出他人的意图和偏好。

儿童最初学会区分高兴和非高兴的表情，或者好和坏(或伤心)的表情。然后从非高兴/伤心类别中分化出对生气和害怕表情的理解。人脸不同部位对儿童的表情

---

① Nelson C A. (1979). Recognition of Facial expressions by 7-month-old infants. Child Development, 50, pp. 58-61

② Sorce J F, Emde R N, Campos J J. (1985). Maternal emotional signaling: Its effects on the visual cliff behavior of 1-year-olds. Developmental Psychology, 21, pp. 195-200

识别起着不同作用，儿童首先根据嘴巴来识别表情；其次是眼睛；最后是鼻子。一般情况下，儿童指认某种表情的能力(比如，“哪个是生气”)比言语命名某种表情的能力(比如，“图中的孩子心里感到怎样”)强。不同表情识别的发展也存在差异，指认和命名积极情绪的能力优于消极情绪。在消极情绪中，害怕是最难识别的表情，甚至对于成人也一样。

二、情绪情境的理解

儿童根据表情、情境、个体等多种线索来推断情绪。除了我们前面提到的使用表情线索之外，4 岁左右的儿童也掌握了一套情绪的典型情境，比如，吃冰激凌时很高兴，要打针了很害怕。随着儿童的不断发展，他们推断他人情绪的水平越来越高。情绪情境理解指的是在特定情境中，根据情境线索对主人公的情绪进行识别或推断。

许多研究创设一系列特定情绪的代表性情境，通过布偶的肢体语言、声音表情线索，以故事的方式呈现给儿童，考察儿童是否可以对情境中人物的情绪进行正确识别。情境任务分为明显情境任务和非明显情境任务。明显情境任务指大多数人在此情境中都体验到某种情绪，比如，得到冰激凌体验到高兴；非明显情境任务是指在情境中有些人体验到某种情绪而另一些人体验到另一种情绪，比如，跳入游泳池有人感到高兴有人感到害怕。由儿童的母亲事先报告该情境中儿童的情绪体验，呈现的布偶的情绪与母亲报告的儿童情绪相反。如母亲报告儿童跳进游泳池为害怕，则情境中布偶表达的情绪为高兴，从而探讨儿童能否推断违背自身体验的他人情绪。在明显情境中高兴、伤心最容易识别，害怕最难识别。在非明显情境中当布偶的情绪性质和儿童相反时儿童更容易识别，积极—消极情绪的组合较消极—消极情绪的组合容易识别，其中高兴—伤心非明显情境最容易识别，生气—害怕非明显情境最难识别。

除了单一情境线索的情绪识别，还有研究考察了情境线索与其他主要是表情线索矛盾时的情绪识别。面对冲突线索的情境，许多幼儿往往无法正确理解他人的情绪。比如，情境中描述一个幼儿面对一辆摔破的玩具汽车，但表情却是高兴的。4～5 岁幼儿往往只能依据面部表情来推断情绪：“他很高兴，因为他喜欢玩具汽车。”根据皮亚杰的认知发展理论，这时幼儿更关注冲突线索情境中比较明显的部分，而忽视其他相关信息。年长儿童则能够理解冲突线索，指出“他很高兴，因为他的爸爸答应帮助他修好弄破的玩具汽车”。

三、情绪原因和结果的理解

随着儿童词汇水平的飞速发展，他们能很好地运用词汇来反映自己和他人的情绪。一般情绪原因的研究往往采用半结构式的访谈。研究者给儿童呈现一个故事，然后让儿童探讨故事主人公情绪产生的原因。3 岁幼儿已经开始根据以往经验对情绪做出合理的解释。4～5 岁的幼儿能够对不同的基本情绪给出不同的原因解释，比如，“他很高兴，因为他学会游泳了”，“他很伤心，因为他的妈妈不见了”。总体

上看，儿童对高兴的解释常常是非社会性的，比如，玩玩具；对生气和伤心的解释往往是社会性的，比如，被惩罚(生气)，等不到妈妈(伤心)；对害怕的解释往往是幻想的，比如，看到恐龙。然而，3岁幼儿在解释原因时更强调外在因素，4岁以后的幼儿能够理解愿望和信念等内在状态对情绪的作用。

给幼儿听一个故事：小象埃里只喜欢喝牛奶。小猴米奇搞恶作剧，它在埃里不知道的情况下把牛奶瓶里的牛奶换成了可乐。现在询问幼儿："当埃里发现牛奶瓶里装的是可乐的时候，它的心情怎样?"

结果发现4岁和6岁幼儿都能够根据埃里的愿望("喜欢喝牛奶")正确推断它的情绪("不高兴")。该结果证实了此年龄阶段的幼儿能够理解他人的真实需要，能够根据实际情况和愿望是否符合来推断他人的情绪。这种情绪理解被称为基于愿望的情绪理解。威尔曼(Wellman)等人(1991)发现，2～3岁幼儿已经开始理解一个人的情绪与他"想要/不想要"相联系[①]。

我们继续回到埃里的例子中。如果进一步询问幼儿，埃里在打开牛奶瓶之前的心情如何?当它从外面回来，很热也很渴，看到米奇递来的牛奶瓶时，它感到高兴还是伤心呢?

结果大部分4岁幼儿只注意到埃里的愿望("喜欢喝牛奶")，无法考虑埃里的信念("以为牛奶瓶里装的是牛奶")，而错误理解埃里打开可乐罐之前的心情(正确的回答是"高兴")。6岁幼儿能够准确认识到，打开牛奶瓶前，埃里的情绪取决于它是否喜欢喝牛奶这个表面现象，如果它喜欢喝牛奶，打开之前它会感到高兴，即使牛奶实际上已经被换成了可乐。可见，6岁幼儿的情绪理解已经摆脱了自我中心的限制。他们看到米奇的恶作剧，也知道牛奶瓶里其实装的是可乐。即使如此，他们仍旧能够通过埃里的错误信念推断它的情绪，这种情绪理解能够使幼儿从他人拥有的不同信念来推断他人的情绪，是一种基于信念的情绪理解。这个结果也表明，幼儿预测他人的情绪时不仅通过简单的情绪脚本，而且也考虑愿望和信念对情绪的作用。从发展上看，基于信念的情绪理解晚于基于愿望的情绪理解出现。

儿童也能够对情绪的结果做出合理的预测。4岁幼儿知道一个生气的孩子可能会打人，一个高兴的孩子可能会与别人分享玩具。Denham(1998)[②]有关4～5岁幼儿对自身情绪结果的理解研究发现，幼儿认为伤心导致的结果主要是退缩(如睡觉)，生气导致的结果主要是消极反应(如打破玩具，骂人)。我们的研究发现，4～6岁幼儿认为生气会使得其他同伴远离，伤心会得到其他同伴的安慰、陪伴和补偿。同时，幼儿还认识到父母对自己的不同情绪也会产生不同行为反应，如惩罚生气的孩子，安慰伤心和害怕的孩子。

---

① Wellman H M, Banerjee M. (1991). Mind and emotion: Children's understanding of the emotional consequences of beliefs and desires. *British Journal of developmental of Psychology*, 9, 191—214.

② Denham, S. S. (1998). *Emotional development in young children*. New York: Guilford.

信息栏7-2

亲子间的情绪交流

王琪(Qi Wang)等研究者系统考察了中美家庭中母亲和幼儿间有关情绪体验的分享。她使用半结构性访谈的方法，让母亲选择一个最近发生过的情绪事件，与幼儿一起展开讨论。比如，小朋友来家里做客；今天被妈妈批评了。这些事件包括积极事件和压力事件。在对他们讨论的文本进行分析中，王琪等人发现美国母亲更能够诱发互动式的、深入的谈话，促进幼儿的参与，并且关注幼儿自身的角色和爱好。相比，中国母亲常常扮演指导者的角色，在谈话中特别关注重要他人的想法(比如，你这样做爸爸会怎么想)。而且，在谈论压力事件时，美国母亲常常采用认知方法调节负性情绪，他们非常关注幼儿的内心体验，并对幼儿为什么以及如何体验到这种情绪给予详细解释。他们倾向于接受幼儿的负性情绪，安慰幼儿一切都会好的。相比，中国母亲常常采用行为方法的情绪调节，他们较少引导幼儿理解自身情绪体验，而是更多对幼儿的情绪加以评论，就像在给幼儿上一堂有关不良情绪和行为的课。由于中国家庭更关注人际和谐，所以中国母亲常常认为幼儿的负性情绪是不能被接受的且需要控制的(比如，你不应该对爸爸发火)。基于这些差异，所以美国幼儿在情绪理解得分上比中国幼儿高，中国幼儿比美国幼儿较少表露情绪，尤其是负性情绪。

以下是美国母亲和幼儿之间，中国母亲和幼儿之间情绪对话的片断。

美国亲子间的对话

妈妈：……你还记得你昨天哭吗？

幼儿：我为什么哭？

妈妈：我不是特别清楚，但是你记得你在哪里哭吗？

幼儿：我哭是因为没有气球。

妈妈：没有气球了，但是后来你还是一直在哭，是因为你不想回家？

幼儿：嗯。

妈妈：那时候你在哪里？

幼儿：在斯图尔特公园。

妈妈：(笑)。你在斯图尔特公园确实哭得很伤心。但是，那是在约翰餐馆的停车场。你还记得约翰餐馆的停车场吗？记不记得你在那门边大哭？

幼儿：记得。

妈妈：你哭了噢？

幼儿：是的。

妈妈：为什么哭呀？

幼儿：因为我不想走，我还想再吃点。

妈妈：哦，原来你还想再吃点东西啊(笑)，是那样吗？

幼儿：是的。

妈妈：嗯，妈妈当时想把你抱起来，你扭来扭去，哭得可凶了。或许是由于气球，或许是由于你饿了。但是我们知道你可以再得到一个气球，对吗？

幼儿：好耶！

中国亲子间的对话

妈妈：……你还记得上次爸爸为什么打你吗？

幼儿：棋子！

妈妈：为什么是棋子？你做什么了？

幼儿：不听话！

妈妈：你怎么不听话？

幼儿：我把棋子都撒在地上了。

妈妈：都撒在地上了，对吧？你是故意这么做的吗？

幼儿：嗯。我下次会小心的。

妈妈：很好！那就是为什么那天爸爸打你屁股了？……你后来哭了吗？

幼儿：哭了。

妈妈：打得痛不痛？

幼儿：痛。

妈妈：痛吧。下次不要被打了，好吗？

幼儿：好，我下次会小心的。

妈妈：嗯，要小心。

(资料来源：Qi W. Developing emotion knowledge in cultural contexts. International Society for the Study of Behavioral Development，2006，49(1)：8～12)

四、混合情绪的理解

混合情绪是指个体对同一情境产生两种不同情绪的现象。受认知水平限制，年幼儿童很难相信一个人同时具有两种不同的情绪。比如，一个幼儿会说：“一个人不可能一边笑一边哭，他没有两张嘴巴。”可见，他们还不具备对混合情绪的理解。对混合情绪的正确理解和判断是儿童情绪理解能力发展过程中的一大飞跃。

哈特(Harter)询问儿童：“怎样在同一时间体验到……”发现儿童对混合情绪理解的发展分为五个阶段，7 岁儿童只能识别同一性质的情绪，例如，同为积极情绪，或者同为消极情绪；只有到了 11 岁，儿童才能理解存在一种以上不同性质的情绪同时发生在同一个体的现象①。但这些研究更多依赖于言语报告，温彻(Win-

① Harter S. (1987). Children's understanding of the simultaneity of two emotions: A five-stage developmental acquisition sequence. *Developmental psychology*, 23, 388－399.

tre)认为如果不依赖于言语表达，可能年龄更小的儿童就可以对一些事件产生多种情绪反应。为此，他设计了一系列情绪情境，每一个情境后呈现高兴、生气、伤心、害怕等情绪，使用五点量表让儿童对情绪的程度逐一进行评定。结果发现8岁儿童就可以预测在一些情境中能够同时体验到三种情绪①。

Donaldson(1986)对儿童理解冲突情绪的能力进行考察，提出儿童发展的三个不同水平。水平0(4～5岁)：儿童能够正确识别单个的情绪反应，而不能理解相互冲突的多重情绪。水平1(5～8岁)：儿童能够理解冲突的多种情绪，但他们所理解的冲突情绪是针对不同的行为事件的，即这些情绪是顺序发生而不是同时出现的。水平2(8～11岁)：儿童能够认识同一个体或针对同一事件可能产生冲突的情绪，并能够考虑到情绪之间相互影响的可能性。

第三节　早期儿童情绪调节的发展

儿童不仅可以识别情绪、解释情绪、对情绪结果做出预测，还能够对自身的情绪进行调节。情绪调节是对情绪的内在过程和外部行为所采取的监控、调节，以适应外界环境和人际关系需要的动力过程。儿童能够采用各种策略来改变自己的情绪。情绪调节既包括对负性情绪的调节，也包括对正性情绪的调节。情绪调节既存在有意识的过程，也存在无意识的过程。随着社会性的不断发展，在某些情境中，为了不伤害他人或者避免消极后果，儿童还学会掩饰自己的情绪，即获得情绪表现规则(emotional display rules)。

一、情绪调节的策略

2岁时幼儿的恰当情绪调节可以促进幼儿后期的自主性、认知和社会技能的发展，而不良调节可以预测后期的社会适应不良等问题。王莉、陈会昌等人(1998，2002)考察2岁幼儿在实验室压力情境(陌生人情境、延迟任务、分离焦虑等)中的情绪调节特点，结果发现2岁幼儿已经能够使用积极活动策略、自我安慰、寻求他人安慰、被动行为、回避等情绪调节策略②。而且幼儿2岁时的情绪调节策略能显著地预测幼儿4岁时的社会行为③。

3～4岁的幼儿能够采用各种策略来调节他们的情绪。比如，他们认为可以通

---

① Wintre M. (1990). Self-predictions of emotional response patterns: Age, sex, and situational determinants. *Child Development*, 61, 1124－1133.

② 王莉，陈会昌．2岁儿童在压力情境中的情绪调节策略[J]．心理学报，1998，30，289－297.

③ 王莉，陈会昌，陈欣银．儿童2岁时情绪调节策略预测4岁时社会行为[J]．心理学报，2002，34，500－504.

过阻断感觉输入(比如，闭上眼睛，蒙住耳朵)、安慰自己(比如，“妈妈马上会回来的”)、改变行为方向(比如，由于不能玩某个游戏，幼儿就对自己说，“我一点都不喜欢玩这个”)等方式减少消极情绪。

艾森伯格(Eisenberg)等人(1992)提出了一个儿童的情绪调节模式。他们认为要预测儿童的情绪调节策略，必须评估两个重要的气质变量：①情绪强度上稳定的个体差异，比如，情绪强度高或低；②调节过程中稳定的个体差异，比如，注意力转换和集中，对行为的主动发起或抑制。这两种特征的结合会出现四种可能。其中，情绪强度和调节程度都高的儿童很容易表现出害羞、退缩、抑制，他们很难享受到社会情境中的乐趣；情绪强度和调节程度都低的儿童则往往容易出现攻击性等问题行为①。因此，中等调节水平和中等情绪强度可能是儿童最佳的情绪调节模式。这类儿童具有较强的情绪表达能力、计划能力、以问题为中心的应付能力以及灵活地运用各种情绪调节策略的能力。

儿童的情绪调节能力与他们对刺激的社会认知，以及对自己和他人心理状态、情绪反应的理解或推测能力有关。年幼的儿童难以准确理解他人的痛苦，以至于不能恰当地调节自己的情绪反应，比如，看到别人承受痛苦时，幼儿可能还当面表现出高兴。随着年龄的增长，幼儿能更多地利用认知策略，有效地调节自己的情绪。比如，2～3岁的幼儿倾向于用避开情境的方式来调节自己的生气。4～5岁的幼儿倾向于承担社会责任、表现出积极的情绪来应对生气情境。

随着年龄的增长，儿童的情绪从被动、外部的调节转向主动、内部的调节。从具体、感觉运动调节转向抽象的认知调节。从单一情绪调节策略转向多种情绪调节策略的综合运用。同时积极的调节策略越来越多，消极的调节策略越来越少。

二、情绪表现规则

情绪调节规则是个体在社会化过程中获得的，用以指导特定社会情境下的情绪表达，使之符合社会期望的一套规则。许多研究表明，情绪表现规则是情绪调节的外部社会化要求。每个社会，每种文化，都有约定俗成的情绪表现规则。它规定了个体什么场合可以笑，什么场合可以发怒，什么场合想笑不能笑，什么场合想发怒不能发怒。比如，收到一件自己不太喜欢的礼物时，尽管不是特别满意，但还是应该表现出高兴而不是难过。这些规则往往是儿童通过对成人的观察模仿，通过自身生活体验的积累获得的。

3岁幼儿已经表现出少许掩饰情绪的能力。一个偷玩了不让玩的玩具，并且还撒谎的3岁幼儿，可以掩饰自己的紧张情绪，以至于不知实情的成人无法将他与说真话的幼儿区分开来。不过，幼儿主要掩饰高兴和惊奇等积极情绪。所有儿童，甚

① Eisenberg N, Fabes R A. (1992). *Emotion, regulation, and the development of social competence. In Review of Personality and Social Behavior*. (*Ed.*), MS Clark, Newbury Park, CA: Sage, 14: 119－150.

至成人都发现掩饰伤心、生气或厌恶等消极情绪比掩饰高兴等积极情绪难。

个体不表达真实情绪主要是为了避免惩罚，避免伤害他人，以及获得想要的物品或尊重。但是，不同的文化具有不同的情绪表现规则。在中国等集体主义文化的国家中，父母更鼓励儿童掩饰生气，因为生气威胁到人际和谐；而在美国等个人主义文化的国家中，父母更鼓励儿童掩饰羞愧，因为羞愧往往与退缩行为相连。

同时，面对不同的在场者，儿童掩饰情绪的能力也是不一样的。情绪掩饰与在场人的熟悉度和地位有关。父母作为儿童最亲密的人，儿童可能更自如地对父母表达真实情绪。教师作为儿童的重要权威人物，也对儿童的情绪表达产生影响[①]。总体上看，相比在父母面前，儿童更多在教师和同伴面前掩饰消极情绪。

另外，女孩比男孩往往能更多地掩饰自己的消极情绪，这与父母和当今社会更强调女孩的举止得体有关。不过总体上看，学前儿童掩饰真实情感的能力还是有限的，情绪表现规则在小学阶段飞速发展。

信息栏7-3

情绪表现规则的实验室观察研究

美国心理学家科尔(Cole P M，1994)设计了一个实验：主试一让幼儿对八个礼物的喜好进行排序，放到数字1～8的表格中。礼物包括破玩具、小布条、漂亮的蜡笔、可爱的娃娃等。并许诺幼儿完成后面的任务后会给他/她一个喜欢的礼物。主试一离开，主试二指导幼儿进行后面的任务。任务完成后，主试二给幼儿一个礼物，可是这个礼物是幼儿最不喜欢的那个，过了一会儿，主试二出去了，留下幼儿一个人单独待着。一段时间后，主试一回来，询问幼儿：你的任务完成得怎样？得到礼物了吗？这个礼物是你想要的吗？得到这个最不喜欢的礼物，你的心情怎样？最后主试一向幼儿解释礼物弄错了，把最喜欢的礼物换给幼儿，并向幼儿道歉。

该研究的重点在于当幼儿得到失望礼物后，比较面对实验者(主试二)和单独待着时的情绪表现。结果发现，实验者在场时，4～5岁的幼儿较少表露出不悦的情绪，但独处时幼儿表现出较多的生气、厌恶等消极情绪。可见，幼儿已经具有一定的情绪表现规则。虽然在后面的自我报告(主试一的提问)中，幼儿还无法很好地用语言反映对这种规则的认知。

(资料来源：Cole P M，Zahn-Waxler C，Smith K D. Expressive control during a disappointment：Variations related to preschoolers' behavior problems. Developmental Psychology，1994，30(6)：835－846)

---

① 何洁，徐琴美．幼儿的情绪表现规则知识发展及其与家庭情绪表露、社会行为的相关研究[J]．心理发展与教育，2005，3，49－53.

第四节　早期儿童情绪发展的神经科学研究

一、情绪表达的神经科学研究

随着神经科学的进步，情绪研究逐渐从主观的、行为学的水平发展为脑和神经学的水平。心理学、神经学和行为学三者指标结合起来，才是探索情绪基本性质和机制的完整途径。目前越来越多的人开始关注情绪是如何从神经活动中的相互作用中产生的。

情绪的产生是神经系统活动的结果和表现，需要边缘系统和大脑皮层及皮层以下许多部位的参与。1937 年 Papez 根据生理学、神经解剖学以及临床观察，正式提出边缘回路，并指明情绪活动发源于海马回和扣带回。海马经穹隆到下丘脑的乳头体经丘脑前核至扣带回，构成一个环路，成为情绪、感觉活动的基础，后称其为 Papez 环路①。影像医学研究均发现了情绪处理时前扣带回和杏仁体的活动增强，且负向情绪对杏仁体的调制作用更显著。

尽管有些发现还有些争议，大多数学者对快乐、伤心、生气和害怕等情绪的神经学划分是接受的。当个体产生害怕体验时，海马(外显记忆功能区)，杏仁核(情绪唤醒区)，前额皮层(工作记忆区)这三个脑区在起作用。被试在伤心的情绪中，前额叶皮层中部、额下回、颞上回、楔前叶(precuneus)、杏仁核、丘脑等活动都有所增强。在愉快的情绪下参与活动的脑区有：下丘脑(hypothalamus)前额叶皮层(PFC)、杏仁核、腹侧纹状体(ventral striatum)，额前回，前额叶背外侧，后扣带回，颞叶，海马，丘脑，尾状核(caudate)。对于生气的研究表明生气与杏仁核有密切的关系，但是目前更多的是把愤怒和恐惧联系在一起研究，单纯研究愤怒脑机制的很少，也不成熟，有人认为与额叶、扣带前回有关②。

对情绪的处理，左右脑是不平衡的，但对不同情绪不平衡的情况不同。有研究发现情绪的右脑优势效应。被试在辨别情绪性面孔和中性面孔时，主要是右侧顶叶区域显示出对不同情绪材料有不同反应。而作为对照，当被试辨别不涉及情绪内容的面孔时，大脑活动是双侧对称的。也有证据表明较低年龄段的儿童已经表现出了这种情绪加工的偏侧化现象。研究者记录了 5 岁儿童在执行表情再认任务时的诱发电位 N170、P280 和 N400，结果发现它们的波幅在右半球要大于左半球。

---

① Papez, J. W. (1937). A proposed mechanism of emotion. *Journal of Neuropsychiatry & Clinical Aretical Neuroscience*, 7, pp. 103-112.

② 罗跃嘉，古若雷，陈华，黄淼．社会认知神经科学研究的最新进展[J]. 心理科学进展，2008，16，430－434.

但是也有学者研究认为，大脑皮层两个半球都涉及情绪，正向情绪主要在大脑皮层左半部处理，负向的在右半部处理，所以人能同时存在强烈的正向和负向情绪。除了正性和负性的划分，也有研究者认为大脑左半部皮层的活动主要与趋近倾向的情绪相联系，而右半部皮层的活动主要与回避倾向的情绪相联系。反映在前额脑电非对称性模型(Frontal Electroencephalogram (EEG) Asymmetry)中，趋近情绪，比如高兴和生气，与左侧前额皮层较强的活动性相关，退缩情绪，比如伤心、焦虑、厌恶，与右侧前额皮层较强的活动性相关①。许多研究支持退缩情绪和右侧前额活动性的密切关系，比如，右侧前额皮层活动性较强的婴儿在退缩—消极情感任务中比一般婴儿表现出更多的害怕和伤心。脑电前额皮层活动性对婴儿早期消极情绪和退缩行为起到调节作用。在右侧前额皮层活动性强的婴儿中，母亲报告的他们的消极情绪可以预测其后期社会退缩行为的发展，但在左侧前额皮层活动性强的婴儿身上没有发现这样的趋势②。也有研究发现 10 个月在母亲离开时哭泣的婴儿在静息状态时表现出较多的右侧前额皮层活动性，而不哭的婴儿表现出较多的左侧前额皮层活动性③。但是，在 Henderson(2001)等人的研究中，母亲报告的消极情绪同时包含了婴儿的挫折和害怕，在 Fox(1989)的研究中哭泣同样包括了生气、伤心、害怕等多种情绪，所以需要对不同的消极情绪进行区分。

二、情绪理解的神经科学研究

对情绪理解的神经机制研究主要集中在表情识别方面。目前一般认为面孔识别与其他物体识别的过程是相互独立的，不同的 ERP 对应于不同的面部识别加工过程④。将带有正性、中性、负性情绪的面孔和其他物体一同呈现给被试，对比面孔和其他物体诱发的 ERP 成分的波幅、潜伏期等因素的差异，可以判断对应于面孔和不同情绪特征的特异性 ERP。当呈现一系列面孔图片时，愉快的面孔引起的 P300 波幅最小，愤怒、悲伤及无表情的面孔图片引起的波幅相对较大，P300 的区域显示出与波幅相似的变化，但 P300 潜伏期的变化与前两项有所不同，悲伤的画面使 P300 的潜伏期最长⑤。

在排除药物干扰的条件下，给被试呈现不同情绪的图片，将其 ERP 数据及行为过程与正常控制组进行比较，可以从患者识别情绪的能力上了解其认知缺陷，有

---

① Fox, N. A. (1991). If it's not left, it's right: Electroencephalograph asymmetry and the development of emotion. American Psychologist, 46, pp. 863-872.

② Henderson, H. A., Fox, N. A., & Rubin, K. H. (2001). Temperamental contributions to social behavior. The moderating roles of frontal EEG asymmetry and gender. Journal of American Academy of child and Adolescent Psychiatry, 40, pp. 68-74.

③ Fox, N. A. (1989). Psychophysiological correlates of emotional reactivity during the first year of life. Developmental Psychology, 25, pp. 364-372.

④ 王妍，罗跃嘉. 面部表情的 ERP 研究进展[J]. 中国临床心理学杂志，2004，14，428—431.

⑤ Yoshifumi, M., Kiichiro, M. & Masashi, Y. (2001). Effects of facial affect recognition on the auditory P300 in healthy subjects. Neuroscience Research, 41, pp. 89-95.

利于更加准确地了解认知过程及其在大脑中的定位。例如，设计两个实验，在实验1中，让双侧杏仁核损伤的患者(HY)区别六种不同的标准面部表情，给它们安上合适的短语，发现HY患者在识别恐惧表情上存在缺陷，他们将恐惧和愤怒的表情与高兴的表情混为一谈。在实验2中，给被试呈现高兴与恐惧，高兴与愤怒，高兴与悲伤混合的图像，要求被试将其分类。HY患者更倾向于将高兴与恐惧或愤怒的混合认为是高兴的面孔①。

为了考察表情识别加工的起源，给7个月的婴儿和成人呈现高兴、害怕和中性的表情，同时记录ERP。结果发现在枕—额区域存在区别害怕和中性/高兴的脑电成分，它们表现在成人中为害怕的N170波幅较大，在婴儿中为害怕的P400波幅较大。但是在行为测量中，成人没有表现出对害怕表情的注意偏好，婴儿对害怕表情的注视时间长于其他表情。说明认知神经系统可以区分早期对害怕和中性/高兴不同表情的加工，它对婴儿的面部表情加工起重要作用②。在区分正性和负性情绪的脑机制上，也有研究在7个月和12个月的婴儿上发现了一种发展变化。7个月婴儿在观察高兴表情时，其前额、中部、颞叶和顶叶区域的脑电活动性比观察生气表情时更强；而12个月婴儿在观察生气表情时，其枕叶区域的脑电活动性比观察高兴表情时更强。然而这种7个月时对高兴表情的敏感性和12个月时对生气表情的敏感性，并没有体现在婴儿视觉偏好的行为数据上③。

研究者进一步从脑电活动性上考察婴儿对不同负性表情的区分。结果发现在7个月婴儿中，在刺激呈现后的300～600ms之间，生气表情相比害怕表情在前额区域诱发更大的负成分(Nc)。同时，生气表情诱发更大波幅的N290，害怕表情诱发更多波幅的P400④。

三、情绪调节的神经科学研究

许多研究表明，情绪调节与高强度生理唤醒相关联。首先从情绪调节的产生来看，情绪调节是一个自我控制的过程，许多活动产生于意识水平之上，即个体必须知道自己所要调节的到底是什么。而这种意识的产生，取决于个体是否处于高强度

---

① Sato, W., Kubota, Y., Okada, T. (2002). Seeing happy emotion in fearful and angry faces: qualitative analysis of facial expression recognition in a bilateral amygdale-damaged patient. Cortex, 38, pp. 727-742.

② Leppanen, J. M., Moulson, M. C., Vogel-Farley, V. K. & Nelson, C. A. (2007). An ERP study of emotional face processing in the adult and infant brain. Child Development, 78, pp. 232-245.

③ Grossmann, T., Striano, T. & Friederici, A. D. (2007). Developmental changes in infants' processing of happy and angry facial expressions: A neurobehavioral study. Brain and Cognition, 64, pp. 30-41.

④ Kobiella, A., Grossmann, T., Reid, V. M., & Striano, T. (2008). The discrimination of angry and fearful facial expressions in 7-month-old infants: An event-related potential study. Cognition & Emotion, 22, pp. 134-146.

的情绪唤醒状态或体验到强烈的情绪。换句话说，当个体处于高强度的情绪唤醒状态时，他才可能产生情绪调节的意识与活动。其次从情绪调节的结果来看，有效情绪调节的一个通常的自然结果，就是使有机体处于低唤醒状态。从生理学的意义上来说，情绪调节可以看作是一个使有机体从激动状态回归平静状态的体内平衡的过程①。

有关前额皮层的脑电研究发现，情绪调节中的认知和行为调控，与脑电的抑制性成分 N2 和错误相关负波 ERN 密切相关。在对于慷慨和小气的不同描述情境中，小气情境诱发了与 N2 相似的反应而慷慨情境没有，说明 N2 对负性倾向有调节作用。此外，ERN 的个体差异与情绪调节中的功能失调有关，社会适应不良的个体无法控制他们的攻击冲动，对应 ERN 的波幅较小；而顺从—强迫型的个体的 ERN 波幅较大②。

一项有关情绪调节的脑电研究中，采用 GNG 的范式，即当屏幕中出现一个字母时，要求儿童尽可能快地按键，而连续第二次出现相同的字母时，则要求儿童不按键。当儿童能控制不按键，就会产生抑制性负波 N2；当孩子没有控制住时，就会产生与错误相联系的 ERN。根据实验的进程，即时调节刺激出现的速度以控制错误率，并设计为 A 阶段(点数增加)、B 阶段(点数减少到零)、C 阶段(点数增加)。B 阶段用来诱发负性情绪，并且在 B 阶段产生的焦虑可能会影响到 C 阶段，考察儿童在此过程中的情绪调节。结果发现，B 阶段和 C 阶段的 N2 的波幅是 A 阶段的两倍；N2 波幅随着年龄的增加(13～16 岁)而显著下降③。

情绪的自我调节能力与生理变化之间有着某种对应关系，可以通过测量那些通常反映情绪活动的生理指标，如心率、血压、瞳孔变化和皮肤电阻等，研究个体情绪调节能力或潜能。许多研究表明，心脏的基本活动方式标志着有机体抑制体内平衡以对刺激作出反应的潜能，以及自我调节以恢复体内平衡的潜能；面对新奇刺激时，那些心率维持在较高水平的儿童更容易产生害羞、恐惧的反应；在一个啼哭的婴儿面前，学龄前儿童的心率变化与其安慰行为之间有着明显的相关④。

---

① 乔建中，饶红．国外儿童情绪调节研究的现状[J]．心理发展与教育，2000，2，49—52.

② 王家鹤．情绪调节：国外理论和实证研究的新视角[J]．社会心理科学，2005，20，417—420.

③ Lewis，M. D. & Stieben，J. (2004). Emotion regulation in the brain：Conceptual issues and directions for developmental research. Child Development，75，pp. 371-376.

④ Fabes，R. A.，Eisenberg，N.，Karbon，M. & Bernzweig，J. (1994). Socialization of children's vicarious emotional responding and prosocial behavior：Relations with mother's perceptions of reactivity. Developmental Psychology，30，pp. 44-55.

本章小结

情绪是个体对外部事物和内部需要的主观体验，它包括生理、表情和体验等多种成分。幼儿阶段是情绪发展的关键时期。

婴儿最初具有两种普遍的情绪唤起状态：对愉快刺激的趋向和对不愉快刺激的回避。随着年龄的发展，儿童逐渐发展起高兴、生气、伤心、害怕等基本情绪。儿童会因为追求并达到所盼望的目的而感到高兴；会因为愿望不能实现或目标受阻而感到生气；会因为失去心爱的对象(人或物)或理想或愿望破灭而感到伤心；也会因为受到威胁而感到害怕，并希望逃避。在不断的社会化中，儿童产生了社会性微笑和陌生人焦虑。

基本情绪是人类和其他物种共有的，而社会情绪是人类区别于其他物种的一个显著特征。儿童在观察他人情绪反应时还可以体验到与他人相似的情绪反应，即产生移情。但是它须与对痛苦的消极反应区别开来。个体根据他人对自身或自身行为的评价所产生的情绪被称为自我意识情绪。随着儿童自我意识的发展和成人的影响，内疚、羞愧等自我意识情绪逐渐显现出来。

儿童的情绪理解能力对其社会适应产生很大影响。儿童很早就能够通过表情推断他人情绪，以此作为自己行动的社会参照。除了表情，儿童还可以根据情境、个体等多种线索来推断情绪。随着年龄增长，儿童逐渐能够理解情绪产生的原因，也可以对情绪的结果做出合理的预测。3 岁幼儿在解释原因时更强调外在因素，4 岁以后幼儿能够理解愿望和信念等内在状态对情绪的作用，依次出现基于愿望的情绪理解和基于信念的情绪理解。年长儿童认识到同一情境可能会引发同一个体产生两种不同或矛盾的情绪反应。

为了达到某种目标，儿童使用策略，把自身情绪状态调节到合适的强度水平，中等调节水平和中等情绪强度可能是儿童最佳的情绪调节。4 岁左右的幼儿已经开始根据社会期望调节情绪，掌握一定的情绪表现规则。

随着神经科学的进步，许多研究发现与早期儿童情绪表达、情绪理解和情绪调节相关的神经机制。

进一步学习资源

● 孟昭兰．情绪心理学．北京：北京大学出版社．2005

● 劳拉·伯克．发展心理学：婴儿、孩童、青春期．第五版．北京：北京大学出版社．2005

● 桑标．当代儿童发展心理学．上海：上海教育出版社．2003

● 方富熹，方格．儿童发展心理学．北京：人民教育出版社．2005

● Lewis M，Haviland J. *Handbook of Emotion* (2nd). New York：Guilford Press. 2000

● Denham S A. *Emotional Development in Young Children*. New York: Guilford Press. 1998

● Harris P L. *Children and Emotion*. New York: Guilford Press. 1989

● 威斯康星梅蒂森大学儿童情绪研究中心：http：//psych. wisc. edu/childemotion/

● 麦克马斯特大学儿童情绪实验室：http：//www. science. mcmaster. ca/Psychology/emotionlab/child. emotion. laboratory. htm

关键概念

情绪 基本情绪 高兴 社会性微笑 生气 伤心 害怕 陌生人焦虑 社会情绪 移情 自我意识情绪 表情识别 社会参照 情绪线索 情绪原因理解 基于信念的情绪理解 基于愿望的情绪理解 情绪结果理解 混合情绪理解 情绪自我调节 情绪调节策略 情绪表现规则

思考与探究

1. 儿童基本情绪的发展规律如何？

2. 什么是陌生人焦虑？它对幼儿的成长产生怎样的影响？

3. 为什么有些初入幼儿园的幼儿会出现入园不适应的现象？如何帮助这些幼儿克服入园焦虑？

4. 什么是移情？举例说明移情对儿童社会性发展的影响。

5. 情绪的社会参照有何适应价值和现实意义？

6. 儿童使用哪些线索来推断他人的情绪？

7. 如何理解愿望和信念对儿童情绪理解的作用？

8. 儿童对混合情绪的理解存在哪几个发展阶段？

9. 中美两国家长对儿童的情绪表现规则和自我意识情绪发展的影响有何差异？为什么会存在这种差异？

10. 试在幼儿园中选出不同年龄的幼儿各 4 个，让他们谈谈什么事情使他们感到高兴、生气、伤心或害怕，高兴、生气、伤心或害怕的结果又怎样？分析不同年龄的发展特点。

11. 试在幼儿园中选出不同年龄的幼儿各 4 个，观察并记录他们的情绪表现和情绪调节，分析不同年龄的发展特点。

趣味现象·做做看

幼儿在玩玩具的时候，请你在旁边搬凳子或者搬一大堆书，然后突然假装弄伤

了膝盖，表现出痛苦的样子(比如，“哎呀，好痛”)。观察幼儿 30 秒的反应。然后你的表情缓和，报告“现在好多了”，继续观察幼儿 30 秒的反应。注意在此过程中，你不可以注视幼儿，更不能叫幼儿的名字，从而避免对幼儿反应的额外刺激。

该过程考察幼儿的移情反应。不同的幼儿可能存在不同的移情水平。有的幼儿会走过来安慰受伤者，轻轻揉揉弄痛的地方；有的幼儿只是看一眼受伤者；还有的幼儿根本不关注，只管自己玩玩具。在这个小情境中，你会观察到幼儿许多有趣的个体差异。

第八章

早期儿童社会性的发展(上)

本章导航

本章将有助于你掌握:

儿童社会认知
早期儿童社会认知的表现
早期儿童社会认知发展特点
儿童社会认知发展的影响因素

儿童心理理论的内涵及其发展
早期儿童对意图、愿望、信念的理解
早期儿童对思维、认识、假装和幻想的理解

早期儿童对面孔的偏好
早期儿童对表情的识别
早期儿童对态度的认知

社会认知能力发展的神经基础
大脑发育与面孔识别
异常发展的社会脑

"爷爷，看看我的新衬衫!"4 岁的埃伦叫着，她正在参加一年一度的家庭聚会。"这上面有 3 只熊，还有它们的房子，还有……"

埃伦的声音渐渐变小，因为她发现所有人的眼睛都在关注她 1 岁的表弟，小表弟正要跨出他有生以来的第一步。当小戴维摇摇晃晃地迈步向前时，所有的大人都在欢笑着鼓励他。没有人，包括最喜欢她的爷爷，在注意埃伦和她的新衬衫。

埃伦感到很痛苦，又很妒忌。她转身走进房间。她把毯子盖在头上，手臂伸在外面。她从毯子缝里窥视外面的情况，然后又披着毯子回到了起居室。这时她看到爷爷正在为戴维指路。"我来了，讨厌鬼。"说着埃伦故意撞倒戴维。戴维晃了晃，哭了起来。

脱下毯子，埃伦很快就看到了妈妈不快的表情。"妈妈，我看不见他，毯子遮住了我的脸。"埃伦困倦地说。

妈妈坚持要她扶起戴维，并立即向他道歉。同时，她对女儿的欺骗行为大为吃惊。①

埃伦的行为显然是故意的，但"技术含量"颇高。她能清楚地意识到自身的内心感受，也能敏锐地根据妈妈的不快表情推测妈妈的心理意图。上述案例形象地展现了埃伦对自身、他人及人际关系的认知，这就是本章所阐述的儿童社会认知的重要内容。

第一节　早期儿童社会认知概述

一、儿童社会认知

(一)社会认知的概念

目前的发展心理学家通常把作为人类认识对象的客观世界划分为物理世界和社会世界。对物理世界的认知，就是我们通常说的狭义的"认知"，是"非社会认知"，社会认知是与"非社会认知"相对而言的，是认知的一个属概念，是指人类对社会世界的认识。目前，对"社会认知"的概念缺乏统一的定义。不同学者从不同的视角提出了社会认知的概念。

Kosslyn & Kagan(1981)指出：社会认知通常是指两种认知——关于人、群体的认知和具有情感、动机、态度、情绪色彩的认知。

Hamilton(1984)认为，社会认知研究包括对所有影响人对信息的获得、表征和提取的因素以及这些过程与知觉者的判断之间的关系的思考。

① 劳拉·E. 贝克. 吴颖，译. 儿童发展[M]. 南京：江苏教育出版社. 2002：607.

Isen & Hastorf(1984)认为，社会认知强调对认知过程的理解是认识复杂的社会行为的钥匙。

Crusel & Lytton (1988)提出，社会认知研究的对象是那些发生在他人和自己身上的心理事件以及人们对社会关系的思考。

Fiske & Taylor(1991)对社会认知的定义是：人们根据环境中的社会信息形成对他人或事物的推论。

我国学者杨彬、杨洪杰(1993)等在《社会认知》一书中从社会学的角度对社会认知定义为：对社会的认识和了解。

所以，当代著名的发展心理学家 Flavell 认为，社会认知的对象是人以及人类的事件，它是关于人和人的行为的知识和认知。具体来讲，其内容包括：关于他人的行为、心理属性及与原因的认知；关于两个个体间关系，包括权威、友谊、冲突关系等的认知；关于群体内关系，包括社会角色和社会结构的认知；关于诸如感知、愿望、意图、信念、伪装、思维及知识等心理状态的概念。

事实上，社会认知作为认知心理学、发展心理学、社会心理学共同研究的对象，由于各个学科研究者所站的角度不同，其定义上存在分歧是很自然的。虽然对社会认知概念的界定众说纷纭，但是对社会认知的内涵已经基本形成。即社会认知是指个体对他人、自我、社会关系、社会规则等社会性客体和社会现象及其关系的感知理解的心理活动。社会认知的内容十分广泛，既包括对人们的意图、态度、情感、观念、能力、目的、特质、思想、知觉、记忆等个人心理事件的观察或推断，也包括人际关系的某些心理品质的认知，还包括有关自我及他人、社会团体等方面内容的认知。

(二)儿童社会认知的发展

社会认知是一个新的综合研究领域。许多学科和学派都涉及社会认知的内容，尤其是社会心理学和发展心理学对社会认知进行了比较深入的研究。

儿童社会认知发展的历史。一般认为，最早是皮亚杰从关注儿童认识物理世界和其逻辑思维的发展转移到注意儿童对社会现象的认识，并对儿童的自我中心主义、道德判断、同伴关系以及意图、惩罚、公正观等进行了研究。此后，关于社会认知发展的研究涉及他人、自我、社会关系等多个方面，特别是 20 世纪 80 年代以来，社会认知研究进入了一个新阶段，关于移情、观点采择、行为意图和归因、社会规则与友谊等认知的研究明显增多。20 世纪 90 年代后，社会认知研究的内容更加广泛而深入，对儿童认知某一具体现象如攻击性或行为如服从的内部信息加工过程及其机制的研究日益增多。

儿童社会认知发展的趋势。儿童出生后即生活在社会环境中，通过与父母及其他看护者的交往和接触，儿童开始逐渐认识人类事物和自然事物的区别，社会认知开始发生和发展。儿童社会认知的发展和非社会的认知一样，也经历了从具体到抽象的过程。儿童最先关注的是可观察到的特征——自己和他人的形象和行为。之

后，他们开始注意到内在的东西：欲望、信念、目的、能力和态度等。儿童的社会认知发展随着年龄的增长而日趋完善。他们能将分散的单个行为分析综合，形成对自己和他人人格和身份的一整套评价。而且他们能根据他人行为的原因来修改自己的想法——从简单的、片面的解释到复杂的交互关系，能考虑到周围的人和环境。最后儿童社会认知到达理解的元认知阶段。当儿童再长大一点，他们的意识将不再受现实社会的局限。他们会同时考虑自己和他人的社会意识。

儿童社会认知发展的进程。儿童社会认知的发展在儿童的日常生活中具有举足轻重的作用。在成长的过程中，儿童在自卫本能和好奇心等的驱使下，会不断赋予自己、他人、人际关系以及其他社会现象以意义，这构成了儿童社会化的重要基础。

研究表明：儿童出生不久就逐渐在不同方面表现出社会认知的萌芽。新生儿对人脸的偏爱即反映了儿童最早对人类客体与非人类客体的区分。而婴儿约 4 个月时能对经常照顾者和生人做出不同反应，6 个月时能进一步对特定抚养者形成依恋，标志着婴儿能将不同的个体区别开。儿童在约 9～10 个月时出现自我认知，则表明儿童能把自己看作一个不同于其他人的个体，能和认识其他人一样认识自己。

其次，这一过程还表现在儿童对不同情绪情感、行为意图及社会规则的认识上。研究表明，婴儿能对成人的不同表情做出不同的反应。哈维兰和莱韦卡(Haviland & Lelwica，1998)发现，出生刚 10 个星期的婴儿对母亲高兴、生气、伤心的面部表情即有不同的反应，能分别做出高兴、生气、伤心等表情。王垒等(1994)用习惯化—去习惯化对 8～12 个月婴儿的研究表明，这一时期的婴儿能够识别愉快、愤怒、惧怕三种表情，而区别一个人同时有的两种情绪是比较难的，3～4 岁儿童还不能区分，6 岁儿童能够区分真实的情绪和误导的表情。有关行为意图认知的研究表明，儿童很早就能辨别有意导致的和偶然发生的事件。有研究者(Shultz，1988)发现，3 岁儿童就能区别有意和无意的行为，如 3 岁儿童知道说绕口令出了错不是故意的，整个学前期儿童识别行为意图的准确性一直在提高。塞尔曼(Selman，1994)认为，在儿童观点采择能力的发展过程中，能否区分他人有意与无意行为是早期发展中的关键一步，之后儿童才能逐步理解人们在同一行为中可能有多种意图。在此基础上，儿童发现对于同一事件自己和他人有不同的观点和反应，也就是能区分自己和他人的观点。

近年对社会规则认知的许多研究是关于儿童对道德规则和习俗规则的认识的。斯密塔纳和布雷格斯(Smetana & Braeges，1993)研究发现，2 岁儿童不能区分违背道德的行为与违背习俗的行为，3 岁左右儿童开始能做出区分。进一步的研究发现，儿童对道德规则和习俗规则之间的区分不只是根据数量或严重程度，而是建立在对规则本身差异的认识之上，说明儿童确实能区分两类性质不同的规则(Tisak & Turiel，1988)。

儿童社会认知发展的意义。学前阶段是儿童社会认知发展的重要时期，许多社会认知能力在这一时期开始萌芽和发展。例如，儿童从出生到两岁，完成了第一次去自我中心过程；2～3岁的儿童发展了对他人情感的移情；4岁左右的儿童获得心理理论；6岁左右的儿童开始能够区分自己和他人的观点，开始更多地依赖规则等。从6岁以后一直到青少年期，儿童的社会认知能力持续发展，许多领域出现了发展上的质变。因此，我们要重视早期儿童社会认知的发展，为了解儿童、教育儿童打下良好的基础。

二、早期儿童社会认知的表现

儿童社会认知的表现内容丰富，本章主要针对早期儿童对自我、他人及社会关系层面的认知作一简介。

(一)对自我认知的表现

儿童对自我认知的表现主要集中在以下三个方面：

1. 自我意识的觉醒

儿童在婴儿期的一个重要认知成就是产生了客体永久性概念，即认识到自己经验过的事物即使离开了当前的视线，摸不着也看不见了但仍然是存在的，从而使自我即认知的主体与客观世界区别开来，这是产生自我意识的重要前提。

研究表明3个月大的婴儿对镜子里的反射像就会笑，做出友好的动作。很多理论家认为，当孩子最早意识到他自己的行为能够引起物体移动和他人的反应以可预测的方式进行时，他的自我意识已经出现了(Harter，1998)。当孩子的行为作用于外在环境时，他们注意到不同的结果能将他们与其他人或物区分开来。例如，婴儿发现对照料者微笑或发出声音，照料者也会回应他，对他微笑并说话，这使孩子意识到自己和外在社会的联系。通过这些经历的比较，孩子逐渐建立一个独立于外在现实世界的自我形象。到了第二年，孩子更多地意识到了自己的一些外在特征。例如，母亲借口说要给孩子擦脸，给坐在镜子前的孩子鼻子上涂上红色颜料。小的孩子会去触摸镜子，似乎红色标记和他毫无关系。15个月大的孩子会去抹他自己的奇怪的红鼻子(Lewis & Brooks-Gunn，1979)。这个反应说明他们具有了对自己独特形象的敏锐意识。两岁左右，自我认知(认为自己是区别于其他人和物体的独立个体)建立起来。孩子看到不同人的照片时，更多地会冲着自己的照片笑。大多数孩子会叫出自己的名字或指代自己的人称来称呼自己(Lewis & Brooks-Gunn，1979)。

2. 自我概念的形成

自我概念是指儿童对用来描述自己是谁的所有的特征、能力、态度和价值观的总的认识，是关于自己的一组概念，是描述性的，它不同于自我评价。

自我概念是人格结构的重要组成部分，只有经过自我价值系统审定之后自觉选择并纳入自我概念结构的信念和行为，才能真正转化为个性品质。自我概念形成于个体与客观环境的相互作用过程中，其发展与儿童心理健康密切相关，认识自我概念的发展过程及影响因素，促进积极自我概念形成，对儿童心理健康的意义重大。

幼儿的自我概念还刚刚开始形成，幼儿期是对自我认识打基础的时期。幼儿的自我概念具有如下特征：

(1)非常具体。他们描述的经常是自己外部可观察到的特征，如外貌长相、身材胖瘦、自己具有的财物、衣着打扮和日常的行为表现。例如，问 3～5 岁幼儿，要他说说："你是谁？你跟另外的孩子有什么不一样？"他会告诉你他的姓名、性别、年龄，他有些什么东西(玩具、衣服等)，他会做些什么，等等。如他往往会说："我叫刘烨。我 4 岁了。我有一件新的红 T 恤。我会自己刷牙。我还会自己洗头。我有一套新积木，我用它搭了这座很大很大的塔。"

(2)跟自己的所有物连在一起。如说自己有什么玩具，有什么新衣服等。他们经常宣称："这是我的××。"这并不意味着幼儿十分自私，而是表明幼儿发展着自我概念，企图划清自己和别人的界限。

(3)能用独特的情感和态度来描述自己。例如，一个 3 岁半的孩子会说："和朋友一起玩的时候我很高兴。"或"我不喜欢和大人在一起。""我喜欢吃××，不喜欢吃××。"这说明孩子开始理解他们自己独特的心理特征。幼儿会说："排队时我没插队。"似乎幼儿意识到自己自我控制能力。但幼儿还不能用词概括地表述自己的个性特征，描述自己的脾性。

3. 自尊的发展

自尊是自我概念的核心组成部分，指个体在社会比较过程中所获得的有关自我价值的积极的评价与体验。如别人称赞你，肯定你的优点 ，你会感到自己存在的价值，从而产生自豪的情感；如你发现别人故意地贬低你，就会损伤你的自尊心，感到屈辱和愤怒。

作为个性发展的重要内容之一的自尊，它影响着儿童健康个性以及良好社会适应能力的形成。对儿童自尊发展的研究，可预测和了解儿童以后的个性与社会性发展，以便为家庭教育、幼儿园教育、小学教育目标的树立以及儿童自尊的培养提供科学的心理依据。幼儿的自尊刚刚开始形成和发展，自尊的基础是对自己各方面能力的判断，幼儿最初是通过别人对自己的评价而认识自己的。研究表明，获得成功机会较多的幼儿，获得别人奖励的机会也较多，自我感觉也较良好，自尊水平也较高。人们发现，幼儿经常高估自己的能力，低估完成任务的困难性，但这对幼儿有好处，能鼓励幼儿积极尝试，掌握越来越多的技能。幼儿知道自己会越长越大，长大了要学会许多许多本领，一次尝试失败了另一次会成功，他们知道成人会给他们提供支持和帮助。但也要看到，如果向幼儿提出较难的任务，脱离他们的知识经验水平，他们也容易放弃，自尊心就会受到伤害。

自尊心在孩子社会发展的不同方面占有重要的地位。孩子对自己能力的评价影响他们的情感经历，影响他们未来相同情况下的行为及以后很长一段时间内的心理调节。孩子出生后不久，自尊心就开始发展，随着年龄增长，这种结构会越来越精巧。两岁左右，当他们取得成就时，他们会吸引成人的注意力。例如，他们完成了一幅拼图，会指着它对大人说："妈妈，你看!"而且，两岁的孩子在成功完成一项任务后会对大人微笑，失败后会皱眉而且眼神躲闪。3 岁时自我意识情感如骄傲、羞耻和自尊密切相关。到了 6～7 岁，儿童至少知道了三方面的自尊——学术的、身体的和社会的，并随年龄而更细化。

从上述内容可以看出，孩子最早对自己的理解是"主我"，也就是他们意识到他们的行为将会引起其他人或物的反应。在孩子 2 岁时，开始意识到自己的相貌特征，说明"客我"已经建立起来。学龄前期，语言的发展使孩子能更清晰地表达客我，其形式是将自己归类和记住。在学龄前儿童谈论自己的心理状态时明显地发现他们已意识到了内在自我。在 4 岁的时候，孩子逐渐形成一种复杂的心理理论，他们开始明白信念和欲望与最终行为之间的关系。

从学龄前儿童身上那些可观察的特征、典型情感的评价和态度到儿童中期稳定的人格特征衍生出了自我概念。到青春期中后期，青少年把自我概念的各个方面综合成一个整体。在初小阶段，自尊开始分化，形成有组织的树形结构。当孩子用社会比较来评价自身行为时，学龄儿童的自尊下降，从四年级开始大多数孩子的自尊有所上升。

(二)对他人认知的表现

儿童对他人的理解——他们对他人个性的描述和对他人行为、心态的感受——和他们自我理解的发展是一致的。

1. 理解他人行为的意图

只有区分了什么行为是有意的，什么行为是偶然的，孩子才能精确地理解他人行为的意图，并对他人的行为作出反应。2 岁左右，他们用"就要""想要"来说明他们将要做的行为。学龄前儿童经常利用自己对这些行为意图的掌握来保护自己。因不小心撞到别人或打翻牛奶而受到批评时，他们往往会辩解道。"我是不小心的"或"我不是故意的"。

2 岁半至 3 岁，儿童又进一步发展到能理解他人行动的意图。学龄前儿童对行为的迹象很敏感，这会帮助他们理解别人是不是故意的。首先他听别人陈述，如果某人说他要做什么事，后来他真的做了，3 岁的儿童认为他就是故意的。如言行不一致那么行为是偶然的。

4 岁左右，孩子对于故意行为的看法又有了变化，他们认为意图是可以从行为中观察出来的内在的心理状态。因此，他们意识到一个事先计划好的行为会成功。为此有人专门设计了一项研究。他们给学龄前儿童讲了两个故事。

信息栏8-1

故事一，一个女孩扔面包屑，鸟儿吃了它。

故事二，一个女孩偶然落下了面包屑，鸟儿吃了它。然后问他们，哪个女孩想喂鸟。

3 岁的孩子选其中任何一个的都有。相反，4～5 岁的孩子都选了第一个女孩，虽然两个孩子的行为很相似。大一点的孩子在“角色扮演”的游戏中也表现得更好。他们说如果有人要假装表现什么，那么一些无意的行为(如咳嗽、打喷嚏或打哈欠)也可能是有意图的。

学龄前晚期，儿童会从更多角度去判断行为的意图。例如，5 岁的孩子能分辨出一个人是不是在专心地做一件事，她的行为结果是积极还是消极的；她对某事的结果是否惊讶、失望或者糊涂；外在因素会不会影响他的行为。

他人的有意行为往往比我们认识到得多，如我们能控制自己的行为，但假装不采取行动或作出反应，并还会说：“我都忘了。”5～9 岁孩子越来越依靠一些言行一致原则来评价他人行为是否真诚。例如，大一点的孩子清楚明白：“当你告诉别人你喜欢一样东西，而你看来漠不关心，或者并不高兴，那就说明你在说假话。”

孩子在理解他人意图的准确性上差异很大。通常和家长、同龄人交往很好的孩子在这一点做得更好。相反，抵触情绪很强的孩子却很难了解他人意图，他们看到的是更多本不存在的敌意。

2. 儿童观点采择能力的发展

观点采择或角色选择，也叫换位思考，是指一种能站在他人的立场上观察、感受和思考的能力。皮亚杰通过著名的“三山模型”的实验得出，学前儿童思维突出的特点是自我中心性，即他们误认为自己的想法也就是别人的想法，认识不到别人可能具有与自己不同的观点、思想、动机、意图、态度或情绪体验等。实际上，儿童 2 岁时，当他已经明白自己是独立于别人的个体时，就会从他人角度来思考问题。

信息栏8-2

罗伯特·塞尔曼(R. L. Selman，1974)曾用两难故事探查儿童观点采择能力的发展，故事内容是：霍丽是一个 8 岁的女孩，喜欢爬树。她在自己的社区中爬树能力最强。有一天，她从一棵大树上爬下来时，摔了下来，掉到最底下的树枝上没有受伤。她父亲看到了很不安，警告她不能再爬树。她答应了。后来，霍丽正和她朋友希恩玩时，希恩的小猫爬上树下不来了。霍丽是唯一会爬树，并有能力把小猫救下来的人，但她记起了对父亲的承诺。

研究人员先向被试讲述这一故事，然后运用临床法提出各种问题，探查被试能否站在故事中不同角色的立场考虑问题。例如：希恩知不知道霍丽对做出是否爬树的决定感到为难呢？如果霍丽爬树，她爸爸知道了会怎样想呢？霍丽有没有想到她爬树会受到惩罚？如果她爬了，应不应该受到惩罚呢？通过分析，依据被试对各种问题提供的口头说明，塞尔曼把儿童社会观点采择能力的发展划分为五个等级。

塞尔曼儿童社会观点采择能力发展的五个等级

等级	年龄段	描述	对霍丽两难处境的反应
0 级：无显著特征	3～6 岁	孩子认为自己和别人有不同的想法，但两者经常有混淆。	孩子认为霍丽不想让小猫受伤害，因此她会去救小猫，父亲也会因此而高兴，他也喜欢小猫。
1 级：社会信息角度	4～9 岁	孩子认为不同观念是有可能的，因为人们接受不同的社会信息。	当问及霍丽父亲知道她爬树会怎么想时，他说："如果他不知道是为了小猫，他会生气。但如果告诉他是为了救小猫，他会改变主意。"
2 级：自我反省角度	7～12 岁	孩子能"踏着别人的脚印"寻思别人的想法、感情和行为。他们也认为别人能这么做。	当问及霍丽是否会因此而受到惩罚时，孩子说："不会，因为父亲会理解她爬树的原因。"这一反应说明霍丽的想法受到父亲的影响，也认为父亲会站在她的角度上思考问题。
3 级：第三者角度	10～15 岁	孩子能站在两人之外想象，站在第三者(旁观者)的角度上考虑自己和他人的想法。	当问霍丽该不该受惩罚时，孩子说："不，因为霍丽认为救小猫很重要。她也知道父亲不准她爬树。但她知道如果向父亲说明爬树原因，父亲就不会惩罚她。"这一反应能跳出霍丽和父亲的圈子。同时从两个角度考虑问题。
4 级：社会角度	14 岁～成年	认识到旁观者的看法会受到社会角度、社会价值观的影响。	当问及霍丽会不会受惩罚时，孩子说："对动物的人道主义原则会决定霍丽的行为。父亲对女儿这一行为的评价会影响他是否惩罚女儿。"

从中，你会发现，孩子们会根据大量信息理解他人行为。开始，他们理解他人想法和感觉的能力是很有限的。后来他们开始认识到人们可以从不同角度来思考同一问题。不久，孩子能"站在别人的立场上"来寻思别人的想法、感情和行为。最后他们能分析两个不同的人思考同一问题角度间的关系，开始他们是站在旁观者客观的有利角度上看的，后来渐渐能以社会价值观为参照。

以上几种水平是从低级向高级发展的，各水平之间的年龄有所交叉。这表明各水平并不是按年龄截然划分的，同一年龄儿童存在着较大的个体差异。对儿童来说，回答一个假设情境中的问题可能比回答现实中某人的观点要困难得多。此外，人所共知，儿童可能具有某种知识，但不一定能用语言准确地表达出来。

3. 移情

在儿童情绪情感认知的发展过程中，观点采择能力起着重要作用，移情是儿童

观点采择能力在情绪情感认知发展中作用的集中表现。弗拉维尔(1988)将移情分为三种：第一是“非理解性移情”(noninferential empathy)，指儿童看到他人的表情会产生相似的表情，但并无社会认知的成分，例如，6个月婴儿看到成人伤心或生气的表情就可能哭或皱眉；第二是“移情性情感理解”(empathy inference)，指儿童在对他人情绪状态认识的基础上产生相似的情绪反应；第三是“非移情性情感理解”(nonempathy inference)，指认识到他人的情感体验但没有相似的反应。哈里斯等(Harris et al，1993)研究指出，4岁儿童往往以自己的感受代替他人的感受，而6岁和部分5岁儿童不仅能摆脱这种“自我中心”倾向，而且能较客观地、多角度地理解他人的情感体验，原因即在于他们具备了一定的观点采择能力。

移情(empathy)是指儿童在觉察他人情绪反应时所体验到的与他人共有的情绪反应。赤和库臣拜克(Feshbach & Kuchenbecker，1974)认为移情有两个认知成分和一个情感成分。认知成分是命名他人情感状态的能力和采取他们观点的能力。情感成分是情绪反应的能力。根据分析，费舍贝认知成分是辨认儿童在生命的头一两年间最初表现出移情的迹象。因为它出现得如此早，并且有相当的普遍性，所以某些理论家认为，移情是人类先天的特征。他们主张，人已经演化成共同生活的生物，关心和考虑别人的利益正像关心和考虑自身利益一样，具有生存的价值。其他一些理论家主张移情是通过早期的条件作用习得的，有关的经验实际上具有普遍性。比如，一个周岁儿童，起码已在各种场合哭了上百次，这种哭声也反复地跟儿童自己的苦恼或痛苦联结在一起。通过这种简单的结合，另一个儿童的哭声就可能唤起儿童的痛苦或对先前痛苦的回忆。如果年幼儿童能想出一个使另一个儿童停止哭的办法，他自己或许也会感觉好一些。

霍夫曼在1982年提出了一个“移情发展的模型”，把移情的发展划分为4个阶段。

阶段1：物我不分的移情阶段(0～1岁)。在生命的第一年，在儿童获得个体永久性概念之前，他人的苦恼引发综合的苦恼反应，这是一种来自婴儿自身、来自模糊知觉到的“他人”和来自情境的不愉快情绪体验和刺激的聚合。由于儿童还不能清楚地区分自我和他人，他常常不清楚到底是谁在经历着痛苦与悲伤。

阶段2：自我中心的移情阶段(1～2岁)。在将近1岁末，儿童逐渐学会区分别人与自己的痛苦。然而，由于年龄小的儿童不能清楚地区别自己和他人的内部状态，他们经常将二者混淆起来。因此，儿童的助人行为是“自我中心”的，也就是说，儿童试图通过行动减轻他人的苦恼，看起来也许只是为了减轻自己的苦恼。

阶段3：认知的移情阶段(2，3岁开始)。随着儿童角色采择能力的发展(理解他人情感和认知状态的能力)，他们不断提高区别自己与他人观点和情感的能力。2，3岁儿童的助人行为比年幼儿童更恰如其分地反映了他人的需要和情感。这是因为随着年龄的增长，儿童学会了搜寻关于他人的、与理解他人苦恼有关的信息以及能够用来形成有效的助人策略的信息。

阶段 4：超越直接情境的移情阶段(童年晚期以后)。尽管儿童的移情还是由他人的直接苦恼所唤醒，但他们的唤醒被对他人的苦恼不是暂时的而是长期的认识所加强。儿童还可能会想象另一个人所经历的痛苦，即使在直接情境中并没有关于这种痛苦的线索。因此，在霍夫曼移情发展的最高阶段，各种类型的信息——包括来自需要者的表达线索、直接情境线索和关于他人生活状况的认识——都能引发移情反应。

尽管许多哲学家和心理学家都已提出移情是利他行为和其他亲社会行为的一个重要的中介因素(Archer，1984；Batson & Coke，1981；Blum，1980；Hoffman，1981，1982；Staub，1978)，但是，支持这个假说的实验证据却是混杂在一起的。费舍贝赤和罗依(Feshbach & Roe，1968)的移情测验成为此项研究的一种核心手段。实验者向儿童连续显示高兴、悲伤、恐惧和生气情境的幻灯片，并询问儿童这些事件使他们感觉怎样，如果他们报告的情感与故事角色的相匹配，他们就被认为有移情反应。这种移情的测量已发现与 7～9 岁男孩的攻击性成负相关(Feshbach & Feshbach，1969)，也与竞争成负相关(Banrett，Matthews，& Howard，1979)，但从这些研究中并未发现移情与亲社会行为的关系具有一致性模式。勒温和霍夫曼(Levine & Hoffman，1975)报告说，在学前儿童中，移情与合作之间无显著相关。对于 5 岁儿童(Strayer，1980)，6～8 岁儿童(Fay，1971)和 9～10 岁男孩(Miller，1977)来说，移情与慷慨之间的相关无显著意义。在米勒的研究中，9～10 岁女孩的移情与慷慨成正相关。而在赛温(Sawin，1979)的研究中，对于三年级儿童来说，这种关系则成负相关。莱努提(Lannotti，1975)研究表明，当故事的情境线索与故事角色的表情线索不一致时，6～9 岁儿童的移情反应与故事情境线索成正相关，而与故事角色的表情线索成负相关。艾森伯格和马森(Eisenberg & Mussen，1978)在进行了一次用情感性移情调查表进行的调查后发现，自愿助人与男孩的移情分数成正相关，与女孩的移情分数则无此种关系。昂特伍德和摩尔(1982)通过研究，在年幼儿童身上得出，移情和利他行为的相关非常小；而从青少年前期到成年期，两者的相关较高。出现这种年龄趋势的原因可能是年幼的儿童缺乏角色扮演能力和社会信息加工技能，因而不能充分理解和评价他人的苦恼。艾森伯格和米勒(1987)提出移情与利他行为是相关的，但这种关系依赖于对移情如何测量。另外，在元分析研究的基础上发现，这种关系在儿童身上比在成人身上显得弱一些。艾森伯格和米勒认为，这是因为情感和行为随着年龄增长能够更好地整合在一起。因此，年幼儿童可能会缺乏建设性助人的能力，或者对理解自己的替代性情感唤醒的意思感到困难。

尽管关于移情与亲社会行为关系研究的结论不尽相同，但移情仍是助人行为的重要动机源泉，它使亲社会行为建立在自愿的基础上。霍夫曼就曾在 1981 年提出，移情会逐渐变成儿童利他行为的重要动机。一旦儿童认识到他人的苦恼和不幸是他们自己移情情绪的原因，并且知道如果自己采取行动来安抚他人能减轻或消除这种

情绪，儿童就会表现出利他行为。

(三)对人际关系认知的表现

随着孩子的发展，他们进一步关注自己和他人的内心世界，并开始关注人际间关系。很多对社会认知方面的研究着重于两个方面：对友谊的理解和对人际冲突的理解。

儿童在成长过程中受“纵横”两种社会关系的交互影响。“纵”的关系是指自上而下的亲子关系，这种关系的性质是权威服从关系，也就是“小孩要听大人的话”，“听话是好孩子”；“横”的关系是指同伴友谊关系，这种关系的性质是平等合作关系。儿童对这两种关系的认知，既制约于社会观点采择能力的发展，也制约于有关的道德规范的理解和掌握，从而呈阶段式的发展模式。儿童对人际关系的认知发展水平，影响着儿童人际交往的技能和质量。

1. 对友谊的理解

通常同伴交往形成和发展了友谊关系，这是一种亲密、持久的人际关系。威廉·戴蒙(William Damon)研究认为，友谊一开始是建立在行为相悦的基础上的，也就是一种具体的关系，慢慢地发展到一种抽象的关系，即建立在相互理解、心理相悦的基础上。他把4岁到青少年时期的友谊总结成三个阶段：第一阶段，是游戏玩伴(4～7岁)；第二阶段，儿童认为朋友是帮助他、和他分享某些东西的人(8～10岁)；第三阶段，友谊被定义为朋友间的相互理解、了解和分享内心的思想、情感和秘密。

幼儿期处于友谊概念的第一阶段，即游戏玩伴阶段。幼儿对友谊的认识还十分幼稚。例如，问幼儿什么叫朋友，幼儿通常的回答是：“他喜欢你，经常和你一起玩。”你有很多时间和他在一起玩，他同你分享玩具。然而这不涉及他人的个性特征，因为年幼的孩子刚开始估测自己和他人的独特的心理特征。

幼儿交往的游戏伙伴通常是邻居或幼儿园班上的小朋友，他们分享实物和交换玩具。幼儿的友谊不会维持长久，容易建立也容易中断。在一块玩，玩得高兴，则“他是我的朋友”；如一次玩不好，为争玩具闹翻了，则“他不是我的朋友”。

因为友谊在他们眼里是具体的，是物质的交换和游戏的玩伴。小孩子认为形成友谊很容易，例如，看到邻居说一声：“你好!”就能交上朋友。然而他们的友谊不是长期的。如果对方不愿与你分享，还打你，不和你一起玩，这段友谊就结束了。

但在学前晚期，有些幼儿的友谊已从短暂的游戏伙伴发展成为较长久的游戏伙伴。他们与自己的“朋友”经常相互交往，玩的时间更长，行为上表现得更为亲密。很明显，自发性、亲密性以及对朋友需要的敏感性等友谊关系的特点，在幼儿期就开始表现出来。

8 岁儿童对“最好朋友”的理解

“谁是你最好的朋友？”“莎莉。”“为什么莎莉是你最好的朋友？”“因为在我最伤心的时候，莎莉安慰我，帮助我，和我一起分担……”“是什么使莎莉这么特别？”“我认识她很久了，我就坐在她旁边，很了解……”“为什么你喜欢莎莉超过其他任何人？”“她为我考虑得最多。我们之间没有过分歧，她从不在我面前吃东西。我哭的时候，她从不离开，学习上有困难，她还帮助我……”“怎样让别人喜欢你？”“你对别人好，别人也会对你好。”

（资料来源：[美]劳拉·E. 贝克著，吴颖等译．儿童发展．江苏教育出版社，2002 年版．649）

2. 对权威的理解

权威是指社会体系中表现出来的制度化的合法权力，以及行使这种权力的个人。儿童在社会生活中对权威的规则和命令并不是盲目地服从或不服从，而是依据自己对权威的认知来作出行动。有研究指出，儿童对正确权威的遵从会影响儿童的知识、正确行为方式和规范的获取以及其他一系列社会化问题，而对权威的漠视和反抗则有可能造成以后的反社会人格。同时儿童的独立性和自主性发展又需要在一定程度上、一定领域内摆脱权威。

儿童的权威认知最早出现在 4 岁，并随着年龄的增长而发展(Windmiller，Cambert & Turiel，1980)。Damon 指出，儿童在 4～10 岁易养成对权威更成熟的态度(张文新，1999)。

家庭是儿童最初的社会化场所，父母权威也是儿童认知最初和最重要的权威。5 岁儿童已能分辨父母命令的对错。但儿童并不认为权威有绝对的权力，他们会依据权威命令的合理性来确定对权威的遵从与否。以色列的 Raviv 等人探讨了父亲、母亲、教师和朋友四种角色在幼儿园、一年级、三年级儿童是如何充当知识权威的。结果发现，父母在儿童的童年期一直是最稳固的知识权威，同伴作为知识权威的作用随着儿童年龄的增长有所提高，而教师作为一个全面的知识权威主要发生在小学的最初几年。

皮亚杰(1984)指出年幼儿童的权威定向是基于成人的年龄、体积、力量等身体特征的。美国心理学家 Laupa 和 Turiel(1986)在分析已有研究的基础上提出，在权威形象的众多个人特征中，成人身份、知识、社会职责和地位是儿童最看重的三种权威特征。低年级儿童无法理解社会地位的重要性，知识是判断权威的最重要特征；随着年龄的增长，儿童开始否认缺乏社会地位和知识特征的权威；到了青少年早期，社会地位成为儿童权威判断的最重要特征，明显优于知识。我国学者张卫等人(1995)对中国儿童权威特征的认知研究发现，与美国儿童更看重社会地位不同，

中国儿童总体上更看重知识，认为知识是权威的基础；中国年幼儿童最看重成人身份，不看重社会地位，但随着年龄的增长，社会地位这一权威特征也越来越重要，而成人身份的重要性逐渐下降。

3. 对社会规则的理解

孩子，即便是朋友，有时也会发生冲突。皮亚杰认为冲突在孩子发展中起到了重要作用。他认为争论和异议帮助孩子了解他人的观点，使孩子的自我中心意识下降。从某种意义来说，解决冲突的方法比冲突本身更能促进孩子的发展。实际上，学龄前儿童就能建设性地解决同伴间的矛盾。只有少数的冲突最后会僵化。其实，争论、拒绝、否认和反对是很正常的事。而且，孩子间友好、合作的交往中冲突并不频繁。

规则是关于个体或群体的恰当行为方式的规定。每一社会都存在各种各样的规则。儿童要成为其生活的社会的一员，除了要认识自己和他人的心理与社会性特征、理解个体行为的原因、认识成对的人际关系外，还必须认识和理解他所处社会的各种规则，以适应社会。社会规则认知是儿童社会化的重要任务，是社会认知发展的重要内容之一。

儿童很早就认识到存在不同类型的规则(Turiel，2006)。儿童通常认为，身体或心理伤害行为以及偷或破坏他人东西的行为是有意的，会给他人带来消极的后果(Helwig，Zelazo & Wilson，2001)，与此相关的规则来自父母、教师或其他社会结构(Killent 等，1994；Smetana 等，1996；Tisak 等，1990)；而穿衣、交友、餐桌礼仪等不涉及对他人的伤害或对公平、公正原则的违反，这些事情可以由个人自己决定(Turiel，2006)。

Smetana 与 Braeges(1990)考察了 2～5 岁儿童关于规则的标准判断。他们发现，两岁儿童还不能区分道德规则事件和社会习俗规则事件，3 岁的儿童开始能够运用概括标准区分道德规则和社会习俗规则，到 4，5 岁时儿童就能够在所有标准上区分道德规则事件和社会习俗规则事件。

皮亚杰(1932/1984)认为，4，5 岁的儿童还不能很好地理解和认识规则，此时规则对儿童没有约束力。他们的行为纯粹是运动性质的，他们也不能运用规则对行为作出判断。从 5，6 岁开始，主要在日常游戏中，儿童越来越多地依赖规则。在此时，儿童逐渐理解，规则为个体与他人之间的合作可能性提供了各种结构。最初，儿童认为规则是来自于成人或权威，神圣而不可违背，必须严格遵守。到了儿童中晚期(约 9～10 岁)，儿童开始认识到规则的相对性，即认识到规则是人们经过协商、一致同意而制订的社会约定，具有一定的相对性，如果大家同意，现有的规则也可以被改变。

三、早期儿童社会认知发展特点

社会认知与自然认知都是人类大脑所进行的认知活动，所依赖的神经生理基础是一样的。因此，早期儿童社会认知的发展特点与自然认知具有许多相似性；但又由于两者的认知对象不同，早期儿童社会认知的发展也表现出某些特殊性。其相同点主要表现在以下几点①：

1. 由表及里

儿童最初只能感知自己、他人或社会事件中的那些非常直观的、表面的知觉性特征，只注意人的外表及外显行为，只有到了一定年龄以后，才能依据这些外在线索和证据去推断他人较隐蔽的心理过程、事件的含义及原因。

有关儿童对他人整体认知的研究表明，对他人心理特征、个性品质的认识比对其外表、行为等具体特征的认识发展得晚，因为只有当儿童具备了一定的观点采择能力才能站在他人的角度体会、理解其感受、观点，推测其内部心理活动。同样，对友谊的许多研究发现，年幼儿童认识不到友谊的双向特性，仅把友谊看作是满足单方面的需要，随着观点采择能力的发展，儿童逐渐能认识到他人的心理与需要，于是知道朋友是可以相互理解、共享内在的思想和情感的。

目前，有关儿童对社会关系包括权威、朋友和友谊认知的研究主要是针对 3 岁后儿童进行的，而且已有研究发现，学前期儿童常常认识不到权威和友谊等社会关系的相互性特点，即使能认识到也是很具体、表面的。例如，4 岁儿童认为应该服从权威，"因为他们是爸爸妈妈/老师""因为他们能干"；早期儿童多数把友谊看作是一种"单向制约关系"，5～7 岁逐渐认识到朋友是玩伴，能互享物质上的东西，而要认识到朋友之间是"相互理解、相互支持、共享物质精神等各方面"的关系，则要到 11 岁左右(顾援，1990；方富熹等，1993)

2. 时空中心性

年幼儿童对社会事件的认识表现出明显的时空中心性。事件发生的即时情境对他们的认识活动有很大的影响。例如，他们只能观察到别人表现出的明显的快乐情绪，却不能通过他人表情上的细微变化去了解隐藏在内心的某种不愉快。年幼儿童更易对当前的社会情境产生反应，逐渐才能学会对当前事件的前因后果进行分析。了解到一个人的过去经验及内在动机等都将导致他当前的行为及下一个行为的发生。随着儿童年龄的增长，他们学会了将时间与事件进行整合，将各种事件与情境进行连接和转换。

3. 稳定性概念逐步形成

像自然认知的发展一样，儿童逐渐发展起一种关于自己及他人具有稳定性的概念，了解到人的某些特点将是跨越时间和情境而稳定不变的，如性别角色及气质特点等。自己或他人平时所表现出来的情绪、行为及其他方面的变化，只是在个人稳定的大背景上出现的小调整，与总体基调没有本质的区别。我们也可以将这些关于社会事物稳定性特点的认识看作"去时空中心"能力的发展。

4. 数量化思想逐渐发展

在社会认知领域中，儿童逐渐发展起一种判断社会事件合理性的公则，例如，

① 陈英和．儿童社会认知的早期表现[J]. 北京师范大学学报：社会科学版，1996，(4).

他们认为奖赏和惩罚的程度必须与接受者的实际功过相对应。随着儿童年龄的增长，他们运用于社会认知中的数量量度思想越来越明确，“公正”及“非公正”的概念被应用得越来越普遍。

5. 元认知发展

元认知是指主体可以将自己正在进行的认知活动当成认知对象去认识，并对此进行监控。

由于人是认知活动的主体，所以对认知活动本身的认识就是一个典型的社会认知活动(Flaven，1981)。到了青少年阶段，儿童逐渐发展起了解自己及他人认知活动的兴趣和能力，对事物具有更强的审察力，对自己的思想及情感更具内省性。

6. 抽象思维显现

随着儿童年龄的增长，他们在社会认知中逐渐表现出思维的抽象性。他们能将不同的人抽象到“人类”去理解。而且，既能理解人类的共性，也能理解人类个体的特性；对道德、宗教、政治等抽象社会内容进行更多的思考。

同时社会认知本身的特点决定了儿童社会认知发展上的某些特殊性。具体表现为：

1. 社会认知发展的速度和水平的差异性

已有研究表明，儿童对他人的认知早于对自我的认知。婴儿 4 个月时能将照顾者与其他人分开，而对主体我的认知约在 9，10 个月，客体我的认知在 15～24 个月。再如，儿童对他人的描述到 10 岁左右基本完整，而自我认知达到这一水平则要到 13，14 岁。虽然，儿童对他人和自我的认知是在人与人的相互关系中进行的，但儿童能明确认识到这种相互关系则在二者之后。

儿童对自我、他人、社会关系、社会规则以及对人的情绪情感、行为意图、态度动机、个性品质等的认识并非同时开始，发展也是非等速的，其发生发展的总体趋势是：从认识他人到自我，再到相互关系；从认知情绪到行为，再到心理状态；从认知身体到心理，再到社会。在同一年龄，儿童各方面的发展水平也是不同的。并且个体社会认知的水平始终随其年龄的增长而增长，甚至到中老年时仍处于发展状态。

2. 环境、教育、文化等外在因素对儿童社会认知发展的影响大

儿童的社会认知受其一般认知的影响，年龄越小这种影响越大；当儿童的一般认知达到一定水平后，个体社会认知能力就更多地受到社会、文化、教育等因素的影响。例如，生活在不同国家、城市或农村的儿童，其社会认知的发展有差异；另外，家庭经济状况、父母受教育程度、同伴关系、社区氛围等都会对儿童的社会认知发展产生不同程度的影响。随着儿童的成长，其生活交往范围逐渐扩大，社会经验不断丰富，这些社会因素的影响作用也日益增大，更加复杂。虽然一般认知水平对社会认知仍有影响，但其在社会认知发展中的作用程度下降。

3. 儿童的社会认知水平与其行为密切相关

首先，儿童的社会认知水平与交往机会有关。皮亚杰(1980)认为，儿童的同伴交往和互动能够促进其自我中心和观点采择能力的发展，因为同伴互动为他们更好地认识自己的观点与他人观点间的差异提供了机会，使他们能够了解自己和他人在活动过程中对活动内容和相关问题可能存在不同的观点。近年来的许多研究均证明了儿童同伴互动对社会认知发展的促进作用。例如，张文新(1999)研究表明，同伴间的社会互动经验对儿童观点采择能力的发展具有重要影响，在同伴关系中处于孤立地位的儿童，其社会观点采择能力的发展显著地落后于高同伴互动组。

其次，交往的需要和动机与儿童社会认知的水平也有密切关系。费尔德曼等(Feldman & Ruble)研究认为，儿童认识他人的经验少，不能意识到对他人形成整体印象的重要性，缺乏要深刻理解他人的动机，导致其对他人认知描述的表面化与局限。他们对 5～6 岁和 9～10 岁组儿童进行实验研究，让被试看录像，告诉一半儿童看后要和录像中的儿童游戏，另一半则不告诉这一信息；看完录像后让被试儿童对录像中的儿童进行描述。结果表明，被告诉要游戏的儿童对对方的认识与描述比另一半儿童要更概括，对品质特征的认知更多，而另一半儿童则更倾向于个别、具体行为的描述。

诸多研究表明，儿童对他人、自我、社会关系和社会规则等的认知都是在交往过程中发生与得以实现的；并且，由于在社会认知的过程中往往需要观点采择能力的参与，而儿童只有通过交往中的有关信息才能理解、认识和推测他人的心理状态，所以可以说，虽然社会认知与交往的具体关系还有待于进一步明确，但社会认知必须在社会交往过程中实现这一点却已是肯定的。

总之，儿童的社会行为水平是与其相关的社会认知水平紧密地联系在一起的，当一个儿童不能很好地理解他周围的社会关系，不能对自己和他人的社会行为做出恰当的评价和预测的时候，他的社会性行为也很难表现出充分的合理性。所以，儿童的所有社会性行为均是以其社会认知为基础的。我们应该把握儿童社会认知发展的特点，从社会认知发展的早期表现——婴儿依恋开始，对在儿童成长过程中出现的各种社会认知能力进行适当的促进和强化，使儿童在社会认知及相应的社会技能的发展上获得更快的进步。

四、儿童社会认知发展的影响因素

在现实生活中，我们要和许多人交往，而人由于个性差异和具体社会情境等的影响，其心理活动的表现是极其复杂的，这给人的社会认知造成一定的障碍，尽管人的心理行为表现千差万别，但都有其共性。影响人的社会认知的心理因素主要有三方面，即认知对象、社会情境、认知者本身的特点等因素。

(一)认知对象的特点

认知对象本身的特点，是指认知对象对于认知者所具有的价值及其社会意义大小。由于认知对象本身特点不同，认知结果也不同。一个人的外部表情、言语声音、行为以及言语活动所包含的实际意义，是很重要的。当我们来到一个陌生的团体中，对于该群体的每一个成员并不是平均地认识，而是取决于这些成员的特点，

个子高或矮、衣着华丽或朴素、声音洪亮、很热情活泼等都能优先被认知，一位陌生人并无特殊之处，则该人的外表是重要的认知因素，如是熟悉的人，因为许多别的东西可参考，外表、衣着等就会退到次要位置，就会深入到该人的内在素质，他的品德、他的态度、他的个性等被更多地关注。

人的心理作为认知对象具有特殊性，因为人的心理是内在的，是受意识调节支配的。人的心理被人认知取决于人们控制心理的外露程度的阈限的高低，控制自己外露阈限较低的人，一般属于开放型，这些人容易被认知。那些控制自己外露阈限较高的人，相对来说较为封闭，这些人的心理不太容易被认知。而人们控制自己外露阈限的高低，主要和他们的个性、当时的心理状况及后果的判断三方面有关。

人的个性是影响认知对象因素中很重要的方面，个性外倾者的兴趣、情感、能力等容易真实流露，个性内倾者则相反，心理难以认知。个性品质表现为心胸坦荡，为人诚实，不谋私利的人往往不愿意隐瞒，而气量狭小、为人虚伪、自私自利的人往往需要用假象来伪装自己。通过了解一些背景材料，有助于我们了解对象的个性，有助于我们正确认知。例如，被认知对象在家中排行先后，与他们的个性性格有关，一般地说，长子往往有一定的独立性，而最小的小孩则比较娇气、胆小，由于社会条件不同，女子总会温柔些，男孩子比较刚强。人的个性与人的生活经历也有关，从小生活在逆境中的人比从小生活在顺境中的人由于不同的生活条件，导致不同的个性，逆境中生活的人，不顺心的事情多，遭受社会的挫折多，有可能形成孤僻倔强的性格，也有可能形成顺从的性格。生活在温暖安定的家庭，性格多半是乐观的友好的。

当时的心理状况是影响认知对象中的重要因素。人在心情愉快时，往往常与人分享快乐，容易敞开心扉；而遇到挫折时，心情不佳时往往容易沉默寡言，被动封闭。人们在各种不同情况下的心理状况使他们有时夸张，有时掩饰，给人们准确地认知人的心理带来了困难。但不管怎样，人是一种富有表情的社会人。人的表情乃是反映其内心状态的一种客观指标。团体中的人“喜气洋洋”“气势汹汹”“愁眉苦脸”“眉开眼笑”等标志着人们的喜怒哀乐，在社会生活中，人们往往根据他人的面部表情、身段动作等强烈的形体变化以及手势、眼神、视线等判断其情绪状况等。有时表情动作等提供的线索十分明显。而语调等方面的细微变化，也能反映事情的重要性和急缓，但更多是反映某人的个性，脾气大小等。

人们对暴露自己真实心理的后果的判断及相应行为，也是影响认知因素中的一个重要方面。这种对后果的判断及采取相应行为经常是一种掩饰性的自我防卫行为，许多人会根据对事件的重要性、紧迫性的认识，考虑怎样给对方(认知者)留下某种印象，以达到某种目的。

由于外界客观事物本身的社会意义不同，因而影响了人的认知结果。著名的“货币实验”中，由于对象社会意义不同，结果被试画出来的硬币远比实际的大得多，而圆形却与实际大小差不多。凡是能满足人们需要，激发人的动机的刺激都容易被人选择并纳入人的认知范围，我们急切要找的人一出现，我们立即就注意到了，如果干扰动机的刺激过强，将会产生分心作用，妨碍目标的准确认知。

(二)社会情境

具体的社会情境影响人的心理和表达自己的心理。人们在不同的情境中会有不同的表现，因而也影响人们准确认知对象。

人们的认知离不开一定的情境。认知他人行为的许多方面离不开当时的情境。如排队挂号看病，这是大家都必须要遵守的文明行为。对于加塞行为，人们是深恶痛绝的，但同样是加塞，其对象是一个老人，他的家人生命危在旦夕，需要马上住院手术，其情境使人们谅解他。若加塞者只是个患小感冒的年轻人，人们就会指责他，批评他，当人们批评他时，他若表现出若无其事的样子，更是让人不能接受的。

情境标定人的社会角色和人的这种社会角色的自我意识。例如，在一个会议上，主持人坐下后，坐在他附近的人必定是上级、助手或关系密切的人，离得最远的人往往是自认为比较低下或与主持人关系比较陌生、疏远的人，在会议或别的场合，位置区别仍然反映他们各自的身份。这说明在进入新情境时已经有意识地找到了与自己社会角色相符的位置。这一位置是由当时的情境标定的。而他本人也接受了暗示，所以，人们就会在不同的情境中有不同的表现。从别的方面看，如果人们找错了位置，别人就会以异样的目光注视他，他自己也会感到不自在。

情境会唤起人们主观感受上的一致性，人们会基于这种感受而采取一致的行为。人们在上课时不会嬉笑和长谈，但在下课时可以随便些。一个不太讲究卫生的人在飞机场候机室，在高级宾馆里也会随地吐痰。人们对情境的感受一致性是互相传染的，所以不同的人会在同一情境中作出相同的反应，如果某人和大家不一致，反而会受到别人的非议。

情境可以被人们主动地创设，以达到心理平衡和调节或借此表现自身。当人们心情不好时会外出散步或听听音乐，为自己“创设”一种能调节、平衡失衡心理的新空间、新情境，情境可以影响人的心情，也可以影响人的认知。

情境中愉快的事，使人感兴趣的活动，人们乐意去知觉，记忆效果也好；情境中不愉快的事，人们会有意或无意回避它，其作用是排斥那些想进入到我们的知觉世界，使我们心理失衡的刺激。不过，假如情境中该对象令人不愉快的程度加深，并使人有危机感，人们就必须要认真对待。首先要认清它的实质，并找到对策。

在众多人面前，在团体压力下，人们的认知与行为有遵从多数人的倾向，如果不与多数人一致，会受到排斥，这种倾向有时会妨碍人的正确认知。在有些情境中，有人用含蓄、间接的方式使人们在无对抗的态度下接受他们的影响，即暗示的形式对人们产生影响，使人们按一定的方式去认知，有时候，会导致人们不能正确地认知，产生错觉。

由于个体存在个别差异，我们每个人每一瞬间所处的情境不同，个体根据自己

的经验对客观刺激进行选择和简化也不同，于是据此所获信息为个体活动所提供的策略、指南也不同，个体为使自己能够做出正确的判断，为其行为提供合理的依据，个体在各种社会情境中进行认知时，必须从不同的侧面对种种情境进行思考、推敲，力求避免狭隘、庸俗、无效的判断，以免做出不妥的决定，发生错误的行为。

(三)认知者本身的特点

我们每个人的头脑都是一个心理结构，都有一个“有色眼镜”，人们所看到的一切客观事物都要经过这个“有色眼镜”的过滤。组成这个“有色眼镜”的因素很多，包括一个人的认知积极性、个人经验、认知能力、偏见、需要、性格等，其功能是用来对认知对象加以分类和辨别。由于认知者本身的心理结构不同，对同一个社会刺激产生不同的认知结构，使社会认知更加复杂化。

认知者有认知人们心理的愿望和积极性，没有这种积极性就不会产生有效的认知活动。个体是积极的外界信息的加工者。认知者能对外界刺激加以分类和辨别。对刺激的认知依赖于认知者本身的特点、先前期望和比较标望，即认知者对刺激的解释是客观和主观相互作用的结果。认知者的积极性影响到主体对外界刺激的选择和简化，影响到对外界刺激的关注和加工深度。在与他人接触时，人们本身也有愿望和要求，正是在与他人发生相互作用过程中，自己的愿望和要求才会被唤起，这种愿望和要求又会影响到人们的认知。

认知者社会经验不同，思考问题的侧重点也不同，即使同一个社会刺激，也会有不同的认知内容。例如对同一个人的认知，艺术家侧重于外貌、身材、姿势、语调等，考虑该人能否当演员或绘图模特儿，伦理学家则倾向于观察该人的行为举止及道德品质，学者则可能考虑该人的智慧、能力及专业知识。我们在认知他人时，即使是初次见面，也都是根据以往所积累的经验和知识去理解对方。经验和知识是我们日常生活中认识他人的前提，如果没有这种经验和知识作为根据，我们不可能对他人形成一种印象。

认知者的认知能力是影响认知的主观因素中的重要方面。认知者的能力是不一样的，认知能力强的人能很快地看出人的“庐山真面目”，认知能力差的人易被各种假象所迷惑。各人能力不同，经验不同，其认知结构也不同，有简单和复杂之分，年龄小的人具有简单的认知结构，认识他人时往往采用两分法，或好人或坏人；具有复杂认知结构的人，可能看到该对象的复杂性，既看到他积极品质一面，又能看到他消极品质的一面。

认知者的偏见是影响社会认知者心理的另一方面。由于定式心理的缘故，使自己的辨别分析造成失真。厌恶犹太人的人和不厌恶犹太人的人相比，前者更容易把矛头对准犹太人，使本与犹太人无关的事也与犹太人联系起来，并多与消极面联系起来。已有的心理定式，使一个人干了亏心事之后，总是“做贼心虚”。

在日常生活中，许多事实都说明了认知者的需要决定了他的认知内容。急切想了解有关教改新动向的人，有关这方面的信息一出现他立即就能感知到。由于人的需要，变得特别容易提取有关的信息。在实验中，等着电击而被吓坏的被试会把别人也看成是很恐惧的，在这里，一个认知者的需要和情感，极大地影响他对别人的知觉。他总是把自己的情感也投射到别人的身上。

认知者性格不同，会影响到人的认知。自信心强的人与自信心弱的人认知同一对象时，前者有独立性，相信自己的认知，不轻易改变。后者则往往因服从权威，相信别人而使认知活动受暗示，变得人云亦云。一个平时好猜疑的人，具有猜疑性格的人，对别人动作和言语的认知，往往从猜疑的立场加以判断。一个具有内倾性格的人，判断与他交往的对方，总是以自己的内倾性格去看待对方，发生反射作用。一个胆小怕事的人也会疑神疑鬼，看见众多人涌过来，就以为是大难临头。总之，在复杂的社会生活中，认知对象、社会情境、认知者本身的特点并不是孤立的，而是交织在一起，共同影响人的社会认知，使人的社会认知变得更加复杂。

第二节　早期儿童对心理现象的认识

在第一节中我们了解了儿童有关社会认知的基础，对儿童而言，一项特别重要的任务是，将他们的社会认知向内扩展，以掌握自己和他人心理活动的本质。在本节中我们重点介绍早期儿童是如何认识自己和他人的心理状态的。主要内容包含儿童心理理论的内涵及其发展，学前儿童对核心心理理论的理解，学前儿童对真实世界和虚拟世界的表征。

一、儿童心理理论的内涵及其发展

儿童的心理理论(theory of mind，简称 ToM)，指儿童对人心理状态的认识具有理论的性质。即儿童不仅能够从行为上表现出符合社会规范的一系列行为，还能在认知上逐渐认识到应该用意图、愿望、信念等来解释人的行为；他们不仅观察到其他人的具体行为，还能由此推测他人此时是怎么想的，接下来可能会怎么做。他们既看到了直接可以看到的行为，也“看到”了不能直接看到的心理活动。

当前，对于心理理论这一术语的理解有广义和狭义之分：在广义上，心理理论泛指任何关于心理的知识；在狭义上，心理理论是人们关于心理领域的内隐观念，它由一个抽象、连贯的因果解释系统构成，使个体能够借助诸如信念、愿望、情绪等无法观测的心理状态来解释和预测行为。按照心理理论的狭义概念，儿童所拥有的不仅仅是一组毫无关联的关于心理和行为的事实，到了一定年龄，他们关于情绪、愿望、信念和知觉等心理状态的认知会相互联系，作为一个整体而发挥作用。

心理理论最早是由 Premack 和 Woodruff 于 1978 年提出的，他们认为：“所谓一个个体具有心理理论，是指他能把心理状态加于自己和他人。这样的推理系统完全可以被看作是一种理论，因为这种状态无法直接观察到，而且这个系统可以被用来预测他人的行为。”

Bartsch & Wellman(1995) 通过系列研究，指出 2～4 岁儿童心理理论的发展经历了三个阶段：第一阶段，大约 2 岁左右，儿童获得“愿望心理学”。这种理论包含愿望、知觉、情绪、行为和结果之间的简单关系，儿童主要基于愿望来解释他人的行为。例如，幼儿认识到，他的愿望得到了满足就高兴，否则就不高兴。第二阶段，大约 3 岁左右，儿童发展了“愿望—信念心理学”。此时儿童对他人心理的认知不仅能够考虑他人的愿望，而且还能考虑他人关于世界的信念。例如，3 岁儿童能够认识到，尽管在两个地方都有书，但是如果故事中的儿童只知道在一个地方有书，那么他就会到这个地方去找书。第三阶段，大约在 4 岁，儿童获得了“信念—愿望心理学”，他们对信念有了进一步的理解，儿童开始综合信念和愿望等因素对自己及别人的行为进行判断。近期，该理论受到了一些研究者的质疑：儿童对愿望的理解并不一定早于对信念的理解，某些方面的愿望(如对生理愿望的推理)，甚至比某些信念推理(如知觉引起的信念)更难一些。

研究者较一致地认为，儿童获得心理理论的主要标志是达到对“错误信念”的认知，即认识到他人，包括自己，能够持有错误信念。尽管儿童心理理论的发展水平因社会经验和测查任务的不同而有所不同，一般来说，儿童在 4 岁左右能够达到对错误信念的认知。当然，这并不意味着儿童的心理理论在此之前完全空白。事实上，2 岁以前的儿童就已经掌握了一些基本的心理知识。例如，婴儿期儿童父母的“共同视觉注意”和“交流行为”等。2 岁的儿童开始参与假装游戏，逐渐认识到假想中的虚构世界(Bennet，1993)。到了 3 岁，儿童对心理状态认知能力进一步发展，开始认识到：他人看到的世界不同于自己(Masangkay，1974)；假想的物体不同于真实物体(Wellman，1986)；开始形成对世界的信念(Wellman，1990)。总之，4 岁之前的儿童已经发展起了认知心理状态的基本能力，为 4 岁时儿童错误信念认知奠定了坚实基础。

Bartsch & Wellman(1995) 通过系列研究，指出 2～4 岁儿童心理理论发展的经历了从“愿望心理学”到“愿望—信念心理学”再到“信念—愿望心理学”的转变。

学前儿童正是依赖于对意图、愿望和信念的认识，来理解他人的心理状态，解释和预测他人的行为的。在整个学前阶段，儿童对心理状态的认识处在不断变化之中。这种变化与其日常生活中的社会互动、社会交流、道德以及同伴关系等方面的发展紧密相连，并与个体的记忆、言语、思维、情绪等方面的发展相辅相成。

二、学前儿童对意图、愿望、信念的理解

(一)对意图的理解

对他人意图(intention)的察觉和理解是心理理论中的重要研究内容。然而，意图在概念上并没有统一的界定，普遍一致的看法是，意图是某种心理状态，在愿望和行为之间起着某种中介的因果关系(弗拉维尔)。

人类对行为意图的推理有很重要的生存意义，这种能力使我们能够更好地处理和其他个体的社会关系。

研究表明，对意图的初步理解在婴儿期就有所表现，婴儿能逐渐认识到通过特定的情境可以预测其他人的行为。例如，Legerstee，Barna & Diadamo(2000)利用去习惯化的方法表明6个月大的婴儿能认识到，人们对人和物品有不同的意图。他们预期人们伸手去拿的是物品，说话的对象是人，否则，他们注视的时间会更长。Carpenter，Akhtar & Tomasello(1998)研究表明，14个月大的婴儿更可能模仿成人的有意行为。梅尔佐夫的研究表明，到了18个月左右，婴儿似乎认识到人们试图在做什么，哪怕这个人并没有做成功。如向18月大的婴儿呈现成人试图用棍子压按键，但没有成功，当婴儿放置在同样的情境中，他们倾向于尝试成人的行为，即使他们从没有看见这些行为的完整实施过程。但如果婴儿看到的是机器人做同样的行为，他们就不会去尝试同样的行为。

婴儿对意图的理解通常是与行为紧密联系，一般来说，学前儿童能认识到行为的有意性和无意性。比如，他们知道，在绕口令时出现错误，并不是故意错的。在他们与小伙伴交往的过程中，也能初步区分他人的行为是有意的还是无意的。他们甚至能根据行为的有意还是无意，对某一行为作出是否应该批评的道德判断。但他们并没有理解人们的行为是受到愿望和信念等心理状态的驱使。如舒尔茨(Shultz，1980)对婴儿做膝跳反射的本能活动，并问其是否有意地要做此运动。大多数3岁儿童认为自己确实有意想移动腿，而5岁儿童能意识到此运动不是自己能控制的，并正确否认不是他们有意想这样做的。一般而言，3岁儿童会根据行为的结果是否是积极的来推断行为是否有意的。4～5岁儿童能更好地从偶然事件中区分意图。

(二)对愿望的理解

一般认为，愿望是一种心理状态，可以由生理状态(如饥饿、口渴和疼痛)或情感(如爱、愤怒和恐惧)所激发。

研究显示，在1岁左右的婴儿能认识到他人注视的方向和表情与他们的行为是有关联的，婴儿能预测某个人伸手去拿的物品通常是这个人注视着的或是带有积极情感的物品。到了18～24个月时，许多儿童已经会用诸如"想要"这类表示心理状态的词来描述他们的愿望了，能推测他人的愿望，而且似乎能明白他人的愿望可能与自己的是不一样的。例如，通常14个月的儿童在为他人选择食物的时候，往往会选自己更喜欢的食物，18个月大的儿童则会选择他人偏爱(作出积极反应)的食物。

一般认为，在2岁左右，儿童形成了一种"愿望心理学"，大约3岁时形成了某种"愿望—信念心理学"。在"愿望心理学"中，儿童将简单的愿望、情绪和知觉等心理状态，通过想要、害怕和看到而与外在客体相联系。此时，儿童并未认识到，人们可以以确定的某种方式，准确或不准确地在心理上表征这些事物。在"愿望—信念心理学"中，儿童将信念和想法加入到愿望中，似乎认识到信念是心理表征，既

可能是正确的也可能是错误的，不同人对同一事物可能具有不同的愿望和态度，如他们自己不喜欢咖啡，而某位成人则可能喜欢咖啡。但是，此时儿童仍继续按照愿望而不是信念来解释行为。例如：小明想找到他的小汽车，但在某个位置没有找到，则儿童预测小明将感到不高兴，并将在其他地方寻找。但是他们不理解，小明将在何处寻找是受到他对小汽车所在位置的信念影响的。

(三)对信念的理解

信念(belief)，特别是错误信念(false belief)是心理理论研究的一个非常重要而基本的研究领域，是儿童是否具备心理理论的“石蕊试纸”。

信念是一个人对外部世界的一种表征。一个人的信念既可能与外部世界、客观事实是相符合的(因而是正确的)，也可能与外部世界、客观事实不符(因而是错误的)。比如，一个学生在下午 3 点离开阅览室时遇到了她的心理学教师，3 点 10 分时她突然想起她有一个问题要问教师。这时，她向阅览室跑去。显然，这个学生相信心理学教师还在阅览室。但她的“相信”可能正确(教师还在)，也可能不正确(比如 3 点 5 分时教师离开了阅览室)。错误信念正是指与外部世界、客观事实不相符合的信念。

信念是通过如下三种方式产生的：第一，直接经验，例如，自信来自成功的体验，相信糖是甜的来自对糖的品尝；第二，间接经验，即来自于第二手材料的经验，如书本、报刊、广播、电视、他人的谈话等；第三，推论，即以直接经验和间接经验为依据作出的各种推论，比如，对某人的一次接触，对其产生了良好印象，可以在多方面都信任他。

信念是某种关于事实的确信，它可能是真实的，也可能是错误的。在儿童信念理解的发展中，对信念的最初理解是视觉上的观点采择，即 18 个月到 3 岁的儿童能认识到同一个物体从不同角度进行观察的人来说，可能看起来是不一样的。然后到 4～5 岁能认识到表象和现实之间的区别，如给 3，4，5 岁儿童呈现欺骗性物品：海绵(看起来像石头)，让他们玩，使之知道这是海绵，而不是看起来像的石头。然后问儿童这些东西看起来像什么，它们实际上是什么。4～5 岁儿童都能正确回答，但许多 3 岁儿童不仅认为海绵像石头，而且确信是石头。

通常研究者们将儿童对自己和他人的错误信念的理解作为信念理解的标准。其典型的测试任务是：意外内容和意外地点任务。

信息栏8-5

意外内容和意外地点任务

意外内容：向儿童呈现一个外面印有某种糖果图片的盒子，问儿童里面是什么时，3 岁及 3 岁以上儿童都说是“糖果”。然后打开盒子，此时儿童惊奇地发现盒子中装的是铅笔。多数 5 岁儿童感到很有趣，承认他们感到很惊讶，并预测没有打开盒子看的儿童还会以为里面装的是糖果。而多数 3 岁儿童却没有感到有趣，并称他们知道里面是铅笔，并预测其他儿童一开始就知道里面装的是铅笔。

意外地点：Maxi 将他的巧克力放入橱柜便出去玩了。当他在外面时，没有看到妈妈进去并将巧克力从橱柜中拿出，放入桌子的抽屉里了。然后妈妈出门见朋友去了。当 Maxi 回家准备吃巧克力时，他会去哪里寻找？大多数 3 岁以下的儿童回答说巧克力实际上在抽屉里，Maxi 将在抽屉里寻找。而大多数 4 岁儿童认为他将在原来的橱柜中寻找。

显然，上述研究表明 3 岁儿童并不明白，一个人是基于自己认为正确的信念而行动。但是，自己认为正确的信念，并不一定就是正确的。问题的关键在于，3 岁儿童没有认识到，一个人是否接触到信息决定了他的知识和信念。在移动巧克力时，Maxi 并不在场，所以他不知道巧克力的新位置。他们没有认识到，Maxi 的信念(巧克力在橱柜里)将决定他到橱柜(而不是抽屉)去寻找巧克力。然而 5 岁儿童通常能够理解错误信念。他们知道一个信念可能是错误的，并且知道是一个人的信念而不是实际情况引导着这个人的行动。因此，他们能毫不犹豫地对错误信念问题作出正确的回答。

一般认为，儿童到四五岁左右能理解错误信念，开始形成一种更有解释力的“信念—愿望心理学”。拥有“信念—愿望心理学”的儿童认识到，信念在解释为什么这样行动而不那样行动中具有重要的地位。他们认为，A 去打开冰箱(行为)，是因为他想吃冰激凌(愿望)，而且他认为在冰箱里可以拿到冰激凌(信念)。如果 A 认为冰箱里没有冰激凌，即使他想吃，他也不会去开冰箱。随着年龄的增加，儿童的“信念—愿望心理学”体系可能达到极大的丰富与精致化，并形成一个相互联系的、具有内聚性的系统(见图 8-1)。

儿童对意图、愿望、信念等心理状态的认识是儿童理解他人的情感、解释和预测他人的行为的基础。这对儿童的道德发展、社交能力的形成至关重要。儿童关于心理和行为的一系列事实不是孤立的，他们关于意图、愿望、信念的概念都是互相联系的。信念理解是表征性心理理论的核心成分。然而信念也只是儿童需要学习的众多心理状态中的一种。其他还包括表征“现实世界”的心理状态和表征“虚拟世界”的心理状态。下面将讨论儿童对其他几种心理状态的理解。

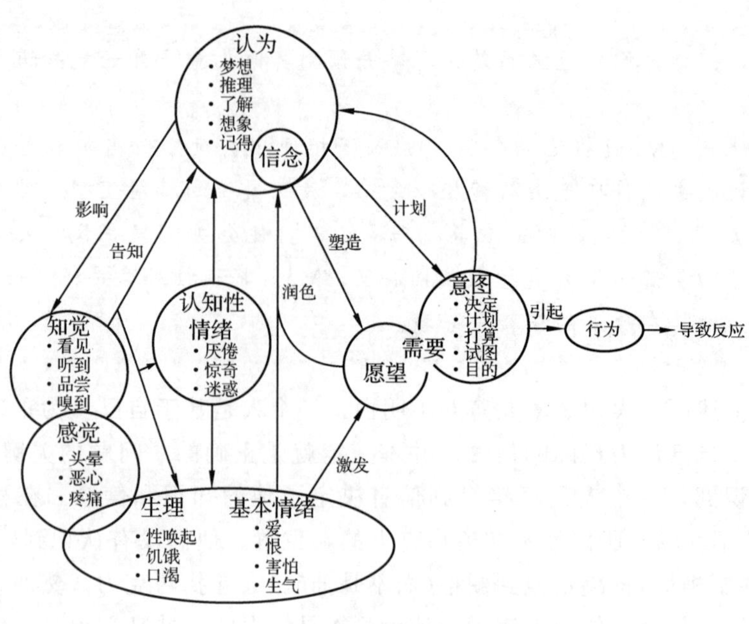

图 8-1 心理的信念—愿望理论

[Wellman H. M. (1992), The Child's Theory of Mind. Cambridge, MA: MIT Press, p. 109]

三、学前儿童对思维、认识、假装和幻想的理解

(一)对思维的理解

思维是"一种心理……对一些内容进行某些类型的心理接触"(Flavell & Green, 1995)。思维一般包括形成对真实世界或可能真实的世界的心理表征。

一般来说，3 岁儿童开始对思维有所了解，他们知道只有人或许还有其他一些有生命的客体才能思考，而无生命物体如车辆和家具都不能思考，思维是在大脑内进行的内在活动，思维像愿望等心理实体一样，有内容并涉及客体和事件，但这种客体和事件可以是不出现的和不真实的。

但学前儿童对他人和自己的思维的理解还存在许多困难。如他们经常会低估了有意识的人们心理活动的数量。一方面他们通常认为人们安静坐着、注视某物、倾听某事、阅读或交谈时是没有心理活动的。另一方面他们虽然认识到某人在进行思维活动，但即使有明确的提示，也无法推断出思维的内容。

信息栏8-6

5 岁的儿童对自己思维的理解

研究表明 5 岁的儿童对自己思维的理解也很有限。他们常常难以报告自己的心理活动，如要求儿童静静地思考他们家的牙刷放在什么地方，之后立即问儿童刚才脑袋里有没有进行思考、在思考什么，很多儿童报告说自己没有思考

过，而在说自己思考过的儿童中，有许多说不出他们思考的内容。学前儿童也表现出对无意识的人思维的高估。例如，一半以上的5岁儿童认为某个无意识的人知道他自己在熟睡中，并有作出决策的能力。

随着年龄的增加，儿童对思维的认识也丰富、精细了许多。他们对人在何时思考、思考什么有了不少的认识与看法。他们还认为，对清醒的人来说，不思考是很困难的，甚至是不可能的。当要求他们坐在一张标有“不要思考”的椅子上，闭上双眼，并且努力使他们的脑子处于空白时，大多数的5岁儿童报告说，当他们坐在椅子上时，真的没有思维。但大多数的8岁儿童说他们仍然有思维。

(二)对认识的理解

认识这种心理状态涉及以高度的确定性表征事物的真实状态。

研究发现2岁儿童似乎明白“知道”与“看到”之间的关系：看到导致知道，没有看到导致不知道。他们可能将某物藏起来不让别人看得到，或者以某种方式向别人展示某物以让别人看得到。3岁儿童对知觉体验和知识之间的联系具有初步的理解，他们认为只有看了箱子内部的人才知道箱子里面有什么东西，只摸了箱子的人是不知道的。但直到5岁，儿童才能真正理解不同形式的知觉体验对应着不同类型的知识，如触摸物体是不会得出关于物体颜色的知识的。

学前儿童对认识理解存在如下特点。

第一，对于知识究竟是如何获得的，缺乏“反省”，他们甚至不知道自己的知识是怎么获得的、何时获得的。比如，向儿童讲述一个有关老虎身上的条纹具有伪装作用的故事，讲完后立即问儿童，大多数4岁儿童和许多5岁儿童将会毫不感到难为情地宣称，他们早就知道这个事实了(实际上是他们几分钟之前才了解的信息)。

第二，年幼儿童知道信息源自外部世界，但他们并不了解这一过程的复杂性。四五岁或者更大年龄的儿童逐渐开始明白：不同种类的信息导致不同种类的表征；不应该将“知道”“猜想”混为一谈；获得知识的途径有多种，比如，看、触摸或别人告诉等；为了使获得的知识准确，应该充分呈现事物等。

第三，学前儿童对知识的建构性缺乏认识。他们未能认识到一个人已有的知识经验、态度、情感等，将影响他对信息的选择、组织、转换，从而歪曲、修正或丰富事实。相对而言，学前儿童的知识理论更倾向于是“心理复制理论”，即认为一个人的心理就是周围世界的直接、原封不动的反映，与个体的已有知识经验无关。6岁以上的儿童，则可能认识到知识的建构性。

可以看出，学前儿童在理解知识的性质、来源时，已经具有一定的认识，但还显得比较粗糙。这一从粗糙到精细的过程，正是儿童认识不断发展的过程。儿童的心理认识从被动吸收信息的洛克式(Lockian)心理，发展变化到主动建构和解释的皮亚杰式心理，从某种心理的实体观发展变化到过程观。

(三)对假装的理解

假装涉及用一种物品和行为来表征另一种物品或行为；它既与心理活动有关，也与具体的行为相关。

假装可以看作是年幼儿童出现心理表征的早期表现。例如，12～18个月大的儿童可能假装香蕉是电话，并把一端靠近耳朵在另一端说话，这表明他至少需要理解香蕉不同于电话，但可以代表电话。

信息栏8-7

儿童对假装的理解

研究表明年幼儿童能理解假装的心理表征。例如，告诉儿童故事中的人在假装他的鱼竿上钓到了一条鱼，而实际上是钓到了一只鞋子。接着让儿童在两个图片中选择出故事人物头脑中的图片——鱼或鞋子。3岁儿童通常能作出正确选择，这表明他们理解了故事人物的心理表征，即假装的心理表征。

但年幼儿童往往更倾向于依据行动来思考假装，而不是依据心理状态。例如，向4岁儿童呈现可以像兔子一样跳的侏儒玩具，并告诉儿童侏儒国没有兔子，这个侏儒对兔子一无所知。但大多数儿童仍说侏儒是假扮兔子。由此4岁儿童还没有认识到一个人能假装成兔子的前提是要知道兔子什么才可以。

总之，研究表明儿童在3岁时已经开始理解假装涉及心理表征，这种理解随年龄的增长而不断完善，似乎到5岁时相对成熟地建立起来了。

(四)对幻想的理解

幻想思维是“违反自然规则的、对自然世界的推理方式”(Woolley，1997)。这种思维在许多儿童的头脑中都有所体现，如对魔法的信念、假想伙伴和圣诞老人等。目前对儿童幻想理解的研究关注于儿童进入幻想思维的程度和儿童对于区分幻想和现实的理解。

年幼儿童相信魔法事件。许多年幼儿童似乎相信人们可以通过特别的思想如许愿，或是通过特别的行为如念咒语等，来控制真实世界中的事物。研究表明4～8岁儿童利用魔法来解释令人惊奇的自然现象的趋势在减少，但当儿童对观察到的事件无法提供合理的解释时，就倾向于用魔法来解释。

儿童经常会创造出看不见的人或动物，并把他们看作是真实的伙伴来对待。例如，儿童会将毛绒动物当作真实的伙伴，并赋予它们个性和其他行为，对他们来说，这些毛绒动物不是简单的玩具或安全物品，它们是幻想的延伸，与看不见的假想伙伴相似。幻想令儿童的社会世界更加丰富和富有戏剧性。

信息栏8-8

令人惊奇的是80%的父母报告说在庆祝圣诞的时候他们的孩子(4～6岁)相信有圣诞老人。通常他们会在圣诞前夜在烟囱旁为圣诞老人预留牛奶和奶酪，或者为驯鹿预留胡萝卜。

那么儿童相信圣诞老人是否会使得他们难以区分对现实与幻想呢？研究发现，虽然大多数儿童相信圣诞老人，但这并不影响他们能认识到虚拟人物是不真实的。3岁儿童就能成功地将圣诞老人、妖怪等放入“虚假”的箱子，而将狗、房子放入“真实”的箱子。

因此，学前儿童能理解幻想和现实的区别。但这种区分的难易程度会因幻想事件的起源、社会对幻想的支持程度而有所不同。例如，对于儿童自己创造出来的假想伙伴，他就能很好地区分幻想与现实；而对于具有广泛社会支持度的圣诞老人，儿童在区分时就会更困难一些。

那么，儿童对于这些心理和心理活动的理解的发展根源到底是什么呢？对此，研究者从成熟、一般认知能力、与他人相处的经验和语言发展等方面作出了各自的解释，但事实上这些解释并不是相互排斥的，每个因素都以某种程度影响着儿童关于自己和他人心理理解的发展。

第三节　早期儿童情境认知的发展

综观上一节儿童对心理及心理活动的理解，不管是对“现实世界”的心理状态还是对“虚拟世界”的心理状态的理解，都与某种情境紧密相连，并非单纯的某种客体的表征，存在某种意义建构。

一、情境认知的基本内涵

传统认知心理学把学习看作单纯的心理表征，情境认知则把学习看作要经由个人与环境之间的互动才得以真正发生。因此，情境认知的主要目的“不是分析不同实体之间的差异关系，而是把系统的情境、人、文化、语言以及主体间性看作一个整体的共存的和共同进行意义建构的整体。”①即情境认知是人在一定的自然与社会情境中，经由与他人或共同体互动的活动，正是在活动中，人、环境和知识的意义

---

① Hung, D., Looi, C.-K., & Koh, T. -S. Situated Cognition and Communities of Practice: First -Person“Lived Experiences” vs. Third-Person Perspectives[J]. Educational Technology & Society. 2004, (4).

得以重构。

情境认知把学习看作是认知与环境相互协调和适应的过程，它需要调动学习者的一切感官来进行学习体验与意义建构。由于情境认知本身也是社会认知的过程，从社会情境认知的角度来看，情境认知的主要特征表现为行动认知(recognition for action)、具身认知(embodied recognition)和分布式认知(distributed recognition)。

(一)行动认知

情境认知把认知看作是对自适应行为的控制，是与外部世界真实互动的产物。正如认知科学家 Stan Franklin(1995)的研究表明：心智的主要任务是产生下一个行动。行动认知认为情境和认知具有不可分离性，它们总是交织在一起；情境认知提供的是认知的此在特征，人对事物的认知需要多次建构才能完成；人的活动与环境都是相互建构的整体的一部分。行动认知表明：每个人以自己的方式看待世界，人对事物的理解只是个人的诠释，是通过人与物、环境之间的互动而对事物赋予意义，但个人对现实的诠释并不等于现实本身。

(二)具身认知

具身认知认为认知是人的身体、感官以及大脑与我们周围世界的互动过程。从社会心理学的视角来看，具身认知包括“认知过程的具身性、感知与行为的链接、情感—认知的交互影响、不断进化的心理机制”。[①] 认知过程的具身性指人的身体运动和心理过程影响着其态度、社会定式以及创造性思维。感知与行为的链接是指，人对某一概念的感知(理解)可能会激发起相应的行为。情感—认知的交互影响认为，人的情感总是会影响到认知，积极的情感能增强人的创造能力，而消极的情感增加人对已有信息的检查与审视。具身认知强调学习与身体、理智或心灵与体验的融合。认知是人的情绪、情感、思维、行为与环境互动的过程，在人的身体之外不存在抽象的知识。

(三)分布式认知

分布式认知认为，认知既有信息加工的成分，又有人对工具的使用、与他人和环境的交互活动，尤其是如何通过工具的使用来理解人类社会和个体社会的功能。这些工具包括物理工具、人类对自然环境的改造以及不同群体对知识的分配方式等。分布式认知认为社会是通过交际来完成的，这就需要我们在交往中使用不同的社会传统和不同的语言达成对事物或人的认知。这种交往是有目的的社会互动，它发生在一定社会情境中，受社会规则和传统的制约，并为达成共享目的和个人目的来进行分布。分布式认知强调把系统的情境、人、文化、语言以及主体间性看作一个完整的整体，这一整体是相互依赖的多因素融合，而“知”(understanding)是不断寻求对整体现象做出解释的认知过程。

由情境认知的基本内涵可知，情境认知本身是社会认知的一部分，对早期儿童

---

① Eliot R. Smith，Gu¨n R. Semin. Socially Situated Cognition：Cognition in Its Social Context [J]. Advances in Experimental Social Psychology，2004.

来说，自一出生就处于纷繁复杂的社会情境中，他们对面孔的偏好和表情的识别，以及由此形成的态度都是情境认知的具体表现。

二、早期儿童对面孔的偏好

面孔识别是一种重要的认知能力，具有强烈的社会意义。达尔文在其《人和动物的表情》中首次提出，面孔是人类祖先相互交流的重要工具。

已有研究表明，婴儿对母亲、父亲和其他人面孔的注意，在其个体发展中扮演了特殊的角色。自出生头几个月起，与大多数其他物体相比，婴儿更喜欢注视人脸。约三个月时，婴儿已能精细地区分不同的面孔。例如，他们能分辨两张中等相似程度的陌生人的照片，他们也能认出母亲的照片，因为婴儿注视它的时间比注视陌生人照片时间长。

事实证明婴儿对人的脸庞的偏爱使婴儿有很大的兴趣去注意母亲的脸庞，加深对母亲形象的记忆和了解，而这种积极的关注也吸引母亲投入更多的情感和关爱，会对他们的行为迅速的回应，母子互动处于良好的状态之中。正是婴儿的这些最初在社会情境认知方面的特点，促使他们与成人之间的互动，也使他们更好地了解成人，对成人的行为有了更大的预测性和控制性。随着认知的生理基础的发展，婴儿出现了认知偏爱，开始辨认母亲的情绪、模仿成人并且学会了联合注意，这些发展都促进了婴儿社会认知。

信息栏8-9

新生儿的面孔偏好

蒙特洛克等设计了一个十分严谨的实验。她们向平均年龄为53分钟、6周、12周的婴幼儿呈现一系列标准视觉刺激(如图8-2)通过测量第一次注视以及注视时间来确定婴儿们的知觉偏好。结果表明，新生儿与年龄大些的婴儿的视觉偏好有某些明显的区别。在“特征倒置”的条件下，新生儿都选择注视直立图像，而稍大些的婴儿无偏好。在“相位和振幅反转”的条件下，新生儿偏爱完全清楚的头像，而稍大的婴儿偏爱模糊的人脸。在“对比反转”的条件下，新生儿没有偏好，而12周大的婴儿明显偏爱正片人脸。这说明了新生儿具有注视与人脸类似的刺激的先天倾向。

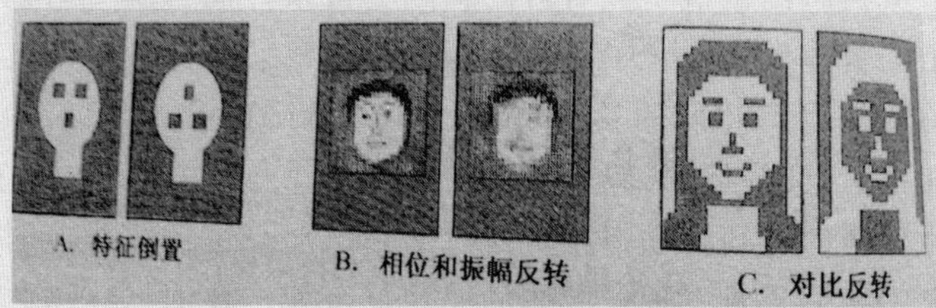

图8-2　新生儿的面孔偏好

(资料来源：邵志芳等著.《社会认知》p46)

三、早期儿童对表情的识别

婴儿出生后不久，就开始表现出对面孔的特殊偏爱，但婴儿期对面孔表情识别和理解还相当粗浅。而1～3岁的幼儿随着语言能力的迅速发展，对个体面孔表情认知能力也明显提高。早期婴幼儿对个体面孔表情认知，对社会关系和心理理论的发展，起着至关重要作用。

由于母亲声音和面孔的运动存在着同步性，还有助于他们开始学习对母亲情绪的辨认。研究表明2.5个月的婴儿可以区分母亲伴随愉快、悲伤、愤怒三种声调的情绪表现，并进行不同的反应。6个月时，婴儿对于情绪的识别，可以使他们更全面地感知、认识母亲和周围的生活环境。他们在与母亲的互动中，可由自己的行动产生一个非常好的参照。例如，识别了高兴、愉快的表情，婴儿就会产生自我肯定的经验。这些在情绪方面的认知，使婴儿更加主动、更有信心地参加社会性互动，学会利用线索来指导自己的行为使之谨慎，开始形成社会参照，促进了母婴的互动交流。

四、早期儿童对态度的认知

态度一直是社会心理学研究的重要领域，也是社会认知研究的重要主题。态度(attitude)可以界定为个体对事情的反应方式，这种积极的或消极的反应方式是可以进行评价的，它通常体现在个体的信念、感觉或者行为倾向中。从态度这个概念本身来说，它已经蕴含了具身观的思想，即我们从自身及他人的身体信息知晓自己或洞悉他人的态度。

具身理论认为：人们通常根据身体的感觉来推断他们对某个事物的态度；人们可以采用身体姿势来定义并量化一个人的态度；身体姿势并不仅仅是态度外在的承载体，更重要的是有意或者无意的姿势会反过来在无意识的状态下影响到内在的态度；社会态度的形成和改变一方面受到社会环境的影响和制约；另一方面也是通过观察、模仿身体姿势的结果。具身观特别强调身体的动作和形式在社会态度的形成和改变中发挥着至关重要的作用。

Stepper等人(1993)对身体姿态的评价进行了实验研究。研究者要求被试采用不同的姿态完成一项任务，一组被试挺胸抬头，另一组则含胸弓背。随后主试分别告诉他们出色地完成了先前的任务并要求被试在听完该消息后对自己进行评价。结果发现，那些抬头挺胸的被试明显对自己感到更自豪，而含胸弓背的被试则情绪不佳。这表明静止的身体姿态包含了不同的意义，使我们的社会认知过程受到影响。

同样身体的动作也有相似的具身功效。Duckworth等人(2002)要求被试在观看图片时将一杠杆拉近或推远，只是从这一简单的动作就发现，那些将杠杆推远的被试对负性图片反应时更短，而将杠杆拉近的被试对正性图片反应时更短。

从上述研究中我们不难发现，肢体的变化足以使个体对同一事件形成截然不同的态度。在达尔文看来，态度就是机体对客体反应的外部动作(特别是身体姿势)，人对物体的社会态度会随身体状态的改变而改变。

当然，无论是面孔偏好、情绪识别还是态度的形成，都不是单纯孤立的对“客体”的表征，它们都是婴儿在复杂的情境中与他人(特别是母亲等看护者)互动过程中逐渐形成的。这些社会认知能力的形成，不是简单的社会经验积累，而有其相应的生理基础。

第四节　社会认知的发展认知神经科学研究

对成人的认知神经科学研究揭示有一个神经网络参与了对社会性刺激的知觉和加工，包括对他人思想和意图的解释。已知该网络包括颞上沟(STS)，纺锤回面孔区(fusiform face area，FFA)和眶额皮层(OFC)等。然而关于这一大脑网络的发展缘起仍有相当的争议。

一、社会认知能力发展的神经基础

1. 心理理论相关的神经结构

人脑的主要特点之一是其社会性。人类有专门的脑区来加工并整合关于他人外表、行为及意图等信息。有时，这种加工也会延伸到其他的物种上，如宠物狗，甚至是没有生命的物体，如笔记本。心理理论(theory of mind)，是指对他人行为从心理上进行理解。它与很多神经结构有关，包括杏仁核和颞极，颞顶交界区(temporoparietal junction)以及部分的前额叶(主要是眶额和内侧区)。Frith(2003)认为，这些区域的神经活动可能反映了对心理状态不同方面的理解：杏仁核在通过移情来理解情绪的过程中起作用；部分颞叶表征生物学性质的动作和行为；额叶皮层区域在理解“有意的”心理状态时起重要作用，包括自己的心理状态。

2.“社会脑”发展起源的三种理论

人脑功能发展的三种不同观点导致了三种不同的对社会脑起源的假设。成熟观认为，大脑的特定部位以及皮层区域专门负责加工社会信息。某些回路很可能自出生时就存在并开始发挥功能，而网络中的其他部分却要经过一段时间的发展成熟后才可发挥功能。比如，和“心理理论”计算有关的前额区，也许是最晚成熟的社会脑部分。成熟观的时间表可能由于经验而提前或延迟，但成熟的顺序和区域专门化的路线图却保持不变。

技能学习观则认为，至少有部分社会脑会受社会刺激的影响，因为那些社会刺激往往是我们最常接触到的视觉输入。换句话说，我们倾向于对社会相关的视觉输入发展出更高水平的知觉知识。根据这个观点，我们不能期待新生儿对社会刺激有特殊的反应，而且我们推测婴儿期面孔加工的发展和成人获得其他物体的知觉经验的过程是类似的。

第三个观点是交互式特化作用理论，它认为社会脑以网络的形式出现，这个网

络以活动依赖性的方式不断地增进对相关刺激和事件的调节。即比较原始的脑系统、皮层区和环境之间的相互作用，最终导致了社会脑的发展与成型。

3. 情绪加工的 Papez 环①

关于情绪的脑机制，最早有 James-Lange 学说与 Cannon-bard 学说。前者认为体验情绪是因为对我们身体中的生理变化有反应；而后者则认为情绪的体验能独立于情绪的表达之外。其实两种理论都未完全，只有当我们充分了解情绪体验的神经基础之后，才能真正阐释情绪的真实意义。美国神经生物学家 James Papez 指出在脑的内侧面有一个“情绪系统”，它联系着下丘脑和皮层，这一组结构也被称为“Papez 环”。他相信情绪的体验由扣带皮层所决定，扣带皮层投射所激发的新皮层活动与“情绪色彩”有关，而情绪的表达则由下丘脑控制。扣带皮质投射到海马，海马再通过穹隆投射到下丘脑，下丘脑再通过丘脑前部影响扣带皮层。由于在此模型中皮层与下丘脑之间的通信是交互的，所以 Papez 环兼容 James-Lange 和 Cannon-bard 的情绪学说。

4. 恐惧、攻击与奖赏的脑回路

(1)恐惧与焦虑的脑基础

设想深夜，你走过一条陌生的街道，突然看见一伙模样可怕的人靠近你，你会感到焦虑和恐惧，你能感到交感神经激发的剧烈反应。甚至在产生行为反应之前，下丘脑就通过自主神经系统使你从增加心率和呼吸频率到出汗。

证据提示颞叶中的一个结构——杏仁核在此起着关键作用。Iowa 大学的 Ralph Adolphs 对名为 S. M. 的妇女进行了研究，此人由于 Urbach-Wiethe 病而致使双侧杏仁核损毁。S. M. 智力正常，擅长从照片中识别人，也能正常地描述高兴、悲伤和厌恶表情，但她似乎很少描述生气情绪，而最不正常的是她不会描述恐惧情绪。杏仁核的损伤选择性降低了她对恐惧的认识。

电刺激完好的杏仁核，则会可造成警惕和注意的增加。例如，刺激猫杏仁核的外侧部造成恐惧和暴力攻击的增加；也有报道发现电刺激人类杏仁核导致焦虑和恐惧。杏仁核理论是目前有关焦虑的流行理论。

最近的研究提示了杏仁核在习得性恐惧中的作用，研究从家兔和大鼠扩展到人类。有一项研究是在人面前呈现视觉刺激，在其中某种视觉刺激呈现之后，给予弱电刺激。fMRI 结果显示带来电击的视觉刺激比与电击无关的视觉刺激更明显地激活杏仁核。除杏仁核外，与刺耳噪音刺激相关的视觉刺激还可以特异性提高扣带和岛叶皮层的活动，推测与噪音刺激的恐惧体验相关。

---

① Mark F Bear 等. 神经科学——探索脑[M]. 王建军，等，译. 北京：高等教育出版社，2004：555－557.

(2)攻击与愤怒的脑基础①

攻击是一种多面性行为，不是单一脑结构的产物。影响攻击的一个因素是雄性激素。动物存在季节性性激素水平和攻击行为的相关性。和雄激素的作用相一致，注射睾丸酮能使未成熟动物更具攻击性，阉割则会减少攻击。虽然有研究宣称存在睾丸酮水平和暴力犯罪的攻击行为之间的联系，但对人类的这种相关性所知甚少。

John Flynn 在耶鲁大学医学院发现情感性攻击和掠夺性攻击可由刺激下丘脑的不同部位而激发。刺激下丘脑内侧部的特定点可观察到情感性攻击(亦称恐吓攻击)：动物会弓起背、发出嘶嘶声并吐白沫，但通常不会攻击目标。刺激下丘脑外侧部诱发掠夺性攻击：掠夺性攻击并不伴随情感性攻击明显的惊恐姿态，但在这种"安静的攻击"中，猫会迅速接近大鼠，凶恶地咬住它的颈项。

杏仁核也参与了攻击行为。美国科学家 Karl Pribram 发现，杏仁核的损伤显示其在 8 只恒河猴群体的社会关系中起主要作用。动物在一起居住一段时间后建立了社会等级，研究者的最初干预是将最占支配地位猴的双侧杏仁核切除。当这个动物返回群体时，它降到等级的底层，等级中第二的猴上升为统治地位。推测排位第二的猴发现"顶头上司"变得温和，战胜它不太困难。而新的统治猴杏仁核被切除后，它同样降到等级的底层。这说明杏仁核在动物维持社会等级的攻击行为中起重要作用。

对啮齿类动物的研究，还发现了 5-羟色胺(5-HT)与攻击的关系。单独饲养 4 周的小鼠开始活动过度，甚至攻击其他小鼠。虽然隔离并不能影响脑中 5-HT 水平，但却降低了这种神经递质的更新率(合成、释放和再合成的比例)。而且这种降低仅在那些后来开始异常攻击的小鼠中，那些对隔离不敏感的小鼠却不降低。雌性小鼠通常在隔离后没有攻击行为，也没有 5-HT 更新率下降的现象。有证据表明，阻断 5-HT 合成和释放的药物会增加攻击行为。在一项实验中，注射 5-HT 合成阻断剂 PCPA 使动物增加对其他笼中小鼠的攻击。5-HT 和攻击的关系在灵长类动物中也存在，例如，研究者发现一群猴的统治级别可通过注射改变 5-羟色胺能活动的药物来调节。

(3)强化与奖赏的脑基础

加州理工学院的 James Olds 和 Peter Milner 将电极埋植于活体大鼠的脑中。大鼠可在一个 3 英尺见方的盒中自由活动，当大鼠走到一个角落时，脑部会受到一次电刺激。他们意外发现第一次刺激之后，大鼠会离开角落，但又迅速返回。不久大鼠将会一直停留在角落中，明显希望寻求更多电刺激。Olds 和 Milner 设计了一种新的盒子，盒中有一个杠杆。当大鼠按压杠杆，脑部就受到一次电刺激。起初，大鼠在盒中走动时偶尔碰到杠杆，但是不久它就会不断重复按压。这种行为被称为自我电刺激(electrical self-stimulation)。有时，大鼠会变得对按压杠杆非常专注，甚

① Mark F Bear 等. 神经科学——探索脑[M]. 王建军，等，译. 北京：高等教育出版社，2004：562－570.

至对食物和水都不感兴趣，直到筋疲力尽倒下时才停止。

这一自我电刺激现象非常有趣。对大量分散的自我刺激位点研究后发现，它们通过一条共同的通路相互连接，参与奖赏行为。高比例的自我刺激来自埋植于内侧前脑束和腹侧被盖区的电极。已知多巴胺能神经元胞体位于中脑的腹侧被盖区和黑质，它们发出轴突通过内侧前脑束到脑的广泛区域。内侧前脑束还含有下行纤维，可想象它们携带奖赏信号至腹侧被盖区。药理学证据也显示，多巴胺激动剂安非他命能增加自我电刺激的频率。而给大鼠注射阻断多巴胺受体的药物(如 haloperidol)会减少自我电刺激。

不过多巴胺参与强化和奖赏的本质，却仍不清楚。因为有些实验数据不符合多巴胺能神经元假说。例如，切断内侧前脑束并未产生自我电刺激的阻断。而且，自我电刺激的位点不局限在接受中脑多巴胺能传入的脑区。因此，似乎多巴胺在某些情况下可以起奖赏作用，但脑内的奖赏机制可能非常复杂。①

二、大脑发育与面孔识别

可能对于人类的社会性视觉的脑来说，最基本的功能之一是对面孔的知觉，为此本节主要关注儿童面孔认知能力的发展。正常情况下，成人能够迅速并准确地知觉面孔特征编码的复杂序列，诸如同一性、情感、注视方向等。新生儿似乎也能够知道关于面部的一些结构，在出生后不久，如果他们所注视的对象是以类似面孔的形式安置，就会移动眼睛进一步保持视觉注视状态。在面孔加工的研究中有一个基本的问题：即腹侧视觉通路是否能够进一步区分为面孔加工通路和物体加工通路。通过各种神经和知觉-认知测量进行的研究发现面孔和物体加工不同，一些研究者接受了这些结果并将其作为证据支持面孔加工的皮层定位和特化，而另外一些则认为这种不同是由于因素混淆所造成的。

1. 面孔加工脑机制的假说

(1)皮层面孔区域假说：该假说认为在皮层中有对面孔加工单独负责的区域，这个假设的支持证据如下：第一，猴子的面孔反应神经元。在猴子的额叶和颞叶中有某种神经元对面孔敏感，它们对面孔的放电比对其他非面孔刺激的放电要强烈。第二，面孔和物体加工的双分离现象。使用 fMRI、MEG 和 ERP 等技术的研究结果表明，某些枕-颞皮层区域尤其是梭状回只能够被面孔激活或者对面孔的激活要比对其他刺激物更强。

(2)关系/结构/整体编码假说：在该假说中，个体对面孔信息的编码和记忆类型不同于对物体的编码和记忆，是以不同的方式来描述加工特性的。也就是说对于物体是按照分离的或部分的特征来反应，而对于面孔则是以整体或部分之间的关系来进行反应。其支持证据来自面孔反转效应，即反转效应对面孔加工的影响多于对

---

① Mark F Bear 等. 神经科学——探索脑[M]. 王建军，等，译. 北京：高等教育出版社，2004：570－573.

物体加工的影响，因为反转效应更多地破坏了关系编码而非部分编码。

(3)右半球假说：按照此理论，右半球在加工面孔信息时比左半球更快更有效。支持这个观点的证据如下：第一，分离的视野研究发现，当刺激面孔呈现给右半球时，会比呈现给左半球时再认得更快更准确。第二，对面孔失认症的皮层损伤位点的研究表明，只有右半球的损伤才能够引起面孔加工的障碍，这说明右半球的区域对正常的面孔加工是必要的。第三，神经成像研究显示在面孔加工的任务中右半球的激活比左半球的激活更强。

这三种假说共同说明了成人的面孔加工系统在枕—颞皮层区，尤其在右半球的相关区域中。此系统对于面孔加工是必要的，因为它负责结构加工。

2. 面孔的脑加工的发展

(1)新生儿期

研究新生儿的面孔知觉和记忆能力是非常重要的，因为这可以使我们评价婴儿出生时的代表性偏爱，而这种偏爱可以对其随后的学习进行指导。从出生后视觉经验开始时这些偏爱就在感觉中固有，它们并不依赖于面孔出现的视觉经验。在视觉环境中新生儿对面孔类似刺激偏爱的神经基础是什么呢？有假设认为这是被皮层下的视网膜背盖通路所控制的，因为新生儿仅仅在皮层下系统敏感的条件下才表现出偏爱。

新生儿不仅对面孔进行偏好定向，他们还加工关于面孔的信息，婴儿在出生后几小时或几天时看母亲的脸就比看陌生人脸的时间长。这种早期的学习由海马来调节，这个系统参与记忆，且比视觉相关新皮质的功能成熟得更早。这个系统类似于一般目的机制而不是面孔—特定机制，因为新生儿也能够再认他们已经熟悉的非面孔刺激。不但如此，研究结果表明新生儿还能够加工关于面部表情的信息。

(2)婴幼儿期

婴儿对面孔的视觉注意的标志性变化大约发生在出生后 8 周左右。此时，婴儿对周围的移动面孔的偏好开始减弱，而对出现在中央视野里的面孔比对其他的刺激形式有更多的偏爱，这种行为上的变化可归因于视觉皮层通路的功能性发展。较小的婴儿对面孔的反应与成人似乎有很大不同，主要是基于眼睛而不是全部的面孔特征。在 6 个月时，婴儿对面孔的反应与成人也有所不同，用 ERP 检验面孔加工的神经关联发现，成人对人类面孔反应的 ERP 成分比婴儿更为特异化。

信息栏8-10

面孔认知与 N170、P400

在成人，N170 成分是一个在枕颞区的负成分，在刺激开始后的 120～200ms 时达到峰值，这个成分被认为是反映了对面孔结构编码的初始阶段，它对倒置面孔比对正常面孔有更大的幅度和更长的潜伏期。对成人而言，N170 的刺激反转效应是特定于人类面孔的，对动物面孔就不会发生这样的反转效应。

在6个月大的婴儿可以记录到P400，一个发生在枕颞区的正成分，在刺激开始后约350～450ms达到峰值，同N170一样也被刺激的反转所影响。但是婴儿的P400与成人的N170在一系列的参数上有所不同。第一，6个月大的婴儿的刺激反转效应在ERP上反应出来比成人迟200ms，这个时间上的不同可能反映了婴儿的视觉加工早期阶段比成人发生得要迟。第二，虽然婴儿和成人类似，同样可以表现出对人类面孔的反转效果，但不同的是他们对猴子面孔在左半球也表现出反转效应，这说明6个月婴儿的面孔加工系统对面孔反应的类别比成人更广泛。

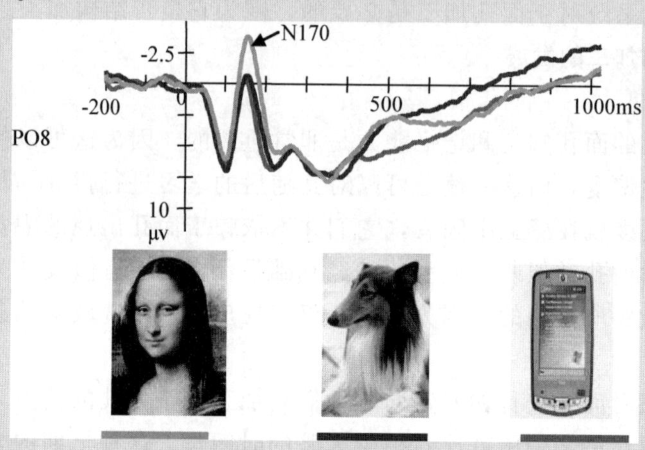

图8-3 面孔特异性ERP成分——N170

（资料来源：秦金亮、卢英俊等编著：儿童发展，高等教育出版社，2008年版，第294—295页）

大约在两个月时，婴儿的视觉加工发生了一些变化，影响了他们对面孔本身的加工。其一是婴儿对精致面孔的内部特征变得更加敏感，如2～3个月的婴儿能够依据内部特征来记住面孔。其二是婴儿开始在个体面孔之间连接信息。1个月和3个月之间婴儿的变化可能反映了颞叶皮层的发展和它们与海马之间的联系。1个月婴儿的记忆可能反映了海马编码的“纯粹”形式，从尚未发展完善的皮层输入的视觉前加工没有影响海马的输入。这使得婴儿可以在没有其他加工信息的情况下来单独地学习面孔。随着经验的逐渐积累，腹侧视觉通路的新皮层回路会逐渐改变海马的输入。6个月的婴儿对母亲面孔再认的ERP活动在右半球比在左半球更显著，而对于熟悉的玩具的ERP活动则在两半球是相同的。

婴儿能够区分一系列不同的面部情绪表达。最近的研究表明，7个月的婴儿像成人一样显示出对面部表情的分类知觉。现在对婴儿期面孔再认的神经通路的发展还知之甚少。有一些证据表明杏仁核在婴儿期参与了面部表情的加工，但是对不同表情的加工是否由不同的通路来完成还不清楚。

(3)童年期

儿童对面孔的心理反应也与成人不同。成人有显著的异族效应，即对其他种族面孔的再认比相同种族表现得更差。相反，在儿童就没有出现这样的模式。6岁的白人儿童能够对白人和亚洲人同样熟练地进行再认。面孔加工的ERP研究显示了在儿童期面孔反应的变化：在5岁时可以观察到N170，它的潜伏期随着年龄的增长而减小，且右半球电位的幅度随着年龄而增加。此外，成人在额叶—中央区的一个面孔特异性正成分在12岁以下的儿童中未出现。此电生理指标的功能性变化可能反映了10～12岁的儿童面孔加工机制的转化。

对面孔自身的记忆在儿童期发展，大约4岁时对熟悉的已知面孔就达到了成人的水平，但是对不熟悉面孔的再认直到儿童晚期也未能达到成人的水平，这些变化的机制还不是很清楚。目前有四种假说试图解释这些变化：编码转变假说、基于标准面孔编码假说、加工深度假说和右半球发展假说。儿童面孔加工记忆的变化可能部分地要归因于梭状回和左额叶的功能发展，因为已知这两个区域参与到成人对面孔的记忆，而这些变化部分地由经验操纵。

3. 对眼睛知觉与反应的发展①

在相对简单的面孔知觉之外，社会脑的一个更复杂的功能涉及加工他人眼睛的信息。加工眼睛的信息有两个重要的方面：第一是能察觉其他人注视的方向，从而将自己的注意转向相同的物体或空间方向。对视线转移的知觉可以引导注意自动转向相同的方向上，并使“共同注意(joint attention)”成为可能；第二是觉察直接的注视，使与注视者互相注视成为可能。互相注视(眼睛接触)是人与人之间建立交流氛围的主要模式，对正常的社会性发展至关重要。此外，眼睛注视知觉对于母婴互动是非常重要的，为社会性发展提供了重要基础。

脑成像研究发现，颞上沟(STS)与眼睛注视的知觉与加工有关。虽然无法直接获知婴儿颞上沟的功能，但研究者做了一系列行为实验来确定婴儿注视提示线索的特征以及其他问题。人类婴儿从3～4个月开始区别并跟随成人注意的方向。采用Hood等人的空间提示范式测试4个月大的婴儿：每次测试都以面孔的眨眼动作为起点(为了吸引注意)，1 500毫秒后，瞳孔转向左边或右边。然后，目标刺激会呈现在与眼睛注视同一方向或不一致的方向。通过测量婴儿眼睛移动至目标方向的反应时，证明婴儿在看和眼睛注视方向一致的目标时更快。研究者进一步发现只有与正立面孔互相注视一段时间之后，才能观察到提示的效应。也即和正立面孔的互相注视可能启动注意机制，从而使观察者随后的行动更可能受提示的影响。总之，婴儿眼睛注视提示刺激的重要特征包括：①构成成分的水平运动；②之前与正立面孔有一短时的眼睛接触。

脑成像研究表明，眼睛注视的加工涉及一个由皮层和皮层下区域组成的网络。

---

①　马克·约翰逊. 发展认知神经科学[M]. 徐芬，等，译. 北京：北京师范大学出版社，2007：128—131.

虽然整个网络的激活可能对眼睛注视加工都很重要，但颞上沟的“眼睛区”，对眼睛注视加工尤为重要。有研究发现婴儿能有效地接受非眼睛运动的提示，此结果初步表明儿童颞上沟的机能还没能像成人那样专门化。

那么，婴儿觉察眼睛接触的能力是如何发展出来的呢？已知人类新生儿有转向类似面孔刺激的倾向，偏爱睁着眼睛的面孔，并倾向于模仿特定的面部表情。对直视面孔的偏爱性注意，可能反映了人类新生儿生来就可以察觉与社会有关的信息。Farroni 等(2002)测试新生儿，呈现给他们一对面孔刺激，其中一张面孔的眼睛直视新生儿，而另一张面孔的注视是转向一侧的。结果显示，婴儿注视直视面孔的时间更长，而且朝向直视面孔的次数比非直视面孔更多。而 Farroni 等采用新生儿行为研究中同样的刺激，对 4 个月大的婴儿进行 ERP 研究，发现 4 个月大婴儿对直视面孔的知觉加工强于侧视面孔。

三、异常发展的社会脑①

1. 自闭症儿童社会认知发展缺陷的脑机制

自闭症是一种较罕见的发展性障碍，发病率约万分之五。研究者发现可能有几种导致自闭症的基因，但显然存在与环境因素的相互作用。自闭症发展障碍中最核心的缺陷在于社会关系方面，但也有很多非社会性的认知损伤。主要的行为症状包括：避免视线接触、无法意识到他人的存在和想法、不愿和他人拥抱或接触、重复刻板行为(比如，反复摇摆或拍手)，而且一般会迷恋某些物体或其周围无生命的东西。此外，自闭症还有其他的认知和语言技能方面的损伤，比如，鹦鹉式仿说(重复先前听过的句子或单词)。同谱系的 Asperger 综合征与自闭症有很多类似的症状，但有正常的言语 IQ。

自闭症者的脑损伤似乎很难定位。成人神经心理学模式，假设在大脑某处可能有局部的结构损伤，而且这个大脑中的“陷阱”可能对应于特定形式的认知损伤。然而，发展性缺陷可以导致表面看来非常特定的认知缺陷，但相应的脑结构损伤却可能是难以发现的、弥散性的，并且存在着个体差异。在自闭症个体中，静态结构脑成像和神经解剖研究已经涉及脑干、小脑、边缘系统、丘脑及额叶等不同的脑区。还有研究报道了脑室的扩大，提示相邻的边缘系统和额叶结构出现萎缩。但是，这些大脑异常并非自闭症的“专利”，如在精神分裂症中也存在类似的脑室扩张。在自闭症的研究中还观察到小脑的缺陷。目前还不清楚它是出生后所受的损伤(小脑的细胞迁移持续到出生后)，还是在怀孕 3～5 个月的时候由异常的细胞迁移所引起的。确定发展性脑损伤有一困难，即很难确定哪个异常是最根本的起因，而哪些是其所造成的后果。发展最迟慢的结构和脑区最有可能受到早期异常发展的影响。例如，在自闭症患者中所观察到的皮层、海马和小脑异常，都有可能是早期丘脑缺陷

① 马克·约翰逊. 发展认知神经科学[M]. 徐芬，等，译. 北京：北京师范大学出版社，2007：132－140.

所导致的后果。

尽管脑损伤可能是弥散的、多样的，但由此引发的认知缺陷却是相对清晰的。自闭症儿童在与“心理理论”有关的社会认知方面表现出明显缺陷。心理理论，是指探测他人心理状态(信念、需求、意图)并预测和解释他人行为的能力。Baron-Cohen等在一系列研究中发现，多数自闭症个体都不能完成心理理论任务。这种缺陷模式可以解释为什么自闭症患者经常把他人和其他无生命的物体视为相同。心理理论的缺陷可能是自闭症的主要认知缺陷。

也有学者认为缺乏心理理论可能是由更早的缺陷所导致，如婴儿的模仿能力或对情绪的知觉能力等。即出生时或出生后不久出现的社会认知缺陷导致了后来的心理理论缺陷。后来被诊断为自闭症的儿童是否会在18个月之前就表现出明显的发展异常呢？对此还存在争议。事件相关脑电位(ERP)技术可以用来评估初步诊断为自闭症的学步儿童的脑功能。例如，Dawson(2002)应用ERP研究了儿童对面孔和物体的加工，发现控制组的儿童可以识别出面孔和玩具，但潜在的自闭症个体却不能识别面孔，提示自闭症存在早期的特异性神经缺陷。而这种缺陷可能有更早的发展性原因，如出生后不能朝向面孔等。在类似的实验中，Grice等考察了年幼的自闭症儿童，发现和眼睛注视加工有关的ERP成分存在发展性的延迟。

结合结构神经影像和神经解剖学方面的证据，可以用认知缺陷的模式来推测自闭症个体究竟是哪些脑通路或结构受到了损伤。目前神经心理学所观察到的自闭症认知损伤与额叶皮层的损伤模式一致。例如，即使高功能的自闭症患者也不能完成执行功能(executive function)任务——额叶功能的标志，如河内塔计划任务及威斯康星卡片分类任务。目前，还不清楚这些缺陷是先于还是独立于心理理论的缺陷，或者依赖于同样的神经计算基础。持小脑异常观点的研究者认为可能存在共同的神经计算基础的认知缺陷：由于加工背景依赖性、复杂的序列信息需要小脑的参与，所以小脑缺陷的自闭症儿童伴随着年龄增加逐渐表现出心理理论和执行功能的缺陷。

2. 威廉姆斯综合征儿童社会认知发展的脑机制

与自闭症儿童不同，威廉姆斯综合征(WS，也就是小儿血钙过多)儿童的“社会性模块”则被公认为是完好无损的。威廉姆斯综合征是一种相对罕见的基因障碍，发病率大约为2万分之一到5万分之一。这种障碍可以在婴儿早期通过基因标记或代谢标记进行诊断，并有很多身体及认知的典型特征。

静态脑成像表明：威廉姆斯综合征患者脑的体积只有正常人的85%，但几乎没有明显的异常，除了发现在小脑的特定小叶的体积相对增加。自闭症与之相反，即在相同的小叶上的体积相对小于正常水平。Galaburda等通过细胞水平分析发现威廉姆斯综合征患者皮层层级内的失调以及髓鞘形成的减少等。

除了语言能力，威廉姆斯综合征患者在面孔区分任务中也表现完好，而且其面孔识别能力似乎还优于控制组。这种认知模式与自闭症患者的缺陷几乎相反。

Karmiloff-Smith 进行了一系列实验，发现大约只有 20%的自闭症患者完成了心理理论任务，而在威廉姆斯综合征患者中则有 94% 完成了任务。上述都表明威廉姆斯综合征患者的心理理论及语言、面孔加工都是完好的，即对应于“社会性模块”的脑系统应该是完好无损的。而来自不同的小脑异常的证据也增强了上述假设。但在唐氏综合征患者中表现出的分离模式(面孔加工及语素应用的严重缺陷，却能较好地完成心理理论任务)，却否定了这种把面孔加工、语言和心理理论整合为“社会性模块”的假说。Johnson 等也根据交互式特化作用理论，向大脑中存在预先决定的社会性模块的假说提出了挑战。

本章小结

社会认知是指个体对他人、自我、社会关系、社会规则等社会性客体和社会现象及其关系的感知理解的心理活动。社会认知的内容十分广泛，既包括对人们的意图、态度、情感、观念、能力、目的、特质、思想、知觉、记忆等个人心理事件的观察或推断，也包括人际关系的某些心理品质的认知，还包括有关自我及他人、社会团体等方面内容的认知。

儿童社会认知的发展在儿童的日常生活中具有举足轻重的作用。在成长的过程中，儿童在自卫本能和好奇心等的驱使下，会不断赋予自己、他人、人际关系以及其他社会现象以意义，这构成了儿童社会化的重要基础。

儿童在婴儿期产生的客体永久性概念，使其能将认知的主体与客观世界区别开来，这是自我意识产生的重要前提，个体在与客观环境的相互作用过程中逐步形成自我概念。在对他人的认知中，发展初步的观点采择能力，能逐渐理解他人简单的观点、行为意图、动机和态度等，在觉察他人的情绪反应时，儿童也能体验到与他人相似的情绪，即移情。幼儿正是在对自我和他人的认知中意识到个人的独特性，出现了自尊。

随着儿童的发展，他们进一步关注自己和他人的内心世界，并开始关注人际间关系。对友谊、权威和社会规则的理解是幼儿与同伴、成人和社会群体交往的基础。但由于个性差异和具体社会情境等的影响，儿童的社会认知表现出了差异性。

随着儿童年龄的增长，儿童的社会认知向内扩展，以掌握自己和他人心理活动的本质，即认识自己和他人的心理状态。儿童对意图、愿望、信念等心理状态的认识是儿童理解他人的情感、解释和预测他人行为的基础。这对儿童的道德发展、社交能力的形成至关重要。儿童关于心理和行为的一系列事实不是孤立的，他们关于意图、愿望、信念的概念都是互相联系的。信念理解是表征性心理理论的核心成分。其他还包括表征“现实世界”的心理状态和表征“虚拟世界”的心理状态，即学前儿童对思维、认识、假装和幻想的理解。

儿童的社会认知是其与纷繁复杂的社会情境互动的结果，不是单纯的心理表征。因此儿童对人脸的偏好、对表情的识别以及对态度的认知会影响儿童的社会认知发展。

近年来，认知发展神经科学对儿童社会认知作出了重要的研究，这对揭示儿童社会认知的生理和神经机制有重要价值。

总之，学前阶段是儿童社会认知发展的重要时期，许多社会认知能力在这一时期开始萌芽和发展。我们要重视早期儿童社会认知的发展，为了解儿童、教育儿童打下良好的基础。

进一步学习资源

● 关于儿童社会认知的自我了解和社会理解可参阅 Laura Berk：Child Development (9th)，Allyn & Bacon，2012.

● 关于儿童社会认知的详细内容可参阅黎岳庭，刘力主编．社会认知：了解自己和他人．北京师范大学出版社，2010 年版．

● 关于儿童对心理状态和心理活动的认识可参阅［美］罗伯特·西格勒等著，刘电芝等译．儿童思维发展．世界图书出版社，2006 年版．

● 关于社会情境认知的内容可参阅盛晓明，李恒威．情境认知．科学学研究，2007.10 及李恒威，盛晓明．认知的具身化．科学学研究，2006.4.

关键概念

社会认知　自我意识　自我概念　自尊　观点采择　移情　人际关系　友谊
权威　社会规则　心理理论　意图　愿望　信念思维　认识　假装　幻想
情境认知　面孔偏好　表情识别　态度　社会脑

思考与探究

1. 儿童自我概念的特点有哪些？尝试通过儿童的自我陈述考察儿童自我概念的特点。

2. 简述霍夫曼移情发展的 4 个阶段。尝试观察记录儿童的行为，分析儿童的观点采择能力。

3. 根据儿童友谊认知的发展特点，谈谈如何通过促进儿童的友谊认知来提高儿童的交往质量?

4. 简述学前儿童对意图、愿望、信念、思维、认识、假装和幻想的认识。

5. 以某一具体错误信念研究为例，说明能够通过错误信念测试的儿童和不能通过错误信念测试的儿童在心理发展上的区别。

6. 简述情境认知的特点，尝试观察记录儿童对教师表情的认知。

趣味现象·做做看

研究表明，儿童获得心理理论的主要标志是达到对“错误信念”的认知，即认识到他人，包括自己，能够持有错误信念。尽管儿童心理理论的发展水平因社会经验和测查任务的不同而有所不同，一般来说，儿童在4岁左右能够达到对错误信念的认知。

学生可以尝试通过儿童对他人信念的认知来考察儿童心理理论的发展。

实验名称：错误信念任务的实验

实验对象：幼儿园托班、小班、中班和大班的幼儿

实验材料：错误信念任务故事、糖果盒、铅笔

实验过程：

(1)给儿童讲一个故事，故事内容为：一个名叫麦克的小男孩把巧克力放在橱子A里。然后他到外面去玩了。在麦克不在的时候，他妈妈把巧克力从橱子A里拿出来做蛋糕，然后把剩下的巧克力放在橱子B里。麦克回来了，想吃巧克力。实验者讲完故事后，问儿童：麦克会到哪里找巧克力呢？

(2)首先向儿童出示一个常见的糖果盒，并问盒子里装着什么。在儿童回答为“糖果”后，实验者打开糖果盒拿出铅笔，让儿童看到里面装的是铅笔；然后将铅笔放回盒子，并问儿童：其他孩子在打开糖果盒之前，认为糖果盒里装的是什么？

实验结果测评标准：

根据儿童对实验者提出的问题回答情况，来判断儿童能否理解错误信念。如果儿童能正确回答任务故事后提出的问题(麦克到橱子A里找巧克力，其他孩子在打开糖果盒之前，认为糖果盒里装的是糖果)，说明儿童有能力理解他人的错误信念。如果儿童不能正确回答任务故事后提出的问题，则说明儿童还不能理解错误信念。

第九章 早期儿童社会性的发展(下)

本章导航

本章将有助于你掌握:

共同注意的发生和早期发展
依恋的本质

早期儿童亲子依恋的形成和发展
影响早期亲子关系安全性建立发展的因素

早期同伴关系的发生发展
影响早期同伴接纳性的个体因素

师幼关系的发生发展
影响师幼和谐关系建立的因素

早期儿童性别角色(性别概念、性别角色知识、性别行为模式)的发生发展
影响早期儿童性别角色类型化发展的因素

依恋发展的神经科学研究
性别角色发展的神经科学研究

一天早餐后，大一班的可达小朋友想到建筑区玩，因他用餐速度较慢，建筑区的人数已满，但可达硬要往里进。正在区内玩的维平对他说："今天建筑区已经有四个人了，你明天再玩吧。"可达却霸道地说："你出来，我要进去玩！"维平也不示弱，说："我先来的！"可达不容分说上去就要拽维平，维平又气又急，双手握拳，眼看一场"战争"就要发生。

金老师赶忙走过来，把可达拉到一旁。可达气得鼓着腮帮子直喘粗气。金老师轻声对他说："今天的建筑区已经有四位建筑师了。""我才不管，我也要玩。""你可以和小朋友商量啊。""他们才不会让着我呢。"可达喊道。"但打架能解决问题吗？"可达不说话了。金老师又接着说："你有没有想过，试试用一种更好的解决方法。"可达看着老师说："我想不出来。"

金老师转向建筑区内的小朋友，问："可达也想玩，怎么办？"这时，只见可达的好朋友晋成附在维平耳边悄悄说了几句话，维平便主动从建筑区走了出来，高高兴兴地玩象棋去了。

金老师和可达都莫名其妙地看着晋成，问："你跟他说什么了？"晋成笑了笑，不好意思地说："哎呀，没有什么，我就说，你出去，明天再玩，我给你带巧克力。"

可达、维平、晋成等几位小朋友的同伴关系地位及与金老师的关系，很显然有明显的差异。这些是最近几十年发展起来的社会性发展研究的重要方面，除此以外，早期儿童社会性发展研究领域还涉及家庭、社会等适应状态的其他很多方面。

社会性发展作为一个专门术语，在西方心理学文献中，于20世纪80年代才出现。

社会性发展(有时也称社会化)常指的是儿童在一定的社会历史条件下，逐渐独立地掌握社会规范，恰当处理人际关系，妥善自治，从而能客观地适应社会生活的心理和行为发展过程。①社会性发展的过程也就是人接受社会文化的过程，是从一个"自然人""生物人"成长为"社会人"，并逐步适应社会生活的全部过程。社会性是人的本质属性，社会愈发展，对人的社会性要求愈高，并且对人的自然属性愈加尊重。

社会关系是儿童社会性发展的核心内容，同时人际社会关系的形成是儿童期最重要的发展任务之一。一般认为，人生最初形成的关系决定了今后所有的关系，并且这种早期与母亲等"重要他人"建立的人际关系的性质对每个儿童今后的发展有着深远的影响。

---

① 王振宇. 儿童心理学[M]. 南京：江苏教育出版社，2001：197.

第一节　早期儿童社会性发展基础

儿童是在社会生活过程中，通过与他人交往和参与群体生活而逐渐形成一定生态系统的社会特性和社会参与能力，形成和发展着社会性的。这一特性和能力似乎自然而然发生着的，但年幼的婴儿是如何迈出交往的第一步、开始完成与他人建立关系这一高难度的任务的呢？目前的主要的发展心理学的解释就是儿童共同注意的发展。这特别在近些年关于自闭症儿童的研究诊治中得到人们更广泛的认同。

一、共同注意

共同注意是在20世纪80年代开始受到发展心理学家们的关注，被研究者们普遍认为在儿童人际关系形成中非常有用的一种能力，是近年来注意发展研究的一个重要方面，同时又是链接主体间感的概念。

(一)共同注意

共同注意，按照我国学者董奇等的解释，指的是指个体在交往中，参照他人提供的各种信息(如言语、目光、姿态、动作等)，确定对方的注视点并调整自己注意的指向，与对方同时关注二者之外的第三事件或物体的社会认知能力。[①] 它在外在行为上表现为追随他人手势、动作、视线、言语，在他人和物品间转换视线，或通过这几种手段吸引他人的注意。

人们普遍认为，孩子和成人同时注意某物体或事件的时候有可能丰富个体经验，对儿童的发展有积极影响。与成人一道时，年幼儿童的表现要比他们自己独自完成时的表现更高级、复杂，这在维果茨基提到的最近发展区中就明确体现了。研究指出，共同注意与婴儿言语的发展可能有着密切的联系，母亲注视某个目标并提供言语信息，促使婴儿随之关注同一目标，这对于婴儿关于形—音—义的整合，词汇信息的存储提取，言语能力的获得可能有重要的作用。同时共同注意时，他人(主要是母亲)和目标物所构成的参照系有助于婴儿识别不同情绪、理解情绪的含义，从而促进婴儿情绪的发展。此外，共同注意的发生还包含了对他人和自我行为的分化与协调，因此它与婴儿自我意识的发展也有着密切的联系。共同注意能力的获得，意味着婴儿不但可以准确地知觉、推理、判断他人的行为、发出的各种信号，而且还可以准确地理解该行为、信号的真正含义，并以此调节自己的注意和行为。凭借这种能力，婴儿可以更好地趋利避害、适应环境，可以以更多的途径、方式认识周围的物理世界和社会环境，更有效地与他人进行社会交往，构建各种人际社会关系，习得丰富知识与经验。

① 董奇．婴儿共同注意能力的发展[J]．心理科学，1997：20.

(二)共同注意的发生和早期发展

共同注意的发生，与婴儿和成人(主要是母亲)共同运用的信息手段以及策略密切相关。代表事物的词汇言语、目光注视的方向、指向物体的姿态、接触物体的动作等共同注意的这些手段，婴儿在言语出现之前，早已会运用其他三种手段让成人注意到某个物体，也会有意地运用这些手段来让成人注意当前环境中的某些特定特征。成人在通过这些手段同婴儿交流的过程中，主要用到两个策略：注意跟随策略和注意转换策略。前者指的是成人跟随婴儿的当前关注点，后者指的是成人将婴儿的注意力从当前关注点转移至另一个物体上。研究发现，注意跟随策略能更有效地促进儿童的语言习得——孩子更容易学会自发选取的、感兴趣的物体的名称，而不是家长指定的物体。

Baron Cohen(库恩)将儿童的共同注意分为两个部分，一类是元陈述指向，即儿童作为主导者去引发别人的视线接触；另一类则是注视监控，即儿童追随他人的视线或指点去注视某一对象物。

Bnunen(1983)认为，婴儿的共同注意发展可分为两个阶段：第一个阶段是追随他人视线阶段；第二个阶段则是引发他人注意阶段，因为婴儿获得了指点行为(pointing)，可用来表示共同注意行为。

如前几章的说明，人类在新生儿期就对面孔、语音等有所偏好，表现出追随的特征，据此一般认为，正常的儿童早在新生儿期就出现了共同注意(自闭症儿童可能较少表现)。但完全的，如 Bnunen(1983)分析的第二阶段的共同注意大约出现在快满周岁的时候。这时婴儿的指向动作从“为自己指”——看不出婴儿在试图同成人沟通发展到“为他人指”——婴儿会回头看成人，以确保对方在看自己的手势，但这并不意味着之前就不可能存在注意的分享。之前主要由成人负责将婴儿对特定环境特征的自发兴趣转化为共同关注点。也就是说，母亲运用注意跟随策略——当孩子注意某特定特征时，母亲不仅看那儿，而且还可能通过指向、贴标签及评论等来扩展孩子的兴趣，并趁机顺便教点东西。所以，刚开始的共同注意更像是单方的——婴儿引导，母亲跟随；或反之。只有到第一年快结束的时候，他人的注意方向、言语才开始对婴儿有意义，而随着进一步的发展，共享话题的责任就逐步平摊到双方身上，这时孩子也开始主动引导他人注意外在实体了。

董奇等的研究发现，婴儿的共同注意能力在 8～11 个月间逐步提高，9 个月左右出现显著的发展性变化，但 1 岁以前，该能力的发展水平都较低。婴儿具有从练习经验中学习的可能性，且学习能力存在年龄差异。8 个月的婴儿由于现有能力的不足，基本不能从练习的经验中学习受益，而 8～11 个月的婴儿在练习后共同注意水平都有不同程度的提高。另外性别方面的差异也很明显，总体而言，女婴的发展水平高于男婴。造成这种差异的原因之一可能是成人在与男婴和女婴的交往中的方式不同。成人更多地与女孩进行言语交流，用言语描述物体，与女孩有更多的接触；对男孩，成人主要鼓励孩子自己从事爬行等大动作，更多地让男孩独处。同时，在一岁以前，儿童自己对成人发起的交往也有不同的反应。女婴更可能响应母亲发起的活动，与母亲进行交流和游戏，而男婴则常忽视母亲发起的交往。这种不同性别婴儿与成人交往的不同特点可能使得女婴更经常地面对需要共同注意的情境，并在这些情境中发展了自己的共同注意能力①。

研究者普遍认为共同注意具有一定的反射性，似乎能自动引发观察者固定的行为反应。但何以在自闭症儿童身上不能自动联结生成，目前还是个谜。随着年龄的增长，共同注意受到意图推断的影响，即人们的注意系统中存在意图推断机制，能利用背景线索对他人眼动、手势、动作、言语时的意图与心理状态进行推断，以作更深刻的理解。

二、依恋

依恋(attachment)的英文原意为“附件”“附属物”，可以引申为“连接物”，即能使一物与另一物相连的物体，如绳、带子或钩扣等。依恋作为发展心理学中的核心概念，其首次出现是20世纪60年代。当时英国心理学家约翰·鲍尔比(J. Bowlby)发现，两次世界大战期间，许多孤儿院的儿童虽然得到了身体上的看护，但仍然表现出严重的心理障碍。于是鲍尔比在20世纪50年代向世界卫生组织提交报告《母亲的关怀与心理健康》，指出了机构养育的危害，尤其是母爱剥夺的危害。同期的动物(幼猴隔离)研究也得到了类似的结果。其后，基于自我的及动物分离的研究，鲍尔比在《依恋与失落》三卷本的第一本《依恋》一书中，从生态学、心理学、心理分析学、精神病学以至控制论、信息论角度，突破性地提出了依恋概念，解释了儿童对母亲依恋的机制，论述了最初几年母婴依恋关系的发展，创立了依恋理论。

(一)依恋：从单一到多重；从关键期限到敏感期段

鲍尔比认为对特定的人具有强烈的依恋是人类的一种基本需要，建立于婴儿期的对母亲的依恋关系会持续在个人“从摇篮到坟墓”的一生成长历程中，但由于他早期的依恋研究对象主要集中于儿童发展的早期，因此人们习惯把依恋理解是儿童早期的发展现象，是个人(主要是婴儿)与特定对象(母亲或照料者)之间形成的一种独特的情感关系。随着20世纪80年代中期之后，依恋研究的重点从婴儿依恋到向青少年依恋的转移过渡，依恋被更多地理解为是一贯穿一生的关系，是不受时空限制地将某人与另一人联系起来的一种持久的情感联结(M. Ainsworth，1973)。

现在，大量的研究结论和社会实际观察，修正着鲍尔比认为的选择性依恋全部是单一的，即依恋的中心是一个人(通常是妈妈)这一“单一依恋”观点，提出了“多重依恋关系”，即人可以与不同环境中的其他个体建立起不同的依恋关系，从而大大扩充了依恋的对象(不仅是母亲，还可能是父亲、同伴、老师、挚友、恋人、子女等)。

同时，鲍尔比深受洛伦茨(K. Lorenz)等习性学家的影响，也曾指出依恋形成存

① 董奇. 婴儿共同注意能力的发展[J]. 心理科学，1997：20.

在关键期，3岁是分界点，在此之后便再也无法逆转之前依恋缺失的消极后果了。但对年龄较大后才被领养的儿童的研究结果，却无法支持他的这一观点。可能在生命早期更容易形成依恋关系，年龄越大，情感的持久联结将会越困难。

依恋的联结系统是人类生来就有的行为系统之一(其他如探索、抚养等)，它具有几个显著的特征。

1. 依恋关系是依恋双方的持久的情感交融的关系，但有一方表现出更为依赖。

2. 依恋关系有明显的外在行为表现。早期儿童常将母亲视为安全基地，常有探寻和吮吸、姿势反应、注视和跟随、微笑、哭泣、抓握和依偎等基本的依恋行为。

3. 依恋关系提供安全感和自我效能感，可使人在其他社会情境中面临人际压力时，释放压力，降低混乱，能得到身心放松，感到有所依靠，能更积极、更有信心地探究。

4. 依恋关系的出现，是儿童多种社会认知发展的结果。主要有对互动对象的面孔、声音和其他特征的识别，行为的期望，对确立了依恋关系的那个互动对象的意识。

另外，依恋关系可能还具有传递性，早年的依恋经历会聚变为“内在工作模式”，对其社会情绪和人格发展影响突出；稳定性，最早期建立形成的亲子依恋关系，特别是安全性依恋能在较长的时间内将保持稳定和一致。

信息栏9-1

安全感高效获取及其心理价值研究

中国人喜欢说“有奶便是娘”，民间智慧总结认为，物质的满足是爱的源泉，是情感联结的基础，是安全感获得的根本。那么有比吃更重要的吗？

“猴子先生”哈洛(Harlow, H.)的研究证明：“接触所带来的安慰感”是爱最重要的元素。实验中，出生不久的幼猴被放到一个笼子里。笼中装有两个替代母亲，一个是用金属网构成的“金属妈妈”，‘她’身上装着一个伸出奶头的奶瓶，可以为幼猴哺乳；另一个是用柔软的绒布做成的“绒布妈妈”，“她”虽然不能哺乳，但却很适合拥抱。观察发现，当笼子里出现心理学家故意放人的大布熊或者超大的木质虫子等一些对幼猴来说“可怕”的“怪物”时，幼猴会紧紧地抱住“绒布妈妈”，当没有“绒布妈妈”陪伴时，它会恐慌地缩成一团，却没有到“金属妈妈”那里寻求慰藉。现场记录同时表明，小猴会花更多的时间和“绒布妈妈”在一起。这一研究表明，幼猴的安全感多来自母亲的爱抚，而不是与生理需要满足有关的经验，而这一结论也可以推广到人类的母婴依恋关系。

在另一实验中，一个木制的巨大蜘蛛被放进笼子里。面对这位身材高大、形状怪异的不速之客，笼中的幼猴显得十分紧张。“绒布妈妈”喂养的幼猴立即跑到“绒布妈妈”身边，紧紧地抱住它，似乎寻找到一个安全的依靠。可过了一段时间，它会大着胆子去触碰这位不速之客。而由“金属妈妈”喂养的幼猴，一看到这个庞然大物，它不是逃向“金属妈妈”，而是猛力地想把怪物推开，或无助地躺在地板上，或者紧靠着笼子摩擦身子，显得十分紧张不安。这个实验，进一步证实了依恋对孩子心理发展的重要作用。与动物相比，人类具有更浓厚的情绪色彩，更需要情感上的联系。

(二)主要的依恋理论

情感、亲情现象的普遍存在及在儿童人生发展历程中的重大作用，历来受到人们的重视。关注儿童的情感、个性、社会性发展的心理学家，对此也提出了多视角的解释，最早关注情感缺失的依恋问题的心理学家可追溯到弗洛伊德。

1. 精神分析学派的理论

精神分析理论认为哺育在孩子发展的过程中，对于发展孩子与哺育者之间的关系起着核心作用，他们把依恋看作是幼小儿童对能够满足其生理需要(如饥饿、潮湿、温暖)，提供快乐与舒适的母亲或父亲所形成的一种情感关系。

精神分析学派弗洛伊德第一个提出，婴儿和母亲的情绪关系为以后的所有关系打下基础。他强调母亲是儿童“独一无二的、无可替代的、坚实构筑的、一生中最初也是最强烈的情爱对象”，儿童对母亲的依恋关系会成为“日后各种情爱关系的原型”。

2. 习性学派的依恋理论

鲍尔比第一个将习性学的基本观点和心理分析理论、洛伦茨的幼鹅印刻学说相结合，长期应用于依恋问题的研究，提出了当今最广为接受、影响最大的依恋理论，它较深刻地解释了照料者和婴儿之间的情绪联系。

继承了不少精神分析观点的鲍尔比认为，依恋程度高则孩子的安全感和对父母的信任程度就高。但鲍尔比特别指出，哺育喂养并不是形成依恋的基础。他们的基本观点认为，人类的许多行为都是在漫长的生物进化，人类的发展进程中，为获取生存而逐渐得来的，是源自于种系生存和延续行为的进化。依恋也是一套生物学上的本能反应，它也是人类长期进化的结果，其作用在于保护幼小后代的生命安全，为他们提供一种心理安全感。他们在解释母婴依恋形成的机制时假设：进化使人类的婴儿产生了一种先天的倾向，即婴儿具有在无力照顾自己时发出信号(哭、笑、依附等)以吸引成人接近，从而满足自己各种需要的倾向，同时成人也具有对这些信号做出适当反应的倾向，这两种倾向相互作用，就形成了依恋。

关于依恋的内在作用机制，鲍尔比指出儿童能够在与他人交往的基础上形成一种“内部工作模式”，其实质是儿童对自我、重要他人以及人际关系的一种稳定认知。这种“内部工作模式”主要以无意识方式运行，并且一旦建立起来就倾向于永久，它决定着儿童的行为方式，并成为未来人际关系的参照系。这与精神分析理论中的“内化了的无意识表象”有异曲同工之妙，只不过“内部工作模式”更明确地将依恋与认知联系了起来。

强调从生命体本能来解释依恋的深层原因，有可能高估了生物习性的影响，而相对贬低了依恋这一情感联结的社会性特征，忽视了婴儿的社会认知能力的作用。

3. 行为主义学派的理论

行为主义也强调哺育的作用，但两者对依恋的实质、依恋形成的机制却看法迥异。行为主义最著名的依恋观点是依恋的冲动消退模式，其中的社会学习论者认为儿童最初的依恋实质上是母亲满足其基本需要而获得的二级强化行为。哺育是母婴关系的核心。当孩子发生饥饿的信号(原始的本能冲动)反复得到母亲的满足，那么母亲的存在就成为第二个或者习得的冲动，获得了二级强化的性质，因为这与缓解紧张情况成对出现。结果，母亲就成了儿童依恋的对象，孩子学会偏爱所有伴随哺育的刺激，包括母亲的爱抚、温和的微笑、温柔的安慰性话语。

同时这一学派的学者们还将母亲的照顾、惩罚或强化等作为自变量，研究这些变量对依恋的影响，并考察了依恋方式随年龄变化的特点，提出母亲惩罚与儿童依恋之间并非直线型的关系，即高依恋与母亲中等数量的惩罚有关，低依恋既可能与母亲的高惩罚有关，也可能与母亲的极端放任有关。与母亲的分离则是儿童焦虑的一个源泉。

4. 认知学派的理论

很有特点的是，认知学派的依恋理论并不重视吃等基本生理需要满足的作用，而是强调一些认知能力(如观察力、辨别力、记忆力等)对依恋发展的影响。该学派认为要想形成依恋，儿童必须具备两种基本能力：一是必须学会区分环境中不同人，若缺乏这种能力，儿童既不会发展对特定对象的依恋，也不会产生怯生心理；二是必须具备客体永久存在的能力。卡根设想，婴儿在生活交往的过程中会逐渐形成一些关于人和物体的“图式”。当与原先图式相似的刺激物出现时，婴儿会表现出愉快的情绪；当与原先图式略有不同的刺激物出现时，会引起婴儿的兴奋、好奇和探索行为；当刺激物与原先图式差别过大时，则引起婴儿的害怕。婴儿在 6 ～ 9 个月时形成对抚养者的专门图式，因此产生了特定的依恋。

第二节　早期亲子关系的发展

一般认为，亲子关系是指在血缘和共同生活的背景下，父母与子女互动所构成的人际关系。亲子关系是儿童最早建立的人际关系。其特点主要有：

第一，生物性和交往性，即强调血缘和交往的基础作用；

第二，互动性，在传统的注重父母特征的同时，现代亦强调子女的特征，如气质、性别等在亲子关系建立中的价值；

第三，依恋性，亲子关系表现的是亲子之间的情感的联结，有冲突，更是亲合。

一、早期儿童亲子依恋的形成和发展

早期儿童亲子关系主要是“第一重要他人”的母亲和孩子的依恋，这种关系一开始就表现出双向性，生活经验及学者研究都说明，母亲对孩子的依恋通常早于儿童对母亲的依恋，但本节从儿童发展的角度，更多的关注儿童对父母(主要是母亲)的情感联结问题。

(一)早期儿童亲子依恋的发展阶段

早期儿童对父母的依恋，通常表现为婴儿寻求并企图保持与另一个人的亲密的身体和情感联系的一种倾向。其行为主要有啼哭、笑、吸吮、喊叫、咿呀学语、抓握、身体接近依偎和跟随等。

根据鲍尔比(J. Bowlby)、艾斯沃斯(M. Ainsworth)等的研究，依恋是婴儿在同母亲较长期的相互作用中逐渐建立的，其发展过程可分为以下三个阶段。①

第一阶段：无差别的社会反应阶段(出生～3 个月)。这个时期婴儿对人反应的最大特点即是不加区分、无差别的反应。婴儿对所有人的反应几乎都是一样的，喜欢所有的人，喜欢听到所有人的声音、注视所有人的脸，看到人的脸或听到人的声音都会微笑、手舞足蹈。同时，所有的人对婴儿的影响也是一样的，他们与婴儿的接触，如抱他、对他说话，都能引起他高兴、兴奋，都能使他感到愉快、满足。此时的婴儿还未有对任何人(包括母亲)的偏爱。

第二阶段：有差别的社会反应阶段(3～6 个月)。这时婴儿对人的反应有了区别，对人的反应有所选择，对母亲更为偏爱，对母亲和他所熟悉的人和对陌生人的反应是不同的。这时的婴儿在母亲面前表现出更多的微笑、咿呀学语、依偎、接近；而在其他熟悉的人如其他家庭成员面前这些反应则要相对少一些；对陌生人这些反应就更少，但是此时依然有这些反应，婴儿还不怯生。

---

① 陈帼眉. 学前心理学[M]. 北京：人民教育出版社，2003：584－585.

第三阶段：特殊的情感联结阶段(6个月～3岁)。从6，7个月起，婴儿对母亲的存在更加关切，特别愿意与母亲在一起，与她在一起时特别高兴，而当她离开时则哭喊、不让离开，别人还不能替代母亲使婴儿快活，当她回来时，婴儿则马上显得十分高兴。同时，只要母亲在他身边，婴儿就能安心地玩、探索周围环境，好像母亲是其安全的基地。婴儿出现了明显的对母亲的依恋，形成了专门的母亲的情感联结。

与此同时，婴儿对陌生人的态度变化很大，见到陌生人，大多不再微笑、咿呀学语，而是紧张、恐惧甚至哭泣、大喊大叫，婴儿产生怯生。

史克佛和艾默生(Schaffer & Emerson 1964)针对苏格兰婴儿的研究，描绘的依恋的发展阶段是：非社会期(0～6周)、无辨识性依恋期(6周～6，7个月)、特定依恋期(约在7个月大时)、多重依恋期(7个月后)。

(二)早期儿童依恋的测量方法、类型

爱因斯沃斯(Ainsworth，1973)等人发明的陌生情境方法因其有效性而得到广泛应用，是主要的测量1～2岁儿童依恋水平的方法，其实验也成为研究婴儿分离焦虑、陌生焦虑的经典实验范式。

爱因斯沃斯和他的同伴认为，如果依恋发展得好，婴儿因视母亲(或其他主要养护者)为安全保障并在此基础上在游戏室里自如探究。另外，当父母短时间离开时，孩子应表现出离别焦虑，陌生的成人来安慰他一定不如母亲安慰有效。他们设计了婴儿的照看者(通常是母亲)在场和不在场的两种情境，具体的标准是使婴儿进入八个不同场景。详见表9-1。

表9-1　陌生情境技术的研究设计

场景	事　件	观察的依恋行为	持续时间
1	实验者母亲，婴儿进入视察室，然后实验者离开		30″
2	母亲在场，婴儿自由探究	母亲是安全保障	3′
3	陌生人进入，与母亲交谈，接近婴儿与之游戏	对陌生成人的反应	3′
4	母亲离开，陌生人继续与婴儿留在一起活动，或安慰	离别焦虑	3′
5	母亲回来，安顿婴儿，陌生人离开	重逢反应	3′
6	母亲离开，婴儿单独留在房间	离别焦虑	3′
7	陌生人进入，与婴儿一起活动，或安慰	接受陌生人抚慰的能力	3′
8	母亲回来，重新安顿婴儿，陌生人离开	重逢的反应	3′

陌生情境技术是在一系列标准事件的进程中实施的综合测量方法。它包括3个主要的行为主体变量：母亲(或其他主要养护者)、婴儿和陌生人；2种主要的人际

关系变量：与母亲的相互作用、与陌生人的相互作用；3种潜在的紧张体验：与养护者分离、与陌生人相处、在不熟悉的环境中生活；4种主要情境：亲子分离、亲子团聚、陌生人在场、陌生人退场。

它提供了对婴儿在逐步升级的压力情境下的多种行为反应的测量：婴儿在陌生情境下与不同的人在一起，或单独一人的探究反应，与不同的人的分离反应；与母亲的重逢反应。而重点在于儿童对待逐步增强的压力与运用母亲在场的方式，尤其是对待分离之后的团聚的方式。

根据利用陌生情境技术测定的儿童的行为特征，爱因斯沃斯把美国婴儿的依恋划分为三大类型。

——A型：焦虑—回避型依恋。其行为特征倾向于冷淡、疏远。他们在母亲离开时并无特别的焦虑，能接受陌生人的关注，与陌生人在一起并不十分伤感。整个人际互动中，表现出一些回避现象，如避免成人注视或扭身走开。

——B型：安全型依恋。其行为特征表现出舒适、安全的总体特征。陌生情境中，能以母亲为安全基地，接受与母亲的分离，重逢时表现出很大的热情，同时，对陌生人也表现出积极的兴趣。

——C型：焦虑—反抗型(或拒绝型)。其行为特征表现出相互矛盾的特征。拒绝陌生人，对母亲和陌生人都有气愤的攻击行为。

A型和C型通常被看作为不安全型。大约占30%～35%左右。同时还有其他的8个亚型。

1990年，梅因(Main)和所罗门(Solomon)提出了一种新的依恋类型：混乱型不安全依恋，也称作D型依恋。这种依恋类型被看作是一种最不安全的类型，在这种依恋类型中，A、B、C三种类型的依恋行为以非同寻常的方式复杂地结合起来。例如，中高水平的寻求亲近、回避和反抗的结合。除了这些混合的行为，有的儿童还表现出一些稀奇古怪的行为，如接近陌生人时转过头去，突然或怪异的举动，不规则的姿势，表情茫然，或者僵立不动等。

信息栏9-2

依恋的卡片分类研究方法专栏

儿童依恋行为的卡片分类研究方法(即AQS方法)所用的分类卡片共有90张，每张卡片上都有一个唯一的条目编号，都有一段行为描述的文字。90张卡片上的行为描述的共有3种类型：一类描述的是安全依恋中经常表现出来的行为(如条目1，孩子能够接受母亲的分享，如果母亲要求，可以让母亲拿东西；条目71，如果母亲抱着，孩子会停止哭泣，迅速从被惊吓或不安中恢复)；一类描述在安全依恋中很少出现的行为(如条目79，孩子很容易对母亲发怒；条目81，孩子把哭泣作为要求，驱使母亲做他想要做的事情)；第三类描述的是儿童日常生活中常见的行为。

研究时，母亲或其他熟悉儿童的评估者根据条目内容符合儿童特征的程度将它们分为九堆，每堆十张，从第一堆到第九堆符合程度递增。通过一定的分析方法得到该儿童在安全性线性连续体上所处的位置，并可以把儿童的依恋分为安全和不安全两类。

这一方法主要是测量家庭环境中1～5岁儿童的依恋行为。它是继“陌生情境法”之后出现的又一个公认的有效和可靠的儿童依恋行为测量工具，它克服了陌生情境法生态效度上的缺陷，适合中国儿童依恋类型的检测。

二、影响早期亲子关系安全性建立发展的因素

亲子关系是伴随着儿童的出生，甚至是儿童的孕育而自然出现的，随着儿童和父母关系发展的不同阶段而会表现出不同的发展状态，如可能出现的“依赖期”“反抗期”“平稳期”“冲突高发期”“冷落期”“深沉期”等。如前文所述，亲子之间的关系类型有多种，对儿童的个性社会性发展起着积极影响的安全型依恋。

早期亲子关系安全性的建立表现为亲子之间的和谐，相互的信任支持和理解悦纳，在最初形成的基础上其发展较为稳定、延续、深化。早期亲子关系安全性的建立和发展深刻地受到父母(特别是母亲)、儿童以及家庭和社会文化环境的影响。了解这些影响因素，便于父母自身理智地处理与孩子的早期关系，便于儿童教育工作者等更好地帮助家长建立良好的关系，以利于儿童良好的个性社会性发展及社会适应。

(一)母(父)亲的内在工作模式特征

为什么每个父母亲都期望与孩子建立起良好的亲子关系，都愿意对孩子的情绪状态、生理要求做出敏感、迅速、合适的反应，但却仍有千差万别？更进一步的研究分析指出，照料者(主要是母亲)的内在工作模式特征是产生差异的原因。梅因等人(1985)为了了解父母有关依恋的“心理状态”，设计了成人依恋访谈(the Adult Attachment Interview)，通过向成人提问以了解父母亲对儿时依恋的回忆和对这些回忆的评价。父母的解释，而不是事情本身的积极或消极的特性，展示了他们的内在工作模式特征。研究总结出，共有四种有代表性的类型，并且这明显地与婴儿期和童年早期的依恋有关(见表9-2)，但我们在应用这一相关成果时必须注意，不能假设(父)母儿时的经历对他们孩子的依恋质量有直接的影响。内在工作模式是一种重建记忆(Reconstructed memories)，有很多因素对其产生影响，包括成长经历中的关系，人格以及对现实生活的满意度。结果，拥有不幸的成长历程的父母不一定注定成为不敏感的父母，能从消极事件的阴影中走出来，能以理解的方式来回顾和宽恕他们的父辈的新一代父母，可能易与孩子建立安全的依恋关系，形成良好的亲子关系。

表 9-2 母亲的内在工作模式和婴儿依恋安全感的关系

母亲内在工作模式	描 述	婴儿依恋类 型
有主见的/安全的	这些母亲客观地讨论她们童年时的经历，不管是积极的还是消极的，她们既没有把她们的父母理想化，又不对过去表示愤怒。她们的解释是前后一致的，可信的。	安全型的依恋
松散的	这些母亲贬低了依恋关系的重要性。她们回忆不起具体的经历，却把自己的父母理想化。她们只是理智地回忆，并没有情绪。	回避型的依恋
过分干涉的	这些母亲满含感情地谈着她们儿时的经历，有时对父母表示愤怒。她们对儿时的依恋比较模糊，无法连贯地讨论。	反抗型的依恋
不果断的	这些母亲表现出和前三类一样的特征。同时，当谈到所爱的人去世，或所经历的性侵犯的经历时，她们的解释是语无伦次的。	紊乱的/混乱的依恋

(资料来源：Benoit & Parker，1994；Main & Goldwyn，1994；Pederson et al.，1998
转引自劳拉·E. 贝克. 儿童发展(第五版). 吴颖等译. 南京：江苏教育出版社，2002 年版. 594)

(二)母(父)亲的抚养特征

为什么同在稳定的家庭中，同由母亲、父亲等照料、抚养着的孩子，但却出现不同的依恋类型，表现出不同的亲子关系？大量的研究认为，照料者的抚养品质，如敏感性、接受性等也直接影响着儿童的安全依恋和亲子关系。

爱因斯沃斯等人(1969)研究了母亲在孩子出生后最初 3 个月的喂养方式，对儿童社会性品质发展的影响。发现高敏感性的母亲能使 1 岁的孩子形成安全型依恋，反之，那些低敏感性、低反应性的母亲喂养的孩子大多形成回避型或反抗型的依恋。同样的研究是婴儿半岁后，继续在家中被观察。当婴儿满 12 个月时，重新考虑了母亲抚养类型与婴儿依恋间的关系。他们从敏感—不敏感、接受—拒绝、合作—干扰、易接近—忽略四个方面评定母亲抚养的行为特征。结果发现，安全依恋类型的母亲多能保持一致的、稳定的敏感、接纳、合作、易接近等特征；而回避型的母亲倾向于不敏感、拒绝；反抗型的母亲则倾向于干涉或忽略、拒绝。

克拉克等人(1973)的研究再次有力地支持了爱因斯沃斯等人的结论。他们从反应性、积极的情绪表达、社会的刺激量三个维度来描绘母亲的抚养质量，而把儿童依恋分成与爱因斯沃斯分类相似的五种类型，并按依恋强度进行排列。他们的这一相关性研究表明，非(不)依恋性儿童(相当于爱因斯沃斯的回避型依恋)与不良依恋儿童(相当于爱因斯沃斯的反抗型)的母亲在上述 3 个维度上得分较低，安全依恋的儿童的母亲则得分较高，她们均具有很高的反应性，能准确地理解儿童的信号表达并能给予适当迅速的反应，积极情感表达的频率较高，能给儿童提供大量有益的社会性刺激。

沃尔夫等人(1996、1997)的研究中揭示出，同步行为这一特殊交流方式会有助于增强依恋安全。他们通过对超过4 000对母子的66项研究表明，母亲对孩子的信号始终能做出敏感的、合适的、积极的回应，对孩子照顾温柔而细致，孩子的依恋安全度就比较强；相反，依恋不安全的孩子，母亲往往很少和他身体接触，抱孩子的方式也很笨拙，行为举止很常规化，并且有时会表现出消极的、憎恨的、拒绝的行为和态度。

一些研究发现，和安全型依恋的孩子相比，回避型的孩子可能得到了太多的刺激打扰，如孩子正在张望四周或就要睡着时，母亲同他大声说话。为逃避母亲，孩子试图从强行交流中逃出。反抗型的孩子可能经历了前后不一致的照料。他们的母亲很少照料或对孩子的情感交流信号作出反应，所以当孩子开始探索时，母亲开始干涉致使孩子把注意力转移到她们身上，结果孩子表现出过分的依赖，同时，他们对母亲的不在表现出愤怒和沮丧。

(三)母(父)亲的缺失和稳定特征

鲍尔比的划时代的关于依恋问题的研究，就是从照料者(主要是母亲)的缺失而引起的，在之后的一系列研究中，史比兹(R. Spitz)对孤儿院孩子进行的研究很能说明这一点。这些孩子都在3个月～1岁期间被母亲抛弃。他们被放在一个大的病房内，至少七八个孩子都由一个护士照料。和与父母分离前的快乐、外向的行为相比，他们哭泣较多，对周围环境退缩，体重减轻，入睡困难。如果孩子所见到的照料者无法替代母亲，那么这种伤害就会更加严重。

安娜·弗洛伊德等人研究了因历史原因而被一起封闭喂养三四年的一群儿童，发现这些儿童虽然在正常抚养环境中接受补偿以后能形成对抚养者正常的依恋，但其社会性发展仍存在很大的缺陷。最初对同伴之间隔离表现出极度焦虑和烦恼，对成人充满恐惧和怀疑、反抗，形成正常依恋后对成人有极强的占有欲，忌妒同伴，情绪不稳定。这种情况在由原来的同伴之间的相互依恋向依恋成人转变期间尤为明显。

一般认为，儿童与照料者(母亲等)短期分离的消极效应是无关发展大局的，但却是带有创伤性的。儿童在与照料者缺失的初期往往表现为持续的分离焦虑与自我防御，以后逐渐减弱，其长期的消极效应并不显著。而长期分离，特别是缺乏稳定的照料者的消极效应影响深远。

(四)儿童特征

关注儿童特征在亲子关系中的作用，是近几十年来发展心理学的进步标志。目前的研究大多注意到儿童的气质、智力、生理特征、出生顺序等会直接影响亲子依恋关系。

气质因素方面。一般结论是容易照看型的儿童与母亲关系融洽。难以照看型儿童经常哭泣，纠缠母亲，与母亲关系不和谐，在不正常的家庭气氛中比其他儿童更容易受到伤害。儿童的气质特征往往影响着(至少是部分地决定着)母亲的照看方式。

智力和生理特征方面。有关缺陷儿童的研究表明，儿童的智力水平及生理缺陷对依恋的发展具有重要影响。大多数智力障碍的儿童在同母亲交往过程中往往消极被动，交往的主动权，不像那些正常儿童一样自己能有一定的掌握，而多在母亲手中。他们注视母亲的时间较少，因而较少情绪等各方面的交流。而生理缺陷，如嘴唇或上腭豁裂，会使孩子的依恋安全性受到影响。这些孩子因面部的畸形，会引起进食的困难，耳部容易感染，进而使他们更易烦躁，社会反应减弱。聋童因与父母之间未能建立有效的信号反应系统，故对父母的依恋通常发展缓慢。

一个新的同胞弟妹的出生也会影响依恋安全性。有研究指出，第一个出生的孩子会因第二个孩子的出生而降低其依恋安全性。不过这种状况出现的孩子，其母亲在临产前期总是消沉的、急躁的、充满敌意的，这样的情绪症状将引起母亲和第一个孩子之间的情绪摩擦，从而造成他们之间的关系不愉快。如果母亲处理得当，对第一个孩子一如既往地关爱，这种消极的影响将会减少，甚至不会产生。

现在的一些研究似乎表明，如果照料者调整他们的行为以去适应孩子需要，孩子就会有更高的依恋安全感，但如果父母的能力有限，如因为他们的个性或拮据的生活条件，那么适应困难的孩子就更易导致依恋困难。有面部畸形的孩子到 1 岁后，依恋安全的比例也将会恢复到正常状态。如果父母与聋童之间建立相互理解的符号系统，情况也会有所改善。

通过对 1 000 多对母婴 34 项研究表明，母亲的问题，如精神问题，少年母亲，对孩子的虐待，都会引起高度的依恋不安全。相反，孩子的问题，如早熟或发育迟缓、生理疾患、心理问题，对依恋的影响微乎其微。

(五)家庭一般特征

研究表明，失业、经济困难、婚姻的失败都会影响父母对其子女照料的质量，父母之间经常争吵，挑剔，会使他们的孩子多体验的是消极情绪，从而破坏依恋的安全性。

我国现在的家庭结构形式主要有两种："核心家庭"即父母与孩子两代人组成；"三代人家庭"即孩子与父母、(外)祖父母共同生活。一般来说，祖辈往往倾向于采取娇惯的态度，对孩子多喜爱包办代替，缺少原则的要求，这样的祖辈和父辈的育儿方式将可能产生较大的冲突，从而出现家庭摩擦，进而减少、影响孩子的依恋安全性。

(六)文化特征

目前的研究多表明在同种文化背景下依恋类型存在一定的稳定性，如美国的孩子中，安全感的依恋约占 65%，焦虑—回避型依恋约占 20%，焦虑—反抗型约占 10%～15%，混乱型依恋约有 5%～10%(Ainsworth，et，al，1987；Main Solomon，1990)。其他跨文化的研究也得到这一总体相似的分布模式，即安全型依恋最多，回避型其次，拒绝反抗型，混乱型最少，亦即安全模式在各种文化背景，都

是最多，似乎又最容易地建立起来，但又总不可避免地存有其他不安全的模式。这种分布特征表明亲子早期依恋与儿童自身特征及其发展规律，与文化的稳态特征，更与母性、父性的进化特征、规律紧密相连。

跨文化的研究同时也表现出，不同的文化熏陶下，依恋类型的具体表现比例有所变化。如法国的孩子中，约有40%是属于回避型，日本的拒绝—反抗型儿童约有30%，西欧儿童回避型较多，而日本和以色列的儿童拒绝—反抗型都相当普遍。这些都可说明不同文化背景下的亲子关系的良好状态具有一定的文化性特质。

第三节　早期同伴关系的发展

同伴关系常指年龄相同或相近的儿童之间的一种共同活动并相互协作的关系，或主要指同龄儿童或心理发展水平相当的个体之间在交往过程中建立和发展起来的一种人际关系。①

哈吐普(Hartup，1989)的两种不同性质人际关系理论指出，儿童成长过程中与“重要他人”形成的人际关系分有垂直关系和水平关系。垂直关系是指儿童与拥有更多知识和更大权力的成人，主要是儿童与父母和教师之间建立的一种人际关系。这种关系的性质具有互补性，即成人控制，儿童服从；或儿童寻求帮助，成人提供解决。垂直关系的主要功能是与父母的关系可为儿童提供安全和保护，与教师的关系可使儿童学习知识和技能。水平关系指儿童与那些与儿童主体具有相同社会权利的同伴之间建立的一种关系。同伴关系的性质主要是平等和互惠的，即儿童之间的活动和交往可自由互换角色，活动过程可自由控制掌握，这种关系的主要功能明显地与成人的交往关系不同。

同伴关系在儿童的生活中，尤其是在儿童个性和社会性发展中具有成人无法替代的作用。关注儿童同伴关系，最早是在社会学研究领域开始的。20世纪30年代，国外心理学界开始研究这一问题，其中除因第二次世界大战的被迫中断之外，儿童同伴关系的研究一直稳定延续，特别是在20世纪七八十年代对同伴关系系统深入地进行了研究并取得了丰硕的成果。同伴关系的发展和社会适应功能主要有：

同伴关系是满足团体归属感的重要源泉

儿童的归属以及被尊重和爱的基本需要，满足的途径可多样。亲子关系的满足更带有生物性，早期的儿童更多的是获取，而平等的同伴关系更可能满足儿童的社交需求、获得社会性的支持、安全感以及今后社会生存所必需的责任感。

---

① 张文新. 儿童社会性发展[M]. 北京：北京师范大学出版社，1999：133.

同伴关系是发展社会认知和社会技能的重要基础

社会认知和社会技能是交往的产物。在儿童的实际社会交往中，他们逐渐体验出、认识到自己的特征及自己在同伴心目中的形象和地位，在与同伴的交往冲突中直接导致社会观点采择能力的发展并促进社会交流所需技能的获得。

一、早期同伴关系的发生发展

(一)早期同伴交往发生发展的阶段

大量的观察研究表明，儿童之间的交往很早就发生。刚出生不久的婴儿会在听到别的婴儿哭时会跟着哇哇哭叫起来，3～4 个月大的婴儿被成对地放在育婴箱里时，他们会表现出互相观察和触摸对方的现象。一般地，真正意义上的同伴交往行为是在出生后的第六个月开始，这时单向性的社会行为虽仍占据主要部分，但同伴间的相对的微笑、咿呀发声以及模仿彼此的动作来进行双向交流的现象会偶尔出现并逐渐增多。

儿童与同伴的交往在整个童年期间的基本发展趋势是：从最初简单的、零散的互动逐步发展到各种复杂的、互惠性的交往，并在长期的同伴交往过程中与其他儿童发展友谊、结成朋友、形成群体。

现有的观察研究证实，儿童早期(0～2 岁)同伴交往的发展以一种固定的程序展开，有一系列的发展阶段。

第一阶段——“客体中心阶段”。这时的儿童更多地把注意力集中在玩具或具体物品上，而忽视对方的存在和要求。6～8 个月的儿童通常互不理睬，只有短暂的接触，如朝同伴偶尔看看、笑笑或抓抓等，但这也是更多地把对方当作活动的物体或玩具来看待。这种情况一直会持续到 1 岁，李(Lee，1973)观察了 6～10 个月婴儿的行为表现，发现其 60%的行为都属于这种情况，然而这种单方面的社交是同伴交往的第一步，当一个婴儿的主动交往行为成功引发另一个婴儿的反应时，儿童之间的交往新阶段就出现了。

第二阶段——“简单交往阶段”。这时的儿童已能对同伴的社交行为做出反应，会经常企图去控制另一个婴儿的行为。马萨提和帕尼(Musatti & Panni，1981)观察了一个日托中心内 6 名 12～18 个月相互熟悉的婴儿的社会交往行为，结果发现，所有的婴儿对其周围的其他同伴都是非常留心注意的，并经常地表现出与同伴的身体的接触、相互地对笑和说话、甚至相互地给或取玩具等。研究结果表明，该时期的儿童在进行独立活动的同时，通过对周围环境的留意来获取对同伴的信息，并且由于观察和模仿同伴的行为，开始了直接的相互接触和影响，从而使同伴的交往进程带入到简单的社会交往阶段。

研究者在对这一时期儿童的交往行为进行分析时，引入了“社交指向行为”的这一指标。“社交指向行为”即指婴儿意在指向同伴的各种具体行为，婴儿在发生这些行为时，总是伴随着对同伴的注意，也总能得到同伴的反应。具体如微笑或大笑、发声或说话(如听到同伴哭，自己也跟着哭，而同伴会更大声地哭)、给或拿玩具、身体的抚摸或轻拍或推拉以及较大的动作(如走到同伴旁边，然后跑开)、玩与同伴相同或类似的玩具等。这些行为的目的都在于引起同伴的注意，与同伴取得联系。这阶段的儿童就是通过这种交往行为积极地找寻自己的同伴的，同时也对同伴的行为做出反应，进而相互影响。

第三阶段——“互补性交往阶段”。这时的儿童出现了更多、更复杂的社交行为，相互间的模仿已较普遍，婴儿不仅能较好地控制自己的行动，而且还可以与同伴开展需要合作的游戏，表现出相互影响的时间增长、内容和形式也更为复杂、互补或互动的角色关系，如“追赶者”和“逃跑者”“给予者”和“接受者”大量出现、有微笑或其他恰当的积极性表情的伴随。

这一阶段儿童交往最主要的特征是同伴之间的社会性游戏的数量明显增长。伊克曼等(Ekman，1975)曾将10～24个月的儿童按年龄分为三组：10～12个月组、16～18个月组、22～24个月组，并让他们分别与自己的母亲、不熟悉的同伴以及同伴的母亲在一起，以研究这三组儿童究竟喜欢和谁玩、怎样玩。结果发现，16～18个月、22～24个月的儿童社会性游戏明显多于单独游戏；同时，这三组儿童中，即便是10～12个月的儿童也最喜欢与同伴玩，而相对较少与母亲玩，并且随年龄增长，与同伴游戏的数量更明显多于与母亲游戏的数量，特别不愿意与陌生人玩；另外，16～18个月似乎是个转折期，儿童的社会性游戏迅速增长，其选择的对象多是同伴，与母亲游戏的数量显著下降(见图9-1、见图9-2)①。

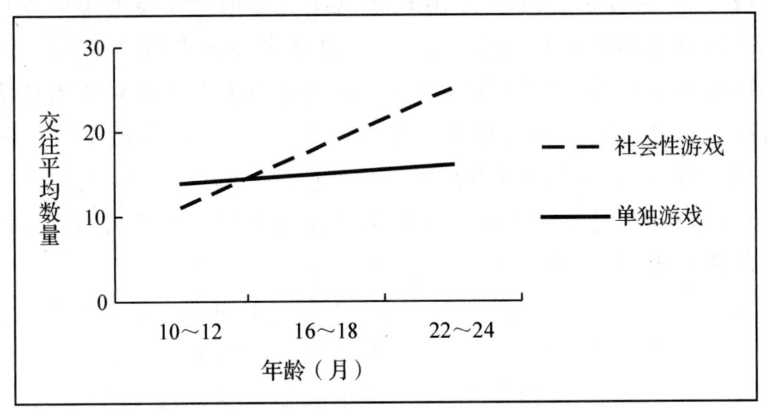

图9-1　10～24个月儿童两类游戏的发展

2岁之后，随着儿童认知能力、言语技能和社会交往技能等的发展，同伴间的交往在数量上和质量上都发生着很大的变化。帕顿(Parton，1932)在对幼儿园儿童进行的观察研究发现，儿童的合作—互动游戏会随着年龄的增长而增加，其必然性经历三个阶段：最初是非社会活动，包括偶然的行为或无所事事、旁观和独自游戏；然后发展为一种有限的社会参与活动，即常说的平行游戏，儿童玩着和附近儿

① 庞丽娟，李辉．婴儿心理学[M]．杭州：浙江教育出版社，1993：353－355．

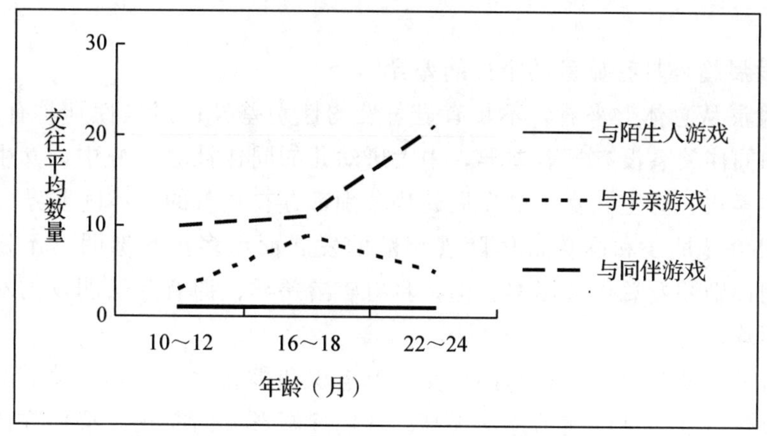

图 9-2　10～24 个月儿童多种交往的发展

童相同或相近的玩具，但不和他们交谈；最后一个阶段包括协同游戏和合作游戏，这是真正意义上的社会交往行为。豪伊斯(Howes，1980)在此基础上，根据早期儿童之间接触的密切程度将其社会性游戏分为更易把握和区分的不同层次的五种类型。

第一层次：互不注意的平行游戏(简单的平行游戏)。两个或更多的儿童在进行着同样的活动，但彼此间没有如目光等的往来。

第二层次：互相注意的平行游戏。这时的儿童有视线注意和接触，但无言语或其他社会性交往活动。

第三层次：简单的社会性游戏。儿童之间进行类似的活动，同时伴有如交谈、微笑、互借玩具等社交性活动，甚至有身体上的接触和攻击性行为等，但彼此之间的活动没有关系。

第四层次：互补性的社会性游戏。有自发的共同性的活动，有"一起玩"的意识，如轮流玩球、爬滑梯等互相关联的活动，但相互之间并不交流，没有共同的活动计划。

第五层次：互补互惠的社会性游戏。有一定的共同活动计划，有彼此言语的邀请和合作。例如，一起作画时，同伴说"用蓝色水彩笔画大海"，于是儿童拿起蓝笔画画。一起玩娃娃家时，有角色的分配和合作等。

豪伊斯(1992)等在纵向研究中进一步发现，儿童在发展过程中确实会依次出现前述的几种形式的游戏，但儿童发展并不会出现由一种游戏形式替代另一种游戏的现象。相反，有些学者认为，各种形式的游戏在 3～6 岁儿童的发展过程中是并存的，并且非社会活动是 3～4 岁儿童行为中最常见的形式。

刘少英(2009)等通过同伴提名法对三个班的幼儿同伴关系进行五年追踪研究发现，3～6 岁的幼儿：

1. 同伴关系发展是自组织的过程，它从整体未分化到分化清晰的层级整合，具体而言，小班同伴关系处于混沌期，中班同伴关系处于分化期，大班同伴关系处

于稳定期。

2. 其发展趋势具有显著的个体间差异。

3. 其发展从总体上来看，不具有显著性的性别差异；但是性别具有年龄差异，小班幼儿的同伴关系没有显著差异，中大班幼儿的同伴社会偏好中，女生比男生更受到同伴的喜欢。男生和女生的发展趋势分别都存在显著的个体间差异。

4. 幼儿互选朋友和同伴群体随着年龄的发展而增多，互选朋友不稳定，异性别朋友和同性别朋友总体差不多，但是具有年龄差异；拥有互选朋友的幼儿其同伴地位分布不均。

儿童进入小学学习之后，与同伴交往的意识和机会大大增加。他们互相交流思想、进行合作以及分享的能力逐渐提高。他们逐渐形成的非正式群体在同伴的社会交往中越来越占据重要地位，同伴的影响也越来越突出了，逐渐建立友谊关系，并对友谊这种特殊的人际关系的认识增强。塞尔曼(Selmer，1980)曾提出儿童友谊的5个发展阶段：暂时的游戏伙伴阶段(3～7岁)；单向帮助阶段(4～9岁)；双向帮助阶段(6～12岁)；亲密的共享阶段(9～15岁)；友谊发展的最高阶段(12岁开始)。

(二)早期同伴交往的行为和策略

儿童同伴交往的发生发展，直接地表现为社交技能和行为的发展①。

第一年的儿童发展起的一些重要的社交技能和行为有：

1. 看上去有意地朝向玩伴微笑、皱眉、打手势；

2. 仔细地观察同伴，表现出明显的社会性兴趣的迹象；

3. 通常友善地对同伴的行为作出反应。

第二年的儿童进一步发展了社交性技能，与同伴的协调能力明显加强。

1. 模仿同伴行为和意识到被模仿；

2. 遵守次序，包括观察同伴—对同伴作出反应—观察和等待—对同伴的反应等相互交流的次序；

3. 表现出帮助和分享行为；

4. 根据同伴的性格作出恰当反应。

两岁之后，儿童同伴交往中开始运用语言进行交流，年长的儿童比年幼的更多地使用。研究还发现，早期儿童同伴交往中策略逐渐出现，该年龄阶段儿童运用的策略包括有：

1. 发起，即借助语言或动作，发起有效的交往行为，达到问题的解决。例如，“我们玩揪尾巴吧”等。

2. 协商，即与同伴商量能否让他(她)玩，如“我去问问他愿不愿意让我玩玩”等。

3. 交换，即与同伴玩具交换玩，如“拿我的玩具和他换着玩”等。

---

① 王振宇．学前儿童发展心理学[M]．北京：人民教育出版社，2004：224－234.

4. 求助，幼儿要求老师或家长等的帮忙。例如“我让老师帮我向他借”，“让爷爷给我买一个”之类的回答。

5. 回避，即幼儿不直接回答同伴的问题或转移话题。如“我不知道”，“我玩自己的”之类的回答。

6. 冲突，即与同伴发生正面冲突，不管同伴同意与否硬夺玩具。“因为我喜欢的，我要玩”“老师说的玩具要大家玩”之类的回答。

7. 等待，即等某个小朋友不玩的时候拿来玩，如“等他去玩别的玩具的时候拿来玩”或“他不注意的时候拿来玩”之类的回答。

从发展角度看，3～6 岁的幼儿，其发起水平较低，随年龄增长，运用发起、协调、交换的交往策略的能力都在提高，尤以 5 岁幼儿提高最为明显；采用求助、回避方式解决问题呈明显递减趋势，而冲突、等待策略有略微起伏现象。在交换的 4 种类型中，按人数多少的顺序，依次为 A 型(又给又拿)——C 型(只拿不给)——D 型(不给不拿)——B 型(只给不拿)。

(三)同伴关系的测量技术

儿童之间或简单或复杂的同伴关系的测量，目前心理学界使用的方法技术主要有：

1. 观察法，即对自然状态下的儿童的同伴关系进行观察研究的方法。实践和研究成果都表明，通过观察技术可感受到同伴之间的不同密切程度的关系，发现大多数群体中同伴接纳性的差异。但这种方法比较费时，且常带有直觉性、主观性而影响其成果的科学性，因此这种方法很少被利用。

2. 社会(社交)测量技术，即要求儿童自己主观来评价对同伴的喜欢程度的方法。这是一种自我报告式的同伴关系评价技术。主要包括：

(1)同伴提名法，是指在儿童的某一社会群体，如幼儿园一个班中，让每个儿童根据所给定的名单或照片进行限定提名，一般是让每个儿童说出自己最喜欢或最不喜欢的同伴。例如，“你最(不)喜欢与谁玩”等问题，然后根据从每个儿童处获得的正负提名的数量多少，对儿童的同伴关系特点进行分类。

这种方法可以测出同伴地位的重要差异，但可能因测量过程中儿童由于某种原因遗忘或不能说出最(不)喜欢的同伴名字而造成研究结果的不准确；另外，对一些中间的儿童缺乏测量。鉴于这种方法的局限性，此种研究中，常有学者提倡使用同伴评定法。

(2)同伴评定法，即要求每个儿童根据具体化的量表对群体内的其他所有同伴进行评定，如“你喜欢、不喜欢与×××玩?”并给出喜欢、不喜欢的评定等级，如很喜欢、喜欢、一般、不喜欢、很不喜欢等级别。

这种方法比较可靠有效，获得的结果与实际同伴交往情况、实际观察获得的数据具有较高的正相关。但此方法因让评价身边的同伴而会引起不舒服，会涉及一些个人隐私等道德伦理问题，须特别注意，尤其是在大年龄的儿童中使用时。

利用这样的测量技术获得的结果，加以整理，可作出社交关系图见前图 9-2，可直观地分析出儿童的同伴关系状况。

(四)早期同伴关系的类型

用上述技术对儿童社会接纳性的分类描述，一般把儿童分为六类。

1. 受欢迎的儿童：指那些获得许多同伴积极提名或评定的儿童。

2. 被拒斥的儿童：指那些获得许多同伴消极提名或评定的儿童。

3. 被忽视的儿童：指那些被很少提名(包括积极和消极的提名)的儿童。

4. 一般的儿童：指那些在同伴提名中没有获得极端的等级(最喜欢或最不喜欢)的儿童，他们的同伴接纳程度处于一般情况的状态。

5. 矛盾的儿童：指那些被某些同伴积极提名或评定，同时又被另一些同伴消极提名或评定的儿童。

6. 其他型的儿童：不能归入以上类别的儿童。

郑健成(1990)考察了幼儿园大班儿童的社会交往，发现大班儿童的交往有了一定的稳定性，并且同性之间的交往比例高于异性之间。庞丽娟(1991)利用同伴提名法对幼儿园阶段儿童的交往关系进行了研究，划分出此阶段儿童同伴关系的四种类型：受欢迎型、被拒绝型、被忽视型和一般型，并结合同伴评定法和教师访谈法进一步探讨了不同类型儿童的行为特征。

在以上的各种类型中，受欢迎型、被拒绝型、被忽视型是被研究较多的，他们在行为、认知和情感三方面都表现出自己的特征，学前阶段的此三类儿童的主要表现特征有：

受欢迎型儿童　有较多的积极、友好行为和很少的消极行为；性格一般较外向，不易冲动和发脾气，活泼、爱说话、胆子较大；掌握使用的社交技能与策略较多，有效性、主动性、独立性、友好性等均较强。

被拒绝型儿童　体质强、力气大、行为表现最为消极、不友好、积极行为很少；能力较强、聪明、会玩、性格外向、脾气急躁、容易冲动、过于活泼好动、喜欢交往、在交往中积极主动但又很不善于交往；对自己的社交地位缺乏正确评价，并常常是过高估计，对有没有朋友一起玩不太在乎。

被忽视型儿童　体质弱、力气小、能力较差；积极行为与消极行为均较少，性格内向、慢性、好静、不太活泼、胆小、不爱说话、不爱交往，在交往中缺乏积极主动性且不善交往；孤独感较重，对没有同伴与自己一起玩感到比较难过和不安。①

大量的研究表明，积极的同伴关系更有利于儿童社会价值的获得、社会能力的培养以及认知和人格的健康发展，同伴关系的不良更易造成这类儿童的社会适应及相应的心理问题的发生，因此，帮助儿童改善自己与同伴的关系，是心理学者致力研究的又一热点问题。

---

① 陈帼眉．学前心理学[M]．北京：北京师范大学出版社，2000：366.

促进幼儿同伴交往技能

幼儿同伴关系对于幼儿的发展具有重要的意义，促进幼儿同伴交往技能，可在基于儿童不同状态的考察、全体幼儿以及年龄特点，从发展的角度进行综合培养的原则基础上，运用预设——从幼儿同伴交往技能培养的目标出发预设一定的教育内容，同时考虑各年龄阶段的发展特点以及幼儿其他领域的发展平衡；生成——根据幼儿生活中的兴趣点，生成一定的教学内容；针对——相同的目标，根据幼儿的实际情况选择不同的内容来完成等三种策略，通过显性和隐性教育活动相结合的方式，在同伴交往的活动中体验，保证多元能力共同发展以促进交往技能的发展。

例：小班朋友车主题的缘起

《朋友车》的主题来源于一次随机的游戏。一天，因为呼啦圈一人一个不够，于是教师就让幼儿俩人一起来玩一个。幼儿想出各种方法玩，有相互滚，你滚给我，我滚给你，有放在地上当圈跳等。其中有两个孩子他们将自己的身体全都套在呼啦圈里，学起开汽车的样子。这一情境吸引了其他的小朋友，纷纷效仿，都学起他们的样子开起了汽车。见此情境，教师觉得很有趣，就给他们取名为“朋友车”。“朋友车”好玩但不好开。有的“朋友车”因为当司机的孩子没有关注到后面的小朋友，只顾自己往前开，而“翻车”了。有的“朋友车”却因为两个孩子步伐一致，开得慢慢的，而畅行无阻。这表明，“朋友车”无形之中创造了幼儿与同伴交往的机会。

开好“朋友车”，幼儿必须要“关注同伴”，了解同伴的需要和想法，并因此进行相应的交流与沟通，同时在交往中需要进行“友好交往”。根据这样的思考，开展了《朋友车》主题活动以促进小班幼儿的交往。

（资料来源：刘少英．学前幼儿同伴关系发展追踪研究．华东师范大学博士论文，2009）

二、影响早期同伴接纳性的个体因素

同伴良好关系的积极价值以及儿童交往中的多种类型的存在，引起了发展心理学家们对影响同伴接纳程度问题的高度关注。同伴接纳性是指儿童在同伴群体中被喜欢和接受的程度，包含受欢迎的程度和社交地位两种属性。

影响同伴接纳的因素，可以归纳为两方面，一方面是个体内在特征，除前面分析到的儿童的社会行为、社会认知、情绪等因素外，还有如儿童的出生顺序、姓名、身体外表特征、年龄、认知水平、学业成绩等；另一方面是外在环境因素，如亲子关系、师生关系等，家长的因素在前面一节已有所说明，教师的影响将在下一节介绍，这里主要分析儿童的个体因素。

传统研究认为影响早期同伴接纳性的个体因素有：

1. 儿童的身体特征和面部吸引力直接影响其同伴接纳情况。具有运动员式良好体型的幼儿比那些线形或圆形的儿童更易受同伴欢迎，成熟早的儿童比晚的儿童受欢迎；到 5 岁时，“漂亮”的幼儿确实具有许多人们所期望的优秀品质，而“不漂亮”的幼儿则表现出更多的攻击性行为(伊斯等，1979)；幼儿园的孩子更喜欢和那些长得漂亮、穿戴漂亮干净整齐的孩子玩，并且漂亮在对于女孩的同伴接纳中比对于男孩占有更重要的地位。

2. 出生顺序。一般先出生的儿童，权威性较强，好霸道；后出生的儿童，比较随和，因此，他们的人际关系会更好。有兄弟姐妹的儿童比独生子女更受同伴欢迎。

现有实证研究发现[①]，对于 3～6 岁的幼儿：

1. 其“同伴的日常表现和活动成绩等客观行为”和“同伴的外貌、衣着和个性等外表个性”对于幼儿受同伴接受和拒绝影响不大；

2. 影响幼儿受同伴接受的主要因素是“同伴是否与自己一起活动的陪伴活动”和“同伴与自身之间的良好的交往态度”；

3. 影响幼儿受同伴拒绝的主要因素是“同伴的指向自身和他人的具体的消极性的交往行为，如他对我很凶，他打人，跟我抢玩具等”。

其影响因素具有年龄、性别等的差异。

对于小班幼儿而言，接受同伴是因为彼此间具有良好的交往态度，拒绝同伴的因素比较均衡，没有特别突出的原因；对于中大班幼儿而言，其接受同伴是因为同伴的陪伴活动，拒绝同伴是因为同伴具有消极的交往行为。总体而言，随着年龄的增长，幼儿接受同伴的原因从笼统到具体，拒绝同伴的原因从模糊到明确。

男女幼儿在受同伴接受因素方面不存在重要性的差异，但是存在显著性程度差异，“陪伴活动和积极的交往态度”都是男女幼儿受同伴接受的主要原因，女孩受同伴接受的因素更集中在“陪伴活动”因素，而男孩受同伴接受因素相对分散。男女幼儿在受同伴拒绝因素方面具有非常显著性的差异，男孩受同伴拒绝的主要因素集中在“消极的交往行为”，女孩受同伴拒绝的因素相对分散，主要因素是“不良外表个性”。男女幼儿在受同伴接受和拒绝的因素两方面不对称。

第四节　师幼关系的发展

米尔斯的重要他人理论指出，在儿童社会性关系发展过程中的重要他人，包括日常交往过程中的父母、教师、同伴等，并且随着儿童年龄的变化，其主导类型大

① 刘少英. 学前幼儿同伴关系发展追踪研究[D]. 华东师范大学博士论文，2009.

体是沿着：父母—教师—同伴—无现实存在的重要他人，这样一个演变趋势而逐渐发生变化。

一、师幼关系的发生发展

(一)师幼关系的特点及其儿童发展价值

师幼关系是儿童早期在幼儿园中与教师形成的以情感、认知和行为交往为主要表现形式的心理关系①。师幼关系是幼儿进入社会教育机构之后必然建立的又一垂直关系，但因每个教师要照顾的儿童数量太多，师幼之间的关系不如亲子关系那样亲密。同时在幼儿园这一社会教育机构环境中，儿童不仅可以选择教师还可以选择同伴作为自己的交往对象，这些因素都使得师幼关系表现出与亲子关系不同的特点。

1. 游戏性。早期儿童身心发展的水平决定了早期教养机构的活动强调游戏性，教育目标和内容的实现大多以带有游戏性的教育活动为载体，因而早期的师幼关系更强调儿童和教师在活动中获得的游戏性体验，按照刘焱(1999)的分析，游戏性体验包括兴趣性、自主性、胜任感或成就感、幽默感和生理快感等体验。

2. 稳定性和亲密性。早期教养机构中的教师与儿童之间的关系建立，贯穿于一日生活的每个时间段、每个活动中、所有场景里，既是儿童心灵的教育者，亦是儿童生活的照顾者，远比中小学教师与学生的接触长久、广泛、全面，因而与儿童建立的人际关系也更稳定和亲密。

3. 内隐的长久性和外显的单向性。早期教养机构中的儿童在他们顺利进入下一阶段学习生活之后，因身心发展的迅速变化等常会出现不能再清晰记忆早年的师幼关系，对以前教师的感情迅速转变，不再依恋，表现出儿童的外显的缺失但内隐的影响深远，常造成早期教育机构教师的单方面的情感回味等现象。

近20多年来的研究证明，儿童与其幼儿园教师的关系对于儿童发展有着更为重要的意义，其重要性远远超过了儿童以后的师幼关系。其具体表现为：②

1. 影响着儿童的学习和早教中心、幼儿园以及学校的适应。

相对于亲子关系和同伴关系，师幼关系对儿童的学习和教育机构的适应方面的影响最为突出。研究表明，那些感受到教师支持和温暖的儿童更可能具有强烈的学习动机，对自己的能力更自信。同时，由于不同的师幼关系提供给儿童的社会性资源不同，因而对儿童的学校适应造成的影响也不同。一般来说，和谐的师幼关系给儿童提供的是支持、帮助和安全感，不和谐的师幼关系让儿童感受到的是压力、冲突和紧张感。

2. 影响着儿童社会性，特别是自我的发展。

儿童早期对教师权威的高度迷信，决定了他们更易受到教师期望、评价、批评

---

① 张晓，陈会昌．儿童师幼关系的研究概述[J]．心理发展与教育，2006，(2)：120－124.

② 庞丽娟．教师与儿童发展[M]．北京：北京师范大学出版社．2003：317－318.

与表扬，甚至情绪、态度的影响。教师与儿童的积极交往，通过教师的直接指导，儿童能够获取社会知识，学习一定社会的行为规范和价值标准；通过教师的示范以及儿童的观察学习，儿童能习得分享、合作、同情、谦让等亲社会行为。研究证实，那些感受到教师关爱和高期望的儿童更可能具有高水平的自我意识，更倾向于自信、自尊。

3. 影响着儿童的亲子关系、同伴关系。

研究发现，积极良好的师幼关系有利于不安全亲子关系的弥补和调整，并促进亲子关系向安全方向发展。另外，师幼关系的性质和特征，如亲密性，对儿童同伴交往的主动性、能力、社交地位等，也有明显的影响。实践观察也发现，被教师肯定、与教师建立和谐关系的儿童更倾向于被同伴接纳；对教师有更高情感安全感的儿童在同伴交往中更少出现退缩行为、敌意和攻击行为。

(二)师幼关系的测量及类型

师幼关系的类型研究是目前研究该问题的学者们较为关注的问题，因研究角度的不同，建立了许多的关系模式，随着测量方法的综合，关于类型问题的研究越来越深入。

师幼关系是在教养机构中出现的教师和幼儿在互动过程中形成的主观体验较强的人际关系，因此，有关体验者都可作为这一关系的评定者，如教师、学生、同伴同事及观察研究者。其中得到了最广泛使用的是Pianta等人1992年编制的“师幼关系量表(STRS)”就是把教师作为评定者而制订的。该量表是Pianta与其合作者在依恋理论、亲子依恋Q分类卡片以及师生互动研究的基础上编制而成的，其标准版由28个项目组成，包括亲密性、依赖性以及冲突性/愤怒三个主要因素，从温暖/安全、愤怒/依赖、焦虑/不安全三个维度，将师幼关系类型分为六种：依赖型、积极参与型、不良型、普通型、愤怒/依赖型、不参与型。

刘晶波(1999)以依恋性与主动性为分类指标，把研究者自己作为评定者，通过观察分析将师幼交往分为：假相倚型、非对称相倚型、反应相倚型、彼此相倚型四种类型。

由幼儿来对师幼关系进行评价，目前还不多见。这主要原因就是由于尚处于幼儿期的儿童年龄太小的缘故。但也有研究者采用木偶访谈的形式对幼儿进行访谈，测查了早期儿童对师幼关系的感知(Essex & Armstrong 1999)。

姜勇等(2004)主要运用研究者观察、教师访谈和问卷调查的方法，从师生交往的目的，即教师在交往过程中关注哪些重要方面；师生交往的情感性，即教师在交往中积极投入自身的情感程度、注意与幼儿情感互动的程度；师生交往的宽容性，即教师对幼儿的理解和宽容程度；交往中教师的发现意识，即教师在与幼儿交往互动中发现幼儿的优点与长处，向幼儿学习的意识程度；师生交往的方式，即教师在师生交往中合理运用丰富的表情与动作的程度五个维度，将我国幼儿园教师与幼儿的师幼关系划分为以下四种主要类型：

1. 严厉型　这一类型的教师在师生交往的目的、发现意识、交往方式方面得分较高，但在交往的宽容性方面得分比其他三类要低很多，交往的情感性方面得分中等。表现在师生交往中，教师缺少对幼儿的情感支持，通常比较冷漠，而批评和惩罚较多。

2. 灌输型　此类型的教师除了宽容性略高于严厉型之外，其他几项得分都很低，特别是在师生交往的目的、情感性上与其他类型差异很大。表现为重知识传授，很少根据幼儿的实际情况调整教育活动，在集体教育活动中总是说得多，使儿童的自主探究很少。

3. 开放学习型　此类型的教师在师生交往的方式、宽容性、发现意识、情感性等方面的得分也很高，特别是在宽容性和情感性上得分是四种中最高的，在交往的目的性上以知识为中心，表现为非常重视幼儿知识的获得，但却是鼓励幼儿自主探究、自我发现。

4. 民主型　此类型的教师在各方面的得分都较高，特别是在师生交往的目的(非知识中心)性、发现意识方面处于最高水平，表现为更重视幼儿的全面发展，并能充分理解和尊重幼儿的兴趣和需要。

信息栏9-4

师幼关系量表的信效度检验

我国目前关于师幼关系的研究，引进的国外师幼关系量表，主要是：

1. 师幼关系量表(Teacher-Child Relationship Scale，TCRS)由Pianta编制，适用于2～9岁儿童。包括亲密性、依赖性和冲突性三个维度，共28道题目，Likert五点记分，由主班教师评定；

2. 儿童行为核查表(Child Behavior Checklist，CBCL，2～3岁版)由Achenbach编制，陈欣银修订，共有焦虑、退缩、攻击和违纪四种问题行为的41个题目，采用0～2级评分，由主班教师评定。

经研究表明，师幼关系量表在测量我国儿童的师幼关系时，大致保持了原量表的结构和心理测量学质量，信效度(内部一致性信度、重测信度、结构效度、效标关联效度)均达到了心理测量学要求。

(资料来源：张晓．中国临床心理学杂志．2010年第18卷第5期．582～583)

二、影响师幼和谐关系建立的因素

建立和谐师幼关系的前提是明确影响师幼关系的因素。作为人际关系的一种，其和谐关系的建立应受其中有关联的人员如儿童、教师、家长，以及客观环境、社

会文化传统等因素的影响。①②③

(一)教师专业化特征

教师专业化特征，如教师关于儿童和教育的知识观念、沟通交流的敏感度，甚至于教师的压力感、教学效能感、自我认识、期望、班级管理风格、受教育程度、教龄等很多方面都直接影响着师幼关系的和谐。

研究发现，教师如果具有"儿童是一个主体性的个体"的认识，掌握着情感支持行为、学习帮助行为、交流参与行为、约束控制行为、评价行为的实施策略方法等对于其与儿童的关系影响巨大；教师所掌握的关于儿童行为问题的知识和对儿童行为的感知，会影响他们怎样看待儿童以及与儿童的互动。当教师的专业知识较多，对儿童的行为就会持较为积极的看法，对儿童的需要就比较敏感，能够很好地倾听、参与，就易与儿童建立比较积极和谐的关系。

还有研究发现，教师本人幼年时的依恋史也会预测其与儿童的关系。那些回忆自己年幼有较少父母惩罚的教师，与儿童的关系会更亲密。

(二)儿童个体特征

儿童自身特征，包括性别、外貌、气质特征、认知水平、人际经验、行为表现等都直接影响着教师的主观认识及儿童对教师的主观感受，也直接影响着师幼和谐关系的建立。

研究发现，女孩拥有比男孩更多的"让教师满意的技能"，女孩较少出现行为问题，参与活动的合作性更高，即使高攻击性的女孩也比男孩更会迎合教师的要求，与教师发生矛盾和冲突的机会更少，因此，她们与教师所形成的师幼关系也更为积极。

就认知水平而言，一些研究者采用标准的智力测验对儿童进行测查，然后计算儿童智商与其师幼关系的相关，结果发现二者存在显著的正相关；另外，儿童认知水平、亲子同伴交往的人际经验，会通过影响儿童在游戏活动室中的行为而间接影响师幼关系；此外，儿童因经验丰富而导致的认知成熟也会密切自己的师幼关系。

从行为表现分析，有混乱行为，攻击性行为以及抗拒行为等问题的儿童，与教师的社会接触互动比其他儿童要少，教师面对这样行为表现的儿童时更倾向于批评和惩罚，更容易产生消极情绪。更进一步的研究发现，有"行为问题"的儿童即使作出了令人满意的行为也难以立即得到教师的积极反馈、表扬，而一旦出现不良行为就必然会受到消极的评价，甚至训斥。但有研究发现，一些攻击性行为明显的儿童，也能与其教师建立和谐的关系。

关于气质特征、外貌的影响，在亲子关系和同伴关系的发展中已有所说明。

---

① 庞丽娟．教师与儿童发展[M]．北京：北京师范大学出版社，2003：321－323.

② 刘晶波．师幼互动行为的研究[M]．南京：南京师范大学出版社，1999：28－36.

③ 张晓，陈会昌．儿童师幼关系的研究概述[J]．心理发展与教育，2006，(2)：120－124.

(三)师幼特征的适恰度

近年的研究发现，儿童的能力、动机和行为风格与教师的期望等之间存在着一个协调和匹配的问题。一个认同规则和纪律的教师可能会想方设法去管束和控制一个有外显行为问题的儿童，而最终使师幼关系陷入僵局；而一个喜欢在活动中给儿童很多智力挑战的教师往往会觉得那些聪明的孩子更能吸引自己，因而与他们建立更亲密的师幼关系。有行为问题的儿童并不一定就会有消极的师幼关系，如果这些儿童的教师有较高的受教育水平和丰富的教育经验，那么其师幼关系也会比较好。同样，受训练较多，教育教学经验丰富的教师也并不一定就会有积极的师幼关系。(可参看第十章的“拟合优度模式”)

(四)教师家长的关系

教师与家长之间的关系也常影响教师对待儿童的态度和行为方式以及儿童对教师的感受，从而影响师幼关系。一些教师可能因种种原因而与某些儿童家长形成紧张、冲突的关系，并常自觉不自觉地将对这些家长的消极态度传递到这些儿童身上。另外，即使教师能有意识将对家长和对儿童的态度区分，儿童仍然能通过教师与父母交往时双方的言行举止或教师之间、家长之间的谈话语气中察觉到这种不和谐，进而产生师幼交往时的消极心理感受。

(五)客观环境因素

研究还表明，幼儿园班级的规模、教师与幼儿人数的比例等客观环境因素对师幼关系也有一定的影响。有学者指出教师与幼儿人数的比率越低，班级规模越小，教师与幼儿所形成的安全依赖的可能性越大；但也有研究指出教师与幼儿数要保持一定比例，并非最小最好。此外，教师人选的稳定性也是影响其关系的因素，在1～4岁经常更换教师的班级中，侵犯性强的儿童比例高，师幼关系不和谐的也相对较多。

(六)文化性因素

师幼关系还会受到社会文化传统的深刻影响。我国的师幼关系受传统的宗法、“师道尊严”的影响，至今仍表现出明显的强调儿童服从教师的特征。有研究发现，在师幼关系的类型中，与国外近些年的研究结果相比，我国拥有独特的一种类型——开放学习型，并且是我国幼儿园师幼关系中比例最高的一种类型，达到36.2%，表明我国重视知识教育的传统文化的深刻影响。

如何在主体间性的视角下改善我国教师的绝对权威意识，改变“我”—“他”的工具价值理性关系为一种“我”—“你”的民主化、人性化的和谐师幼关系，彰显儿童的主体地位和生命意义，重视师幼(师生)意义世界的生成和精神道德的相互濡染，是建立和谐师幼关系的根本。

第五节　早期儿童性别角色的发展

性别是高级生命体先天固有的生物性标签之一，性别角色是社会成员应发展的最基本的身份之一，其获得的过程和状态对个体在社会生活中的适应起着重要的作用。

一、早期儿童性别角色的发生发展

性别角色的发展，是儿童社会化过程的又一重要内容和社会性发展成果。但曾经在很长的一段时间内，关于此问题的研究结论，彼此分歧很大，甚至互相矛盾。修斯顿(Huston，1983)认为，概念上的混乱是导致这一结果的主要原因。综合多种文献，我们认为，性别角色是指个体在一定的社会文化背景下，基于不同的生物性性别而产生，包括性别概念、性别角色知识、性别行为模式三方面的品质特征。

(一)早期儿童性别概念的发生发展

性别概念是指儿童对自己及他人的性别的认识和稳定。关于性别概念的发生发展，目前的研究结论，如前所述，有一定差异，但谢夫(Schaffer，1996)的研究结果被广泛接受。早期儿童对自我性别的认同出现于1岁半～2岁，对自我性别的稳定时间为3～4岁；对他人性别的稳定时间是在6～7岁。(详见表9-3)

表9-3　儿童性别概念发展的顺序

步　骤	年　龄	测验问题	特　点
性别认同	1岁半～2岁	“你是个男孩还是个女孩？”	正确地把自己和他人认作男性或女性
性别稳定	3～4岁	“你长大后是当妈妈还是当爸爸？”	理解人一生性别保持不变
性别恒常性	6～7岁	“如果一个男孩穿上女孩的衣服，他会是一个女孩吗？”	意识到性别不依赖于外表(如头发或衣服等)

(资料来源：Schaffer. Social Development，1996，187

转引自张文新．儿童社会性发展．北京：北京师范大学出版社，1999.428

注：把达到或超过75%的正确反应率作为每一测题的通过率)

科尔伯格从认知发展的角度，将个体性别角色的早期(0～8岁)发展分为三个阶段。

第一阶段：在婴幼儿期，性别角色发展的任务是获得性别身份的确认。婴幼儿首先要学会用正确的性别身份符号来称呼或标明自己。通过这种学习，儿童开始了解到自己是男孩还是女孩。但此时儿童对自身性别身份的这种认识还是外在的标签式的。也就是说，儿童之所以把自己看成是男孩或女孩，完全是因为父母或其他成人都这样说或教他(她)这样说的。儿童给自己的性别身份贴上标签后，接着就给别人贴标签，认识他人的性别身份。在此过程中，儿童逐渐认识到标签所包含的意义，开始获得关于自身和他人的性别身份的确认。

第二阶段：从3～4岁起，儿童进入性别角色的获得阶段。儿童开始具有不同性别的一些比较固定的看法。同时由于自身性别身份的确认，儿童自己的行为也开始在环境的影响下根据自己的性别身份逐渐固定下来。在此阶段，儿童的性别恒常性概念开始形成，这对儿童性别角色的发展具有重要意义。儿童认识到自己不仅现在是男孩或女孩，将来长大后也仍然是个男的或女的。自己的性别并不因为一年年长大而发生变化。这就增强和促进了儿童对同性成人长辈的心理认同和模仿，而且为儿童性别角色的习得和性别行为的定型奠定了基础。

第三阶段：6～8岁处于学龄初期。在前两个阶段的发展中，儿童已经形成了牢固的关于性别身份的确认和性别恒常性的概念。因此在儿童进入小学后，伴随着认知能力的不断提高，开始了他的自我社会化时期。此时儿童按照社会所规定和赞许的合乎自身性别身份的性别角色标准进行自我强化，不断地根据社会文化的角色期望对自己已有的性别角色概念进行调整和合理化，使自己成为一个符合社会要求的合格的社会成员。这时，儿童的性别角色规范开始稳固下来并内化到个体的人格结构之中，成为个体形成各种社会观念和价值体系中的一个重要组成部分。

(二)早期儿童性别角色知识的发生发展

所谓性别角色知识，是指个体对不同性别行为模式的认识。库恩(Kuhn，1978)等人的研究显示，2岁半的儿童就表现出了较为稳定的性别角色知识。库恩等研究者在向2岁半和3岁的儿童出示一个男布娃娃和女布娃娃时，问他们娃娃会做哪些动作，如做饭、缝纫、玩火车游戏、长谈、接吻、打斗、爬树等，结果这两个年龄段的儿童较为一致地认为：女孩——玩布娃娃，喜欢帮助母亲、喜欢做饭、喜欢打扫房间、说话多、不打架、说“来帮帮我”；男孩——喜欢帮助父亲、说“我敢揍你”。

大量的研究表明，性别角色知识的发展表现出刻板印象的特征。这种刻板印象随着年龄的增长逐步增强，在中学时代牢固地建立起来。

(三)早期儿童性别行为模式的发生发展

许多研究都表明，2岁前男孩和女孩的行为没有太多的差异，只是女孩对人更敏感，对成人更亲近；在不能控制的情境中，男孩有更多表现的痛苦；女孩开始说话的时间比男孩要早。

2岁以后，男孩和女孩的性别行为偏向逐渐明显。首先，2～3岁的儿童就在游戏材料及内容的选择上，表现出差异：女孩对布娃娃、表演和娃娃家游戏更感兴趣，男孩更多选择汽车、坦克类交通玩具、积木及需要大肌肉的活动，如扔球、踢球、打仗等。其次，儿童游戏时的同性同伴的选择，女孩更早些表现出偏好，但女孩在遵从性别相适行为上没有男孩那么严格，这可能与社会对女子气的男孩容忍度更低有关。

二、影响早期儿童性别角色类型化发展的因素

随着儿童年龄的增长，其性别角色的发展最终将类型化。目前一般将儿童性别角色的发展类型分有四种：

1. 一致化，即男孩或女孩获得的符合所处文化对男性或女性的期望特征；
2. 交叉化，即男孩或女孩获得的符合所处文化对女性或男性的期望特征；
3. 双性化，即男孩或女孩在获得符合所处文化对男性或女性的期望特征的同时，还兼具女性或男性的特质；
4. 未分化，即男孩或女孩未获得符合所处文化对男性或女性的期望特征。

传统的观点认为，一致化的儿童，其心理健康程度高，具有良好的社会适应能力，但从20世纪六七十年代之后，在一批学者，特别是贝姆(S.Bem)的“心理双性化”理论的影响下，人们更倾向于认为，一个在事业上独立、自信、支配感强，在家庭中具关怀、同情心的男性拥有更好的灵活性和适应性，更能适应环境的要求。

现有研究表明，大学生的性别角色分布以双性化和未分化为主，典型性别类型(一致化)的比例有所下降①。

儿童性别角色类型化的发展与社会性的其他方面的发展一样，是多种因素共同作用的结果。生物论者认为“基因”及“生物的程序”对性别角色的发展有所影响，强调早期生理发展的关键性及其所引发的对婴儿的性别标示与性别分化教育；精神分析理论的弗洛伊德重视儿童潜意识中“恋母(或恋父)情结”所产生的防卫性认同对儿童性别角色的发展与获得的作用；认知发展理论的代表人物科尔伯格集中于儿童对性别概念的理解和获得，强调性别恒常性对性别角色发展的作用；性别图式理论在认知发展理论的基础上强调“性别图式”作为一种预期结构，为搜索和同化性别知识和信息作好准备；社会学理论强调“社会结构模式”对性别角色发展的作用，认为社会向男女两性提供的机会不均等性是男女两性角色发展存在差异的重要影响源；社会认知理论整合了“心理因素”和“社会结构因素”，认为性别概念和性别角色是广泛的社会因素相互作用的结果，它支持多维的社会传递模式而不是单一的家庭传递模式。

事实上，男女性别角色的差异和区别，不能排除生物性的成分，但不能说是由生物之性所决定的。即性别是先天决定的，而性别角色是在社会性活动中发展的。具体的发展影响因素可包括：

(一)生物性因素

生物性因素，如性激素、大脑功能的单侧化等。其中性激素的影响深远，并随生物学、医学的发展而引起人们的高度重视。在胎儿正常发育的过程中，雄性激素

---

① 卢勤．性别角色与基本人格维度的相关研究[J]．北京大学学报：自然科学版，2004，(7)：642－651.

或许更早作用于男孩，使得他们的身体活动更加积极，对打斗游戏更感兴趣。

这种关于性激素影响的观点受到冲击，主要在于，目前人们认识到这种性激素的差异只是导致儿童的活动水平差异、对性别适宜游戏和玩具的偏好，而不是直接导致成长过程中的最终性别差异，不同文化的性别角色有很大的差异。

(二)教养环境因素

现代的一系列研究似乎都表明，成人从儿童一出生，就倾向于以一种性别刻板的方式来评论婴儿的身体特征以及他们的个性特点。在一些刚做父母的人中间，这些性别偏见知觉似乎更强烈。在一项研究中，对第一个孩子出生后 24 小时的父母亲进行了访问，尽管新出生的男孩和女孩在长度、重量及其他方面没有什么不同，但父母感觉他们会不同。他们认为儿子更坚实、身材更高大、更容易合作、更警觉、强壮并且能吃苦，而女儿则更温柔、容貌姣好、更细腻但不灵活并缺乏注意力。

伴随着儿童的成长，他们以刻板的方式来说明儿童的行为，给学龄前孩子"性别适宜的"玩具，并且认为男孩和女孩应该不同地抚养。例如，当问及他们养育孩子的价值观时，父母倾向于认为成功、竞争以及情绪的控制对男孩子来说是重要的；温暖、"女士式的"行为以及活动的密切指导对女孩子来说是重要的。

在父母的影响中，似乎父亲的作用更为特殊。有的心理学家认为男孩缺乏男子气与男孩从小没有一个可供模仿的父亲有关，还与母亲的养育方式直接关联。在没有父亲的家庭里，母亲往往更加宠爱自己的儿子，给予过度的关心和照顾而过度地保护和限制，使他们从小就无法从事男孩的冒险活动。

出于对班集体纪律的维护，全世界的教师更多地强化着两种性别的儿童"女性化的"而不是"男性化的"行为。在教室中，听话常常会得到重视，果断则受到阻碍——男性和女性的老师是一样的。有人认为这种"女性化的偏见"导致了学校中男孩子的不适，但是它对于女孩子同样甚至更加有害处，她们会安逸于长期的对独立和自尊的感觉的负面影响。

此外，同伴的、媒体的强化，以及自我的社会化也都具有一定的影响。

第六节　儿童依恋、性别角色的发展神经科学研究

一、依恋发展的神经科学研究

依恋是母婴之间珍贵的情感联结。依恋关系对婴幼儿情绪和心理的发展影响深远，对婴幼儿大脑的发育也是如此。随着生物学、医学及脑科学的发展，对依恋心理、生理机制的探讨也日益深入。

(一)依恋的神经生理机制

首先，依恋与自主神经系统(ANS)密切相关。危险和压力在激活 ANS 的同时

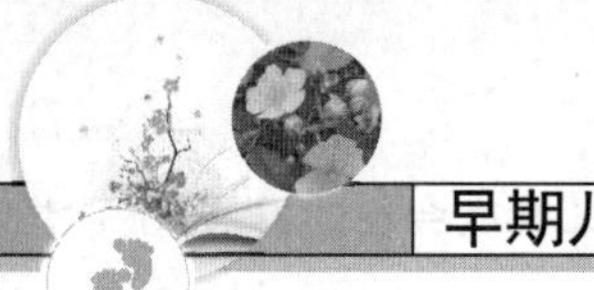

也激活了依恋系统，而依恋系统的核心功能是提供安全基地并缓解痛苦。心率和血压都可以反映ANS的活动，但鉴于心率测量的可操作性和简洁性，在依恋生理测量中多用心率作为主要生理指标。研究表明，在陌生情境中安全型和不安全型依恋的婴儿在分离阶段有着相同的心率，而在重聚阶段有所不同。心率变异性受到迷走神经的调控，Diamond和Angela发现迷走神经的活性与依恋焦虑呈负相关，而与依恋安全性呈正相关。在依恋关系中感受到更多安全的幼儿在经历了诱发的愤怒后，恢复更快，心跳和呼吸能更快回到静态水平。

其次，依恋与神经－内分泌系统也关系密切。下丘脑—垂体—肾上腺(HPA)轴对人类依恋系统具有调节作用。有危险或压力的环境会激活HPA轴，并激活依恋系统，所以HPA轴反应也是研究依恋的很好指标。皮质醇，也称为"氢化可的松"，是肾上腺在应激反应里产生的一种类激素，是基本的"应激激素"。皮质醇的收集可以通过唾液、血浆或尿液获得，但考虑到实验的无创伤性和方便性，进行依恋研究时一般采取收集唾液的方式。陌生情境研究发现，与父母不安全依恋关系婴儿的皮质醇水平比与父母有安全依恋关系的婴儿的皮质醇水平要高。Pendry和Adam研究了父母婚姻功能、母亲照料质量和母亲的情绪功能与儿童皮质醇水平的关系，结果也显示低质量的婚姻满意度、频繁的言语攻击与儿童的高皮质醇水平相关。

最后，越来越多的研究开始涉及依恋与脑的关系。婴儿大脑的成熟受早期社会经验的影响显著。依恋关系形成的内部工作模式经过加工存储在儿童的内隐记忆系统中。

信息栏9-5

母婴依恋对脑发育的影响

母亲看护可以增加兴奋性氨基酸NMDA受体水平，提高脑源性神经营养因子(BDNF)水平并增加婴儿大脑的突触连接。此外，眶额皮层(orbital frontal cortex，OFC)在母亲与婴儿的依恋经验中至关重要。Nitschke等考察了眶额皮层与母爱的关系。实验要求母亲分别看自己孩子、他人的孩子以及成人的面孔照片。结果发现，母亲在看自己孩子的照片时，相较于看不熟悉的孩子时，在双侧眶额皮层有明显的激活；且母亲在看自己孩子照片时的情绪最为积极正性。由此可见，眶额皮层的激活与愉快的情绪评价呈正相关，在母婴依恋中起着重要作用。Dawson等记录了婴儿在陌生情境中的脑电。与安全型依恋的婴儿相比，不安全依恋婴儿的左侧前额区域显示了较少的活动，这反映其采取了退缩的情绪调节策略。Goldstein等用ERP技术研究了依恋风格如何影响大脑反应以适应不同的情绪刺激。结果表明那些在依恋焦虑维度上得分较高的被试者比在依恋焦虑维度上得分低的被试者在观看消极图片时引发更多的晚正电位。

(资料来源：陈文凤等．依恋的神经生理机制．心理科学进展 2009，17(2)：377－383)

(二)印刻现象与依恋

行为生物学家洛伦兹(诺贝尔奖得主)发现了印刻现象。印刻现象指早熟性鸟类(如鸡、雁鹅等)在孵化后对首先见到的显著运动物体的依恋性行为。研究发现，在实验室里出生一天之内的小鸡可以对很多物体产生印刻，比如，移动的彩球和圆筒等。在接触这些刺激物几小时后，小鸡会对其建立起偏爱，比其他新异刺激的喜好更为强烈和牢固。神经生物学研究已经证实，脑内上纹状体腹侧尾核的中间和内侧部位(IMHV)对于印刻现象的形成至关重要。

那为什么小鸡总是对母鸡，而不是环境中其他移动物体产生印刻或依恋呢？Johnson 等总结一系列的研究后发现，小鸡大脑中有两个独立的系统控制着子代的偏爱。第一个脑系统控制着特定的倾向性，使新孵化的小鸡趋向于类似母鸡的物体，而这种无须训练的偏爱主要对于脸或头部特征的正确排列进行觉察。参与视觉的顶盖，类似于哺乳动物的上丘可能与此有关；第二个脑系统，涉及前脑的 IMHV，负责聚焦于小鸡所注意到的物体信息。第一个脑系统会指导第二个脑系统去获取最接近母鸡的信息，并且两者很可能具有独立的皮层表征。

类似地，人类新生儿也具有天生的视觉偏爱，如婴儿追随面孔示意图显著长于其他的刺激物。并且婴儿更偏爱有吸引力的面孔，且对面孔上的眼睛很敏感。为此，Johnson 等认为新生儿的大脑内包含一个倾向于朝向面孔的系统，称之为“Conspec”。①

(三)母婴依恋的建立与分离焦虑

早期婴儿依恋的特质反映了早期婴儿感觉和运动整合、早期学习、交流、动机和通过母婴交互对生物行为系统的调节的特质。下面介绍通过神经生物学方法来试图回答依恋建立与分离焦虑等问题的研究成果。

信息栏9-6

母婴依恋的建立与分离焦虑的生物学基础

婴儿如何能找到母亲，并与她紧密相处呢？除了上述的面孔偏爱系统外，发展认知神经科学家确信婴儿在出生前已经通过声音的熟悉而偏爱母亲的声音。并且新生的幼鼠对自己母亲羊水的气味有偏爱，这有助于幼鼠找到母鼠的乳头并得到哺乳。在围产期，新生的幼鼠已经具备了发展依恋所需要的运动功能。在子宫内胎鼠正进行一系列自发的运动，包括卷曲、伸展躯干和四肢的运动。幼鼠在出生一天以内对从上方来的柔软表面的温柔刺激表现出异常活跃的行为反应。在出生后两天，它们已经能分辨出自己母亲的气味，并对所住之窝的气味产生偏爱。

① 马克·约翰逊．发展认知神经科学[M]．徐芬，译．北京：北京师范大学出版社，2007：111－128．

神经生物学家发现幼鼠早期母婴依恋的建立主要依赖于对气味辨别的学习，其次体感信息对母婴交互也很重要。幼鼠气味偏爱学习的神经基础在于出生后第一周内嗅球的神经变化。许多神经递质如五羟色胺(5-HT)等都在新生幼鼠的嗅觉学习中起作用，但其中去甲肾上腺素(NE)对嗅觉发育和形成中的神经可塑性最为重要。实验显示，嗅球中NE在幼鼠气味学习的过程中增加；且嗅球结构中的僧帽细胞(mitral cell)对学习过的气味产生反应；另外如果在某一气味学习过程中向幼鼠的嗅球注射NE，会导致幼鼠对这一气味的偏爱。对于母鼠而言，NE也能易化其对幼鼠的认知。嗅球中的NE是由脑桥蓝斑核NE能神经元投射而来。研究发现，新生的蓝斑对感觉刺激的反应比成年蓝斑更为显著，反应时间也长得多(前者约20～30s，后者大约只有几ms)。而研究显示杏仁核与海马在幼鼠的气味学习过程中似乎都未发生作用。

为何母婴分离会带给婴儿如此严重的生理和行为反应呢？因为作为婴儿安全港湾的母亲一旦离开，对婴儿来说是一种危险的体验，会自动激活依恋系统，与此同时也会使神经内分泌系统和大脑处于激活状态。实验研究发现，将母鼠带离幼鼠之后，导致幼鼠生长激素(GH)水平的迅速下降，而通过积极抚触来模仿母鼠的舔毛可以抑制GH的下降。这一反应的脑机制，是由于母鼠的舔触通过神经递质5-HT 2A和2C受体，调节了生长激素释放因子(GRH)和生长激素抑制素(SS)之间的平衡。GRH与SS都对垂体下叶GH的释放起调节作用。由于分离而导致的母鼠舔触减少，使得GRH下降、SS升高，并带来GH分泌的减少。当然，由于安全型、回避型和矛盾型婴儿的依恋行为模式存在很大差异，故此推测危险所引发的神经生理反应也会存在差异。

早期婴儿社交隔离引发的反应之一是婴儿的分离呼喊(isolation call)，也在许多物种中发现。幼鼠与母鼠在分离后出现的分离呼喊，又称为超声发声(ultrasonic vocalization，USV)模型，已被广泛用于抗焦虑药物的研制。幼鼠神经解剖发现对导水管周围灰质刺激可以诱发USV，而化学损坏该区域后USV被阻断。参与猫和灵长类动物分离呼喊的高级中枢有下丘脑、杏仁核、丘脑和海马等。分离呼喊也通过自主神经系统和肾上腺素皮质系统来调节。

(资料来源：Charles A Nelson：Handbook of developmental cognitive neuroscience，the MIT press，2000，381—398)

(四)母婴早期交互模式对儿童发展具有深远影响

母婴交互的模式对儿童的社会性发展具有深远影响。母亲对婴儿的调节效果持续整个断奶前期，甚至更久。最近发现，在断奶前时期内母婴之间的交互会对下丘脑—垂体—肾上腺皮质轴(HPA轴)发育产生影响。例如，9～12天幼鼠的皮质酮(corticosterone，CORT)和促肾上腺皮质激素(ACTH)水平对分离的反应幅度比24小时的母婴分离增加了5倍。

而且研究者发现在断奶前母婴交互模式对 HPA 轴的影响还具有长期效应。有些母鼠有比同类更高水平的舔触(licking)、梳毛(grooming)和高弓背喂养方式(high-arched back nursing position)，可简写为 LG/ABN。试验者发现 LG/ABN 组的幼鼠在后来的一系列行为学试验中表现得更加无畏，并且其 HPA 轴对受限压力的反应比很少表现出该种母婴交互方式养育的后代要小。这一结果表明母婴交互模式可以改变婴儿成年后的惧怕行为和生理反应特性。①

二、性别角色发展的神经科学研究

(一)性别的发育与分化

雄性和雌性的区别表现在许多方面，从身材、肌肉到激素功能等。儿童遗传的性别决定了其解剖上的性别。在发育过程中，胎儿在何时并如何分化为不同的性别？遗传型怎样导致雄性或雌性性腺的发育？我们必须了解在发育过程中性腺的独特地位，不像肺和肝等其他器官，发育成性腺的基本细胞不是只有单独的发育通路。

在妊娠的最初 6 周，性腺处于未分化状态，它可以发育成卵巢或睾丸。未分化的性腺具有两个关键的结构：Mülleran 管和 Wolffan 管。如果胎儿具有 Y 染色体和 SRY 基因，阜丸激素就会产生，Wolffan 管发育成雄性生殖系统。同时 Mülleran 管在 Mülleran 抑制因子的作用下停止发育。相反如果没有 Y 染色体和睾丸激素的增加，Mülleran 管就发育成雌性生殖系统，而 Wolffan 管则退化。雄性和雌性外生殖器从相同的尿生殖器发育而来。这也是为什么有婴儿可能在出生时会出现介于雄性和雌性中间状态的生殖器，就是所谓的两性畸形。②

但是最近研究却发现，“蛇属”之外的一部分爬虫类动物的性别是由孵化温度决定的。例如，“蜥蜴属”中的美洲鳄(短吻鳄)在孵化时如果环境温度升高的话，雌鳄的出生率就会下降，超过一定温度以后，孵化出来的都是雄鳄；而低于 28 度孵化出来的都是雌鳄。海龟则刚好相反，孵化温度超过 32 度时生出来的都是雌海龟。这种由温度而不是染色体决定性别的现象称为“TDS”。

(二)认知发展与中枢神经系统的性别二态性

在认知能力的发展上，似乎存在着显著的性别差异。例如，女性在速度感知、口语流畅性、客体定位（序列的）、辨别物体特定属性、精巧的手工任务和算术等方面比较好；而男性在空间任务，如三维物体的心理旋转、目标导向的动作技巧、复杂图形中的测点定位和数学推理等方面比较好。在情绪回忆方面，女性比男性更多地使用边缘系统；女性在判断不同的情绪类型方面也比较好。大量关于青少年的心理测验表明，男孩在数学、科学、社会研究方面的得分比较高，女孩在阅读理

① Charles A Nelson.（2000），Handbook of developmental cognitive neuroscience，Cambridge，MA：the MIT press，pp. 381—398.

② Mark F Bear. 神经科学——探索脑[M]. 王建军，译. 北京：高等教育出版社，2004：525.

解、速度感知、事实和概念等方面的记忆比较好。男孩的得分差距很大，且他们的写作得分显著低于女孩(Hedges 和 Nowell，1995)。

信息栏9-7

男性脑与女性脑的差异

究竟天然和使然在多大程度上影响了这些认知表现上的差异？一种推测是男性与女性在认知加工过程中的脑部动态机制存在差异。PET 和 fMRI 等脑成像的研究显示，在完成相似的任务时，男性和女性可能使用的脑区有差异。例如大多数男性和女性的语言区都在左半球，但女性在进行语言加工时，其右半球也有明显的激活。而其他研究也显示，似乎女性与男性的半球优势存在着显著差异。

另一种假设是男性与女性脑的结构本身就存在差异。最明显的二态性神经结构是与性行为相关的 Onuf 核团。Onuf 核团位于骶髓，是支配围绕阴茎基部球海绵体肌(BC)的脊髓运动神经元集合。这些肌肉在阴茎勃起中起作用，并帮助排尿；女性的 BC 肌围绕阴道的开口，使阴道轻微收缩。男性 Onuf 核的神经元数量比女性多，这是因为男性的 BC 肌比女性的大。此外，哺乳动物最明显的性二态性脑区位于第三脑室周围，在下丘脑前部的视前区，该区域可能参与生殖行为。损毁大鼠的视前区可破坏雌性的动情周期，减少雄性的性交次数。雌雄大鼠视前区的组织切片也显示出显著差异：雄性脑中的性二态核(SDN)的核团比雌性大 5～8 倍。人类的视前区也有二态性，有 4 个被称为下丘脑前部间质核(INAH)的神经元群，其中 INAH-1 似乎类似于大鼠的 SDN，而男性的 INAH-2 和 INAH-3 是女性的 2 倍大，但这些核团参与性行为的证据还比较间接。

在人类下丘脑之外的脑二态性不易发现，主要由于测量技术及样本数量的限制。但有很多研究已提示，胼胝体也可能具有二态性。胼胝体是两个大脑半球之间的巨大联络。研究者检测解剖脑的胼胝体横切面，还用 MRI 观察了活体脑的胼胝体。研究发现，男性胼胝体横切面的平均面积比女性大，但由于男性的脑也比女性略大，因此此性别二态性也可能是伪效应。另有研究报道女性胼胝体的尾部，即胼胝体压部比男性的大，但并非所有的研究人员都观察到这种差异。但 MRI 显示胼胝体的形态表现出显著的二态性：成年女性的胼胝体压部比男性更近球状，而在儿童脑中未见这种差异。

如果胼胝体的大小和形状具有二态性，其意义是什么？因为胼胝体在特异性地介导性相关行为方面没有明显作用，但它对于各种牵涉到两半球协同活动的认知功能是很重要的。对于单侧半球损伤的脑卒中病人的观察提示，女性脑功能的单侧化倾向较小。也许能够得到的有关人类脑结构二态性更可信的结论是二态性结构非常少。这结论并不令人惊奇，因为男女绝大多数行为都非常相似。

如果寻求性行为二态性的原因，必须深入研究神经元联结的方式、脑内神经化学物质、性相关激素对神经发生和功能的影响等。如 Gur 等研究(1999)发现男性左半球灰质的比例显著高于女性，而女性左右半球灰质的比例相当。Rabinowicz，Dean，Petetot 和 de Courten-Myers(1999)发现男性大脑皮层有更多神经元，但女性神经元之间有更多连接等。

(资料来源：Mark F Bear. 神经科学——探索脑[M]. 王建军，译. 北京：高等教育出版社，2004：535—545)

总之，男孩与女孩在脑动态功能和脑解剖结构方面的差异，是基因、性激素、环境与经验共同作用的结果。

信息栏9-8

John 还是 Joan？——“脑的性别”

John 是 1965 年出生的健康男婴，但是在一次常规的包皮环切手术时，电烙器械发生事故烧坏了他整个阴茎。父母尽了最大努力寻求帮助，但都没有结果。他们偶尔从电视节目中看到有关一个医生成功进行“性转变”的报道。该医生的假设是，婴儿在出生时基本上是中性的，男女的确定是由于后天的经历和解剖上的鉴定。因为不可能给 John 一个看上去正常的男性外生殖器，医生建议对这个男孩进行阉割和整形手术，然后在青春期给予雌激素治疗，从而使他变成女孩 Joan。面对这一糟糕的选择，John 的父母甚至坚信手术结合女性化的养育，可能是给孩子享受正常生活的最好选择。

按照医生对 John 转变成 Joan 后生活的说法，似乎这个孩子适应得很好，已成了一个快乐的女孩子。甚至此事成为公共新闻，如《时代》杂志 1973 年的一篇文章所显示的那样：“这个戏剧性的情况……提供了有力的证据……常规的男性化和女性化的行为能够被改变。它还从观念上动摇了基因不可改变地决定心理和解剖的性别差异的理论。”那时，男女角色的戏剧性社会变化正在发生，John“成功转为女性”更坚定了人们的信念，即社会与生物学同等或更多地确定性别的特性。

不幸的是，接下来的报道显示，John 的性别转换其实是一场灾难。John 的行为总是更像其他男孩而不是女孩。John 厌恶穿女孩的衣服和玩传统的女孩玩具。成年之后 John 说，尽管做了整形手术和进行女性化的引导，但早在二年级时他就已猜测自己是男孩，并且想象着长大后成为肌肉发达的男子。对于任何不能适应的孩子来说，童年是艰难的。对 John 来说则是痛苦的。John 当时不知道任何有关失败的包皮环切术和整形手术的事，也不知道自己先天是男性的事实。但是，随着逐渐长大，他越来越被女孩而不是男孩所吸引，他说自己好像是被套进女孩身体里的男孩。到了 14 岁，在他用雌激素治疗两年后看上去逐渐像女孩，但是他决定停止作为一个女孩而生活。John 的父亲最终还是告诉了他儿时所发生的一切。John 立即要求进行性别转换的激素治疗和手术。多年来，John 一直要处理过去经历所带来的巨大的情绪问题，但是他现在结婚了，并收养了他妻子的孩子。

John 的经历提示他在出生时已有了一个“男性的脑”，任何激素治疗和女性化的养育都不能改变他的性别特性。

（资料来源：Mark F Bear. 神经科学——探索脑[M]. 王建军，译．北京：高等教育出版社，2004：544）

本章小结

社会性发展(社会化)是儿童作为人类社会群体中的一员，在成长发展过程中必然面临和必须解决的重大课题。儿童社会化的进程中，与“重要他人”的交往并建立的人际关系是其极其重要的部分。

似乎人类的个体自然地获得与别人交往的能力，但越来越多关于自闭症儿童的研究，让人们认识到，儿童从出生起出现的共同注意以及逐渐产生的依恋是其社会性交往发展的心理基础。共同注意两大阶段的发展保证了社会性交往的发生发展，依恋的尽早建立和多重构建促进着儿童社会性交往的顺利发展。

早期儿童人际关系的发展，尤为影响深远的是与父母，特别是与母亲建立的某种依恋关系，直接并深刻地影响着儿童今后人际关系的建立，社会性的发展。

早期亲子依恋关系的形成和发展表现出阶段性，按照鲍尔比的研究有四个阶段：前依恋期(出生～6 周)，依恋关系建立期(6 周～8 个月)，依恋关系明确期(8 个月左右～2 岁左右)，互惠关系的形成期(18 个月～2 岁后)。早期亲子依恋关系有多种类型，爱因斯沃斯运用陌生情境技术将之分辨为三类(焦虑—回避型、安全型、焦虑—反抗型或拒绝型)，后来梅因等人提出了第四类——混乱型。这些类型最终可概括成两类：安全型和不安全型。

早期良好亲子关系，即安全型依恋关系的建立和发展受到父母，特别是母亲的内在工作模式情况、抚养品质、缺失及稳定情况，儿童的气质、智力、生理特征等以及家庭和社会文化环境的影响。

早期儿童同伴关系的良好发展是儿童走出家庭、发展自我、适应社会的又一保证。儿童同伴关系的发生发展经历着逐渐的由无到有、由简单到复杂、由低级到高级、由不熟练到熟练的发生发展过程。在这一过程中，早期儿童的同伴关系就表现出有的良好，受到同伴的接纳欢迎；有的一般，还有的被忽视，更有一部分儿童处于拒斥、矛盾等复杂境地。这种状态在人生发展的早年出现，有多种多样的原因，主要有儿童(包括行为、认知、情感以及出生顺序、姓名、身体外表特征、年龄等)、家长的教养方式、教师的影响等多种因素的交互作用而造就的。

早期儿童师生关系的建立和发展是儿童社会性发展的又一表现和结果。对于儿童及相关的教师的发展和适应同样具有重要价值。早期的师生关系表现出游戏性、稳定性和亲密性、内隐的长期性和外显的单向性的特点。由于儿童自身特征(主要是行为表现和人际经验)、教师自身特征(主要是关于儿童和教育的知识观念、交流沟通的敏感度)、儿童和教师特征的匹配、教师和家长之间的关系、客观环境(如班级人数多少)、不同民族的文化传统等因素的复杂交互影响,使得早期的师生关系呈现出多种多样的类型,有的更显和谐,有的关系微妙。

儿童性别角色发展的状态对其社会适应、心理健康具有重要影响。儿童性别角色的发展,其内容具有多层面性,进程具有阶段性,结果具有差异性和多态性等特点。性别角色的形成受到生物性、社会环境、自我等多方面因素的影响,早期儿童的家长和教师的影响因素更显重要。

近些年,发展神经科学研究揭示,依恋关系对婴幼儿情绪和心理的发展影响深远,对婴幼儿大脑的发育也是如此。男性脑和女性脑决定着认知发展与性别角色发展的性别二态性。

进一步学习资源

● 关于人类个体社会性发展的知识体系的了解,可参阅戴蒙主编,林崇德、董奇等译《儿童心理学手册》第3卷,华东师范大学出版社,2009年版;M. 艾森克主编,闫巩固译《心理学——一条整合的途径》第10章《社会性发展》,华东师范大学出版社,2000年版。

● 关于儿童社会性系统发展的各方面的进一步学习,可参阅张文新著《儿童社会性发展》,北京师范大学出版社,1999年版;俞国良,辛自强著《社会性发展心理学》,安徽教育出版社,2004年版;杨丽珠,吴文菊主编《幼儿社会性发展与教育》,辽宁师范大学出版社,2000年版;李幼穗著《儿童社会性发展及其培养》,华东师范大学出版社,2004年版。

● 关于国内外儿童社会性发展研究的最新信息,可参看以下相关杂志:《心理学报》《心理发展与教育》、*Child Development*、*Social Development* 等。

关键概念

共同注意　依恋　陌生情境技术　安全型依恋　不安全型依恋
内在工作模式　同伴关系　社会(社交)测量技术　受欢迎型儿童
被拒绝型儿童　被忽视型儿童　师幼关系量表　严厉型　灌输型
开放学习型　民主型　性别类型化　双性化

思考与探究

1. 早期儿童共同注意的表现及发展阶段如何？

2. 依恋对个体生存及发展的意义怎样？

3. 早期亲子关系的发生发展阶段怎样？终身发展的特点又怎样？

4. 早期亲子依恋关系的类型有哪些？怎样可较为准确地得出亲子依恋的类型？

5. 学习理解了本章内容，你对帮助别的家长和今后的自己形成安全依恋的亲子关系有思路吗？有把握吗？

6. 早期儿童同伴关系的发生发展的阶段怎样？今后将怎样发展？

7. 你能用哪些方法对某一儿童的同伴接纳程度作出较为科学的判断？

8. 你觉得如何有效改善、提高被忽视儿童的同伴重视程度？

9. 你觉得今后当老师的你将会与孩子建立起怎样的师生关系？

10. 你怎样理解早期亲子、同伴、师生关系的重要性？

11. 早期儿童的行为中，表现出的性别差异有哪些？

12. 你认为怎样的性别角色类型最为适应良好？

13. 在早期儿童的性别角色发展中，家长、教师和自我的影响作用怎样？

14. 发展神经科学揭示了依恋和性别角色发展的生理机制是怎样的？

趣味现象·做做看

看了本章的开篇故事，假设你就是金老师，请你针对这一幼儿园常见的现象分析：

1. 可达、维平、晋成等几位小朋友的同伴关系地位可能是怎样的？

2. 你(金老师)与这三位小朋友的关系会是怎样的？

3. 你(金老师)准备怎样改善、提高与他们三人的关系？

第十章 早期儿童个性的发展

本章导航

本章将有助于你掌握：

早期儿童气质的类型及表现特征
儿童气质表现的影响因素
教师和家长对待不同气质类型儿童的应有态度
儿童性格发展的阶段及早期发展的可塑性

早期儿童能力发展的一般趋势
智力研究的最新进展及儿童智力发展的特点

早期儿童自我的产生及发展的一般趋势
早期儿童自我概念的发展及其前提条件
早期儿童自尊的发展及其影响因素
早期儿童自我调节和自我控制的发展

儿童气质发展的认知神经科学研究
儿童自我发展的认知神经科学研究

小路八个月大了，看到镜子中自己的像时，好奇地注视着，并用手抚摸他，对

他微笑并咿咿呀呀地招呼着，表现出对同伴的反应特征，似乎这个镜像是另一个人；其他时候的他还会把自己的手指、脚趾放进自己的嘴巴里，用刚出不久的仅有的几颗牙齿咬，有时咬疼了就哭叫起来。

小路 15 个月大，再次看到自己的镜像时，会重复地动手摇头，做出多种动作，观看欣赏着镜像的变化，表现出与同伴游戏不同的反应特征，似乎已知道这是自己的像；这时的小路还明确了这是"小路"的手，这是妈妈的手。

2 岁以后，小路开始用"我"来称呼自己，常用"这是我的。""我要……"来说明自己对玩具食物的拥有，或者对妈妈爸爸的指令。

4 岁左右的小路，当被问到"谁是好孩子?"时，会说"我是。""老师说我是好孩子。""我分巧克力给闹闹吃了。"

……

小路的这一系列行为表现，有着明显的变化，这正是儿童个性发展，特别是自我发展的一个缩影。

个性是一个人具有一定倾向性的各种心理特征的总和，反映着一个人的心理面貌和精神面貌。这一心理学上颇有争议的个性，在我们每个人身上都有所体现，在我们每个人的毕生发展过程中连续且有阶段地表现着，形成着，变化着。

我国传统上强调个性的个别性、独特性，现在更多重视的是个性作为较为稳定的个体心理和精神面貌的整体性、统合性，因而在发展的趋势方面，现代一般认为，学前期是个性萌芽、初步形成的时期，学龄期是逐渐形成、最终完成的时期。

个性是一个多维度、多层次的复杂心理结构，因而其发展的内容是多种多样的。本章有所侧重地从个性心理特征及自我意识系统两方面来介绍，以特别体现早期儿童个性发展的主要方面。

第一节　早期儿童气质、性格的发展

我们平时说某人沉静、谨慎，另一个人乐观、愉悦，某人做事很快、风风火火，另一个做什么都慢吞吞，"老虎追到屁股后面也不急"。这些都是指人的气质(temperamen)。心理学领域所说的气质，是与个体生理特征，特别是与脑神经活动特征紧密联系着的心理活动的动力特征，一般认为它是个体最早表现出来的个性心理特征，是一个人个性和社会性发展的基础。

性格是人在对现实的稳定的态度和习惯化了的行为方式中所表现出来的个性心理特征。我国学者一般认为性格是具有核心意义的个性心理特征，主要是在后天因素影响下发展起来的。

气质问题的研究有着久远的历史，可以追溯到公元 2 世纪古希腊学者希波克里特，但对儿童气质发展的研究及应用却应是从 20 世纪初期开始的。

一、早期儿童气质类型的测定

目前关于儿童早期气质发展的研究，成果最为丰硕的应集中在儿童气质维度方面。透过这些研究，我们能对儿童早期气质类型有更明确的了解。

(一)0～3 岁儿童的气质类型

在所有关于儿童气质类型研究中，0～3 岁阶段又是最受气质研究者们关注的，取得的研究资料相对又是最翔实的。

1. 容易抚育型—抚育困难型—发动缓慢型

这是由美国学者托马斯和切斯(A. Thomas & S. Chess)在 1977 年出版的《气质与发展》提出的，是儿童气质研究中最有代表性的一项成果。

1956 年，托马斯和切斯选定了纽约的 141 名刚出生的儿童，开始了对他们长达 10 多年的追踪研究，即著名的“纽约纵向追踪研究”(NYLS)。这一研究在他们出生后第一年每 3 个月一次，1～5 岁每 6 个月一次，5 岁以后每年一次，主要通过对儿童的父母进行访谈和问卷填写来收集资料，结合自己丰富的临床经验，他们用 9 个相对稳定的维度：①活动水平；②规律性；③常规变化适应性；④对新情境的反应；⑤感觉阈限水平；⑥反应强度；⑦积极或消极情绪；⑧注意分散度；⑨坚持性和注意广度(具体表现见表 10-1)，把 0～2 岁的儿童气质分为基本的三种类型：①容易抚育型；②抚育困难型；③发动缓慢型(不同类型在 9 个维度上的表现特点见表 10-2)。

表 10-1　9 种气质维度及表现(NYLS)

名　称	表　现
活动水平	在睡眠、饮食、玩耍、穿衣等方面身体活动的数量
规律性	机体的功能性，在睡眠、饮食、排便等方面
常规变化适应性	以社会要求的方式调整最初反应的难易性
对新情境的反应	对新刺激、食物、地点、人、玩具或玩法的最初反应
感觉阈限水平	产生一个反应需要的外部刺激量
反应强度	反应的能量内容，不考虑反应质量
积极或消极情绪	高兴或不高兴行为的数量
注意分散度	外部刺激(声音、玩具)干扰正在进行的活动的有效性
坚持性和注意广度	在有或没有外部障碍的条件下，某种具体活动的保持时间

(资料来源：艾森克．心理学——一条整合的途径．闫巩固，译．上海：华东师范大学出版社，2000：465)

表 10-2 3 种气质类型在 9 维度上的行为特点(NYLS)

特征维度类型	容易抚育型	抚育困难型	发动缓慢型
活动水平	变　动	变　动	低于正常
生理节律	规　律	不规律	形成慢
注意分散度	变　动	变　动	变　动
趋避性	接　近	逃　避	起初逃避
适应性	强	慢	慢
注意广度、持久性	高或低	高或低	高或低
反应强度	中　等	强	弱
反应阈限	高或低	高或低	高或低
心　境	积　极	烦　躁	低　落

(资料来源：庞丽娟，李辉．婴儿心理学．杭州：浙江教育出版社，1993：313)

这三种气质类型的婴儿的行为表现是：容易抚育型婴儿(the easy child)，生理节律规则化，愉快情绪多，情绪反应适中，对新异刺激一般反应积极，较易适应环境；抚育困难型婴儿(the difficult child)，生理节律的规律性差，较难掌握他们的睡眠、喂食、排泄等方面的不规则变化，负性情绪多，情绪反应强烈，对新异刺激反应消极，较难适应新环境；发动缓慢型婴儿(the slow-to warm-up child)的特点在活动性、适应性、情绪性反应上均较慢，情绪经常不甚愉快，在没有压力的情况下，对新异刺激会慢慢感兴趣，并慢慢活跃起来①。按照托马斯—切斯的测定，容易型约占 40%、困难型约占 10%、缓慢型约占 15%，共占全体被试 65%。其余 35%具有以上两种或甚至 3 种类型混合的特点，可归结为交叉型。

托马斯—切斯于 1986 年又把这 9 个维度归纳为 5 个，它们是：①生物节律性和可预测性；②对新异刺激的趋避性；③对新经历和常规改变时的适应性；④情绪反应强度；⑤典型心境(典型的情绪状态)。

2. 抑制型—非抑制型

这是 20 世纪 80 年代，美国心理学家凯根(J. Kagan)提出的又一基于不同研究思路的气质类型。

对以往气质研究的通常思路——通过采访或提问父母、教师或其他熟悉孩子的人(如儿科医生)来估测气质，受到了许多的质疑。一般认为虽然这些人和孩子交流更方便，他们更了解孩子，但同时，特别是来自家长的信息往往更主观且存在偏见。如父母在孩子出生前对孩子的气质期望会在婴儿出生后极大地影响回答结果。母亲的某些心理特征——很高的焦虑、消沉、自卑，会使她们认为自己的孩子有更多的困难。因此，父母对孩子的评价与对孩子行为的观察只有适度的相关。

凯根从自然科学的研究方法中汲取营养，增加实验室观察的方法研究儿童的气

① 陈帼眉．学前心理学[M]．北京：北京师范大学出版社，2000：340－341.

质。他的这一经典研究是对117名智力水平相当的美国中产白人儿童进行的一项追踪研究。从第14个月大开始，分别在第20，32，48，66，89个月大时进行实验室观察和母亲访谈。实验室观察主要采用陌生情境法，让母亲和孩子一起来到实验室，观察儿童在不同陌生情境(①陌生环境；②陌生人，包括成年女性、同年龄同性别的同伴；③陌生物体，如机器人、面具、隧道玩具)下的反应，对其在每个情境中的行为抑制型或非抑制型进行编码，并与母亲的问卷和Q分类技术的研究结合，最后确定其抑制或非抑制的类型。

在对气质特质中抑制—非抑制这一项内容的研究中，凯根把儿童划分为抑制型和非抑制型。抑制型儿童的主导特征是拘束克制、谨慎小心和温和谦让，行为抑制，经常有高度情绪性和低度社交性。非抑制型表现为活泼愉快、无拘无束、精力旺盛、冲动性强。白人儿童中，大约10%属于抑制型，25%属于非抑制型。

(二)3～7岁儿童的气质类型

明确提出3～7岁儿童气质类型的，是基于神经机制理论的研究者马丁(H. Martin，1997)。他将这一时期儿童的气质特质分为5种：抑制、负情绪、活动水平、缺少任务坚持性、冲动性，据此归纳出7种气质类型——抑制型、高情绪型、冲动型、典型型、沉默型、积极型、非抑制型。

刘文、扬丽珠等(2004)根据气质的5个基本维度：情绪性、活动性、反应性、社会性、专注性，将我国3～9岁儿童的气质类型划分为活泼型、专注型、抑制型、均衡型和敏感型五种(见表10-3)。

表10-3　3～9岁儿童气质类型及典型行为表现特点

类　型	表　现
活泼型	精力旺盛、好动、活动量大且时间长；情绪易激动、不稳定、耐受性差；对外界的刺激包括认知活动的反应一般；对环境和人的适应性、灵活性表现一般；坚持性差，注意力易分散
专注型	注意力持久，坚持性强，注意力不易分散；喜欢安静的活动，活动量小；情绪稳定，不易激动，耐受性强；对外界刺激的反应包括认知活动反应一般；对环境和人的适应性，灵活性一般
抑制型	对环境和人的适应性、灵活性较差、退缩、害羞；不喜欢大运动量的活动，情绪稳定、不易激动；对外界刺激反应包括认知活动的反应水平低；坚持性强、注意力不易分散
均衡型	情绪基本稳定；活动强度、时间适中；对各种刺激反应一般；对环境和人的适应性、灵活性一般；注意力持久的程度中等
敏感型	对外界各种刺激的感受性强、敏锐、反应快、接受新事物快；注意力持久，易集中、不易分散；活动强度和时间适中、对环境和人适应快、灵活；情绪表现比较稳定，积极情绪占主导

(资料来源：刘文．3～9岁儿童气质类型研究．心理与行为研究，2004，2(4)：603—609)

这些关于儿童早期气质类型的研究成果，让我们深刻地体会到儿童气质的差异性以及作为个性发展基础的意义。

如易怒性和活跃性，刚出生几个月大的孩子往往哭闹，烦躁不安，表现得易怒，随着孩子能更好地控制自己的情绪时，他们就会变得平静些；那些活跃程度高的孩子，行为就随之发生了变化。那些活跃的孩子容易醒，而且很不安，而不活跃的孩子则显得机警而专注。但接着发生的则相反，活跃的爬行者变得敏捷而勇于探索，而不活跃的孩子则恐惧而退缩。

二、气质的特性及其对早期儿童发展的影响

(一)气质的特性

气质是脑神经活动多种特性的独特整合，有着明显的先天遗传性，表现出相当的稳定性。许多研究的结果支持这一观点，特别是2岁以后的幼儿对其气质特征的测量与后期对其相同特征的测量有显著相关。在一项研究中发现(Caspi &Silva，1995)，被评为能力较差的幼儿在青春期表现出更多的行为问题，他们在气质评定中，攻击性、冒险性、冲动性等项目得分较高；与之对照，被评为抑制性的幼儿在18岁时作气质测定，则往往被评为小心谨慎和克制的。[①]

但同时，气质的稳定性只有中等程度的稳定。某些气质特征如害羞、社交能力等会受环境的影响而发生变化，而那些具有极端气质特征的人即非常害羞或者非常外向，稳定性才比较强。究其主要原因是作为气质基础的神经系统本身是随年龄的变化而变化的，且其早期表现的行为特征在以后的发展中常会被重组，成为一个更新、更复杂的系统。

(二)气质对发展的影响

气质作为心理活动表现在强度、速度、稳定性和灵活性等方面，动力性质的心理特征，对儿童认知、社会行为具有相当的影响力。现在比较一致的看法是先天的气质特征会影响儿童与环境事物相互作用的方式，为儿童个性发展提供了独特的基础，但是这种影响不是直接的，而是以环境因素为中介的。

1. 气质对认知的影响

目前关于这一关系的研究，主要集中于学龄阶段，表现在气质与学业成绩方面。这些研究发现，似乎从总体上说，困难型儿童和缓慢发动型儿童比容易型儿童学习成绩差一些，在学习活动中多血质和多血—黏液质表现出明显的“气质优势”；但林崇德(1996)的研究表明：不同类型气质具有不同的记忆优势。对于数量多、难度大的实际材料，高级神经活动强型的人较弱型的人效果要好。高级神经活动强型的人记忆无意义音节效果较好，而弱型的人记忆大量有意义的文章效果较好。在动觉记忆方面，对于不太复杂的任务，弱型的人比强型的人记忆要好；而对于复杂的任务，强型的人比弱型的人记忆要好。这说明儿童不同的先天气质差异各自都有智力发展的优势。

---

① 方富熹，方格．儿童发展心理学[M]．北京：人民教育出版社，2005：260.

关于学前期儿童气质与认知的关系，马丁(H. Martin，1987)的一项从儿童4个月起为时4年的纵向研究得出了非常出乎意料的结论：困难型儿童的智商分数要高于容易型儿童的智商。

关于兴趣和毅力的气质特征与学习和认知行为紧密相关。比如，1岁时的毅力情况与婴儿期的情绪测试分数和学龄前IQ相关(Matheny，1989)。1岁儿童的毅力水平与其心理测试的得分和智商水平也是相关的。在儿童期中期，在老师的培养下，毅力继续影响智商并影响学习成绩，它也是教师评价学生学习能力的一方面。相反，注意力不集中和过于活跃的孩子学习情况就不好。

2. 气质对社会行为的影响

气质对任何年龄段儿童的社会行为都有着重要的预测作用。有研究表明高度活跃的学龄前儿童特别善于和小朋友交往，但也更易卷入冲突；情绪敏感、易激动的儿童更易产生打人、抢玩具等不良社会行为。内向儿童过高的焦虑使他们在做错事之后感到更深的自责，对他人有强烈的责任感。结果，小时候害怕的经历使他不可能变得很有侵犯性。相反，易怒的、冲动的孩子就更多有侵犯性和反社会的可能。

三、气质的影响因素

(一)遗传特征

大量的研究证明，同卵双胞胎比异卵双胞胎在大量的气质特征方面，如活动水平强度、社交性、害羞程度、情绪反应强度、指向性、注意稳定程度等，表现出更多的共同点、相似性。

现代分子生物学研究也揭示，儿童血浆中GAD(谷氨酸脱羧酶)活性的水平及其相关基因多态性与气质的关系密切。

(二)环境特征

儿童不是被动的环境影响的接受者，个体总是以自己的方式来影响环境。气质的稳定性是在遗传因素和环境支持相结合的共同作用下形成的。不同的气质类型会激起人们对其作出不同的反应。例如，面对一个友善的陌生人，一个活泼开朗的婴儿对其反应是友好、报以微笑、感到好奇，趋向于探究陌生人。而另一个抑制型的婴儿则可能退缩躲避，甚至害怕啼哭。那么，成人对第一种类型的婴儿可能会更多地报以微笑、爱抚，甚至会夸奖："你真是个可爱的宝宝!"而可能对后者则不会做出进一步交往的反应。所以，不同气质儿童对同一环境情境会作出不同的反应，这会影响他们社会技能的发展以及人际关系、智能的发展。随着年龄的增长，他人的态度和行为反应影响着儿童的自我表征，这一发展过程加强和巩固了儿童的气质特征。①

对双胞胎儿童气质的研究也证实了以上的观点。一般大多数人都会认为，在相同的家庭环境中长大的孩子，他们的气质会更相近。但是，发展心理学家在研究婴

① 方富熹，方格. 儿童发展心理学[M]. 北京：人民教育出版社，2005：261.

儿气质稳定性的时候，却得出了相反的结论。即一对同胞兄弟，从小在一起长大；另一对同胞兄弟，由于某种原因，其中一个从小就被别人家领养。那么这样两对同胞兄弟，哪一对在长大后气质上更相近呢？答案可能会出乎很多人的意料。研究表明，一般来说，从小就被分开的这一对兄弟，他们在长大后气质上更相近些。这是为什么呢？为什么不同的环境下却更容易出现相近的结果呢？

为了很好地说明环境对气质的影响，贝克(C. Berk)把环境分为显著不同的两类：①共享的环境影响，即对生活在同一家庭里的所有孩子影响程度相同；②非共享的环境影响，使同胞兄弟姐妹产生差异。[①] 生活在同一家庭的同胞气质不同或相距很大说明共享环境因素(如家庭整体气氛)对气质影响不大，重要的是那些非共享环境因素，是它们使每个孩子独一无二。

行为主义基因学家分析认为，父母总会强调差异。通常在第二个孩子出生后，父母会说，“他胆子比她大，不怕生”，“他更安静些”等。一项研究发现，父母对于自己两个孩子的气质分别评价为容易抚养型的和困难型的，他们对两个孩子许多相同行为的评价也截然不同。也就是说，当一个孩子被认为是容易抚养型的时候，那么另一个则更容易被视为是困难型的。父母心中的这种观念，又会影响他们对孩子的态度和反应。这些反应则又会唤起和强化孩子不同的行为特质。除了在家庭中会出现这种情况外，在同伴、老师以及其他团体中都会出现相同的效应，这样就会造成兄弟姐妹之间虽然看似在同样的环境中长大，但是他们的感受、体验却十分不同。也就是说，兄弟姐妹之间，虽然成长的物理环境是相近或相同的，但是成长的心理环境却不完全相同，且有很大的差异。此外，当进入青春期后，青少年都会希望自己与众不同，以加强自己的存在感。兄弟姐妹也不例外，他们也会尽量地使自己与身边的人区别开来。基于以上这些原因，双胞胎之间和兄弟姐妹之间在气质上到成年后差异会越来越大。

然而，并不是所有的研究者都认同这种观点。有的研究者也对儿童成长的环境进行了细分，如将家庭环境分为家庭压力、父母的抚养方式、家庭的物理环境、家庭结构等。他们发现，这些因素的确会对婴儿的气质产生不同的影响。即有些因素在共同的抚养环境中会使孩子的气质更相近，但是有的因素则会使在一起的孩子气质差异增加。

(三)人种和文化特征

一些跨文化比较研究显示，中国孩子似乎天生就和外国孩子不同。这里讲的不是外表上的，而是说在一些行为特征上存在着差异。相对于欧美白种婴儿，中国婴儿活动量、哭闹和发声都比较少，而且对外界刺激不做强烈的情绪反应。中国孩子与白种孩子唯一没有差异的行为就是微笑。

---

① 劳拉·E. 贝克. 儿童发展(第五版)[M]. 吴颖，译. 南京：江苏教育出版社，2002：576.

四、早期儿童气质与养育方式——“拟合优度模式”

如前所述，气质对发展的影响不是直接的，而是以环境为中介的。也就是说，早期气质抚育困难的儿童并不必然产生后期的行为问题。关键取决于环境教育要求是否与个体的气质特征达到“最合适”。

托马斯—奇斯对此提出了“拟合优度模式(goodness-of-fit model)”来描述气质和环境因素是怎样共同作用以产生良好结果的。①

“拟合优度模式”解释了不易适应环境的孩子成长过程中为何会遇到那么多的行为和心理问题的原因，即常常受到不适合其气质倾向的对待，对新奇事物的迟缓反应被看成缺乏探索欲望而遭到消极的评价。同时，它又为改善亲子、师生关系和完善养育管理方式提供了一个可实现的思路。首先，家长和教师要能识别每一个孩子的气质类型，并明确每种气质类型的特点；其次，要有耐心，会等待，会鼓励每个孩子表现出更多的恰当行为；最后，知道气质是先天和后天的合成，虽然相对稳定，但也不是一成不变的。还应注意对儿童气质进行不同的补失教育。

在纽约进行的一项追踪研究表明，在发展早期70%的抚育困难型儿童在童年中期表现出严重的行为问题，但深入研究这些个案，发现没有一个个案表明导致这一结果的原因仅仅是气质，而是由于这些抚育困难型儿童的消极行为往往激起他们的父母以不符合其气质特点的方式对待他们，如简单粗暴、不耐心，甚至打骂体罚，从而使儿童产生不良情绪，容易滋生行为问题。

五、儿童早期性格的形成和发展

性格是遗传因素和环境因素相互作用的结果，其中，遗传因素是性格的自然前提，在此基础上，环境因素对性格的形成和发展起决定作用。性格是人在实践活动中，在人与环境的相互作用的过程中形成和发展起来的。性格是一个人的生活经历的反映。儿童的性格是在先天气质类型的基础上，在儿童与父母相互作用中逐渐形成的。

(一)婴儿期——性格的萌芽

儿童性格的最初表现是在婴儿期。3岁左右，儿童出现了最初的性格方面的差异，主要表现在：第一，合群性的差异。在儿童与伙伴相处时，可以有一定的区别，如有的孩子比较随和、易相处，发生争执时容易让步。有的孩子则易怒、容易起争执，还表现出一定的攻击性行为。第二，自制力的差异。到3岁左右，有些孩子已经掌握了初步的行为规范，有一定的自我控制力，如不抢别人的东西，当要求得不到满足时不会无理吵闹等，而一部分孩子则不能控制自己，蛮横无理。第三，独立性的差异。独立性强的两三岁孩子可以独立做很多事情，如自己吃饭、自己洗手、自己穿衣服等。而有些孩子则缺乏独立能力，很依赖大人。第四，活动性的差异。有的孩子活泼好动，对外界事物表现出较强烈的认知兴趣，精力充沛。而有的

① 劳拉·E. 贝克. 儿童发展(第五版)[M]. 吴颖，译. 南京：江苏教育出版社，2002：580.

孩子则比较好静，喜欢做安静的事情。

(二)幼儿期——性格的初步形成

在婴儿期性格差异的基础上，幼儿期性格差异更为明显，并日趋稳定。但是与小学和中学的儿童相比，幼儿期的性格发展具有明显的受情境制约的特点。同时，幼儿期儿童的性格具有较强的可塑性，不良性格在这一时期容易改进。

幼儿期儿童性格特点主要体现在：活泼好动，即使是一些内向、羞怯的幼儿也会自然流露活泼好动的天性，喜欢交往，尤其喜欢和自己年龄相仿的小伙伴交往，合作性游戏增多，好奇好问，对新鲜事物有较强的好奇心和求知欲，模仿性强，喜欢模仿小朋友和成人的行为。

幼儿期儿童性格的初步形成主要表现在以下几个方面：首先，儿童的性格已经表现出明显的个别差异，这种差异表现在儿童行为的各方面，使孩子在不同场合、不同方面的行为都显示出较强的一致性。其次，性格是一个多侧面的结构，儿童性格的初步形成是针对那些较低级的性格因素而言，而对于人的性格有决定性影响或成为性格的主要特征的高层次的因素还未形成。最后，儿童性格的发展具有明显受情境制约的特点，儿童的行为直接反映外界的环境影响。①

第二节　早期儿童能力的发展

能力是一种心理特征，是指人们顺利实现某种活动所必须具备的个性心理特征。例如，保证一位画家顺利完成绘画活动的心理条件，像色彩鉴别力、形象记忆力等，都属于能力的范畴。

能力是复杂的心理结构，一般将其结构划分为三大类②：第一类是一般能力和特殊能力。一般能力指在各种活动中共同表现出来的能力，如智力、观察力、记忆力、思维力、想象力和注意力等。掌握基本知识、经验所要求的是每个正常儿童都具有的一般能力。特殊能力指为某项专门活动所必须具备的能力。它只在特殊领域内发挥作用，是完成有关活动不可缺少的能力，如数学能力、音乐能力、绘画能力、组织能力等。第二类是认识能力、操作能力和社交能力。认识能力是学习、研究、理解、概括和分析的能力。操作能力就是操纵、制作和运动的能力。社交能力是指在社会交往活动中所表现出来的能力。第三类是模仿能力和创造能力。模仿能力是指仿效他人的举止行为而引起的与之类似活动的能力。创造能力是指产生新思想，发现和创造新事物的能力。创造能力是在模仿能力的基础上发展起来的，两者是相互联系的。

---

①②　陈帼眉. 学前心理学[M]. 北京：北京师范大学出版社，2000：345－349.

一、早期儿童能力发展的特点

1. 操作能力最早表现，并逐步发展

儿童自出生时起，已有初步的运动能力。例如，新生儿具有先天的抓握反射的能力，在此基础上，经过无意识抓握的练习，逐渐学会有目的的抓握动作。六七个月的孩子双手协调能力开始发展，手的灵活性也逐渐提高，手的运动能力开始发展成为操纵物体的能力即操作能力。1 岁的孩子随着操作物体的能力进一步的发展，能开始参与一些游戏活动。到了幼儿期，各种游戏如角色游戏、建筑游戏、结构游戏在幼儿游戏活动中占有主要地位，使得幼儿的操作能力进一步表现、发展。

2. 模仿能力迅速发展，为幼儿学习打下基础

儿童的模仿能力最早是通过延迟模仿而发展起来的，延迟模仿大约发生在 18～24 个月左右，发生在语言和动作等方面，儿童会作出曾经看到或听到过的事情或语言，如儿童学习妈妈给自己喂饭的动作给自己喜爱的洋娃娃喂饭。与创造能力相比，模仿能力是儿童较早发展、也较多展露的能力之一，模仿能力的发展也为幼儿进行学习打下了基础。模仿能力的发展不仅对儿童语言、动作的发展具有促进作用，而且通过儿童对成人和同伴行为的模仿对其个性形成也具有一定的作用。

3. 身体运动能力不断发展①

2～3 个月的孩子会抬头，4～5 个月会翻身，6 个月左右儿童开始学会坐。特别是 6 个月以后，孩子动作发展更为明显，逐渐学会独坐、爬、站、走。2 岁以后，儿童能跑、跳、攀登、踢球、越过小障碍等。进入幼儿期，幼儿的身体运动能力进一步得到发展，儿童具有了基本的走、跑、跳、攀、钻、爬、踢、跨等能力，灵活组合运用，动作也越来越复杂化。

4. 语言能力在儿童期发展迅速，幼儿期是口语发展的关键期

从 1 岁左右开始孩子发展语言能力。在之后短短的几年时间里，孩子从不会说话，到能用单个字，到能用两个词，最终能够用简单句比较清楚地表达意思。进入幼儿期，孩子语言表达能力进一步发展和提高，特别是言语的连贯性、完整性和逻辑性迅速发展。

5. 作为学习前提的认知能力快速发展

伴随着神经系统的飞速成长，儿童的认知能力也快速发展着。孩子出生时只具备基本的感知能力。出生头两年，儿童就积极地用自己的感官和动作探究周围的世界，建构着自己对事物的认识。到了幼儿期，儿童的各种认知能力迅速发展起来，逐渐向比较高级的心理水平发展，认知活动的有意性也逐渐发展，为儿童的学习提供了必要的前提。

6. 各种特殊能力逐渐展现

儿童期，一些特殊才能开始有所表现，如音乐、绘画、体育等。尤其是音乐才

① 陈帼眉. 学前心理学[M]. 北京：北京师范大学出版社，2000：335.

能在儿童的学前期就较早地表现了出来。

二、早期儿童智力的发展

(一)智力理论研究的新进展

据国外有关研究结果表明，儿童智商与学业成绩具有高相关性。因此，智力测验一直比较流行。但对于究竟智力是什么，尤其什么是儿童的智力、如何来判定儿童是否有高智力却是一件具有争议的事情。我们一般认为智力是儿童认识世界能力的综合体现，是儿童完成各种活动的最基本的心理条件，是能力中非常重要的组成部分，在儿童的心理活动中占有重要地位。

因素方法是研究智力的主要方法。例如，英国心理学家斯皮尔曼(Spearman，1927)通过因素分析提出智力可以分为"g"因素(一般因素)和"s"因素(特殊因素)。瑟斯顿(Thurstone，1938)进一步提出智力主要由七种技能组成，分别是语义、知觉速度、推理、数、机械记忆、语词流畅性和空间视觉。吉尔福特(Guilford，1966)提出智力是由120个因素组成的。当代的因素分析最有影响的是R. B. 卡特尔和约翰·卡罗尔。卡特尔提出晶体智力和流体智力。晶体智力依赖于携带文化的以事实为导向的信息。与其相联系的任务包括词汇、一般信息和审美问题。流体智力需要较少的专业知识，包括理解复杂关系和解决问题的能力。① 卡罗尔提出智力三层理论，最高层是"g"，第二层是"g"下的八类能力，最低层是狭义的能力。尽管因素分析法已经成为定义智力能力的主要方法，但是许多研究者认为因素对智力测验的作用是非常有限的，重要的是要了解制约这些因素的基础的认知过程。一旦我们能够确切地发现是什么因素可把那些能够解答一定心理测试的个人与不能解答的个人区分开来，我们将知道更多的关于威吓一个特殊的小孩做得好或坏以及什么技术能继续运用以改进绩效的信息。②

一些研究者将心理计量学和信息加工方法结合起来对智力进行研究。斯滕伯格(R. J. Sterberg) 提出智力三元论为我们更好地理解智力提供了另一个思路。他认为智力由三部分组成：第一部分是成分子理论，是指决定智力行为的信息加工技能。第二部分是经验子理论，是指对任务情况的熟悉程度。智力较高的人与智力较低的人相比，在新奇的环境中能更有技巧地加工信息。第三部分是环境子理论，是指任何智力行为都是对一定的社会文化环境要求的适应。聪明人能有技巧地把他们的信息加工技巧应用到日常生活的个人愿望和需求中。斯滕伯格的理论强调了人类智力技能的复杂性，特别是对环境的敏感性和在评价这种复杂性的当前测试中的局限性。加德纳(H. Gardner)提出多元智力理论，提供了信息加工如何影响智力行为的另一种新的观点。他认为智力是："一种处理信息的生理心理潜能，这种潜能在某

---

①② 劳拉·E. 贝克. 儿童发展(第五版)[M]. 吴颖，译. 南京：江苏教育出版社，2002：444－445.

种文化环境之下，会被引发去解决问题或是创作该文化所重视的作品。”[①]按这个定义，智力是看不到也无法测量的，可能是许多不同的神经方面的潜能，它能否引发出来往往取决于那个文化所重视的价值观、所提供的机会以及个人在自身或其他人影响下做出的选择和决定。[②] 他提出智力由八种相互独立的智力所构成，分别是语言、逻辑数学、音乐、空间、身体一运动、人际关系、自我体验。他认为每一种智力具有一种唯一的生理潜能，一种不同的发展过程。加德纳的理论对于致力于理解和培养儿童的特殊天分方面特别有帮助。

(二)早期儿童智力发展的趋势

从出生到入学前的阶段，是人智力发展最迅速的时期。布卢姆(B. Bloom, 1960)搜集了20世纪前半期多种对儿童智力发展的纵向追踪材料和系统测验的数据，进行了分析和总结，发现儿童智力发展有一定的稳定的规律：假定17岁所达到的普通智力水平为100%，1岁达到20%，4岁达到50%，8岁达到80%，13岁达到92%。这些数据说明，出生后头4年儿童的智力发展最快，已经发展了50%，获得了成熟时的一半。4～8岁，即出生后的第二个4年，发展30%，其速度比头4年减慢，以后更慢。由此我们也可以得出学前期是儿童智力发展的关键期，这一观点也已经被许多心理学家所认可。

智力除其总体发展呈快速增长的趋势外，还表现在儿童智力结构随着年龄的增长而变化发展，其发展趋势是越来越复杂化、复合化和抽象化。

(三)主要的儿童智力测验

对智力的测量一直是智力研究中重要的内容之一，对儿童进行智力的测定有助于了解儿童的智力发展水平，并对其进行因材施教。目前对儿童进行智力测定的方法主要是采用智力测验。智力测验是按照量表测定个体智力的工具。一般包括标准化的题目和用来对得分进行评定的常模。通过智力测验得出的分数是智商。常用的儿童智力测验量表主要有以下几种。

1. 斯坦福一比纳智力量表

此量表适用于2岁至成人。最近的版本测量一般智力有四种智力因素：字词推理、定量推理、抽象/视觉推理和短时记忆。此量表具有较少的文化偏差，并减少了性别偏见。此量表引进到中国，在陆志韦等修订的基础上，由吴天敏再修订，于1982年正式出版，其适用范围是2～18岁。

2. 韦克斯勒儿童智力量表

韦氏儿童智力量表是一种适用于6～16岁儿童的被广泛使用的量表。对其延伸，用于学龄前和小学儿童的韦克斯勒智力量表，适用于3～8岁儿童。韦氏儿童智力量表测量两种广泛的智力因素：言辞和绩效。每一个都包括6个子测试，总共

---

① [美]加德纳. 再建多元智慧——21世纪的发展前景与实际应用[M]. 李心莹，译. 台北：远流出版事业公司，2000：66.

② 方富熹，方格. 儿童发展心理学[M]. 北京：人民教育出版社，2005：448.

得出12个单独分数。绩效项目要求儿童排列实物而不是和测试者谈话。这使得不同语言的儿童与语言失调的儿童都能通过该量表测试智商。

3. 婴儿智力测试

测试婴儿的智力是一项很困难的工作，因为婴儿不像儿童能回答问题或遵循指导。婴儿也不是好的合作对象，在测试过程中很容易分心、疲倦或哭闹。绝大部分婴儿的智力测试由知觉与运动反应所构成。贝氏婴儿发展量表是一个广泛运用的婴儿测试。它包括两部分，一个是心智测试，包括如转向声音、寻找一个已落下的物体等。另一个是运动测试，评价精细的和粗大的运动技能，如抓握、坐、喝水等。① 但是一些研究者认为这些反应婴儿知觉与运动行为的测试并不能准确地反映婴儿的智力。因此，贝氏量表被大量地修改。新的版本包括婴儿记忆、解决问题、分类等项目。婴儿测试对得分非常低的婴儿具有某种预见性，因此也较多地用来筛选可能在未来有发展问题的婴儿。

其他的婴儿测试还有，如费根婴儿智力测试。这个测试是一系列由习惯化—去习惯化项目所构成的。测试时，婴儿坐在母亲的膝盖上，看一系列图片。在展示了每一张后，考查婴儿对一张新图片的定看时间，该图片与一张有记录的熟悉的图片是成对的。费根测试得分与学龄前期智商相关，对辨别不久将显示出智力发展有严重迟缓的婴儿很有效。

依据皮亚杰理论的测试，如尤兹格瑞斯和亨特的婴儿心理发展测试被证明有效。它包括八个子测试，每一个测试评价一个重要的感觉运动的里程碑，如模仿和物体的恒常性。

4. 儿童智力发展的动态测验

动态测验(dynamic testing)的编制者认为传统的智力测验是一种静态的测验，它所测量的是在统一、严格的测验情境中特定领域的知识技能和完成一系列测验作业任务的技能技巧，所得的结果只能反映个体已有的某种专门知识技能水平，而不是潜在的水平。② 动态测验是基于能力不断发展和维果茨基“最近发展区”思想而提出的评估儿童潜能的测验方法。它采用与智力测验相同或相似的项目作为评价工具，摈弃传统测验中不指导、不干预的静态方法考查儿童认知发展潜能，旨在通过干预探查儿童认知发展的最高点，以便更公正、客观地评价儿童，尤其是“弱势儿童”(包括学习失能、心理落后、不良条件和文化背景及新移民儿童)的能力发展。

---

① 劳拉·E. 贝克．儿童发展(第五版)[M]．吴颖，译．南京：江苏教育出版社，2002.

② 方富熹，方格．儿童发展心理学[M]．北京：人民教育出版社，2005：450.

第三节　早期儿童自我发展

自我或自我意识是儿童社会化的组成部分，是衡量个性成熟水平的标志，是整合、统一个性各个部分的核心力量，也是推动个性发展的内部动因。自我是一个由多种成分构成的动力系统，它具有两个基本特征：一是区别于他人的“分离感”，即意识到自己作为一个独立的个体，在身体、情感和认知方面都具有自身的独特性。二是跨时间、跨空间的“稳定的同一感”，即一个人知道自己是长期地持续存在的，不随环境及自身的变化而否认自己是同一个人。

一般研究者认为有两种意义上的“我”，即主我(I-self)和客我(me-self)。主我就是主体的我，一个独立于其他人和物，又和其他人发生关系的我。“主我”包括这些范畴：自己是独立于周围世界的，能回应并能控制周围环境，有别人无法介入的私人内部世界，并能持久存在。客我是一个沉思的观察者，把自己看作是通过显示自己不同的特征，而成为知识和评价的综合体，从多方面来估计、评价。它包括所有使自己独一无二的特点——物理特点，如外貌和财产；心理特征，包括欲望、态度、信仰和思维方式及人格特点；社会特征，如社会角色和人际关系。①

自我是由知、情、意三方面统一构成的高级反映形式。“知”是指自我认识；“情”是指自我的评价和情绪体验；“意”是指自我控制和自我调节。② 自我认识(self-knowledge)属于自我的认知成分，是指个体对自己身心特征和活动状态的认知和评价。自我认知包括自我观察、自我概念、自我评价等，其中自我概念和自我评价是自我认知最主要的方面，可以反映个体自我认识的发展水平。自我概念(self-concept)指个体对自己的印象，包括对自己存在的认识，以及对个人身体能力、性格、态度、思想等方面的认识。自我评价和体验(self-evaluation&self-experience)属于自我的情感成分，是指个体对自己所持有的一种态度。自我体验包括自尊、自信、自卑、自豪感、内疚感和自我欣赏等。其中自尊是自我体验的重要体现，也影响到自我认识和自我调控的两个方面。自我调控(self-regulation)属于自我的意志成分，是指个体对自己思想、情感和行为的调节和控制。自制、自立、自主、自我监督和自我控制等都属于自我调控的范畴。

① 劳拉·E. 贝克．儿童发展(第五版)[M]．吴颖，译．南京：江苏教育出版社，2002：609.

② 张文新．儿童社会性发展[M]．北京：北京师范大学出版社，2000：378.

一、早期儿童自我的产生及发展的一般趋势

(一)“主我”和“客我”的产生

“主我”是孩子最早萌生的自我概念，这已获得研究者的一致认同。在出生后的第一年，婴儿把自身和物体分开，把自己和他人分开，从而产生了“主我”。当孩子最早意识到他自己的行为能够引起物体移动和他人的反应以可预测的方式进行时，他的自我意识就已经开始出现了。例如，婴儿用手拍动了他面前的一个球，球就向前滚了出去，于是他开始意识到自己和外在物质世界的联系。再如，对照料者微笑或发出声音，照料者会回应他，这也是孩子意识到自己与他人的联系。通过这些经历的比较，孩子们逐渐树立一个独立于外在现实世界的自我形象——“主我”。路易斯(Lewis，1990)认为，大约在3个月，婴儿已经可以区分出“我”和“他”，体现在婴儿触摸自己身体和触摸别人的身体时有不同的感受。

婴儿出生后第二年，孩子开始建构“客我”。1～2岁时，儿童已开始学会说话，由把自己称为“宝宝”，逐渐学会称自己为“我”，这是自我命名的过程，也标志着客体我的产生。大约从出生后15个月开始，儿童产生了自我再认，即认识自我和反省自我的能力。对这一时期儿童自我研究的有名实验即“点红实验”。在婴儿未察觉的情况下，假装给婴儿擦鼻子在婴儿鼻子上抹上红点，观察婴儿在镜子前看自己形象时的反应。小的孩子会去触摸镜子，更关注于镜子这一新异刺激。而15个月以上的孩子会去抹他的红鼻子。该实验表明，15个月大的儿童已经具有对自己独特形象的敏锐意识。有的学步甚至还会在镜子前做怪样，模仿小丑。一般大约到了2岁时，儿童建立起比较完善的“客我”概念。孩子看到不同人的照片时，更多地会冲着自己的照片笑，大多数孩子会叫出自己的名字或指代自己的人称，如“我”，来称呼自己。

信息栏10-1

早期儿童自我发生实验

路易斯(Lewis，1979)与其同事借用了阿姆斯特丹的点红实验的镜像研究，另外还利用观看录像和相片的方法对婴儿的自我意识做进一步的实验研究，以探讨儿童自我的发生过程。

他们选取了9～24个月的儿童作为实验对象，实验分为三个阶段。实验的第一阶段也就是我们比较熟悉的“点红实验”。研究者在婴儿未察觉的情况下给婴儿鼻子涂上红点，观察婴儿在镜子前看到自己形象时的反应。实验结果是只有25%的儿童立即用手去摸或擦自己的鼻子。可是24个月的儿童中，有88%会立即用手去摸自己的鼻子。

第二阶段的实验是让儿童观看特制的录像：在第一部录像里，被试婴儿就在当时所在的环境，这时一个人走进屋；第二部录像的内容是该儿童一星期前正在玩玩具，此时有一个人正走进屋的情境；第三部录像则是另外一个儿童在玩，有一个人正走进屋子。结果发现，9～15 个月的婴儿都能够很快从第一种录像中认出自己，并转头向门口看，次数多于后面两种情境。在对第二种情境和第三种情境的婴儿反应情况的比较下，发现只有 15 个月以上的婴儿才能区分这两种情境，说明婴儿已经能够区别自我与他人的形象，对自我的认识逐渐清晰。

第三阶段的相片实验中，研究者向被试婴儿提供了许多相片，包括婴儿自己的和其他婴儿的照片。15～18 个月的婴儿，当听到叫自己的名字时，能够指出自己的照片，并看着他对他微笑。

我国学者刘金花(1993)重复了“点红实验”，发现婴儿自我认识出现所经历的阶段与刘易斯等人的研究结果基本一致。9，10 个月的儿童对镜子很感兴趣，而对镜中自我的映象并不感兴趣。1 岁及稍大几个月的婴儿对镜中自我的映象很感兴趣，亲吻、微笑，还到镜子的反面去找这位伙伴；约在 18 个月左右，婴儿特别注意镜子里的映象与镜子外的物体的对应关系，对镜中映象的动作伴随自己的动作更是显得好奇。18～24 个月的儿童看到镜子中自己的映象立即去摸自己的鼻子的人次迅速增加。

(二)早期儿童自我发展的一般趋势

随着年龄的增长，儿童的自我系统不断地发展变化。4～5 岁是儿童自我发展的加速期。自我各因素的发生时间比较接近，但不同步。首先是自我评价的发展，其次是自我体验的发展，最后是自我控制的发展。自我评价开始发生的年龄转变期在 3.5～4 岁间；自我体验开始发生的年龄转变期在 4 岁左右，自我控制开始发生的年龄转变期为 4～5 岁。

我国学者张文新对儿童自我发展的趋势进行了总结，认为主要表现在：自我认知的内容从反映外部的、可观察的、具体的、有明确参照系统的自我特点到反映内部的、不能直接观察的、抽象的、参照系统模糊的自我特点。例如，幼儿最初认识到的是生理自我，然后才逐渐认识行为自我、社会自我；到了青春期，对心理自我的认知才获得充分的发展。儿童自我的结构逐渐分化和层次化，最后形成复杂的、整合的自我结构系统。自我的功能逐渐社会化，社会适应性逐渐提高。区分外部自我和内部自我的能力逐渐增强，儿童渐渐能够比较实际地判断社会交往情境，并根据这些判断而表现出复杂的社会自我。

二、早期儿童自我概念的发展

自我概念(self-concept)就是指个体对自己的知觉。它是指自我系统中的认知方面或描述性内容，所表达的是人们关于自己身心特点的主观知识，所回答的是“我是谁”的问题。

(一)自我概念发展的阶段

1. 婴儿期

婴儿的自我概念仅仅是对自我映象的再认。盖洛普(Gallup，1977)观察到，黑猩猩使用镜子以对它们自己看不到的身体部位加以整饰，例如，剔除牙齿上的食物残渣。它们不是把镜子上的映象当作另外一只动物对待，而是似乎将其解释为某种自我映象。由此，盖洛普设计了一套程序对婴儿进行检验，以后这套程序经适当改变被应用于对学步儿童的研究中，也就是我们在前面介绍过的“点红实验”。在 9～24 个月大的鼻子上点了红点的婴儿中，15～24 个月的婴儿表现出看了镜子摸鼻子的举动，小于 15 个月的婴儿没有表现这种行为。除了摸鼻子之外，学步幼儿还说“鼻子”。他们既在镜子中，也在录像回放和静止的相片中，清楚表现出再认他们自己的非语言迹象，并且使用自己的名字职称他们所看到的自己的外在映象。

这种镜前行为并不依赖于是否具有使用过镜子的经验。来自以色列某个流浪沙漠文化的婴儿，他们没有使用过镜子或其他类似的反射表面的经验，也表现出与附近某个城市的婴儿相同的自我辨认行为(Priel & de SDchonen，1986)。

2. 学前期

学前期儿童自我概念的特点是具体化。一个名叫晓晓的 4 岁的女孩这样来回答“你是谁?”的问题：

我叫晓晓，你看，这是妈妈给我买的新鞋，这是红色的，我家里还有一双黄色的。(你今年多大了?)我 4 岁了。(你是男孩还是女孩?)我当然是女孩喽，可我弟弟是男孩。(当然，你再说说你自己。)我会刷牙了，每天睡觉前刷，早上起来刷。我还会洗我的小手帕，告诉你吧，我还有一盒积木，我会搭房子，搭得可高可高了。(还有吗?)一碰它就塌下来了，没有了。(再说说你喜欢什么，不喜欢什么。)我啊，最喜欢吃巧克力，妈妈不让我多吃，一次只能吃两块，说吃多了会坏牙。我不喜欢和玲玲玩，她对人很凶。①

从这些描述中，我们可以看到学前儿童自我概念是非常具体的。他们用以描述自我的，主要是可以观察到的特征，如名字、外貌、拥有什么东西以及日常行为。自我概念常和自己拥有的物品连在一起，比如，自己有什么玩具，有什么新衣服等。总的来说，幼儿的自我概念大多来自对自我身体的表征，或跟自我有关的物理环境的表征，还不能用词概括地描述自己的心理特征。

(二)早期儿童自我概念发展的条件

1. 社会认知发展水平

儿童自我概念的发展离不开儿童现有的认知发展水平。儿童早期认知能力的具体形象性使得儿童的自我概念局限于具体特征，如身体特征，自我被看作身体的组成部分。由此，塞尔曼(R. Selman)认为 ，儿童最初的自我概念是“物理概念”。随

① 方富熹，方格. 儿童发展心理学[M]. 北京：人民教育出版社，2005：368.

后，儿童认知水平向抽象性发展，其自我概念也由外部转向内部，由具体变为抽象，知道根据主观的内部状态来定义“真正的自我”。儿童的社会认知发展水平具体可以分为观点采择能力和社会比较能力。观点采择能力是指个体在自我认知或社会交往中脱离自我中心的限制，进行思维运算的能力。观点采择能力的发展有利于儿童提高自我认知的客观化程度。社会比较能力是指个体在头脑中同时将自己的观点与他人的观点，或自我的特征与他人的特征，联系起来加以对比的能力。

2. 社会互动

社会心理学家库利(C. Cooley)和米德(G. Mead)的“镜我理论”指出，儿童自我概念形成的过程是通过镜映(looking-glass process)形成“镜像自我”(looking-glass self)的过程，即儿童把他人当作一面镜子，通过他人对自己的表情、评价和态度等来了解和界定自己，从而形成相应的自我概念。该理论认为，社会互动对儿童自我概念的影响一方面是通过“重要他人”实现的。在儿童不同的发展阶段，重要他人是不同的。学前儿童的重要他人一般是家长，进入小学，教师的影响力可能慢慢超越家长，中学阶段，同伴对儿童的影响显示其优势。这些“重要他人”对儿童的看法、评价等都影响着儿童自我概念的形成和发展。此外，另一方面社会互动的作用也表现在对儿童的自我整合过程的作用上。[①] 儿童在与社会接触的过程中，由于环境的复杂变化，儿童的自我需求、角色责任及社会期望间必然存在许多的不一致，这使得儿童的自我表现出不确定性。特别是到青春期，儿童一方面将意识的焦点转向内部；另一方面他们对他人的态度非常敏感，关心他人对自己的评价，自我表现出不确定性。这期间社会交往对儿童自我的重新构建具有深远的意义。在社会交往中，内外信息、观念的交流使得个体获得丰富的信息，有助于他们协调各种信息，形成统一协调的自我概念。

3. 文化价值观

儿童所处文化的传统价值和信念对其自我概念形成也有很大的影响。例如，亚洲家长特别强调相互帮助和依靠，而西方的父母更强调自我的唯一性和独立性。因此，在中国和日本，自我是和社会团体联系在一起的，他们更崇尚人们之间的合作和相互依赖而非竞争和独立，他们的身份是和其所属的群体紧密联系而非个人的成就和个人的特征。但在美国，自我就成了自治的个人“所有物”(Markus，1991)。

然而，即使在西方国家，相互依赖的信息对一些亚文化的影响也很深。有一项研究把波多黎各渔村的孩子和美国小镇上的孩子做了比较。波多黎各的孩子更多地把自己描述成“礼貌的”“好的”“尊敬别人的”“听话的”，并证明这些特征是对他人的积极回应。相反，美国孩子提及更多的是自己的个性特点，如兴趣、爱好和技能(Damon，1988)。

三、早期儿童自尊的发展

自尊是指个体对自我价值的判断以及伴随而产生的一种情绪体验。自尊心强的

① 张文新. 儿童社会性发展[M]. 北京：北京师范大学出版社，2000：386.

人比较高地估计自己的价值，希望获得他人的赞许，对自己的要求也较高，这些都会激励他们做得更好；而自尊心弱的人，缺乏对自己的积极评价，行为上也会表现得退缩和不积极。

(一)自尊的发展及其结构

自尊心在孩子社会发展的不同方面中占有重要地位。孩子对自己能力的评价影响他们的情感经历，影响他们未来相同情况下的行为及以后很长一段时间内的心理调节。

调查表明一旦类别自我产生而且这个类别自我有可评价的特征，孩子就开始进行自我评价。2 岁左右，当他们取得成就时，他们会吸引成人的注意力。例如，他们完成了一幅拼图，会指着它对大人说："妈妈，你看!"而且，2 岁的孩子在成功完成一项任务后会对大人微笑，失败后会皱眉而且眼神躲闪。大量研究发现，儿童自我情感体验大约产生在 4 岁左右。伴随着自我评价和自我体验的产生，学前期儿童的自尊也随之出现，但由于自我评价和自我体验的水平较低，个体自尊也显得笼统而不稳定。[①] 随着年龄的增长，自尊会越来越具体而精巧。

自尊的结构建立在孩子获得信息和组织这些信息的能力的基础上。[②] 心理学家用因素分析的方法来对自尊的结构进行阐述，哈特(Harter，1986)曾用 SPPC 让儿童对自我的许多方面作出等级判断。例如："我喜欢上学""其他小朋友们都很喜欢我"等。研究发现，学前儿童至少可以区分出两个方面的自尊，即社会接受(自己受欢迎的程度)和能力(自己擅长什么，不擅长什么)。6 岁的孩子至少知道了三方面的自尊——学术的、身体的、社会的，随年龄增长而更精细。如图 10-1 所示。

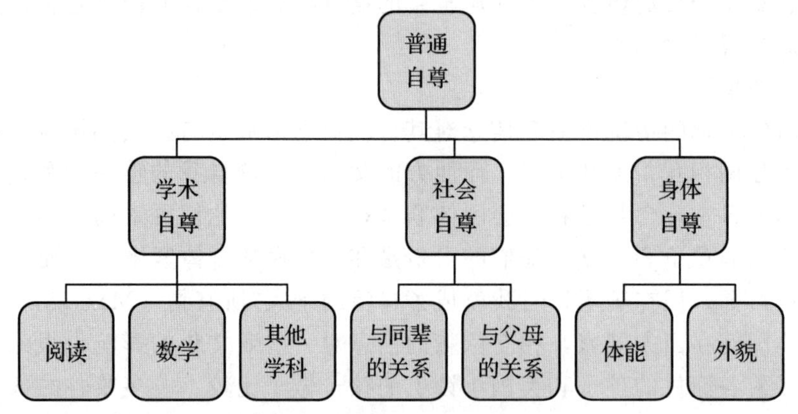

图 10-1　6 岁儿童自尊的树形结构

(二)早期儿童自尊发展的影响因素

文化对儿童自尊的影响很大。例如，青春期发育早的女孩和发育晚的男孩对自己的评价较低——这是受文化中"美"的标准的影响，传统的性别观点对外貌和成就

---

① 李幼穗. 儿童社会性发展及其培养[M]. 上海：华东师范大学出版社，2004：303.

② 劳拉·E. 贝克. 儿童发展(第五版)[M]. 吴颖，译. 南京：江苏教育出版社，2002：621.

的期待对女性的自尊产生负面影响。社会比较的作用在不同的文化下是不同的。[①]在日本和中国等地更强调社会比较，因此虽然他们的孩子成绩都很好，但是自尊却比美国孩子低(Chiu，1992～1993；Hawkins，1994)。在亚洲的班级里，竞争很残酷，成功的压力很大。而且亚洲的孩子很少用社会比较的方式助长自己的自尊。因为他们的文化高度赞赏谦虚和社会和谐，他们的自我评价是积极的，但谈吐中更多的是赞赏别人(Falbo et al.，1997；Heine，& Lehman，1995)。

家庭成员特别是父母对待儿童的态度方式直接影响儿童自尊的形成和发展。如果父母对儿童或青少年是热情的、赞许的，对行为有合理的期望值，他们的孩子对自我的评价就特别好。热情、积极地引导使孩子明白他们是有能力的、有社会价值的，坚定而合理的期望值使孩子作出明智的选择，理智地评价自己的行为。相反，当父母的支持、鼓励是有条件的(只有孩子达到很高的标准时才支持)，他们会做一些他们认为是“错误”的行为——而不是真实地表现自己。[②]一些十几岁的孩子自己也认为他们会时不时地“假装”，只是为了获取暂时的赞同或适应一个新角色。那些始终表现出虚假的自我的孩子——“表达你并不真正相信的东西”“装腔”——他们因为自信程度不高、抑郁、悲观而使别人和自己都低估了真实的自我。

同伴关系也是影响儿童自尊发展的因素之一。我国学者张文新(1997)认为，儿童的同伴关系对其自尊发展的影响主要表现在以下几个方面：一是亲密的同伴关系有利于儿童建立同伴间的依恋关系和获得社会支持，从而有助于缓解社会生活压力对儿童的消极影响；二是由于儿童大多选择社会背景和个性特征相似的儿童作为自己的同伴，这有利于儿童建立与同伴较为一致的价值观，促进儿童自尊的稳定性；三是那些受到同伴喜欢的儿童在与同伴交往的过程中，其自我效能感和归属感得到强化，儿童的心理承受能力得到增强，这也有利于保持其自尊的稳定性。早在4～5岁时，儿童就开始认识到他们与同伴的区别，通过与同伴的比较获知自己和同伴的优劣。随着年龄的增长，这种比较不断增加而且变得微妙起来，这对于儿童自尊的形成有重要作用。到了青春期同伴群体对自尊的影响变得更加明显。同某些关系密切的朋友的友谊质量是影响青少年自我赞许的最重要因素。有的学者(Thorne & Michaelieu，1996)甚至发现当成年早期个体回溯对其自尊最重要的一些事件时，他们更多地提到了与朋友和恋人间的关系而不是与父母家的关系。

四、早期儿童自我控制的发展

自我控制是指对优势反应的抑制和对劣势反映的唤起的能力。所谓优势反应，指的是对儿童具有直接、即时的吸引力的事物或活动所引起的，想要获得该事物或参加某种活动的冲动。[③]例如，6岁的东东很想出去和小朋友一起玩，但是作业还

① 劳拉·E. 贝克. 儿童发展(第五版)[M]. 吴颖，译. 南京：江苏教育出版社，2002：623.
② 劳拉·E. 贝克. 儿童发展(第五版)[M]. 吴颖，译. 南京：江苏教育出版社，2002：624.
③ 桑标. 当代儿童发展心理学[M]. 上海：上海教育出版社，2006：396.

没有完成。这时如果他能够压制自己出去玩的冲动，而坚持做完作业再去玩，他就使用了自我控制。较高自我控制往往和较高的成就动机和较好的学业成就关系紧密。

(一)自我控制的发生和发展

大多数研究发现，自我控制在婴儿出生后第二年就已出现，婴儿开始意识到自己是独立于外部世界的，自己的行为具有自主性，而且可以导致某种预期结果。有研究发现婴儿最早出现的自我控制表现为用抿嘴和皱眉来控制自己的悲伤和愤怒。但是总体而言，2 岁以前儿童的自我调节和控制能力是极其有限的。儿童更多地表现出顺从行为。

科普(Kopp，1982)认为，儿童自我调节和自我控制的早期发展要经历五个重要的阶段，每个阶段的发展变化都是以后更高水平的自我控制行为产生的基础。第一阶段属于神经生理调节阶段。在这一阶段，儿童的生理机制保护着儿童免受过强刺激的伤害。第二阶段属于知觉运动调节阶段。这一阶段儿童能够从事一些自发的动作活动，并能根据环境的变化来调节自己的行为。例如，儿童能够伸出手去抓物体或人。儿童的行为也反映出其气质和活动水平的个别差异。第三阶段属于外部控制阶段(1 岁左右)。这一阶段儿童能够使自己的行为服从控制者的命令。儿童行为中的有意成分在增强，行为开始具有目标导向性。第四阶段属于自我控制阶段。大约 2 岁左右，儿童的自我控制能力逐渐发展起来。第五阶段属于自我调节阶段，这一阶段，儿童获得了关于自我统一性和连续性的认识，开始把自己的行为与照看者的要求联结起来。

表 10-4　科普儿童自我调节和自我控制的早期发展

发展形式	特　征	出现的年龄	中介变量
控制与系统组织	唤醒状态，早期活动的激活调节	从母亲怀孕期到儿童 3 个月	神经生理的成熟、父母间的交往、儿童的生活常规
依从反应	对成人警告性信号 9～12 个月	对社会行为的偏向，母子交往的质量	
冲动控制	自我的发生、行为与语言间的平衡	第二年出现	成熟因素(如言语的发生)、照看者对儿童需要与情感的敏感性、降低压力措施的采用
自我控制	社会品质的内化、动作抑制	第二年中儿童对成人的要求进行反应，3～4 岁时利用外部言语进行自动调节，6 岁时转换为内部言语的调节	社会互动与交流、言语的发展及其指导作用
自我调节	采用偶然性规则来引导行为而不顾及环境的压力	第三年出现	认知过程、社会背景因素

(资料来源：Kopp，C. B. The antecedents of self-control：A developmental anaylsis. Developmental Psychology，1982，18：199－204.)

3岁以后，儿童的自我控制行为明显增加。儿童逐渐获得了自我连续性和自我统一性的认识，开始把自己的行为与父母的要求联系起来。经典的延迟满足实验主要就是对3岁以后的儿童的自我控制能力和行为的研究。在实验中，要求儿童在一个立即可以得到的小的奖励和一个大的但需要等待一段时间才能得到的奖励之间作出选择。研究发现，当奖励就在眼前时，儿童很难抵制住诱惑去耐心等待。随着年龄的增长，延迟满足的时间会延长，10～12岁儿童能比较容易地达到要求。

信息栏10-2

“延迟满足”实验

20世纪60年代，美国斯坦福大学心理学教授沃尔特·米歇尔(Walter Mischel)设计了一个著名的关于“延迟满足”的实验，提示出自我控制能力对获得成功的重要性。这个实验是在斯坦福大学校园里的一间幼儿园开始的。研究人员找来数十名儿童，让他们每个人单独待在一个只有一张桌子和一把椅子的小房间里，桌子上的托盘里有这些儿童爱吃的东西——棉花糖、曲奇或是饼干棒。研究人员告诉他们可以马上吃掉棉花糖，或者等研究人员回来时再吃还可以再得到一颗棉花糖作为奖励。他们还可以按响桌子上的铃，研究人员听到铃声会马上返回。对这些孩子们来说，实验的过程颇为难熬。有的孩子为了不去看那诱惑人的棉花糖而捂住眼睛或是背转身体，还有一些孩子开始做一些小动作——踢桌子，拉自己的辫子，有的甚至用手去打棉花糖。结果，大多数的孩子坚持不到3分钟就放弃了。“一些孩子甚至没有按铃就直接把糖吃掉了”，沃尔特·米歇尔回忆说，“另一些盯着桌上的棉花糖，半分钟后按了铃”。大约三分之一的孩子成功延迟了自己对棉花糖的欲望，他们等到研究人员回来兑现了奖励，差不多有15分钟的时间。

研究者对这批孩子14岁时和进入工作岗位后的表现进行了跟踪调查。发现那些以坚韧的毅力获得两颗棉花糖的孩子，长到上中学时数学或语文成绩比早吃糖的平均高出120分，表现出较强的适应性、自信心和独立自主精神，而且意志坚强，经得起困难和挫折，更容易取得成功；而那些经不住棉花糖诱惑的孩子则往往屈服于压力而逃避挑战。那些能等待并最后吃到两颗棉花糖的孩子，到了青少年时期仍能等待机遇而不急于求成，他们具有一种为了更大的更远的目标而暂时牺牲眼前利益的能力，即自控能力。而那些急不可待只吃了一颗棉花糖的孩子，到了青少年时期表现得比较固执、虚荣或优柔寡断，当欲望来的时候无法控制自己，一定要马上满足欲望，否则就无法静下心来继续做后面的事情。换句话说，能等待的那些孩子的成功率远远高于那些不能等待的孩子。

(二)自我控制的适宜度

自我控制要有一定适宜度。儿童的自我控制过低，往往表现为容易分心，无法延缓满足，易冲动，注意力不集中等。自我控制过强，则往往表现为很强的抑制性(个体的需要和情绪表达)和一致性(与成人的要求保持同一)，这样的孩子容易焦虑、抑郁、不合群。

比较适宜的自我控制应该是弹性的自我控制，这类儿童“管得住，放得开”，能随着环境的变化改变自我控制的程度，具有很强的灵活性。

(三)自我控制发展的原因

儿童自我控制能力随着年龄的增长而增长。其中一个原因在于儿童学会了更多也更有效地调控自己思想和行为的方式。大多数儿童能在成人的指导下，利用如转移注意力等的策略来抵制眼前的诱惑。大多数6～8岁儿童已经开始意识到用别的活动来转移注意可以使自己更有耐心。

延迟满足时间延长的另一个原因是随着年龄的增长，儿童逐渐内化了那些强调自我调整和自我控制的价值观念。这可以从儿童的主观陈述中发现。当被问到他们喜欢自己哪些方面的时候，少年期儿童常常提及体现自己有约束力的那些行为，如为了某个目标能做到自我控制，不去做那些和自我形象不一致的行为。

第四节　儿童气质与自我的发展神经科学研究

气质是一个古老的概念，它是指在情绪、活动、注意领域、反应性和自我控制等方面的个体差异，这种个体差异具有一定的生理基础。Strelau的气质调节理论，Rothbart的气质发展理论，Kagan的气质单维理论，Cloninger的气质—人格理论等都提出了不同视角的观点。20世纪早期，气质研究呈现三大取向：生物取向、情绪取向和行为风格取向，随着事件相关电位(ERP)、脑磁图(MEG)和功能性磁共振成像(fMRI)等脑功能成像技术的兴起，三大研究取向渐趋融合。不同气质理论的发展、认知神经科学研究极大地加深了人们对于气质发展的理解。

一、儿童气质发展的认知神经科学研究

(一)儿童气质类型的相关模型

20世纪80年代，Kagan提出了气质的单维理论，主要关注婴儿与儿童早期的气质发展，认为气质是出现在婴儿期的行为与生物学上的遗传性特征，且能够根据儿童的经验来调节其基因的表达。他着力于划分出两种极端的气质类型：抑制与非抑制。以Strelau为代表的研究者们提出，气质是个体对其与外部世界的关系进行调节的特征，反应性和活动性在这种调节过程中发挥着重要的作用，具体可分为六个维度：活泼性、坚持性、感觉敏感性、情绪反应性、持久性和活动性。Rothbart

等把气质定义为个体在反应性(reactivty)和自我调节(self-regulation)方面的稳定的、有生理基础的差异。

气质—人格理论提出了三种气质类型：新异寻求(novelty seeking，NS)、危害避免(harm avoidance，HA)与奖励依赖(reward dependence，RD)，随后又增加了第四个维度——坚持性(Persistence，P)，后来的研究为这种区分提供了生理学基础。Sarah Whittle(2006)认为之前的气质理论都存在共性，即可以在更高维度上将气质归纳为三种因素：积极情感、消极情感和约束。约束不是一种情感，而是一种影响刺激和反应之间关系、并调节积极与消极情感相互作用的特质。

Lara(2012)基于以往的气质理论框架，提出了一种情绪和情感气质的综合模型(affective and emotional composite temperament model，AFECT)，形成了对情绪、行为、个性和认知的基本融合。作为自我调节系统的一部分，气质主要有6个情绪维度：意志力、愤怒、抑制、敏感性、应对方式和控制。这些不同情绪维度的结合就形成了12种气质类型，即抑郁、焦虑、冷漠、强迫、双向情感、烦躁、敏感、易变、抑制、欣快感、情感旺盛和精神愉悦。①

(二)气质的神经解剖基础

对气质和中枢神经系统之间关系的研究很早就受到了关注。巴甫洛夫是此中典型代表。他认为神经系统活动的强度、平衡性、灵活性是造成个体气质差异的主要原因。此后，从神经系统的角度对气质的研究逐渐增多。个体生物学模型将气质的生物基础研究指向了中枢神经系统(CNS)，并指出CNS中的下丘脑、脑垂体、网状激活系统是影响气质的主要脑区。目前较为一致的看法是，边缘系统的主要结构(包括海马结构、扣带回、隔区、下丘脑和杏仁核)以及它们对运动和自主目标的反射弧是行为抑制性主要关联的脑区。

随后有研究者从心理病理学的神经科学角度出发，发现气质的调节系统和评价系统最终可分为正性情感性/接近，负性情感性/回避，亲和性，努力控制/限制四个维度，并指出这四种成分的中枢神经基础主要包括两种系统：皮层调节系统——背外侧前额叶、眶额皮层、前扣带回；中脑—边缘评价系统——颞上沟、腹侧被盖区、伏隔核、杏仁核、海马、脑岛。不同气质成分的神经基础取决于调节系统和评价系统的不同组合，但这两种系统在努力控制的维度上并没有明确的区分。

周围神经系统同样在气质形成中发挥着重要的作用。Kagan在强调CNS作用的同时，同样关注负责情绪控制的自主神经系统，包括交感、副交感神经。

(三)儿童气质的电生理研究

通常脑电划分标准如下。0.5～4Hz：δ波；4～8Hz：θ波；8～13Hz：α波；13～30Hz：β波。气质会显著影响脑电。例如，苏思惠等研究发现，不同气质类型者的脑电图在频率、波幅、发放率和串长都存在明显的区别。黏液质EEG中α节

---

① Diogo R. Lara，et al，The Affective and Emotional Composite Temperament (AFECT) model and scale：A system-based integrative approach，Journal of Affective Disorders，2012，140：14～37.

律的频率最慢，而胆汁质的频率最快；黏液质的串长时间最长、同步反应的神经元数量最多，表明神经系统稳定性最强，而抑郁质的串长最短、同步反应的神经元数量最少，神经系统兴奋性最高也最不稳定。Calkins 等的追踪研究表明，行为抑制性—非抑制性与儿童的脑电相关。先根据测查指标，将 4 个月的婴儿划分为高运动水平—情感消极和高运动水平—情感积极两类。然后在 9 个月时测查其脑电，在 14 个月时测查其行为抑制性—非抑制性。结果显示：高运动水平、情感消极的儿童表现为右侧额叶脑电活跃，频率高，并发展为抑制性儿童；而高运动水平、情感积极的婴儿表现为左侧额叶脑电活跃，发展为非抑制性儿童。这一发现对于解释儿童行为抑制—非抑制特征发展的生理机制，以及预测未来幼儿气质发展来说都意义重大。

信息栏10-3

可以通过脑电预测儿童气质吗？

不同气质类型儿童在脑电上存在着差异。例如，对平易型、麻烦型及缓慢型三组气质类型儿童的脑电图进行比较发现，在 α1 频段，麻烦型儿童大脑左额区、左中央区、左顶区、左枕区功率均显著低于其他两组；在 α2 频段，容易型儿童的左侧额区及整个中央区、顶区、枕区、颞区功率显著高于其他两组。在 β 频段，麻烦型儿童在左侧额区及整个中央区、顶区、枕区的功率显著低于其他两组。主要皮层区域高频率 α 波活动的高度同步性是麻烦型气质儿童的脑电图特征。

研究者认为，儿童气质的兴奋性与大脑皮质区域的 6.8～7.6 Hz 脑波有关，而活动性与中央皮层和顶叶皮层的 8.4～8.8 Hz 脑波有关。还有研究发现，高活动性的婴儿和高恐惧感的学步幼儿都表现出右侧额叶的 8～13 Hzα 波显著少于左侧；此外，自发与陌生人说话，与男孩的右侧额叶及高频率 α 波活动有关，而与女孩的右侧额叶及高频率 β 波活动有关。

在对婴儿和学前儿童的研究中也发现，θ 波和幼儿行为之间也存在关联。研究者设置了两种不同的测试条件：探索新玩具与对社会性刺激的注意。比较两组儿童的脑电发现，测试条件下两个年龄组 θ 波功率谱都增加，而 μ 波(指中央区 α 波)功率谱都减少。对于学前儿童，在探索行为中，大脑前部的 θ 频率显著增加；而注意社会性刺激时，大脑后部的 θ 频率显著增加。提示在儿童早期，θ 波与需要大量注意和情绪负荷的行为状态显著相关。

（资料来源：E. V. Orekhova. EEG theta rhythm in infants and preschool children，Clinical Neurophysiology 2006，117：1047－1062）

(四)儿童气质的脑成像研究

对于气质的脑成像研究，大多是基于 Cloniger 气质理论的不同分类。无论是动态的脑血流量研究，还是静态的大脑体积研究，都为该理论提供了更多的证据。PET 相关研究为气质的内外向维度找到了生理基础。静息状态下的脑血流和个体的内外向有关，内向个体与其额叶、丘脑前部的脑血流量增加有关；而外向者则和扣带前回、颞叶、丘脑后部脑血流量的增加有关。个体在内外向性格上的差异可能和额叶—纹状体—丘脑环路有关。

随后的 PET 研究也为气质—人格理论寻找生理基础，并发现：新异寻求(NS)与中央前回、海马旁回及颞叶中部的脑血流量显著负相关，与额中回的脑血流量存在显著正相关；而颞叶皮层部分区域、扣带前回等脑区的脑血流与伤害避免(HA)存在显著负相关；右侧颞叶中部、下部，左侧眶额皮层等脑区的脑血流量与奖励依赖(RD)存在显著的正相关。fMRI 研究也发现那些在坚持性(P)水平得分较高的个体在进行情感图片判断时，其外侧眶额皮层、前额叶中部和腹侧纹状体等脑区的活动水平有明显上升，而坚持性得分低者在这些脑区的活动明显降低。

静态的大脑体积研究从另一个侧面支持 Cloniger 的气质理论。研究发现，伤害避免和左侧前额叶皮质的灰质体积(gray matter volumes，GMV)呈负相关，而与左侧眶额皮层的 GMV 呈正相关。而在 BA4 区和后扣带皮层中，新异寻求和 GMV 也存在相关。对于奖励依赖，则发现 GMV 和奖励依赖在右侧尾状核之间的负相关关系。此外，还发现坚持性和楔前叶的 GMV 呈负相关。

(五)儿童气质的神经生化研究

中枢神经递质主要可分为单胺类神经递质、氨基酸类神经递质以及肽类物质。而最早关注神经递质对气质的影响要追溯到 Cloniger，他在自己最初的模型中首先强调了单胺类神经递质对于不同行为的影响，指出新异寻求和多巴胺(DA)活动性有关，而五羟色胺(5-HT)和去甲肾上腺素(NE)则分别影响伤害避免与奖励依赖行为，但是却没有提出直接的证据。

氨基酸类神经递质也是中枢神经系统重要的神经递质，可分为兴奋性氨基酸(EAAs)和抑制性氨基酸(IAAs)。氨基酸类神经递质对机体的神经活动有很大的调节作用，其浓度与气质类型也存在一定关系。有研究表明，儿童气质类型与其尿液中游离氨基酸存在相关性。通过高效液相色谱法检测尿液中氨基酸水平，发现胆汁质组儿童的谷氨酸浓度高于其他三组，抑郁质组儿童的天门冬氨酸浓度低于其他三组，但其浓度差异未达显著；不同气质组抑制性—兴奋性氨基酸类神经递质比有显著差异：主要体现在胆汁质与抑郁质之间。提示氨基酸类神经递质的浓度，特别是抑制性—兴奋性氨基酸类神经递质比与儿童气质类型有一定的关系。

阿片肽是一种在中枢神经系统内发现的神经激素，共分三大类：内啡肽、脑啡肽和强啡肽。内源性阿片肽的作用是通过和靶细胞膜上的阿片受体结合产生的。研究显示，伤害避免和脑中阿片肽 μ 受体的可利用率呈正相关。那些在伤害避免上得分较高的被试，在焦虑的调节、情绪的控制、疼痛的情感成分和内感受知觉的相关脑区倾向于有较高的 μ 受体可利用率。这些脑区包括扣带前回、腹内侧和背外侧前额叶皮层和前部岛叶皮层等。低水平内源性阿片受体的活动性和个体感受到消极情绪的倾向性、对于新奇和厌恶刺激的敏感性有关。阿片肽系统的激活可以应对消极刺激，并且能够引发消极情绪。

(六)儿童气质的基因学研究

遗传因素在气质的发展中所起的作用是不容忽视的。大量遗传学的研究结果提示气质具有遗传学基础，且具有相当的稳定性。但究竟有哪些基因与气质有关，它们在不同气质类型个体中又有何差异，它们的产物又是如何与脑发育、环境和经验等因素相互作用而最终产生出儿童复杂的态度与行为等，尚有待深入研究。

信息栏10-4

婴儿的气质受基因影响

气质特质，包括情感性特质，是可以遗传的，而且和基因的多态性有关。目前国外有研究认为儿童气质与多巴胺D4受体第Ⅲ外显子48bp可变重复序列多态性(DRD4 exon 48bp VNTR)有关。多巴胺D4受体主要分布在与认知和情感行为有关的大脑边缘系统，主要与对新奇事物的探索性、定向力、机体动机、适应性和调节性相关。Auerbach等用婴儿行为问卷调查了81名2个月大的以色列婴儿，对其DRD4 Ⅲ外显子48bp VNTR多态性与气质的相关性进行研究，发现具有长重复片段的D4受体等位基因的婴儿负性情绪较少，不易受环境的困扰。

5-羟色胺转运体多态性重复序列(5-HTTLPR)也是主要研究对象，目前对5-HTTLPR与气质关系的研究较为肯定的结论主要有：5-HTTLPR与婴儿的恐惧、害羞、神经过敏和伤害避免相关，以及与孤独症、强迫症有相关性。具有5-HTTLPR短序列纯合子的儿童较5-HTTLPR长序列纯合子和杂合子的儿童表现出较低的趋避性、持久性以及消极的反应性。

还有研究检验了脑源性神经营养因子(BDNF)、糖原合酶激酶3β(GSK3β)、Wnt信号通路基因的多态性与情感性气质之间的关系。

(资料来源：李杰等．气质的神经生物学研究进展．中华行为医学与脑科学杂志，2009，18(2)：190—192)

(七)儿童气质发展的先天与后天

双生子(twin design)与收养研究(adoption design)等定量行为遗传学(quantitative behavior genetics)的研究结果表明：遗传因素能解释个体认知能力、精神健康(异常行为)与人格等心理特征表型变异的40%～60%。路易斯维尔双生子追踪研究，科罗拉多收养项目等大型研究项目均表明：遗传大约可以解释气质表型方差变异的20%～60%(参见Gagne，Vendlinski，& Goldsmith，2009)。可见气质并非单纯的基因的产物，也是生理基础与后天环境、养育与生活经验共同作用的结果。

发展认知神经科学研究虽然努力探明与气质相关的生理基础，揭示了气质的先天性，但这并不代表某些气质特点会相伴终生。已有研究发现日常的一些生活经验可以重塑儿童的主要神经通路。人类大脑的发育成熟是一个缓慢的过程：边缘系统到青春期才发育成熟，负责情感控制、理解及执行功能的额叶则要到成年早期才能发育成熟。对于那些抑制性的儿童，其神经系统对杏仁核兴奋的阈值较低，容易产生害怕情绪，遇到问题时容易回避，如果父母采取保护措施，其前额叶中枢就会失去学习改变对害怕的自然反射的机会。对于那些存在过激反应的儿童，如果父母能够进行适当的情感教育，其迷走神经功能就会完善，使其能较好地控制其过激反应使行为变得得体。在童年及青春期间不断重复的情感控制有助于额叶成熟定型。童年养成的习惯将参与编织与修饰神经结构的基本网络。突触在经验作用下长期不断地增殖与修剪，直到形成情感性大脑正常通路中基本的神经联结。

目前气质的生理基础研究主要基于个体神经学与个体生物学的研究视角，并未充分考虑除先天因素以外的其他因素对儿童气质的影响。事实上，通过早期适时适当的教育，有可能改变儿童的某些不良气质，并增进其有益气质的发展。未来的研究需要从各个影响因素及其相互作用入手，从生理、心理和社会的角度进行综合研究。对基因-环境交互作用于儿童气质发展的研究，能够为幼儿教育提供很多的科学证据。

二、儿童自我发展的认知神经科学研究

目前研究自我神经机制的方法主要有：脑电刺激、单细胞记录、神经解剖、脑损伤和功能性的神经外科手术、神经失调者和神经损伤者的研究、健康人的神经功能研究等。

(一)自我系统

Klein 等人以神经心理学的资料为根据，将复杂而统一的“自我系统”分解为 6 个子系统：①一个人生活的情境记忆，如“我在某时某地上小学”；②一个人人格特征的表征，如“我是勤奋的”；③一个人生活的语义记忆，如“我住在××街××号”；④经验到现在的“我”是与过去的“我”相联系的；⑤个人作用与拥有的感觉，如“我是我的思考与行动的原因”；⑥形成元表征的能力，即自我反省的能力，如“我想我是怕狗的”。Klein 的研究为理解自我提供了有效的策略：以神经科学的资料为根据，具体分析自我的各个成分，然后逐步把它们整合起来形成对自我的完整看法。这一策略也体现在自我的脑成像研究上，目前人们从三方面对自我进行研究：自我作为知觉(自我面孔识别)，自我作为记忆(自传性记忆与情境记忆)，与自我作为思考(回答“我是谁”等问题)。①

(二)自我面孔识别的脑激活

Sugiura 等应用 PET 技术研究自我面孔识别，结果发现被动和自动自我面孔再

① 朱滢．社会认知神经科学——一个很有前途的交叉学科[J]．心理与行为研究，2004，2(2)：401－404.

认都激活了左侧梭状回和右侧缘上回。自我面孔识别再认还激活了前额皮层、右侧前扣带回。而且右侧前联合运动区和左侧脑岛可能对维持自我面孔的注意有关。Kircher 等进行的自我面孔识别的 fMRI 研究结果表明，当自我面孔激活的脑区减去陌生人面孔激活的脑区时，观察到右侧边缘系统的激活。而 Keenan 等(2001)实验发现当被试辨认自己的面孔时，其右侧额下回被选择性激活。隋洁在自我参照效应与自我面孔再认的 ERP 研究中发现，刺激呈现后 500～800ms 的时间窗口内，自我加工在额区尤其是右额区诱发出更强的 ERP 活动。由此可推断，自我面孔识别更多涉及右半球的加工。

(三)自我参照加工的脑基础

自我参照加工(编码和提取)是目前用脑成像技术研究自我最常用的实验范式。朱滢总结了九项自我参照加工(编码)的脑成像研究发现：自我参照加工普遍地激活了内侧前额叶(MPFC)，它大致定位在 Brodmman 9 区和 10 区。自我参照效应提取的脑成像研究相对较少，Lou 等人的 PET 研究结果表明，右侧顶下回是与自我提取相关的脑区。Fossati 等人完成的自我参照加工提取的 fMRI 研究也证实了此观点。

信息栏10-5

东方人与西方人的自我的差异

张力用 fMRI 技术对东西方自我的脑基础进行了比较，结果提示中国人的自我参照加工激活了 MPFC，这与西方被试结果一致，不同在于母亲参照也激活了中国人的 MPFC。这表明 MPFC 既调控自我又调控母亲，从而在神经水平上证明中国人的自我概念包括母亲等亲密家人。但西方人的内侧前额叶只参与调控自我而不调控母亲，从而在神经水平上证明西方人的自我概念更加独立。

(资料来源：张力等．寻找中国人的自我——一项 fMRI 研究．中国科学 C 辑 生命科学，2005，35(5)：472—478)

(四)自我评价的脑基础①

Lou 等使用 PET 与 TMS 技术，在与自我评价有关的脑区研究中，呈现一系列形容词，要求被试判断这些词是否适于形容被试自己、被试好友或公众人物。结果发现，做出的判断与被试自身密切程度越高，在回忆时，顶叶内侧皮层的激活程度就越高。类似的 fMRI 实验发现与自我评价相关的主要脑区是内侧额回或腹内侧前额叶。Friederich 等人向年轻女性被试呈现杂志上的模特儿照片，要求被试比较自己与照片人物的体形。fMRI 扫描发现，被试在作体形比较时，显著激活了外侧梭状回、右内侧顶叶、内侧额回以及扣带前回。

---

① 罗跃嘉．社会认知神经科学研究的最新进展[M]．心理科学进展，2008，16(3)：430－434.

(五)自我意识的获得与发展

人的自我意识(self-aware)植根于婴儿早期，Gibson认为，婴儿从一出生就开始协调自我的行为和觉察外界环境。在人生最初几年内，儿童获取各种关于自我和他人主观或客观方面的知识，儿童"认知自我"的产生和出现是一个连续的过程，而不是突变的过程。Neisser(1991)指出，婴儿内隐的自我知识可能有两种形式：生态的自我(即在与物理实体和身体运动知觉的交互过程中产生)与社交的自我(即在婴儿与他人进行交往的过程中产生)。婴儿对自我和他人行为的表征既互相重叠又具有独特性，婴儿早期就能够熟练地区分自我的行为和他人的行为，但婴儿也形成了自我与他人行为的共享表征。

对自我意识获得的研究有两个较一致的结论：①自我的获得是一个渐进的过程，开始于出生后的几周，在婴儿早期不能把自我作为行为的主体与周围环境区分；②作为认识主体的"我(I)"和认识客体的"我(me)"，是自我存在的两个基本方面。18～24个月大的婴儿能够辨认他们在镜中的自我形象，以视觉的自我再认来研究自我的发展，这项能力被认为是与其自我意识的产生有关。学龄前的儿童发展了同时能用来表征自我和他人心理状态的能力，儿童的这种发展水平使他们能辨认在何时自我与他人的观点及经验是共享的，且在哪种情况下它们之间存在区别。儿童的理解他人和自我心理状态能力的发展也与他们的执行功能有关，当儿童在产生对自我或他人的认知表征时，大脑的前额叶皮层被激活。这些发现均揭示了自我和他人的表征在儿童发展早期就已高度相关，且两者间的联系或许也是人们产生辨别自我与他人能力的根本原因所在。

本章小结

儿童个性发展是儿童身心整体发展的重要组成部分。儿童个性的发展从儿童一出生就开始了，其发展的方面是多样的。

儿童发展的早期，其气质在不同的年龄阶段有不同的具体表现特点、发展类型，有的活泼，有的抑制；有的节律性强，有的较不均衡，等等，显示明显的个体差异性。

气质深刻地受到遗传特征影响，是与神经活动特征紧密相连的，具有相对稳定的个性心理特征。气质的这种一定的稳定性，对儿童的认知和行为产生着深刻而明显的影响，奠定了个性发展独特性的基础。因而儿童的教养教育实践必须注意儿童的气质特点，争取达到拟合优度。

性格在儿童早期更多的是表现和初步形成，因而具有极大的可塑性。

能力是一种心理特征，是顺利实现某种活动所必须具备的个性心理特征。早期儿童能力的发展体现在多种能力的显现与发展，包括操作能力、身体运动能力、语言能力、模仿能力及其他特殊能力。智力是儿童认识世界能力的综合体现，是儿童完成各种活动的最基本的心理条件，是能力中非常重要的组成部分。对智力定义的研究一直是一项有争议性的工作。对智力定义的理解从早期因素分析的注重智力包含的因素的研究到将因素与具体的认知过程结合进行研究的趋势。近期有代表性的智力理论有斯滕伯格的三元智力理论、加德纳的多元智力理论以及采用心理计量学和信息加工方法结合的方法来研究智力。儿童的智力呈快速发展的趋势。主要的儿童智力测验有斯坦福－比纳智力量表、韦克斯勒儿童智力测验等。

自我是个性的一个组成部分，由知、情、意三方面统一构成的高级反映形式。"知"是指自我认识；"情"是指自我的评价和情绪体验。"意"是指自我控制和自我调节。

自我概念是指个体对自己的知觉。早期儿童自我概念的发展主要经历了两个阶段。婴儿期：婴儿的自我概念仅仅是对自我映象的再认。学前期：学前期儿童自我概念的特点是具体化。儿童自我概念形成和发展的条件主要有社会互动、社会认知发展水平和传统的文化价值三个方面。

自尊是一个个体的价值判断，它表达了个体对自己所持的态度。早期儿童自尊的结构随着年龄的变化而变化。儿童自我情感体验大约产生在4岁左右。伴随着自我评价和自我体验的产生，学前期儿童的自尊也随之出现，但由于自我评价和自我体验的水平较低，个体自尊也显得笼统而不稳定。随着年龄的增长，自尊会越来越具体而精巧。

自我调节是指在没有外部指导和监督的情况下，个体为达到某种目的而发动和维持的积极的行为过程。自我控制是指个体抑制某种有碍于目标实现的行为的过程。自我调节和自我控制在个体成长中发挥着重要作用。大多数研究发现，自我控制在婴儿出生后第二年就已出现。科普(Kopp，1982)认为，儿童自我调节和自我控制的早期发展要经历五个重要的阶段，每个阶段的发展变化都是以后更高水平的自我控制行为产生的基础。

近年来，认知发展神经科学关于儿童的气质和自我的研究，这对揭示其生理和神经机制有重要价值。

进一步学习资源

● 关于儿童个性发展的基本问题，可进一步参阅刘金花编著的《儿童发展心理学》(华东师范大学出版社，1997)、王振宇编著的《儿童心理学》(江苏教育出版社，2001)、桑标编著的《当代儿童发展心理学》(上海教育出版社，2003)。

● 关于儿童早期气质、性格的发展问题，可进一步参阅M. 艾森克编著，闫巩固译的《心理学——一条整合的途径》(华东师范大学出版社，2000)、劳拉·E. 贝克编著的《儿童发展(第五版)》(江苏教育出版社，2002)、陈帼眉编著的《学前心理学》(北京师范大学出版社，2000)、王振宇编著的《学前儿童发展心理学》(人民教育出版社，2004)。

● 有关儿童智力发展以及智力研究的内容可以参阅劳拉·E. 贝克编著的《儿童发展(第五版)》(江苏教育出版社，2002)和陈帼眉编著的《学前心理学》(北京师范大学出版社，2000)。

● 有关儿童自我发展的理论可以进一步参阅张文新编著的《儿童社会性发展》(北京师范大学出版社)和李幼穗编著的《儿童社会性发展及其培养》(华东师范大学出版社)。有关儿童自我概念和自尊的发展及其促进的内容可以参阅劳拉·E. 贝克编著的《儿童发展》(江苏教育出版社)和(美)David R. Shaffer 编著的《发展心理学——儿童与青少年》(中国轻工业出版社)。关于儿童自控的发展以及自尊的促进可以参阅桑标编著的《当代儿童发展心理学》(上海教育出版社)。有关儿童自我认识的发展可以参阅 J. H. 弗拉维尔等编著的《认知发展》(华东师范大学出版社)。

关键概念

个性　气质　容易抚育型　抚育困难型　发动缓慢型

性格　抑制型　非抑制型　活泼型　专注型

均衡型　敏感型　气质的稳定性及影响因素

拟合优度模式　智力三元理论　多元智力理论

儿童智力测验　儿童自我概念　儿童自尊　儿童自我调控

思考与探究

1. 试对 3 岁前或 3～7 岁儿童的气质，作出你自己的类型评价?

2. 儿童气质发展的特点怎样?

3. 在你未来的教育实践中，你准备如何做到与儿童气质的拟和优度?

4. 斯滕伯格和加德纳等人的智力理论为我们如何理解智力有什么启示，对当今的教育又有什么影响?

5.“自我是推动个性发展的内部动因”，对此你是如何理解的?

6. 如何理解自我的“知”“情”“意”是有机结合的三个部分。

7. 试从家庭和教育机构两个角度来谈谈如何提高儿童的自尊。

8. 中国传统的家庭抚养孩子的方式对儿童自尊心的发展有何利弊?

趣味现象·做做看

实验目的：进一步观察和了解幼儿的自我控制和自我调节情况

研究对象：3～6 岁幼儿

实验工具：一些儿童比较喜欢精美的糖果或者玩具

程序：给予儿童比较喜欢精美的糖果或者玩具，给儿童提示：“如果你马上吃掉食物或者玩玩具可以，但是如果能坚持二十分钟不吃和不玩，你将会得到更多的糖果或玩具。”为避免儿童之间的相互影响，必须将儿童单独留在一个房间中，你可以在暗中观察或者暗中拍摄下儿童的反应。你可以通过观察儿童的各种不同的反应来了解不同儿童的自我调控情况，你也可以将儿童的反应与其平时的表现、气质、性格等结合起来分析，会从中发现很有趣的结果。

第十一章

早期儿童道德的发展

本章导航

本章将有助于你掌握：

道德的心理成分
道德心理结构的发展特点

道德认知发展的理论模型
儿童道德判断的发展及其影响因素

儿童道德情感内容、形式的发展
儿童道德行为发展的代表性理论
攻击性行为的发展及其影响因素
亲社会行为的发展及其影响因素

有一天，多多所在的幼儿园大班给每个小朋友发了三颗鲜嫩的大红枣。红枣作为餐后水果，这在幼儿园里机会可不多呢。小朋友们看着面前又红又大的枣子，口水止不住就“溜”出来了。就在大家吃得津津有味时，老师注意到只有多多一个人坐在位子上一声不响，小手紧紧地捂着衣服口袋，不时还用羡慕的眼光瞧一眼旁边正在吃红枣的小朋友。这是怎么回事呢？老师走过去询问。多多不好意思地说：“妈妈很爱吃枣儿，我要把红枣带回家给妈妈吃。”老师听了，连声夸奖多多是个好孩子，并希望全班小朋友都能向多多学习。老师为什么会表扬多多呢？这是因为多多的做法符合人们“尊敬长辈、孝顺父母”的道德标准。其实每个人心中都有一杆道德之“秤”，对于发生在别人或我们自己身上的一举一动、一言一行，我们都会用这杆秤去衡量和判断：符合道德准则的人们就赞赏它，背离道德准则的人们就唾弃它。假如世界上没有道德的存在，我们的生活中也就无所谓真假是非、美丑善恶……

那么什么是道德？儿童的道德发展经历了哪些阶段、呈现出哪些特点，又受到哪些因素的影响呢？这些问题正是本章所要探讨的主要内容。

第一节　儿童道德发展概述

道德，是指由社会舆论力量和个人内在信念系统所支持的、据以对人们之间相互关系进行调整的行为规范的总和。儿童的道德发展是在其心理发展的基础上，在社会和教育的影响下，将社会的道德要求逐渐转化为个体内在规则系统并具体实践的过程。这一过程包括道德各心理成分间、个体与环境间等一系列相互联系、相互影响的心理活动。

一、道德的心理成分

有关道德包含哪些心理成分的看法目前尚不完全一致。较为普遍的观点是将其分成道德认知、道德情感和道德行为三种成分。

(一)道德认知

道德认知是对道德规范中是非、对错、善恶、美丑等行为准则及其意义的理解和判断。道德认知是道德构成的基础，也是道德发展中社会的道德要求向个体意识转化的第一步。例如，随着年龄的增长儿童逐渐懂得什么是诚实、什么是欺骗，什么是勇敢、什么是懦弱，什么是友好、什么是“霸道”等。当儿童对这些道德准则具有较为系统的认识，并在此基础上产生较为深刻的认同时，儿童才会运用它们去调节和控制自己的行为、判断和评价他人的行为。据此，道德认知是道德情感产生的依据，并对道德行为具有定向作用。

(二)道德情感

道德情感是伴随道德认知而产生的，由人的道德需要是否得以实现而引起的内心体验。它既可以产生于人们在道德观念的支配下采取行动的过程中，例如，做好事帮助别人时内心的快乐与自豪；也可以产生于人们根据道德观念评价他人或自己行为的过程中，例如，听到英雄事迹时深感叹服与敬佩、自己犯错误后强烈的自责与羞愧等。

道德情感的产生与发展都与道德认知相伴随，同时道德情感也会影响道德认知的形成。某种道德观念如果能够引起人们的情感共鸣，也就容易被人们接受并用来指导行动。对于道德行为，道德情感也具有调节作用。它能够影响道德行为的强度，成为推动行为的动力之一。

(三)道德行为

道德行为是指人在一定道德认知和道德情感的推动下表现出来的、对他人和社会有道德意义的活动。道德行为是道德认知的外在表现，也是道德发展与教育的最终目的。

道德行为包括道德行为技能和道德行为习惯，这些都是通过反复练习和实践而掌握和形成的。道德行为习惯是一种具有较强稳定性的、自动化了的道德行为，它是衡量个体道德品质高低的重要标志。道德行为技能与道德行为习惯同一般的技能、习惯的区别仅是相对的，当一般的行为技能与习惯同完成一定的道德任务相联系时，它们便具有了道德的性质。

道德的上述三种成分并不是彼此孤立、毫无联系的，而是相互渗透、相辅相成，共同构成道德的完整结构。在道德发展过程中，它们之间也表现出既相互制约又相互促进的关系。概言之，道德认知是道德发展的前提和基础；道德情感是道德产生和发展的内在必要条件，对道德行为具有推动作用；道德行为则是道德品质的综合表现和检验依据。

二、道德心理结构的发展特点

从道德心理结构这一整体来看，道德的各心理成分在发展中显示了发展趋势的循序性和统一性、发展水平的差异性及发展切入点的多端性等特点。

(一)发展趋势的循序性和统一性

道德的各构成成分在发展过程中都遵循着一定的规律，即表现出一定的循序性。一般而言，道德认知的发展遵循从表面到深刻、从具体到抽象、从现象到本质、从行为结果判断到行为动机判断等的发展规律；道德情感的发展表现出从初级到高级、从简单到复杂、从不稳定到稳定的发展趋势；而道德行为则按照由易到难、由低水平到高水平的顺序发展。从总体上看，三种道德心理成分的发展都较为一致地表现出由低水平到高水平的发展趋势，因而道德心理结构的发展既具循序性，又显统一性。

(二)发展水平的差异性

尽管道德心理结构的三成分在总体发展趋势上显示出了统一性，但从发展水平来看，道德认知、道德情感和道德行为在同一时期所达到的水平并非齐头并进、整齐划一的，而是表现出差异性。这种差异性体现在两个方面：一是个体间道德心理成分的发展水平存在差异，即处于同一年龄阶段的儿童并不一定具有完全相同的道德发展水平；二是个体内各道德心理成分间的发展水平亦存在差异，例如，有的儿童在发展的某一阶段会出现言行不一等道德认知与道德行为脱节的现象。

(三)发展切入点的多端性

从道德品质培养的角度看，道德心理的形成可以有不同的开端。对儿童道德品

质的培养，可针对儿童的不同情况选择不同的切入点，例如，在一些情境中可以从激发儿童的道德情感开始，在另一些情境中则可以从提高儿童的道德认知入手，或者以培养儿童良好的道德行为习惯为开端，甚至可以从多个方面入手多管齐下、相互促进。这种发展切入点的多端性为教育工作者选择多种方法、因人而异地培养儿童良好的道德品质提供了可能。

第二节　儿童道德认知的发展

随着自我意识和新的表象能力的出现，大约在 2 岁的时候，儿童开始成为有道德的个体①。道德认知是关于道德的认识或知识，认知成熟和社会经验导致了道德理解的进步，衡量道德认知发展水平的主要指标是看儿童对道德原则和信念掌握得如何。随着年龄的增长，儿童对道德的理解逐渐从物质权利的表面定向及外部结果到对人们之间的相互关系、社会惯例及法律制定系统更深刻的识别。在本节，主要介绍几种儿童道德认知的理论模型，并对道德判断的影响因素及其发展阶段进行阐释。

一、道德认知的理论模型

(一)皮亚杰的道德认知发展理论

1. 皮亚杰道德认知发展理论的内容

皮亚杰是第一位系统考察儿童道德规范形成与道德认知发展的心理学家。他通过开放式的临床访谈法，对 5～13 岁的瑞士儿童在打弹子游戏中对于规则的理解进行提问，或者给孩子们讲对偶故事，故事中主人公对物品造成了一定损坏，但意图有好坏之分，在确保儿童理解故事的基础上，让其判断两主人公谁更调皮，并解释原因。通过这种临床访谈法，皮亚杰获取了丰富的有关儿童道德认知的一手资料。根据儿童对游戏规则的认识及执行情况，对过失和说谎的道德判断以及儿童的公正观念等方面的反应，皮亚杰概括出儿童道德认知发展的 3 个阶段，即，前道德(premorality)阶段、他律性道德(heteronomous morality)阶段和自律性道德(autonomous morality)阶段。有关儿童道德认知发展，在皮亚杰《儿童的道德判断》一书中有详尽论述。②

---

① 劳拉·E. 贝克．儿童发展(第五版)[M]．吴颖，译．南京：江苏教育出版社，2002.

② 皮亚杰．儿童的道德判断[M]．傅统先，陆有铨，译．济南：山东教育出版社，1984.

信息栏11-1

皮亚杰研究规则意识发展的例子(处于第2阶段与第3阶段儿童的比较)

对话1	对话2
本恩：10岁，对于规则的意识处于第2阶段。 …… 皮亚杰：发明一个规则。 本恩：我不能那样立刻发明一个规则。 皮亚杰：是的，你能够。我能看得出来，你比你看起来要聪明些。 本恩：好，让我们说，当你在四方形内时，你没有被抓住。 皮亚杰：好，别人也一样能成功吗？ 本恩：噢，是的，他们喜欢那样做。 皮亚杰：那么，人们也能那样玩儿吗？ 本恩：噢！不，因为那会有欺骗。 皮亚杰：那么为什么这是欺骗呢？ 本恩：因为是我发明了它；它不是一个规则！它是一个错误规则，因为它是在这个规则之外的。一个公正的规则乃是在这个游戏之内的。	格罗斯：13岁，处于规则意识的第3阶段。 …… 皮亚杰：你允许改变这些规则吗？ 格罗斯：噢，是的，有些人不想改。如果孩子们都是那样玩的(改变了某些东西)，你就要像他们一样玩。 皮亚杰：你认为你能发明一条新规则吗？ 格罗斯：噢，是的。……(他想了想)你能用脚玩。 皮亚杰：那样公正吗？ 格罗斯：我不知道。这只不过是我的一种想法而已。 皮亚杰：如果我做给别人看，它会发生作用吗？ 格罗斯：它完全会发生作用，有些儿童想试试看。呀！有人却不想试！他们坚持旧的规则。他们认为很少有机会遇见这样的新游戏。 皮亚杰：如果大家都那样玩呢？ 格罗斯：那么它会成为一条规则，像别的规则一样。

(资料来源：皮亚杰著．傅统先、陆有铨译．儿童的道德判断．山东教育出版社，1984年版，第65～66、71～72页)

信息栏11-2

皮亚杰所使用的对偶故事

A. 一个叫约翰的小男孩，听到有人叫他吃饭，就去开吃饭间的门。他不知道门外有一张椅子，椅子上放着一只盘子，盘内有15只茶杯，结果撞倒了盘子，打碎了15只杯子。

B. 有个男孩叫亨利，一天，他妈妈外出，他想拿碗橱里的果酱吃，一只杯子掉在地上碎了。

问：哪个男孩犯了较重的过失？

(1)前道德阶段(大约4，5岁之前)。这个年龄阶段的儿童对规则极少关注或缺乏意识，其行为直接受行为结果的支配，尚不能对行为做出一定的判断。他们常常满足于从诸如弹子游戏中的弹子多种操作戏法中获得乐趣，极少考虑去遵循统一的规则并在此规则下获胜。比如，两名3岁的儿童在玩弹子游戏时，很可能会使用不同的游戏规则。

(2)他律性道德阶段(大约4，5～8，9岁)。到5岁左右，儿童开始表现出对规则的注意与尊重，他律性道德成为5～10岁儿童道德认知的核心特征。顾名思义，“他律”意味着儿童的道德认知主要基于权威。此阶段儿童倾向于把规则看作是由权威人士传下来的(比如神、父母或教师)，并视其为一个永久的、不可改变的、需要严格遵循的存在。比如，儿童在解释打弹子游戏规则时，会说诸如“神不会教(新规则)”“你不能用其他的方式玩”或“它正在欺骗……公平的规则是那个游戏中的规则”等(Piaget，1932/1965)。而且，他们常常依据当事人造成的直接结果进行评判，而忽略了对意图的考虑。若约翰在开吃饭间的门时不小心打了15只杯子，而亨利在偷拿果酱时打了一只杯子，那么，约翰通常被判定为更淘气。也正因为对权威的无条件尊崇，此年龄阶段的儿童倾向于认为成人惩罚孩子总是对的①。

由于此阶段儿童对道德的看法是遵守规范，只重视行为结果，而不考虑行为动机，故称之为道德现实主义。显然，这种对道德规则的理解是肤浅的。缘何如此?皮亚杰认为是受到了两个因素的限制：其一，成人的权威。成人倾向于认为孩子应该顺应，这导致了儿童对规则及制定规则者无条件的遵从；其二，认知不成熟。自我中心主义是此阶段儿童的重要认知特征，观点采择能力尚处于发展之中，孩子们倾向于认为所有的人都以相同的方式看待规则。

(3)自律性道德阶段(大约9，10岁以后)。到小学中年级，儿童不再盲从权威。开始认识到道德规范的相对性，对于同样的行为，是对还是错，除看行为结果之外，还须考虑当事人的意图，儿童开始表现出道德相对主义。社会规则不是固定不变的，是一种可以改变的社会契约。对权威的遵从既非必要，也不总是正确的。违犯规则并非总是错误的，不一定要受惩罚。儿童判断他人行为时开始考虑到动机与情感的问题，试图寻求一种更为公正、平等的公理。这一时期的道德，皮亚杰称之为“自律道德”。

在皮亚杰看来，儿童由他律性道德转向自律性道德，主要得益于认知的进一步发展和同伴交往。一般而言，自律阶段通常肇始于形式运算出现之时。而孩子作为平等的主体参与到同龄人的活动中时，他们学会了以相互受益的方式解决冲突，他们逐渐开始使用互惠性(reciprocity)的公平标准，儿童在关注自己的利益时，对他人的利益也表现出同样的关心。皮亚杰认为，同伴交往的经验，特别是同龄人之间的意见不一致对儿童道德认知发展具有促进作用，在意见不一的场合，儿童逐渐认

① Barnes，E. (1895). Punishment as seen by children. *The Pedagogical Seminary*，3(2)，235～245.

识到人们对道德规范可能持有不同的观点，开始日益表现出对当事人行为意图的关心。

2. 对皮亚杰道德认知发展理论的简评

皮亚杰的道德认知发展理论得到了后续追踪研究的证明，上述阶段描述了儿童道德认知发展的普遍方向。皮亚杰所持的认知成熟、从成人控制中逐渐解脱以及与同龄人交往促成道德理解的观点也得到了很多来自不同文化的研究的支持[①]。皮亚杰及其合作者创立的临床法，在研究儿童对规则的意识和道德判断的发展方面具有良好的探测效力。皮亚杰认为，采用直接提问法对儿童的道德判断性质进行研究不可靠，将儿童放在实验室进行考察更不可能。而只有通过深入分析儿童对特定行为的评价，才可窥及他们对问题的真实认识。

但也有研究者对皮亚杰的道德认知发展理论提出了批评，主要集中在三个方面。

一为研究方法问题，皮亚杰采用对偶故事法存在着的突出问题是两个故事中给儿童呈示了两个不对等的后果(15 个杯子对 1 个杯子)，这极易使儿童忽略当事者的意图。而且，故事设计也存在问题，比如，故事中淘气的亨利去拿果酱时，可能不是故意打破杯子的，这一点对儿童的判断亦会产生干扰。因此，故事中提到的“坏的意图”值得商榷。有证据表明，儿童在 4 岁时就能明确地认识到讲真话与说谎之间的不同，认为说谎比单纯的犯错严重得多[②]，这使人不能有理由相信皮亚杰理论所框定的他律性道德阶段儿童在做出道德判断时无视主人公的意图。还有，对偶故事法对儿童的记忆提出了较高要求[③]，这对于年龄较小的儿童来说并非易事。有研究表明，若设计一些记忆负荷较小的故事，即使较小的儿童也表现出基于主人公意图的道德认知。比如，莫雷(1993)[④]分别用动机错误程度差异增大与后果严重程度差异缩小的两个系列改变对偶故事，对 5～7 岁儿童的道德判断依据进行考察，结果表明，在上述两种情况下，儿童由原来的后果判断转为动机判断的人数均达显著水平。这提示，此时期儿童进行道德判断时能够考虑到行为后果和行为动机两个方面的影响，只不过行为后果的影响大于行为动机。因此，皮亚杰的理论只是部分正确，需要进一步的完善。

二为皮亚杰的理论未对道德规则与习俗规则进行区分，认为儿童会以相同的方式看待不同范畴的规则。而实际上，儿童对不同范畴规则的理解可能是非同步的。故而，应该对儿童道德范畴规则理解的研究与其他范畴规则理解的研究相区分，以

---

① Lickona, T. (1975). Moral Development and Behavior: Theory, Research, and Social Issues. Holt, Rinehart and Winston, New York.

② Bussey, K. (1992). Lying and Truthfulness: Children's Definitions, Standards, and Evaluative Reactions. Child Development, 63(1), pp. 129-137.

③ Kail, R. (1990). The development of memory in children (3rd ed.). Freeman: New Yorker.

④ 莫雷. (1993). 5 至 7 岁儿童道德判断依据的研究[J]. 心理学报, 25(03).

便更清楚地把握儿童道德认知发展的特征。有研究表明，儿童能够区分违背社会习俗与违背道德原则的行为，比如，儿童可根据一定的情境(在家或是在学校)以及事件应受到的惩罚对两种行为进行区分[①]。中国学者张卫等的研究揭示，至少 6 岁的中国儿童已经表现出对道德规则和社会习俗的直觉区分，但对两者的深刻理解则要到 8 岁才能达到；儿童对道德规则的理解，强调公平原则、他人幸福和义务责任等因素，而对社会习俗的认知，则强调社会习俗传统、团体规则和不良后果[②]。

三是有关权威的推理，皮亚杰认为处于他律性阶段的儿童，会用无可怀疑的尊敬来看待成人。实际上，有关儿童对权威理解的研究表明，甚至是学龄前儿童也会不顾权威人士的观点，而把某些行为(如打架或偷盗)判断为错误的，在解释时，3～4 岁的孩子也会表现出对伤害或损害他人利益的担心，而不是顺应成人的命令[③]。到 4 岁时，儿童对权威人物的合理性形成了不同的概念，并且在学龄期得到进一步完善。劳帕的研究表明，6 年级学生不会将大人看作是有普遍权力的人，即便被评价者拥有一定的地位和权力[④]。比如，大多数儿童都拒绝一位校长在除学校以外的环境中制定规则并进行问题解决指导。

与皮亚杰的观点相比，当前学者认为，儿童的道德发展是一个更为延展的过程。下面将介绍柯尔伯格(Kohlberg)的理论，该理论提出了道德认知发展的六个阶段序列，确认了三个超越自律性道德的阶段，是对皮亚杰理论的拓展。

(二)柯尔伯格的理论

由于皮亚杰后来专心于逻辑和科学思维的研究，未再对道德发展进行更深入的研究，但他有关道德认知发展的创造性工作引起了诸多学者的关注。继皮亚杰之后，许多来自不同国家和地区的心理学家从不同侧面或角度进行了大量研究，进一步修正、丰富和完善了他的道德认知发展理论。其中，当以美国哈佛大学教授柯尔伯格(Lawrence Kohlberg)的系统研究最具影响力。柯尔伯格继续了皮亚杰的研究，同样也是考察道德发展的阶段，以及道德理解是如何与认知发展紧密联系在一起的。与皮亚杰一样，柯尔伯格亦采用临床访谈法；但与皮亚杰使用对偶故事法不同，柯尔伯格使用的是道德两难故事法(moral dilemmas)，通过呈现具有道德价值观冲突的故事，让儿童对主人公是否应该那样做作出判断，并解释原因。基于儿童对两难故事的推理，柯尔伯格掌握了道德认知发展的丰富资料，确认了儿童道德认

---

① Smetana, J. G. (1981). Preschool Children's Conceptions of Moral and Social Rules Preschool Children's Conceptions of Moral and Social Rules. Child Development, 52(4), pp. 1333-1336.

② 张卫，徐涛，& 王穗苹.(1998). 我国 6～14 岁儿童对道德规则和社会习俗的区分与认知[J]. 心理发展与教育，1，21—25.

③ Smetana, J. G. (1985). Preschool children's conceptions of transgressions: Effects of varying moral and conventional domain-related attributes. Developmental Psychology, 21(1), pp. 18-29.

④ Laupa, M. (1995). Children's reasoning about authority in home and school contexts. Social Development, 4(1), pp. 1-16.

知发展的三个水平六个阶段，建构了道德认知发展理论。①

1. 柯尔伯格儿童道德认知发展理论的主要内容

柯尔伯格一方面肯定了皮亚杰有关儿童道德发展的观点，比如，儿童的道德认知发展是其道德发展的必要条件；道德发展作为一个发展过程，由于认知结构的变化而表现出明显的阶段；他律性道德和自律性道德之间的差异相当于前运算阶段与具体运算阶段之间的差异等。另一方面，柯尔伯格也指出皮亚杰研究的某些局限性，比如，皮亚杰研究所采用的对偶故事中主人公往往不是故意造成较坏后果的，而造成较轻后果者却多出于有意；利用对偶故事法不能很好地揭示儿童道德推理的过程；皮亚杰研究儿童道德发展的内容维度较窄，有些对偶故事只是研究道德判断的一个方面等。鉴于上述情况，柯尔伯格决定在保留皮亚杰成对故事冲突性特征的基础上，采用“开放式”手段，即“道德两难”法来揭示儿童道德发展水平。在一系列道德两难故事中，尤以“海因兹偷药”最具典型性。

信息栏11-3

柯尔伯格使用的两难故事：海因兹偷药

欧洲有个妇人患了癌症，生命垂危。医生认为只有一种药才能救她，就是本城一个药剂师最近发明的镭。制造这种药要花很多钱，药剂师索价还要高过成本十倍。他花了200元制造镭，而这点药他竟索价2 000元。病妇的丈夫海因兹到处向熟人借钱，一共才借得1 000元，只够药费的一半。海因兹不得已，只好告诉药剂师，他的妻子快要死了，请求药剂师便宜一点卖给他，或者允许他赊欠。但药剂师说：“不成！我发明此药就是为了赚钱。”海因兹走投无路竟撬开商店的门，为妻子偷来了药。

讲完故事后，主试向被试提出下述问题：这个丈夫应该这样做吗？为什么应该？为什么不应该？法官该不该判他的刑，为什么？等等。对于儿童的回答，柯尔伯格真正关心的是他们证明其立场时所给出的理由。柯尔伯格采用纵向法，对72名10～26岁男孩的道德判断进行长达10年的跟踪测量，并对所得结果在其他国家进行验证。最终，柯尔伯格于1969年提出三水平六阶段道德发展理论，具体见下表。

① 柯尔伯格. 道德教育的哲学[M]. 魏贤超，柯森，译. 杭州：浙江教育出版社，2000.

表 11-1　柯尔伯格关于儿童道德判断各个阶段的界定及其特征

水平 1　前习俗水平(大约在学前至小学低中年级)：主要着眼于自身的具体结果	
阶段 1　服从与惩罚定向 这种定向是为了逃避惩罚而服从于权威或有权力的人，通常是父母。一个行为是否道德是依据它对身体的后果来确定的。	赞成偷窃组："如果你让你的妻子死去，你就会陷入困境。因为没有花钱去帮助她，你会受到责备。由于妻子的死，将会有一个你和那个药商的调查。" 反对偷窃组："你不应该偷窃药品，如果你那样做了，你会被抓住并且进监狱，如果你跑掉，(你会受到惊吓)警察不久会追上你。"
阶段 2　朴素的快乐主义与工具定向 这一阶段儿童服从于获得奖赏。尽管也有一些报偿的分享，但也是有图谋，为自己服务的，而不是真正意义上的公正、慷慨、同情或怜悯。它很像一种交易："你让我玩四轮车，我就把自行车借给你。""如果让我看晚上的电影，我现在就做作业。"	赞成偷窃组："药商能做他想做的，海因兹也能做他想做的……但是如果他决定冒进监狱的危险去救他的妻子，实际上他正在冒生命危险；有了它，他能做他想做的。对药商来说也是如此，由他决定他想去做的。" 反对偷窃组："海因兹正在冒比它本身的价值更多的危险(去拯救他即将死亡的妻子)。"
水平 2　习俗水平(大约自小学高年级开始)：习俗的规则与服从性道德，主要满足社会期望	
阶段 3　好孩子道德 在此阶段，能获得赞扬和维持与他人良好关系的行为就是好的。尽管儿童仍以他人的反应为基础来判断是非，现在他们更关心他人的表扬与批评而不是他人的身体力量。注意遵从朋友或家庭的标准来维持好的名声。开始接受来自他人的社会调节，并依据个人违犯规则时的意向来判断其行为的好坏。	赞成偷窃组："如果你偷了药，没有人会认为你是坏人，但是如果你没偷药，你的家人会认为你是一个无人性的丈夫。如果你让你的妻子死去，你永远不敢直视任何人。" 反对偷窃组："不仅仅是药商认为你是一个罪犯，其他的任何人也会这样认为的。在你偷了药之后，关于你是如何带给你的家庭及你自己耻辱的，你会有很恶劣的想法；你将不能面对任何人。"
阶段 4　权威性与维持社会秩序的道德 这一阶段个体盲目地接受社会习俗和规则，并且认为只要接受了这些社会规则他们就可以免受指责。他们不再只遵从其他个体的标准而是遵从社会秩序。遵从一系列严格规则的行为就被判断为好的。大多数个体都不能超越习俗道德水平。	赞成偷窃组："他应该偷药。海因兹有责任去保护他妻子的生命，他对婚姻发了誓。但是偷药是错误的，他应该带着付给药商钱或由于违犯法律接受惩罚的想法把药取走。" 反对偷窃组："对海因兹来说，想挽救他妻子的生命是自然的事情，但是……不管你感觉如何，不管是什么特殊的环境，你不得不遵守法规。即使他的妻子快要死了，作为一个市民遵守法律依旧是他的责任。不允许任何人去偷，为什么他能呢？如果每个人在困境中都开始违反法律，那么就没有了文明，只有犯罪和伤害。"

续表

水平 3　后习俗水平(大约自青年末期接近人格成熟时开始)：自我接受的道德原则，主要履行自己选择的道德标准	
阶段 5　契约、个人权利和民主承认的法律的道德 这一阶段出现了以前阶段所没有的道德信念的可变性。道德的基础是为了维护社会秩序的一致意见。因为它是一种社会契约，当社会中的人们经过理智的讨论找到符合群体中更多成员利益的替代物时，它也是可以修正的。	赞成偷窃组："尽管有法律来反对偷窃，但是法律并没有意味着违背一个人的生命权力。取走药违背了法律，但是海因兹在这种情形下偷窃是正当的。如果海因兹由于偷窃被控告，法律需要被重新解释去考虑这些情形：它违背了人类维持生命的天生权利。"
阶段 6　个体内在良心的道德 这一阶段个体为了避免自责而不是他人的批评，既遵从社会标准也遵从内化的理想。决策的依据是抽象的原则如公正、同情、平等。这种道德是以尊重他人为基础的。达到这一发展水平的人将具有高度的个体化的道德信念，它有时是与大多数人所接受的社会秩序相冲突的。(如美国越战期间支持非暴力、积极参加反战示威的学生比不积极的学生有更多的人达到了道德的后习俗水平。)	赞成偷窃组："如果海因兹没有做他能挽救妻子的任何事情，那么他就是正在采取一种比生命的价值要高些的价值观。对财产的敬重高于对生命本身的敬重，这是没有意义的，如果没有私有财产人们也能在一起生活，对人类生命和个性的尊重是绝对的，因此人们有一个共同的责任去挽救快要死的人。"

(资料来源：Colby et al. A longitudinal study of moral judgment. Monographs of the Society for Research in Child Development，1983，48(1－2)：200；Kohlberg，1969；Rest，1979. 参见 Laura E. Berk (吴颖等译)：儿童发展，南京：江苏教育出版社，2002 年版，第 681－682 页)

柯尔伯格指出，应将上述六个阶段看成是不变和普遍的，任何人都是按照这六个阶段以固定的次序发展；每一个新阶段应看作是建立在之前阶段的推理之上，导致了有关公正的逻辑上更一致和道德上更适合的观念；应将每一阶段看成一个有组织的整体，即一个人在广泛情形下应用的有关道德推理的特定模式①。

所应提及的是，柯尔伯格认为儿童道德判断的发展都是按顺序进行的，不能超越，只能循序渐进。但 20 世纪 60 年代末至 70 年代初，柯尔伯格所做许多实验表明，此说与实际情况并不完全相符，比如，儿童道德判断存在一种回归现象。但后来的一些又表明，这种回归现象并不普遍。柯尔伯格在 70 年代末至 80 年代对其理论进行了些许修正，增加了一些所谓的"过渡阶段"。但从整体上看，他的基本阶段

① Colby，A.，& Kohlberg，L.（1987）. The Measurement of Moral Judgement：standard issue scoring manual（Vol. 2）. Cambridge University Press.

模型没有变化。

2. 对柯尔伯格道德发展理论的简评

柯尔伯格的道德发展理论，丰富和发展了皮亚杰有关道德发展的理论，使人们对儿童道德认知发展图景有了更深入的认识。据柯尔伯格及其合作者在其他国家进行的一系列跨文化研究，儿童道德判断的上述三个水平六个阶段具有文化普适性，提示在不同的文化背后，存在着一种普遍的道德判断和评价形式。大量纵向和横向研究表明，柯尔伯格理论所言阶段的进展确实与年龄有密切关联，这些阶段形成了一个不变的发展序列，几乎所有的人都以预定的次序通过这些阶段，一旦达到了一个阶段，就不会跃过一些步骤或返回到不太成熟的阶段①。

柯尔伯格在儿童道德判断方面的研究在国际上影响深远，有研究者在其“道德两难”故事临床访谈法的基础上，发展出了更方便使用的测量工具，比如，社会道德反映测量简表(Sociomoral Reflection Measure-Short Form，SRM-SF)。其中的项目避免了柯尔伯格的两难故事冗长的面谈方式，回答方式也简单得多(比如，要求被试在类似“非常重要”“重要”或“不重要”上选一个作答，而后在自己的答案后做一简要解释等)。显然，这种方法比开放式访谈要节省时间，因为它不要求被试去阅读并思考冗长的道德困境，他们只需作出道德评判并作相应的简洁证明即可。同柯尔伯格的临床访谈一样，SRM-SF 根据人们道德价值观的评价来检测道德推理。研究表明，SRM-SF 所得结果分数与临床访谈结果之间具有高相关②。

对柯尔伯格理论的批评主要集中在以下几个方面：

其一是方法问题。许多心理学家指出，从道德两难中获取的有关儿童道德判断的分数是凭直觉的，主观性太强，这会影响到儿童判断的真实性，其内部一致性并不高。而且，量表的效度也值得怀疑，由柯尔伯格第一次获得的纵向样本中结果得出所谓阶段次序观点是站不住脚的。还有人提出，实验所用材料也存在生态学问题，类似“海因兹偷药”的故事情境，在生活中发生的概率并不高。

其二是社会习俗与道德规则的区分问题。与皮亚杰一样，柯尔伯格没有很好地对习俗规则(如“你不应该在众人面前脱衣服”)和适用于公平、真理和是非原则的道德规则(如“偷窃是错误的”)予以区分，将两者混为一谈③。特瑞尔的研究显示，柯尔伯格的道德发展理论并不适合于儿童的习俗判断。社会习俗可以通过协商加以改变，而道德规则具有固定、不可改变的性质。

其三是研究被试性别问题。柯尔伯格的道德发展理论建基于对 72 个男孩的追

---

① Colby, A., Kohlberg, L., Gibbs, J., & Lieberman, M. (1983). A longitudinal study of moral judgment. Monographs of the Society for Research in Child Development, 48(1-2), p. 124.

② Basinger, K. S., Gibbs, J. C., & Fuller, D. (1995). Context and the measurement of moral judgement. International Journal of Behavioral Development, 18(3), pp. 537-556.

③ Turiel, E. (1983). The development of social knowledge: Morality and convention. Cambridge University Press.

踪研究结果，单一性别很可能混合有男性道德发展的阶段和男性性别偏向。吉利根的理论明确地指出了这一点①。吉利根发现，女性认为，她们的两难问题在某种意义上和柯尔伯格的“公平”取向不同：柯尔伯格主要把注意集中在“责任”上；而吉利根所关心的则是“关怀”问题。

(三)特瑞尔的领域模型

特瑞尔在皮亚杰和柯尔伯格理论的基础上，提出了领域模型，并增加了新的观点②。可将其理论要点概述如下。

1. 儿童的道德推理包含不同领域的社会认知：道德领域(moral domain)和社会领域(social domain)。针对皮亚杰与柯尔伯格对社会习俗与道德规则未加区分的缺点，特瑞尔提出分别与两者相对应的社会认知领域。道德领域的道德推理主要包括如说谎、偷窃、谋杀等与公道和正义相关的问题；社会领域的道德则包括如礼貌、穿着、称呼等指引人们社会关系的规则。

2. 儿童在很小的时候即能区分道德推理的道德领域和社会领域。特瑞尔通过观察发现，4岁儿童对于两个范畴差异已经有所理解，与习俗相比，他们更多地把道德规则看作是具有约束力的。特瑞尔的研究揭示了儿童关于社会习俗判断的发展情况，进而证明社会习俗和道德是两个不同的领域，儿童的习俗判断和道德判断的发展规律也各不相同。

3. 儿童对道德规则和社会习俗的理解受他们生长环境和个人经验的影响。①社会交往特别是同伴交往促进了儿童对道德规则的理解。儿童作为不道德行为受害者的经历或见证他人遭受非道德待遇的过程，都会影响他们对道德规则的认识。儿童与父母的交流对他们道德规则的理解也有促进作用，因为父母会指出儿童行为的对与错，强化儿童对道德规则的理解。②儿童对社会习俗的理解源于在不同社会情境下的经验，在这些情境中存在着相异的社会习俗。特瑞尔强调文化的重要作用，虽然特定的文化中社会习俗的内容各有差异，但不同文化中的儿童都在幼小的年龄阶段即能区分道德认知的道德领域和社会领域。

二、道德判断的发展及其影响因素

道德判断作为一种认识活动，是个体应用道德观念或道德知识对行为的是非、好坏和善恶进行评价的过程。道德判断的发展水平与道德行为之间具有明显的对应关系。儿童的道德判断能力是逐步发展起来的，这通常可以从儿童对他人行为的动机及效果的评价中看出来。儿童的道德判断水平与其所掌握的道德观念和道德知识有关，并在很大程度上受到个体认知发展、个体所参与的社会互动等的影响。

(一)道德判断的发展

1岁儿童还未有道德判断，因此他们也不可能有意做出道德行为。1岁以后，

① Gilligan, C. (1982). In a different voice: Psychological theory and women's development (Vol. 326). Harvard University Press.

② Turiel, E. (1998). The development of morality. Handbook of child psychology.

儿童之间开始表现出积极和消极的相互关系，通常认为这是他们道德行为的最初形态。防止儿童间不良关系的发生，培养和巩固儿童间良好关系，是幼儿教育中的重要任务。

儿童的道德判断是在儿童掌握言语以后才逐步产生的。这其中，儿童与成人的交往经验特别是成人对儿童行为的反馈起了重要作用。凡成人表示赞许(比如，愉悦的表情)并评价以“好”“乖”的行为，儿童便认为是好的行为；反之，凡成人示以斥责(比如，不愉快的表情)并评价为“不好”“不乖”的行为，儿童认为是坏的行为。因此，“好”“不好”是儿童道德判断发展中最初的两个类别。通常认为，3 岁的儿童已经能把人分为好人和坏人两类了。可见，从儿童较小年龄开始，用合乎儿童年龄特征的方法来培养儿童正确的道德判断能力，对儿童以后的道德发展乃至个性品质的形成具有非常重要的意义。

儿童的道德判断能力在学前阶段逐渐发展。在学前初期，儿童的道德判断带有很大的具体性、情绪性和受暗示性。只要成人说是好的，或自己喜欢或有兴趣的，就认为是好的；反之，则是坏的。此时的儿童尚不能把行为的动机和效果结合起来，通常只看到行为的结果，而忽视行为的动机，更多地依据行为结果来评判一个人的行为。至学前晚期，儿童能够比较注重人的动机和意图，开始从社会意义上来判断道德行为。穆森等(Mussen et al.，1984)的研究表明，行为结果是积极的情况下，学前儿童对具有良好意图的行为主体比对具有不良意图的行为主体给予更多的称赞；当行为结果是消极时，同样，他们对意图积极的同伴的评价比对意图消极者的评价好。

到了小学阶段，儿童的道德判断能力进一步发展。小学低年级儿童初步掌握了一些抽象的道德概念和道德判断，但是他们的理解常常是肤浅的、表面的和具体的，概括水平仍较差。有研究表明，小学儿童在四到五年级期间对道德准则的理解方能达到初步本质概括的水平，其道德判断能力有了更进一步的提升。在对包含行为动机和效果因素在内的对偶道德故事进行道德判断时，年幼儿童从注意某一行动造成的后果，逐渐过渡到注意特定行为的动机，年长儿童则总是更关注行为的动机。比如，年幼儿童往往认为无意打碎 15 只杯子的男孩的行为，比有意打碎 1 只杯子的男孩的行为更不道德；而年长儿童则恰恰相反。当然，这并非说在进行道德判断时，年幼儿童完全无视行为动机，而年长儿童完全无视行为结果；实际上，年幼儿童有时也注意到行为动机，年长儿童有时也注重行为后果，但从一般发展趋势上看，儿童总是从注重后果过渡到注重动机。有研究者发现，这种过渡的关键年龄在 9～10 岁之间。有关公正观念的研究提示，公道的公正判断取代平等的公正判断的转折年龄在 8～9 岁之间，公道的公正判断在 11 岁时已占绝对优势，服从的公正判断始终处于从属地位(转引自朱智贤，1993)①。

---

① 朱智贤．儿童心理学[M]．北京：人民教育出版社，1993.

到了初中阶段，一方面受益于儿童身心发展，总体来说，儿童的道德判断水平不断提高；另一方面，由于此时期是幼稚向成熟的过渡阶段，半幼稚、半成熟的少年既独立又依赖、既有自觉又有幼稚，故又表现出道德判断发展上较大的个体差异。这也就意味着，对于年龄相仿的儿童，有的可能已经达到了柯尔伯格道德发展的5，6阶段，而有的可能还处于3，4阶段。有研究考察了道德判断发展水平与道德行为之间的对应关系，发现道德推理水平低的少年比之道德推理水平较高的少年表现出更多的欺骗行为。然而，少年道德判断与道德行为之间的对应关系受到判断对象的调节：他们在针对他人进行判断时所表现出的道德水平比针对自我时更高，不过这种差异随道德水平的提高而减少。还有研究发现，此时期儿童言行一致的水平随年龄增加而提高，在初中二年级上半期时，儿童言行最初不一致比率为37.6%，言行一致的占43.5%；到初中三年级下学期，两种比率分别为15.1%和69.8%[①]。及至高中，道德判断水平与行为之间对应关系更为明显。研究表明，道德推理水平处于科尔伯格道德发展一、二水平的高中生，有42%的人有欺骗行为，而处于第三水平的高中生只有11%存在欺骗行为。这说明，道德水平越高，越不可能表现出不道德的行为。表现在高中生身上的对应关系也受到对象的调节：针对自我判断时的道德水平不如针对他人时高，但这种差异要比少年期小一些。而且，在一些青年人身上还存在言行脱节现象，通常认为，这种情况往往不应视为心理发展上的特点，而应将其看作由道德品质本身的缺点所导致的(朱智贤，1993)。

(二)道德判断发展的影响因素

1. 个体的认知发展状况

个体进行道德评价和判断速度快慢、确定程度、内省深思的从容与否，有赖于个体的发展状况[②]。儿童对他人心理状态的认识是其道德判断的重要基础之一，有关心理理论(theory of mind)的研究表明，儿童对他人心理的认识是一个不断发展的过程。到4～5岁，儿童才能对信念、愿望及意图有较好的把握，较小年龄的儿童通常不能很好胜任。联系皮亚杰的认知发展阶段理论就容易明白，3岁左右的儿童处于前运算阶段，在此阶段，自我中心性是一个突出的特点，该阶段的儿童尚未有很好的观点采择能力，在认知他人的行为动机方面存在困难。还有，智力发展特别是语言、理解能力的发展，对儿童的道德判断产生及发展具有重要的影响作用。

2. 亲子交往互动

儿童不但从父母的那里习得道德观念，而且还从亲子互动中，特别是父母的养育实践中“推断”行为的是非对错。比如，杜恩等(Dunn et al.，1995，转引自Turiel，1998)发现，在父母教育孩子时动辄诉诸武力的家庭里，孩子到2～3岁时会表现出相当多的对母亲的纠缠、攻击、破坏物品等行为；而经常进行欺骗的父母，他们的

① 林崇德．中学生道德品质的发展[M]/朱智贤，李怀美．青少年心理的发展．北京：北京师范大学出版社，1982.

② Turiel, E. (1998). The development of morality. Handbook of child psychology.

孩子在这个年龄段则表现出争辩、争吵行为的增加。与此相一致，格鲁赛克和古德诺[①]也发现，父母的养育行为与他们孩子的不当行为之间存在着微妙的关联，儿童常以父母所“给”的标准来判断行为的合适性。这提示，父母的榜样作用影响着儿童的道德判断，他们从父母身上学到了如何进行道德判断。父母不但可以通过规则养成对儿童的道德判断产生影响，他们对子女的期望与对待方式也有不可忽视的作用。比如，父母对待男孩与对待女孩的方式可能存在很大差异，比如，表现出不同的行为期待、道德观念植入标准及行为评价模式。

3. 同伴交往

在哈里斯提出的同伴社会化理论中，特别突出同伴关系对儿童社会化的动因作用[②]。皮亚杰(Piaget)、特瑞尔(Turiel)、戴蒙(Damon)和尤尼斯(Youniss)(转引自Turiel，1998)等人认为，同伴互动对儿童的道德发展具有重要影响。皮亚杰指出，成人与儿童之间的互动多与约束(constraints)有关，而同伴之间的交往则更多指向合作，同伴互将彼此视为平等的人，这样在社会交往中更易采择同伴的观点并将自己视为可信赖的伙伴。戴蒙和尤尼斯认为，同伴互动的效用发生于儿童协调自己与他人观点、行为过程，而非传达信息、意见的过程。戴蒙进一步认为，道德重要方面的获得来自儿童与朋友的游戏，所获得的规范有时与成人所要求的并不一致；即便是那些与成人要求一致的规范，它们通常也是儿童在与同伴互动时所“发现”的。戴蒙通过对分配公平的实验研究发现，儿童与同伴讨论往往比与成人讨论会获益更多[③]。当然，同伴之间也时常会发生冲突，研究者发现，社会冲突对道德发展同样具有重要影响。社会冲突可引发儿童思考如何兼顾自己和他人的利益需求问题，认识到他人权利的存在。基伦等的研究发现，在没有成人干预的情况下，儿童通常能够很好地解决社会冲突，所生成的解决方案会顾及各方的需求与利益[④]。

第三节　儿童道德情感和道德行为的发展

一、道德情感的发展

情感在儿童道德发展中有着特殊而重要的地位。这不仅因为道德情感的丰富和

---

① Grusec, J. E., & Goodnow, J. J. (1994). Impact of parental discipline methods on the child's internalization of values: A reconceptualization of current points of view. Developmental psychology, 30(1), p. 4.

② Harris, J. R. (1995). Where is the child's environment? a group socialization theory of development. Psychological review, 102(3), p. 458.

③ Damon, W. (1981). Exploring children's social cognition on two fronts. Social cognitive development: Frontiers and possible futures, pp. 154-175.

④ Killen, M. (1989). Context, conflict, and coordination in social development.

成熟与道德认识一样贯穿于个体道德发展的全过程，而且从教育的角度来看，情感启蒙是儿童道德启蒙的首要切入点，道德情感的教育是儿童道德教育的核心和基础。因此，了解儿童道德情感的发展与特点，对于开展儿童道德教育、建立有效的教育机制是极其必要的。

(一)道德情感内容的发展

现代情绪心理学的实验研究和哲学现象学方法相整合而形成的所谓现象学心理学认为，依恋感、同情或移情、羞耻感是儿童道德情感发展的主要内容。

1. 依恋及其发展

一般意义上的依恋，指的是个体对另一特定个体的长久的、持续的情感联结。发展心理学用依恋这一术语来描述个体生命早期与照料者的情感联结。一般认为，依恋的发展经历了一个从自然依恋到社会依恋，无区别的依恋到有区别的依恋、范围较小的依恋到范围较大的依恋的过程。英国心理学家鲍尔贝提出，依恋的发展可分为前依恋期(0～6 周)、依恋关系建立期(6 周到 6～8 个月)、依恋关系明确期(6～8 个月到 18 个月～2 岁)和交互关系形成期(18 个月～2 岁后)四个阶段①。马文(Marvin)则认为，四岁是依恋发展的关键期，此时儿童由对照料者躯体的亲近转向活动中的相互适应和人格交流，这个时期的依恋关系转变对道德人格的成长极富意义②。

2. 移情及其发展

移情是针对他人处境的一种情感反应，霍夫曼(Hoffman)将之定义为“代替性的情感反应”③。例如，当个体看到别人忍受痛苦时自己也感到不安。研究表明，移情能力的发展具有个体水平、社会水平和综合水平三个阶段。儿童移情能力的发展是从个体——自我觉知和自我敏感这一水平开始的。处于个体水平的儿童，随其自我意识的发展而逐渐能区分自我与他人不同的需要和情感，能敏感到他人的情绪状态并唤起自己的相关经验，从而产生情感共鸣；社会水平的儿童，能从第三者的角度来看待他人的思想情感，并逐渐能在特定情境中设身处地为他人着想；青少年期，移情能力发展至观念性的综合水平，这与其道德经验的丰富、反省思维能力的提高密切相关，通情而至达理是这一水平的主要特点。

我国学者常宇秋、岑国桢(2003)以道德情境故事为材料，运用个别交谈法对我国 6～10 岁儿童的道德移情反应特点进行了研究④。结果表明，我国 6～10 岁儿童

---

① Bowlby, J. (1969). Attachment and Loss: Attachment. V. Basic Books

② Marvin, R. S. (1977). An Ethological—Cognitive Model for the Attenuation of Mother—Child Attachment Behavior. In Attachment behavior (25-60). Springer US.

③ Hoffman, M. L. (2001). Empathy and moral development: Implications for caring and justice. Cambridge University Press.

④ 常宇秋，岑国桢.(2003). 6～10 岁儿童道德移情特点的研究[J]. 心理科学，26(2)，219—223.

面临道德情境时做出的道德移情反应随年龄增长而提高；对集体的道德移情反应强于对个人的反应；对涉及人身伤害、财物损坏、声誉损害三类情境时，儿童对声誉损害的道德移情反应最强，对财物损坏的道德移情反应在三者中最次。另外，该研究未发现道德移情反应的性别差异。

3. 羞耻感与罪错感及其发展

羞耻、罪错的情绪中，指向自我的评价判断等认知性成分促使个体发展自我责任意识、提高社会责任感，从而推动心理成熟。有关罪错感的发展阶段，霍夫曼(1982)提出：1岁末，儿童开始有早期形式的罪错感，但由于此时尚未形成真正的因果关系观念，常常对不在自己控制之内的事物也产生罪错感；2～3岁时，儿童会因未能做出减轻别人痛苦的行为而产生罪错感；3岁后的儿童则会对他们的错误行为和未做什么的长期后果感到罪错①。

(二)道德情感形式的发展

儿童道德情感形式的发展大致分为三个时期，即道德情感的“原伦理状态”时期、前道德情感时期、他律性或尊奉性道德情感时期。

1. 原伦理状态道德情感阶段(0～1.5岁或2岁)

原伦理状态道德情感阶段是道德情感发展的奠基时期。具有原伦理状态的情感主要是依恋感，表现为婴幼儿与成人之间积极、主动的情感联系。在这一情感联系中，如果成人的应答适时适当，婴幼儿便因情感上的满足而产生对成人的信任。经常获得情感满足的儿童表情丰富，情绪基调快乐、稳定、勇敢、自信。这种健康的联系感是社会性情感乃至高级道德情感的重要基质。

2. 前道德情感阶段(1.5岁或2～3，4岁)

这一阶段的幼儿尚未发展出严格意义上的道德情感，处于道德情感的酝酿期。此年龄段的儿童具有强烈的探索和要求行使自主权的愿望，能够觉察他人的情感，掌握大人或同伴的喜好。当其不符合成人要求的行为受到规则限制时，他们要么对规则表示抗争，要么用讨好的方式试探成人的态度。这是儿童对习俗规则、对情感交往的社会适应过程。这一适应过程也正是由内在矛盾冲突孕育形成道德情感的重要时期。

3. 道德情感的他律性或尊奉性阶段(4～6岁或7岁)

这一阶段幼儿的道德情感发展表现出单方面尊敬的特点。成人的情感态度、是非标准是儿童情绪发展的参照系；幼儿接受道德观念、学习道德经验、获得道德情感体验，是以服从“权威”的外部控制的机制来完成的。这与其自我表现的要求、希望得到成人赞扬认可的要求进一步强烈有关。此阶段进入幼儿园的儿童，则因受到更多集体规则的约束，而拥有更为扩展的自我发展参照系。由于这一时期幼儿的情绪具有易感性、行为极具模仿性，因而是实施道德教育的最佳启蒙期。当然，与此

---

① Hoffman, M. L. (1982). Development of prosocial motivation: Empathy and guilt. The development of prosocial behavior, p. 281, 313

阶段幼儿道德情感体验的浅显性、即时性相联系，幼儿道德认知的内容是一些常见的、特定场合的事，还不可能从道德的普遍性特征来认识事件与自己的关系及其意义。因此，对于这一时期出现的有关“道德”的情感，只能说是准道德情感。

二、道德行为的发展

道德行为是个体道德认识的外在表现，是衡量个体道德品质高低的重要标志。儿童道德行为的形成和发展是道德发展的重要方面。

(一)道德行为发展的理论：班杜拉的社会学习理论

班杜拉(Albert Bandura)是社会学习理论的创始人，他突破了传统行为主义的理论框架，以认知和行为联合起作用的观点来解释人的学习行为。对于儿童的道德发展，社会学习理论认为，其决定因素是个体所处的社会环境和个人经验，因而道德与其他行为一样，都是社会学习的产物，都可以通过对榜样的观察与模仿而习得。社会学习理论用观察、模仿、强化、惩罚来解释道德行为的发展机制。

1. 观察和模仿

班杜拉认为，儿童习得社会行为的一个重要途径是观察榜样——儿童生活中重要人物的行为，通过观察将之以心理表象或符号表征的形式储存在大脑中，进而帮助他们对行为的模仿。班杜拉(1963)在其观察学习实验中证实了榜样的效果：一项研究分别探讨了现实、电影、卡通片中成人榜样对儿童行为的影响，结果发现，无论所观看的是哪类成人榜样对充气娃娃的攻击性动作，三组儿童都能够对榜样的行为精确再现，即所有这三类成人榜样都同样会导致儿童模仿其攻击性行为[①]。

信息栏11-4

班杜拉观察学习的进一步研究

儿童是否不管榜样是受到奖励还是惩罚，总是会从榜样那里习得攻击性行为？儿童看到榜样受到奖励是否比看到榜样受到惩罚会更多地自发模仿所看到的攻击性行为？班杜拉(1965)用实验研究回答了这两个问题。实验把4～6岁的儿童分成两组。儿童在电影中看到一个成年男子演示四种不同的攻击性行为，但在影片快结束时，一组儿童看到的是这个成人榜样受到另一个成人的奖励(那个人说：“你是一个强壮的冠军。”)；而另一组儿童看到的是这个成人榜样受到惩罚(另一个成人说：“喂，住手！我以后再看到你这样欺负弱者就给你一巴掌！”)。接下来，就让儿童进入一间游戏室，里面放有一个同样的充气人以及这个成人榜样使用过的其他物体。结果发现，电影里榜样的攻击性行为所导致的结果(奖励或惩罚)，是儿童是否自发地模仿这种行为的决定因素。也就

---

① Bandura, A., Ross, D., & Ross, S. A. (1963). Imitation of film-mediated aggressive models. The Journal of Abnormal and Social Psychology, 66(1), p. 3.

是说，看到榜样受奖励的那一组儿童，比看到榜样受惩罚的另一组儿童，表现出更多的攻击性行为。

但这是否意味着，看到榜样受奖励的儿童比看到榜样受惩罚的儿童习得更多攻击性行为呢？为了回答这个问题，班杜拉在这两组儿童看完电影回到游戏室时，以提供糖果作为奖励，要求儿童尽可能地回想起榜样的行为，并付诸行动。结果表明，这两组儿童在模仿攻击性行为方面没有任何差异，即都能同样精确地显示出榜样的四种攻击性行为的顺序。这说明，榜样行为所得到的不同结果，只是影响到儿童模仿的表现，而对学习几乎没有什么影响。因为在榜样受到惩罚的条件下，儿童同样也习得了这种行为反应，只不过没有同样地表现出来罢了。

（资料来源：施良方：学习论——学习心理学的理论与原理，人民教育出版社，1994 年版，第 383 页）

在进一步的研究中班杜拉指出，通过观察习得的行为是否会表现出来，取决于个体对这一行为后果的预期，也就是说，要看这一行为带来的可能是奖励还是惩罚。预期会受到奖励的行为比预期会受到惩罚的行为将更多、更易地被表现出来。但应注意的是，无论榜样行为是受到奖励还是惩罚，都不会影响儿童对行为的习得，而仅仅影响儿童是否将所习得的行为表现出来。

2. 替代强化

班杜拉研究发现，儿童可以通过观察他人行为的结果是受到赞许还是惩罚，而不必自己直接做出行为并亲自体验其结果，也能够学习。这个过程被称为间接强化或替代强化。如果儿童看到他人的违规行为受到斥责，儿童就可能避免犯类似的错误；反之，如果儿童看到他人的反社会行为受到赞赏，就可能去尝试这种行为。儿童所观察到的这些发生在他人身上的结果，以一种与儿童亲身经历的结果相类似的方式作用于儿童，从而影响着其道德行为的发展。因而，建立在替代基础上的学习模式，是儿童道德行为发展的一个重要形式。

3. 交互决定论

按照班杜拉的观点，道德行为是通过社会学习而习得或改变的。但个体道德行为的变化既不是由个体的内在因素单独决定，也不是由环境等外在因素单独决定的，而是内、外在因素相互作用的结果。即行为、个体因素与环境是相互影响地联结在一起的一个系统，社会学习的过程是这三个因素相互作用、相互决定的过程。班杜拉把这一观点称之为交互决定论，可用图 11-1 表示：

在这种交互决定论的模式里，行为、个体和环境都是作为相互交错的决定因素而起作用的，而且这些决定因素双向地相互影响。但这并不意味着这种影响的双边具有同等的强度。相互交错的决定因素的三个根源所起的相互影响，会因活动、个体、环境条件的不同而不同。

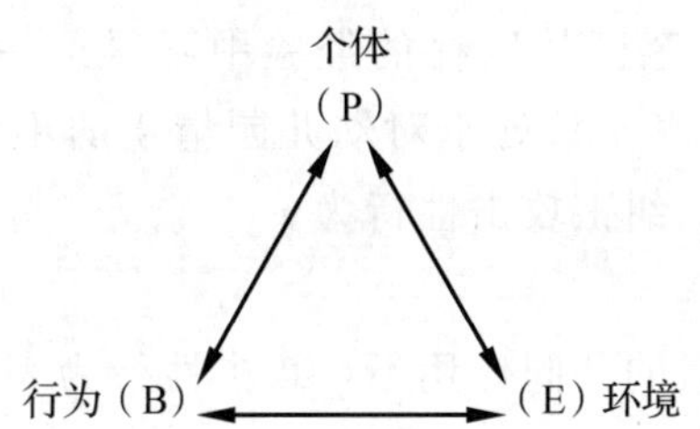

图 11-1　环境、个体因素与行为的三向关系

(二)攻击性行为及其发展

攻击性行为，就其后果而言，通常指导致另一个体受到伤害的行为。有关攻击的类别，不同学者意见不一：劳伦茨(K. Lorenz)将攻击分为情感性攻击与工具性攻击；哈特普(W. Hartup)依据攻击的目的不同，将之分为敌意性攻击与攻击性攻击，敌意性攻击的根本目的是为了打击或伤害他人，而攻击性攻击的目的是为了获得某个物品而做出的抢夺、推搡等动作；道奇则提出反应性攻击与主动性攻击的分类方式，诸如愤怒、发脾气、失去控制等属于反应性攻击，而夺取物品、欺侮或控制同伴等则属于主动性攻击。

1. 攻击行为的发展

有关攻击性行为的发展，研究者们主要通过对不同年龄儿童攻击性行为过程的观察、记录来加以分析考察。例如，古德伊纳夫让 2～5 岁儿童的母亲每天记录孩子发脾气的过程，包括其明显的原因和后果①；哈特普对 4～5 岁和 6～7 岁儿童攻击行为的前因后果进行了连续五周的观察分析②；卡明斯和同事则在研究中记录了儿童 2 岁和 5 岁时在成对游戏中的争吵③。综合上述研究结果，学前儿童的攻击性行为呈现出如下发展特点。

(1)引起攻击性行为的原因随年龄而变化。2～3 岁儿童产生攻击性行为的原因多是家长用权威方式反对他们的活动，或与同伴争玩具等物品；年长儿童攻击行为的原因则更多是与同伴或兄弟姐妹发生冲突，表现为对攻击或挫折的报复性反应；无缘无故发脾气的现象在学前期呈下降趋势，尤其 4 岁之后比较少见。

(2)攻击性行为的形式也随年龄而不同。年龄较小的儿童以踢打对手为主，而年龄较大的儿童则较少动手，逗弄对方、给对方起外号、说闲话或嘲笑等是年长儿童更为喜欢的方式。

(3)攻击性行为发生的频率随年龄增长而减少。卡明斯的研究显示，在成对游戏中 5 岁儿童表现出的攻击行为要少于他们 2 岁时的表现。这一变化的原因可能有

---

① Goodenough, F. L. (1931). Anger in young children.

② Hartup, W. W. (1974). Aggression in childhood: Developmental perspectives. American Psychologist, 29(5), p. 336.

③ Cummings, E. M., Vogel, D., Cummings, J. S., & El-Sheikh, M. (1989). Children's responses to different forms of expression of anger between adults . Child Development, pp. 1392-1404.

两方面，一是4～5岁的儿童已从以往的经验中习得了一些和平解决冲突的方式，如协商和交流；二是4～5岁儿童处于对幼儿园情境的不断适应中，父母和教师愈益注重强化其亲社会行为、纠正攻击性行为。

2. 攻击行为的性别差异

在生物学和社会性因素的共同作用下，攻击性行为表现出性别上的差异：首先在攻击倾向上，男性的攻击性普遍比女性强，这种差异在儿童两岁多时就能够显现出来；其次在攻击方式上，男童多表现为身体攻击，女童则更多使用言语攻击；再次在攻击对象上，男孩之间的攻击行为要远多于女孩之间或异性之间的攻击行为。

3. 影响儿童攻击行为发展的因素

一般认为，儿童的攻击行为具有一定的生物学基础(如性别、气质)，并在其发展过程中受到认知、社会文化等因素的共同作用。这里仅对家庭、媒体两因素的影响作用重点加以分析。

(1)家庭的影响。父母教养方式与家庭情感氛围是家庭对儿童攻击性行为产生影响的两个主要途径。

研究表明，冷淡而拒绝的父母的子女很可能发展成充满敌意和攻击性的个体。究其原因，采用这种教养方式的家长不仅给儿童树立了不关心他人、冷漠无情的榜样；而且还因放纵儿童表达自己的攻击性冲动，而使之未学会对冲动的控制；甚至家长的体罚行为会使儿童加以模仿，从而以同样的暴力行为来对待与自己发生冲突的同伴。

同样，冲突、紧张的家庭情感氛围也会滋长儿童攻击行为的发展。帕特森的研究显示，攻击性儿童成长的家庭环境常具有如下特点：家庭成员冲突频繁、争斗不断，言语交谈以讥讽、恐吓和挑衅为主①。这种家庭氛围一方面使儿童情绪紧张、烦乱甚至情绪障碍；另一方面则因家庭成员缺乏对儿童亲社会行为的关注和赞赏，从而导致这种情境中成长的儿童有较多的品行问题和敌意性归因缺陷。进而出现恶性循环：因其品行问题而受到正常同伴排斥，最终归属于不良群体，以致攻击、违纪等问题行为得到强化和维持。

(2)媒体的影响。电影、电视、网络、电子游戏等各种媒体中大量的暴力信息，诱发并助长着儿童的攻击行为。有研究者进行的短期控制实验和长期跟踪研究证实，影视暴力会增加观看者攻击行为的发生率。在短期控制实验中，两组被试先分别观看暴力节目与非暴力节目的片段，然后给他们提供攻击别人的机会。结果表明，观看暴力节目的被试比观看非暴力节目的被试表现出更多的攻击性行为。长期跟踪研究的结果则显示，被试童年时观看暴力节目的数量能很好地预测其成人后的攻击行为，即使在统计时控制了儿童最初的攻击性水平，这种相关也依然显著。

---

① Patterson, G. R., DeBaryshe, B. D., & Ramsey, E. (1989). A developmental perspective on antisocial behavior. American psychologist, 44(2), p. 329.

(三)亲社会行为及其发展

亲社会行为，通常指对他人有益或对社会有积极影响的行为，例如，和别人分享东西，帮助他人等。心理学家主要研究儿童亲社会行为的三种形式：分享、合作与助人。利他行为是亲社会行为的一个重要方面，指由同情他人或坚持内化的道德准则而表现出来的亲社会行为。利他行为要比为了避免惩罚或为了获取报酬、社会赞许等而引发的亲社会行为更具有道德性。在儿童发展心理学的研究中，经常用利他行为来指代亲社会行为。①

1. 亲社会行为的发展

亲社会行为的认知发展理论最初由柯尔伯格创立，其中心观点是：亲社会行为的发展与儿童智力、认知技能的发展有关。随着儿童智力的发展，一些重要的社会技能逐渐被获得，这影响到儿童对于亲社会问题的推理和为他人利益着想的动机。根据柯尔伯格的理论，儿童亲社会行为的发展经历了四个阶段：

(1)1～2 岁，婴儿开始出现分享和移情能力，对别人的痛苦能做出反应，别人难过时他自己也会难过，或者试图去安慰别人。

(2)3～6 岁，认知发展处于皮亚杰前运算阶段的儿童，因其较为自我中心的特点，他们的亲社会倾向通常是以为自我服务为出发点的。在为他人做好事时，常常考虑到是否会给自己带来好处。

(3)7～11，12 岁，这一时期儿童的认知发展处于具体运算阶段，其自我中心的思维减少了，逐渐能够从别人的角度出发来考虑问题，同时学会了角色扮演技能，开始把别人的合理需要当作亲社会行为的主要依据。这一时期移情和同情也在行为中起到重要作用。

(4)青少年期，认知发展处于形式运算阶段的青少年，开始理解并尊重抽象的亲社会性规则的意义，他们的行为指向亲社会行为接受者的利益，一旦违背了亲社会性规则，他们就会产生负疚感和自责。

信息栏11-5

艾森伯格对儿童亲社会道德判断发展的研究

20 世纪 80 年代艾森伯格(Nancy Eisenberg)等人对柯尔伯格的理论进行了补充和修正。她认为柯尔伯格研究所用的道德两难故事几乎都与法律、权威或正规的责任等问题有关，这仅仅研究了儿童道德判断推理的一个方面——禁令取向的推理。艾森伯格则采用另一种道德两难情境——亲社会道德两难故事法，例如，一个城镇的居民必须在是否与另一个城镇遭受洪水灾害的灾民分享食物之间做出选择，一个人必须在帮助一个遭抢劫的妇女和保护自己之间做出

① 李丹. 儿童亲社会行为的发展[M]. 上海：上海科学普及出版社，2002.

选择等，对儿童亲社会道德判断的发展进行研究，提出了儿童亲社会道德判断发展的5个阶段：

阶段1：享乐主义的、自我关注的推理。助人或不助人的理由包括个人的直接得益、将来的互惠，或者是由于自己需要或喜欢某人才对之表示关心。

阶段2：需要取向的推理。他人的需要与自己的需要发生冲突时，儿童对他人身体的、物质的和心理的需要表示关注。儿童仅仅是对他人的需要表示简单的关注，并没有表现出自我投射性的角色采择、同情的言语表述等。

阶段3：赞许和人际取向、定型取向的推理。儿童在证明其助人或不助人的行为时所提出的理由是好人或坏人、善行或恶行的定型形象，他人的赞扬和许可等。

阶段4：分为两个亚阶段。阶段4a：自我投射性的移情推理。儿童的判断中出现了自我投射性的同情反应或角色采择，他们关注他人的人权，注意到与一个人的行为后果相联的内疚或情感。阶段4b：过渡阶段。儿童选择助人或不助人的理由涉及内化了的价值观、规范、责任和义务，对社会状况的关心，或者提到保护他人权利和尊严的必要性等。但是，儿童并没有清晰而强烈地表述出这些思想来。

阶段5：深度内化推理。儿童决定是否助人的主要依据是他们内化了的价值观、规范或责任，尽个人和社会契约性的义务，改善社会状况的愿望等。此外，儿童还提到与实践自己价值观相联系的否定或肯定情感。

（资料来源：张文新：儿童社会性发展，北京师范大学出版社，1999年版，第293－297页）

2. 亲社会行为的性别差异

在人们的朴素观念中，女孩通常比男孩更喜欢帮助别人，更喜欢表达关怀与慷慨。但研究表明，婴儿的利他行为倾向并没有性别差异；虽然女孩确实比男孩更多地表现出同情或担忧的面部表情，但在说出同情经验、安抚他人的意愿和分享方面，男女之间也没有性别差异。在某些方面男孩甚至显得比女孩更乐于助人，如积极的援助行为。

另外，对于年龄较小的儿童，帮助、安抚对象的性别也会对亲社会行为产生影响。查理沃斯等的研究发现，幼儿园和小学一年级的儿童更喜欢帮助同性别的伙伴，而不管其他同伴是否需要帮助；三四年级的儿童，则会考虑他人的需要程度来确定帮助谁①。我国学者王美芳、庞维国对学前儿童在幼儿园的亲社会行为进行观察研究，结果表明：儿童的亲社会行为指向同性伙伴和异性伙伴的次数存在年龄差

① Charlesworth, R., & Hartup, W. W. (1967). Positive social reinforcement in the nursery school peer group. Child Development, pp. 993-1002.

异，小班儿童指向同性、异性伙伴的次数接近，而中班和大班儿童的亲社会行为指向同性伙伴的次数不断增多，指向异性伙伴的次数不断减少①。

3. 影响儿童亲社会行为发展的因素

(1)观点采择。亲社会行为的发生涉及知觉、推理、问题解决和行为决策等一系列基本的认知过程，因而亲社会行为的发展与个体认知能力尤其是社会认知能力的发展密切关联。其中观点采择是影响儿童亲社会行为发展的重要认知因素之一。

观点采择常被形象地称为“站在他人的角度看问题”，是区分自己与他人的观点，并进而根据当前或先前的有关信息对他人的观点做出准确推断的能力。正如有些研究者所推测的：“高明”的观点采择者比低水平的观点采择者更倾向于表现出利他行为，因为较高的观点采择技能有助于识别和领会引起他人苦恼或不幸的因素。昂特伍德和摩尔通过元分析发现，观点采择和亲社会行为显示出高相关，即使控制了年龄因素两者之间仍然相关显著。也有研究者尝试验证观点采择和亲社会行为之间可能的因果联系，例如，对儿童的观点采择能力进行训练，以考察儿童的亲社会性是否随其观点采择能力的提高而增强②。斯陶布通过让幼儿园儿童分别扮演助人者和受助者的角色来提高儿童的观点采择能力，结果发现这种训练同时增强了儿童的亲社会行为。当然需要提请注意的是，观点采择本身并不具有实质意义上的利他性或亲社会性，它的发展只能为儿童更好地理解情境、他人的需要及情感提供可能，因而观点采择并不必然导致儿童的亲社会行为③。

(2)移情。移情是指儿童在觉察他人情绪反应时所体验到的与他人共有的情绪反应。许多研究者认为，由于通过移情而使个体自愿发出亲社会行为，因而它是儿童亲社会行为的一个重要动机源泉。我国学者李百珍(1992)利用移情训练培养儿童亲社会行为的研究结果表明，移情训练对增强幼儿的助人、分享、合作、礼貌等亲社会行为有非常明显的效果④。但此方面的研究结论并不一致，还存在较大的分歧，例如，勒温和霍夫曼发现，在学前儿童中移情与合作之间无显著相关；昂特伍德和摩尔(1982)发现，移情和利他行为的相关，在年幼儿童身上表现极微，而从青少年前期至成年期移情与利他行为则表现出较高的相关。

(3)社会学习。观察和模仿是儿童道德行为发展的重要途径。在儿童的成长道路上，成人的亲社会行为一方面能为儿童提供社会学习的榜样，诱发儿童做出相似的亲社会行为；另一方面则提升了儿童内化利他性原则的可能性，进而对利他倾向

---

① 王美芳，庞维国. 学前儿童在园亲社会行为的观察研究[J]. 心理发展与教育，1997：13(2)，15～20.

② Underwood，B.，& Moore，B.（1982）. Perspective-taking and altruism. Psychological Bulletin，91(1)，p. 143.

③ Staub，E.（1971）. A child in distress：The influence of nurturance and modeling on children's attempts to help. Developmental Psychology，5(1)，p. 124.

④ 李百珍. 感情移入培养与幼儿亲社会行为关系的实验研究[J]. 学前教育研究，1995.

的发展起到促进作用。

父母作为儿童的"第一任老师"，其言传身教对儿童亲社会行为的发展起着至关重要的作用。一项研究采用四种条件：榜样乐善好施、非常自私、口头上富有爱心行动上却否、行动上富有爱心口头上却否，以考察榜样的不同言行对儿童亲社会行为的影响。结果显示，不管榜样的口头表现如何，只要他行为上乐善好施、慷慨助人，儿童在以后的利他性水平都较高；而只要榜样在行为上自私小气、拒绝提供帮助，儿童在以后的利他性水平都较低。即能对儿童利他行为产生影响的因素是榜样的行为而非说教。由此可见，成人在培养儿童亲社会行为时，言行一致、身体力行作表率是非常重要的[①]。

本章小结

有关道德的心理成分，较为普遍的观点是三因素论，即道德包含道德认知、道德情感和道德行为，三者相互渗透、相辅相成。在道德发展过程中，三种成分表现出了发展趋势的循序性和统一性、发展水平的差异性及发展切入点的多端性等特点。对于道德认知的发展，较有代表性的理论是皮亚杰道德认知阶段理论、柯尔伯格的道德认知发展理论以及特瑞尔的领域模型。道德判断作为道德认知的重要方面表现出随年龄增长由低水平向高水平发展的趋势，个体的认知发展状况、亲子交往互动、同伴交往等都对儿童道德判断的发展具有重要影响。儿童道德情感的发展可从内容与形式两个维度进行分析，道德情感内容的发展主要表现在依恋、同情或移情、羞耻感三个方面，而学前儿童道德情感形式的发展则经历了"原伦理状态"、前道德情感、他律性或尊奉性道德情感三个时期。对于道德行为的发展较有代表性的理论是班杜拉的社会学习理论，他用观察、强化等来解释道德行为的获得机制；儿童的攻击性行为和亲社会行为则是考察道德行为发展的两个重要方面。

进一步学习资源

● 皮亚杰著．儿童的道德判断．傅统先，陆有铨译，山东教育出版社 1984 年版．

作为儿童道德发展的最早研究者，皮亚杰基于道德判断这一具有重要理论与现实意义的课题入手，从游戏的规划、成人的约束和道德实在论、协作和公正观念的发展诸方面阐释了他的儿童道德发展观。

● 柯尔伯格著．道德发展心理学：道德阶段的本质与确证．郭本禹等．译．华东师范大学出版社，2004 年版

① Bryan, J. H., & Schwartz, T. (1971). Effects of film material upon children's behavior. Psychological Bulletin, 75(1), p. 50.

本书是柯尔伯格有关道德发展研究的一部力作。作者在其以往对道德发展研究的基础上，修正和进一步完善了道德发展阶段理论。该书记录了研究者在 1955 年启动的关于道德发展理论的博士学位论文研究以来，对美国、土耳其和以色列的被试进行 25 年追踪研究成果，集中讨论了心理学家对柯尔伯格公正判断推理阶段提出的核心问题。

● 伊利诺斯大学道德发展与教育研究中心：http：//tigger. uic. edu/～lnucci/MoralEd/

美国芝加哥伊利诺斯大学道德发展与教育研究中心主任 Larry Nucci 教授的个人网站，内容丰富，既有对皮亚杰、柯尔伯格、特瑞尔等道德发展理论的介绍，亦有大量有关儿童道德教育实践的信息及链接。

● 柯尔伯格道德两难测验故事：

http：//www. haverford. edu/psych/ddavis/p109g/kohlberg. dilemmas. html

美国哈弗福德学院(Haverford College)心理学系教授 Doug Davis 个人网页，上面列举了 4 个柯尔伯格道德两难故事，每个故事后附有测验问题。有助于更深入理解柯尔伯格道德认知发展阶段研究的方法。

● 快乐来自哪里?

http：//www. ted. com/talks/paul _ bloom _ the _ origins _ of _ pleasure. html

Paul Bloom 是耶鲁大学心理系教授，他着眼于研究儿童和成人是如何理解道德、宗教这些社会世界的。这是他在 TED 上的演讲，阐述了我们追求快乐的本质。

关键概念

道德　道德认知　道德判断　道德情感　道德行为　攻击性行为　亲社会行为

思考与探究

1. 道德包括哪些心理成分？它们之间的关系怎样？
2. 道德心理结构发展的总体特点如何？
3. 道德认知发展的代表性理论有哪些？
4. 影响道德判断发展的因素有哪些？
5. 儿童道德情感形式的发展经历了哪些阶段？
6. 试用班杜拉社会学习理论解释儿童道德行为的获得和发展。
7. 影响儿童攻击性行为发展的因素有哪些？
8. 儿童的亲社会行为在不同发展阶段呈现出怎样的特点？

趣味现象·做做看

找几名 3～6 岁的儿童，给他们讲讲下面两个故事：

故事一：有一天，小朋友们在运动场上进行足球比赛。球来了，小刚抓住机会使尽全身的力气飞起一脚，不巧的是，球踢偏了，不仅没有进球门，而且还重重地砸在球场外一位正在看比赛的小朋友脸上，这位小朋友的眼镜被打碎了，就连鼻子也流出血来。

故事二：有一天，小明趁妈妈不在家，一个人在房间里开心地踢起了足球。虽然妈妈临出门时还特意交代小明不要在房间里踢球。小明越踢越起劲儿，越踢越高兴。突然，“啪啦”一声响，小明定睛一看，原来一不留神足球砸中了妈妈放在桌子上的眼镜，有一只镜片被打碎了。

故事讲完后，让小朋友们说说他们认为小刚和小明哪个更淘气。按照皮亚杰的道德认知发展理论，学龄前儿童在进行道德判断时往往更多地考虑事情的结果，而较少顾及主人公的意图，且年龄越小这种倾向就越明显。因此，可能多数 3～6 岁的幼儿会认为小刚比小明更淘气。

第十二章 早期儿童发展的文化特征

本章导航

本章将有助于你掌握：

早期儿童发展与文化
早期儿童发展的文化濡化

婴儿命名的文化影响
婴儿喂养的文化影响
婴儿照料的文化影响
婴儿死亡的文化影响

幼儿游戏中的文化
幼儿交往中的文化

文化、自我与大脑
神经科学视野下的跨文化研究

有研究发现，非洲盖斯族(Gusii)和中美洲兹那坝特坝族(Zinacantecan)的母亲在对幼儿说话时运用大量的命令性的语言，她们的孩子长大以后显得特别顺从，很少提问。而在美国，母亲们一般采用问句与孩子们进行交流，因此孩子长大后提问

比较多，也比较坚持自己的观点。美国人会觉得盖斯族的父母过于权威，惩罚孩子过多，他们的孩子太被动；而盖斯族的人会觉得美国的父母过分溺爱孩子，他们的孩子太没规矩。Fernald 和 Morikawa 曾做过一项母婴共玩玩具的研究。他们发现，美国的母亲倾向于给玩具命名，而日本的母亲则用温和的、容易模仿的声音与孩子交流，鼓励孩子对玩具产生积极的感受。Greenfield 和 Suzuki 认为这是不同的文化在行为上的不同表现，美国人偏向认知性的刺激，而日本人更关注人际关系。

与早期育儿相关的文化性习俗在不同文化背景下存在巨大差异，并会使儿童产生不同的发展结果。许多父母坚持某一种特定的做法，因为他们相信这种做法具有相对的优越性，尽管很少有证据表明某种做法一定比其他做法好。在本章中给出的信息并不表示所有的信念和习俗在促进年幼儿童的健康和发展方面的影响是完全一样的。这些差异有些是微不足道的，有些导致了偏好或风格的不同，而还有些则会产生对个体或社会特别有益或有害的重要影响。例如，一些做法会对儿童的身心健康产生重大的威胁：给年幼女童缠足；严格限制儿童的饮食造成他们的营养不良。

第一节　早期儿童发展的文化视角

探讨文化与儿童早期发展之间关系的研究者们面临一个基本问题是，必须在识别发展的普遍性和确定其变异性之间找到最恰当的平衡。跨文化心理学的研究确定和描述了不同社会间的差异；而文化心理学的研究者们认识到文化可以在某一单个的群体中进行研究，并正试图更好地了解不同环境中个体和他们的环境之间动态的相互作用。

一、早期儿童发展与文化

(一)文化与儿童早期发展关系的基本视角

在儿童发展早期，世代间文化传承过程的中心就是将文化性的信念体系(如父母的民族理论)融入父母的育儿实践中。Levine 提出过父母为儿女设定的三层级的目标：①生存和健康；②发展经济上的自立能力；③发展“使其他文化价值最大化的行为能力，如道德、声望、财富、宗教虔诚、智力成就、个人的满足和自我实现等。这些文化价值形成和包含在具有文化独特性的信念、准则和思想体系中”。如果在一个社会中，生存的威胁相当大，那么父母的养育主要集中在保护上；如果生存不成问题，那么育儿实践展现的是一个社会化的过程，这一过程反映的是文化的价值观。Goodnow 在 1990 年指出，不同文化中养育方式差异中的相似性和差异性，以及某些特有的养育实践，都是造成不同群体中儿童的发展结果不一样的原因。

Miller 和 Goodnow 在 1995 年将文化定义为“一个社会性群体中的成员共享的、不断反复的行为，它们具有标准性的期待，具有超出行为的直接目标的意义或重要性”。对儿童发展研究者们而言，文化的价值体现在：①提供了在环境中研究发展的工具，没有将儿童和环境相分离，也没有将各种领域中的发展割裂开来。②反映了一种特定的社会和道德秩序。③提供了一种途径，让儿童参与到文化中，并使文化在每个儿童中得到再生或改造。④支持性和竞争性两种风格的实践都一直存在，而文化性实践和两者都有关系。⑤其生产的结果基于对特定实践进行参与的性质。童年早期的文化中受到研究最多的一项是为婴幼儿所做的睡眠安排。

在关于文化多样性的研究中一项最重要的争论存在于将差异视为优势或劣势的人，和采用一种更多“定位性的”、更少数民族的观点看待人类差异的人。后一种观点的核心是认为发展主要是适应性，因此，必须在它所发生的环境中来认识它，在它随时间不断出现的变化中来认识它。也就是说，要想最恰当地了解“2 岁的技能”和“3 岁的技能”，必须考虑儿童所处的典型环境中他与外界最重要的社会性互动能够为他提供的学习机会和对他提出的期望。因此，某一儿童的认知—语言能力和健康情绪的获得与其日常经历紧密相连，这些日常经历包含在他所在的家庭和社会的文化习俗或程式中。

(二)对文化与早期儿童发展和教育关系的分析

探讨人类发展和文化的研究者们越来越关注发展与文化的相互依存，这就是说，成长中的儿童不是自身所处的文化的消极产物；相反，他们是活跃的个体，自主地选择着文化呈现给他们的影响，并借此不断地塑造他们独特的文化背景。在任何处于社会变革时期的社会中都可以看到这种现象，在这样的社会中，个体必须调整自己的实践和程式以适应新规定的价值标准和行为方式。过去几十年，美国社会所出现的重大的社会和经济转变提供了许多生动的实例来表明其对儿童的生活及其家庭的巨大影响。例如：母亲就业的增加和对儿童的非父母照料的日益依赖，使婴幼儿发展了更多与其他成人之间的关系，并且更早地参与到有组织的同伴群体的活动中，尤其与同龄伙伴共同参与的活动，这就极大地改变了年幼儿童的日常生活经验。另外，这种现象在移民儿童的文化交融中表现得也很明显，因为他们航行于本民族的文化和移民地文化的边界上。

1. 对文化与儿童发展和教育的静态分析

对文化与儿童发展和教育关系作静态分析，会涉及“文化区”(culture area)和“文化类型”(culture type)。文化区是一个历史性概念，共享同一生态区域的人们在相似的地理环境中形成了各种文化特质，并在共同生活和文化交流中将那些比较适合人们需要的文化特质作为一种历史遗产一代一代地传递、积累、保留下来，从而形成共同的文化传统。在同一文化区，人们具有共同的文化背景，所说的语言、运用的工具、信仰的宗教、遵守的法律、规范和价值观念等都具有相似性。而文化类型是指不同的民族文化适应环境而产生的各种文化特质经由相互整合后而形成的一些具有代表性的、具有因果联系的核心特征，这些能显示本质属性的特征主要体现的是该文化的精神和价值体系。

不同区域的文化、不同类型的文化都会直接或间接地影响儿童发展和教育的方方面面。例如，农业型文化区往往强调服从，而狩猎—采集型文化区则强调培养个体的自信和能力。20世纪80年代后期和90年代早期，一批对跨文化研究有兴趣的心理学家和社会学家曾对美国当今社会主要的文化组成群体(欧裔、非洲裔、亚裔和波洛利哥裔)在家庭组成、家庭成员的角色、家庭成员期待、儿童培养和训练、亲戚关系、价值观和信仰、人的内在特征、教育和学习特征、对文化的认同、态度、问题解决的方式等方面作过大量的对比研究。研究者们相信，家庭文化上的差异与儿童的学习背景、发展变化和社会调整是紧密相连的，为儿童编制的课程是不可能脱离这些文化背景的。

2005年，日本贝尼思(Benesse)教育研究开发中心组织了东亚五个城市的大规模调查研究，翌年3月出版了题为《幼儿生活调查报告书·东亚五大城市调查》的研究报告。调查研究同时在东京、首尔、北京、上海和台湾东亚五个城市进行，调查对象是每个城市1 000名左右3～6岁儿童的家长，调查内容包括幼儿生活状况、母亲的育儿意识和满意程度、父亲的参与状况等。调查结果表明，这些城市的幼儿及其家长，在许多方面都有共同之处。例如，五大城市的幼儿除了到学前教育机构(幼儿园和保育园)，还去机构外兴趣班学习，比率都超过了50%。除了东京外，其他城市的幼儿参加读、画、算和英语补习班的人数也都在10个选项的前五位。究其原因，可能这些城市都与东方文化有关联，在这种文化的影响下，家长可能更关注教育的结果，而不是教育的过程，他们都将学前阶段的教育与小学是否获取成功紧密地联系在一起了。

1980年Tobin等人曾运用人种学的研究方法对中国、日本、美国三种文化中的托幼机构的教育作过比较。研究者选择了这三个国家的三个托幼机构，对它们的一日活动拍摄了录像，并将其典型的活动剪接成20分钟的录像片。研究者把这些录像片分别给来自这三个国家的托幼机构的教师、园长、家长和儿童教育专家看，让他们从自己的立场出发回答有关的问题，诸如“对社会而言，托幼机构有价值存在的三个最重要的理由是什么?”“儿童在托幼机构内学习的最重要的东西是什么?”“一个好教师的最重要的特征是什么?”研究者发现，不同文化的人，由于价值观念的不同，他们的教育理念和教育实践存在很大的差异。例如，38%的美国人和27%的中国人认为“交往技能”是儿童在托幼机构学习中前三位重要的东西；30%的日本人认为“同情和关爱他人”是儿童在托幼机构学习中第一位重要的东西。研究者相信，早期儿童教育受人的价值观的支配和影响，早期儿童教育的变化既反映了社会文化的变化，同时也影响着社会文化的变化。

2. 对文化与儿童发展和教育的动态分析

对文化与儿童发展和教育关系作动态分析，会涉及“文化变迁”(culture change)、濡化(enculturation)、涵化(acculturation)等概念。文化变迁和文化沟通(culture communication)联系在一起。文化传承的过程就是濡化的过程，在儿童期通过学习进餐、穿衣、游戏等活动，儿童形成的行为模式会保留终身，并对异文化的行为模式产生抵制。文化传播的过程就是涵化的过程，这个过程存在于不同的文化之间，由于不同文化持续的相互接触，导致文化发生了变迁。

以美国儿童为例，说明儿童发展是如何经由“文化多样性的压迫”到“文化的反偏见”这样的一个发展过程：

(1)受文化多样性的压迫

文化的多样性压迫是与种族歧视主义联系在一起的。种族歧视主义者认定，欧美白种人的文化是一流的文化，它优于其他文化，因此，其他文化都要被同化到欧美文化中去。在早年，在美国的有些地区，当印第安的幼儿还只有二三岁时，他们就被迫与自己的父母分离，聚居在专门为他们开设的教育机构中，接受白种人文化的熏陶。教师和管理者试图以白人中产阶级的语言、价值观取代土著儿童及其家庭自己的文化和语言。在一些教育机构中，儿童讲自己的母语会受到惩罚，父母也被迫在家里与儿童用英语交流。数年以后，当他们回到自己的家庭，他们已经很不适应自己原本的文化了。直到 20 世纪 60 年代，对文化多样性的压迫还以所谓“文化理论”和“补偿教育”的新形式出现，声称在文化上有差异的家庭之所以不能从美国的社会平等的机会中收益，他们的孩子之所以不能从教育机构的经历中获益，应部分地归因于他们的文化。

(2)融入文化大熔炉

在 20 世纪前半部分，美国的做法是期望通过消除文化差异性，使美国各民族的人都能在美国这个大熔炉里熔化成为普通的美国人，将其他文化的影响同化，拥有共同的文化。这个年代的教育机构承担着将一种“融合了”的文化传递给儿童的任务。教师常常被要求坚持一种立场，那就是要求每个儿童懂得每个美国人都应拥有一种共同的文化。这样做的目的是为了缩小文化差异性，以及这种差异性对儿童发展的影响。

(3)主流文化中添加多元文化

20 世纪 60 年代，多元文化教育的倡导者认为，教育机构有责任支持所有儿童及其家庭的文化，并要教育儿童尊重自己和他人的文化，而不能对自己和他人的文化存有偏见和歧视。教室的环境和课程依然建立在主流的欧美文化的基础上，而其他文化则通过特殊活动而被带入课程之中。例如，在教室里应该有一个宣传多元文化的板面，或者通过特殊节日，学习文化的多样性，之后又回到平常的课程中去。

(4)双语/二元文化

双语/二元文化指的是，创建一个所有群体都有公平和平等机会的民主社会，要求各种民族、种族和宗教群体在保持自己的语言，以及自主地参与他们的传统、文化和特殊的活动的同时，也能成为共同拥有的国家的一分子。双语/二元文化教育的主张，旨在让儿童通过学习成为他们自己文化群体和主流社会的组成成员。20 世纪 70 年代以后，许多学校开始了双语教育。由于学前阶段是儿童语言和同一性

发展的关键期，因此，对于双语/二元文化，学前教育就显得特别敏感。具体地说，对于母语非英语的儿童而言，当他们还在学习母语时，何时开始英语教育；当儿童已经在学习英语时，如何寻找到一种支持仍能继续促进母语的发展以及对自己文化的认同，这是教育者普遍关注的问题。例如，联合国儿童权利公约(1989)将双语和二元文化变成了儿童的基本权利。全美幼教协会(NAEYC)于1997年提出了"文化和语言多样性"问题，认为幼儿早期教育计划在既要教育儿童朝着美国学校文化的方向发展的同时，又要保存和尊重儿童自己的母语和本民族的文化。

(5)对文化的反偏见

对文化的反偏见，其目标是确保个体能公平地参与社会生活的各个方面，在保持自己文化的同时，与异文化的个体一起参与到共同社会中来。但是这样的想法和做法，既很实际又带有理想主义的色彩。它认定教育机构不仅有责任教育儿童尊重自己，与更广泛的人们建立平等关系，而且有责任教育儿童如何努力消除偏见和歧视，因为在一个造就和维持性别歧视主义、种族歧视主义和残疾歧视主义的社会里，仅仅成为一个无偏见和旁观者是不够的，每个人都需要积极地干预、挑战、反对个人和机构的那些企图让压迫永存。

这些例子给我们的启示是非常清晰的。文化不仅仅是一种静止的现象，随着时间的推移，它会不断得到维持、受到挑战或得到改变；文化也不是一个中性的概念，如果认定它自身的价值标准和实践是正确的，是可取的，那么它的影响力就会更大。在全世界范围内，人们已经越来越认识到理解和尊重每种文化的重要性，也开始运用"去殖民化"的方式去思考包括儿童发展和教育在内的多元文化问题。更深入地研究文化和儿童发展这一对重要关系的能力和方法的发展程度，将决定我们理解人类生命最早期出现的认知、社会性、情绪和道德发展的多样性的能力。

二、早期儿童发展的文化濡化

(一)作为早期儿童发展的环境——文化

文化的定义把重心集中在世代间符号性(如思想、信念和价值观)和行为性(如仪式和习惯)遗产的不同组合的传承。在儿童早期发展领域中，符号性遗产包括(但不限于)父母对孩子的期待、目标，指导不同的管教方式的价值观、性别角色，宗教和精神上的价值观，以及对健康、疾病和障碍的想法和信念。行为性遗产既隐含在日常的惯例性的一般活动的片段中，如睡觉、喂食和玩耍等，也包含在一些特别的环境中，这些环境塑造着儿童认知、语言和社会性等的发展，由此影响着他们对特定技能和行为的获得。一些研究者主要关注的是价值观和信念，另一些主要研究行为和习惯。Shweder等提出将以上两者相结合进行研究的重要性——"能使一个人成为理性的人，并使其所过的生活有意义"的信念和原理，以及"后天习得的并能代代相传"的行为模式。

文化人类学者研究童年的目的是为了理解和描述儿童发展在不同文化中一致的方面，文化特征构成影响儿童发展的五个领域：健康和死亡；食物及住所条件；儿童的人际交往和儿童活动；以妇女、母亲为主的养育角色；社区中可用的文化资源，如利用科技获取外界的信息。这样的研究目的带来的结果是人类学家编制了完善的"影响儿童发展的一套文化目录"。文化特征录的内容可部分列举如下：家庭和社区间的劳动力循环，社区安全，健康和人口统计，根据年龄和性别所作的劳动分工，儿童所做的事，养育儿童的活动，父亲和兄弟姐妹的家庭角色，儿童的玩伴群体，妇女在社区中的角色，互助团体，文化影响的来源，父母的信息来源，社区多样性和变化性。特征录内容广泛，提出了诸多从生态和文化角度研究儿童发展的着眼点。这样研究的焦点和方法，为文化人类学者研究儿童发展提供了比较的、跨文化的视角，由此，研究者们可以考察世界各地童年发展中普遍共有的和各自不同的发展路径，即跨文化的异同、同种文化的同一性和多样性，还有儿童的个体差异性。

(二)文化对早期儿童发展产生的影响

文化对儿童有影响作用。通过文化，幼儿获得身份意识、归属感、有关生活中什么是最重要的观念、如何去关心自己和他人、怎样去庆祝、怎样吃和穿，获得了影响周围环境和作用于世界的力量。

信息栏12-1

《babies》纪录片采用纯观察的记录方式，以一种令人晕眩的真实视角和快乐欣喜的心情同时记录了4个新生儿的成长轨迹，他们分别是——Ponijao，女孩，她和家人一起住在非洲西南部的一个名叫纳米比亚的国家里，位置是原驻民族地区奥普沃附近；Bayarjargal，男孩，身处蒙古的巴彦钱德曼；Mari，女孩，住在日本的东京；哈蒂，女孩，来自于美国的旧金山。身上落着苍蝇的非洲儿童，物质条件优渥的美日宝宝，和山羊抢洗澡水的蒙古孩子，他们的生存、文化环境几乎有着天壤之别。

从北美洲的美国到亚洲的日本，再到非洲的纳米比亚和亚洲内陆的蒙古，《babies》忠实地记录了四个婴儿从在妈妈的肚子里孕育，到呱呱落地的襁褓之中，再到走出其人生第一步的过程。从降临到这个世界上的第一次呼吸、啼哭到迈出人生的第一步，在跨度为一年的时间里，我们会跟随他们一起经历伴随文化所创造出来的所有奇迹和喜悦。

关于不同文化对儿童发展的不同价值，研究最多的一项内容是两种文化之间的差异。一种是促进个人主义的文化(主要表现在欧美社会)，另一种是崇尚相互依存的社会(主要表现在亚洲、非洲和拉丁美洲社会)。如果更强调的是相互依存，那么孩子们的联系、分享和团结的意识就会更强烈，但可能个体的发展就受到限制；如果自主和自信得到了更大的发展，那么通常这个社会的物质生产和个体自由的水平就会相当高，但同时社会中成员的人际关系可能紧张，人情淡薄。

文化，经常通过教育等途径对儿童产生影响。早在20世纪50年代，Kenneth

Clark 对于由于教育等原因而导致的种族偏见和歧视作过研究。在一篇题为“白种儿童和种族偏见”的文章中，Kenneth Clark(1955)写道：“社会文化的影响使美国儿童形成了种族偏见，同时在这些儿童中形成了很深的道德模式冲突、犯罪感、焦虑感和对现实的歪曲。例如，学校和教堂这样的机构一方面教育儿童要确立民主思想，要树立所有人都是平等的兄弟关系的观念；另一方面却通过种种途径让儿童感受到种族偏见和不民主行为的存在，并在向他们传递违反这些思想和观念的东西。”这样做的后果，会损害所有儿童的发展，也会使儿童给社会带来问题。具体地说，白种儿童会歪曲现实，会减少生活所必需的技能和正确的信息，会有一种错误的、仅建立在由于肤色而带来的优越感基础上的身份感，会有双重道德标准，会附和一些不民主的想法和行动；而受文化偏见和歧视的儿童所受到的伤害更多地影响到了他们生活的各个方面，加上他们在健康、营养、教育、住房等方面得到关注的机会更少，所有这些会深深地影响他们的自我概念、行为、愿望和自信，阻碍他们的发展，预示他们未来的失败，也预示他们有可能以异常的方式报复社会。

语言是文化的具体表现，不同的语言学习方式和途径会影响儿童的发展。曾在全美国范围内对 1 000 多个少数民族家庭(包括拉丁美洲、亚洲、欧洲的移民和非英语的土族人)进行了一项研究，这些家庭的孩子所在早期教育机构完全或部分地使用英语进行教学。研究结果发现，当幼儿在学校学习英语并失去了使用母语的机会时，其家庭关系受到了严重的破坏，具体地说，这样做所付出的代价是儿童逐渐与其他儿童、父母、家庭其他成员的交往贫乏；父母感到他们对自己的孩子已失去了控制，这些变化还导致家庭为孩子提供必要的社会化方面功能严重下降，甚至会导致孩子在十几岁时发生悲剧性后果。这项研究的负责人 Wong Fillmore 得出了以下的结论：“为少数民族儿童制订的早期教育计划，对于发挥家庭在促进儿童社会化发展方面有着重要的作用，认识到这一点是重要的。让孩子从小沉浸在有价值的使用语言的方式和学习的方式中是有好处的，人们会发现，这样儿童会更容易过渡到学校的学习中去。但是，假如这种教育计划会导致父母与儿童关系破裂的话，那么这种做法的最终成效是微不足道的。其实，最为重要的事莫过于让家庭继续发挥其在促进儿童社会化方面的作用。

(三)儿童在文化中成长

根据布朗芬布伦纳的生态理论，作为一种环境，文化与儿童发展之间的关系不是单向的，这就是说，不仅文化对儿童发展有影响作用，文化也受儿童发展的影响。儿童与文化在发生着交互作用。

儿童需要经过文化的洗礼，在各种文化的境遇中模塑、发展，成为具有文化品性的社会人，成为文化的创造者。文化是一个抽象的概念，一般而言，幼儿不会有意识地去关注自己和其他人的文化。但是儿童从一出生起就受着一定文化的熏陶和塑造，即使他不知道什么是文化。尽管幼儿有可能注意到明显的与文化相关联的现实，诸如语言、衣着、饮食等，但是他们对于为什么会有这些差异以及如何对待这些差异等问题缺乏清晰的看法。应该看到，在自己的文化环境中成长起来的儿童，自出生的第一天起就已经接受了文化制约的角色期望，发展了与自己所在文化一致的行为方式，如果他们的思想和行为方式一旦受到蔑视，他们通常会表现出困惑和反抗，会表现出一些异常的行为。

Whiting曾指出："每个儿童都降生于先于他而存在的文化环境中，当他一来到世界，文化就统治了他，随着他的成长，文化赋予他语言、习俗、信仰、工具，等等。总之，是文化向他提供作为人类一员的行为方式和内容。"由于文化的熏染，儿童习得了知识信仰、法律习俗、道德准则、行为观念、语言符号等；由于文化的差异，不同民族、不同种族、不同地域的儿童在行为、态度、思维、兴趣、信仰等方面都打着他所属文化的风格和烙印。儿童个体首先自觉不自觉地吸取他生活在其中的文化，自觉不自觉地受着先在的文化图式的规定和影响，为此，我们说儿童的生命基因中具有文化的因子，文化是儿童生长的背景和摇篮，儿童是文化的产物，文化塑造着儿童。

儿童在文化中成长这一命题同时还说明了儿童本身是具有文化品性的个体。每个儿童从出生之日起，甚至在他出生之前就是具有较多文化性的生命，经过文化的模塑和熏染，儿童便逐渐发展成为具有文化品性的生命体，人类文化和儿童本质也由此得以展开和延伸，于是，儿童不再仅仅是承袭人类文化，同时也创造和展示着自身特有的文化品性。

第二节　婴儿养育中的文化

一、婴儿命名的文化影响

命名，是人类社会最普遍的语言现象，是人们利用语言符号区别他人的特定标志，是民族文化的镜像。给婴儿起名在功能上保护婴儿不遭遇象征性危险，并确定他在特定社会里的特殊角色。这就决定了给婴儿起名活动的多样性，也决定了在有限的社会活动中使某一个名字可用的行为的多样性。

(一)"自动"的起名习俗

Asante(加纳某一地区)人通过自动分派为婴儿取名，名字取决于婴儿是星期几出生的。这种习俗的自动性基于这样一种看法，即一星期中的每一天都由某一种神灵管辖，潜入当天出生的婴儿。因此，给婴儿取名实际上是对在某一天潜入某些身体的神灵的说明。所以Asante人的个体身份是由集体文化把它作为个体同神灵之间的联系的身份而建立起来的。信息栏12-2列出了一星期中的每一天出生的男孩和女孩的名字，可以发现很多加纳领袖的名字表明了他们在星期几出生。因此，可以通过名字知道联合国第七任秘书长安南（Kofi Atta Annan)出生在星期五，而加

纳共和国的第一任领导人 Kwame Nkrumah 则是出生在星期六的孩子。

信息栏12-2

Asante(加纳)孩子的取名行为

星期	男孩名字	女孩名字
星期天	Kwasi	Akosua
星期一	Kwadwo	Adwoa
星期二	Kwabena	Abenaa
星期三	Kwaku	Akua
星期四	Yaw	Yaa
星期五	Kofi	Afua
星期六	Kwame	Amma

由于潜入孩子身体的神灵带着不同的灵魂(kra)，也由此掌控了孩子不同的人生。在集体文化信仰系统内，Kwadwo(星期一的男孩)被认为是安静的、腼腆的、温和的。而星期三的孩子——Kwaku 则被认为是易怒的和攻击性的。这些暗示或期望可能是不同孩子社会角色集体建构实现的预言基础。Gustav Jahoda 的分析(1954)表明 Kumasi(加纳地区的首府)的法庭记录中叫 Kwaku 的青少年比例明显高于其他名字的年轻人。第二次世界大战中，Adolf 希特勒在 Asante 的社会言谈中被成为"Kwaku 希特勒"。然而也并非所有的叫 Kwaku 的男孩都爱惹麻烦，取名只是对个体可能向某一些方向发展进行引导的一种方式。

拉祜族(中国古老的民族之一)也通常以孩子的生肖或出生时间取名，在男孩名前冠以"扎"，在女孩名前冠以"娜"。如属鸡的叫"扎儿""娜儿"，天亮时出生的叫"扎提""娜提"。满族有一种起名的习俗，是根据时辰定名的，如丑时生的就叫"依汗"，巳时生的叫"梅赫"。还有以生日起名的，如在伊斯兰教历九月生的，男的起名为热买赞，女的则为菇扎姑。星期五(主玛天)生的男孩起名为居玛，女孩则为居玛姑。

(二)同婴儿协商的名字

在印度尼西亚 Bonerate 岛上，决定婴儿的名字是一个复杂的建立关系的过程。首先要给婴儿取一个临时的名字。如果名字不适合婴儿(因为有的禁忌只有婴儿知道)，婴儿会试图同父母沟通。婴儿的哭声被认为是对所取名字的不满，特别是已经喂饱了的婴儿的哭声。当父母感到孩子不满意临时的名字时，他们就换一个。一旦婴儿对某个名字表现出愉快(通过微笑和咿呀声)，名字就被确定下来。在 Bonerate 岛上确定永久名字的试验过程可能需要五个月。集体文化意义的系统既确定了对名字协商的开始，也确定了它的结束。

(三)家族网络内部对名字的协商

印度 Bihar 为婴儿取名的例子说明了家族内部发生的一场关于给婴儿取名的精心再协商。孩子的父亲 Juni 准备好装有冷水的铜壶，一根带着一片叶子的 dubla 草茎以及一片绿色的婆罗双树叶包着晒干的米饭插在铜壶上，由村里德高望重的 Nondo 主持仪式，村民也首次有机会接近新生儿和他的家庭。Nondo 念道："以 Sura(Juni 的祖父)的名义，我把一颗稻谷扔进壶里，如果这名字合适孩子的话，就让它和 dubla 草相遇合在一起。"他把稻谷扔进壶里，稻谷沉到水底，没有浮起来碰到草茎。Nondo 抬起头来说："你们看见了，稻谷和草茎没有相遇，说明他不满意这个名字。那么让我们放弃这个名字，选另外一个。"接着他说了几个名字：Laka (Juni 妻子的父亲的兄长)、Bondo(Juni 妻子的兄长)、Jado(Junide 父亲)、Jitray (Junifu 父亲的兄长的儿子)，可是稻谷和 dubla 草一直没有合在一起。最后 Nondo 以 Jura(Junimu 母亲的弟弟)的名义扔了一棵稻谷，它浮在水面上最后碰到了 dubla 草。所有人都亲眼看到了这一幕，于是 Nondo 高兴地宣布新生儿叫 Jura。

以上仪式包括了重要的符号建构环节，像"掷硬币"(草茎和稻谷漂到一起)那样报出的名字全部来自于家族。用家族里某一个人的名字给婴儿命名，对名字的选择是维持在集体文化能够接受的范围内的。没有哪个个人可以决定孩子的名字，同样家族群体不可以承担为孩子命名的工作，乡村社区的集体权力超过家族的权力，使概率性方法被接受，不过需要保证延续家族里的名字。

(四)由教派的权威人士命名

回族等信仰伊斯兰教的民族，在婴儿诞生的当天或三天之内，必须请一位阿訇给婴儿举行命名礼，即起经名。回族的命名礼，首先由家庭主人把孩子抱到门槛里，阿訇站到门口或门槛外，先对着小孩的右耳低念在清真寺宣礼塔上召唤教民上寺礼拜的宣礼词，再对着小孩的左耳念"尕麦体"(教民汇聚到清真寺后准备礼拜时的招呼词)。然后，如果是男孩便在左耳朵里慢慢吹一口气或轻轻咬一下，是女孩则在右耳朵里吹一口气。据说念宣礼词、吹气的意思是把一个刚出生的小孩儿，由清真寺外呼唤到清真寺内，一生下来就要成为一个当然的穆斯林。阿訇举行这种仪式后，便从回教众多的先贤中选出一个美名，告诉家里人，以示吉庆。

畲族男子一生分别有乳名、世名、讳名、法名等四个，妇女一般只有本名和讳名。山子瑶男子一生三名，最初由父母取乳名，其后在乳名前加冠词"的"，即叫"的某"为名，用于参加社会活动。度戒后，由师公法师取法名。女孩子不取法名，只在乳名前加"力"为名。

二、婴儿喂养的文化影响

婴儿喂养是一种文化建构，涉及很多层面：什么类型的食物比较合适，谁应该(或不应该)喂养婴儿，对婴儿成长的期望是什么等。

(一)哺乳的文化组织安排过程

哺乳的过程毫无疑问是新生儿参与的第一个有时间规定的文化行为的系统经

验。其性质和时间依赖性是由吮吸系统的生理组织建立起来的。“乳汁＝血液”的意义扩展是基于身体物质之上的社会问题的人类符号调节的一个例子。哺乳是“乳汁＝血液”的意义扩展在文化建构中的作用，在扩展如何建构的基础上，接着就是喂养婴儿的具体行为的决定以及对喂养婴儿的担心。

(二)不同文化下，对喂养者的认识

奶瓶与乳房之争已经持续了一百多年了，但还远不如母亲与奶母之争的历史久远。18～19 世纪欧洲关于“母亲乳汁”的社会言论，其基本功能在于维持妇女作为母亲的角色。通过建议富裕家庭的妇女哺育自己的孩子，不使用其他哺乳妇女(奶妈)或动物的奶水，这样妇女所关心的事和活动会被局限在家庭范围中儿童的领域内。同时期的德国把奶瓶看作是道德败坏的标志，是现代生活自私自利的典型代表，要求妇女回归家庭，完成她们作为母亲的命中注定的角色。母亲节也成了纳粹德国的国家节日，在官方宣传中流露出这样的信息：孕育了人种纯粹性的乳汁是最好的，给孩子喂奶被看作是为丈夫和社会的良好发展做出贡献。

但是用其他方式替代哺乳在欧洲、北美也很普遍，所以使富有的女性完全承担母亲角色的努力只能得到部分的成功。使用奶妈为富有的母亲回归妻子角色做好准备，把妇女从日常的哺乳牵制中解放出来。但是很多时候提出请奶妈的是新妈妈们的丈夫，他们希望回去和他们的妻子过正常的生活。母亲与奶妈之争在 19 世纪后半叶戏剧性地结束了，由于技术的发展，奶瓶、婴幼儿配方奶粉的时代来临了。1885 年，随着牛奶脱脂技术的发展，橡皮奶嘴和塑料奶瓶相继面世。1905 年瑞典雀巢公司生产出了不含一点人类乳汁的奶粉，成了母乳的替代品。如今，大多数妇女已经内化了“她们的孩子”的特殊性的概念，除了一些接受过高学历教育的母亲仍是母乳喂养的中流砥柱。选择奶瓶还是母乳，成了众多母亲的考虑的问题。

(三)乳汁的文化意义

乳汁是由生物体制造的物质，但在社会领域得到阐释，这些阐释对于整个哺乳过程的文化引导是关键的。喂给孩子的乳汁不仅仅是营养物质，而且是一种集体文化创造的象征性价值，某些社会习惯和特点会伴随着“母亲的乳汁”一起摄入。

母亲的乳汁常常被描述成血变的，这一解释导致了处理哺乳问题的具体方式，形成了个体和集体的文化特征，产生了应该用母亲的乳汁还是其他女人的乳汁喂养婴儿以及动物的乳汁对婴儿是否合适的问题。欧洲社会 16 世纪到 19 世纪关于如何喂养婴儿的意识形态历史可以被称作乳汁大战。不同的社会机构以及个人参与了这场激烈的言词之争，争论喂养婴儿应该使用何种乳汁、谁的乳汁以及用什么样的乳汁(比如，乳房、瓶子)。这个问题是文化的，而非营养的。

三、婴儿照料的文化影响

所有的孩子进入社会的文化组织安排都是由成人建立的。尽管成人指的通常是孩子的父母，但其他亲属也可能被指派承担决定孩子将来的关键角色。另外，新生儿以及婴儿的整个环境背景也由文化建立为一个结构化的环境。

(一)文化对婴儿白天生活惯例的影响

在白天，人类活动围绕生理需要组织起来。食物摄入自然是文化建构的主要领域之一：吃什么食物，什么时候吃，和谁一起吃，由谁来准备。

照顾者给予婴儿的安抚也是由文化引导的。照顾者给予的安抚是在婴儿经常性位置的情境中进行的，如婴儿在照顾者的身上、在某些移动的携带设备上、处于母亲控制范围之外的某些位置(由哥哥姐姐照顾等)，同时作为文化人工品的发展结果——吊钩带、摇篮车、手推童车使婴儿离开了照顾者的身体，但仍处于可以控制的位置的灵活性。

抚慰婴儿，是一项降低婴儿高度兴奋(哭闹)之类的文化工作(见信息栏 12-3)。对于婴儿，大多数抚慰通过触觉接触发生，同前庭的(摇动婴儿)以及口头的刺激(比如，唱摇篮曲)结合。但是不同社会之间在给予婴儿的触觉接触的总量方面存在极大差异。传统社会给婴儿大量的触觉体验，而城市化、工业化的社会减少了母亲—婴儿触觉接触的照料环境。英美在新生儿和婴儿时期的文化安排反映了成人世界对触觉接触的普遍压制。英美触觉接触模式中采用远离策略，保持父母与婴儿之间的身体距离，并且通过视觉、听觉以及基于物体的交流渠道发展他们的关系。他们在婴儿需要照顾的时候(如哺乳、清洁)母亲和婴儿有亲密的接触，以后日渐减少。但是！Kung 人采用的则是接近策略，来回走动、重复每天的工作、唱歌跳舞的节奏刺激都通过触觉/前庭感觉渠道进入婴儿的体验。接近策略中，婴儿在亚符号层面是成人的社会文化活动的全盘参与者，虽然在这个层面上意义建构尚未产生，然而婴儿的经验领域已经得到了文化的组织。

信息栏12-3

婴儿生理激活状态及对他们有目的的文化规范的引导

	行为特征					
	状态	眼睛	呼吸	肢体动作	发声	
入睡↑	1. 深度睡眠	闭	规则	无	无	苏醒↓
	2. 浅度睡眠	闭	不规则	可能有	无	
	3. 醒着	睁	规则	可能有	无或很轻	
镇静↑	4. 躁动不安	睁	不规则	有	有(嘶叫)	
	5. 哭泣	睁	不规则	有(急促的)	有(尖叫)	

婴儿何时开始能独立走路也受文化的调节。促使婴儿能尽早地独立走路，投射了社会竞争和“依靠自己的脚站立”的象征性意义。而婴儿独立走路则是一种期望的特征。在西伯利亚 Tuva 族和蒙古北部，Tuva 人认为个体生命的长度和婴儿开始独立走路的时间长度是成比例的，越晚走路则更长寿。

(二)文化对婴儿夜间活动的影响

夜间对婴儿的照顾包括哺乳和必要时的哄孩子。婴儿在家睡觉的地方对这些照顾行为的组织来说很关键。不同的社会给不同年龄的孩子提供了各种各样的睡眠环境。最理所当然的安排是婴儿和母亲一起睡。这样的安排中可以直接哺乳，哄好动的婴儿睡觉，与婴儿直接保持充分的身体接触。第二种安排是婴儿有自己睡觉的地方，和母亲同一房间的摇篮或婴儿床。这样夜间照顾就要求母亲起身来到婴儿的地方，持续的身体接触的益处不存在了。第三种婴儿可能被安排到自己的卧室，这在欧洲、北美和其他社会的中产阶级中很普遍。这种情况往往造成父母强烈的矛盾心理，一方面他们想与婴儿保持距离来维护隐私；另一方面他们又想知道婴儿的情况如何。一旦父母在夜间听见不适的声音，他们冲进婴儿的房间照顾婴儿。所以常常可以发现西方家庭中父母房间和婴儿房内的双向对讲系统。信息栏 12-4 中比较日本和美国三至四个月婴儿的睡眠环境。表格里很清楚，两个国家之间存在很大的差异。在日本，睡眠是一项婴儿亲近家庭成员的夜间活动，很少被安排在单独的房间。在美国，大多数婴儿一个人睡在单独的房间里。

信息栏12-4

日本和美国三到四个月大婴儿的睡眠安排

夜晚婴儿房间和床的场所	美国		日本			
	Shand，1981		Shand，1981		Caudill 和 Plath，1996	
	频率	%	频率	%	频率	%
不同的房间，单独（总有自己的床）	71	83.6	13	28.3	3	4.1
其他人的房间（和祖父母或兄弟姐妹一起）	—	—	—	—	5	6.8
父母的房间（总有自己的床）	7	8.2	15	32.6	34	46.6
父母的房间（总有自己的蒲团）	—	—	—	—	24	32.9
有时候睡在父母的房间里，父母的床上	7	8.2	3	6.5	—	—
总是睡在父母的床上	—	—	15	32.6	7	9.6
总数	85	100.0	46	100.0	73	100.0

注：蒲团是一种日本被褥，夜间铺在地上睡觉。由于蒲团是一个挨着一个放的，婴儿在夜间同父母的亲密程度与睡在父母床上相似。

婴儿睡觉的地方通过各种装饰显得很有意义。因此以特定方式（比如，给墙涂上颜色，放置动物玩具，贴笑脸的海报等）布置婴儿房的父母为促进孩子对有固定特征的空间的体验提供了场所。儿童床也是一种建构，它反映关于婴儿和对待婴儿的生存方式、途径的集体文化信念。美国婴儿养育史上摇篮和婴儿床之间的对比我们很明显地看到这一点。婴儿的睡觉场所也可以被建构成一种为婴儿“好”的文化工具。Ket社会(在西伯利亚)中使用两种摇篮——临时的和永久性的。永久性的摇篮(雪松木制成)是孩子在两岁之前主要的睡觉场所。如果孩子渡过了第一年的危险，那么永久的摇篮就获得了“幸运的摇篮”的意义，被保存下来给下一个孩子睡。

夜间活动还包括成人目的在于改变孩子活动水平的活动(从醒着—哭闹—睡着)。抱着孩子、摇孩子入睡是一项结合了前庭和触觉的全球性发明。婴儿睡前的哭闹对于成人而言是令人厌恶的刺激，而且打破夜晚的宁静可以被解释成具有文化的危险性。而很多应对婴儿哭闹的口头咒语就是这种集体文化建构的证明。在一首公元前1950～1530年间的古巴比伦催眠曲中，婴儿的哭闹被描述成在超自然意义上可能会破坏房子的公平。

信息栏12-5

古巴比伦催眠曲

小家伙，住在黑暗的屋子里——
好了，现在你在屋外，看见阳光了。
你为什么哭闹？你为什么叫喊？
你为什么不在屋子里哭呢？
你吵醒了房屋的神，Kusarikkum醒来了：
“谁吵醒了我？谁搅乱了我？”
小家伙吵醒了你，小家伙搅乱了你！
“像喝酒的人一样，像酒徒一样。祝愿他睡去！”

注：Kusarikkum所指的是“房屋之神”——一位仁慈的房屋的神灵

入睡/醒来是一个文化引导的过程。婴儿醒来的文化安排则取决于所认可的哺乳时间表。婴儿可能被叫醒接受哺乳(在哺乳的过程中保持半醒半睡)。成人的时间意义通过日常事务的规律性(或者缺乏规律性)变得对婴儿有效。

四、婴儿死亡的文化影响

在大部分的人类社会史上，通常认为孩子出生后活不过婴儿期是可能的，因而为那些不幸运的孩子都制定了一套集体文化中介系统。

(一)不同文化下面对婴儿死亡的情绪

生者在面对孩子死亡时的集体文化引导有两种。一种是引导失去孩子的人强烈地表达出自己的感受；另一种则是引导他们通过顺从、思考和自制而远离该死亡事件。因此，关于感受的文化增强和文化稀释两个对立面都成为应对死亡的情绪手段。Lutz(1988)完整地记述了太平洋上的Ifaluk岛上面对死亡感受的文化增强的例

子。在死亡和整个葬礼时，Ifaluk 人的集体文化规范系统引导个体“大哭”，集合同情、爱与悲伤为一体的综合体。死亡对 Ifaluk 人来说不是消失，而是生命的“枯萎”，“去到精神世界”。因此哭泣是表达分离时的悲伤、分离时的震惊以及对尚在人间的人的关心，而非针对死者本身。增强对死亡的感受，即时的“大哭”表明文化即是把事情发生时的感受戏剧化，其功能恰恰在于作为一种符号手段帮助哭的人把脑子里对死者的想念消除掉。而以巴西人、巴厘岛人的经验为例，顺从是建立起穷苦的妇女应对她们孩子死亡的一般观念的核心。

在死亡感受的增强和稀释的时间模式方面，前者在发生时就将其戏剧化，事后不会把它放在心上；后者则在孩子突然死亡时采取顺从的态度，但以后会通过重提使事件戏剧化。两种情况下，在集体文化和个体文化对悲伤的规范中，都以一种时间分配的方式发生了喜剧。

(二)埋葬婴儿的文化影响

在那些婴儿死去时要求仪式化的悲痛的社会里，埋葬成了关键的符号中介环境。特殊的信仰系统引导此类仪式的执行。在巴西的东北部，当地认为死去的孩子眼睛应该睁着，这样在进入天堂的时候能够看得更清楚。这一点和很多要求死者眼睛闭上的文化习惯正好相反。在日本，为流产的胎儿举行纪念仪式已经成为文化结构的一部分。此类仪式通常是由流产或终止怀孕的妇女主持，典礼利用不同的物件为死去的胎儿提供公共的、象征性的位置。为胎儿买墓地是一项重要的活动，坟墓上包括一块刻有掌管儿童的佛像石头，戴着红色的围兜，两边有鲜花，墓碑上刻有谥名。如果实在买不起墓地的，可以由神职人员把谥名写在一块牌匾上。牌匾安放在家族祖先的凹室里，逝者因而成为受到供奉的先人之一。

第三节　幼儿游戏与交往中的文化

对于游戏与文化的关系，Judith E. Kieff 等人认为，儿童游戏反映并影响他所生活的文化背景。Bob Hughes 认为游戏是人们同其所处的文化环境接触的过程。尽管该领域中存在着许多具有争议性的问题，但大量的研究证明了世界各地儿童游戏的多样性，以及在不同文化中儿童游戏的特殊意义。大多数研究者也认识到，儿童游戏与文化是一个双向构建的过程。游戏是所有文化中儿童的一种主要活动，它既是文化的一个原因，又是文化的一种影响；它是特定文化的表现，是文化学习和传承的一个重要的背景和途径，也是儿童发展的指示器和反应器。文化差异促成了世界各地儿童游戏的多样性，在一定程度上使得儿童游戏呈现出性别差异和成人态度差异。游戏对孩子们意味着什么，这都取决于他们所处的文化，取决于文化中的成员对游戏的态度、评价和支持儿童游戏的程度。

一、幼儿游戏中的文化

（一）不同文化下有关游戏缺失的争议

早期对游戏的跨文化研究发现，在一些贫穷国家中，儿童的游戏技能并没有得到充分发展，想象游戏也十分缺乏，甚至在一些社会中想象游戏是不存在的。Feitelson认为，父母对游戏的消极态度造成了儿童的极端被动和游戏活动的缺乏。Wdwein和Shmukler认为，不是因为孩子们缺乏经验和鼓励，而是因为父母们并没有帮助他们发展想象游戏；Lames E. Johnson等认为，社会阶级与文化因素更能影响儿童游戏的频率和性质，游戏内容因文化的不同而不同，而游戏在每种文化中的水平将随着社会经济功能不同而不同。

一些民族志研究者、民俗学家和人类学家认为，所谓的特定群体儿童的“游戏缺失”根源在于研究者的种族中心主义、阶级偏见以及十分有限的研究工具。Roopnarine等人认为，世界各地的儿童都在进行一系列广泛的游戏活动，并常将学习和游戏活动结合在一起。施瓦茨曼在她的《转变：儿童游戏人类学》一书中展现了丰富的关于非西方国家以及经济科技落后社会中儿童游戏的资料，认为尽管这些研究中缺乏有关游戏的证据，但并不表示这种游戏的缺乏。她与Sutton-Smith、Heath一致认为，不管所处的文化和社会阶级，儿童都在进行假装游戏。因此，儿童没有游戏、没有玩具、没有歌曲，是因为既没有被研究者观察到，也没有被大人们记起。

（二）不同文化下父母对幼儿游戏的影响

父母在儿童社会化过程中扮演了一个极为重要的角色。世界各地的父母对儿童游戏的态度和观点呈多样化趋势。中产阶级的美国父母认为儿童游戏是社会技能、道德标准和社会认知的基础。墨西哥和意大利的母亲并不认为游戏对儿童发展起重要作用，事实上也并不参与儿童游戏，因为她们必须工作，而儿童拥有大量的玩伴，如同胞兄弟姐妹和其他家庭成员。埃及农村和肯尼亚的父母们认为儿童是成人活动的被动、安静的观察者，并主动防止他们的孩子游戏。在亚洲国家和地区，父母对儿童游戏的观点也有很大的不同。中国大陆的父母认为游戏有益于儿童的发展，并将自己视为儿童的玩伴；中国台湾的母亲在学前儿童的游戏中有更高的参与度，并且随着儿童年龄的不同，母亲对儿童游戏的支持也有着细微差别。在韩国和韩裔美国家庭中，父母很少参与儿童游戏，因为韩国文化重视儿童的学习目标，认为家庭游戏不能促进该目标的实现。日本的父母认为一些游戏行为是琐碎无用的，而且游戏活动太过于自由、无节制，小孩应得到大人的允许和暗示才可以游戏，许多美籍日本儿童在大人们在场时很难自发地去游戏。

通过对不同文化的幼儿游戏的研究，体现了父母在儿童游戏（玩耍）中作用的文化差异性，也说明儿童在比较复杂的文化背景中玩得更多也更丰富。越是复杂的团体中，幼儿就越有更大的自由去随处玩耍和选择与任何人一起玩。而决定父母在幼儿游戏中所扮演角色的关键变量在于他们是否能够不为家庭经济所奔忙。由于文化和社会化的原因，父母和儿童在游戏中的相互作用状态和类别有很大不同。虽然许

中国家长受西方育儿文化影响纷纷送子补“情商”

“内心强大是比所谓漂亮分数更重要的一种素质。”受西方育儿文化影响，越来越多深谙此理的中国内地家长开始意识到“情商”的重要性，抛弃过分强调“智育”的传统教子方式，各类情商培训机构也因此应运而生，成为行业新宠。

2013年2月28日，在长沙市的“资优领袖培训班”上，4岁的铭铭正在老师指导下认真撕着一张代表人生100年时间、被划分成10等份的白纸。“想想你会活到多少岁，再撕下你已经过完、准备退休和将花在吃饭睡觉上的‘时间’，剩下的就是你拥有的工作时间。”老师说。到撕完后，铭铭发现，自己手中的白纸只剩下两等份。他若有所思地对老师说：“原来我的时间这么短！”

这家针对3岁以上孩子的情商培训机构成立于2012年8月，目前共招收了年龄在3～18岁间的49名学生，每周末授课两小时，内容包括情绪管理、自信心、团队精神、沟通技巧等。上述“时间纸条”游戏是培训方式之一，目的是让孩子们感知时间的有限。

尽管每年要收取15 000余元人民币的高额培训费，但每周仍有不少学员加入吴旭所在机构。学员某一家长说，“孩子以前对待输赢时特别脆弱，甚至会因输了游戏而打同学，现在竟开始遵守游戏规则了。”虽然培训费偏贵，但家长看到孩子身上的变化感觉“值得”。类似培训机构在内地并不鲜见。据媒体报道，一家名为“龅牙兔”的儿童情商乐园，目前已在内地拥有超过65家分支机构，足迹遍布北京、上海、南京等地。但现今这类机构大多走“贵族化”路线。一些家长对情商培训表现出浓厚兴趣，但也各有担忧。如无法确任培训机构资质、收费偏高、担心加重孩子负担等。“现在孩子升学压力大，周末已报了各种文化课程的培训班，怕再也挤不出时间了。”有家长如是说。

多西方的父母都认为游戏是教会孩子认识世界的一个很重要的方法，但他们并不是都擅长将教学和游戏相结合。事实上，他们中的一些不进行游戏而是完全赞同指导和指令。

综上所述，父母对儿童游戏影响主要呈现以下特点：①父母对儿童游戏的态度和行为受成人文化的影响。当父母支持某一类型游戏时，儿童更有可能进行这一类型的游戏。②文化不同，父母参与儿童游戏的情况也就不同。如果父母参与儿童游戏，各文化中父母的参与程度是不同的；如果父母不参与儿童游戏，那么有可能该文化中父母以外的其他人会参与儿童游戏。③父母参与影响着儿童游戏的性质和过程。重视并经常参与儿童游戏的父母在游戏中可能会根据儿童水平调整自己的水平以增加游戏的趣味和魅力。母亲的到场似乎激励了儿童的假装游戏，并延长儿童游戏的持续时间。④母亲没有成为孩子玩伴的原因，可能是父母还处在维持生计的水平，必须工作或劳动，没有时间和精力同儿童游戏，也可能是由于态度和信仰使得父母较少重视游戏对儿童的重要性。

(三)幼儿游戏中性别差异的文化影响

国外大量的研究发现了各种文化中女孩和男孩游戏的性别差异。例如，西班牙女孩更多地进行基于现实的假装游戏，男孩更多地进行功能性游戏；越南移民学龄期的女孩在游戏中更随和、被动，而男孩更具有竞争性和侵犯性；伦敦女孩倾向于在游戏中展现与文化相关的现实情境，而男孩倾向于在游戏中多次展现想象的情境，如打仗、巡警等；美国女孩比男孩进行更多的功能性游戏；科威特女孩比男孩进行更多的假装游戏等。总结这些研究，我们将儿童游戏性别差异概括为四个方面：①男女孩游戏的基本特点：男孩游戏具有竞争性、攻击性、规则性，伴随相对低水平的言谈；女孩游戏更具有联系性、包容性，并伴随高水平的言谈。②对玩伴性别的选择：在学前儿童中，不管是男孩还是女孩，都倾向于选择同性别玩伴游戏；当儿童与同性别玩伴游戏时，他们之间的积极性和互动性就会增加。③对游戏类型的选择：男孩更有可能进行运动性游戏，女孩更有可能进行假装游戏；男孩进行集体的、喧闹的、公开的游戏，女孩进行安静的、秘密的游戏。④男女孩游戏的社会统治性和合作性：男孩通常借助于命令和武力以获得游戏情境中自己所想要的，而女孩一般利用有礼貌的请求和劝导；男孩游戏在本质上具有等级性，而女孩游戏在普遍的情况下是合作性的，有更多的感情投入。

儿童游戏的性别差异并非是普遍的。在一些文化中，儿童游戏的性别差异出现得可能晚一些或者是普遍性更低一点。对于男孩和女孩游戏的差异，柯尔伯格(Kohlberg)认为，男孩和女孩可能偏爱于某些玩具，并会被具有相同兴趣的玩伴所吸引；当儿童对性别差异有一个初始认识时，他们会发现玩伴就像自己，因此选择特定的玩伴和所偏爱的游戏类型。建构主义者认为儿童是社会的建构物，一方面，儿童通过游戏去探索性别角色并将对“在这个世界上我是谁”的认识通过游戏表达出来；另一方面，社会将文化价值观投射到游戏中，将儿童塑造成社会所需要的人。如果社会想要一些更能操劳家务的男性，那么小男孩应该有机会从事厨房工作；如果社会想要更多的从事科技工作的女性，那么小女孩也应该有机会去玩航海建筑等游戏。然而，在不同的文化中，对男孩和女孩的角色期望是不同的，有些游戏更允许男孩玩，有些游戏更允许女孩玩，这种成见通过社会文化结构世代相传。同时，父母也影响着儿童对游戏性别规定的认识。

二、幼儿交往中的文化

(一)文化在同伴关系中的角色

跨民族文化研究主要考虑到不同民族，不同的社会身份可能导致儿童的同伴特点不同。有研究发现意大利儿童的友谊比加拿大儿童更加稳定，说明文化价值的变化造成儿童相互交往和维持友谊的方式存在差异。同样，在确定关系和适应成果方面，儿童的社会行为所扮演的角色也随文化而改变。陈欣银等发现，尽管攻击和领

导行为在加拿大和中国样本中预测了相似的适应成果，但是对害羞和敏感行为的研究结果却不一致。在儿童早期，害羞、敏感行为和同伴接纳、社会能力的关系在中国儿童身上呈正相关，但对加拿大儿童却呈负相关。对同伴欺侮的跨文化研究表明，中国儿童的同伴欺侮与较差的学业成就、退缩行为、攻击以及低水平的亲社会行为有关，这些发现与西方文化背景下的研究结果存在广泛的一致性。

在美国，新近的许多研究都比较了国内主要民族(典型的欧裔)和少数民族(典型的非裔)儿童的同伴状况。此外，少数民族之间的文化差异也是导致同伴差异的重要原因。现有的研究已经证实，文化价值的变化可以造就儿童同伴互动和友谊保持方式的差异，儿童的社会行为的取向效果也由于文化而不同。

(二)幼儿进入成人活动的不同途径

引导幼儿进入集体文化系统的方式具有差异性，这是因为成人让不同能力水平的幼儿融入拥有多个年龄段的家庭群体的需要具有多样性。一些成人的活动领域是有目的地提倡幼儿的参与，幼儿在这些领域中就能展示他们自己的自主活动。有些领域只适于让幼儿观察，而并不期望他们马上就能学会，还有一些“秘密的成人活动”是不可以让孩子接触的。儿童活动的全部领域因此构成了差别。信息栏 12-7 中，描述了儿童参与成人活动的三种轨迹。A，B，C 三种成人活动的不同点在于它们允许儿童接近的程度不一样。活动 A 中，儿童在早期阶段接近部分活动，然后又和活动完全隔离开。在青春期的时候这条界线又变得可以通过，并且会鼓励孩子去参与。相反在活动 B 中，儿童在早期是不允许接触的，当儿童进入青春期后，这个禁令就没有了，不过也不积极鼓励儿童参与。而活动 C 则是一直对发展着的儿童开放的。

儿童融入成人某些活动同时又让孩子和其他一些活动保持距离，这个问题在家庭生活中至关重要。一些共同活动在帮助家长的经济活动这一意义上是很重要的。另一些则是间接的，起到了让家长专心从事经济活动的作用(如帮助父母照看孩子)，儿童也能够流动到其他家庭，在那里照看年幼的孩子。现代工业社会的发展，使得儿童从家庭生产生活的资产变为了家庭的负担。现代工业社会对劳动力要求有长期准备，希望儿童在接受学校教育后成为生产者。在儿童阶段，他们的精力指向了独特的活动(玩耍)，他们对家庭的贡献就非常有限了。

总之，儿童进入成人活动领域是一个缓慢的过程，有一个准备时期，并且远离某些成人活动，而活动领域的整个模式是由整个家族网的需要来形成的。

信息栏12-7

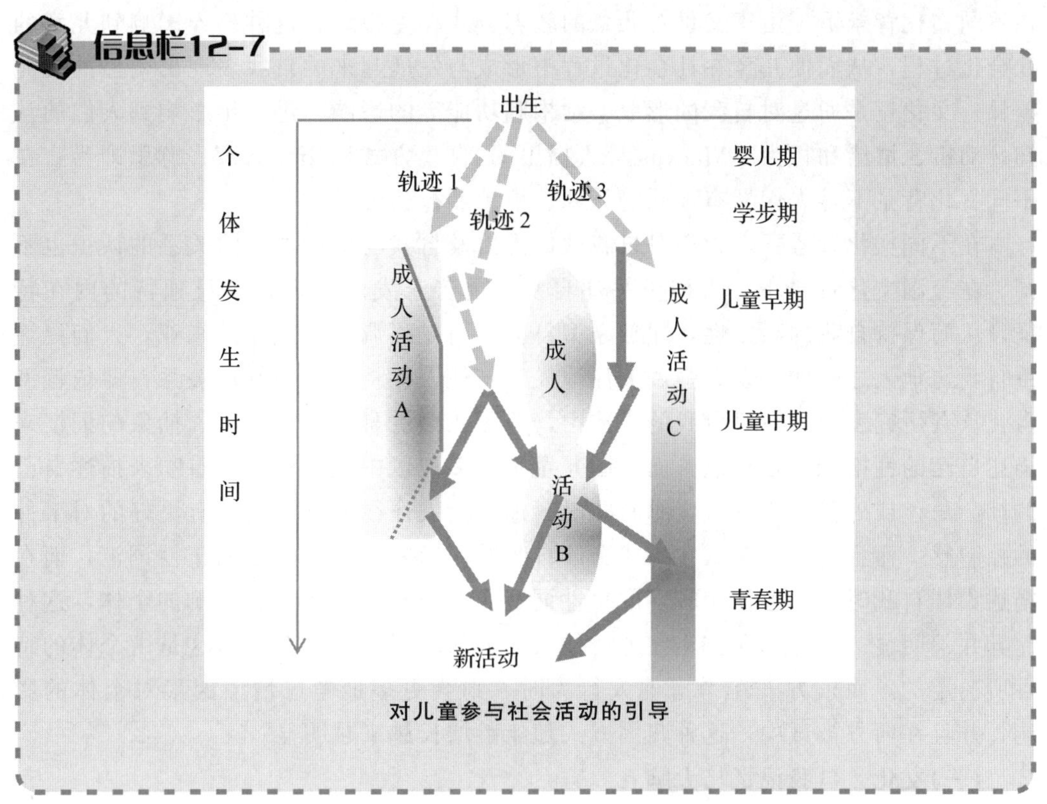

对儿童参与社会活动的引导

第四节　儿童的“文化脑”研究

文化是一种团体成员所习得且共享的意义与理解系统，主要通过自然语言的方式在成员之间进行交流并代代相传 。文化影响人的心理和行为，而神经活动和神经机制是人的心理与行为的基础。所以，人的心理和行为的文化差异很可能是由于人的神经活动及其机制的文化差异所导致。即使在行为水平上不存在文化差异，神经机制的文化差异也仍可能存在。生活在不同文化环境中的人可能会发展出不同的神经机制。也就是说，不同文化背景下的个体在完成相同的任务时，其神经机制可能存在差异。本章着重介绍不同文化背景下，自我记忆、自我面孔识别以及自我参照效应的神经机制，通过比较不同文化背景下神经机制的不同来揭示“文化脑”研究。

一、文化、自我与大脑

文化与自我，这是研究自我领域的一个新视角。在不同文化背景下，人们拥有不同的文化价值观、社会信念、交流方式，甚至时间观念，这些不同反映到心理过程层面就表现为心理表征的差异。在心理表征中，很重要一点就是对自我的表征。

在不同文化背景下，由于父母对儿童的教养方式相差很大，这种差异影响到儿童的社会化过程，从而使儿童在社会化过程中形成与发展起来的自我表现出明显的文化差异。文化正是通过对自我的形成、结构和功能等的影响，进一步影响到人们的认知、动机、情绪和行为。Markus 等人提出的"自我方式(self-way)"，意思即为：在不同文化背景下，人们拥有不同的认知、情感和行为方式。

在不同文化背景下，人们对自我、他人以及自我与他人之间的关系的认识也不同。在美国文化背景下，人们更关注自我，更善于发现和表达自身独特的内在特征，从而保持自我的独立性，即独立型自我；而在强调集体文化的东亚，人们更注重自我与他人之间的关系，强调关注他人、与他人保持和谐的互动关系，即依赖型自我。有研究表明，在对自我的描述中，美国儿童更喜欢使用积极、抽象的词汇来描述自己的性格和内在特点，而中国儿童则更多地以中性或谦虚的口吻来描述自己的社会角色或外显行为。在应对威胁时，加拿大人往往比日本人具有更好的对事件的控制感。而且，欧美被试在描述个体自我时，通常会使用较多的正性词汇，而在描述集体自我时，却会使用较多的负性词汇。对于不受北美文化影响的个体，这种差异并不明显。此外，西方人在考虑他人行为的原因时常常会认为这是由个体的特性所决定的，而东方人在考虑他人行为时，则会更多地考虑情境因素对个体的影响，并且在西方被试中，这种归因方式随年龄增长越来越明显。

(一)文化、自我记忆与大脑

洛克从经验主义视角出发，将自我与人的记忆联系起来，他认为人的自我统一性是由记忆完成的。自我在记忆的形成、组织和提取中起着重要作用。个体的自我组织结构与自我记忆相互影响。我们将这种在自我参与下形成的对个体生活事件的记忆称为自传记忆(autobiographical memory)。

自传记忆的社会文化发展理论认为，自传记忆从学前期开始逐渐发展，它是多种因素共同作用的结果。其中，基本的记忆能力、陈述能力，对当前关系、自我与他人关系的认知以及心理状态等因素相互影响，这使自传记忆既表现出跨文化的一般特征，又具有很大的个体差异。对不同文化背景下儿童自传记忆的研究结果发现，无论是美国儿童还是中国儿童，他们自传记忆的容量都随年龄增长而发展，但是美国儿童的自传记忆比中国儿童的自传记忆更具体，年龄较大儿童比年龄较小儿童的事件记忆更具体。美国儿童在自传记忆中会使用较多的描述情绪的词汇，他们更关注自己的情绪。年龄较大儿童的自传记忆中也会使用更多的描述情绪的词汇。在自主意识方面，美国儿童对具有自主性的记忆好于中国儿童。而中国儿童在自传记忆中会描述较多的与他人交往的事件以及他人信息。

跨文化研究还发现，美国人所记得的最早自传事件发生的年龄比亚洲人小。而且西方被试的自传记忆中具有较多的自我信息和仅发生过一次的独特事件。此外，在独生子女家庭成长起来的个体，他们的最早自传记忆要早于在多子女家庭中成长起来的个体，而且在他们早期记忆中具有更多的自我信息。

自传记忆的神经心理学研究开始于20世纪80年代中后期。研究者使用自传记忆量表(Autobiographical Memory Interview，AMI)对左侧颞叶前部和下部受损伤的遗忘症患者的研究发现，患者的自传记忆能力并没有受到影响，但是他们无法记忆一般的语义信息和公共事件。而右侧颞叶受损伤的遗忘症患者，他们的自传记忆严重缺失。还有研究发现，如果海马在出生或幼年时就受到损伤，那么个体将无法记得具体的生活事件，但他们的智力基本正常。由此，我们认为，自传事件记忆可能与海马和右侧颞叶关系密切，但我们仍无法排除左侧颞叶与自传记忆关系。在对25例单侧颞叶受到损伤或切除(左、右侧损伤的病例都有)病例的研究中，我们发现，这些患者对语义信息的记忆基本正常，但他们的情境记忆非常差 。另外，关于海马在记忆中的作用，研究者普遍认为，海马对记忆的获得和短期储存意义非凡，而在记忆痕迹得到巩固后海马将不再起作用。对此，近来也有人提出疑义，他们认为，无论是近期记忆事件还是远期记忆事件，它们的保持和提取都需要海马的参与。之所以出现这种结果，是因为海马虽然出现病变，但在回忆自传事件时仍会有一定的活动。并且大多数研究结果都来源于对脑损伤病人的研究，这不免使研究结果具有一定的局限性。自此，以正常人为被试的脑成像研究成为一时之需。而后，PET技术、EEG技术以及ERP技术的出现和发展为研究自传记忆的神经生理特点提供了新的手段。Fink(1996)等人采用PET技术研究了自传记忆的提取机制，他们认为，额叶区的神经网络特别是额叶后部的网络系统是激活自传记忆的重要部位。采用EEG技术对记忆的提取、保持和抑制三个阶段的脑电变化研究发现，在早期记忆提取阶段，大脑右半球的前额叶区电位活动活跃，这表明大脑右半球的前额叶区与自传记忆加工关系密切。但后来的研究还发现，在个体进行自传记忆加工时，大脑后部的后额叶和枕叶区以及大脑中央左额叶也有较高的激活水平。采用ERP技术的研究则在中央顶叶及相关大脑右半球区域发现了P300电位的增大。同时，一组PET的数据表明：被试在进行自传记忆加工任务时，其左额叶特别是以上、中、下额叶为轴心延伸到Brodman的45，46，8和6区都有极大的激活，在左顶叶39区，左枕叶BA18区以及左下颞叶BA20区也都有激活。

上述结果表明：在自传记忆加工过程中，神经活动的区域是十分广泛的。在自传记忆的早期提取阶段主要是左额区、前额区神经网络的激活；而在记忆的保持阶段则主要是右后颞叶和双侧枕叶的激活 。

(二)基于文化的面孔识别研究

1. 儿童镜像测验

儿童镜像测验最早起源于Gordon Gallup使用镜子对猩猩进行的测验。Gallup在对大猩猩进行镜子再认测验(mirror-recognition test)时发现，猩猩似乎能够识别出镜子中的影像就是它自己。但对猴子实施同样的研究发现，猴子见到镜中的影像后会产生攻击镜子的行为。这似乎表明，猴子不能识别镜子中的自己，而是将镜子中自己的影像当作其他的猴子。为了检验猩猩和猴子在面孔识别方面是否真的存在

差异，研究者把猩猩放在镜子前10天，在这10天中任由猩猩自由玩耍，吃东西，或做其他任何想做的举动。10天之后，猩猩被麻醉，然后研究者在它们的额头上涂一个无色无味的记号，以保证猩猩醒来后无法发现自己头上的记号。接下来，研究者重新把镜子摆上。此时，所有的猩猩都会立即对记号产生好奇，它们会用手摸摸记号，然后看一下手，或者用鼻子嗅嗅手或者摆弄一下手。Gallup认为，猩猩理解了镜子中的影像就是它们自己，即猩猩具有识别自我镜像的能力。

在这些实验结果的基础上，Gallup推测，为了要在镜中认出自己，动物必须有关于自己外貌的持久的判别力，在心中形成自我，哪怕只是身体形式(a physical form)的自我的能力。

那么人类在几岁开始具有识别自我镜像的能力呢？1972年，B. Amsterdam首次在幼儿中使用Gallup测验，结果发现，65%的美国儿童在2周岁时(20～24个月)能够识别出镜子中的自我。但并不是所有2周岁的儿童(100%儿童)都能够通过镜像测验，而且作为镜像自我识别的指标也不是某种单一的行为反应(如擦去记号)，而是一系列由低到高的显示自我觉知(self-awareness)的行为反应。这正如心理物理学中对感觉阈值的测量一样，镜像自我识别也是一个阈值。最新研究发现，18个月的幼儿已经能够在镜子中认出自己。M. Lewis还发现了自我识别与幼儿依恋的关系，即依恋程度越小，镜像自我识别的倾向越早，依恋程度越高，镜像自我识别出现越晚。也就是说，幼儿越不依恋母亲，幼儿的独特性与自我觉知就越强。跨文化研究发现，亚洲幼儿对父母的依恋程度远远高于西方幼儿，由此似乎可以推测，亚洲幼儿通过镜像测验的年龄也要大于西方幼儿。

2. 自我面孔识别的神经机制

自我面孔识别的神经心理学研究表明，激活被试大脑右半球，被试倾向于把自己和他人合成的面孔识别成自己的面孔。也就是说，当大脑右半球功能正常时，人们倾向于把自己和他人合成的面孔认定成是自己的面孔；而当大脑左半球功能正常时，人们倾向于把自己和他人合成的面孔认定成是他人的面孔。而且，当使用好朋友的面孔作为刺激材料时，西方被试对好朋友面孔的识别不存在左右脑激活不同的差异。但使用中国被试时，他们对自我面孔与好朋友面孔的识别都存在左右脑激活不同的差异。这种结果差异也体现了文化对自我的影响。因为好朋友是东方亚洲人互倚型自我的一部分，但并不在西方欧美人独立型自我的范围内。在自我面孔识别的脑成像研究中，M. Sugiura等人采用了PET技术，他们发现，自我面孔再认能够激活左侧梭状回和右侧缘上回(The left fusiform gyrus and the right supramarginal gyrum)。Sugirura认为，这两个区域与自我面孔的表征有关。但Keenan认为，梭状回只与一般的面孔识别关系密切。因为在人类与灵长类动物的面孔识别任务中梭状回都是活跃的，所以，在自我面孔识别任务中梭状回的激活并不奇怪。但它不大可能只与自我面孔特异相关，因为由梭状回损伤导致的不识症(prosopagnosia)患者就不能识别熟悉的面孔，所以梭状回不可能只与自我面孔识别有关。此后对自我面孔识别的研究发现，自我面孔再认还独特地激活了前额皮层和右侧前扣带回。另外，Sugiura 等人还发现右侧前联合运动区(the right presupplementary motor area)和左侧脑岛(the left insula)可能对维持自我面孔的注意有关。据此，我们可以肯定的是，自我面孔识别与大脑右半球关系密切。一项 ERP 研究发现，在刺激呈现 500～800ms 这一特定的时间窗，自我面孔加工在额区尤其是右额区诱发了更强烈的 ERP 活动。在刺激呈现后 160ms 自我面孔识别诱发的 ERP 与他人面孔识别诱发的 ERP 开始分离。注意水平对自我面孔识别的调控作用不同。在面孔的早期感知加工阶段，即 160～190ms，注意水平影响自我面孔识别。在面孔识别晚期的表情加工阶段，即 500～700ms，顶区的注意水平影响他人面孔识别 。此外，Kircher 等人对自我面孔识别的 fMRI 研究也注意到了右侧边缘系统的激活，包括海马结构(BA27/30)，脑岛(BA24/32)，左侧颞叶(BA42)，左侧下顶区(BA40)以及左侧前额区(BA8/9 和 45/46)。

总之，综合自我面孔识别的神经心理学与脑成像研究结果，我们认为，自我面孔识别主要与大脑右半球相关，但左侧也参与了加工。

(三)基于文化的自我参照效应研究

1977 年，Rogers 在加工深度范式研究中发现：被试记忆目标词汇时，如果这个词汇与自我有关，那么这个词的记忆效果要比与自己无关的词汇的记忆效果好。自此发现了记忆的自我参照效应(SRE)。自我参照效应为什么会产生一直是认知心理学家和社会心理学家争论的焦点。自我在大脑中的表征是否特殊？功能性脑成像技术为探究这一问题提供了新的研究手段，采用功能性脑成像技术主要是通过比较自我加工和其他相似的社会信息加工所激活的脑区是否不同来探究自我的独特性。在这一范式下，被试需要对描述人格特质的词汇或句子进行自我描述的是否判断，即先判断这些词汇或句子是不是描述自己的。然后比较被试对判断为“是描述自己”的那些词汇的提取和对判断为“不是描述自己”的那些词汇的提取时所激活的脑区。比较所激活的脑区是否为同一区域。

Craik(1999)等人使用 PET 技术研究发现，被试在对与自我有关的线索词进行加工时激活的脑区主要是右前扣带回区，但在其他线索词条件下，也能够激活右前扣带回区，在这两种条件(自我条件和他人条件)下所激活的脑区的差异并不明显。而 Kelley(2002)等人发现，在自我和他人条件下，被试都激活了左侧额叶背侧及下额叶。Platek(2003)等人则发现，在自我条件下，激活的脑区主要在大脑右半球。Fossati(2003)在自我参照和他人参照条件下比较了被试对褒义词和贬义词进行判断时脑区的激活，结果发现被试在自我参照条件下，无论是对褒义词的判断还是对贬义词的判断都激活了背内侧 PFC 两侧和后扣带回。同样，Macrae(2004)等人在被试对线索词进行自我描述判断时的观察发现，被试在判断与自己相关的线索词时，左内侧 PFC 有更大激活。Ying(2004)则认为内侧前额叶扣带回是自我参照加工的神经相关物。综上，目前有关自我参照加工的脑成像研究结果可以分为两类，一类

表明对线索词的自我描述判断和他人(包括不熟悉的和亲密他人)描述判断所激活的脑区无本质上的差异。另一类表明，和他人参照加工相比，自我加工导致了 MPFC 的更大激活。

在不同文化背景下，自我在记忆中的组织效应差异很大。中国人对有关自我的记忆与有关母亲的记忆程度相差不多，而西方人对有关自我的记忆远远优于有关母亲的记忆。研究表明，中国人与母亲有关的记忆和与自我有关的记忆都定位在大脑右半球，两个脑区彼此靠近，而西方人与自我有关的记忆定位也在右半球，但与母亲有关的记忆则定位在左半球。还有研究发现，中国被试参照父亲的记忆成绩和参照自我、参照母亲记忆的同样好，都优于参照名人的记忆 。而且对朋友参照的描述人格特质的线索词的记忆成绩也较好。脑成像研究结果显示，中国被试在加工有关自我和有关母亲的记忆任务时都激活了内侧前额叶。并且中国被试参照中国人进行记忆加工的成绩要显著好于参照美国人；而美国被试参照美国人的记忆加工和参照中国人的记忆成绩却相差不多。文化启动范式研究发现，在中国文化图片启动下的学生具有互倚型的自我概念，而在美国文化图片启动下的学生却显示出了独立型的自我概念。

记忆的自我参照的存在已成为一个不争的事实，那么自我参照效应在多大时出现？Haplin，Puff，Mason 和 Marston 对 6，7 和 10 岁儿童自我参照编码的有效性进行了研究。结果发现，6，7 岁儿童不能表现出自我参照效应，只有 10 岁儿童能够表现出类似于成人的自我参照记忆模式。Pullyblank，Bisanz，Scott 和 Champion 则发现，7 岁到 11 岁儿童都能够表现出记忆的自我参照优势，而且这种优势并没有随年龄增长而变化。但是，他们承认他们研究方法并不能用于评估小于 7 岁的儿童。那么先前的研究为什么没有发现小于 6 岁的儿童具有自我参照效应呢？其中一个可能的原因是先前研究所使用的实验范式不适合测量年龄较小的儿童。对此，国内学者进行了一系列尝试。他们要求儿童以自我面孔和他人面孔作为参照条件，把彩色客体图片作为记忆的刺激材料，并把面孔与客体刺激建立起联系。在实验中，研究者把客体刺激与儿童自己的面孔或他人面孔图像同时呈现给儿童，要求儿童大声报告出“谁(儿童自己或他人)指(用手)着什么(作为刺激材料的彩色图片内容)”。结果发现，5 岁儿童已经能够表现出自我参照效应。而且在自我参照条件下，5 岁儿童的回忆成绩和 10 岁儿童一样好，两组儿童均好于 4 岁儿童。这表明自我参照优势具有发展趋势。但在他人参照条件下，4 岁和 5 岁儿童的加工成绩相差不多，二者均低于 10 岁儿童的记忆加工成绩。所以，5 岁儿童的总回忆成绩好于 4 岁儿童主要由于自我参照加工的影响。更新的研究结果显示，4 岁儿童已经具有了自我参照效应。

(四)文化对自我神经机制的影响

自我参照加工是处理与自我相关信息的一个重要方面。而且自我参照加工的脑成像研究都一致地观察到了内侧前额叶的激活。这些内侧前额叶定位在鲁德曼区

(Brodmman areas)9 区和 10 区(BA9 和 BA10)。并且无论实验中使用什么材料(文字、句子或图形)，什么样的被试(美国人、加拿大人、德国人、日本人或中国人)，以及什么样的设计范式(区组设计或事件相关设计)，与此相类似的结果总要出现。但是，我们想强调的是，内侧前额叶可能只是调控自我参照加工的。而且至今都没有脑成像证据表明，除了自我参照加工外，其他类型的与自我有关的信息加工也能够激活内侧前额叶(P282)。相比之下，在许多不同的自我信息加工中却可以观察到扣带回的激活，如在识别自己的面孔时、在自传事件记忆以及情境记忆的提取时，都可以观察到扣带回的激活。所以，我们认为，扣带回应该是与多维而统一的自我联系更紧密的脑区。

社会心理学家已经证明，西方人倾向于把自己看作是与他人相分离的独立存在的个体，其行为是按照他们自己内心的品格与想法进行的。相反，东方人强调的是人与人之间的相互联系，考虑的是个体行为是否能够与他人的想法和行为相互依存。那么，文化是怎样影响自我在大脑中的表征的呢？研究发现，西方被试的自我参照记忆成绩要优于参照其他人(包括与被试非常亲密的人)的记忆成绩。但也有研究者认为，西方被试的自我参照记忆成绩并不优于参照其他人的记忆成绩。即便如此，这些研究都没有表明自我与亲密他人是否共用同一的神经结构，即文化是否影响了相关的神经机制。为此，我国学者进行了一系列探索，结果发现，中国被试在对自我表征和母亲表征时都激活了内侧前额叶(MPFC)，而西方被试仅在自我表征时激活了 MPFC。由此，我们认为，西方人的独立型自我是由独特的神经机制所控制的。而东方人互倚型的自我则依赖于自我和亲密他人的神经机制的重叠。MPFC 在自我表征的文化差异性上起着独特的作用。所以，西方自我与中国人自我在神经水平上是不同的，文化影响着自我表征的脑功能组织。

二、神经科学视野下的跨文化研究

(一)不同文化价值观对视知觉的影响

研究者曾使用帧线测验(Frame-Line Test，FLT)，发现如果个体的文化信念不同，那么他们会产生不同的视知觉体验。一项跨文化研究表明，在面对一个重要的知觉对象时，生活在集体主义文化中的人(如日本人)能够很好地结合情境信息；而生活在个体主义文化中的人更倾向于忽略情境信息。这表明，文化信念能够影响简单的视知觉。

关于文化对视知觉体验的调节，最初认为颞枕区(temporo-occipital regions)起到了重要作用，但新近研究发现与高层次注意调节相关的额顶区(frontal-parietal regions)才真正起到了调节作用。当要求被试在从事与其文化价值观不一致的任务时，人们能够把注意控制在一个更大范围内的额叶和顶叶区。Lewis 发现，欧裔美国被试在完成 oddball 任务时，能够对目标事件表现出较强的 P300 波幅，而东亚人则表现出较强的 P200 波幅。另一项跨文化研究结果显示，个体主义者的自我解释启动能够使个体在以局部方式观看复合视觉刺激时产生更强的 P1 波幅；集体主义

的自我解释启动则使个体在以整体方式观看复合视觉刺激时产生较强的 P1 波幅。这表明，暂时提高个人的文化价值意识能够动态地改变视知觉的神经反应 。

所以，我们认为，个人主义与集体主义文化价值观可以调节视知觉中的神经和电生理反应。

(二)信息编码与提取的跨文化差异

跨文化研究发现，思维方式的文化差异能够影响人们对信息的编码和提取。西方人倾向于在复杂的视觉场中对焦点对象进行编码和提取；而东亚人则着重于对情境信息的编码。文化神经科学研究发现，记忆能力也可能存在着文化差异，尤其是在老年群体中，枕叶侧区(lateral occipital regions)的神经加工过程能够体现出明显的文化差异。此外，西方人和东亚人在客体加工时所激的脑区(如双侧颞叶中回)存在着差异。而且东西方老年人在右外侧枕区的神经活动也存在差异，但这种差异在东西方年轻人身上却没有发现。神经区域作为一种年龄功能表现出了文化差异。

(三)情绪偏好的文化差异

文化影响着人们对情绪的体验、表达、识别和调节。东亚人的情绪唤醒程度较低，而且相对于西方人来讲，东亚人更善于抑制自己的情绪。此外，东、西方人在情绪识别中具有文化特异性，而且都表现出对同文化群体成员所表达的情绪更容易识别。最新研究发现，文化特异性影响了一些与情绪识别有关的脑区。相对于异文化成员而言，本土日本人和欧裔美国人在面对由其同文化群体成员所表现出的恐惧表情时都出现了杏仁核的强烈反应。也就是说，文化影响着人们从非言语线索及其神经机制中来推断情绪状态，这很可能是由于个体在发展过程中把神经反应活动逐渐地向熟悉刺激调节所造成的。

文化还影响着神经反应程度的大小。跨文化神经成像研究发现，双侧杏仁核在对场景作出反应时具有文化差异。与携带 s 等位基因的日裔美国人和欧裔美国人相比，携带 s 等位基因的本土日本人在面对情绪场景时能够引起杏仁核的剧烈反应。而日裔美国人与欧裔美国人的杏仁核反应差异不明显。

(四)文化对人际知觉神经机制的影响

文化神经科学研究发现，“文化群体归属”为个体使用非言语线索来推断他人的心理状态提供了便利。颞上沟(ruperior temporal sulcus，RTS)负责把面部知觉线索(如眼睛凝视的方向和身体定向)转换成他人的目标和意图信息。而且，在同文化群体中，人们在从他人眼部区域推断其意图时，都激活了颞上沟。这表明，颞上沟是与处理同文化的知觉对象密切相关的，但在对异文化知觉对象的处理时却没有发现颞上沟的强烈反应。另有研究发现，在面对同文化的知觉对象时，个体在从他人面部线索推断其心理状态时也强烈地激活了中脑边缘系统。那么，到底是不是文化差异导致了颞上沟反应程度的不同呢？当个体从非言语线索形成第一印象时，是文化价值观塑造了神经反应，神经反应调节了文化的特异性吗？这是一个有趣且急待解决的问题。

本章小结

文化的重心在于世代间符号性(如思想、信念和价值观)和行为性(如仪式和习惯)遗产的不同组合的传承。文化与早期儿童发展和教育关系的分析主要从静态分析、动态分析展开，分别会涉及文化区、文化类型和文化变迁、濡化、涵化等概念。

文化对儿童有影响作用。通过文化，幼儿获得的身份意识、归属感、有关生活中什么是最重要的观念、如何去关心自己和他人、怎样去庆祝、怎样吃和穿。幼儿在获得了影响周围环境和作用于世界的力量的同时，作为一种环境，文化与儿童发展之间的关系不是单向的，这就是说，不仅文化对儿童发展有影响作用，文化也受儿童发展的影响。儿童与文化在发生着交互作用。

婴儿养育过程中的命名、喂养、照料、死亡，都会受到文化的影响。例如，不同文化影响下，命名就有“自动”的起名习俗、同婴儿协商的名字、家族网络内部对名字的协商、由教派的权威人士命名等。

儿童游戏与文化是一个双向构建的过程。游戏是所有文化中儿童的一种主要活动，它既是文化的一个原因，又是文化的一种影响；它是特定文化的表现，是文化学习和传承的一个重要的背景和途径，也是儿童发展的指示器和反应器。在不同文化下，父母、性别差异对幼儿游戏的影响；同伴关系、幼儿进入成人活动的途径也都因文化的差异呈现不同。

文化影响人的心理和行为，而神经活动和神经机制是人的心理与行为的基础。所以，人的心理和行为的文化差异很可能是由于人的神经活动及其机制的文化差异所导致。不同文化背景下，自我记忆、自我面孔识别以及自我参照效应的神经机制，通过比较不同文化背景下神经机制的不同来揭示“文化脑”研究。

进一步学习资源

● 关于“儿童早期发展的文化视角”可参阅：[美]杰克·肖克夫等著，方俊明等译，《从神经细胞到社会成员》，南京师范大学出版社，2007年版；J. 瓦西纳著，孙晓玲等译，《文化与人类发展》，华东师范大学出版社，2007年版；薛烨，朱家雄等著，《生态学视野下的学前教育》，华东师范大学出版社，2007年版。

● 关于“文化、自我与大脑”的相关研究可参阅：朱滢主编，《文化与自我》，北京师范大学出版社，2007年版；韩世辉教授与德国施普林格(Springer)出版集团合作创办了一个全球发行的学术期刊《Culture and Brain》。

● 关于“文化神经科学”相关研究领域和进展可参阅：Chiao J Y. Cultural neuroscience：Cultural influences on brain function. Progress in Brain Research，Elsevier Press，2009。

关键概念

文化区　濡化　涵化　命名　文化差异　神经机制　自传记忆的神经机制　儿童镜像测验　自我参照效应

思考与探究

1. 早期儿童发展与文化的关系有哪些？其基本视角有哪些？

2. 文化对儿童早期发展的影响有哪些？

3. 不同文化下，婴儿起名活动呈现多样性，主要包括哪几种？

4. 母亲与奶母、奶瓶与母乳之争呈现的文化意义以及对婴儿的影响。

5. 文化对婴儿白天和夜间生活惯例的影响有哪些？

6. 父母对儿童游戏影响主要呈现的特点有哪些？

7. 不同文化下，儿童游戏性别差异呈现的特点有哪些？

8. 不同文化下，幼儿进入成人活动的不同途径有哪些。

9. 如何理解自我面孔识别神经机制的文化差异？

10. 什么是自我参照效应？自我参照效应的神经机制研究结果主要有哪些？文化如何影响了个体的自我参照效应？

11. 文化如何对自我神经机制产生影响？

趣味现象·做做看

用当代技术——胎动的超频率录影带，准父母们就可以得到胎儿的视觉形象信息，这说明关于婴儿特点的文化建构过程在婴儿出生之前就开始了。关注不同文化下准妈妈应对胎动的工作，如何开展胎教，以及准爸爸们是如何协助的。